지은이 **아띠쌰(Atīśa, 982~1054)**

동인도 방갈라 지방에서 법왕 게왜뻴의 둘째 아들로 태어났으나 출가하여 승려가 되었다. 법명은 디빰까라쓰리즈냐나(Dīpaṃkara Śrījñāna, 吉祥燃燈智)로, '아띠쌰'라는 존명은 티베트 구게 왕국의 법왕 장춥외가 존경의 뜻을 담아 올린 이름이다. 비끄라마실라 사원의 장로로 있던 당시, 티베트의 법왕 예시외와 장춥외의 간곡한 초청을 받아 1042년 티베트로 건너갔다. 그리고 티베트에서 13년 동안 머물면서 가르침을 펼치고 경전을 번역하는 등 갖가지 교화 사업을 통해 쇠퇴의 길을 걷고 있던 티베트불교를 다시 일으켜 세웠으며, 1054년 중앙 티베트 지역에 있는 녜탕 사원에서 입적하였다. 티베트에 불교와 학문을 중흥시킨 은혜가 막대하다고 여긴 티베트인들은 그를 '큰 은인'이라는 의미의 티베트어 '조오제(Jo bo rje)'라는 존칭으로 부른다. 『보리도등론』과 그 주석서인 『보리도등론난처석』을 비롯한 70여 종의 저서와 경전 번역서를 남겼으며, 제자로는 카담파의 창시자인 돔뙨빠·걜왜중내(ḥBrom ston pa rGyal baḥi ḥbyuṅ gnas, 勝者源), 대역경사 린첸쌍뽀(Rin chen bzaṅ po, 寶賢)와 낙초·로짜와(Nag tsho Lo tsā ba) 출팀걜와(Tshul khrim rgyal ba, 戒勝) 등 무수히 많은 이가 있다.

역해 **중암 선혜(中庵 善慧)**

1975년 사자산 법흥사로 입산하였으며, 1991년 남인도의 간댄 사원 등지에서 티베트불교를 배웠다. 현재 구루 빠드마쌈바와가 마하무드라를 성취하여 붓다가 된 곳인 네팔의 양라쉬에 머물며 수행과 티베트어 경론 번역에 힘쓰고 있다.
저서 및 역서로는 『티베트어 원전 완역 보리도등론 역해』, 『개정 완역 티베트 사자의 서』, 『까말라씰라의 수습차제 연구』, 『밀교의 성불원리』, 『금강살타 백자진언 정화 수행』, 『위대한 여성 붓다 아르야따라의 길』, 『문수진실명경 역해』, 『딱돌 해설서-바르도에서 닦지 않고 해탈하는 법』, 『대승의 마음 닦는 법』 등이 있다.

티베트어 원전 완역

보리도등론 난처석

보리도등론 난처석

티베트어 원전완역

티베트불교 도차제 사상의 뿌리,
『보리도등론』에 대해
아띠쌰 본인이 남긴 상세한 주석서

Byaṅ chub lam gyi sgron maḥi dkaḥ ḥgrel

아띠쌰 지음
중암 선혜 역주

불광출판사

머리말

금년은 길상하신 아띠쌰 존자께서 서부 티베트의 구게(Gu ge) 왕국에 첫 발을 디디시고 『보리도등론(菩提道燈論)』을 저술해서 어둠의 땅 티베트에 붓다의 정법의 등불을 일월처럼 밝힌 지 천 년이 다 된, 980년이 되는 해이다. 그리고 이 보리도의 등불이 처음 티베트 땅에서 빛나기 시작한 이래, 티베트불교는 오늘날까지도 이 진리의 등불을 꺼뜨리지 않고 더욱 심화시키고 견고하게 해왔다. 그리고 그들만의 불교 전통을 이어오면서, 오늘날에는 전 세계 구석구석까지 널리 보리도의 등불을 밝히고 전파하고 있다.

이런 흐름 속에서 한국불교계에도 이미 도차제(道次第) 사상의 근본이 되는 『보리도등론』을 비롯하여, 『해탈도장엄론(解脫道莊嚴論)』과 『보리도차제광론(菩提道次第廣論)』 같은 몇 가지 논서들이 번역·소개되어 도차제의 가르침을 전파하였고, 일부의 불자들은 그것을 의지해서 수행하는 풍조도 조금씩 생겨나고 있다.

그런데도 이제까지 『보리도등론』의 난해한 곳과 근저에 깔린 심오한 의미를 아띠쌰 자신이 직접 바르게 드러내고 해설해 보인 『보리도등론난처석(菩提道燈論難處釋)』의 한글 번역이 이루어지지 않은 탓에, 『보리도등론』의 가르침을 온전히 이해하는 데 있어서 여러모로 부족하고 미진한 부분이 있었다. 그뿐만 아니라 『보리도등론』에 대한 다수의 뛰어난 주석서를 가지고 있는 티베트불교계와는 달리, 한국불교계에는 그 주석서들이 소개된 적이 없었다. 그러다가 10여 년 전 달라이 라마의 『보리도등론』 강연이 한글로 번역되어 목마름을 조금 적셔준 바가 있다.

이 도차제의 가르침은 불교사적으로도 매우 중요하다. 이는 인도에서 번성한 후기 대승불교의 사상을 집약해서 보여주는 동시에, 현재 티베트불교의 교리적인 근간이 되고 있기 때문이다. 다시 말해, 현교와 밀교의 방대한 경론과 갖가지의 교설 및 다양한 수행법을 서로 모순 없이 이해하고, 현밀을 함께 수용해서 실천하는 티베트불교는 바로 이 도차제의 가르침에 의해서 산출된 뛰어난 결과물이기 때문이다.

그러므로 만약 이 『보리도등론』을 제대로 학습하게 되면, 도차제의 가르침을 통해서 현밀을 포함하는 일체의 불법을 삼사도(三士道)의 차제에 모순 없이 수렴하는 교법의 안목을 얻게 될 뿐만 아니라, 현밀의 올바른 수행차제를 깨달아서 수행의 바른 안목을 얻게 됨으로써, 교법의 차제를 무시하고 불법을 닦는 수행의 폐단을 막고, 나아가 불법(佛法)을 훼손하고 유기하는 악업을 차단하여 각자가 원하는 성문과 연각과 대승의 삼승의 보리를 올바르게 얻게 되니, 그것은 『보리도등론』이 바로 교법에 들어가는 차제를 바르게 밝혀 놓은 논서이기 때문이다.

괴·로짜와(ḥGos lo tsā ba)의 『청사(青史)』에서, "조오제(Jo bo rjes, 大恩人)께서, '처음 하사(下士)의 실천인 죽음을 억념함이니, 이생의 애착에서 마음이 돌아서지 않으면 법의 문에 들어오지 못하고, 온(蘊)을 자아로 고집하면 해탈을 얻지 못하고, 대승의 길 그 또한 방편과 반야가 분리되면 공성 하나만을 닦아서는 성불하지 못한다.'라고 교시하였다."라고 설함과 같다.

그러므로 이 도차제의 가르침에 확신을 얻게 되면 불보살님과 용수 보살과 무착 보살과 같은 과거의 아사리들이 걸어갔던 대승의 정로를 따라가게 될 뿐만 아니라, 후대의 선지식인 아띠쌰(Atīśa)와 쫑카빠(Tsoṅ kha pa) 대사의 의취를 계승하는 길이기도 하다. 이것은 쫑카빠 대사께서 『보리도차제광론』을 저술하시며 서문에서,

"오늘날 유가에 정진하는 이들은 들음이 적고
박학한 이들은 실천의 핵심에 정통하지 못하고,

> 대부분이 경론을 봄에 편견된 안목을 지니어서
> 교의(教義)를 정리로 변석하는 힘이 없는 탓에,
> 교법의 핵심들을 갖춘 지고한 교계를 얻은
> 지자들이 환희하는 정로를 벗어남을 본 뒤,
> 상사가 가는 이 대승의 길을 강설하게 되어
> 내 마음이 참으로 환희롭고 크게 약동한다."

라고 설함과 같다.

만약 오늘날 후학이 이 법문의 의취를 깨닫는다면, 그의 진실한 소회에 시공을 초월해서 계합(契合)할 수 있을 것이다. 또한 계합한다면 그때부터 대승의 길을 이미 완성해서 성불하신 시방의 불보살님들은 물론, 현재 보살의 길을 가고 계신 법계의 스승님들과도 분리됨이 없이 자신 또한 상사(上士)가 되어, 자리이타의 서원을 성취하기 위해서 두려움을 여읜 커다란 환희 속에 대승의 길을 갈 수 있을 것이다. 원만길상!

2022년 가을날
아수라 동굴 위에 일곱 색깔의 무지개가 걸리던 해거름에
따라 불모님이 자생하는 양라쉬의 성소에서
중암 합장

차례

일러두기

1. 번역의 대본으로 삼은 『보리도등론난처석(菩提道燈論難處釋)』의 판본은 Sherig Parkhang에서 발간한 『장춥람된당데이까델(Byaṅ chub lam gyi sgron ma daṅ deḥi dkaḥ ḥgrel, 菩提道燈論難處釋)』(Sherig Parkhang, 1999, Delhi, India)이며, 판본의 오류나 탈자 등은 데게 대장경 논장(論藏)의 중관부(中觀部)[동북대학목록 No.3948]에 수록된 판본과 4대 빤첸라마 · 로쌍최끼걜챈(善慧法幢)의 『보리도등론석희연(菩提道燈論釋喜宴)』, 뺄망 · 꾄촉걜챈(稀寶勝幢)의 『보리도등론석승희공운(菩提道燈論釋勝喜供雲)』, 걜찹 · 닥빠된둡(普稱義成)의 『보리도등론제호석(菩提道燈論醍醐釋)』, 잠괸 · 로되타얘(無邊慧)의 『보리도등론정해(菩提道燈論精解)』 등의 다른 판본, 그 외에 『무진의경(無盡意經)』 등의 다른 경문들과 대조해서 교정한 뒤 번역하였다.
2. 모본인 『보리도등론』과 『보리도등론난처석』의 게송들의 자구가 일부 일치하지 않는 것들은 『보리도등론』과 일치하게 번역하였다.
3. 본서의 티베트어 표기는 일본 토호쿠(東北) 대학의 티베트어 표기법을 따랐다.
4. { }·[ ]으로 표시한 것은 문장의 이해를 돕기 위해서 저자가 추가로 삽입한 내용이며, ( )의 표시는 저본의 표시를 그대로 따랐다.
5. 저자나 경론, 논서의 이름에 '+'으로 표시한 것은 부록에 별도로 인명의 간략한 소개와 경론의 출처를 밝혀 놓았다.
6. 본문에서 범어 'Vam' 자의 음은 '왐' 또는 '밤'으로 혼용해서 표기하였다. 이것은 판본에 의한 차이와 티베트 언어 습관에 따른 것이다.

아띠쌰 존자의 약전[1]

티베트불교에서 대은인(大恩人, Jo bo rje)으로 높여 부르는 아띠쌰(Atīśa, 982~1054) 존자는 본명이 디빰까라쓰리즈냐나(Dīpaṃkara Śrījñāna, 吉祥燃燈智)이다. 그의 광대한 역사를 『까담쩨뛰(噶當派大師箴言集)』에서 발췌, 요약하였다.

> "길상하신 아띠쌰라 부르는 그는 티베트 사람들이 싸호르(Zahor)라 부르는 인도의 동쪽 지방 방갈라(Baṅgala) 땅에서 재물과 위세가 넘치는 법왕 게왜뺄(dGe baḥi dpal, 吉祥善)과 [왕비 빼마외쎄르짼(Padma ḥod zer can, 蓮花光)의] 아들 셋 가운데 둘째 아들로 임오년(壬午年, 982년)에 탄생하였으니, 이름을 월장(月藏, Zla baḥi sñiṅ po)이라 하였다. 21세까지는 왕궁에 거주하였으며, 외도(外道)와 내도(內道)의 공통되는 학문을 배웠다.
>
> 그 뒤 아사리 아와두디빠(Avadhūtipa, 一切斷者)와 다르마락시따(Dharmarakṣita, 法護)와 싼띠와(Śantiba, 寂靜)와 나로빠(Nāropa)와 돔비빠(Ḍombhipa)와 라훌라굽타(Rāhulagupta)와 와끼쓰와라끼르띠

1 아띠쌰 존자가 티베트로 초청된 배경과 이후 행적에 대한 더 자세한 내용은 『티베트어 원전 완역 보리도등론 역해』(불광출판사, 2022)를 참고하기 바란다.

(Vākīśvarakirti, 語自在稱)와 릭빼쿠죽(Rig paḥi khu byug, 大明杜鵑) 형제와 제따리(jetāri, 勝敵)와 보디바드라(Bhodhibhadra, 菩提賢) 등을 비롯한 수많은 스승들로부터 금강승(金剛乘)의 가르침을 청문하였다. 스승님과 본존(本尊)의 권유에 따라서 29세가 되던 해, 오딴따뿌리(Otantapuri, 能飛城寺) 승원에서 대중부(大衆部)의 상좌 씰라락시따(Śīlarakṣita, 戒護)의 면전에 출가하니, 법명을 디빰까라쓰리즈냐나(Dīpaṃkara Śrījñāna, 吉祥燃燈智)라고 하였다. 그 뒤 3년 동안 법상학(法相學)을 수학하고, 자타의 학파에 정통하였다.

이후 아르야 따라(Aryā Tārā, 聖度母)의 예언대로 바다에 배를 띄워 13개월이 걸려서 [오늘날 인도네시아 수마트라 섬인] 쎄르링(金洲, gSer gliṅ / Suvarṇadvīpa)에 도착하였다. 스승이신 쎄르링빠(金洲法稱, gSer gliṅ pa)의 문하에서 12년 동안 머물면서 유가의 광행도(廣行道)의 차제를 청문하고, 조작함이 없는 보리심이 일어났다. 견해는 [양변(兩邊)에 머물지 않는] 극무주(極無住)의 중관견(中觀見)을 지녔다. 많은 본존(本尊)의 존안을 친견하였으며, 13개의 일산(日傘)을 받드는 외도의 도사와 논쟁하여 승리함으로써 13개의 일산은 아띠쌰 존자에게 바쳐졌다. 비끄라마씰라(Vikramaśīla, 戒香寺) 승원으로 초빙을 받고, 18개 열쇠의 주인이 되니, 곧 18부파(部派)

정수리의 보주(寶珠)가 되었다.

티베트 서부 지방인 뙤응아리(sTod mṅaḥ ris, 阿里)의 출가국왕 예시외(Ye śes ḥod, 智光)가 닝마빠(舊派)의 조악한 행위를 견디지 못하고 있다가 아띠쌰 존자의 명성을 듣고서, 초청하기 위해서 처음 사신들을 보냈으나 대바구니(sMyug rlon) 속에 갇혀 죽고 말았다. 두 번째 때는 예시외(智光)가 금을 채굴하기 위해서 나갔다가 가르록(Gar log)의 왕에게 붙잡힌 뒤, 몸체와 동등한 금을 가져오면 풀어주겠다고 말하자, 예시외가, '그 황금을 가지고 아띠쌰 존자를 모셔오면 나는 여기서 죽어도 좋다'고 말한 뒤, 그곳에서 죽었다. 조카인 출가국왕 장춥외(Byaṅ chub ḥod, 菩提光)가 갸·쬔뒤쎙게(rGya rtson ḥgrus seṅ ge, 精進獅子)와 낙초·로짜와(Nag tsho Lo tsā ba)를 차례로 파견해서, 마침내 아띠쌰 존자께서 61세 되던 해인 임오년(壬午年, 1042년)에 뙤응아리(阿里)에 도착한 뒤, 3년 동안 머무셨다. 녜탕(sÑe thaṅ)에서 9년, 위짱(dBus gtsaṅ)의 다른 곳에서 5년 동안 머무셨다. 존자께서 72세가 되던 갑오년(甲午年, 1054년) 누수월(婁宿月)[장력(藏曆) 9월] 8월 18일 녜탕(sÑe thaṅ) 사원에서 미륵자존이 계시는 도솔천으로 가시는 입적의 모양을 보였다. 그곳에서 남카디메(rNam mkhaḥ dri med, 無垢虛空)의 이름으로 태어난다고 말씀하였다. 일부의 전기에서 티베트에 13년 동안 머무신 것[2]

2 조오제께서 티베트에 머무신 기간에 대해서 여러 가지의 설이 있으나, 래첸·꾼가걜챈(慶喜勝幢)의 『까담최중쎌왜된메(噶當派源流)』에서, "그와 같이 조오제께서 응아리(阿里)에서 3년, 위(sBus)와 짱(gTsaṅ)의 다른 곳에서 4년, 녜탕(sÑe thaṅ)에서 6년이니, 티베트에서 13년 동안 유정의 이익을 행하신 뒤, 갑오년(甲午年, 1054년)에 누수월(婁宿月 : 藏曆 9月) 18일에 입적하였다."라고 함이 가장 정확한 기록이다.

으로 말하는 것은 뙤응아리에서의 3년과 오가는 길에서의 1년을 계산하지 않은 것이다.

저술로는 『보리도등론』과 수지법(修持法, Thugs dam)인 『소간백법(小簡百法, Chos chuṅ rgya rtsa)』의 앞부분에 후일 삽입한 25가지의 [『입이제론(入二諦論)』 등의] 소간법문들이 있다. 아띠쌰 존자의 초기 제자로는 뙤응아리의 대역경사 린첸쌍뽀(Rin chen bzaṅ po, 寶賢)와 낙초·로짜와(Nag tsho Lo tsā ba) 출팀갤와(Tshul khrim rgyal ba, 戒勝)와 출가법왕 장춥외(菩提光)와 [중앙티베트 등지에서의] 후기의 제자로는 따라불모(多羅佛母)가 예언한 돔뙨빠·갤왜중내(ḥBrom ston pa rGyal baḥi ḥbyuṅ gnas, 勝者源)와 응옥·렉빼셰랍(rṄog Leg paḥi śes rab, 妙慧)과 쿠뙨·쬔뒤융둥(Khu ston brTson ḥagrus gyuṅ druṅ, 精進堅固)과 괸빠와(dGon pa ba)와 네 명의 유가사(瑜伽師)로 알려진 낸조르첸뽀·장춥린첸(rNal ḥbyor chen po Byaṅ chub rin chen, 菩提寶)과 호닥·착티촉(lHo brag Chag khri mchog)과 차다르뙨빠(Phya dar ston pa)와 낸조르빠·셰랍도제(rNal ḥbyor pa Śes rab rdo rje)가 있다. 그 밖에도 쒸·도제갤챈(gZus rDo rje rgyal mtshan)과 롱빠·가르게(Roṅ pa ḥGar ḥges)와 욜최왕(Yol chos dbaṅ) 두 형제와 샹쮠예르빠(Shaṅ btsun yer pa)와 곰빠대빠라마(sGom pa dad pa bla ma) 등이 있다."[3]

---

3 『까담쩨뛰(Legs par bśad pa bkaḥ gdams rin po cheḥi gsuṅ gi gces btus nor buḥi baṅ mdzod, 噶當派大師箴言集)』, pp.55~57, 青海省, 青海民族出版社, 1996, China.

여기에는 1.『보리도등론』의 일람(一覽), 2.『보리도등론』의 네 가지 위대성, 3.『보리도등론』의 도차제의 중요성, 4. 도차제의 중요성을 간과함의 결과, 5.『보리도등론』과『보리도등론난처석』을 독해하는 법, 6.『보리도등론난처석』에 대한 오해의 여섯 가지가 있다.

1.『보리도등론』의 일람

『까담쩨뛰(噶當派大師箴言集)』에서는 다음과 같이 말하였다.

> "불세존은 처음도 선량하시니, 대보리를 향해 발심하시고, 중간도 선량하시니, 복혜(福慧)의 두 가지 자량(資糧)을 쌓으시고, 최후도 선량하시니, 정등각을 이루심도 오로지 유정의 이익을 위함이시다. 또 유정의 이익을 실제로 행하는 것도 성불한 뒤, 법을 연설해서 해탈시키는 것이다.
>
> 그 또한 초전법륜(初轉法輪)의 단계에서는 사제(四諦)를 위주로 연설해서 윤회에서 출리하는 것을 설하여 보이시고, 뛰어난 복분의 근기가 날카로운 대상에게는 공성을 별도로 분리한 뒤 거두어들이니, 직접 공성을 연설하였다. 중전(中轉)의 무상법륜(無相法輪)

의 단계에서는 반야·공성을 직접 널리 설하여 보이시고, 후전(後轉)의 분별법륜(分別法輪)의 단계에서는 모든 유정에게 여래장(如來藏)이 있음으로써, 발심하는 것이 마땅함을 설하여 보였다.

잘 설해진 법들인 현밀의 모든 교법은 삼장(三藏)에 거두어지고, 그것들이 빠짐없이 성불의 방편이 되는 것을 직·간접적으로 설하시고, 그 모두의 실천하는 궁극의 요의(要義) 또한 두 가지 보리심을 벗어나지 못함으로써, 미륵자존께서 대·중·소의 세 가지 반야경의 숨겨진 은의(隱義)를 통달하는 현관(現觀)을 잘 열어 보이신 가운데, 이생범부가 처음에 실천하는 법을 『현관장엄론(現觀莊嚴論)』의 첫머리에서, '적멸을 추구하는 성문들'이라는 등으로 설해 보인 우빠데샤(敎誡)에 의거해서 심오하고 광대한 법(法)[4]을 설해 보이고, 숨겨진 은의(隱義)를 조오제(jo bo rje, 大恩人) 아띠샤 존자께서 일시에 도(道)의 차제로 열어 보인 것이 『보리도등론』이고, 그 가운데 발심(發心)을 별도로 분리해낸 것이 로종(Blo sbyoṅ, 修心)의 가르침으로 알려졌다."[5]

이렇게 설함과 같이, 불세존의 모든 교법은 삼장(三藏)에 거두어지고, 모든 수증(修證)의 교법은 또한 삼학(三學)에 거두어지고, 이것은 또한 하사와 중사와 상사의 셋에 거두어지는 도리를 『현관장엄론』의 우빠데샤(敎誡)에 의거하여 삼사(三士)의 도차제로 구성해서 성불의 정로를 열어

---

4 여기서 '심오하고 광대한 법(法)'은 『현관장엄론(現觀莊嚴論)』의 소전(所詮)의 팔사(八事)인 기지(基智) 난해한 의미들을 『보리도등론』에서 밝혀 놓았다는 뜻이다.

5 『까담쩨뛰(噶當派大師箴言集)』, pp.2~3.

보인 가운데, 특별히 무주처열반을 수행의 목표로 삼고 대승의 길을 가는 상사(上士)인 보살의 바른 수행의 길을 밝혀놓은 것이 바로 『보리도등론』인 것이다. 이것은 본송(本頌)에서,

> "뛰어난 유정들로 대보리를
> 희구(希求)하는 그들에게,
> 스승님들께서 설해 보인
> 바른 방편을 설하고자 한다."

라고 설함으로써 분명하게 알 수 있다.

간추려 설명하면, 로쌍·노르부·샤쓰뜨리(Lobsang Norbu Shastri)가 범어로 새롭게 복원한 『BODHIPATHAPRADĪPAḤ(菩提道燈論)』의 서문에서, "이 가운데서 한 보특가라(人)가 성불하는 차제를 삼사도의 수행차제에 거두어서 제시하고, 현밀의 수행도(修行道)를 전부 논설의 대상으로 삼고 있다. 그 또한 ① 죽음과 무상(無常)을 사유해서 가만(暇滿)의 사람 몸에서 해탈의 정수를 취하도록 권유하고, ② 이생의 집착에서 마음이 돌아서지 못하면 불법을 닦는 대열에 들어오지 못하고, ③ 오온(五蘊) 등을 실재하는 것으로 집착하면 해탈하지 못하고, ④ 타인의 이익을 이루려고 하는 뛰어난 의요(意樂)가 마음에서 일어나지 않으면 대승의 길에 들어가지 못하고, ⑤ 대승의 길 또한 방편과 반야를 분리해서 공성만을 닦는 것으로는 또한 성불하지 못하는 도리에 이르기까지의 도(道)의 차제를 완전하게 설함으로써, 논설코자 하는 소전(所詮)을 완전하게 갖추고, ⑥ 그 전체를 수행의 차제로 잘 묶어 놓아서 실천하기가 수월하고, ⑦ 대승의 아사리인 나가르주나(龍樹)의 부자(父子)와 아쌍

가(無着)와 바쑤반두(世親) 형제의 비공통의 교설을 오롯이 드러냄으로써, 다른 학설에 비해서 매우 뛰어난 것이니, 요약하면, 이 논서는 다음의 네 가지의 위대한 점을 통해서 크게 뛰어난 것이다."[6]라고 함과 같다.

2.『보리도등론』의 네 가지 위대성

일찍이 티베트에서는 마하빤디따(Mahāpaṇḍita, 大智者)이신 아띠쌰 존자의 많은 저술들 가운데에서도 뿌리와 같은 모본(母本)이『보리도등론』이라고 알려졌다. 더불어 이 논전은 네 가지 위대함이 있다고 고래로 높이 평가를 받았다.

그러므로 4대 빤첸라마·로쌍최끼갤챈(善慧法幢)은 그의『보리도등론석승소희연(菩提道燈論釋勝笑喜宴)』에서 설하길, "법의 위대성에는 넷이 있다. 선지식 락쏘르와(Lag sor ba)께서, '이것은 논전을 이해하는 신비한 열쇠이다. 신비한 열쇠 하나가 모든 자물쇠를 여는 것과 같이, 이『보리도등론』을 여실하게 깨달으면 삼장(三藏)을 남김없이 통달하게 된다.' 라고 하였으며, 선지식 낙초·로짜와(Nag tsho Lo tsā ba)도 또한, '이것은 반야바라밀다의 수증법(修證法)이다.'라고 설하였다."[7]라고 하였다. 또한 쫑카빠 대사는『보리도등론』의 위대함을 네 가지로 정리하여 그의『보리도차제광론(菩提道次第廣論)』에서 다음과 같이 설하였다.

---

6 『BODHIPATHAPRADĪPAḤ(菩提道燈論)』,「해제(解題)」, pp.xxxvii.

7 『보리도등론석승소희연(菩提道燈論釋勝笑喜宴, Byaṅ chub lam gyi sgron maḥi rnam bśad phul byuṅ bshad paḥi dgaḥ ston)』, p.161, 목판본 인쇄 파일.

> "이 논전의 교계의 위대함에는 넷이 있으니, ① 모든 성교(聖敎)를 모순됨이 없이 이해하는 위대함, ② 모든 성언(聖言)이 남김없이 교계로 출현하는 위대함, ③ 여래의 깊은 뜻을 수월하게 얻는 위대함, ④ 큰 죄행이 저절로 소멸하는 위대함이다."[8]

이제 위에서 언급한 네 가지 위대성에 대하여 좀 더 설명하면, 로쌍·노르부·샤쓰뜨리(Lobsang Norbu Shastri)의 『BODHIPATHAPRADĪPAḤ(菩提道燈論)』의 서문에서는 다음과 같이 논설하였다.

> "이 논서는 다음의 네 가지 위대한 점을 통해서 크게 수승한 것이니, 첫째, 이 우빠데쌰(敎誡)에 의지함으로써 여래께서 허다한 교화 대상들의 이익을 위해서 현밀과 갖가지 수레 등에서 설한 미요의(未了義)와 요의(了義)의 모든 교설 일체를 직접 또는 간접적으로 일부는 도(道)의 핵심으로 삼고, 일부는 도의 지분으로 삼는 등 한 중생의 성불 방편으로 분명하게 이해하는 확신을 쉽게 가지게 함으로써, 모든 불법을 모순 없이 깨닫게 하는 위대함이다. 둘째, 붓다의 교법인 현밀(顯密)의 경전과 논전들에서 단 하나의 글자도 버리지 않는 것에서부터 수행의 첫 단계인 선지식을 사사하는 도리에서 시작하여 사마타(止)와 위빠사나(觀)에 이르기까지의 각각의 도차제를 곧바로 실천할 수 있는 차제로 묶어놓

8 『보리도차제광론(菩提道次第廣論, Lam rim chen mo)』, p.12. 青海民族出版社, 1985, 西寧, China.

아 쨰곰(dPyad sgom, 觀修)과 족곰(ḥJog sgom, 住修)[9]의 요체를 완전하게 이해하게 만들어줌으로써, 모든 경문이 우빠데샤로 출현하게 만드는 위대함이다.

셋째, 그 도리에 의지해서 여래의 구경의 의도인 해탈과 일체지자로 향하는 도차제의 본질과 순서, 수목(數目) 등을 쉽게 알게 함으로써, 붓다의 의취를 어려움 없이 얻게 만드는 위대함이다.

넷째, 그와 같이 대소승과 요의와 미요의의 경전들에 대하여 좋고 나쁜 생각들을 가지는 법을 유기하는 죄행과 또한 삼사(三士)의 수행도의 같지 않은 점들을 바르게 인식하게 함으로써, 모든 죄행을 간접적으로 물리침으로써 법을 버리는 큰 죄행이 저절로 없어지게 하는 위대함이다."[10]

3.『보리도등론』의 도차제의 중요성

위에서 언급한『보리도등론』의 네 가지 위대성은 그 가르침이 가져오는 유익한 결과의 측면에서 설한 것이다. 실제로 이러한 결과가 오기 위해서는,『보리도등론』의 핵심인 도차제(道次第)의 법문과 상사도(上士道)의 핵심인 원심(願心)과 행심(行心) 두 가지 보리심의 뜻을 올바르게 이해해야 한다. 그리고 현밀의 서로 다른 수행체계가 모두 이 두 가지 보리심

---

9 쨰곰(dPyad sgom, 觀修)과 족곰(ḥJog sgom, 住修)의 둘은 티베트불교에서 사용하는 용어이다. 쨰곰(觀修)은 위빠사나(觀)와 같은 뜻으로 제법의 실상(實相)을 분석하는 것이고, 족곰(住修)은 사마타(止)와 같은 뜻으로 어떤 대상에 마음을 일념으로 머물게 하는 것이다.

10『BODHIPATHAPRADĪPAḤ(菩提道燈論)』,「해제(解題)」, pp.xxxvii~xii.

의 토대 위에서 성립된 것임을 이해한 뒤, 먼저 반야와 방편 또는 대비와 공성의 수습이 이루어지고, 그 결과로서 경론에서 설하고 있는 표준적 체험이 뒷받침이 되어줄 때, 비로소 양대 대승인 바라밀다승과 진언승의 수습차제에 들어갈 수 있는 것이다.

이것은 쫑카빠(Tsoṅ kha pa) 대사의 『보리도차제약론(菩提道次第略論)』에서, “요약하면, 심오한 경전의 뜻을 주석한 많은 뛰어난 지자들이 [무아의] 진실의(眞實義)를 결택하면서, 허다한 성언(聖言)과 정리(正理)를 통해서 세밀하게 분석한 것은 그릇된 집착으로 그같이 집착하는 그 자아가 있지 않음과 그 자아가 공적함을 보지 못하고서는 무아와 공성을 깨닫지 못함을 본 뒤, 그와 같이 행한 그것에 대하여 확신을 얻는 것이 매우 중요한 것이다. 이같이 윤회에 얽어매는 근본인 전도된 대상을 타파한 의미를 닦지 않으면, 그것이 아닌 다른 심오한 의미로 주장하는 것들을 닦을지라도 아집은 결코 훼멸하지 못한다. 마음이 무아와 공성의 진실에 사무쳐 들어감이 없이는 아집을 결코 물리치지 못하기 때문임과 아집의 대상을 배척함이 없이는 그 대상에 마음이 왔다 갔다 하는 그것으로는 무아에 사무쳐 들어간 것으로 세우지 못하기 때문이다.”라고 설함과 같다.

이 도차제의 중요성과 연계하여 한 가지 더 언급하면, 오늘날 우리가 일상에서 어렵지 않게 접하는 도차제의 법문과 로종(blo sbyoṅ, 修心)의 가르침이 티베트불교의 교학과 수행체계로 받아들여지고, 확고하게 자리 잡기까지 어려웠던 과정을 이해하는 것도 중요하기에 잠깐 말하고자 한다.

현재 우리가 접하는 로종(修心)의 가르침의 형태는 선지식 채카와(ḥChad kha ba, 1101~1175)께서 편집하신 『수심칠사(修心七事, Blo sbyoṅ don bdun ma)』에 의거한 것으로서, 처음부터 그렇게 로종의 법문이 체계화되어 전파된 것이 아니었다. 단지 제자들에게 수행의 구결로서 한 구절 한 구절씩 오랜 세월에 걸쳐서 단편적으로 전해져 오던 것을 격식을 갖춘 법문의 형태로 취합하여 처음의 전행(前行)에서부터 마지막의 교훈에 이르기까지의 일곱 항목으로 정리하여 후학을 가르친 효시가 『수심칠사』였다. 이렇게 완전한 형태로 정비되기까지 걸린 시간을 산정하면, 처음 조오제(大恩人)와 돔뙨빠(ḥBrom ston pa)로부터 뽀또와(Po to ba)와 쌰라와(Śa ra ba)의 시대를 거쳐서 선지식 채카와에 이르기까지 100년이 넘는 세월이 걸렸으며, 이것을 토대로 해서 허다한 주석서들이 또한 저술되기에 이르렀다.

이러한 사정을 『까담쩨뛰(噶當派大師箴言集)』에서 전하길, "선지식 락쏘르와(Lag sor ba)가 선지식 카루와(Kha ru ba)의 회상에서 5년 동안 사사하였다. 그가 말하길, '내가 선지식 돔뙨빠로부터 한 마디 한 마디씩 들은 것을 하나로 정리해서 연설해 보이는 격식을 만들었다.'라고 설하였다."라고 하였다.[11]

또 『보리도등론』에서 설하는 삼승(三乘)의 도차제의 가르침을 예로 들면, 이 법문은 조오제(大恩人)께서 1042년 구게(Gu dge) 왕국에 들어와서 법왕에게 첫 법문을 개시한 이래 라싸 근교의 녜탕(sÑe thaṅ) 사원에서 1054년 입적할 때까지 줄곧 해온 법문이었지만, 아띠쌰 존자의 입장에서 관찰할 때 도차제의 깊고 광대한 의취를 올바르게 체득한 제자는 선지식 돔뙨빠를 제외하고서는 있지 않았기에, 임종 시에 이 법문을

11 『까담쩨뛰(噶當派大師箴言集)』, p.3.

다른 제자에게는 부촉(付囑)하지 않고 오직 돔뙨빠에게만 부촉한 사실이 다수의 문헌에 기록되어 있다. 예를 들면, 4대 빤첸라마의 『보리도등론석승소희연(菩提道燈論釋勝笑喜宴)』에서, "이 도차제를 조오제께서 선지식 돔뙨빠에게 은밀하게 교수하였다. 돔뙨빠께서 여쭙길, '당신께서는 다른 사람에게는 밀주(密呪)의 교계를 주시면서, 제게는 이 도차제를 주시니 어떻게 된 겁니까?'라고 여쭙자, 조오제께서 답하길, '내가 자네가 아니고선 달리 줄 곳을 얻지 못했다.'라고 하신 뒤, 이 구결을 선지식 돔뙨빠에게 부촉하고, 그를 교법의 법주로 가지(加持)하였다."라고 하였다. 이 사실에서 도차제의 가르침은 어렵지 않은 까닭에 누구나 쉽게 알고 강설할 수 있는 법문이지만, 이것을 『현관장엄론』의 우빠데사와 용수 보살의 『보리심석(菩提心釋)』과 적천(寂天) 보살의 『입보리행론(入菩提行論)』 등을 비롯한 대승의 준거가 되는 논전들의 의취와 연계해서 그것을 깊이 체득하고, 또한 해탈의 성채로 들어가는 오류가 없는 올바른 수행체계로 받아들인다는 것이 얼마나 어려운 일인가를 알 수가 있다.

이러한 까닭에 일찍이 『보리도등론』의 중요성을 인식한 쫑카빠 대사가 자기의 스승이신 우마와(dBu ma ba)[12]에게 올리는 서한에서, "자신이 여래의 말씀들 전체가 그대로 성불의 교계임을 깨닫게 된 사연을 다음과 같이 피력하였다. [그것을 투우깬·로쌍니마(Thuḥu kvan Blo bzaṅ ñi ma)의 『투우깬둡타(Thuḥu kvan grub mthaḥ, 宗教源流史)』에서,]

---

12 우마와(dBu ma ba)는 싸꺄빠의 고승으로 쫑카빠 대사의 스승님들 가운데 한 분이다. 『역대장족학자소전1(歷代藏族學者小傳一)』에 의하면, "가와동(dGaḥ ba gdoṅ, 寺名)에서 스승 우마와의 통역으로 문수보살님에게 현밀의 난해한 문제들을 물었다."라고 기록하고 있다.

'오늘날 티베트에는 현밀의 두 방면에 걸쳐서 무수한 교계들이 드러나 있으며, 그 전부들 역시 어떠한 불보살들로부터 전승되지 않은 것이 하나도 없습니다. 그렇지만, 단지 각각의 이담(Yi dam, 本尊)들이 설한 교계라는 이유로 인해서, 여타의 교계들을 수용하지 않는다면 편협한 생각에 떨어지게 되어서, 도(道)의 올바른 심요(心要)에 대한 명쾌하고 확실한 이해를 얻을 방법이 없습니다. 그러므로 사사로움이 없는 마음을 지닌 이들이 오류가 없는 올바른 길을 추구하면, 쑤뜨라(契經)와 딴뜨라(密續)로 논쟁의 여지가 없는 그것들과 또한 어긋나지 않고, 그것들에서 설하는 바를 섭수(攝受)하니, 그 또한 한 대승의 도리에 수순해서 요의(了義)와 미요의(未了義)를 바르게 변별해서 다른 쪽으로 인도하지 못하게 정리(正理)로 무해(無害)하게 성립시키는, 결코 없어서는 안 되는 것으로 드러남으로써, 모든 경언(經言)과 그것의 의취(意趣)를 추구하는 더러움이 없는 정리의 문을 크게 중시한 뒤, 그것을 마음 흐름에 낳게 하는 차제[교계]가 이전부터 많이 전해오고 있을지라도 그 정도에 만족하지 않고, 오로지 교법을 얻고자 하는 염원으로 간절함을 일으켜서, 본존과 스승을 하나로 여겨서 끊임없이 기원하고, 갖가지 수복정죄(修福淨罪)의 법들을 힘써 닦은 결과, 지금은 모든 경언(經言)과 그 의취를 밝히는 큰 논전들에 대하여 단지 한 부분만이 아닌 그 전체가 모두 실천되어야 함을 깨닫게 되었습니다.

그리고 또한 이 도리에 대해서 분명한 확신을 어려움이 없이 낳게 해주는 그것이, 내외의 모든 학파의 바다와 같은 교설에 통달함은 물론이고, 내도(內道)의 삼장(三藏)의 정수인 삼학(三學)의 심요를 전도됨이 없이 통달한 뒤, 단지 이론에만 그치도록 하지를 않고 실천수행에 들어가게 함에도 빼어나서, 실지(悉地)를 얻은 허다한 선지식들이 크게 섭수하고, 현밀의 무수한 본존들이 호념하고 가지한 대보살 디빰까라쓰리즈냐나(Dīpaṃkara Śrījñāna, 吉祥燃燈智)의 교계인 보리도차제(菩提道次第)였습니다. 이것이 현밀의 차제를 전도됨이 없이 바르게 결택한 희유한 구결임을 보고 나서, 저 또한 제자의 인도차제(引導次第)를 단지 그 위에 얹어서 가르치고 있습니다. 이 교계는 또한 모든 경론(經論)과 교계들의 전부를 하나의 도차제(道次第)로 엮어서 교시함으로써, 강설하고 청문하는 양쪽이 그와 같이 강론하고 수습한다면, 비록 그 구결의 양이 적음에도 불구하고 모든 경론의 차제를 자연스레 안배하게 됨으로써, 여타의 많은 갖가지 교계들을 별도로 설하지 않아도 되는…….'[13]

위와 같이 쫑카빠 대사는 아띠쌰의 『보리도등론』이 비록 68게송으로 이루어진 단문에 불과할지라도 거기에 담겨 있는 의미가 광대하고 심원할 뿐만 아니라, 특히 삼사도의 차제에 의해서 현밀과 대소승의 모든 붓다의 교설을 하나로 묶어서 한 유정을 성불의 길로 완벽하게 인도하는 이 교계야말로 최고의 수행구결이라고 깨달은 것이다.

그 결과, 『보리도차제광론』을 구상하면서 삼사도의 차제에 따라서 전체를 하사(下士)와 중사(中士)와 상사(上士)의 삼사도로 크게 구별한 다

---

13 『투우깬둡타(Thuḥu kvan grub mthaḥ, 宗教源流史)』,pp.260~261.

음, 여기에 제자의 인도차제를 추가해서 강론과 청문의 법도를 책머리에 규정하였다. 그 뒤, 돌룽빠(Gro luṅ pa) 대사의 『교차광론(教次廣論)』에서 설하듯이, 선지식을 사사하고, 사람 몸의 귀중함과 무상과 윤회의 고통을 사유하고, 율의를 지키고, 보리심을 일으켜서 십바라밀을 닦고, 반야바라밀다로 제법의 법성을 얻어서 차례로 십지와 오도를 증득한 뒤, 불과(佛果)를 얻게 하는 10단계의 교설을 뼈대로 삼아서 『보리도차제광론』을 저술하였다.

또한 특별히 상사도의 차제를 보리심의 생기와 수습 등을 다룬 대승의 총론과 수행의 핵심이 되는 선정바라밀과 반야바라밀을 다시 사마타장과 위빠사나장으로 각각 독립시킨 뒤에, 준거가 되는 경론들의 청정한 교리에 의거해서 상세하게 해설을 가함으로써 하나의 완벽한 수행차제를 구축하였다.

그러므로 『보리도차제광론』은 아띠쌰 존자가 전수하는 인도불교의 삼대전승(三大傳承)[14]에다, 티베트에서 생성된 여타 도차제의 장점들

---

14 [심견(深見)과 광행(廣行)과 가지(加持)의] 삼대전승(三大傳承)은 옛날 인도에서 유행하였던 대승불교의 세 가지 전승으로 문수보살에서 용수 보살로 이어지는 심관전승(深觀傳承)과 미륵보살에서 무착 보살로 이어지는 광행전승(廣行傳承), 그리고 문수보살에서 적천 보살로 이어지는 가지전승(加持傳承) 또는 지금강불에서 띨로빠로 전승되는 밀교의 가지전승(加持傳承)을 말한다. 이것은 또한 아띠쌰(Atiśa) 존자의 교증(教證)의 법통이자 그의 가르침의 특색이기도 하다.
아띠쌰 존자께서 입적을 앞두고 자기의 후계자로 돔뙨빠(ḥBrom ston pa)를 지목한 뒤, 자신의 전승법통에 대하여 제자들에게 하신 말씀을 『까담최중쌜왜된메(噶當派大師箴言集)』에서, "조오제(大恩人) 아띠쌰께서 녜탕(sÑe thaṅ) 사원에서 이타사업을 위해서 열반에 들 무렵 돔뙨빠·걀왜중내(ḥBrom ston pa rGyal baḥi ḥbyuṅ gnas, 勝者源, 1004~1064)를 후계자로 정한다고 말씀하시며, 미륵 보살과 아상가(無着), 바수반두(Vasubandu, 世親), 촉데(mChog sde, 勝軍), 비니따쎄나(Vinītasena, 戒軍), 닥빼뺄(Grags paḥi dpal, 吉祥稱), 하리바드라(Haribhadra, 770~810, 獅子賢), 꾸쌀리(Kusali) 형제, 쎄르링빠(金洲法稱)로 전해오는 광행전승(廣行傳承)도 내가 가지고 있다. 문수보살과 유무(有無)의 변집견(邊執見)을 파괴하는 용수 보살과 짠

을 배합시킴으로써, 대소승의 모든 가르침들이 응축되어 있는 불교 수행론의 결정판인 셈이다.

결론적으로 쫑카빠 대사의 『보리도차제광론』은 '특별히 이 교계의 교전은 『보리도등론』이다. 그러므로 그 논의 저자가 또한 이 논의 저자인 셈이기도 하다.'라고 스스로 말한 바와 같이, 돌룽빠 대사의 『교차광론(敎次廣論)』이 중관자속견의 입장에서 『보리도등론』을 해설한 독보적인 주석서라면, 쫑카빠 대사의 『보리도차제광론』은 중관귀류견의 입장에서 『보리도등론』의 교의를 해설한 완벽한 주석서라고 할 수 있다."[15]

일찍이 이러한 도차제의 중요성을 인식한 낙초·로짜와(Nag tsho lo tsā ba) 역시 그가 기록한 아띠쌰의 『팔십찬(八十讚)』[16]에서, "참된 선지식

드라끼르띠(Candrakīrti, 月稱), 위드야꼬낄라(Vidyākokila, 明杜鵑), 붓다빨리따(Buddhapālita. 佛護)로 전해오는 심관전승(深觀傳承)도 내가 가지고 있다. 대비여래이신 지금강불(持金剛佛)과 일체지자(一切智者)인 띨로빠(Tillopa), 나로빠(Nāropa)와 돔비빠(Ḍombhipa), 라마제(Bla ma rjes)로 전해오는 가지전승(加持傳承)도 내가 가지고 있다."라고 한 것을 통해서 그의 법통을 알 수가 있다.

15 졸저, 『까말라씰라의 수습차제 연구』, pp.245~247.

16 아띠쌰(Atīśa)의 『팔십찬(八十讚)』은 낙초·로짜와(Nag tsho lo tsā ba)가 아띠쌰 존자의 탱화를 조성한 뒤 그 뒷면에다 80게송으로 구성된 『팔십찬』을 지어서 기록한 것을 말한다. 『까담최중쎌된(噶當派源流)』에 의하면, "낙초·로짜와가 녜탕(sÑe thaṅ) 사원에서 고향인 뙤응아리(sTod mṅaḥ ris)로 떠날 무렵, 조오제(大恩人)께서 많은 가르침을 주었다. 승락륜제삼서언왕(勝樂輪制三誓言王)의 존상을 손에 쥐어준 뒤 가지하고, 『비나야경(毘奈耶經)』과 『밀집금강속(密集金剛續)』의 범본과 특별히 송별의 법[도최(ḥGro chos)]으로 『관자재보살성취행법』 등의 20가지의 은밀법(隱密法, sBas chos)을 하사하고, 많은 예언을 하였다. 또한 붉은 전단나무에 그린 엄지손가락 크기의 아띠쌰의 화상(畵像)도 가우(Gaḥu, 小佛龕) 속에 넣고 어깨에 건 채, 크게 기뻐하고 기뻐하였다.
그가 고향에 돌아온 뒤 길이가 16척(尺)에 달하는 큰 광목천에다 인도의 화가 끄리스나(Kṛṣṇā)와 상의해서 위쪽에는 조오제의 본존들을 그리고, 그 아래에 양쪽에는 조오제의 스승님 12분의 초상을 그렸다. 중앙에는 조오제의 초상을 실제 크기와 같이 그려 넣었다. 또 좌우 양쪽에는 인도 시자들의 입상(立像)을 그렸다. 양쪽 가장자리에는 조오제의 행적들을 그렸고, 하단에는 돔뙨빠·걜왜중내(ḥBrom ston pa rGyal baḥi ḥbyuṅ gnas)와 쿠뙨·쬔뒤융

을 여의고, 대승의 경장(經藏)도 청문하지 않고, 대비에서 생겨난 보리심을 버린 뒤, 오로지 밀주(密呪)만을 행하면, 야차(夜叉) 금강수(金剛手)와 나찰과 식육귀(食肉鬼)로 태어난다. 당신의 반야와 자비로 대승의 길에 들어갔나이다. 밀속(密續)의 의취를 바로 알지 못하고, 글자 그대로 행하는 모든 진언사들이 삿된 길에 들어가 있음을 본 뒤, 당신께서 그들을 올바른 길에 들여놓았습니다."[17]라고 함과 같이, 올바른 수행차제를 그토록 강조하고 있음에도 그때나 지금이나 이러한 상황이 계속되고 있는 것도 또한 부정할 수 없는 사실이다.

이것은 중생의 성정이 대부분 선지식을 의지하여 도를 배워도 자기의 욕망을 이루려는 번뇌의 이기심이 강하게 작용하고, 스승들 역시 시류를 쫓아 명리를 구하려는 이기심이 앞서기 때문이라고 본다. 『까담쩨뛰(噶當派大師箴言集)』에서, "이전에 법을 여법하게 행하지 않고, 마음을 닦고 익힌 힘이 보잘것없는 탓에 세간의 망상분별이 반복해서 일어나고 또한 힘이 큰 탓에, 그것을 물리치는 특별한 대치력(對治力)에 의지하지 않으면, 적정처에 머물러도 의미가 없다. 그곳에 사는 새와 짐승과 같다."[18]라고 함과 같다고 하겠다.

그렇지만 고래(古來)로 까담(bKaḥ gdams)의 법통을 전승하는 선지식

둥(Khu ston brTson ḥgrus gyuṅ druṅ)과 응옥·렉빠쎼랍(rṄog legs paḥi śes rab) 셋을 비롯한 티베트의 제자들을 강당에서 변론(辯論)하는 모양으로 그렸다. 전면에는 낙초·로짜와 자신이 발원하는 모습을 그렸다. 그 뒷면에는 조오제의 『팔십찬』을 기록하였다. 점안의식을 행할 때 조오제께서 직접 도솔천에서 강림하기로 사전에 승인함으로써, 이 탱화는 조오제와 차별이 없었다. 상중하의 응아리(sTod mṅaḥ ris) 세 지역에서 가장 가피가 큰 성물이라고 말하였다."라고 하였다.

17 『까담쩨뛰(噶當派大師箴言集)』, pp.31~32.

18 위의 같은 책, p.61.

들은 이 도차제의 중요성을 깊이 인식하고, 이것을 무시이래 윤회생사에서 벗어나는 최고의 수행구결로 삼아서 수행에 진력하였다. 예를 들면, 위의 같은 책에서, "선지식 푸충와(Phu chuṅ ba)께서 짼응아와(sPyan sṅa ba)에게 말하길, '오신통(五神通)을 얻음과 오명(五明)에 통달함과 팔대성취(八大成就)를 얻는 것과 조오제(大恩人)의 이 도차제가 마음 흐름에 일어나는 것들 가운데 어떤 것을 선택하겠는가?'라고 묻자, 짼응아와께서 답하길, '도차제가 마음 흐름에 일어나는 것은 말할 것도 없고, 단지 도차제가 이와 같은 것이라고 아는 것을 또한 선택하겠다. 왜냐하면, 오신통을 얻음과 오명에 통달함과 팔대성취를 얻는 것을 [과거 생애에서도] 허다하게 행하였지만, 아직도 윤회에서 떠나지 못하였다. 그러나 도차제에 확신을 얻게 되면 윤회에서 돌아서게 하고, [열반에] 들어간다.'라고 하였다."[19]라고 함과 같다. 또한 같은 책에서, "선지식 대유가사(大瑜伽師)가 계율의 지킴이 청정함과 삼매가 원만한 체험을 바치자, 선지식 돔뙨빠(ḥBrom ston pa)께서 말하길, '그대는 계율의 지킴이 청정함이니, 방지해야 하는 작은 죄업조차 물듦이 없을지라도 또한 그것보다 삼매가 더 수승하니, 귓가에 이쪽저쪽에서 큰 북을 울려대도 그것을 알아차리지 못함이 있을지라도 또한 그것보다 뛰어난 것은 나의 자비의 보리심 이것이 없다면 밤낮으로 반드시 참회해야 하는 처지에 태어나는 우려가 있다.'라고 하였다."[20]라고 함과 같이, 이 도차제의 특징은 윤회의 고통에서 벗어나려는 진솔한 염리심(厭離心) 위에 자비의 보리심을 수행의 토대로 삼고 있는 것이라 하겠다.

---

19 위의 같은 책, p.60.

20 위의 같은 책, p.91.

다시 말해, 윤회의 과환(過患)을 사유해서 먼저 참된 출리심(出離心)을 일으키지 못한다면, 그 어떠한 수행의 공덕도 윤회에서 벗어나게 하는 해탈의 자량이 되지 못하고, 결국은 선취에 윤회하는 원인으로 작용하는 것을 알기 때문이다. 이 뜻을 『까담최중쌜왜된메(噶當派大師箴言集)』에서, "조오제(大恩人)께서, '삼율의(三律儀)에 안주하고 청정할지라도 또한 삼계의 윤회에서 벗어나고자 하는 출리심이 일어나지 않으면 다시 윤회의 원인이 되게 하고, 밤낮으로 몸·말·뜻의 삼문(三門)의 선업(善業)에 힘쓸지라도 또한, 원만보리로 회향할 줄 모른다면 오로지 전도된 분별에 의해서 소진되고 만다."[21] 라고 돔뙨빠를 비롯한 제자들에게 설하신 것을 통해서 알 수가 있듯이, 이러한 도차제의 가르침을 철저하게 신해하고, 그것을 해탈의 초석으로 삼아서 현밀의 수행에 들어가는 것이 아띠쌰 존자와 선지식 돔뙨빠를 추종하는 까담빠(bKaḥ gdams pa)의 종풍(宗風)이라 하겠다.

4. 도차제의 중요성을 간과함의 결과

이제 상사도(上士道)의 핵심인 대비와 공성의 수증(修證)이 경론에서 설하는 표준에 다다르지 못한 상태에서, 성급하게 도(道)의 차제를 무시하고 밀법을 닦아 일정분의 성취를 얻은 뒤에 발생하는 돌이킬 수 없는 폐해를 조금 언급해서 도차제(道次第)의 중요성을 다시 한 번 강조하고자 한다.

만약 이와 같은 도차제의 가르침을 제대로 이해하지 못하거나 체

21 『까담최중쌜왜된메(噶當派源流)』, p.4, 青海民族出版社, 青海省, 1996. 6, China.

득하지 못한 상태에서 수행차제를 어기고, 곧바로 진언밀교에 입문해서 무상유가(無上瑜伽)의 비밀법을 수행하게 되면, 비록 허다한 본존의 가피와 놀라운 신통력과 밀주의 위력과 본존의 생기와 같은 갖가지 성취의 표상들을 얻음으로 말미암아 일시적으로 대성취를 이룬 것처럼 보이나, 내적으로는 잠복된 번뇌의 습기가 정화되지 않음으로써 적절한 경계를 만나면 번뇌가 다시 치성하는 위험한 요소들이 들어 있다. 이러한 실례들은 로종(修心)과 도차제의 가르침이 널리 전파되던 12세기 무렵의 티베트불교에서 찾아볼 수 있다. 특히 이 무렵은 티베트의 후전기 불교가 본격적으로 부흥하던 시기와 맞물려서 티베트의 각지에서 뛰어난 로짜와(譯經師)들이 출현하였다. 그들은 인도와 네팔 등지로 유학한 뒤, 그곳에서 뛰어난 빤디따(智者)와 유가의 성취자들로부터 현밀의 경론들을 직접 사사하고, 동시에 밀교의 성취법도 전해 받고 직접 닦았다. 이로 말미암아 그 당시에 활약했던 로짜와들은 최고의 학승이자 밀교의 성취자들로, 역경은 물론 밀법을 널리 전파하여 티베트불교의 발전에 지대한 공헌을 남긴 인사들이었다.

그 시기에 활약하였던 저명한 역경사들 가운데 한 분으로 라·로짜와(Rva lo tsā ba)라 부르는 유명한 역경사 도제닥빠(rDo rje grags pa, 金剛稱, 1016~1198)가 있다. 그의 전기 속에는 당시의 다른 역경사와 성취자들과 겪었던 알력과 다툼 속에서 대승의 도차제에서 제일 중시하는 대비의 보리심과 승의의 보리심을 온전히 성취함 없이, 단지 선정의 힘으로 번뇌의 현행(現行)만을 제압한 상태에서 밀법을 닦아 성취한 폐단이 어떠한 것인가를 보여주는 많은 사례가 기록되어 있다. 그 가운데 세 가지만 소개하면 다음과 같다.

첫 번째의 사례로, 괴·로짜와 쿡빠해째(ḥGos lo tsā ba Khug pa lhas

btsas, 1012~1095)와 벌였던 실화가 라·예시쌩게(Rva Ye śes rdo rje, 智慧獅子)의 『라·로짜왜남타르(Rva lo tsā baḥi rnam thar, 熱譯師傳)』에 다음과 같이 전해오고 있다.

"그 뒤 따낙(rTa nag) 마을에 도착하니, 그곳에는 제자들을 널리 훈육하는 따낙의 괴·로짜와(ḥGos lo tsā ba)라 부르는 큰 라마가 살고 있었다. 특히 『밀집금강속(密集金剛續)』에 정통한 그 라마가 라·로짜와에게 말하길, '모든 딴뜨라의 왕이 『밀집금강속』이다. 그것의 청문과 강설을 하지 않고, 네팔의 몇몇 작은 빤디따에게 청문한 법은 잡된 법에 불과하니 어디도 나다니질 말라.'고 하면서 비방하였다. 그의 한 제자가 곁에 있다가 말하길, '아사리여, 그와 같이 말하지 마십시오! 라·로짜와의 가르침 또한 아주 뛰어난 바가 있습니다. 이 같은 교화사업이 어디에서 오겠습니까?'라고 하자, 그 라마가 불쾌하게 여긴 뒤, '시자여, 너는 잘 알지 못하니 입을 다물고 있으라. 『밀집금강속』의 가르침보다 더 뛰어난 법이 있지 않다.'라고 말하였다. 그 제자가 말하길, '그렇지만 라·로짜와의 스승과 제자들에게는 가피와 위력이 말한 대로 행할 수 있지만, 지금 여기에 있는 우리에게는 그와 같은 것이 없지 않습니까?'라고 여쭙자, 괴·로짜와가 말하길, '우리에게 위력이 없는 것이 아니니, 잘 보라.'고 하였다. 그 자리에서 괴·로짜와가 라·로짜와에게 남근과 함께 주살법(誅殺法)을 행하자, 어느 날 저녁 라·로짜와가 머무는 그곳에 갖가지 괴이한 현상들이 발생하였다. 시자들이, '이것이 무슨 일입니까?' 하고 묻자, 라마께서 답하길, '이것은 우리에게 괴·로짜와가 크게 저주하였기 때문이다.'라고 했다. 제자들이 말하길,

'그런데 대항하지 않는 것은 어떻게 된 일입니까?'라고 묻자, 답하길, '「밀속(密續)에서 세 차례 패하고도 후회하지 않으면 행한다.」라고 설함으로써, 심신이 혼미한 상태에서는 행법(行法)을 행함이 적절하지 않다.'라고 하였다. 그 뒤 며칠이 지나서 라·로짜와께서 몇 명의 제자에게 차와 황금을 예물을 보내고 사죄를 청하였으나, 만나지도 못하였다. 이에 라·로짜와께서 노여움을 일으킨 뒤, '그 나쁜 인간이 사죄조차 받아들이지 않으면, 이것이 필요하다.'라고 말한 뒤, 금강포외불(金剛怖畏佛)의 삼매에 들어간 뒤, 금강만도(金剛彎刀)의 사업의궤(事業儀軌)를 행함으로써, 한 달 뒤에 괴·로짜와가 명을 마쳤으며, 문수보살의 정토로 천도하였다."[22]

두 번째의 사례는 쌍카르·로짜와(Zaṅs mkhar lo tsā ba) 팍빠셰랍(ḥPhags pa śes rab, 聖慧)과 벌였던 논쟁으로, 위의 같은 책에 다음과 같이 전해오고 있다.

"그 뒤 오래지 않아서 쌍카르·로짜와가 크게 저주를 하기 시작하였다. 이에 라·로짜와께서 그를 찾아가 황금 한 냥(兩)을 올린 뒤, 주술을 행하지 말라고 청하였으나 그가 듣지를 않고 말하길, '라·로짜와, 그대는 후생의 구경거리로 신속하게 보낼 것이다.'라고 하였다. 이에 라·로짜와께서 노여움을 일으킨 뒤, '그대는 처음에는 나를 응아리(mṄaḥ ris, 阿里)의 왕과 둘이서 만나지 못하게 하였고, 중간에는 빤디따들 사이를 이간시켰고, 지금은 또한 죄 없는

---

22 『라·로짜왜남타르(Rva lo tsā baḥi rnam thar, 熱譯師傳)』, pp.157~158, 청해 민족출판사, 2012, 7, 青海省, China.

사람에게 저주를 자행하나, 내 간청을 무시한 당신을 두려워하지 않는다. 법을 닦는 자들이 서로 간에 원한을 일으킴이 어찌 옳겠는가? 만약 이것을 받아들이지 않으면 당신 좋을 대로 하라.'고 말한 뒤, 돌아왔다. 그 즉시 쌍카르·로짜와가 비사문천(毘沙門天)에게 교사하자 비사문천이 권속인 여덟 마주(馬主)와 1천만 명의 야차(夜叉) 군대를 거느리고 나타나서 라·로짜와를 공격하려고 하였다. 이에 라·로짜와가 호신륜(護身輪)을 닦음으로써 공격할 틈을 얻지를 못한 채 돌아갔다. 그리고 쌍카르·로짜와에게 이르길, '지존이시여, 틈을 얻지 못하였습니다. 바깥은 불덩어리의 휘장이 에워싸고, 안에는 금강의 장벽이 둘러쌌습니다. 그 안에 라·로짜와의 사도들이 머물고 있는데, 광명을 뚫어도 또한 뚫리지 않았습니다.'라고 말하자, 이에 쌍카르·로짜와가 비사문천을 꾸짖길, '그대는 명성이 광대하나, 실익이 없음이 이와 같다.'라고 말한 뒤, 이제 내가 나선다고 한 후, 산처럼 커다란 길상하신 금강수(金剛手)의 몸으로 변성한 뒤 다가왔다. 이에 라·로짜와께서 금강포외불(金剛怖畏佛)의 몸으로 변화한 뒤, 날카로운 뿔로 그의 몸을 들이받고 찌름으로써 목숨이 위태로운 지경에 처했다. 이에 쌍카르·로짜와가 자기 처소로 돌아간 뒤, '나는 비밀주(秘密主)의 위력을 얻음으로써, 과거에는 누구라도 또한 나를 감당하지 못하였는데, 이제 조금 허물이 생겼다.'라고 말한 뒤, 7일이 지나서 악성 종양이 발생해서 죽자, 그를 문수보살의 정토로 천도하였다."[23]

---

23 위의 같은 책, pp.211~212.

세 번째의 사례는 유명한 역경사 마르빠(Marpa)의 아들인 성취자 다르마도데(Dar ma sdo sde)와 벌였던 법전(法戰)이다. 이에 대해 위의 같은 책에 다음과 같이 전해오고 있다.

"응아몽(rŇa moṅ) 지역의 마른 하천 변에 머무를 때, 제쭌·마르빠(rJe btsun Marpa)의 아들 다르마도데도 또한 그곳의 법회에 나타났다. 라·로짜와가 황금 다섯 냥과 곡식 5백 말(斗) 등의 훌륭한 예물을 올렸다. 다르마도데의 마음에, '이 라·로짜와를 나의 제자가 되도록 교화한다면 지금 티베트의 남녀노소 할 것 없이 모두가 그를 우러러 사모함으로써, 내 교화사업에 특별함이 있게 되리라.'라고 생각한 뒤, 묻기를, '라·로짜와 당신은 어떤 스승을 사사했으며, 교계는 어떤 것을 알고 있습니까?'라고 하였다. 라·로짜와가 답하길, '나는 지존하신 바로(Bha ro)와 대학승(大學僧) 멘자링빠(Menja gliṅ pa) 두 분을 사사하였으며, 교계로는 라티낸귀(Rva khrid sñan brgyud, 耳傳口訣)를 알고 있다.'라고 하자, 다르마도데가 말하길, '교계라는 것을 말하자면, 내 아버지에게 모두 있다. 스승 또한 대학승 나로빠(Naropa)와 같은 분들을 사사하였다. 그러나 당신의 스승 바로라는 분은 외도의 요기이고, 그의 본존은 축생인 소의 형상을 하고 있고, 그 호법신은 염마왕(閻魔王)이니, 그와 같은 법은 악도에 떨어지는 원인이다. 그러므로 내 아버지의 문하에 들어옴이 마땅하다. 내게는 심오한 『희금강속(喜金剛續, Hevajra)』도 있고, 딴뜨라의 정수인 『마하마야(Mahāmāyā, 大幻續)』도 있고, 정수의 정수인 『승락금강속(勝樂金剛續, Cakrasaṃvara)』도 있고, 허공과 동등한 부속(父續)인 『밀집금강속(秘密集會續,

Guhyasamāja)』도 있고, 딴뜨라의 왕인 『금강사좌속(金剛四座續, rDo rje gdan bshi)』도 있다.'라고 하였다. 라·로짜와가 말하길, '그 또한 크게 경이로우나, 나의 법은 그들 전부를 뛰어넘으니, 이유는 이렇다. 『밀집금강속』에는 환신(幻身)과 정광명(淨光明)의 가르침이 있으나, 뚬모(gTum mo, 臍火)의 타오름과 녹아내림의 깊은 요처가 없다. 모속(母續)인 『승락금강속』에는 부속(父續)의 광대한 방편의 복된(ḥBogs ḥdon, 效果發揮)이 없다. 『희금강속』에는 애중육법(愛重六法, gCes paḥi chos drug)과 필수육법(必需六法, dGos paḥi chos bshi)이 없다. 『마하마야』에는 멸장환륜(滅障幻輪, ḥKhrul ḥkhor gegs sel)의 법이 없다. 『금강사좌속』에는 삼종전용법(三種轉用法, Lam khyel rnam gsum)이 없다. 총체적으로 말하면, 분노존과 적정존을 연계해서 닦는 법이 없고, 본존의 존안과 지물(持物) 등의 사업의궤(事集儀軌, Las tshogs)가 없다. 나의 이 법에는 그 전체가 있음으로써 뛰어난 것이다.

달리 또한 [『쌍귀(祕密續)』] 딴뜨라에서 금강포외불(金剛怖畏佛, rDo rje ḥjigs byed)을 보게 되면 모든 분노존들이 무기를 내려놓는다고 해서, 다른 분노존들 전부를 제압한다고 설하였다. 이 금강포외불의 존안과 지물 각각에는 『사집의궤(事集儀軌)』가 있다. 다른 딴뜨라에는 그와 같은 것이 존재하지 않는다. 이 금강포외불의 호법신들 또한 삼계의 유정들의 생명을 주재하는 명주(命主)이자, 선악을 판정하고, 거짓과 진실의 판별하는 큰 판정자임으로써 그 외에 특별히 무엇이 필요하겠는가?'라고 하였다. 다르마도데가 불쾌하게 여긴 나머지, '나의 아버지는 인도의 빤디따들을 사사한 뒤, 번역한 다르마임에 비하여 당신은 네팔 외도의 법을 뛰어나다고 말하는 것은 옳지 않다. 나 또한 『희금강속』의 성취자다. 당신 역시 나에 대해서 마음으로 느끼는 바가 있을 것이다. 이제 그것이 닥침으로써 우리 둘 사이에 위력(威力, Nus mthu)의 다툼이 불가피하다. 이제 바야흐로 당신이 번역한 법들을 하나도 남김없이 내가 소멸시킨다.'라고 말한 뒤, 말을 타고 돌아갔다.

그 뒤 다르마도데가 한 달 동안 폐관한 뒤, 『희금강본속(喜金剛本續)』에서 설한 바와 같은 위력을 수련한 뒤 저주를 행하였다. 그러자 라·로짜와의 사도들이 다른 지역으로 내려가는 도중에 시자 한 명이 말에서 떨어져 죽는 등의 불길한 징조들이 일어났다. 라·로짜와 또한 마음이 심란해서, '보답은 없고 이렇게 해악을 끼치는 것은 옳지 않다. 그러면 이제 나 또한 후생의 유희를 위해서 급히 감이 마땅하다.' 하고 말한 뒤, 다시 옌마르(dBen dmar) 지방으로 향하여, 그곳에 도착하였다. 저녁에 광명의 현시 속에 다르마도데를 처단하지 않으면 자신이 번역한 모든 법이 소멸하는 것을 본 뒤, 호법신들을 소집하였다. 그들이 눈앞에 대령하자 그들에게, '다르마도데의 심장을 가져오라.'라고 명령하자, 그 순간 그들이 광풍으로 변한 뒤, 호닥(lHo bras) 지방으로 갔다. 잠시 후 해골 속에 심장을 담고 만도(彎刀)로 봉해서 가져왔다. 호법신이 말하길, '그는 본래 교법을 호지(護持)하는 좋은 사람일지라도 교만한 마음이 큰 까닭에 당신의 전승교법에 해악을 가함으로써 가져온 것이니, 이제 주살호마(誅殺護摩)를 행하라.'고 말한 뒤 사라졌다. 곧바로 주살호마를 행하자 불꽃 전체가 갖가지 무기들로 변한 뒤 활활 타오르고, 연기 또한 전부 싸쑤르(Śa gsur, 肉煙供)의 향취로 변하는 등의 갖가지 경이로운 현상들이 일어났다. 다음 날 다르마도데가 말에서 떨어져 죽자, 그를 문수보살의 심장으로 천도시켰다.”[24]

위의 사례에서 보듯이 비록 현밀의 교법에 통달하고, 밀법을 닦아서 크게 성취하고, 무수한 유정들을 교화하는 등의 외적인 성취를 이룰지라도, 세밀하게 들여다보면 단지 거친 번뇌의 현행(現行)만을 제압하고 마음 흐름에 깊이 잠복된 미세한 실집(實執)의 번뇌를 무명과 함께 끊어버리지 못한 상태에서, 밀법을 닦아 자기의 몸이 본존의 형상으로 변성하는 등의 놀라운 삼매와 신통의 힘을 성취한 것은 번뇌를 일으킬 대상마저 소멸한 제법무아(諸法無我) 또는 공성의 진리를 깨닫지 못한 것이기에 참된 성취가 아니다. 여기에는 사물이 있음을 보는 상집(相執)의 무명이 그대로 남아 있는 것이다. 『밀집금강속』에서, “이들 사물은 무생(無生)이니, 법과 법성이 없음이며, 허공처럼 무아(無我)이니, 이 보리의 도리는 견고하도다.”라고 함과 같이, 일체 법이 무생임을 알지 못한 채 유상(有相)을 닦는 것으로는 해탈을 얻지 못한다. 그러므로 『만수실리유희경(曼殊室利遊戲經)』에서, “‘동녀여! 어떻게 보살들이 [번뇌의 적들과의] 싸움에서 승리하는가?’라고 하자, 답하되, ‘문수보살이여, 여실히 관찰해서 일체의 법을 가히 보지 않는 그것입니다.’라고 하였다.”라고 하였듯이, 공성과 무아를 온전히 체득하지 못한 상태에서 밀법을 닦아 성취하는 것은 마치 외도인 학쬐(增上行)가 무아를 닦지 않고 선정만을 닦아 성취한 뒤, 다시 번뇌에 떨어져서 윤회하는 것과 같은 것이다. 그러므로 『삼마지왕경(三摩地王經)』에서 다음과 같이 설하였다.

---

24 위의 같은 책, pp.198~201.

"비록 이 삼마지를 닦을지라도
아상(我想)을 파괴하지 않으면,
번뇌는 다시 치성하게 되는바,
이는 외도 학쬐의 수선(修禪)과 같다.

만일 제법의 무아를 사유하고
또한 관찰하고 만약 닦는다면,
그것은 해탈과를 낳는 정인이며,
다른 인으로는 적멸을 얻지 못한다."

그러므로 대승의 수행요체는 먼저 도차제에 의지해서 모든 유정을 자애하고 자타가 평등함을 닦아서 대비의 원심(願心)을 성취한 뒤, 일체 법의 무자성(無自性)을 닦아 실집(實執)을 일으키는 무명을 소멸하여 번뇌를 끊고, 반야와 방편을 함께 닦는 고귀한 대승의 법기를 이룬 뒤, 밀법에 입문해서 신속하게 성불하여 모든 유정을 제도하는 것이 보살의 정로인 것이다.

그렇지만 이와는 달리 불보살의 화신이거나 또는 전생에 이미 대승의 종성을 성취한 극소수의 뛰어난 선근자인 경우에는 이생에서 도차제의 길을 밟지 않고, 곧바로 뛰어난 스승의 섭수 아래 비공통의 방법을 통해서 밀법의 성취자가 되는 사례도 있다. 하지만 이것은 극히 예외적인 일로, 대부분은 도차제의 길을 통해서 근기를 점차로 성숙시켜서 대승의 완전한 법기를 성취하기 때문이다.

그러므로 쫑카빠 대사의 『보리도차제약론(菩提道次第略論)』에서, "원만한 붓다는 일부의 허물이 소멸하고 또는 일부의 공덕을 갖추는 것이 아니고, 모든 허물의 종류가 소멸하고, 모든 공덕의 종류를 갖추는 것이니, 그것을 닦아 이루는 대승도 또한 모든 허물을 소멸하고, 모든 공덕을 일으킴으로써, 대승이 다른 모든 수레의 단증(斷證)의 공덕[25]들 일체가 대승의 도에 거두어지는 것이다. 그러므로 붓다를 닦아 이루는 대승도의 지분으로 모든 성교(聖敎)가 거두어지니, 단지 허물 하나를 없애거나 혹은 공덕 하나밖에 산출하지 못하는 능인(能仁)의 말씀이 있지 않기 때문임과 그 일체를 또한 대승보살이 닦아 이루지 않음이 없기 때문이다.

묻기를, '만약 바라밀다승은 그와 같을지라도 또한 금강승(金剛乘)에 입문하면 그와 같은 것이 아니다.'라고 한다면, 답하되, '바라밀다승에서 보시 등의 무변한 차별을 학습하는 법이 진언승과는 같지 않을지라도 또한, 행(行)의 기반인 발심과 육바라밀행을 학습하는 도(道)의 큰 체계에서는 같음으로써, 그 점에서 공통적이니, 『금강정경(金剛頂經)』에서, '목숨을 부지하기 위해서 또한, 보리심을 버리지 말라.'고 설함과 또한, '육바라밀을 행하는 것을 언제라도 버리지 말라.'고 설하였고, 달리 또한 많은 밀교의 전적들에서도 그와 같이 설하였다.

또한 무상유가(無上瑜伽)의 준거가 되는 많은 만다라의궤(曼茶羅儀軌)에서도 공통과 비공통의 두 가지 율의를 마땅히 받아 지녀야 함을 설한 가운데 전자가 보살계이기 때문이다. 그러므로 선지식 돔뙨빠(ḥBrom ston pa)께서, '모든 교법을 사방도(四方道)로 전용할 줄 아는 이가 나의 스승이

---

25 단증(斷證, sPaṅs rtogs)의 공덕은 단덕(斷德)과 증덕(證德)의 둘을 말한다. 단덕은 견도(見道)와 수도(修道)에서 끊는 번뇌장과 소지장과 업장(業障)과 습기장(習氣障)의 모든 허물을 끊어버린 부처님의 공덕을, 증덕은 제법의 차별상을 모두 아는 진소유지(盡所有智)와 제법의 실상을 여실하게 아는 여소유지(如所有智) 등을 증득한 부처님의 지혜의 공덕을 말한다.

다.'라고 설하였으니, 이 말은 여러모로 깊이 생각할 바가 있는 것이다."[26] 라고 설한 것은 말세의 수행자가 귀감(龜鑑)으로 삼아야 할 교훈이다.

5.『보리도등론』과『보리도등론난처석』을 독해하는 법

아띠쌰 존자께서『보리도등론』에서 상사(上士)의 길을 밝히면서 두 가지 보리심의 수습을 도의 핵심으로 삼게 된 것은 그의 수행 과정과 체험에서 찾을 수 있다. 일찍이 존자께서 석가세존이 성불하신 인도 보드가야의 마하보디 사원(大覺寺)을 참배하고 순례할 때, 두 유가녀(瑜伽女)가 허공에 출현해서 보리심의 가르침을 논하는 것을 봄으로써, 보리심의 법이 그의 교학과 수행의 핵심으로 자리 잡게 되니, 그것을『사대은인수심교계(使大恩人修心敎誡)』에서 다음과 같이 설하였다.

> "조오제(大恩人)께서 특별한 때에 보리심을 닦고 순례를 하였다. 그때 금강보좌의 동쪽 하늘에 사람의 몸은 뛰어넘었으나 천신의 몸에는 조금 못 미치고, 몸에 온갖 장신구를 걸친 두 여인이 나타나 있었다. 젊은 여인에게 나이 든 여인이 질문하는 모양을 취한 뒤, '신속하게 성불하길 원하면 어떤 방편을 학습하는가?'라고 하자, 젊은 여인이 답하길, '신속하게 성불하길 바라면 보리심을 닦아야 합니다.'라고 설한 뒤, 이 밀주(密呪)의 법을 설하였다. 두 여

---

26 『보리도차제약론(菩提道次第略論, Lam rim chuṅ ba)』, pp.10~11, Sera Je Library, 1999, Mysore, India.

인은 도모(度母)와 분노모(忿怒母)라고 말하였다."[27]

위의 일화에서 알 수 있듯이, 이것을 계기로 해서 그는 당시 보리심의 가르침에 최고로 정통한 아사리가 누구인지를 수소문한 끝에, 오늘날 인도네시아의 자바 섬에 있는 보로부두르(Borobudur) 사원이 주석하고 있던 아사리 금주법칭(金洲法稱)을 찾아갔다. 그리고 그곳에서 12년 동안 머물면서 그를 사사하여 무착(無着) 보살과 적천(寂天) 보살로부터 전승되는 두 대승의 보리심의 가르침을 완전하게 전해 받았다. 이로써 마침내 보리심의 교법이 그의 교학과 수행의 모든 방면에 걸쳐서 핵심이 되었으며, 그 가르침이 오롯하게 드러난 것이 『보리도등론』이다.

이것을 설명함에는 1) 『보리도등론』과 『보리도등론난처석』의 저술 동기, 2) 『보리도등론난처석』에서 제기하는 일곱 가지 질문, 3) 『보리도등론난처석』의 일곱 가지 질문에 대한 답변의 셋이 있다.

1) 『보리도등론』과 『보리도등론난처석』의 저술 동기

대저 『보리도등론』과 자주(自註)에 해당하는 『난처석』을 저술하게 된 동기와 목적에 대해서 살펴보면, 『보리도등론』에서는 단지 "현량한 제자 보리광(菩提光)의 간청에 의해, 보리도의 등불을 환히 밝히고자 한다."(제1송)라고 하여 그 간청의 내용이 구체적으로 어떤 것인지를 언급하고 있지 않다. 그에 비해서, 『난처석』에서는 그것을 직접 거론해서 저술의 동

27 『사대은인수심교계(使大恩人修心教誡, jo bo la rnal ḥbyor ma gñis kyis sems sbyoṅ shig ces gdams pa)』, p.121, 뵈끼쭉락십쬐캉(Bod kyi gtsug lag shib dpyod khaṅ), 2004, New Delhi, India.

기를 다음과 같이 밝히고 있다.

"현량한 제자 보리광이 항상
나에게 칠구(七句)를 질문해오기를,
'본송에서는 그 의미가 불명하다.'고
요청한 목적을 위해서 쓰고자 한다."

이제 보리광이 질문한 이 칠구(七句, Tshig bdun)를 직접 거론해서 『보리도등론』의 주석서를 저술한 4대 빤첸라마·로쌍최끼갤챈(善慧法幢, 1570~1662)의 『보리도등론석승소희연(菩提道燈論釋勝笑喜宴)』의 논설과 다른 주석서들의 논설도 인용해서 『보리도등론』 저술의 근본 동기를 밝힘으로써, 이 논전의 의취에 대하여 깊고 정확한 이해를 도모하고자 한다.

2) 『보리도등론난처석』에서 제기하는 일곱 가지 질문

먼저 4대 빤첸라마의 『보리도등론석승소희연(菩提道燈論釋勝笑喜宴)』에서 거론하고 있는 칠구(七句)와 관련된 해당 부분을 인용하면 다음과 같다.

"『대교파서(大教派書, Lo rgyus chen mo)』에 따르면, '대소승 공통의 두 가지 질문과 바라밀다승의 두 가지 질문과 진언승의 세 가지 질문이니, 모두 일곱 가지의 질문을 제기한 뒤, 대승의 뜻을 남김없이 짧은 글 속에 거두어들인 스승님 자신께서 직접 수습하신 논전 하나를 저술하여 주십시오.'라고 하는 [보리광의] 간청에 의해서, 조오제(大恩人)께서도 또한 불법 전체에 이익을 주기 위한 목적으로 토딩(Tho ldiṅ) 사원에서 이 논전을 지으셨다.
이것은 '현량한 제자 보리광의 간청에 의해,'라고 한 자주(自註)에서, 「이 티베트 땅에는 붓다의 교법인 이 대승의 도(道)를 잘못 이해하는 사람들로, 스승과 선지식의 올바른 섭수를 받지 못한 자들이 서로 다투고, 심오하고 광대한 교의를 자기의 분별로써 변석하고, 각자 어긋나는 점들이 허다하게 있으니, 그들의 의심들을 불식시켜 주시길 청합니다.」라고 나에게 거듭거듭 요청함으로써, 그의 목적을 위해서 내가 계경 등을 수순해서 보리도의 등불을 자세히 밝히고자 한다.'라고 설하였기 때문이다.
또한 도차제(道次第)의 전적들에서 '일곱 가지의 질문'이라고 말한 가운데, 구체적으로 '이것과 이것이다.'라고 명확하게 밝히지는 않았다. 뙤응아리(sTod mṅaḥ ris, 上部阿里) 지방에 아띠쌰 존자께서 도착하였을 때, 역경사(譯經師) 쿠뙨·쬔뒤융둥(Khu ston brTson ḥgrus gyuṅ druṅ, 精進堅固)과 응옥·렉빠쎄랍(rṄog Leg paḥi śes rab, 妙慧) 등의 여섯 명이 다음과 같이 다섯 가지의 질문을 하였다.

'① 방편과 지혜의 분리에 의해서도 성불합니까, 하지 못합니까?
② 보살계의 기반으로 별해탈계(別解脫戒)가 필요합니까, 필요하지 않습니까?
③ 금강아사리(金剛阿闍梨)의 관정을 받지 않고도 딴뜨라(密續)를 강설함이 가능합니까, 가능하지 않습니까?
④ 상위의 [비밀(秘密)과 반야지(般若智)의] 두 관정을 범행자(梵行者)가 받는 것이 가능합니까, 가능하지 않습니까?

⑤ 관정을 받음이 없이 비밀진언을 수행하는 것이 가능합니까, 가능하지 않습니까?'

조오제(大恩人)께서 답하시길, '자네들은 생각이 없는[28] 사람들이다. 그보다 더 많은 것들을 출가법왕 [보리광]이 질문함으로써, [그것들에 대한 대답들이] 『보리도등론』 가운데 이미 들어 있다.'라고 하였다. 그렇다면, 바라밀다승의 두 가지 질문과 진언승의 세 가지 질문을 합한 다섯 가지는 이같이 정리되었고, 나머지 대소승 공통의 두 가지 질문이 어떤 것인지를 추적해보면, 낙초·로짜와(Nag tsho lo tsā ba)의 저술이라 말하는 『보리도등론주강해장엄(菩提道燈論註講解莊嚴, Byaṅ chub lam gyi sgron maḥi ḥgrel pa bśad paḥi rgyan)』에서는 일곱 가지의 질문을 이와 같이,

① 대승도(大乘道)의 보특가라(人)는 어떠한 것인가?
② 이생범부(異生凡夫)의 몸에 보리심이 일어나는지, 일어나지 않는지?
③ 별해탈계는 보살계의 기반으로 필요한지, 필요하지 않은지?
④ 별해탈계를 지니는 자가 보살계를 받으면 바뀌는 것인지, 또는 둘 다 지니는 것인지?
⑤ 두 가지의 자량을 쌓음에는 방편과 반야를 겸행하는 것이 필요한지, 필요하지 않은지?

---

28 여기서 '생각이 없음'은 '사리를 헤아리고 판단할 줄 아는 능력이 없음'을 뜻하는 '툭최미다(Thugs tshod mi gdaḥ)'의 옮김이다.

⑥ 중관과 유식의 둘 가운데 진실의(眞實義)를 위해서 어떤 것을 지녀야 하는지?

⑦ 대승의 비밀진언의 문에 들어오면 어떻게 해야 하는지?'

라고 한 질문에 대한 답변을 논서와 차례로 결부하여 설명하였다. 비록 선지식 돔뙨빠(ḥBrom ston pa)와 뽀또와(Po to ba)와 샤라와(Śa ra ba)의 부자(父子)의 어록과 법문 어디에도 일곱 가지의 질문과 답변의 정황 따위들이 나오지 않을지라도 또한, 『난처석』의 법문이 심오하고, 초학자가 실천하는 법으로 아주 뛰어난 점이 있다. 비록 선지식 낙초·로짜와께서 강설하고 청문을 행하였을지라도 또한 오늘날에는 그 전통이 끊어졌다."[29]

3)『보리도등론난처석』의 일곱 가지 질문에 대한 답변

위의 『보리도등론석승소희연(菩提道燈論釋勝笑喜宴)』에서 언급한 기록에 근거해서 일곱 가지 질문을 정리해보면 다음과 같은 세 가지로 요약된다.

(1) 아띠샤 자신이 밝힌 바와 같이, 구게(Gu dge) 왕국의 4대 국왕이자 출가 비구인 장춥외(Byaṅ chub ḥod. 菩提光)가 물어온 일곱 가지의 질문에 답하기 위해서 『보리도등론난처석』을 저술하신 것으로 알려졌으나, 실제로는 일곱 가지의 질문보다 더 많은 질문들에 대한 답변

29 『보리도등론석승소희연(菩提道燈論釋勝笑喜宴)』, pp.169~170.

이 들어 있으니, 이것은 위에서, "조오제(大恩人)께서 말하길, '자네들은 생각이 없는 사람들이다. 그보다 더 많은 것들을 출가국왕 [보리광]이 질문함으로써, [그것들에 대한 대답들이] 『보리도등론』 가운데 이미 들어가 있다.'라고 설하였다."라고 한 것에 의해서 명백한 것이다.

(2) 역경사(譯經師) 쿠뙨·쬔뒤융둥(精進堅固)과 응옥·렉빼셰랍(妙慧) 등이 제기한 질문인, "① 방편과 지혜의 분리에 의해서도 성불합니까, 하지 못합니까? ② 보살계의 기반으로 별해탈계가 필요합니까, 필요하지 않습니까? ③ 금강아사리의 관정을 받음이 없이 딴뜨라(密續)를 강설함이 가능합니까, 가능하지 않습니까? ④ 상위의 [비밀(秘密)과 반야지(般若智)의] 두 관정을 범행자(梵行者)가 받는 것이 가능합니까, 가능하지 않습니까? ⑤ 관정을 받음이 없이 비밀진언을 수행하는 것이 가능합니까, 가능하지 않습니까?"라고 하는 다섯 가지이다.

(3) 낙초·로짜와(Nag tsho Lo tsā ba)의 『보리도등론주강해장엄(菩提道燈論註講解莊嚴)』에 나오는 질문이니, "① 대승도(大乘道)의 보특가라(人)는 어떠한 것인가? ② 이생범부(異生凡夫)의 몸에 보리심이 일어나는지, 일어나지 않는지? ③ 별해탈계는 보살계의 기반으로 필요한지, 필요하지 않은지? ④ 별해탈계를 지니는 자가 보살계를 받으면 바뀌는 것인지, 또는 둘 다 지니는 것인지? ⑤ 두 가지의 자량을 쌓음에는 방편과 반야를 겸행하는 것이 필요한지, 필요하지 않은지? ⑥ 중관과 유식의 둘 가운데 진실의(眞實義)를 위해서 어떤 것을 지녀야 하는지? ⑦ 대승의 비밀진언의 문에 들어오면 어떻게 해야 하는지?"라고 하는 일곱 가지이다.

다시 위에서 언급된 여러 가지의 질문과 선지식 씰라씽하(Śī la siṅ ha, 獅

子戒)가 제기한 여섯 가지의 질문에 대한 답변에 해당하는 게송들을 소개하면 다음과 같다.

첫째, 아띠쌰 자신이 밝힌 것처럼, "실제로는 일곱 가지의 질문보다 더 많은 질문에 대한 답변이 『보리도등론』 가운데 들어 있다."라고 한 것은, 아래에 나오는 답변들을 통해서 유추할 수 있다.

둘째, 역경사 쿠뙨·쬔뒤융둥과 응옥·렉빼셰랍의 다섯 가지 질문에 대한 답변은 다음과 같다.

① "방편과 지혜의 분리에 의해서도 성불합니까, 하지 못합니까?"에 대한 답변으로 제46송을 설하였으니, "방편을 수습한 힘으로 보살 자신이, 어떤 법을 소연해서 반야를 근수하는, 그것은 속히 원만보리를 증득하고, 무아 하나만을 닦아서는 얻지 못한다."라고 함이다.
② "보살계의 기반으로 별해탈계가 필요합니까, 필요하지 않습니까?"에 대한 답변으로 제20송을 설하였으니, "칠종의 별해탈계 가운데, 항상 다른 계율 하나를 지님은, 후일 보살계를 받아 지니게 되는, 복분이 있으나 달리는 있지 않다."라고 함이다.
③ 금강아사리(金剛阿闍梨)의 관정을 받음이 없이 딴뜨라(密續)를 강설함이 가능합니까, 가능하지 않습니까?"에 대한 답변으로 제67송을 설하였으니, "모든 딴뜨라를 청문하고 강설하고, 호마와 공시(供施) 등을 행함이, 아사리의 관정과 [허여]를 받고, [십]진실(十眞實)을 알면 허물이 없다."라고 함이다.
④ "상위의 [비밀(秘密)과 반야지(般若智)의] 두 관정을 범행자(梵行者)가 받는 것이 가능합니까, 가능하지 않습니까?"에 대한 답변으로 제64송을 설하였으니, "『시륜본초불속(時輪本初佛續)』에서, 적극적으로

저지하였기 때문에, 비밀과 반야지의 관정의 둘은, 범행자(梵行者)는 받지를 말라."라고 함이다.

⑤ "관정을 받음이 없이 비밀진언을 수행하는 것이 가능합니까, 가능하지 않습니까?"에 대한 답변으로 제63송을 설하였으니, "스승님께서 환희함으로써 [허여 등의], 완전한 금강아사리의 관정을 수여해서, 모든 죄장들이 정화되고 자기 자신이, 모든 성취를 수증하는 복분을 갖춘다."라고 함이다.

셋째, 낙초·로짜와의 『보리도등론주강해장엄』에서 제기한 일곱 가지의 질문에 대한 빨망·꾄촉갤챈(dPal maṅ dKon mchog rgyal mtshan, 稀寶勝幢)의 『보리도등론석승희공운(菩提道燈論釋勝喜供雲)』에서의 답변은 다음과 같다.

① "대승도(大乘道)의 보특가라(人)는 어떠한 것인가?"에 대한 답변으로 제5송을 설하였으니, "자기 심속(心續)에 귀속되는 고통으로, 어떤 이가 타인의 고통마저 모두, 완전히 소멸하길 전적으로 원하는, 그 사람이 상사(上士)인 것이다."라고 함이다.

② "이생범부(異生凡夫)의 몸에 보리심이 일어나는지, 일어나지 않는지?"에 대한 답변으로 제18송을 설하였으니, "원보리심(願菩提心)들을 일으킨 뒤에는, 허다한 노력으로 두루 자라나게 하고, 이것을 타생에서도 또한 기억하기 위해, 그와 같이 설한 학처들 또한 호지하라."라고 함이다.

③ "별해탈계는 보살계의 기반으로 필요한지, 필요하지 않은지?"에 대한 답변으로 제20송을 설하였으니, "칠종의 별해탈계 가운데, 항상 다른 계율 하나를 지님들은, 후일 보살계를 받아 지니게 되는,

복분이 있으나 달리는 있지 않다."라고 함이다.

④ "별해탈계를 지니는 자가 보살계를 받으면 바뀌는 것인지, 또는 둘 다 지니는 것인지?"에 대한 답변[30]으로 제20송과 제21송을 설하였으니, "칠종의 별해탈계 가운데, 항상 다른 계율 하나를 지님들은, 후일 보살계를 받아 지니게 되는, 복분이 있으나 달리는 있지 않다. 일곱 가지의 별해탈계를, 여래께서 설하신 가운데, 범행(梵行)이 으뜸이 되니, 그것은 비구계들이라 하셨다."라고 함이다.

---

30 "별해탈계를 지니는 자가 보살계를 받으면 바뀌는 것인지, 또는 둘 다 지니는 것인지?"에 대한 답변으로 제20송과 제21송을 설한 것에 대하여 부연하면, 『까담쩨뛰(噶當派大師箴言集)』, pp.124~125에서, "조오제(大恩人)께서, '인도에 빤디따 쑤르야(Surya)라 부르는 나의 한 제자가 있어서 [별해탈계가 보살계로] 바뀐다고 주장하자, 다른 빤디따들이 힐척하였다.' 라고 하였다. 여기에는 변석할 하나가 있다. 별해탈계는 성문의 학파와 연계하면, 율의의 본질이 [타인이 가히 보지 못하는 가립(假立)된 색(色)인] 무표색(無表色)인 것으로 주장하나, 그것은 가립한 것으로 사물로 존재하지 않는다. 대승은 그것을 [오변행(五遍行)의 하나인] 사(思)로 주장함으로써 그것들이 바뀐다고 말하면, 설령 그렇다고 해줄지라도 물질이 마음과 마음에서 생겨난 심소(心所)로 전변하는 것은 불가능하다. 또한 자리(自利)를 행하는 것이 별해탈계이고, 이타(利他)를 행하는 것이 대승의 보살계임으로써, 그와 같이 바뀐다고 말하면, 자타의 이익을 주장하는 것이기에 그것은 본질이 아니니, 단지 도와주는 것이다. 그러므로 도울지라도 돕는 것이 바뀌지는 않는다. 만약 바뀐다면 보시와 청문 등의 선품(善品)의 일체가 돕는 것이기에 전변됨이 끝없이 일어난다."라고 하였다. 또 같은 책, p.113에서, "빤디따 쑤르야(Surya)는 조오제(大恩人)의 제자라고 하였다. 그가 말하길, '보살계를 수지함으로써 별해탈계가 [보살계로] 바뀌니, 마치 올챙이가 자라서 개구리가 됨과 같다.' 라고 주장하자, 다른 빤디따들이 힐척(詰斥)하였다고 조오제가 말하였다. 여기서 [변석할 필요가 있으니,] 처음은 발생의 원인과 중간은 머무름과 마지막은 괴멸하는 원인이 같지 않음으로써, 별해탈계와 보살계가 전변하여 하나가 되는 것은 불가능하다. 바뀌는 것은 실제로 본질이 하나가 되는 것을 말하니, 그렇게 되지 않는다."라고 하였으며, 또한 같은 책, pp.113~114에서, "『보리도등론(菩提道燈論)』에서, '칠종의 별해탈계(別解脫戒) 가운데, 항상 다른 계율 하나를 지님들은, 후일 보살계를 받아 지니게 되는, 복분이 있으나 달리는 있지 않다.(제20송)'라고 하는 뜻은, 별해탈계라고 하는 것은 타인을 해침이 근본과 함께 바뀌는 것을 말하고, 타인을 해침이 근본과 함께 바뀌지 않고서는 타인을 이롭게 하는 것이 존재하지 않는다. 그 뒤 보살계는 그 위에 타인을 이롭게 함에 들어감이 필요한 것이니, 두 가지의 특성을 가지고, 지명계(持明戒)는 그 둘 위에 범속한 분별이 버린 세 가지의 특성을 가진다."라고 하였다.

⑤ "두 가지의 자량을 쌓음에는 방편과 반야를 겸행(兼行)하는 것이 필요한지, 필요하지 않은지?"에 대한 답변으로 제45송과 제46송을 설하였으니, "반야바라밀다를 제외한, 보시바라밀다 따위들의, 모든 선한 법들의 일체를, 제불은 방편이라 설하였다. 방편을 수습한 힘으로 보살 자신이, 어떤 법을 소연해서 반야를 근수하는, 그것은 속히 원만보리를 증득하고, 무아 하나를 닦아서는 얻지 못한다."라고 함이다.

⑥ "중관과 유식의 둘 가운데 진실의(眞實義)를 위해서 어떤 것을 지녀야 하는지?"에 대한 답변으로 제51송을 설하였으니, "『칠십공성론(七十空性論)』의 정리와, 『중론(中論根本頌)』 등에서도 역시, 모든 사물들의 자성(自性)이, 공(空)함이 성립한다고 설하였다."라고 함이다.

⑦ "대승의 비밀진언의 문에 들어오면 어떻게 해야 하는지?"에 대한 답변으로 제60송에서 제66송까지를 설하였으니, "진언(眞言, Mantra)의 힘으로 얻은, 식멸과 증익 등의 사업(四業)들로, 소망충족의 보병(寶甁)을 얻는 등의, 팔대성취 등의 위력으로써 또한, ~ 그 금행자(禁行者)는 바라이의, 타죄(他罪)들이 발생하게 되고, 그것은 악도에 떨어짐으로써, 성취 또한 영원히 있지 않다."[31]라고 함이다.

넷째, 로쌍·노르부·샤쓰뜨리(Lobsang Norbu Shastri)가 범어로 복원한 『보리도등론(菩提道燈論)』의 서문에서, "또한 까담빠(bKaḥ gdams pa)의 선지

---

31 『보리도등론석승희공운(菩提道燈論釋勝喜供雲, Byaṅ chub lam gyi sgron maḥi ḥgrel pa phul byuṅ dgyes paḥi mchod sprin)』, pp. , 목판본 인쇄 파일.

식 씰라씽하(Śī la siṅ ha, 獅子戒)가 지은 『보리도등론주(菩提道燈論註)』에서는 여섯 가지의 사견을 파척하기 위한 목적으로 저술된 것이라고 다음과 같이 말하고 있다.

① ‘몰록 닦는 돈수(頓修)가 합당하고, 점수(漸修)는 필요하지 않다.’라고 말하는 것을 타파하기 위해서, ‘하사·중사·상사로 말미암아, 세 종류의 사부가 있음을 알라.’(제2송 1, 2구)고 하는 등을 설하였다.

② ‘보살계의 기반으로 별해탈계(別解脫戒)가 필요하지 않다.’라고 말하는 것을 타파하기 위해서, ‘칠종의 별해탈계 가운데, 항상 다른 계율 하나를 지님들은,’(제20송 1, 2구)이라고 하는 등을 설하였다.

③ ‘진언도(眞言道)에 의해서 성불하며, 반야바라밀다의 도는 필요하지 않다.’라고 말하는 것을 타파하기 위해서, ‘반야바라밀다를 제외한, 보시바라밀다 따위들의,’(제45송 1, 2구)라고 하는 등을 설하였다.

④ ‘공성을 닦는 것으로 충분하고, 방편분(方便分)은 필요하지 않다.’라고 말하는 것을 타파하기 위해서, ‘대저 방편을 여읜 반야와, 반야를 여읜 방편들은 또한, 속박이라 말하니 그렇다고, 그 둘을 버려서도 안 된다.’(제43송)라고 하는 등을 설하였다.

⑤ ‘소취(所取 : 外境)와 능취(能取 : 內心)의 둘이 공적(空寂)한 마음이 실유(實有)한다.’라고 말하는 것을 타파하기 위해서, ‘온(蘊)·계(界)·처(處)의 법들이, 진실로 무생(無生)임을 깨달아, 자성이 본래 공(空)함을 아는 것이, 반야라고 분명하게 설하였다.’(제47송)라고 하는 등을 설하였다.

⑥ ‘범행자(梵行者)가 세 번째 관정[반야지의 관정]을 실제로 받음이 마땅하다.’라고 말하는 것을 타파하기 위해서, ‘『시륜본초불속(時輪本初

佛續)』에서, 적극적으로 저지하였기 때문에, 비밀과 반야지의 관정의 둘은, 범행자(梵行者)는 받지를 말라.'(제64송)라고 하는 등을 설하였다고 주장하였다."[32]라고 하였다.

다섯째, 참고로 강리와·최잉도제(Gaṅs ri ba Chos dbyiṅs rdo rje)의 『응아리꼬르쑴기응왼중로귀(雪域西部阿里廓尔松早期史)』에서는 『보리도등론』과 자주(自註)에 해당하는 『보리도등론난처석』을 저술한 직접적 동기를 다음과 같이 밝혔다.

"그 당시 출가법왕 장춥외(菩提光)는 아띠쌰 존자에게 법문을 청하는 예물로 많은 황금을 올린 뒤, 맨 먼저 세 가지 중요한 문제를 질문하였다. 첫 번째, '붓다의 교법에는 점차로 들어갑니까, 일시에 들어갑니까?'라고 질문하자, 아띠쌰께서, '점차로 들어간다.'라고 대답한 뒤, 『보리도등론』을 저술하였다. 두 번째, '외도와 내도의 차이점이 무엇입니까?'라고 질문하자, '외도와 내도의 차이는 귀의(歸依)와 사법인(四法印)[33]의 있고 없음이다.'라고 대답한 뒤, 『보리도등론난처석』을 저술하였다. 세 번째, '비구는 밀승(密乘)의 상위의 관정 두 가지를 실제로 받아도 됩니까, 받지 말아야 합니까?'라고 질문하자, 그 답으로, '비밀관정과 반야지관정(般若

---

32 로쌍·노르부·샤쓰뜨리, 『BODHIPATHAPRADĪPAḤ(菩提道燈論)』, p.XI i.

33 『응아리꼬르쑴기응왼중로귀(mṄaḥ ris skor gsum gyi sṅon byuṅ lo rgyus, 雪域西部阿里廓尔松早期史)』, p.54, 강리와·최잉도제(Gaṅs ri ba Chos dbyiṅs rdo rje), 서장인민출판사, 1996, 서장, China.

智灌頂)과 구의관정(句義灌頂)의 셋은 범행(梵行)을 지키는 자는 받지 말라.'라고 대답하였다."[34]

이상으로 『보리도등론』의 저술의 동기와 목적과 관련해서 제기된 일곱 가지 질문을 위주로 여러 가지 질문들에 대한 답변을 정리해서 밝혀보았다. 결론적으로 『보리도등론』이 주제로 삼고 있는 문제들은 그 당시 혼란한 티베트불교의 상황 속에서 발생한, 티베트불교가 안고 있는 많은 심각한 문제점들을 요약 정리한 뒤, 그것을 인도의 중관불교를 근본으로 하는 삼승(三乘)의 도차제에 의지해서 교리적으로 원만하게 해결하고 있음을 여실하게 알 수가 있다.

다시 말해, 과거 1천 년 전 티베트 땅에 현교와 밀교의 가르침이 동시에 유입되어 그것을 어떻게 학습하고 수행해야 하는가에 대한 올바른 기준과 체계가 서서히 정착되어 가는 와중에, 갑자기 랑다르마(Glaṅ dar ma) 왕의 파불 사태가 일어났다. 이로 인해서 불법(佛法)이 몰락함과 동시에 법의 안목을 지닌 아사리와 선지식들이 사라지고 법의 암흑시대가 도래하자 삼승의 가르침을 조화롭게 회통하는 법의 안목이 끊어짐으로써, 필연적으로 현밀이 교리적으로 상충하고, 소승의 별해탈계와 대승의 보살계와 밀교의 서언계(誓言戒)의 셋이 충돌하는 일이 발생하였다. 그러자 각자의 분별에 의지해서 서로 다른 교판(敎判)을 세워서 학습하고 수행하는 풍조가 자연적으로 발생하게 되었다. 그 과정에서 필연적으로 대두하는 온갖 사견과 이설과 비행에 크게 오염된 티베트불교의 어려

---

34 사법인(四法印)은 저자가 편의상 붙인 것으로, 원문에는 단순히 '법인(法印)'으로 되어 있다.

운 시대적 상황을 도차제(道次第)의 가르침에 의해서 현밀의 교학체계와 수행차제를 바로 잡고, 삼율의(三律儀)를 모순 없이 받아 지니는 올바른 안목을 열어줌으로써, 티베트불교를 본래의 자리로 안치해서 혼란한 상황에서 구출한 뒤, 다시 티베트의 후전기(後傳期) 불교가 크게 발전할 수 있도록 초석을 놓아준 위대한 저서가 『보리도등론』임을 알 수가 있다.

6. 『보리도등론난처석』에 대한 오해

일각에서는 『보리도등론』의 자주(自註)로 알려진 『난처석』에 대해서 낙초·로짜와(Nag tsho lo tsā ba)의 은밀한 법(隱密法, sBas chos)으로 치부하는 경향이 있다. 그러나 그 은밀한 법의 의미는 『보리도등론』의 심오한 의취를 조오제(大恩人)로부터 직접 청문한 낙초·로짜와 자신만이 제대로 이해하고 강설할 수 있다는 역사적 사실에 기인하는 것이라고 볼 수가 있다.

이 『난처석』의 가르침에 대한 그의 커다란 자부심은 그것을 조오제와 함께 번역한 뒤, 발문(跋文)에서, "나 낙초(Nag tsho) 한 사람 이외에는, 다른 티베트 제자에게 있기 힘드니,"라고 밝힌 소회를 통해서 짐작할 수 있다. 이와 같은 자부심을 가질 수 있었던 것은 당시 법왕 장춥외가 물은 일곱 가지 질문과 여타의 제자들이 제기한 질문들에 대답하기 위해서, 조오제께서 『난처석』을 저술하고 자신이 그것을 번역하는 과정에서 필연적으로 『보리도등론』과 『난처석』의 해석에 대해서만큼은 다른 티베트 제자들에게는 아예 있기조차 힘들고, 또한 비교조차 할 수 없는 독보적인 이해와 안목을 얻을 수 있었기 때문이었다고 본다.

또 발문에서, '이것으로 친전(親傳)을 온전히 내리셨다.'라고 함과 같이, 조오제로부터 직접 『보리도등론』의 교계를 비롯한 대소승과 현밀의 일체에 대한 가르침을 직접 구할 수가 있었던 까닭에, 그는 현밀의 교법에 대한 확신과 자부심 속에 『보리도등론주강해장엄(菩提道燈論註講解莊嚴)』이란 독보적인 주석서를 또한 저술할 수가 있었다고 생각된다.

한편 『보리도등론』과는 달리 자주(自註)에 해당하는 이 『난처석』이 널리 유포되지 못한 이유는, 『난처석』의 발문에서, "나 낙초(Nag tsho) 한 사람 이외에는, 다른 티베트 제자에게 있기 힘드니,"라고 한 것에서 찾을 수 있다. 독보적인 『난처석』의 희귀성 때문에 낙초·로짜와 자신만이 소유한 특별법으로 간직하면서 다른 제자들과 대중에게 제대로 전파하지 않고, 오로지 자기의 문하에서만 전승하다가 자신 또한 1064년 세수 54세의 이른 나이에 입적함으로써, 그의 법맥도 번성하지 못하고 일찍 단절됨과 동시에 묻혀버리게 되었다고 본다.

그뿐만 아니라, 『난처석』의 판본 자체도 정비되지 못한 채 방치됨으로써 『보리도등론』의 정연하고 치밀한 구성과는 달리 문장이 어색하고 세련되지 못한 곳이 여러 군데 나타나고 있어서, 이것은 인위적으로 덧붙여진 문사와 같다는 의려가 자연스레 들게 하는 부분도 있다. 이 때문에 조오제의 본래 저술에다 후대에 낙초·로짜와의 제자들에 의해서 여러 군데 가필이 행해진 것으로 추측되기도 한다.

그러나 내용을 고찰해보면 이러한 지적과는 달리 『난처석』이 지닌 본래의 뛰어난 가치와 독자성이 훼손된 것으로는 보지 않는다. 이것은 앞에서도 이미 언급한 것처럼 『보리도등론석승소희연(菩提道燈論釋勝笑喜宴)』에서, "비록 선지식 돔뙨빠(ḥBrom ston pa)와 뽀또와(Po to ba)와 쌰라와(Śa ra ba)의 부자(父子)의 어록과 법문 어디에도 일곱 가지 질문과 답변의 정황 따위들이 나오지 않을지라도 또한, 『난처석』의 법문이 심오하고, 초학자가 실천하는 법으로 아주 뛰어난 점이 있다."라고 설명한 것과 같이, 붓다의 대보리에 이르는 대승의 정로를 간결하고 명쾌하게 밝혀놓은 뛰어난 논서일 뿐만 아니라, 특히 초학보살에게 현밀의 법에 접근하는 법의 안목을 열어주고, 올바른 수행의 길을 제시해주는 측면에서 지대한 도움이 되는 논서라고 할 수가 있다.

나아가 이 『난처석』에는 티베트에서 저술된 여타의 『보리도등론』의 주석서들에서는 결코 맛볼 수 없는 인도만의 전통에서 생성된 신선한 법미(法味)와 법향(法香)을 느낄 수 있다는 법의 즐거움이 있다.

예를 들면, 본서의 '증상계학(增上戒學)의 장(章)'에서, "달리 또한 나의 스승님께서 말씀하신 바인 계경들의 뜻을 남김없이 거두어 모은 [『경의집우파제사(經義集優波提舍)』에서 설한] 아버지와 어머니와 같고, 아들과 딸과 같은 50가지의 법들 역시 매 순간마다 억념토록 하라."고 한 것과 같은 법구는 아띠쌰 존자께서 자기 스승이신 아사리 보리현(菩提賢)으로부터 직접 청문한 수행의 구결이다. 그 당시 인도의 비끄라마씰라 승원 등지에서 행해졌던 대승의 이전구결(耳傳口訣)의 진한 숨결이 그대로 전해지는 소중하고 차별적인 법문임을 체감할 수가 있다.

또한 '증상혜학의 장'에서, "그와 같은 사대증인(四大證因)에 의해서 ① 모든 사물이 남김없이 무생(無生, sKye ba med pa)이며, ② 극무주(極無住, Rab tu mi gnas pa)이며, ③ [자성이] 열반(涅槃, Mya ṅan las ḥdas pa)이며, ④ [본래] 청정(淸淨, rNam par dag pa)이며, ⑤ 무근무본(無根無本, rTsa med pa gshi med pa)이며, ⑥ 제법이 불성립(不成立, Grub pa med pa)임을 과거의 지자(智者)들께서 이미 잘 증명해 보였다."라고 해서, 사대증인에 의해서 제법의 무자성(無自性) 또는 인법무아(人法無我)를 결택하고, 공성의 깨달음을 수증(修證)하는 무분별의 수행법이기도 한 대승의 지관쌍수(止觀雙修)의 전통을 잘 보여주고 있다.

끝으로 『난처석』의 진위에 대한 역사적 상황을 4대 빤첸라마·로쌍 최끼갤챈(善慧法幢)의 『보리도등론석승소희연』의 논설에 입각해서 정리하면 다음과 같다.

> "선지식 돔뙨빠 본인에게, '이것이 전적으로 같은 것인지, 같지 않은 것인지?' 하고 물으면, '나는 저자의 직제자가 아니다.'라고 말함과 또한 '이것에 주석서가 있습니까?'라고 물으면, '이것의 주석이 마땅히 있다.'라고 생각한다고 말하였다. 그러므로 선지식 돔뙨빠를 전승하는 이들 사이에서는 『보리도등론』의 자주(自註)가 있는 것을 인정하지 않고, 선지식 뽀또와 역시 자주가 있음을 말하지 않았고, 로짜와를 따르는 이들은 자주를 낙초·로짜와의 은밀한 법(sBas chos)으로 주장하였다. 선지식 쌰라와(Śa ra ba)의 『보리도등론』의 법문에서 자주(自註)의 이야기를 거론하지 않았을지라도 또한, 그의 도차제에서, '아띠쌰 존자가 저술한 『보리도등론』의 주석에서'라고 인용함으로써, 자주의 이야기를 하지 않은 것은 아니다. 쫑카빠(Tsoṅ kha pa) 대사께서는, '이것에 조오제 자신이 『난처석』을 저술한 것에다가 다른 이가 조금 첨가함과 같다.'라고 하였다. 요약하면, 조오제께서 이 논전에 의지해서 삼세 부처님들의 의취를 분명하게 밝혀 놓았다. 선지식 돔뙨빠가 개창하고, 그의 삼대제자(三大弟子)가 널리 전파하고 홍성하게 하였으며, 지금까지도 소멸하지 않고 있다."[35]

---

35 『보리도등론석승소희연(菩提道燈論釋勝笑喜宴)』, pp.171~172.

༄༅། །རྒྱ་གར་སྐད་དུ། བོ་དྷི་པ་ཐ་པྲ་དཱི་པཾ། བོད་སྐད་དུ། བྱང་ཆུབ་ལམ་གྱི་སྒྲོན་མ།

བྱང་ཆུབ་སེམས་དཔའ་འཇམ་དཔལ་གཞོན་ནུར་གྱུར་པ་ལ་ཕྱག་འཚལ་ལོ།།

성문수사리동자보살님께 예배하옵니다.

དུས་གསུམ་རྒྱལ་བ་ཐམས་ཅད་དག་དང་དེའི་ཆོས་དང་།།
དགེ་འདུན་རྣམས་ལ་གུས་པ་ཆེན་པོས་ཕྱག་བྱས་ཏེ།།
སློབ་མ་བཟང་པོ་བྱང་ཆུབ་འོད་ཀྱིས་བསྐུལ་གྱུར་པས།།
བྱང་ཆུབ་ལམ་གྱི་སྒྲོན་མ་རབ་ཏུ་གསལ་བར་བྱ།།

삼세의 모든 승자들과 그의 교법과
승가(僧伽)에게 공손히 예배하온 뒤,
현량한 제자 보리광의 간청에 의해
보리도의 등불을 환히 밝히고자 한다. (제1송)

ཆུང་ངུ་འབྲིང་དང་མཆོག་གྱུར་པས།། སྐྱེས་བུ་གསུམ་དུ་ཤེས་པར་བྱ།།
དེ་དག་མཚན་ཉིད་རབ་གསལ་བ།། སོ་སོའི་དབྱེ་བ་བྲི་བར་བྱ།།

하사·중사·상사로 말미암아
세 종류의 사부가 있음을 알라.
그들 [근기의] 특성을 밝히고자
각각의 차별성을 적고자 한다. (제2송)

གང་ཞིག་ཐབས་ནི་གང་དག་གིས།། འཁོར་བའི་བདེ་བ་ཙམ་དག་ལ།།
རང་ཉིད་དོན་དུ་གཉེར་བྱེད་པ།། དེ་ནི་སྐྱེས་བུ་ཐ་མར་ཤེས།།

어떤 이가 어떠한 방편들로
단지 윤회 속의 안락들만을,
자기 목적으로 삼아 추구하면
그가 하사(下士)임을 알라. (제3송)

སྲིད་པའི་བདེ་ལ་རྒྱབ་ཕྱོགས་ཤིང་།། སྡིག་པའི་ལས་ལས་ལྡོག་བདག་ཉིད།
གང་ཞིག་རང་ཞི་ཙམ་དོན་གཉེར།། སྐྱེས་བུ་དེ་ནི་འབྲིང་ཞེས་བྱ།།

세간(世間)의 안락을 등지고
죄업에서 돌아선 본성으로,
어떤 이가 자기의 적멸만을 추구하면
그 사람을 중사(中士)라 부른다. (제4송)

རང་རྒྱུད་གཏོགས་པའི་སྡུག་བསྔལ་གྱིས།། གང་ཞིག་གཞན་གྱི་སྡུག་བསྔལ་ཀུན།།
ཡང་དག་ཟད་པར་ཀུན་ནས་འདོད།། སྐྱེས་བུ་དེ་ནི་མཆོག་ཡིན་ནོ།།

자기 심속(心續)에 귀속되는 고통으로
어떤 이가 타인의 고통마저 모두,
완전히 소멸하길 전적으로 원하는
그 사람이 상사(上士)인 것이다. (제5송)

སེམས་ཅན་དམ་པ་བྱང་ཆུབ་མཆོག།། འདོད་པར་གྱུར་པ་དེ་དག་ལ།།
བླ་མ་རྣམས་ཀྱིས་བསྟན་པ་ཡི།། ཡང་དག་ཐབས་ནི་བཤད་པར་བྱ།།

뛰어난 유정으로 대보리를
희구(希求)하는 그들에게,
스승님들께서 설해 보인
바른 방편을 설하고자 한다. (제6송)

རྫོགས་སངས་བྲིས་སྐུ་ལ་སོགས་དང་།། མཆོད་རྟེན་དམ་ཆོས་མདུན་ཕྱོགས་ནས།།
མེ་ཏོག་བདུག་སྤོས་དངོས་པོ་དག།། ཅི་འབྱོར་པ་ཡི་མཆོད་པ་བྱ།།

제불의 탱화와 소상 따위와
불탑과 불경(佛經)을 향해서,
꽃과 향을 비롯한 공물들을
힘껏 장만해서 공양토록 하라. (제7송)

ཀུན་བཟང་སྤྱོད་ལས་གསུངས་པ་ཡི།། མཆོད་པ་རྣམ་པ་བདུན་དག་ཀྱང་།།

བྱང་ཆུབ་སྙིང་པོའི་མཐར་ཐུག་པར།། མི་ལྡོག་པ་ཡི་སེམས་དག་གིས།

「보현행원(普賢行願)」에서 설한
칠지공양(七支供養)들 또한,
보리의 정수에 이를 때까지
불퇴전의 견고한 마음들로, (제8송)

དཀོན་མཆོག་གསུམ་ལ་རབ་དད་ཅིང་།། པུས་མོའི་ལྷ་ང་སར་བཙུགས་ནས།

ཐལ་མོ་སྦྱར་བ་བྱས་ནས་ནི།། དང་པོར་སྐྱབས་འགྲོ་ལན་གསུམ་བྱ།།

불법승 삼보를 굳게 믿고
두 무릎 땅 위에 꿇은 뒤,
두 손을 공손히 합장하고
먼저 삼귀의를 세 번 한다. (제9송)

དེ་ནས་སེམས་ཅན་ཐམས་ཅད་ལ།། བྱམས་པའི་སེམས་ནི་སྔོན་འགྲོ་བས།

ངན་སོང་གསུམ་དུ་སྐྱེ་སོགས་དང་།། འཆི་འཕོ་སོགས་ཀྱིས་སྡུག་བསྔལ་བའི།

그 뒤 모든 유정들을 위해
자심(慈心)을 먼저 행함으로써,
삼악도에 태어나는 따위와
죽음과 이주 등으로 고통 받는, (제10송)

འགྲོ་བ་མ་ལུས་ལ་བལྟས་ཏེ།། སྡུག་བསྔལ་གྱིས་ནི་སྡུག་བསྔལ་བ།
སྡུག་བསྔལ་སྡུག་བསྔལ་རྒྱུ་མཚན་ལས།། འགྲོ་བ་ཐར་པར་འདོད་པ་ཡིས།
ལྡོག་པ་མེད་པར་དམ་འཆའ་བའི།། བྱང་ཆུབ་སེམས་ནི་བསྐྱེད་པར་བྱ།

중생들을 남김없이 살피어서
삼고(三苦)로 괴로움을 당하는,
고통과 고통의 원인들로부터
중생을 해탈시키길 원함으로써,
불퇴전(不退轉)을 서약하는
보리심을 일으키도록 한다. (제11송)

དེ་ལྟར་སྨོན་པའི་སེམས་དག་ནི།། བསྐྱེད་པའི་ཡོན་ཏན་གང་ཡིན་པ།།
དེ་ནི་སྡོང་པོ་བཀོད་པ་ཡི།། མདོ་ལས་བྱམས་པས་རབ་ཏུ་བཤད།

그같이 원보리심(願菩提心)을
일으킨 공덕이 어떤 것인가?,
그것의 복덕들을 『화엄경』에서
미륵보살이 자세히 설하였다.(제12송)

དེ་ཡི་མདོ་ཀློག་པའམ་བླ་མ་ལ་མཉན་ཏེ།། རྫོགས་པའི་བྱང་ཆུབ་སེམས་ཀྱི་ཡོན་ཏན་མཐའ་མེད་པ།།
རྣམ་པར་ཤེས་པར་བྱས་ལ་དེ་གནས་རྒྱུ་མཚན་དུ།། དེ་ལྟར་ཡང་དང་ཡང་དུ་སེམས་ནི་བསྐྱེད་པར་བྱ།

그 계경을 읽거나 스승님께 들어서
원만한 보리심의 무변한 공덕들을,

잘 요지하고 그것이 상주하는 요인으로
그와 같이 거듭거듭 발심토록 하라. (제13송)

དཔའ་སྦྱིན་གྱིས་ཞུས་མདོ་དག་ལས།། འདི་ཡི་བསོད་ནམས་རབ་བསྟན་པ།
གང་དེ་ཚིགས་བཅད་གསུམ་ཙམ་དུ།། མདོར་བསྡུས་འདིར་ནི་བྲི་བར་བྱ།།

『근수청문경(勤授請問經)』들에서
이것의 복덕을 상세히 설한바,
그것을 세 게송으로 요약해서
간략하게 여기서 적고자 한다. (제14송)

བྱང་ཆུབ་སེམས་ཀྱི་བསོད་ནམས་གང་།། དེ་ལ་གལ་ཏེ་གཟུགས་མཆིས་ན།
ནམ་མཁའི་ཁམས་ནི་ཀུན་གང་སྟེ།། དེ་ནི་དེ་བས་ལྷག་པར་འགྱུར།

보리심의 복덕이란 어떠한가?
그것에 만약 형체가 있다면,
허공계를 다 채우고도 또한
그것이 오히려 남음이 있다. (제15송)

གངྒཱའི་བྱེ་མའི་གྲངས་སྙེད་ཀྱི།། སངས་རྒྱས་ཞིང་རྣམས་མི་གང་གིས།
རིན་ཆེན་དག་གིས་ཀུན་བཀང་སྟེ།། འཇིག་རྟེན་མགོན་ལ་ཕུལ་བ་བས།

갠지스 강의 모래알처럼 수많은
부처님의 정토들에 어떤 사람이,

갖가지 보석들을 가득히 채우고
세간의 의호에게 올리는 것보다도, (제16송)

གང་གིས་ཐལ་མོ་སྦྱར་བགྱིས་ཏེ།། བྱང་ཆུབ་ཏུ་ནི་སེམས་བཏུད་ན།།
མཆོད་པ་འདི་ནི་ཁྱད་པར་འཕགས།། དེ་ལ་མཐའ་ནི་མ་མཆིས་སོ།།

어떤 이가 두 손을 합장하고
대보리를 마음으로 경배하면,
이 공양이 더욱 더 뛰어나서
그것에는 변제조차 있지 않다. (제17송)

བྱང་ཆུབ་སྨོན་པའི་སེམས་དག་བསྐྱེད་ནས་ནི།། འབད་པ་མང་པོས་ཀུན་དུ་སྤེལ་བྱ་ཞིང་།།
འདི་ནི་སྐྱེ་བ་གཞན་དུའང་དྲན་དོན་དུ།། ཇི་སྐད་བཤད་པའི་བསླབ་པའང་ཡོངས་སུ་བསྲུང་།།

원보리심(願菩提心)들을 일으킨 뒤에는
허다한 노력으로 두루 자라나게 하고,
이것을 타생서도 또한 기억하기 위해
경에서 설한바 학처들 또한 호지하라. (제18송)

འཇུག་སེམས་བདག་ཉིད་སྡོམ་པ་མ་གཏོགས་པར།། ཡང་དག་སྨོན་པ་འཕེལ་བར་འགྱུར་མ་ཡིན།།
རྫོགས་པའི་བྱང་ཆུབ་སྨོན་པ་འཕེལ་འདོད་པས།། དེ་ཕྱིར་འབད་པས་འདི་ནི་ངེས་པར་བླང་།།

행심(行心)의 본질인 율의를 제외해선
진정한 원심(願心)이 자라나지 못하니,

원만보리의 원심이 자라나길 원함으로
고로 힘써 이 율의를 반드시 수지하라. (제19송)

སོ་སོར་ཐར་པ་རིགས་བདུན་གྱི༎ རྟག་ཏུ་སྡོམ་གཞན་ལྡན་པ་དག༎
བྱང་ཆུབ་སེམས་དཔའི་སྡོམ་པ་ཡི༎ སྐལ་པ་ཡོད་ཀྱི་གཞན་དུ་མིན༎

칠종의 별해탈계(別解脫戒) 가운데
항상 다른 계율 하나를 지님들은,
후일 보살계를 받아 지니게 되는
복분이 있으나 달리는 있지 않다. (제20송)

སོ་སོར་ཐར་པ་རིས་བདུན་དུ༎ དེ་བཞིན་གཤེགས་པས་བཤད་པ་ལས།
ཚངས་སྤྱོད་དཔལ་ནི་མཆོག་ཡིན་ཏེ༎ དགེ་སློང་སྡོམ་པ་དག་ཏུ་བཞེད༎

일곱 가지의 별해탈계를
여래께서 설하신 가운데,
범행(梵行)이 으뜸이 되니
그것은 비구계들이라 하셨다. (제21송)

བྱང་ཆུབ་སེམས་དཔའི་ས་དག་གི༎ ཚུལ་ཁྲིམས་ལེའུར་གསུངས་ཆོ་ག་ཡིས།
ཡང་དག་མཚན་ཉིད་ལྡན་པ་ཡི༎ བླ་མ་བཟང་ལས་སྡོམ་པ་བླང་༎

[무착 보살의] 『보살지(菩薩地)』의
「계품(戒品)」에서 설한 의궤대로,

올바른 덕상(德相)을 소유하신
참된 스승으로부터 계율을 받으라. (제22송)

སྡོམ་པའི་ཆོག་ལ་མཁས་དང་།། བདག་ཉིད་གང་ཞིག་སྡོམ་ལ་གནས།
སྡོམ་པ་འབོགས་བཟོད་སྙིང་རྗེར་ལྡན།། བླ་མ་བཟང་པོར་ཤེས་པར་བྱ།
전계의식(傳戒儀式)에도 능통하고
자신 또한 그 계율에 안주하고,
전계할 때 인욕과 자비를 지니면
그가 참된 스승임을 알도록 하라. (제23송)

དེ་ལ་འབད་པས་འདི་འདྲ་བའི།། གལ་ཏེ་བླ་མ་མ་རྙེད་ན།།
དེ་ལས་གཞན་སྡོམ་ནོད་པ་ཡི།། ཆོ་ག་ཡང་དག་བཤད་པར་བྱ།
만약 힘써 노력해도 이 같은
참된 스승을 얻지를 못하면,
다른 방법으로 보살계를 받는
여법한 의식을 설하고자 한다. (제24송)

དེ་ལ་སྔོན་ཚེ་འཇམ་པའི་དཔལ།། ཨམ་བ་ར་རྗོར་གྱུར་པ་ཡིས།།
ཇི་ལྟར་བྱང་ཆུབ་ཐུགས་བསྐྱེད་པ།། འཇམ་དཔལ་གྱི་ནི་སངས་རྒྱས་ཞིང་།།
རྒྱན་གྱི་མདོ་ལས་བཤད་པ་ལྟར།། དེ་བཞིན་འདིར་ནི་རབ་གསལ་བྲི།།
과거 무량겁 전에 문수보살이
허공왕(虛空王)이 되었을 적에,

어떻게 보리심을 일으켰는가를
『문수불토장엄경』에서 설한 대로
그같이 여기에 자세히 적는다. (제25송)

མགོན་པོ་རྣམས་ཀྱི་སྤྱན་སྔ་རུ།། རྫོགས་པའི་བྱང་ཆུབ་སེམས་བསྐྱེད་ཅིང་།།
འགྲོ་བ་ཐམས་ཅད་མགྲོན་དུ་གཉེར།། དེ་དག་འཁོར་བ་ལས་བསྒྲལ་ལོ།།

"세간의 구호자들의 면전에서
대보리를 위하여 발심한 뒤,
모든 중생을 귀빈으로 모시고
그들을 윤회에서 건지겠나이다. (제26송)

གནོད་སེམས་ཁྲོ་བའི་སེམས་ཉིད་དང་།། སེར་སྣ་དང་ནི་ཕྲག་དོག་ཉིད།།
དེང་ནས་བཟུང་ནས་བྱང་ཆུབ་མཆོག། ཐོབ་ཀྱི་བར་དུ་མི་བྱའོ།།

해치는 마음과 성내는 마음과
인색함과 질투하는 마음들을,
지금부터 대보리를 얻을 때까지
저는 결코 행하지 않겠나이다. (제27송)

ཚངས་པར་སྤྱོད་པ་སྤྱད་བྱ་ཞིང་།། སྡིག་དང་འདོད་པ་སྤང་བར་བྱ།།
ཚུལ་ཁྲིམས་སྡོམ་པ་ལ་དགའ་བས།། སངས་རྒྱས་རྗེས་སུ་བསླབ་པར་བྱ།།

범행(梵行)을 받들어 행하고
죄악과 탐욕을 온전히 버리고,

율의계(律儀戒)를 환희함으로써
부처님을 따라서 배우겠나이다. (제28송)

བདག་ཉིད་མྱུར་བའི་ཚུལ་གྱིས་ནི།། བྱང་ཆུབ་ཐོབ་པར་མི་སྤྲོ་ཞིང་།།
སེམས་ཅན་གཅིག་གི་རྒྱུ་ཡིས་ནི།། ཕྱི་མའི་མུ་མཐར་གནས་པར་བགྱི།།
저는 신속한 방편으로써
보리를 얻음을 기뻐 않고,
한 유정의 이익을 행하는 원인으로
미래의 마지막까지 머물겠나이다. (제29송)

ཚད་མེད་བསམ་གྱིས་མི་ཁྱབ་པའི།། ཞིང་དག་རྣམ་པར་སྦྱང་བར་བྱ།
མིང་ནས་གཟུང་བ་བྱས་པ་དང་།། ཕྱོགས་བཅུ་དག་ཏུ་རྣམ་པར་གནས།
한량없고 사의(思議)조차 못하는
나의 불국토를 온전히 정화하고,
모두가 내 이름을 지니게 하고
그 이름이 시방에 머물게 하겠나이다. (제30송)

བདག་གི་ལུས་དང་ངག་གི་ལས།། ཐམས་ཅད་དུ་ནི་དག་པར་བྱ།
ཡིད་ཀྱི་ལས་ཀྱང་དག་བྱ་སྟེ།། མི་དགེའི་ལས་རྣམས་མི་བྱའོ།།
나의 몸과 말의 업(業)을
일체에서 청정하게 하고,
의업(意業) 또한 정화하여
불선업들을 짓지 않겠나이다." (제31송)

རང་གི་ལུས་ངག་སེམས་ནི་རྣམ་དག་རྒྱུ།། འཇུག་པའི་སེམས་ཀྱི་བདག་ཉིད་སྡོམ་གནས་པ།

ཚུལ་ཁྲིམས་བསླབ་པ་གསུམ་ལ་ལེགས་བསླབས་པས།།

ཚུལ་ཁྲིམས་བསླབ་པ་གསུམ་ལ་གུས་ཆེར་འགྱུར།

나의 몸·말·뜻을 맑게 하는 원인인
행심(行心)의 본질인 율의에 머물고,
삼종계(三種戒)를 잘 학습함으로써
삼종계의 학처를 크게 공경하게 된다. (제32송)

དེ་བས་རྣམ་དག་རྫོགས་བྱང་ཆུབ།། སེམས་དཔའི་སྡོམ་པའི་སྡོམ་དག་ནི།

འབད་པར་བྱས་པས་རྫོགས་བྱང་ཆུབ།། ཚོགས་ནི་ཡོངས་སུ་རྫོགས་པར་འགྱུར།

그러므로 청정한 원만보리를
소연하는 보살의 율의계들을,
열심히 행함으로써 대보리의
자량들을 원만하게 구족한다. (제33송)

བསོད་ནམས་ཡེ་ཤེས་རང་བཞིན་གྱི།། ཚོགས་ནི་ཡོངས་སུ་རྫོགས་པ་ཡི།

རྒྱུ་ནི་སངས་རྒྱས་ཐམས་ཅད་དག མངོན་ཤེས་སྐྱེད་པ་ཉིད་དུ་བཞེད།

복덕과 지혜의 자성이 되는
자량을 속히 구족하는 원인으로,
모든 부처님들께서 신통력을
일으키는 것이라고 승인하였다. (제34송)

ཇི་ལྟར་འདབ་གཤོག་མ་སྐྱེས་པའི།། བྱ་ནི་མཁའ་ལ་འཕུར་མི་ནུས།།

དེ་བཞིན་མངོན་ཤེས་སྟོབས་བྲལ་བས།། སེམས་ཅན་དོན་བྱེད་ནུས་པ་མིན།།

어떤가 하면 날개가 나지 않은

새는 하늘을 날지 못하듯이,

그같이 신통력을 여의고서는

유정의 이익을 행하지 못한다. (제35송)

མངོན་ཤེས་ལྡན་པའི་ཉིན་མཚན་གྱི།། བསོད་ནམས་དག་ནི་གང་ཡིན་པ།།

མངོན་ཤེས་དག་དང་བྲལ་གྱུར་ལ།། སྐྱེ་བ་བརྒྱར་ཡང་ཡོད་མ་ཡིན།།

신통이 있는 이가 하루지간에

짓고 쌓는 복덕들 어떤 그것을,

신통들이 없는 사람은 백생을

애써도 또한 갖춤이 있지 않다.(제36송)

མྱུར་དུ་རྫོགས་པའི་བྱང་ཆུབ་ཚོགས།། ཡོངས་སུ་རྫོགས་པར་འདོད་གྱུར་པ།།

དེས་ནི་འབད་བྱུས་མངོན་ཤེས་དག།། འགྲུབ་པར་འགྱུར་གྱི་ལེ་ལོས་མིན།།

신속하게 원만보리의 자량을

온전하게 구족하길 희구하는,

그가 근수하면 신통을 얻으나

나태해선 그것을 얻지 못한다. (제37송)

ཞི་གནས་གྲུབ་པ་མ་ཡིན་པས། །མངོན་ཤེས་འབྱུང་བར་མི་འགྱུར་བས། །

དེ་ཕྱིར་ཞི་གནས་བསྒྲུབ་པའི་ཕྱིར། །ཡང་དང་ཡང་དུ་འབད་པར་བྱ། །

사마타(止)를 이룸이 없이는
신통이 생기지 않음으로써,
사마타를 수득하기 위해서
거듭거듭 힘써 정진토록 하라. (제38송)

ཞི་གནས་ཡན་ལག་རྣམས་ཉམས་པས། །རབ་ཏུ་འབད་དེ་བསྒོམས་བྱས་ཀྱང་། །

ལོ་ནི་སྟོང་ཕྲག་དག་གིས་ཀྱང་། །ཏིང་འཛིན་འགྲུབ་པར་མི་འགྱུར་རོ། །

사마타의 지분이 무너져서는
크게 정근하고 수습할지라도,
설령 수천 년간 애쓸지라도
싸마디(定)를 이루지 못한다. (제39송)

དེ་ཕྱིར་ཏིང་འཛིན་ཚོགས་ལེའུ་ལས། །གསུངས་པའི་ཡན་ལག་ལ་ལེགས་གནས། །

དམིགས་པ་གང་རུང་ཅིག་དག་ལ། །ཡིད་ནི་དགེ་ལ་གཞག་པར་བྱ། །

그러므로 「정자량품(定資糧品)」에서
설해 보인 지분들에 잘 머물면서,
어떤 적절한 대상들 가운데 하나를
닦는 마음은 현량하니 일념으로 머물라. (제40송)

རྣལ་འབྱོར་ཞི་གནས་གྲུབ་གྱུར་ན།། མངོན་ཤེས་དག་ཀྱང་འགྲུབ་པར་འགྱུར།

ཤེས་རབ་ཕ་རོལ་ཕྱིན་སྦྱོར་དང་།། བྲལ་བས་སྒྲིབ་པ་ཟད་མི་འགྱུར།།

유가사가 사마타를 얻으면
신통들도 또한 성취하게 되지만,
반야바라밀다의 유가(瑜伽)를 떠나서는
이장(二障)이 소멸되지 않는다. (제41송)

དེ་ཕྱིར་ཉོན་མོངས་ཤེས་བྱ་ཡི།། སྒྲིབ་པ་མ་ལུས་སྤང་བའི་ཕྱིར།།

ཤེས་རབ་ཕ་རོལ་ཕྱིན་རྣལ་འབྱོར།། རྟག་ཏུ་ཐབས་བཅས་བསྒོམ་པར་བྱ།།

그러므로 번뇌와 소지(所知)의
장애들을 남김없이 끊기 위해,
반야바라밀다의 유가를
항상 방편과 더불어 근수하라. (제42송)

ཐབས་དང་བྲལ་བའི་ཤེས་རབ་དང་།། ཤེས་རབ་བྲལ་བའི་ཐབས་དག་ཀྱང་།།

གང་ཕྱིར་འཆིང་བ་ཞེས་གསུངས་པ།། དེ་ཕྱིར་གཉིས་ཀ་སྤང་མི་བྱ།།

대저 방편을 여읜 반야와
반야를 여읜 방편들은 또한,
속박이라 말하니 그렇다고
그 둘을 버려서도 안 된다. (제43송)

ཤེས་རབ་གང་དང་ཐབས་གང་ཞེས།། ཐེ་ཚོམ་དག་ནི་སྤང་བྱའི་ཕྱིར།།

ཐབས་རྣམས་དང་ནི་ཤེས་རབ་ཀྱི།། ཡང་དག་དབྱེ་བ་གསལ་བར་བྱ།།

반야란, 방편이란 무엇인가?
[잘못 아는 등과] 의심들을,
없애기 위해 방편들과 반야의
바른 차별을 명확하게 밝힌다. (제44송)

ཤེས་རབ་ཕ་རོལ་ཕྱིན་སྤངས་པའི།། སྦྱིན་པའི་ཕ་རོལ་ཕྱིན་ལ་སོགས།།

དགེ་བའི་ཚོགས་རྣམས་ཐམས་ཅད་དག རྒྱལ་བ་རྣམས་ཀྱིས་ཐབས་སུ་བཤད།།

반야바라밀다를 제외한
보시바라밀다 따위들의,
모든 선한 자량의 일체를
제불은 방편이라 설하였다. (제45송)

ཐབས་གོམས་དབང་གིས་བདག་ཉིད་ཀྱིས།། གང་ཞིག་ཤེས་རབ་རྣམ་བསྒོམ་པ།།

དེས་ནི་བྱང་ཆུབ་མྱུར་དུ་ཐོབ།། བདག་མེད་གཅིག་པུ་བསྒོམས་པས་མིན།།

방편을 수습한 힘으로 보살 자신이
어떤 법을 소연해서 반야를 근수하는,
그것은 신속히 원만보리를 증득하고
무아 하나만을 닦아서는 얻지 못한다. (제46송)

ཕུང་པོ་ཁམས་དང་སྐྱེ་མཆེད་རྣམས།། སྐྱེ་བ་མེད་པར་རྟོགས་གྱུར་པའི།།
རང་བཞིན་སྟོང་ཉིད་ཤེས་པ་ནི།། ཤེས་རབ་ཅེས་ནི་ཡོངས་སུ་བཤད།།

온(蘊)·계(界)·처(處)의 법들이
진실로 무생(無生)임을 깨달아,
자성이 본래 공(空)함을 아는 것이
반야라고 분명하게 설하였다. (제47송)

ཡོད་པ་སྐྱེ་བ་རིགས་མིན་ཏེ།། མེད་པའང་ནམ་མཁའི་མེ་ཏོག་བཞིན།།
ཉེས་པ་གཉིས་ཀར་ཐལ་འགྱུར་ཕྱིར།། གཉིས་ཀ་དག་ཀྱང་འབྱུང་བ་མིན།།

[결과를 분석하는 파유무생인(破有無生因)]
있는 법이 다시 생하는 것은 정리가 아니며
없는 법이 생하는 것은 또한 허공 꽃과 같다.
허물이 [유무(有無)의] 둘에 성립하기 때문에
[사물은] 둘로부터도 또한 발생하지 않는다. (제48송)

དངོས་པོ་རང་ལས་མི་སྐྱེ་ཞིང་།། གཞན་དང་གཉིས་ཀ་ལས་ཀྱང་མིན།།
རྒྱུ་མེད་ལས་མིན་དེ་ཡི་ཕྱིར།། ངོ་བོ་ཉིད་ཀྱིས་རང་བཞིན་མེད།།

[원인을 분석하는 금강설인(金剛屑因)]
사물은 자기로부터 발생하지 않으며
다른 것과 둘로부터도 또한 아니며,
원인 없이 생하는 것도 아니니 그러므로
[사물에는] 본질이 성립하는 자성이 없다. (제49송)

ཡང་ན་ཆོས་རྣམས་ཐམས་ཅད་དག གཅིག་དང་དུ་མས་རྣམ་དཔྱད་ན།།

ངོ་བོ་ཉིད་ནི་མི་དམིགས་པས།། རང་བཞིན་མེད་པ་ཉིད་དུ་ངེས།

[자성을 분석하는 이일다인(離一多因)]

또한 [내외(內外)의] 모든 제법을
하나와 다수의 자성으로 분석하면,
본질이 성립함을 보지 못함으로써
자성이 있지 않은 것이 확실하다. (제50송)

སྟོང་ཉིད་བདུན་ཅུའི་རིགས་པ་དང་།། དབུ་མ་རྩ་བ་སོགས་ལས་ཀྱང་།།

དངོས་པོ་རྣམས་ཀྱི་རང་བཞིན་ནི།། སྟོང་པ་ཉིད་ནི་གྲུབ་བཤད་པ།།

[무자성을 분석하는 연기증인(緣起證因)]

『칠십공성론(七十空性論)』의 정리와
『중론(中論根本頌)』등에서도 역시,
모든 사물들의 자성(自性)이
공(空)함이 성립한다고 설하였다. (제51송)

གང་ཕྱིར་གཞུང་ནི་མང་གྱུར་པས།། དེ་ཕྱིར་འདིར་ནི་མ་སྤྲོས་ལ།།

གྲུབ་པའི་གྲུབ་མཐའ་ཙམ་ཞིག་ཏུ།། བསྒོམ་པའི་ཕྱིར་ནི་རབ་ཏུ་བཤད།།

그로 인해 [그것들을 인용하면] 글이 번다해져
여기선 [성언과 정리들을] 널리 설하지 않고,
[교리로] 확정된 종의만을 [조금 설한 것은]
단지 수행의 목적을 위해서 설해 보인 것이다. (제52송)

དེ་བས་ཆོས་རྣམས་མ་ལུས་པའི།། རང་བཞིན་དག་ནི་མི་དམིགས་པས།།
བདག་མེད་པ་ནི་བསྒོམ་གང་ཡིན།། དེ་ཉིད་ཤེས་རབ་བསྒོམ་པ་ཡིན།།

고로 남김없이 제법들의
자성들을 보지 못함으로,
무아를 닦는 어떤 그것이
곧 반야의 수행인 것이다. (제53송)

ཤེས་རབ་ཀྱིས་ནི་ཆོས་རྣམས་ཀུན།། གང་གི་རང་བཞིན་མ་མཐོང་བཞིན།།
ཤེས་རབ་དེ་ཉིད་རིགས་བཤད་པ།། རྣམ་རྟོག་མེད་པ་དེ་བསྒོམ་བྱ།

반야로써 [인(人)과] 모든 제법들
그것의 자성을 보지 못함과 같이,
반야 그것도 [무자성임을] 정리로 설한바
무분별(無分別) 그것을 닦도록 하라. (제54송)

རྣམ་རྟོག་ལས་བྱུང་སྲིད་པ་འདི།། རྣམ་པར་རྟོག་པའི་བདག་ཉིད་དེ།།
དེ་ཕྱིར་མ་ལུས་རྟོག་སྤངས་པ།། མྱ་ངན་འདས་པ་མཆོག་ཡིན་ནོ།།

[실집의] 분별에서 생긴 이 삼유는
분별의 [가립(假立)] 그 자체이니,
그러므로 분별을 남김없이 끊음이
[고통을 떠난] 최승의 니르바나(涅槃)이다. (제55송)

དེ་སྐད་ཡང་ནི་བཅོམ་ལྡན་འདས་ཀྱིས།། རྣམ་རྟོག་མ་རིག་ཆེན་པོ་སྟེ།།
འཁོར་བའི་རྒྱ་མཚོར་ལྟུང་བར་བྱེད།། རྟོག་མེད་ཏིང་འཛིན་ལ་གནས་པ།།
ནམ་མཁའ་བཞིན་དུ་རྟོག་མེད་གསལ།། ཞེས་གསུངས་སོ།།

그같이 또한 세존께서 [『환망속(幻網續)』 등에서] 설하였다.

“[실집의] 분별이 큰 무명이니
윤회의 바다에 떨어지게 하고,
무분별의 선정(禪定)에 머물며
허공 같은 무분별지의 빛남을 본다.” (제56송)

རྣམ་པར་མི་རྟོག་པ་ལ་འཇུག་པའི་གཟུངས་ལས་ཀྱང་།།
དམ་ཆོས་འདི་ལ་རྒྱལ་བའི་སྲས།། རྣམ་པར་མི་རྟོག་བསམས་གྱུར་ན།།
རྣམ་རྟོག་བགྲོད་དཀའ་རྣམས་འདས་ཏེ།། རིམ་གྱིས་མི་རྟོག་ཐོབ་པར་འགྱུར།། ཞེས་གསུངས་སོ།།

『입무분별다라니경(入無分別陀羅尼經)』에서 또한 설하였다.

“[무생(無生)의] 이 법에 불자가
무분별을 사유하고 [닦으면],
건너기 힘든 분별들을 넘어서
차례로 무분별을 얻게 된다.” (제57송)

ལུང་དང་རིགས་པ་དག་གིས་ནི།། ཆོས་རྣམས་ཐམས་ཅད་སྐྱེ་མེད་པའི།།
རང་བཞིན་མེད་པ་ངེས་བྱས་ནས།། རྣམ་པར་རྟོག་མེད་བསྒོམ་པར་བྱ།

[요의(了義)의] 성언과 정리들로
제법들이 본래 무생임에 의해서,
자성이 있지 않음을 확정한 뒤
무분별을 여실하게 닦도록 하라. (제58송)

དེ་ལྟར་དེ་ཉིད་བསྒོམས་བྱས་ན།། རིམ་གྱིས་དྲོད་སོགས་ཐོབ་བྱས་ནས།།
རབ་དགའ་ལ་སོགས་ཐོབ་འགྱུར་ཏེ།། སངས་རྒྱས་བྱང་ཆུབ་ཡུན་མི་རིང་།།
그같이 진성(眞性)을 수습하면
차례로 난위(暖位) 등을 얻은 뒤,
환희지(歡喜地) 등도 얻게 되어
붓다의 보리도 머지않아 얻는다. (제59송)

སྔགས་མཐུ་ཉིད་ལས་གྲུབ་པ་ཡི།། ཞི་དང་རྒྱས་སོགས་ལས་རྣམས་ཀྱིས།།
བུམ་པ་བཟང་གྲུབ་ལ་སོགས་པ།། གྲུབ་ཆེན་བརྒྱད་སོགས་སྟོབས་ཀྱིས་ཀྱང་།།
진언(眞言, mantra)의 힘으로 얻은
식멸과 증익 등의 사업(四業)들로,
소망충족의 보병(寶甁)을 얻는 등의
팔대성취 등의 위력으로써 또한, (제60송)

བདེ་བ་ཡིས་ནི་བྱང་ཆུབ་ཚོགས།། ཡོངས་སུ་རྫོགས་པར་འདོད་པ་དང་།།
བྱ་བ་སྤྱོད་སོགས་རྒྱུད་གསུངས་པའི།། གལ་ཏེ་གསང་སྔགས་སྤྱོད་འདོད་ན།།

행하기 쉽고 빠르게 보리자량을
원만하게 갖추기를 원함과 또는,
사속(事續) · 행속(行續) 등의 딴뜨라에서 설한
밀주행(密呪行)을 만약 닦기를 원하면, (제61송)

དེ་ཚེ་སློབ་དཔོན་དབང་བསྐུར་ཕྱིར།། བསྙེན་བཀུར་རིན་ཆེན་སོགས་སྦྱིན་དང་།།
དཀའ་སྒྲུབ་ལ་སོགས་ཐམས་ཅད་ཀྱིས།། བླ་མ་དམ་པ་མཉེས་པར་བྱ།།
그때 아사리의 관정을 얻기 위해
시봉과 공경과 보석 등을 올리고,
말씀대로 행하는 등의 일체로써
스승님을 기쁘게 해드리도록 하라. (제62송)

བླ་མ་མཉེས་པར་གྱུར་པ་ཡིས།། ཡོངས་རྫོགས་སློབ་དཔོན་དབང་བསྐུར་བས།།
སྡིག་ཀུན་རྣམ་དག་བདག་ཉིད་ནི།། དངོས་གྲུབ་སྒྲུབ་པའི་སྐལ་ལྡན་འགྱུར།
스승님께서 환희함으로써 [허여 등의]
완전한 금강아사리의 관정을 수여해서,
모든 죄장들이 정화되고 자기 자신이
모든 성취들을 수증하는 복분을 갖춘다. (제63송)

དང་པོ་སངས་རྒྱས་རྒྱུད་ཆེན་ལས།། རབ་ཏུ་འབད་པས་བཀག་པའི་ཕྱིར།།
གསང་བ་ཤེས་རབ་དབང་བསྐུར་ནི།། ཚངས་པར་སྤྱོད་པས་བླང་མི་བྱ།།

『시륜본초불속(時輪本初佛續)』에서
적극적으로 저지하였기 때문에,
비밀과 반야지의 관정의 둘은
범행자(梵行者)는 받지를 말라. (제64송)

གལ་ཏེ་དབང་བསྐུར་དེ་འཛིན་ན།། ཚངས་སྤྱོད་དཀའ་ཐུབ་ལ་གནས་པས།།
བཀག་པ་སྤྱད་པར་འགྱུར་བའི་ཕྱིར།། དཀའ་ཐུབ་སྡོམ་པ་དེ་ཉམས་ཏེ།།

만약 그 관정을 받게 되면
범행의 난행에 머무는 자가,
금계(禁戒)를 범하는 까닭에
난행(難行)의 율의가 깨어져, (제65송)

བརྟུལ་ཞུགས་ཅན་དེ་ཕམ་པ་ཡི།། ལྟུང་བ་དག་ནི་འབྱུང་འགྱུར་ཞིང་།།
དེ་ནི་ངན་སོང་ངེས་ལྟུང་བས།། གྲུབ་པ་ནམ་ཡང་ཡོད་མ་ཡིན།།

그 금행자(禁行者)는 바라이의
타죄(他罪)들이 발생하게 되고,
그것은 악도에 떨어짐으로써
성취 또한 영원히 있지 않다. (제66송)

རྒྱུད་ཀུན་ཉན་དང་འཆད་པ་དང་།། སྦྱིན་སྲེག་མཆོད་སྦྱིན་སོགས་བྱེད་པ།།
སློབ་དཔོན་དབང་བསྐུར་རྙེད་འགྱུར་ཞིང་།། དེ་ཉིད་རིག་ལ་ཉེས་པ་མེད།།

모든 딴뜨라를 청문하고 강설하고
호마와 공시(供施) 등을 행함이,
아사리의 관정과 [허여]를 받고
[십]진실(十眞實)을 알면 허물이 없다. (제67송)

གནས་བརྟན་མར་མེ་མཛད་དཔལ་གྱིས།། མདོ་སོགས་ཆོས་ལས་བཤད་མཐོང་བ།
བྱང་ཆུབ་འོད་ཀྱིས་གསོལ་བཏབ་ནས།། བྱང་ཆུབ་ལམ་བཤད་མདོར་བསྡུས་བྱས།

대장로(大長老) 길상연등지(吉祥燃燈智)가
계경 등의 법들에서 설한 것을 보고,
출가법왕 장춥외(菩提光)의 간청으로
보리의 길을 요약해서 설하였다. (제68송)

བྱང་ཆུབ་ལམ་གྱི་སྒྲོན་མ་སློབ་དཔོན་ཆེན་པོ་དཔལ་མར་མེ་མཛད་ཡེ་ཤེས་ཀྱིས་མཛད་པ་རྫོགས་སོ།།
རྒྱ་གར་གྱི་མཁན་པོ་ཆེན་པོ་དེ་ཉིད་དང་།ཞུ་ཆེན་གྱི་ལོ་ཙ་བ་དགེ་བའི་བློ་གྲོས་ཀྱིས་བསྒྱུར་ཞིང་གཏན་ལ་ཕབ་པ།།
ཆོས་འདི་ནི་ཞང་ཞུང་གི་ཐོ་ལིང་གཙུག་ལག་ཁང་དུ་མཛད་པའོ།།

이 『보리도등론(菩提道燈論)』을 대아사리 길상연등지(吉祥燃燈智)가 지어서 완결하였다.

인도의 대아사리 길상연등지와 대교열역경사(大校閱譯經師) 비구 선혜(善慧, dGe baḥi blo gros)가 번역하고 교정해서 완결하였다. 이 법을 구게(Gu ge)의 샹슝(Shaṅ shuṅ)의 토딩(Tho ldiṅ) 사원에서 저술하였다. 길상원만(吉祥圓滿)!

보리도등론난처석
(菩提道燈論難處釋)

Byaṅ chub lam gyi sgron maḥi dkaḥ ḥgrel

Bodhi mārga pradīpaṃ pañjikā nāma

범어로 보디 - 마르가 - 쁘라디빰 - 빤지까 - 나마(Bodhi mārga pradīpaṃ pañjikā nāma)는 티베트어로 장춥람기된매까델셰자와(Byaṅ chub lam gyi sgron maḥi dkaḥ ḥgrel she bya ba)이며, 우리말로는 『보리도등론(菩提道燈論)』[1]의 [어려운 곳을 해설한] 난처석(難處釋, Pañjikā)[2]이라 한다.

---

1 『보리도등론』의 명칭의 의미에 대하여 4대 빤첸라마의 『보리도등론석승소희연(菩提道燈論釋勝笑喜宴)』에서, "논전의 이름을 설명하면, 이 논전이란 유법(有法), 그대를 보리도등론(菩提道燈論)이라 부르니, 단덕(斷德)과 증덕(證德)의 자체인 붓다의 지혜가 보리(菩提)이고, 그곳으로 가는 십지(十地) 또는 오도(五道)의 본질을 환히 밝히고, 그것들을 깨닫지 못함과 전도되게 깨달음과 의심의 어두움을 남김없이 없애버리는 논전임으로써, 그와 같이 말하기 때문이다. 붓다의 지혜라는 유법, 그대를 보리라고 부르니, [번뇌와 소지의] 두 가지 장애가 남김없이 정화되고, 진소유(盡所有)와 여소유(如所有)의 모든 법들을 남김없이 통달하기 때문이다. 선지식 돔뙨빠(ḥBrom ston pa)께서, '티베트 말로는 정화성취(淨化成就, Byaṅ grub)가 된다.'라고 말했다. 십지(十地) 또는 오도(五道)라는 유법, 그대를 도(道)라고 부르니, 대보리로 나아가게 하는 궤도이기 때문이다. 의미는 '삼세의 제불이 가신 유일한 길을 환히 밝힌다.'라고 하는 정언(定言)이다. 아띠쌰 존자께서, '일체법의 의미를 이름으로 붙인 것이다.'라고 설함과 같다."라고 하였다.

2 난처석(難處釋, Pañjikā)은 범어 빤지까(Pañjikā)와 티베트어 까델(dKaḥ ḥgrel)의 번역으로, 본문 가운데 어려운 구절이나 문장을 별도로 주석한 것을 말한다. 『보리도등론』의 자주(自註, Raṅ ḥgrel)로 불리는 이 난처석(難處釋, dKaḥ ḥgrel)은 본문 가운데 난해한 곳이 많이 있음에도 불구하고, 다수의 주석서를 가지고 있는 『보리도등론』과는 달리 별도의 해설서가 저술되지 않은 탓에 본문의 뜻을 정확히 이해하는 데에 많은 어려움이 있다.

귀경게(歸敬偈)와 저술의 동기

성모(聖母)·지존모(至尊母)이신 도모(度母)님께 예배하옵니다.[3]
거룩하신 문수사리동자보살(文殊師利童子菩薩)님께 예배하옵니다.
길상하신 승락륜제삼서언왕(勝樂輪制三誓言王)과[4]
세간자재(世間自在, Lokeśvara)[5]와 도모(度母)님께 예배하옵니다.

---

3 도모(度母)는 범어 따라(Tārā)와 티베트어 돌마(sGrol ma)의 옮김으로, 중생의 구제를 앞장서서 행하는 불모이시다. 특히 아띠쌰 존자의 본존(本尊)이자 낙초·로짜와(Nag tsho lo tsā ba)의 본존인 까닭에 문수보살님 대신 귀경게(歸敬偈)의 첫머리에 안치한 것으로 보인다. 또한 성모(聖母, ḥPhags ma)와 지존모(至尊母, rJe bthun ma)는 신속모(迅速母, Myur ma)와 위맹모(威猛母, dPaḥ mo)와 함께 따라불모의 위덕을 나타내는 다른 이름들이다.

4 이 승락륜제삼서언왕(勝樂輪制三誓言王)은 원문의 뎀촉콜로담칙쑴걜뽀(bDe mchog ḥkhor lo dam tshig gsum rgyal po)의 옮김이자, 아띠쌰 존자의 주요한 본존이자 또한 낙초·로짜와의 본존이기도 하다. 『까담최중쎌된(bKaḥ gdams chos ḥbyuṅ gsal sgron, 噶當派源流)』, pp.133~134에 의하면, "낙초·로짜와(Nag tsho lo tsā ba)가 녜탕(sÑe thaṅ) 사원에서 고향인 뙤응아리(sTod mṅaḥ ris, 上部阿里)로 떠날 무렵, 조오제(大恩人)께서 많은 가르침을 주었다. 승락륜제삼서언왕의 존상을 손에 쥐어준 뒤 가지하고, 『비나야경(毘奈耶經)』과 『밀집금강속(密集金剛續)』의 범본과 특별히 송별의 법[도최(ḥGro chos)]으로 『관자재보살성취행법』 등의 20가지의 은밀법(隱密法)을 하사하고, 많은 예언을 하였다. 또 붉은 전단에 그린 엄지손가락 크기의 아띠쌰(Atīśa)의 화상(畵像)도 가우(Gaḥu, 佛龕) 속에 넣고 어깨에 건 채, 크게 기뻐하고 기뻐하였다."라고 하였다.

5 세간자재(世間自在, Lokeśvara)는 성관자재보살(聖觀自在菩薩)을 달리 부르는 말이다.

미륵자존(彌勒慈尊)과 아쌍가(無着菩薩)[6]와 스승이신 금주법칭(金洲法稱)과
문수보살(文殊菩薩)과 쌴띠데와(寂天菩薩)와 스승이신 보디바드라(菩提賢)와
[중관·유식의 두 전승법계의] 스승님들께 정결한 마음으로 예배하온 뒤
태양의 빛살같이 [본의를 드러내는] 『난처석(難處釋)』을 저술하고자 한다.

대보리(大菩提)로 가는 현묘한 길이
달빛과 같은 이 『보리도등론』이며,
여기서 좀 명확하지 않은 그것들을
햇살 같은 주석으로 밝히고자 한다.

논전을 저술할 역량이 없음에도 또한[7]
나를 흠앙(欽仰)하는 제자의 간청과
붓다의 교법을 크게 융성하게 하고,

---

6 아사리 아쌍가(Asaṅga / ḥPhags pa thogs med, 無着)는 미륵보살로부터 전승되는 로종(修心)의 전승자이기도 하다. '부록 3 - 아사리 소개'를 참조 바람.

7 '논전을 저술할 역량이 없음에도 또한'이란 겸손함이니, 4대 빤첸라마의 『보리도등론석승소희연(菩提道燈論釋勝笑喜宴)』에서, "유일의 지존, 조오제(jo bo la)라는 유법(有法), 능인(能仁)의 의취를 밝히는 논전을 저술할 능력이 있으니, 그와 같은 원만한 원인인 상사전승(上師傳承)의 구결을 지님과 본존의 존안을 친견함과 오명(五明)에 정통한 [강설과 변론과 저술의] 지자삼사(智者三事)를 갖추었기 때문이다. 뽀또와(Po to ba)의 『청색수책(青色手册)』에서, '그와 같이 스승의 구결을 지니고, 본존의 존안을 또한 친견하고, 오명(五明)의 일체에 통달함으로써, 보리의 길을 능히 밝힐 수가 있기 때문이다.'라고 설하였다."라고 하였다.

경론의 상위로 인한 논쟁을 없애고자
햇살 같은 주석서를 저술하고자 한다.

지자(智者)들은 경이로움을 일으키고
나와 동분의 자들은 이해하기 쉽고,
저열한 자들은 좋은 훈습을 심도록
이 『난처석』을 저술하고자 한다.

글자는 많지 않으나 의미가 심대한
이 논서는 제대로 알기가 어려우니,
참된 스승님들을 의지하지 않고서는
모든 곳에서 길을 잃고 헤매게 된다.

그러니 지혜를 지닌 사부(士夫)는
스승님을 크게 기쁘게 해드린 뒤,
스승의 전승법계로부터 내려오는
바른 구결(口訣)을 청하도록 하라.

여기서 지존하신 스승님 쎄르링빠(gSer gliṅ pa, 金洲法稱)[8]와 지존하신 스

---

8 아사리 쎄르링빠(gSer gliṅ pa, 金洲法稱)는 범어로 쑤와르나드위빠·다르마끼르띠(Suvarṇadvīpa Dharmakīrti)이며, 오늘날 보로부두르(Borobudur) 대탑이 있는 인도네시아의 자바 섬에 건립된 불교왕국의 왕자로 태어났다. 출가한 뒤, 인도의 마다가에 유학하여 유식학(唯識學)과 로종(修心)의 가르침을 전승하였다. 또한 아띠쌰(Atiśa) 존자에게 자타상환(自他相換)의 로종의 가르침을 전해줌으로써, 후일 티베트불교에 지대한 영향을 끼친 위대

승님 보디바드라(Bhodhibhadra, 菩提賢)[9]의 보병(寶甁)과 같은 금구(金口)에서 흘러나온 감로와 같고, 꿀과 같은 구결의 물방울을 [구게(Gu ge)[10] 왕국의] 왕족 출신의 제자 장춥외(Byaṅ chub ḥod, 菩提光)[11]와 오랫동안 곁에서 시봉을 해온 제자인 비구 출팀걜와(Tshul khrim rgyal ba, 戒勝)[12] 두 사람이 거듭거듭 간청해온 정분에 답하고자, 여기저기 흩어져 있는 구결의 물방울들로 스승님께서 직접 설하신 것과 계경(契經) 등의 가르침에 수순해서 하나로 거두어 모은 뒤 기술코자 한다.

한 아사리이다. 저술로는 『삭제분별수심결(削除分別修心訣, Blo sbyoṅ rtog pa ḥbur ḥjoms)』과 『집학론현관(集學論現觀, bSlab pa kun las btus pa mṅon par rtogs)』 등이 있다. '부록 3 - 아사리 소개'를 참조 바람.

9 아사리 보디바드라(Bhodhibhara / Byaṅ chub bzaṅ po, 菩提賢)는 본서에서, "일체지자께서 [계경들에서] 예언하신, 아사리 성용수(聖龍樹)의 법맥을 전승하는, 아사리 보리현(菩提賢)을 수순한 뒤, 여타의 종론(宗論)들을 지니지 않도록 하라."고 함과 같이, 아사리 보디바드라는 쁘라쌍기까(Prāsaṅgika, 中觀歸謬論證派)의 전승자이자, 또한 "글과 뜻을 원만하게 하신 스승님은 싼띠와(Śantiba, 寂靜)와 나렌드라(Nalendra)의 빤디따(Paṇḍita, 智者) 보디바드라다."라고 『까담최중쎌왜된메(噶當派原流)』에서 말하였듯이, 그는 아띠쌰(Atīśa) 존자가 평생 의지하였던 스승님들 가운데 한 분이었으며, 그로부터는 중관교계를 전해 받았다. '부록 3 - 아사리 소개'를 참조 바람.

10 구게(Gu ge) 왕국은 티베트 왕조의 마지막 왕 랑다르마(Glaṅ dar ma)의 파불사태(破佛事態) 이후, 그의 사대손(四代孫)인 데쭉괸(lDe gtsug mgon)이 서부 티베트의 응아리(mṄaḥ ris, 阿里)의 샹슝(Shaṅ shuṅ, 祥雄) 지역에 세운 소왕국으로, 현재 서장자치구 짜다현(札達縣)에 유적이 남아 있다.

11 장춥외(Byaṅ chub ḥod. 菩提光)는 서부 응아리 지방에 융성했던 구게(Gu ge) 왕국의 출가한 법왕이다. 불법을 파괴한 랑다르마(gLaṅ dar ma) 왕의 팔대손(八代孫)으로 1042년에 아띠쌰(Atiśa) 존자를 티베트에 초청해서 티베트불교를 재건하였다. '부록 3 - 아사리 소개'의 '법왕 장춥외(菩提光)'를 참조 바람.

12 비구 출팀걜와(Tshul khrim rgyal ba)는 우리말로 계승(戒勝)이며, 낙초·로짜와(Nag tsho Lo tsā ba)로 불리는 역경사이다. 아띠쌰(Atiśa) 존자를 티베트에 초청하는 데 크게 활약하고, 티베트불교의 부흥에 크게 기여하였다. '부록 3 - 아사리 소개'의 '역경승 출팀걜와(戒勝)'를 참조 바람.

"현량한 제자 보리광(菩提光)이 항상
나에게 칠구(七句)를 질문[13]해오기를,
'본송에서는 그 의미가 불명하다.'고
요청한 목적을 위해서 쓰고자 한다."

과거의 대석학 아사리 세친(世親)[14] 보살께서 다음과 같이 설하였다.

"계경의 뜻을 논하는 이들에게
구결을 조금 알려주고자 하니,
목적(필요)과 요지(要旨)와
글과 뜻과 [앞뒤의] 연결과
반론과 답변으로 강설을 한다."[15]

그러므로 여기서도 또한 지혜를 갖추고, 현명한 스승님을 의지하는 자

---

13 이 칠구(七句, Tshig bdun)에 대한 설명은 해제에서 자세히 설명하였으니 그곳을 참조 바람.

14 아사리 세친(世親)은 범어로 바쑤반두(Vasuvandhuḥ)이며, 티베트어로는 노르기짤락(Nor gyi rtsa lag) 또는 익녠(dByig gñen)이라 번역한다. 아사리 아쌍가(Asaṅga, 無着)에게서 미륵보살로부터 전승되는 모든 가르침을 전해 받았다. '부록 3 - 아사리 소개'의 '바쑤반두(Vasuvandhuḥ)'를 참조 바람.

15 이것은 줄여서 필요연결(必要連結, dGos ḥbrel)이라고 하니, 논전을 저술할 때 목적과 요지(要旨) 등의 일곱 가지를 밝혀서 쉽게 이해하게 하는 저술의 요령 또는 방법을 말한다. 『슝까뾔응애칙된쌜델(藏傳佛教五明詞義詮釋)』에서, "최응왼(Chos mṅon)3 na5에 나옴과 같이, 그 또한 처음 듣고 지님에 공경을 일으키기 위해서, 목적(필요성)을 논설하는 것이다. 목적(필요성)이 있음을 정량(正量 : 정상적 마음)으로 아는 것은, 요지(要旨)를 이해하는 것에 의뢰하고, 그것 또한 글과 뜻을 이해하는 것에 의뢰하고, 그것 또한 순서가 정연하여 어긋나지 않는 연결에 의뢰하고, 앞뒤와 도리와 어긋나지 않음의 셋은 반론과 답변으로 결택하는 것으로 이해하는 것이다."라고 하였다.

들이 그 같은 도리대로 행하면, 대승의 묘도(妙道)이자 상사(上士)의 법 궤도인 이 대승의 길을 신속하게 깨닫게 된다.

> “계경 등의 성언과 논전과
> 스승님들의 말씀 그대로,
> 보리살타들이 가는 길을
> 내가 명쾌히 설하고자 한다.”

“그것이 무엇인가?” 하면, [『보리도등론』의] 본송(本頌)에서 다음과 같음 등을 말하였다.

> “삼세의 모든 승자들과 그의 교법과
> 승가(僧伽)에게 공손히 예배하온 뒤,
> 현량한 제자 보리광의 간청에 의해
> 보리도의 등불을 환히 밝히고자 한다.” (제1송)

“그들 문구의 뜻이 무엇인가?” 하면, ‘삼세(三世)’라는 등을 설한바, ‘삼세’라는 등의 제1구와 2구는 알기가 쉽다. ‘현량(賢良)한 제자’[16]라고 함

16 여기서 ‘현량(賢良)한 제자’라고 한 의미를 『보리도등론석승소희연(菩提道燈論釋勝笑喜宴)』에서, “‘그 또한 스승님을 기쁘게 해드리고, 모든 티베트의 교법의 법주로 머무름으로써 현량한 제자이다.’라고 선지식 뽀또와(Potoba)께서 승인하였다. 『자주(自註)』에서, ‘현량한 제자라고 함은 대승의 법기(法器)임으로써 그렇다.’라고 설함과 같이, 그 법왕은 보살의 종성으로 태어났고, 몸은 비구이고, 삼보에 견고하고 변치 않는 믿음을 지닌 자이며, 현밀(顯密)에 대하여 반야의 안목이 광대하고, 대은인 아띠쌰 존자를 허다한 어려움을 겪으면서 초청하였으며, 마음에 드는 모든 물품으로 기쁘게 해드린 자기의 현량한 제자 출가법

은, 대승의 법기(法器)이므로 그렇게 말한다. '그가 누구인가?' 하면, '보리광(菩提光, Byaṅ chub ḥod)'이라 부르는 이 사람이다. '간청에 의해'라고 함은, 그가 나에게 이같이, "이 티베트 땅에는 붓다의 교법인 이 대승의 도(道)를 잘못 이해하는 사람들로, 스승과 선지식의 올바른 섭수(攝受)를 받지 못한 자들이 서로 다투고, 심오하고 광대한 교의를 자기의 분별로써 변석하고, 각자 어긋나는 점들이 허다하게 있으니, 그들의 의심들을 불식시켜 주시길 청합니다."라고, 나에게 거듭거듭 요청함으로써, 그의 목적을 위해서 내가 계경 등을 수순해서 보리도의 등불을 자세히 밝히고자 한다. '보리도(菩提道)의 등불'이라는 '그것이 무엇인가?' 하면, 다음과 같은 [제6송에서 제67송까지의] 문구들이 그것이다.

"뛰어난 유정으로 대보리를
희구하는 그들을 위해서,
스승님들께서 설해 보인
바른 방편을 설하고자 한다." (제6송)

"모든 딴뜨라를 청문하고 강설하고
호마와 공시(供施) 등을 행함이,
아사리의 관정과 [허여를] 받고
[십]진실(十眞實)을 알면 허물이 없다." (제67송)

왕인 보리광(菩提光)이, '티베트에서 붓다의 교법에 대한 갖가지의 사견과 이설이 준동함으로써, 지금 교법의 전체에 어떻게든 도움을 주십시오.'라고 절박하게 필요한 상황을 말씀드렸다."라고 하였다.

제 1 편

삼사(三士)의 정의[17]

본송(本頌)에서, "하근·중근·상근으로 말미암아"(제2송 1구)에서부터 "그 사부(士夫)[18]가 상사(上士)인 것이다."(제5송 4구)라고 하는 것으로 대승의 법기와 법기가 아님을 설하여 보임이니, 하사(下士)와 중사(中士)를 겸해서 설명한 것이다. 문구의 의미들은 이해하기 쉽다. 그리고 대승의

---

17 삼사(三士)는 곧 상·중·하 근기의 세 종류 사부(士夫, Puruṣaḥ)를 뜻하니, 불법을 신행하는 불자들의 부류를 불법을 추구하는 목적과 불법을 이해하는 지적 능력에 의해서 구분한 것이다. 이 삼사의 전거는 『유가사지론(瑜伽師地論)』 「섭결택분(攝決擇分)」의 분류에 근거하는 것이니, 『까담쩨뛰(噶當派大師箴言集)』에서, "까담빠의 우빠데쌰(教誡)의 근본인 로종(修心)은 보리심을 일으키는 것이니, 그것은 또한 미륵자존의 『현관장엄론(現觀莊嚴論)』에 근거하고 있다. 아사리 무착 보살께서 미륵자존으로부터 『현관장엄론』을 청문하시고, [『유가사지론』의] 「섭결택분」에서 설명한 삼사(三士)의 특성이다."라고 함과 같다. 그리고 삼사(三士)의 명칭은 「섭결택분」과 『구사론석(俱舍論釋)』 등에서 허다하게 설하였으니, 예를 들면, 『까담쩨뛰』에서, "성무착보살(聖無着菩薩)이 「섭결택분」에서 삼사(三士)의 행상(行相)을 설하였다. 구별하면 모두풀이(總論)와 갖가지 명언(名言)의 문을 통한 개별풀이(各論)의 둘이 있다."라고 함과 같이, 모두풀이(總論)인 의향의 문을 통해서 시설하면, 상·중·하 세 종류의 사부가 있고, 개별풀이(各論)의 문을 통해서 시설하면, 여덟 종류의 사부가 있으니, ① 죄악을 사랑하여 죄악을 행하고 행하지 않음을 통해서 시설함이다. ② 행위의 문을 통해서 시설함이다. ③ 원만의 문을 통해서 시설함이다. ④ 공경과 힘과 반야의 문을 통해서 시설함이다. ⑤ 출리(出離)의 문을 통해서 시설함이다. ⑥ 보시의 문을 통해서 시설함이다. ⑦ 계율의 문을 통해서 시설함이다. ⑧ 수행의 문을 통해서 시설함이다. 이들 각각에는 세부적으로 허다한 분류가 있으니, 자세한 것은 「섭결택분」 등을 열람하길 바란다.

18 걜찹·닥빠된둡(普稱義成)의 『보리도등론제호석(菩提道燈論醍醐釋)』에서, "사부(士夫, sKyes bu)는 뿌루샤(Puruṣa)이니, 능력자 또는 지혜를 지님의 뜻이다. 그 또한 후생 이후의 의리(義利)를 능히 닦아 이룸을 일컬으니, 여기에는 또한 세 단계가 있다. 설한 바와 같이 업의 인과를 믿음으로써, 불선(不善)을 버리고 선업을 닦음에 안주함으로 선취(善趣)의 터전을 닦아 이루는 하근의 단계와 삼유(三有)의 일체를 고통으로 깨닫고, 그것이 성립하는 원인을 버림으로써, 자기의 해탈을 닦아 이루는 중근의 단계와 모든 유정에게 자비(慈悲)가 충만하게 한 뒤 그들의 이익을 위해서 정각을 닦아 이루는 상근의 단계이다. 뿌루샤의 말로 후생 이후의 의리를 능히 닦을 수 있는 것을 사부(士夫)라고 한다."라고 하였다. 또한 『다조르밤뽀니빠(聲明要領二卷)』에서, "뿌루샤(Puruṣaḥ)로 천 개의 머리가 있고, 베다(吠陀)의 경문을 낭송하고 설하는 자가 있다는 이야기가 있음과 능력을 지닌 뿌루샤가 유일하게 존재한다고 주장을 함으로써 뿌루샤라 부른다."고 하였듯이, 외도들이 상주하여 불멸하는 존재로 여기는 자아의 하나이나 여기서는 단지 그 명칭에 담긴 뜻을 취해서 일반적인 사람과 구별한 것이다.

법기를 다음의 게송으로 설하여 보였다.

"자기 심속(心續)에 귀속되는 고통으로
어떤 이가 타인의 고통마저 모두,
완전히 소멸하길 전적으로 원하는
그 사람이 상사(上士)인 것이다." (제5송)

이 뜻을 고려해서 [『장엄경론(莊嚴經論)』에서] 다음과 같이 설하였다.

"보리살타는 유정들을
외아들을 사랑하듯이,
뼛속에서부터 자애하니
그같이 늘 행하길 원한다."

또 [『장엄경론』에서] 설하였다.

"비둘기가 새끼를 매우 사랑해서
자기 새끼를 품 안에 품고 지내니,
그 같은 것은 분노와 어긋나듯이
유정을 또한 그와 같이 자애한다."

또 아사리 세친(世親) 보살께서 다음과 같이 설하였다.

"그 하사(下士)는 그의 방편으로 자기 마음에 귀속되는 안락만을 목적으로 삼아서 추구하고, 중사(中士)는 고통에서 단지 벗어날 뿐이니 안락이 아니다. 왜냐하면, 그것은 고통의 자리이기 때문이다. 상사(上士)는 자기의 마음에 있는 고통으로 말미암아 타인에게 안락을 주고, 고통에서 영원히 벗어나게 하는 것을 오로지 추구하니, 왜냐하면, 타인의 고통에 의해서 그가 고통을 당하기 때문이다."

또 다음과 같이 설하였다.

"그는 타인의 고통에 의해서 고통을 당하고, 타인의 안락에 의해서 마음이 안락하고 기뻐하게 되니, 자기의 안락이 아닌 그와 같은 종성에게는 그런 것이다. 그들은 자기의 안락을 돌보지 않고, 그들은 '타인들을 고통의 폭류(暴流)로부터 완전히 구제할 수 있다.'라는 생각으로 진력한다. 천성적으로 비민(悲愍)이 큰 자들은 비민을 익힌 힘으로 자기가 고통스러울지라도 또한 타인의 안락을 기뻐한다."

그러므로 어떤 사부가 천성적으로 비참한 상대방을 보면 아픔을 견디지 못하고, 자기와 타인의 처지를 바꾸는 자타상환법(自他相換法)을 사유하고, 외아들이 절벽에서 추락하고, 급류에 휩쓸려가고, 큰 불길 속에 갇혀 있는 것을 보면, 그것을 참지 못함과 같이 모든 중생을 외아들처럼 여기는 그가 여기서 말하는 대승의 법기라고 찬양한 것이다.

제 2 편

상사(上士)의 바라밀다승

1
장

상사의 바른 방편

"그와 같은 그 마하살타(大有情)에게 어떻게 해야 하는가?" 하면, 본송(本頌)에서 말하였다.

> "스승님들께서 설해 보인
> 바른 방편을 설하고자 한다." (제6송 3, 4구)

여기서 '스승님들'은 지존하신 보디바드라(菩提賢)와 지존하신 쎄르링빠(金洲法稱) 등이시다. '바른 방편'이라 함은, 삼보에 귀의하기, 두 가지의 보리심을 일으키기, 신통을 일으킨 뒤 수승한 이타행(利他行)을 하는 방편, 반야와 방편을 합일해서 두 자량(資糧)을 쌓는 방편, 자타의 이익을 신속히 완성하는 대승의 대승인 비밀진언승의 비공통의 두 자량을 쌓는 방편들이다.

1. 삼보(三寶)에 귀의하기

그와 같은 그 방편들을 자세히 설하고자, "제불의 탱화와 소상 따위와"(제7송 1구)에서부터 "[십]진실(十眞實)을 알면 허물이 없다."(제67송 4구)에 이르기까지를 본송(本頌)에서 말하였다.

불·법·승의 삼보(三寶)에게 귀의하는 것은 해탈의 성채에 들어가는 문과 같고, 보리심의 기반과 같은 것임으로써, 그것을 설하여 보이고자 다음과 같이 본송(本頌)에서 12구절을 설하였다.

> "제불의 탱화와 소상 따위와
> 불탑과 불경(佛經)을 향해서,

꽃과 향을 비롯한 공물들을
힘껏 장만해서 공양토록 하라." (제7송)

"「보현행원(普賢行願)」에서 설한
칠지공양(七支供養)들 또한,
보리의 정수에 이를 때까지
불퇴전의 견고한 마음들로," (제8송)

"불법승 삼보를 굳게 믿고
두 무릎 땅 위에 꿇은 뒤,
두 손을 공손히 합장하고
먼저 삼귀의를 세 번 한다." (제9송)

여기서 '향해서'라고 함은, "여래의 존상(尊像)을 마주하고, 우러러봄으로써 보리심이 일어난다."라고 한 것을 『교수승광대왕경(敎授勝光大王經)』의 고사에서도 볼 수가 있으며, 선지식들도 또한 그렇게 설하였다. 자세한 의궤는 아래에서 설한다.

2. 삼보(三寶)에 공양하기

이와 같이 자기의 전면에 27개의 작은 '격자(格子 : 칸)의 만다라'[19]에 삼

---

19 '격자(格子)의 만다라'는 원문의 '죽리끼낄코르(Byug ris kyi skyil ḥkhor)'의 옮김이다. 죽리(Byug ris)의 뜻을 『둥까르칙죄첸모(東噶藏學大辭典)』에서, "그것은 차례 또는 순서의 이름이며, 또는 거주하는 곳에 작은 격자(格子 : 칸)를 그려놓은 이름으로 이해한다."라고 하였

보의 화상(畵像)을 각각 모셔놓고, 시방의 세계에 계시는 청정한 삼보를 또한 각자의 처소에서 모셔오거나 혹은 그들의 정토에 자기 자신이 있는 것을 신해(信解)한 뒤, 몸의 신변(神變)을 나투어 불보살님 각각의 눈앞마다 자신이 하나씩 있음을 사유하고, 양손을 나란히 펴거나 혹은 손가락을 깍지끼고, 머리 위에 두 손을 합장한 뒤, 공양의 행위를 완수하고, [참회·수희·회향의] 삼취(三聚)[20]를 행하고, 스승님께 예물을 올리고서 귀의를 한다. 삼보(三寶)도 이와 같으니, 진실(眞實, De kho na ñid)의 삼보와 현전(現前)의 삼보가 있으니, 미리 그와 같은 것을 알도록 한다.

"꽃과 향을 비롯한 공물들을"이라고 함은, 재물공양을 나타냄이다. "칠지공양(七支供養)들 또한"이라고 함은, 정수공양(正修供養, sGrub paḥi mchod pa)[21]을 나타내 보임이다.

1) 칠지공양(七支供養)

여기서 보살의 자량도(資糧道)[22]의 아사리가 된 그가 복덕자량의 집

듯이, 불상 등을 안치하는 작은 감실(龕室)과 같다.

20 삼취(三聚, Phuṅ gsum)는 참회(懺悔)와 수희(隨喜)와 회향(廻向)의 셋이다. 또는 회향 대신에 법륜을 굴리시길 청하는 권청(勸請)의 셋이다.

21 정수공양(正修供養, sGrub paḥi mchod pa)은 자신이 법을 닦아서 증득한 선한 자량들을 올리는 공양으로 가장 뛰어난 공양이 된다.

22 자량도(資糧道, Tshogs lam)는 대승의 오도(五道) 가운데 하나로 열반으로 나아가는 근본이 된다. 순해탈분(順解脫分)의 선업(善業)에 거두어지는 광대한 자량을 축적하고, 문사(聞思)의 둘을 통해서 무아(無我)의 총명(總名, sGra spyi)과 총의(總義, Don spyi)의 도리로 통달하고, 사념주(四念住)와 사정단(四正斷)과 사신족(四神足)을 닦음으로써, 윤회의 고통을 일으키는 매우 거친 조분(粗分)의 소단사(所斷事)를 혐오하는 도리로 끊어버리고, 천안(天眼)과 신통과 법류삼매(法流三昧, Chos rgyun gyi tiṅ ṅe ḥdzin)의 공덕을 증득하는 도위(道位)이다. '부록 4 – 용어 해설'의 '오도(五道)'를 참조 바람.

적[23]을 위해서 공양에 능통함이니, 그것을 말하고자, "「보현행원(普賢行願)」에서 설한, 칠지공양(七支供養)[24]들 또한"(제8송 1, 2구)이라고 함이 이것이다. '보현행원'이라고 함은, 『화엄경(華嚴經)』에 나오는 「보현행원왕(普賢行願王)」이니, 이것은 시방세계의 대보살로서 높은 지위에 머무는 자들의 보현행(普賢行)과 [다함 없는 서원의 바다 창고인] 무진서원해고(無盡誓願海庫)를 얻은 이들의 보현행과 보현원(普賢願)이기에, '이것은 바라밀다승(波羅蜜多乘)의 보살들의 장경(藏經)의 등불과 같은 것이다.'라고 스승님과 지자(智者)들이 설하였다.

'설한 칠지공양(七支供養)'이라고 함에 대하여 어떤 스승님께서는 「보현행원」에서 칠지공양을 설하였으니, 이와 같다.

"① '있는바 모든 시방세계에, [삼세의 여래, 인간의 사자(獅子)들께, 저는 남김없이 그들 모두에게, 청정한 몸·말·뜻으로 예배하옵니다.]'라는 게송으로, 청정한 몸·말·뜻으로 예배하는 공양을 설하여 보였다.

② '보현행을 믿는 [힘들로, 모든 승자(勝者)들께 예배공양하옵니다.]'라는 게

---

23 복덕자량(福德資糧)의 집적(集積)을 애쓰는 이유는 무상정각을 얻고 열반을 성취하는 데에는 지혜자량과 함께 근본의 원인이 되기 때문이다. 복덕자량은 붓다의 색신(色身)을 성취하는 원인이 되고, 지혜자량은 법신(法身)을 성취하는 원인이 됨으로써, 성불을 위해서는 반드시 3무수겁(無數劫)에 걸쳐서 복혜의 두 자량을 원만하게 쌓지 않으면 안 되기 때문이다. '부록 4 – 용어 해설'을 참조 바람.

24 칠지공양(七支供養)에는 ① 아만을 다스리기 법인 예배, ② 인색함을 다스리기 위한 법인 공양, ③ 삼독을 다스리기 위한 법인 참회, ④ 질투를 다스리기 위한 법인 수희, ⑤ 법을 유기함을 다스리기 위한 법인 청전법륜(請轉法輪), ⑥ 스승님에게 나쁜 생각을 일으킴을 다스리기 위한 법인 청불주세(請佛住世), ⑦ 사견(邪見)을 다스리기 위한 법인 회향(廻向)의 일곱 가지이다.

송으로, 몸을 바치는 공양을 설해 보였다.

③ '한 티끌 위에 [티끌처럼 무수한 제불께서, 보살들 가운데 계시는 그들, 그같이 법계들에 남김없이, 일체에 부처님들께서 가득하심을 승해(勝解)하고.]'라는 게송으로, 그들을 대경으로 삼아서, 청정한 공양을 설하여 보였다.

④ '그들을 찬탄하는 다함없는 바다들, 갖가지 묘음의 바다의 소리 일체로'라는 게송으로, 찬탄의 공양을 설하여 보였다.

⑤ '아름다운 꽃과 미려한 화만(華鬘)과, [자바라들과 뛰어난 도향(塗香)과 산개(傘蓋)와, 최상의 등불과 소향(燒香)들로, 그 부처님들께 공양하나이다. 최고의 의복들과 향수와, 말향(末香)과 향낭(香囊)들을 수미산처럼 쌓아놓고, 갖가지 모든 최승의 장엄구들로, 그 부처님들께 공양하나이다.]'라는 게송으로, 최상의 공양을 설하여 보였다.

⑥ '그 위없는 공양들의 바다를, 그 부처님들께 공양하나이다.'라는 게송으로, 위없는 공양을 설하여 보였다.

⑦ '탐욕과 성냄과 무지의 힘으로, [몸과 말과 그같이 뜻으로 또한, 죄악을 제가 지은바, 그것들 전부를 저는 낱낱이 참회하나이다.]'라는 게송으로, 삼취(三聚 / 三蘊)를 설하여 보였다. 다른 논전에서는, '그 공양들의 회향을 설해 보임이다.'라고 설하였다."

또 다른 스승님께서는 「보현행원」에서 칠지공양을 설하였으니, 이와 같다.

"① 최상의 꽃, ② 최상의 화만(華鬘), ③ 최상의 자바라[25], ④ 최상

25 자바라(啫哱囉)는 바라(哱囉)라고 하며, 범패(梵唄)를 할 때 주로 사용하는 두 짝으로 된 타악기이다. 놋쇠로 둥글넓적하게 만들고 배가 불룩하며 가운데에 끈을 꿰어 마주쳐서 소리

의 도향(塗香), ⑤ 최상의 등불, ⑥ 최상의 소향(燒香), ⑦ 최상의 의복들이다. 최상의 향수와 가루 향의 향낭 두 가지는 도향과 소향의 둘 가운데 속한다. '수승한 장식'이라고 함은, 앞의 그것들 하나하나마다 장식하고 또한 가히 논의하지 못할 정도로 장식함이다."

또 다른 지혜로운 스승님께서는 「보현행원」에서 칠지공양을 설한 것은 일곱 가지에 거두어지니, "'칠지공양은 정수공양(正修供養)이다.'라고 설하였다. 그 「보현행원」에서 그들 칠지공양을 설하여 마친 뒤, 이와 같이, '과거의 부처님들과 현재의 시방세계에 계시는 그들에게 공양한다.'라고 해서, 공양인 것으로 분명하게 설하였다."라고 하였다.

그리고 이것들은 조금도 어긋나지 않으니 자기가 어떤 것을 신해(信解)하면 그것을 취하도록 하라.

이같이 공양은 두 가지이니, (1) 재물공양(財物供養), (2) 정수공양(正修供養)이다.

(1) 재물공양(財物供養)

재물공양도 또한 둘이니, 가. 직접공양(直接供養), 나. 의성공양(意成供養)이다.

를 내며 불교의식에서 많이 사용한다.

가. 직접공양(直接供養)

직접공양도 둘이니, 첫째는 꽃 따위들과 향 따위들과 음악 따위들과 국정(國政)과 보주(寶珠) 따위들로 자기의 소유물이다. 둘째는 마음의 소의(所依 : 身體)와 자녀와 아내와 하인 따위들이다.

나. 의성공양(意成供養)

의성공양도 둘이니, 첫째는 시방세계에 주인이 없고, 타인이 점유하지 않은 뛰어난 물품들을 남김없이 공양하는 것이다. 그것은 『보운경(寶雲經)』과 『밀의본속만(密意本續鬘)』과 『삼마지륜공양인경(三摩地輪供養印經)』과 『보등명다라니경(寶燈明陀羅尼經)』과 『입보리행론(入菩提行論)』 등에서 설함과 같다.

둘째는 마음의 변화로 만들어낸 것들로 『허공고소문경(虛空庫所問經)』에서 설한 것이니, 이같이 전륜성왕의 국정칠보(國政七寶)[26]와 보주(寶珠)와 금(金)과 은(銀)과 해라(海螺)와 백파리(白玻璃, Man śel)와 수정(水晶)과 빙주석(氷珠石, sPug)과 마노(瑪瑙, rDoḥi sñiṅ po)와 진주(珍珠, Mu tig)와 적진주(赤珍珠)와 영홍석(映紅石, Pad ma rā ga)과 아쓰마가르바(Asmagarbha)와 무쌀라갈와(Musalagalba)와 호박(琥珀, Dun las)과 제청보(帝青寶, Indranīla)와 녹옥(綠玉, Markataṃ / Mar gad)과 폐유리(吠琉璃, Baiḍūrya)와 쌈까씰라(Śaṃkaśila)와 산호(珊瑚, Byi ru)와 묘안석(猫眼石, Kekeru)과 대묘안석(大猫

---

26 국정칠보(國政七寶)는 전륜성왕(轉輪聖王)이 소유하는 일곱 가지 보물을 말하니, 곧 금륜보(金輪寶)와 왕비보(王妃寶)와 보주보(寶珠寶)와 대신보(大臣寶)와 장군보(將軍寶)와 준마보(駿馬寶)와 대상보(大象寶)이며, 각각 상징하는 의미가 있다. '부록 4 – 용어 해설'을 참조 바람.

眼石, Kekeru chen po) 따위들의 그 보석들의 비를 내리고, 그 보석들로 만든 가히 논설하지 못하는 보산(寶傘)과 보당(寶幢)과 보번(寶幡)과 무량궁전(無量宮殿)과 영락(瓔珞)의 무더기와 달리 또한 『보등명다라니경』에서 설한 것처럼 행하니,

"꽃들의 무더기와 꽃의 화개(華蓋)와
꽃 더미 장식의 빛살이 발산하고,
갖가지 꽃들을 모든 곳에 뿌리고
대성자이신 그 부처님들께 공양한다."

라고 설하였다.

그와 같이 소향(燒香)과 도향(塗香)과 화만(華鬘)과 의복과 보석과 연꽃과 주만(珠鬘)과 보당(寶幢)이니, 그것들 역시 색깔이 갖가지이다. 앞의 게송으로 일체에 적용한다. 그와 같이 아름다운 보산(寶傘)이니, 자루는 갖가지 색깔의 보석으로 만들어지고, 모든 불국토를 남김없이 덮으니 [크기를] 가히 사의하지 못하고, 그와 같이 보당 역시 그러하니, 전체가 보산과 같다. 보번(寶幡)과 승번(勝幡) 역시 크기와 재료와 숫자도 앞서와 같다.

달리 또한 색깔과 모양과 향기가 완전무결한 꽃비와 그것의 화만과 그것의 보산과 그것의 보번과 승번과 가히 논설하지 못하는 온갖 장식의 무량궁전과 등불 또한 모양이 그와 같고, 향기로운 비 따위들 역시 앞의 모양과 같으며, 음식물과 음료수도 색깔과 맛과 향기가 풍성하고, 싱그러운 향기가 배인 의복과 아름다운 음악과 매혹적인 소리의 비파와 피리와

북과 따하(Ṭaha : 북의 일종)와 큰 북과 둥근 북과 요고(腰鼓, rDza rṅa)와 나팔과 구리 나팔과 동발(銅鈸, Cha laṅ)과 띵싹(Tiṅ śags, 搋鈴)과 다마루(Ḍamaru, 手鼓)와 하늘과 사람의 아름다운 노래와 삼보를 찬탄하는 아름다운 곡조와 의미가 담겨 있는 찬송과 수미산 크기의 향포(香包)를 백천억 개 쌓아 놓음과 같은 것들이다. 그 또한 『보운경(寶雲經)』에서 설함과 같다.

(2) 정수공양(正修供養)

정수공양도 둘이니, 가. 정수공양(正修供養), 나. 무상공양(無上供養)이다.

가. 정수공양(正修供養)

정수공양도 일곱 가지이니, 가) 예배공양(禮拜供養), 나) 재물공양(財物供養), 다) 참회공양(懺悔供養), 라) 수희공양(隨喜供養), 마) 권청공양(勸請供養), 바) 청주공양(請住供養), 사) 회향공양(廻向供養)이다.

가) 예배공양(禮拜供養)

예배공양 또한 둘이니, (가) 몸으로 행하는 공양, (나) 말로 행하는 공양이다.

(가) 몸으로 행하는 공양

몸으로 행하는 공양은 「보현행원왕」에서, '있는바 모든 시방세계에, [삼세의 여래, 인간의 사자들께, 저는 남김없이 그들 모두에게, 청정한 몸·말·뜻으로 예배하옵니다.]'라는 등과 '보현행을 믿는 힘들로'라고 하는 등과 '한 티끌 위에 티끌처럼 무수한 제불께서'라고 하는 등이다. 그것들로 소연(所緣)의 대경으로 삼음과 몸을 바침과 예배하는 그것을 설하였다.

그 뜻을 『삼취경(三聚經)』에서 설하였으니, "'오른쪽 무릎을 땅에 대고'라고 함과 '왼쪽 무릎을 땅에 대고'라고 함과 '오른손을 땅에 대면, 모든 유정들이 오른쪽 방면에 머물게 하소서!'라고 하는 마음을 일으킨다."라고 함과 "그와 같이 왼손과 머리를 땅에 닿게 하면"이라는 도리도 그와 같이 알도록 하라.

그것의 회향을 그 경전에서 이같이, "나의 오체(五體)로 예배한 이것으로 모든 유정들의 오개(五蓋)[27]가 소멸하여지이다! 오안(五眼)[28]이 청정하여지이다! 오근(五根)[29]이 온전하여지이다! 오도(五道)[30]에 머무르게 하소서! 쇠퇴함이 없는 오신통(五神通)[31]을 얻게 하소서! 오취(五趣)[32]에 태어난 유정들이 오취의 유정보다 뛰어나고, 계율이 뛰어나고, 선정이 뛰어나고, 반야가 뛰어나고, 해탈이 뛰어나고, 해탈의 지견(智見)[33]이 뛰어남을 얻게 하소서! 부처님을 친견하고, 묘법을 청문하고, 승

---

27 오개(五蓋, sGrib pa lṅa)에는 몇 가지 논설이 있으나 일반적으로 ① 탐욕개(貪慾蓋), ② 진에개(瞋恚蓋), ③ 혼침개(昏沈蓋), ④ 도회개(掉悔蓋), ⑤ 의법개(疑法蓋)의 다섯을 말한다. '부록 4 – 용어 해설'을 참조 바람.

28 오안(五眼)은 부처님이 소유하신 다섯 가지 눈으로, ① 육안(肉眼), ② 천안(天眼), ③ 혜안(慧眼), ④ 법안(法眼), ⑤ 불안(佛眼)의 다섯 가지이다. '부록 4 – 용어 해설'을 참조 바람.

29 오근(五根)은 의근(意根)을 제외한 다섯 가지 감각기관을 말한다.

30 오도(五道)는 대승의 자량도(資糧道)와 가행도(加行道)와 견도(見道)와 수도(修道)와 무학도(無學道)의 다섯 가지이다. '부록 4 – 용어 해설'을 참조 바람.

31 오신통(五神通)는 천안통(天眼通)과 천이통(天耳通)과 숙명통(宿命通)과 신족통(神足通)과 타심통(他心通)의 다섯이다. '부록 4 – 용어 해설' 가운데 '육신통(六神通)'을 참조 바람.

32 오취(五趣)는 육도중생 또는 육취(六趣) 가운데 아수라계(阿修羅界)를 제외한 천계(天界)와 인간계와 지옥계와 아귀계와 축생계의 다섯을 말한다. 아수라계는 논전에 따라서 천계(天界)에 포함하거나 용계(龍界)에 포함한다.

33 해탈지견(解脫智見 / 解脫知見, rNam par grol baḥi ye śes mthoṅ ba)은 오분법신(五分法身)의 하나인 해탈지견신(解脫知見身) 또는 해탈지견온(解脫知見蘊)의 준말이다. "계(戒)에서 정(定)

가와 도반이 됨을 얻게 하소서!"라고 설함과 같다.

(나) 말로 행하는 공양

말로 행하는 공양 또한 몸으로 예배를 할 때 그것의 예식에 대해 이해하고 있는 모든 것들로 삼보의 예찬을 노래로 읊조리고 예배하는 것이다.

나) **재물공양(財物供養)**

앞에서 이미 설하였다.

다) **참회공양(懺悔供養)**

참회공양은 『금광명경(金光明經)』과 『참죄경(懺罪經, lTuṅ bśags)』[34] 또는 『삼취경(三聚經 / 三蘊經)』 또는 『업장상속단멸경(業障相續斷滅經)』 등에서 설해진 것들이다. 참회 그것 또한 공양이니, 『무진의경(無盡意經)』에서, "자기와 타인의 죄업을 참회하는 것 또한 복덕이 된다."라고 하였다.

라) **수희공양(隨喜供養)**

수희공양이니, 수희공양 또한 『월등경(月燈經)』에서 설해진 바와 같은 공양이다.

이 생기고, 정(定)에 의하여 지혜를 얻고, 지혜로 해탈에 도달하고, 해탈에 의하여 해탈의 지견(知見)을 얻는다. 부처님은 이 공덕으로 불신(佛身)을 형성하였고, 자신이 참으로 일체 번뇌의 속박에서 벗어난 자유자재한 몸인 줄을 알므로 해탈지견신(解脫知見身)이라 한다." 라고 『불학대사전』(홍법원)에서 설하였다.

34 『참죄경(懺罪經, lTuṅ bśags)』은 『삼취경(三聚經)』에 나오는 참죄삼십오불(懺罪三十五佛)에 의거해서 타죄(墮罪)와 성죄(性罪)를 참회하는 법을 설하였다.

마) 청전법륜(請轉法輪)의 공양, 바) 청불주세(請佛住世)의 공양, 사) 회향 공양(廻向供養)

이들 셋이 공양이 되는 도리 또한 그 경전을 보도록 하라.

나. 무상공양(無上供養)

무상공양도 둘이니, 가) 소연(所緣)이 있는 공양, 나) 소연(所緣)이 없는 공양이다.

가) 소연(所緣)이 있는 공양

소연이 있는 공양을 『해의경(海意經 / 海慧經)』에서 다음과 같이 설하였다.

> "해의보살(海意菩薩)이여, 이들 셋은 여래에게 바치는 위 없는 공양과 공경이니, '셋이란 무엇인가?' 하면, 보리심을 일으킴과 정법을 받아 지님과 중생에게 대비를 일으키는 것이다."

또 『차제정등기경(次第正騰起經, mThar gyis yaṅ dag ḥphags paḥi mdo)』에서 다음과 같이 설하였다.

> "현선(賢善)이여, 이들 네 가지의 공덕을 보는 보살은 여래에게 공양하는 것이니, '넷이란 무엇인가?' 하면, 최승의 응공처(應供處)를 신앙하는 것과 나를 바라보고서 다른 유정들도 또한 공양하는 것과 여래에게 공양한 뒤 보리심이 견고해지는 것과 대인(大

人)의 32상(相)[35]을 본 뒤, 선근을 거두어 모으는 것이니, 넷이란 이것들이다."라고 하였다.

그와 같이 세존께서도 『염하경(鹽河經, Ba tshavaḥi chu kluṅ gyi mdo)』에서, "유정을 기쁘게 하는 것은 여래에게 올리는 위 없는 공양이다."라고 하였다.

아사리 쌴띠데와(寂天)께서도 『집학론(集學論)』에서 다음과 같이 설하였다.

"어떤 이들이 안락하면 능인왕(能仁王)도 기뻐하시고
어떤 이들을 해치면 능인왕도 기뻐하지 않으시고,
그들이 즐거워하면 능인왕도 모두 기뻐하시고
그들을 해치면 능인왕을 해치는 것이 된다."

또 같은 책에서 설하였다.

---

35 대인(大人)의 32상(相)은 부처님이 소유하신 아름다운 묘상(妙相)이니, 80종호(種好)와 함께 부처님이 소유하신 뛰어난 신체적 특징이다. 예를 들면, 정수리의 육계(肉髻)와 미간의 백호(白毫)와 길고 넓은 혀를 뜻하는 장광설(長廣舌)과 몸빛이 금색을 뜻하는 금색신(金色身)과 음마장(陰魔藏)과 같은 것들이다. 이러한 대인의 상호(相好)를 성취하는 원인에 대하여 선지식 도둡첸(rDo grub chen)의 『잠뻴뙤델(文殊讚釋)』에서, "'여래의 선근은 어째서 다함을 알지 못하고 무량한 것인가?' 하면, 단지 비유로서 설명하면 이와 같으니, '각각의 범부와 성문과 연각의 모든 공덕의 10배에 의해서 선서(善逝)의 몸 털 하나를 성취하고, 몸털 하나를 이루는 원인의 집합의 100배에 의해서 수형호(隨形好) 하나를 이루고, 80수형호의 그와 같은 원인의 집합의 1천 배에 의해서 30묘상(妙相)의 어떤 하나를 이루고, 30묘상을 성취하는 복덕의 1만 배에 의해서 미간의 백호(白毫)를 이루고, 그것의 원인이 되는 그와 같은 선근 10만 배에 의해서 정수리의 육계인 무견정상(無見頂相)을 이루고, 무견정상을 성취하는 그와 같은 선근의 십만구지(十萬俱胝)에 의해서 법라성(法螺聲)을 성취한다.'라고 하였다"라고 설하였다. '부록 4 - 용어 해설'을 참조 바람.

"여래들을 기쁘게 해드리기 위해서
오늘부터 세간의 노예로 들어가니,
사람들이 내 머리와 다리를 잘라도
죽여도 좋으니 세간의 구호자를 기쁘게 해드린다."

"대비를 지니신 이들께서 이 모든 중생을
자기 소유로 삼는 이것에 의심이 없으며,
유정의 모양으로 나타나신 이들 모두가
어찌 구호자가 아닌가? 어찌 이들을 공경하지 않으리?
여래를 기쁘게 해드리는 것 또한 그것이다."

또 같은 책에서 설하였다.

"자애의 마음을 지닌 어떤 공양
그것은 유정들을 크게 여김이며,
부처님을 신앙하는 어떤 복덕
그것은 붓다를 크게 받듦이다."

또 『입보리행론(入菩提行論)』에서 다음과 같이 설하였다.

"유정들을 기쁘게 하는 것을 제외하곤
제불을 기쁘게 하는 방법이 달리 없다."

또 그 책에서 이 뜻을 자세하게 설하였으니, 그것을 보도록 하라. 다른 계경에서도 또한 널리 설한 바이니, 그 계경들을 보도록 하라.

나) 소연(所緣)이 없는 공양

[대상을 소연(所緣)함이 없는] 무소연(無所緣)의 공양은 반야바라밀을 닦는 것이다. 여기에는 소공(所供 : 공양의 대상)과 능공(能供 : 공양의 행위자)과 공양의 물품이 있지 않으니, 『금강경(金剛經, rDo rje gcod pa)』[『삼백송반야경(三百頌般若經)』]에서 다음과 같이 설하였다.

"어떤 이가 나를 형상으로 보고
어떤 이가 나를 소리로 아는,
그들은 삿되게 보는 것이니
이 사람들은 나를 보지 못한다."

"부처님들을 법성(法性)으로 보라.[36]
도사(導師)들은 법신이다,
법성은 인식되지 않으므로

---

36 "부처님들을 법성으로 보라."고 함을 아사리 짠드라끼르띠(Candrakīrti, 月稱)의 『귀의칠십론(歸依七十論, sKyabs ḫgro bdun bcu pa)』에서도, "부처님은 허공과 같이, 그같이 법성에 들어갔다."라고 하였다. 이 뜻을 까말라씰라(Kamalaśīla, 蓮華戒)의 『금강경광석(金剛經廣釋)』에서, "만약 그와 같다면 진지(眞智)의 본질인 부처님들도 또한 승의에서 성립하지 않음으로써 보지 못하면, 「어떻게 법성으로 보라고 함인가?」 하면, 그것에는 허물이 없다. 무릇 승의에서 모든 유법(有法)을 보지 않는 그것이 법을 보는 것이다. 법성은 무생(無生)의 본질임으로써, 그것을 그것과 일치하지 않은 발생을 취하는 것으로 어떻게 알겠는가? 항아리를 취하는 것으로는 그것의 무생(無生)을 알지 못한다. 이것은 '여래를 색신(色身)으로 보지 말고, 법신으로 보라.'고 함을 설하여 보인 것이다."라고 하였다.

그것은 가히 알지 못한다."[37]

이 뜻을 [『팔천송반야경(八千頌般若經)』의] 「상제보살품(常啼菩薩品, rTag tu ṅuḥi leḥu)」에서 밝게 설하였으니[38], 그것을 보도록 하라.

그러므로 『사자후경(獅子吼經)』에서, "붓다를 생각해도 붓다를 봄이 없으면, 붓다에게 공양하는 것은 더 말할 필요가 없다. 붓다는 머무름이 없다. '여기서 붓다에게 공양함이란 무엇인가?' 하면, 붓다를 생각하는 모양을 일으키지 않는 것이다. 붓다에게는 마음도 없고, 심소(心所)도 없고, 붓다라는 생각도 없고, 법이라는 생각도 없고, 승가라는 생각도 없고, 보특가라(人)와 자기와 남이라는 생각도 없는 것이 여래에게 공양하는

---

37 이 게송은 데게 판본에 의한 것으로 『난처석』의 원문은 "부처님들은 법신이니, 도사(導師)들을 법성으로 보라, 법성은 보이는 바가 아님으로, 그것은 가히 알지 못한다."라고 나오나, 의미에서는 차별이 없다. 현장법사의 『금강경』에서는 "응관불법성(應觀佛法性), 즉도사법신(即導師法身), 법성비소식(法性非所識), 고피불능료(故彼不能了)"라고 하였다.

38 경문의 뜻을 요약하면, 아사리 까말라씰라(Kamalaśīla. 蓮華戒)의 『금강경광석(金剛經廣釋)』에서, "'그렇다면 부처님을 어떻게 보아야 하는가?'라고 함에 대하여 '법성(法性, Dharmtā)으로 보도록 하라.'고 하는 등을 설하였다. '제법의 참된 자성 어떤 그것이 법성이다.'라고 말하니, 그것은 또한 정리(正理)와 성언(聖言)으로 성립하는 까닭에 본래부터 적정(寂靜) 등의 본질이다. '[법성] 그것을 진여(眞如)·법계(法界)·진실의 변제(邊際)·무상(無相)·승의(勝義)'라는 등의 다른 이름으로 부른다. 어느 때나 항상 그와 같이 머무름으로써 진여(眞如, De bshin ñid)이다. 그것을 소연(所緣)해서 모든 불법이 출현하고, 그것들의 원인이 됨으로써 법계(法界, Chos dbyiṅs)이다. 전도되지 않음으로써 진실(眞實, Yaṅ dag pa)이며, 그것의 끝이 됨으로써 진실변제(眞實邊際, Yaṅ dag mthaḥ)이다. 거기에는 청색 등의 사물의 모양이 전혀 없음으로써 무상(無相, mTshan ma med pa)이다. 참된 지혜의 행하는 경계임으로써 승의(勝義, Don dam pa)이다. '어째서 [여래] 그것을 법성으로 보아야 하는가?'라는 것에 대하여 '법신(法身)'이라고 설하였다. 몸(身)이란 말은 자성에 해당한다. 그러므로 이와 같은 뜻이 되니, 참된 지혜의 원인으로 여래를 건립한 그것들은 승의에서 법의 자성이다. 그것의 자성인 그것들을 그것의 본질로 보게 함이니, 다른 것의 본질로 보는 것이 아니다. 만약 그렇다면 법성은 현현하는 것의 자성이 된다. 그것이 아니라면 '[법성] 그것이 나타내는 그것들을 어떻게 가히 볼 수 있겠는가?'라고 함을 고찰한 뒤, '법성'이라는 등을 설하였다."라고 하였다.

것이다."라고 설하였으니, 이것의 자세한 뜻은 그 계경을 보도록 하라.

그러므로 아사리 아쌍가(無着)께서, "불세존은 정행공양(正行供養)으로 기뻐하시고, 재물공양으로 그는 기뻐하지 않는다."라고 설한 것은 또한 잘 인용한 것이다.

그러므로 부처님은 법신으로 존재하니, 『화엄경(華嚴經)』에서, "부처님들은 법신이며, 여래는 무생(無生)이며, 청정한 허공과 같다."라고 설하였다. 또한 『허공고경(虛空庫經)』에서도, "불세존은 법성으로 또한 보지 못하는데, 색(色)과 상(相)으로 보고 얻음이 어찌 가능한가?"[39]라고 설하였으며, 아사리 나가르주나(龍樹)도 다음과 같이 [『승의찬(勝義讚, Don dam par bstod pa)』에서] 설하였다.

"모든 제법이 공적(空寂)한데
누구를 찬탄하고 누가 찬탄하리오.
발생과 소멸을 여의고
거기엔 가장자리와 가운데도 없고,
능소(能所)도 있지 않은 여기서
당신을 찬탄함이 어찌 가능하리오."

이와 같은 공양의 차별은 둔근의 보살과 근기가 예리한 보살의 차별로 말미암아 그것과 그것이 있는 것임을 알도록 하라.

---

39 이것과 주석 38에 공통되는 의미는 주석 420에 기재한 「상제보살품(常啼菩薩品)」의 경문을 참고하기 바람.

3. 삼보(三寶)에 귀의하는 법

1) 불퇴전과 보리정수

다시 본송(本頌)으로 돌아가서, "[「보현행원(普賢行願)」에서 설한, 칠지공양(七支供養)들 또한] 보리의 정수[40]에 이를 때까지, 불퇴전의 견고한 마음들로"(제8송 3, 4구)라고 하는 등이다.

여기서 '보리의 정수(精髓)'는 [둘이니,] 불요의(不了義)[41]는 인도의 보드가야(Bodhgaya)의 대각의 장소인 상서로운 금강좌(金剛座)[42]와 색구경천(色究竟天)의 밀엄찰토(密嚴刹土)[43]이다. 그곳들에서 금강유정(金剛喩定)[44]을

---

40 보리의 정수(精髓)는 장춥닝뽀(Byaṅ chub sñiṅ po)의 번역으로 보리장(菩提藏), 묘보리(妙菩提), 보리의 심수(心髓), 금강좌(金剛座) 등으로도 번역한다.

41 불요의(不了義, Draṅ don)는 궁극이 아닌 미요의(未了義)의 뜻으로, 중생들을 인도하기 위해서 세속의 현상계를 위주로 설한 것으로, 뿌드갈라(pudgala, 人)와 유정, 온(蘊)과 계(界)와 처(處) 따위들과 또한 그것들의 생멸(生滅)과 거래(去來) 등을 연설하고 증익(增益)해서 열어 보인 경의 말씀을 미요의라고 한다. 미요의의 경전으로는 『삼마지왕경(三摩地王經)』과 『해심밀경(解深密經)』 등이 있다.

42 금강좌(金剛座, rDo rje dan)는 보리도량(菩提道場)이니, 석가모니불께서 성불하신 성소로 인간세계에 출현하는 삼세의 부처님들께서 성불하는 장소이다. 금강좌로 부르는 뜻을 『슝까뻬응애칙된쐘델(藏傳佛教五明詞義詮釋)』에서, "그 부처님의 몸에는 혈육과 맥결(脈結)과 내강(內腔)과 기름과 콧물 따위의 더러운 종류들이 티끌만큼도 없는 지혜의 자성인 것일지라도 또한, 교화의 대중들의 보는 안목에는 음식을 드시는 것으로 보이고, 광명의 자성일지라도 또한 매우 견고하고, 몸의 털끝 하나로 수미산을 능히 뭉개버리고, 평범한 땅으로는 몸의 위광을 받들지 못한다. 그러므로 세존께서 보리의 정수에 좌정하실 때 그 땅이 몸의 위광을 받치지 못하고 일천 조각으로 깨지기 직전이 되면, 시방의 부처님들께서 그 땅을 금강의 자성으로 가지함으로써, '그 자리가 금강좌이다.'라고 알려졌다."라고 하였다.

43 색구경천(色究竟天)의 밀엄찰토(密嚴刹土)이니, 색계의 사선천(四禪天) 가운데 최상층 하늘이 티베트어로 옥민(Ḥog min)이라 부르는 색구경천이고, 이 세계에 별도로 존재하는 보신불이 거주하는 정토의 이름이 밀엄찰토이다.

얻음으로써 정수이다. 요의(了義)[45]에서는 그 금강유정을 얻은 장소가 여기라고 함이 없다. 승의(勝義)[46]에서 제법의 법계이기 때문에 그렇다. 그러므로 『허공고경』에서 다음과 같이 설하였다.

"묘보리(妙菩提)는 허공이니
보리는 허공성(虛空性)이다."

'견고한 마음들로'라고 함은, 여기서 불퇴전(不退轉)[47]의 보살에는 세 종

---

44 금강유정(金剛喩定, rDo rje lta buḥi tiṅ ṅe ḥdzin)은 티베트어 '도제따뷔셰자외띵에진(rDo rje lta bu shes bya baḥi tiṅ ṅe ḥdzin)'과 범어 '바즈라나마싸마디(Vajro nāma samādhiḥ)'의 옮김이다. 보살이 최후상속제(最後相續際)의 경지에서 가장 미세한 번뇌를 끊는 선정의 이름으로 그 지혜의 작용이 견고하고 예리함을 금강에 비유한 것이다. '부록 4 – 용어 해설'을 참조 바람.

45 요의(了義, Ṅes don)는 범어 니따르타(Nītārtha)의 번역으로 뛰어난 교화 대상들을 위해서 제법의 법성은 생멸 따위의 희론을 떠난 심오한 공성과 사물의 본연의 성품은 자성이 광명이자, 모든 언설과 사의(思議)의 경계를 벗어난 구경의(究竟義)를 설하여 보임과 그것을 연설하는 경론의 일체를 요의라고 한다. 요의경에는 『반야경(般若經)』과 『무진의경(無盡意經)』 등이 있다.
또한 요의(了義)와 불요의(不了義)의 구별은 학파에 따라서 일치하지 않으니, 유식학파에서는 『해심밀경(解深密經)』에 의거해서 요의와 불요의를 판별하고, 중관학파에서는 『무진의경(無盡意經)』에 의거해서 그것을 판별한다. 즉 무자성(無自性)을 설함은 요의(了義)로, 유자성(有自性)을 설하는 것은 불요의(不了義)로 보는 것이다. '부록 4 – 용어 해설'을 참조 바람.

46 승의(勝義, Don dam)는 범어 빠라마르타(paramārtha)의 번역으로 글 뜻은 사물이 지닌 최승의 의미이니, 곧 제법의 진실한 존재도리인 공성을 뜻하며, 제일의(第一義)라고도 한다. 여기에는 여러 가지의 논설들이 있다. '부록 4 – 용어 해설'을 참조 바람.

47 불퇴전(不退轉, Mi ldog pa)은 물러나지 않음을 뜻하니, 곧 악도(惡道)나 성문과 연각의 수레(乘)에 떨어지지 않는 것이다. 『슝까뾔응애칙된쌜델(藏傳佛教五明詞義詮釋)』에서, "일반적으로 가행도(加行道)의 인위(忍位)를 얻은 뒤에는 악도(惡道)에 퇴전하지 않고, 초지(初地)를 얻은 뒤에는 윤회에 퇴전하지 않고, 팔지(八地)에 오른 뒤에는 소승에 퇴전하지 않고, 그 뒤부터는 정등각에서 퇴전하지 않고, 윤회에 들어오지 않는다. 단지 중생의 이익을 위한 화신을 제외한다."라고 하였다. 또한 『대반야경(大般若經卷四四九)』에서, "견도에 들어가면 무생법인(無生法忍)을 얻어서 다시 이승지(二乘地)에 떨어지지 않음으로써 불퇴를 얻

류가 있다. 가행도(加行道)에서 불퇴전과 견도(見道)에서 불퇴전과 팔지(八地)에서 불퇴전이다. 이것의 뜻은 『반야경』의 교계인 『현관장엄론(現觀莊嚴論)』에서 자세히 설하였으니, 그것을 보도록 하라.

또한 이생범부(異生凡夫)의 지위[가행도][48]에서 불퇴전과 견도에서 불퇴전과 칠지(七地)에서 불퇴전이다. 이 뜻을 아사리 즈냐나끼르띠(Jñānakīrti, 智稱)께서 저술하신 『입진성론(入眞性論, De kho na ñid la ḥjug pa)』에서 자세히 설하였으니,[49] 그것을 보도록 하라.

달리 불퇴전에는 넷이 있으니, ① 발심 뒤의 불퇴전, ② 비밀의 불퇴전, ③ 법인(法忍)을 얻은 뒤의 불퇴전, ④ [누락되어 있다.][50]이다.

는다."라고 설함과 『일만팔천송 반야경』의 「불퇴전품(不退轉品)」에서, "수보리여, 달리 또한 불퇴전의 보살마하살은 유정지옥에 태어나지 않으며, 팔무가(八無暇)의 중간들에 태어나지 않으며, 여인의 몸을 얻지 않으며"라고 설함과 같다.

48 여기서 이생범부(異生凡夫)의 지위는 가행도(加行道)의 현자를 말하니, 비록 견도(見道)를 증득하지 못해서 성자의 지위를 얻지 못하였으나 세속의 범부의 경지를 멀리 벗어남이니, 아사리 까말라씰라(蓮花戒)의 『수습차제』에서, "신해행지(信解行地)에서는 비록 인무아와 법무아의 진실을 현증하지 못하여도 신해의 힘이 극히 견고함을 이루어서 마군 등이 결코 파괴하지 못한다. 어느 때 신해력(信解力)으로서 [법의 진실을] 수습하는 그때, 견고한 신해의 문에 의지하여 닦음으로써 신해행지로 시설한 것이다. 이 지(地)에 안주하는 보살들은 비록 범부일지라도 범부들의 [무지 등의] 모든 과실을 영원히 초탈해서, 삼마지와 다라니와 해탈과 신통 등의 무량한 공덕들을 갖추게 된다고 『보운경(寶雲經)』에서 설하였다."라고 하였다. 『까말라씰라의 수습차제 연구』(중암, 불교시대사), p.338.

49 즈냐나끼르띠(智稱)의 『입진성론(入眞性論)』에서 설하는 불퇴전의 뜻은 예를 들면, "이 뜻을 고려해서 『반야경』의 「불퇴전품(不退轉品)」에서, '이생범부(異生凡夫)의 [가행도(加行道)의] 단계와 초지(初地) 등의 지위에서 보살들이 불퇴전의 표상을 소유한다고 설한 것이다.' 라고 나의 스승님께서 설하였다."라고 설함과 같이, 이러한 불퇴전의 표상은 금강유정(金剛喩定)을 얻기 전까지의 표상들로서 구경의 불퇴전이 아님으로써 항상 물러남의 여지가 있을지라도, 보살들이 각자의 단계에서 얻는 불퇴전의 표상을 설명한 것이다.

50 본문의 내용이 누락이 되어서 그것이 무엇인지 정확히는 알 수가 없으나, 최후상속제(最後相續際)의 무간도(無間道)의 불퇴전도 생각해 볼 수가 있다. 최후상속제의 무간도에 머무

2) 귀의하는 법

"먼저 삼귀의(三歸依)를 세 번 한다."(제9송 4구)라고 함은, [불·법·승의] 삼보(三寶)[51] 각각에 세 번씩 귀의(歸依)[52]를 행하는 것이다. 귀의의 뜻을 요약해서 말하면, ① 귀의처(歸依處, gNas), ② 소의(所依, rTen), ③ 의요(意

는 보살은 여래의 대보리에서 퇴타(退墮)하지 않기 때문이다. 왜냐하면, 최후상속제의 무간도는 보살도의 구경에 도달한 것으로 자기의 소인사(所引事)가 되는 해탈의 도에 이르는 중간을 여타의 법이 장애하지 못함으로써 무간도라고 부르고, 붓다가 되기 전까지의 마음 가운데 최후가 됨으로써 최후상속제라고 부르니, 이 최후상속제의 무간도를 성취하는 두 번째 찰나에 성불하기 때문이다.

51 삼보(三寶, dKon mchog gsum)의 보(寶, dKon mchog)는 희유하고 최상이 되는 뜻이다. 세 귀의처를 희유하고 최상의 보배라고 부르는 이유에 대해서 『보성론(寶性論)』에서, "① 출현하기가 희유하기 때문이며, ② 더러움이 없기 때문이며, ③ 위력을 지니기 때문이며, ④ 세간의 장엄이 되기 때문이며, ⑤ 최승이기 때문이며, ⑥ 불변하기 때문에 희유하고 최상이다."라고 설하였다. '부록 4 – 용어 해설'을 참조 바람.

52 삼보께 마땅히 귀의해야 하는 이유가 있으니, 게쎄·뙨땐빨상(能敎吉善)의 『람림첸뫼싸째끼쑤르갠도뛰람딕(菩提道次第廣論科判別嚴集經編論)』에서, "[냥대(Myaṅ ḥdas, 大涅槃經), Kha, 116 Da 5]에서, 만약 어떤 유정에게 극히 무거운 염오번뇌(染汚煩惱)들이 있을지라도 또한 나를 만난다면 내가 방편을 써서 그것들을 끊어버린다. 나는 방편에 크게 정통해서 각양각색의 방편으로 완전히 끊어버린다. 앙굴마라(央掘魔羅 : 指鬘王)는 극히 무거운 성냄을 지녔으나, 나를 봄으로써 성냄이 소멸하였다. 미생원왕(未生怨王)은 극히 무거운 어리석음을 지녔으나, 나를 봄으로써 어리석은 마음이 소멸하였다. 장자 빠이까(Payika)는 무수겁 동안 번뇌의 덩어리를 크게 쌓았으나, 나를 보는 그 순간에 그 번뇌들이 소진하고 적정함을 얻었다. 만약 천박하고 악한 사람도 나를 친근하고 나의 시자가 되면, 그 인(因)과 그 연(緣)으로 하늘과 인간들이 모두 존경하고 공경하게 된다."라고 설함과 같다.
또 뻴망·꾄촉걜챈(稀寶勝幢)의 『꺕되티익툽땐고제(歸依敎授佛敎開門)』에서, "불·법·승 삼보에게는 [악도와 윤회의] 그것으로부터 중생을 구제하는 능력이 분명하게 있다. 부처님의 말씀대로 십선(十善)의 [옳고 그름을] 바르게 간택하여 행함이 불법의 닦음이자 승가의 실천이니, 그 힘으로 악도에서 능히 구제되고, 그와 같이 계·정·혜의 삼학(三學)에 의해서 윤회에서 구제되고, 육바라밀의 닦음에 의해서 [번뇌와 소지의] 이장(二障)에서 구제되고, [생기(生起)와 원만(圓滿)의] 이차제(二次第)에 의해서 금생에서 [번뇌와 소지의] 이장에서 구제되기 때문이다. 두 번째, 불세존은 스스로 [사마(四魔)의 공포 등을 비롯한] 모든 두려움에서 해탈하시고, 타인을 일체의 두려움에서 구제하심에 뛰어나고, 모든 이들을 친소를 버리고 대비로 평등하게 대하시며, 자신에게 이롭고 이롭지 않음을 따짐이 없이 중생의 이락(利樂)을 한길로 행하는 까닭에 마땅히 귀의한다."라고 설함과 같다.

樂, bSam pa), ④ 시기(時期, Dus), ⑤ 학처(學處, bslab pa), ⑥ 본성(本性, Raṅ bshin), ⑦ 정도(程度, Tshad), ⑧ 방법(方法, Tshul), ⑨ 행위(行爲, Las), ⑩ 차별(差別, dBye ba), ⑪ 석의(釋義, Ṅes tshig), ⑫ 비유(譬喩, dPe), ⑬ 과실(過失, Ñes dmigs), ⑭ 필요성(必要性, dGos pa), ⑮ 공덕(功德, Phan yon)이다.[53]
여기서 귀의의 도리를 설하고자 하니, 어떤 사부(士夫)로서 윤회의 고통에서 출리(出離)하려고 하고, 항상 죽음을 억념하고, 천성적으로 자비와 지혜가 뛰어나고, 일곱 가지의 별해탈계(別解脫戒) 가운데 어떤 계율에 잘못을 범함이 없이 안주하는 그가, 만약 거사(居士)라면, 거사의 학처(學處)인 오계(五戒)와 그것에 포함되는 45학처를 지니도록 한다.

만약 그가 출가자라면 자기 학처의 법과 그같이 [『유가사지론(瑜伽師地論)』의] 「성문지(聲聞地, Ñan thos kyi sa)」에서 설하여 보인 사문(沙門)의 장엄과 두타(頭陀)의 공덕과 또한, 사의(四依, rTen bshi)와 사법(四法, Tshul bshi) 등과 또한, 의식(儀式)과 위의(威儀)와 [바른 생활법인] 정명(正命, ḥTsho ba)과 계율과 정견(正見)의 원만함을 지니도록 한다.

또한 초야(初夜)와 후야(後夜)에 잠자지 않고 유가(瑜伽)에 정진하고, 음식의 적정한 분량을 알고, 몸의 감각기관들을 단속하고, 미세한 성죄(性罪 : 본성적으로 죄가 되는 살생 따위)들조차 두렵게 보는 그 사부는 이같이, "단지 이 별해탈계만으로는 자리이타의 구경에 도달하지 못한다. '어떻게 하면 자리이타의 구경에 도달하는가?' '이같이 대승이라 부르는 자리이타의

---

53 귀의(歸依)의 뜻을 요약한 이것은 『아띠쌰백법록(阿底峽百法錄, Jo boḥi chos ḥbyuṅ brgya rtsa)』[북경:민족출판사]에 수록된 아띠쌰 존자의 「귀의교설(歸依敎說, sKyabs su ḥgro ba bstan pa)」에 나오며, 순서는 일치하지 않는다. '부록 4 – 용어 해설'의 '귀의(歸依)의 십오의(十五義)'를 참조 바람.

구경에 이르게 하는 것이 있다.'라고 알려진바, '참된 선지식으로부터 그것을 추구하리.'라고 생각한 뒤, 스승이 됨이 마땅한 그 선지식을 오랫동안 법답게 섬겨서 기쁘게 해드리고, 그 스승님께서 기뻐함으로써 그의 두 발에 머리를 조아리고, 이같이, '참된 선지식인 당신께서는 저를 자애로 보살펴주소서! 저에게 자리이타의 구경에 이르게 하는 방편인 그 대승의 도를 가르쳐주소서!'"라고 간교함을 여읜 진실한 마음으로 간청토록 하라.

3) 귀의의 예비 의궤

그 뒤 그 선지식께서 제자를 세 가지의 관찰법을 통해서 관찰하니, 이같이 위의(威儀)와 꿈과 세속과 출세간의 신(神)의 원광(圓光 : 豫兆)[54]을 통해서 관찰한 뒤, 그가 법기임을 알고서 스승님께서 기뻐하고, 미소를 짓고, 재물과 이양(利養)과 공경을 버린 마음과 그 제자를 자애하는 마음으로 죄업을 지은 자들이 없는 깨끗한 장소를 고른 뒤, 그 땅을 견고하고 정결하게 한 뒤, 그 위에 소(牛)의 오정물(五淨物)[55]을 칠하고 바르고 나서, 그 위에 전단 등의 뛰어난 도향(塗香)들을 또한 칠하고, 그곳에 향기로운

---

54 원광(圓光 : 豫兆 / Pra phab)은 어떠한 은폐된 사실과 미래의 일을 알고자 할 때, 거울의 표면에 나타나는 현상을 통해서 길흉을 점치는 일종의 점술이다. 『곰데칙죄첸모(貢德大辭典)』에서, "쁘라모뎁빠(Pra mo ḥdebs pa)이니, 거울의 표면을 관찰해서 숨겨진 뜻을 분명하게 드러내는 것을 말한다. 여기에는 거울을 이용하고 이용하지 않는 몇 가지가 있다. 쁘라(Pra)라고 함은 범어 쁘라쎄나(Prasena)라는 단어의 앞 글자의 요약이다. 보통 범어의 쁘라(Pra)는 최고, 처음, 또한, 다수사(多數詞) 등의 여러 뜻에 들어간다고 말할지라도, 여기서는 저쪽이니, 멀거나 혹은 은폐된 뜻이라고 생각한다. 그러므로 은폐된 뜻을 분명하게 드러내 보이는 측면에서 쁘라쎄나(Prasena)라 부른다고 생각한다."라고 하였다.

55 소(牛)의 오정물(五淨物)은 땅에 떨어지지 않은 오줌과 소똥과 우유와 버터와 요구르트(酪)의 다섯 가지를 말한다. '부록 4 – 용어 해설'을 참조 바람.

꽃들을 뿌린다. 그곳에 삼보의 그림과 존상 등과 경전 등과 보살들을 좌대 위에 모시도록 하라. 그곳에 화개(華蓋)들과 꽃들을 비롯한 공양의 법구들을 그같이 마련하고, 갖가지 음악과 음식과 장엄구 등들을 준비토록 한다.

4) 귀의의 의궤

그 뒤 제자는 꽃으로 아름답게 장엄한 법좌 위에 선지식께서 앉으시길 간청하니, 이같이 "이 선지식께서는 모든 중생의 구호주(救護主)이시며 의탁처(依託處)이시다."라고 생각하고, 스승님에 대해서 부처님이라는 생각을 일으키고, 목욕재계하고 깨끗한 의복을 입고, 선량한 마음을 지니고서, 이같이 행한다. "선남자이신 당신께서는 헤아려 살펴주소서! 저는 이 윤회의 처소에서 무시이래 갖가지 고통으로 핍박을 당하고, 크게 초췌하게 되었습니다. 의호주(依怙主)[56]도 없고, 구호자(救護者)[57]도 없고, 의탁처(依託處)[58]도 없으니, '저의 의호주와 구호자와 의탁처가 되

---

56 의호주(依怙主)는 티베트어 괸(mGon)과 범어 나타(Nāthaḥ)의 옮김이니, 믿고 의지하는 대상으로 완전하게 구호하여줌으로써 의호주(依怙主)와 의호존(依怙尊)이라 한다. 예를 들면, 미륵보살님을 잠괸(Byam dgon, 慈尊)이라 함과 같다.

57 구호자(救護者)는 티베트어 꺕(sKyabs)과 범어 쌰라남(Śaraṇaṃ)의 옮김이니, 구호(救護)와 귀의(歸依)의 뜻이다. 온갖 해침으로부터 구호하는 자를 뜻함으로써 귀의라고 한다. 『구사론자주(俱舍論自注)』에서, "쌰라남(Śaraṇaṃ)의 뜻이 무엇인가 하면, 그에게 의지함으로써 모든 괴로움으로부터 완전히 반드시 벗어나기 때문이다."라고 함과 같다.

58 의탁처(依託處)은 티베트어 뿡녠(dPuṅ gñen)과 범어 빠라야남(Parāyaṇaṃ)의 옮김이니, 구조해 주는 사람과 믿고 의지할 곳인 의탁처의 뜻이다. 『쎄르기담뷔밍칙챈델노르뒤도쌜(雪域名著名詞精典注釋)』에서, "뿡녠(dPuṅ gñen)은 보통 귀의처의 뜻으로 이해하니, 『현관장엄론(現觀莊嚴論)』에서, '[귀의]처(處)와 의호(依怙)와 섬(島)과'라고 한 것에 대하여, 『쎄르텡(金鬘疏)』에서, '윤회와 열반을 평등하게 깨달음은 셋이니'라고 함과 같이, 앞에서 이끌어줌으로써 구조(救助)이다."라고 하였다.

어 주소서!'라고 세 번 간청한다."

그 뒤 스승님께서 이같이 말한다. "뛰어난 사부(士夫)인 그대는 윤회를 싫어하고 출리(出離)의 마음을 일으킨 뒤, 대승의 길에 들어가길 원하는 것은 매우 훌륭한 일이다! 이같이 알도록 하라. 불·법·승 삼보는 의호주가 없고, 구호자가 없고, 의탁처가 없는 이들의 의호주이며, 구호자이며, 의탁처가 되어줌이니, 그대는 정결한 마음과 환희로운 마음으로 모든 중생을 구제의 대상으로 삼고, 그로 말미암아 귀의토록 하라. 그들을 받들어 섬기고, 그들을 친근하고 공경함을 여법하게 행하기 위해서 온갖 공물들을 마련해서 진설토록 하라."

그 뒤 제자는 두 무릎을 땅에 대고, 두 손을 합장한 뒤, 꽃을 바치고서 이같이 아뢴다. "'사부(士夫)의 지존이시여, 헤아려 살펴주소서! 무시이래 지금까지 저는 윤회 속에 유전하고, 갖가지 고통으로 크게 괴로우니, 고통을 소멸하는 그 길을 당신께서는 설하여 주소서!'라고 세 번 간청한다."

그 뒤 스승께서는 시방세계의 모든 삼보를 대상으로 삼아 가히 설하지 못하는 몸의 형상들을 관상(觀想)하여 [예배하고], 몸 하나마다 가히 설하지 못하는 머리를 관상하고, 머리 하나마다 가히 설하지 못하는 혀를 관상한 뒤, 앞에서 설한 바의 몸·말·뜻의 공양과 광대한 재물공양과 참회와 수희(隨喜)와 청전법륜(請轉法輪)과 청불주세(請佛住世)와 회향(廻向)을 행한다. 이것들을 칠지공양(七支供養)이라 부르니, 이 칠지공양을 행한 뒤에 귀의를 한다.

5) 귀의의 학처(學處)의 수호

그와 같이 귀의한 그는 귀의의 학처(學處)를 지켜야 하니, ① [자재천 등의] 다른 신들에게 절하지 않고, ② 타인을 해치는 행위를 버리고, ③ 외도와 어울리지 않고, 그들을 친근하고 공경하지 않고, ④ 삼보의 차별과 공덕을 억념하여 거듭거듭 귀의하고, ⑤ [삼보의] 은혜를 억념하여 항상 공양에 정진하고, 음식과 음료의 헌신(獻新)[59]을 행하고, ⑥ 자비를 억념하여 다른 유정들을 이 법에 안치토록 하고, ⑦ 어떤 일을 행하고, 어떤 필요한 것이 있으면 삼보에 공양한 뒤 기원하고, 다른 세속의 방편을 버리도록 한다.

6) 귀의의 공덕

귀의의 공덕은 셋을 얻으니, 이와 같이 인(因)의 단계와 도(道)의 단계와 과(果)의 단계이다. 처음 인의 단계에서 얻는 이생과 후생의 공덕이니, [이생에서의 공덕은 팔난(八難)의 공포[60]에서 벗어나게 함과 장애가 없음과 불법을 환희하는 선신(善神)들이 반려가 되어줌과 임종 시에 마음이 환희로움 등이다. 후생에서의 공덕은 윤회의 고통과 악도의 고통에서 구출하여줌과 열반과 [인간과 하늘의] 선취(善趣)

---

59 신(獻新, Phud ḥbul ba)은 첫 수확물의 일부 또는 음식물 등을 먹기 전에 먼저 소량을 허공에 던져서 불보살님과 신중들께 우선 공양하는 것이다.

60 팔난(八難)의 공포는 일반적으로 사자의 재난과 코끼리의 재난, 독사의 재난과 도적의 재난, 화재와 수재, 가쇄(枷鎖)와 귀신의 재난 여덟 가지이니, 이것은 외적인 재난이다. 내적인 재난은 보리와 해탈을 파괴하는 탐욕과 성냄, 우치와 교만, 질투와 인색, 의심과 사견(邪見)의 여덟 가지를 말한다.

의 안락을 주는 것이다. 도의 단계에서의 공덕은 사제(四諦)[61] 와 팔정도(八正道)[62]와 37 보리분법(菩提分法)[63] 등을 수행하게 함이다. 과의 단계에서의 공덕은 두 가지의 열반(涅槃)[64]과 삼신(三身)[65]을 얻게 함이다. 이것들은 간추린 설명이니, 자세한 것은 경론과[66] 스승님을 통해서 알도록 하라.

그와 같이 귀의의 공덕을 이해한 그는 낮의 세 때와 밤의 세 때에 걸쳐서 귀의를 행하도록 하고, 삼보를 최소한 농담이라도 혹은 목숨을 위해서도 버리지 않고 지키도록 하라.

---

61 사제(四諦, bDen pa bshi)는 사성제(四聖諦)의 줄임말이니, 고집멸도(苦集滅道)의 넷이다. 하나마다 네 가지 행상(行相)이 있으므로, 사제십육행상(四諦十六行相)이라 한다. '부록 4 – 용어 해설'을 참조 바람.

62 팔정도(八正道) 또는 팔성도(八聖道)는 성자의 수도위(修道位)의 속하며, 이것에 의해서 아라한과를 얻음으로써 팔성도라 하니, 곧 ① 정견(正見), ② 정사유(正思惟), ③ 정어(正語), ④ 정업(正業), ⑤ 정명(正命), ⑥ 정정진(正精進), ⑦ 정념(正念), ⑧ 정정(正定)의 여덟 가지이다. '부록 4 – 용어 해설'을 참조 바람.

63 37보리분법(三十七菩提分法)을 대승의 오도(五道)에 결부하면, 하품(下品)의 자량도(資糧道)에서는 사념주(四念住)를 닦고, 중품(中品)의 자량도에서는 사정단(四正斷)을 닦고, 상품(上品)의 자량도에서는 사신족(四神足)을 닦으며, 가행도(加行道)의 난위(煖位)와 정위(頂位)에서는 오근(五根)을 닦고, 인위(忍位)와 세제일법(世第一法)에서는 오력(五力)을 닦으며, 견도(見道)에서는 칠각지(七覺支)를 닦고, 수도위(修道位)에서는 팔정도(八正道)를 닦는다. 또 보리분법들도 바라밀대승과는 달리 진언대승에 결부하여 설명하는 비공통의 법도 있으니, 샴발라 왕국의 백련법왕(白蓮法王)의 주석서 등을 통해서 알 수 있다. '부록 4 – 용어 해설'을 참조 바람.

64 열반(涅槃)은 범어 니르와남(Nirvāṇaṃ)의 번역이니, 열반(涅槃)과 니원(泥洹)이라 음역하고, 의역하여 적멸(寂滅) 또는 멸도(滅度)라고 한다. 택멸(擇滅)과 이계(離繫), 해탈(解脫) 등은 동의어이며, 원적(圓寂)으로 번역하는 반열반(般涅槃)은 빠리니르와남(Parinirvāṇaṃ)의 음역으로 열반과 같은 뜻이다. 열반은 일반적으로 윤회의 모든 고통에서 벗어남을 의미하나 여기에는 대소승의 각기 다른 논설들이 존재한다. '부록 4 – 용어 해설'을 참조 바람.

65 삼신(三身)은 부처님이 소유하시는 법신(法身)과 보신(報身)과 화신(化身)의 셋을 말한다. '부록 4 – 용어 해설'을 참조 바람.

66 이것은 『아띠쌰백법록(阿底峽百法錄)』에 수록된 아띠쌰 존자의 「귀의교설(歸依敎說)」에서 인용하여 보충한 것이다.

2
장

원보리심과 행보리심

1. 보리심의 일으킴

그와 같이 귀의의 차별을 설해 보인 뒤, 이제 보리심을 일으키는 것을 설하기 위해서,

> "그 뒤 모든 유정들을 위해서
> 자심(慈心)을 먼저 행함으로써," (제10송 1, 2구)

라는 등의 34구를 말하였다.

여기서 '그 뒤'라고 함은, '귀의를 행한 뒤'라고 함이다. '모든 유정들을'이라고 함은, 발심의 대상을 설하여 보임이다. 유정은 '이 정도로 만족한다.'라고 하는 한도를 정함이 불가능하니, 계경에서 설하기를, "만약 시방의 모든 세계가 거대한 수륜(水輪)으로 변하고, 그것을 어떤 사람이 1억 년 동안 털끝으로 그 물을 찍어서 버리면, 그 물은 마침내 다하여도 유정의 세계는 다함이 없다."라고 하였으며, 또한 「보현행원」에서도, "허공의 끝에 이르는 그 정도만큼, 모든 유정의 변제도 그 정도만큼이다."라고 설하였다. 그러므로 그와 같은 무량한 유정들을 대상으로 해서 발심토록 한다.

1) 자심(慈心)의 선행(先行)

"자심(慈心)을 먼저 행함으로써"(제10송 2구)라고 함은, 유정들을 어머니로 생각함으로써 은혜를 갚고자 하는 마음이 일어남이 자애(慈愛)이다. 이 자심에서 비심(悲心)이 일어나고, 비심에서 보리심이 일어나므로, 내

가 여기서, "자심을 먼저 행함으로써"라고 말하였다. 다음의 일곱 구절은 본문 그대로이다. [그것은 다음과 같다.]

"삼악도에 태어나는 따위와
죽음과 이주 등으로 고통받는, (제10송 3, 4구)

중생들을 남김없이 살피어서
삼고(三苦)로 괴로움을 당하는,
고통과 고통의 원인으로부터
중생을 해탈시키길 원함으로써
불퇴전(不退轉)을 서약하는," (제11송 1~5구)

2) 발심의 의궤

"보리심을 일으키도록 한다."(제11송 6구)라고 함은, 삼보께 귀의한 뒤에 또한 자기에게 있는 모든 재물로 삼보와 스승이신 선지식께 공양을 올림을 여법하게 행한다. 스승님의 면전에 만다라를 만들고, 간교함이 없는 선량한 마음으로 "이 스승님은 부처님이 현전하여 계신 것이다."라고 사유하고, "삼세의 부처님들께서 행하신 그것들을 내가 남김없이 갖추리."라고 사유한 뒤, 두 무릎을 땅에 대고 꽃을 바치고, 두 손을 합장하고 이같이 세 번 말하도록 한다.

"일체지자, 지혜의 덩어리이시며
삼유(三有)의 윤회를 정화하신,

당신의 연화의 두 발을 버리고
다른 신에게 귀의치 않으니,

중생의 대웅(大雄), 대능인께선
저에게 법은(法恩)을 베푸소서!
위없는 대보리의 마음 그것을
저에게 베푸시길 청하옵니다."

그 뒤 스승이신 그 선지식께서 시방세계의 불세존과 큰 지위에 머무시는 모든 대보살과 과거와 현재의 스승과 선지식들을 [관상(觀想)으로] 초빙한 뒤, 그들의 발아래서 보현행(普賢行)과 보리행(菩提行)에 들어가는 의궤로써 마음 흐름을 잘 정화토록 한다.

그와 같이 법의 그릇을 잘 정화한 뒤 또한 그 제자는 스승님을 향해서 한 손에 꽃을 쥐고서 기원토록 한다. 그 스승님께서는 이양과 공경과 명성과 찬사와 칭송과 재물을 바라는 마음이 없이 이같이, "아, 경이롭도다. 크게 두려운 이 시절[67]에 이와 같은 참된 유정이 출현한 것은 참으로 놀라운 일이다."라고 생각한 뒤, 선량한 증상의요(增上意樂)로 의식을 행한다.

---

67 『법화경』의 「지품(持品)」에서, "이때 모든 보살이 함께 같은 소리로 게송으로 말씀하되, '오직 원컨대 근심하지 마시옵소서. 부처님께서 멸도하신 후 두렵고 두려운 악한 세상에서 우리들이 마땅히 널리 [『법화경』을] 널리 설하오리다.'"라고 하심과 같다.

3) 보리심에 대한 네 가지 견해

이 남섬부주에 출현했던 과거의 아사리들의 [보리심에 대한] 의견이 일치하지 않았으니, 법왕 인드라부띠(Indrabhūti)[68]와 아사리 나가르주나(Nāgārjuna, 龍樹)와 아사리 적천(寂天) 보살과 아사리 짠드라고미(Candragomi, 皎月)[69]와 아사리 담쓰뜨라쎄나(Daṃṣṭrasena, 牙軍)[70]와 아사리 쓔라(Śūra, 聖勇)와 아사리 싼따락시따(Śantarakṣita, 寂護)를 비롯한 그 대지자(大智者)들의 의취(意趣)가 이같이 서로 달랐다.

첫째, 보리심에 대해서 서로 일치하지 않았으며, 둘째, 보리심의 의궤에 대해서 서로 일치하지 않았으며, 셋째, 보리심을 일으키는 법에 대해서 서로 일치하지 않았으며, 넷째, 보리심의 학처의 법에서 서로 일치하지 않았다.

첫째, 보리심에 대해서 어떤 아사리는 말하길, "신해행(信解行)[71]의 세간

---

68 법왕 인드라부띠(Indrabhūti)는 부처님이 세상에 계실 때 인도 서쪽의 오디야나(Oḍḍiyāna, 烏仗那國)에 출현했던 법왕이다. '부록 3 - 아사리 소개'를 참조 바람.

69 아사리 짠드라고미(Candragomī)는 우리말로 교월(皎月)이니, 티베트어로는 쮠빠다와(bTsun pa zla ba, 大德皎月)이다. 그는 아사리 짠드라끼르띠(月稱)와 논쟁을 벌였으며, 그것을 계기로 극무주중관사(極無住中觀師)가 된 유명한 인물이다. '부록 3 - 아사리 소개'를 참조 바람.

70 아사리 담쓰뜨라쎄나(Daṃṣṭrasena)는 우리말로 아군(牙軍)이며, 티베트어로는 체왜데(mChe baḥi sde)라 한다. 유식학파에 속하는 아사리로 중인도의 데와빨라(Devapala, 天護) 법왕의 시대에 활약하였다. '부록 3 - 아사리 소개'를 참조 바람.

71 신해행(信解行, Mos pas spyod pa)은 가행도(加行道)에 머무는 현자들은 견고한 신해로써 불법을 행함으로써 이 지위를 신해행지(信解行地)라 한다. 비록 법성의 진실을 직접 보지 못하고 여래의 말씀에 의지해서 나아감으로써 범부라고 칭하나, 보통 세간의 범속한 경지를 초월한 지위이다. '부록 4 - 용어 해설'의 '가행도(加行道)'를 참조 바람.

도(世間道)에 거두어지는 마음 그것은 원심(願心, sMon paḥi sems)이다."라고 하였다.

어떤 아사리는 말하길, "나아가 소연(所緣)을 가지는 마음 그것은 세속의 행상(行相)이니, 원심이다."라고 하였다.

다른 아사리는 말하길, "자량도(資糧道)의 순해탈분(順解脫分)[72]의 선근을 일으키는 마음 그것은 원심이다."라고 하였다.

다른 아사리는 말하길, "복덕을 실제로 쌓는 행위가 없는 마음 그것은 원심이다."라고 하였다.

다른 아사리는 말하길, "'가기를 원하고 가는 바의'[73]라고 함으로써, 원만보리를 단지 대상으로 하는 마음 그것은 원심이다."라고 하였다.

이것이 아닌 다른 원심과 행심(行心)의 차별[74]도 또한 있으나 글이 번다해지므로 적지 않는다.

둘째, 보리심의 의궤에 대해서 의견이 서로 일치하지 않았으니, 그 아사리들께서 저술하신 논전들을 보도록 하라.

---

72 순해탈분(順解脫分, Thar paḥi cha daṅ mthun pa)은 번뇌장의 단멸을 증득하는 멸제(滅諦)에 수순하는 자량도의 단계에서 얻는 해탈의 일분(一分)이다.

73 "가기를 원하고 가는 바의"라고 함은 『입보리행론(入菩提行論)』의 「보리심공덕품(菩提心功德品)」에 나오는 게송으로 전문은 다음과 같다. "가기를 원하고 가는 바의, 차이를 그처럼 앎과 같이, 그와 같이 지자는 이 둘의, 차이를 차례로 알도록 하라."

74 '이것이 아닌 다른 원심(願心)과 행심(行心)의 차별'에 대한 다양한 견해들을 캔뽀·꾼뺄(mKhan po kun dpal, 普賢具吉)의 『입보리행론주감로적(入菩提行論註甘露滴)』에서 요약해서 설하고 있으니, '부록 4 – 용어 해설'의 '이것이 아닌 다른 원심(願心)과 행심(行心)의 차별'을 참조 바람

셋째, 보리심을 일으키는 법에서 서로 일치하지 않았으니, 어떤 아사리는 보특가라(人)의 면전에서 보리심을 일으킴으로써, 또한 그것이 일어난 것으로 승인하였다.

다른 아사리는 말하길, "부처님의 면전이 아닌 데서는 발심(發心)하지 않는다."라고 하였다.

다른 아사리는 말하길 이같이, "발심은 네 가지의 법[75]에 의해서 일어난다."라고 주장하였다.

넷째, 보리심의 학처(學處)의 법에서도 또한 서로 일치하지 않았으니, 어떤 아사리는 말하길, "보살은 다섯 종류이니, 초발심(初發心)의 보살과 보리행(菩提行)에 들어간 보살과 불퇴전(不退轉)의 보살[76]과 무생법인(無生法忍)을 얻은 보살과 일래보살(一來菩薩)[77]이다.

어떤 아사리는 말하길, "여기서 앞의 [초발심의 보살과 보리행에 들어간 보살] 둘은 '있는 모든 학처(學處)의'이다."라고 하였다.

다른 아사리는 말하길, "계경에서 설한 바의 일체를 지키는 것이

---

75 발심의 네 가지의 법(rNam pa bshiḥi tshul)이 구체적으로 무엇인지 적시하지 않았으나, 아사리 적천 보살의 『집학론(集學論)』에서 설하는 보리심을 일으키는 법인 ① 사연(四緣)에 의지해서 일으킴, ② 사인(四因)에 의지해서 일으킴, ③ 사력(四力)에 의지해서 일으키는 세 가지와 관련된 것으로 생각된다. '부록 4 – 용어 해설'의 발심의 네 가지의 법을 참조 바람.

76 무생법인(無生法忍, Mi skye baḥi chos la bzod pa)을 얻은 보살은 무생(無生)의 법을 두려워하지 않고 감내하는 힘을 얻은 팔지(八地)의 보살을 말한다. '부록 4 – 용어 해설'을 참조 바람.

77 일래보살(一來菩薩, sKye ba gcig gyi thogs pa)은 성불하는 데 단지 한 생만을 남겨둔 십지보살(十地菩薩)로서 일생보처(一生補處)라고 한다. 『곰데칙죄첸모(貢德大辭典)』에서, "보리를 성취하는 데 한 생을 반드시 얻음이 필요한 보살이니, 여기서 톡빠(thogs pa, 障碍)는 사이를 가로막음과 중단시킴과 사이를 끊어지게 함과 장애를 행하는 의미이다."라고 하였다.

다.”라고 하였다.

다른 아사리는 말하길, “자량도(資糧道)의 있는 모든 학처를 지키는 것이다.”라고 하였다.

다른 아사리는 말하길, “이 학처와 이와 같은”이라고 주장하지 않았다.

다른 아사리는 말하길, “귀의의 학처 위에 『화엄경』과 『선근섭지경(善根攝持經)』과 『신력발생경(信力發生經)』 등을 또한 설하고 있을지라도, 먼저 『가섭청문경(迦葉請問經)』에서 보리심을 상실하고, 상실하지 않는 팔법(八法)[78]을 지키도록 하라.”고 주장하였다.

이것들은 단지 본보기에 지나지 않으니, 이같이 과거의 그 대지자(大智者)들의 모든 논지를 여기서 기술하면 글이 매우 번다하게 된다.

그들 대아사리는 모두 대승의 길에서 준거가 되는 사부이며, 대자대비를 숙습하고, 두 가지의 보리심에 마음이 견고불변하다. 그들 가운데 어떤 아사리는 마하무드라(大印)의 실지(悉地)[79]를 얻었으며, 어떤 아사리

---

78 ‘보리심을 상실하고, 상실하지 않는 팔법(八法)’은 보리심을 잊게 하는 네 가지의 흑법(黑法)과 잊지 않게 하는 네 가지의 백법(白法)을 말하니, 『보적경(寶積經)』의 「가섭청문품(迦葉請問品)」에서, “가섭이여, 보살이 네 가지의 법을 지니면 모든 생에서 태어나자마자 보리심이 실현되니, 보리의 정수에 머물 때까지 중간에 잊어버리지 않는다.”라고 설하였으며, 또한 “타생에서 발심을 잊어버리거나 혹은 실현하지 못하는 네 가지의 법[흑법]과 보리를 얻기 전까지 중간에 보리심을 잊지 않거나 혹은 실현함에는 네 가지의 법[백법]을 갖춘다.”라고 하였다. ‘부록 4 – 용어 해설’을 참조 바람.

79 마하무드라(大印)의 실지(悉地)는 밀교의 최승성취(最勝成就)의 다른 이름이니, 공성의 지혜와 구생(俱生)의 대락(大樂)이 합일한 쌍운(雙運)의 경지이다. 『쎄르기담뷔밍칙챈델노르뷔도쎌(雪域名著名詞精典注釋)』에서, “구경과(究竟果) 또는 최승성취를 마하무드라(大印)라고 하니, 최승의 불변하는 대락(大樂)과 그것을 인(印)을 친 일체종(一切種)의 최승의 형색을 제일 찰나에 성취한 그 순간부터 증감(增減)이 없이 본래로 그와 같은 본질이 허공과

는 법성의 진실을 보았으며, 어떤 아사리는 [가행도(加行道)의] 세제일법(世第一法)[80]을 얻은 뒤, 화신불로부터 가르침을 얻은 이들이었다. 계경에서도 또한 그들을 그처럼 승인함과 같이 세존께서도 설하였기에, "그들은 대도자(大道者, Lam chen po ñid)[81]인 것이다."라고 알아야 한다. 그렇지만 "각자의 스승님들께서 그같이 전수한 그 종론을 수지토록 하라."고 나의 스승님들께서 말씀하였다.

여기서 먼저 아사리 용수(龍樹) 보살과 아사리 무착(無着) 보살과 아사리 적천(寂天) 보살 세 분은 보리심을 일으키는 이 발심의궤(發心儀軌)에서 다르지 않고 일치함과 그와 같이 나의 스승이신 지존하신 보리현(菩提賢)과 금주법칭(金洲法稱) 두 분도 역시 그들을 수순하고, 나 역시 지존하신 그 스승님들을 따름으로써, 제자들이 나에게 간청해서 지은 『소의궤(小儀軌)의 법』[『발심율의의궤차제(發心律儀儀軌次第, Sems bskyed pa daṅ sdom paḥi cho gaḥi rim pa)』] 또한, "아사리 용수 보살과 아사리 무착 보살과 아사리 적천 보살 그분들의 법이다."라고 알도록 하라. 그것들을 곁들여서 설하였다.

나란히 항상 머물고, 언제라도 거기에서 미동조차 하지 않는 것이 대인(大印)이며, 증덕(證德)이 광대하고, 단덕(斷德)이 광대하고, 심덕(心德)이 광대한 삼대(三大)를 지님으로써 마하(大)이니, 그래서 마하무드라(大印)라고 부른다."라고 하였다.

80 세제일법(世第一法)은 '부록4 – 용어 해설'의 '오도(五道) 가운데 가행도(加行道)'를 참조 바람.

81 대도자(大道者, Lam chen po ñid)는 대승도자(大乘道者)의 뜻이니, 『쎄르기담뷔밍칙챈델노르뷔도쌜(雪域名著名詞精典注釋)』에서, "람텍빠첸뽀(Lam theg pa chen po)는 대승도(大乘道, Theg chen gyi lam)이니, 대승의 보리로 가고자 함과 또는 그곳으로 이미 가고 있는 어느 것에 속하는 대승의 지자이다."라고 하였다.

4) 발심의 전행(前行)

보리심의 나무가 발아하는 데는 물의 촉촉함과 같은 두 가지의 법이 선행(先行)하니, 이같이 마음을 닦는 수심(修心)과 스승님께 예물을 올리는 헌공(獻供)[82]이다.

첫째, 스승님께 예물을 올리는 헌공은 또한 『현겁경(賢劫經)』과 『비화경(悲華經)』에서 그와 같이 설함과 같다.

둘째, 마음을 닦는 수심은 「보현행원」에서 앞서 설함과 또한 보리행(菩提行)에 들어가는 도리로 행하는 것이다.

그 뒤 상사(上士)의 법의 궤도인 대승도(大乘道)를 한 스승으로부터 일맥(一脈)으로 전승하는 아사리 적천 보살의 의궤 또는 아사리 무착 보살의 의궤에 의해서 사무량(四無量)[83]을 미리 닦는 것으로 위없는 보리심을 일으키도록 한다.

5) 발심한 마음에 일어나는 특별한 표상

그와 같이 보리심을 일으킨 그 제자의 마음 흐름에 "어떤 특출함이 일어나는가?" 하면, 이 뜻을 고려하여 세존께서 『무진의경(無盡意經)』에서 다

82 대보리의 마음을 일으키는 발심에는 스승님께 성심으로 공양을 올리는 헌공(獻供)이 중요하니, 이것은 성불을 위해서 제자의 근기를 성숙시키고 해탈시키는 데는 스승님의 가피가 필요하기 때문이다. '부록 4 – 용어 해설'의 '헌공의 중요성'을 참조 바람.

83 사무량(四無量)은 곧 사무량심(四無量心)이다. 대승보살이 무량한 유정들을 소연으로 삼아 무량한 복덕을 닦고 쌓는 네 가지의 마음을 말한다. 자무량(慈無量)은 모든 유정이 영원히 안락과 안락의 원인을 지니길 바라는 것이며, 비무량(悲無量)은 영원히 고통과 고통의 원인을 여의길 바람이며, 희무량(喜無量)은 고통이 없는 안락을 영원히 여의지 않기를 바람이며, 사무량(捨無量)은 중생에 대하여 친소를 가리는 마음을 여의고 평등함에 머무는 마음이다.

음과 같이 설하였다.

"무진의보살(無盡意菩薩)이 말하였다. '대덕 사리불(舍利佛)이여, 보살들의 초발심(初發心)은 다함[84]이 없다. 왜냐하면, 섞임이 없기 때문이다.

[보살의 초발심(初發心)][85]

1. 그 마음이 모든 번뇌와 섞임이 없이 일어났다.[86]
2. 다른 수레(乘)를 원하지 않음으로써 그 마음이 연루됨이 없이 일어났다.[87]

84 여기서 "보살들의 초발심(初發心)은 다함이 없다."라고 함은, 일곱 가지의 다함이 없는 보살의 발심 가운데 하나이다. 세친(世親) 보살의 『무진의경광주(無盡意經廣註)』에서 일곱 가지를 설하되, "1. 초학보살의 다함이 없는 발심, 2. 초지보살(初地菩薩)의 다함이 없는 발심, 3. 삼지보살(三地菩薩)의 다함이 없는 발심, 4. 사지보살(四地菩薩)의 다함이 없는 발심, 5. 팔지보살(八地菩薩)의 다함이 없는 발심, 6. 구지보살(九地菩薩)의 다함이 없는 발심, 7. 십지보살(十地菩薩)의 다함이 없는 발심이다."라고 하였다.

85 위의 같은 책에서 초발심의 보살이 행하는 일곱 가지의 자기사업을 설하길, "초발심을 일곱 가지의 자기사업으로 설하여 보이니, '무엇인가?' 하면 1. 항상 선정에 머무르고, 2. 세간과 출세간의 마음을 제압하고, 3. 보특가라(人)에는 자아가 없음을 깨닫고, 4. 대치법(對治法)을 닦음에 안주하고, 5. 광대한 의요(意樂)를 닦고, 6. 위대한 의요(意樂)를 닦고, 7. 출세간의 지혜를 얻는 것이다."라고 하였다.

86 위의 같은 책에서 초학보살의 초발심이 다함이 없는 원인 일곱 가지를 설하되, "1) 항상 지선(至善)하고, 2) 자성을 버리지 않으며, 3) 자성을 여의지 않으며, 4) 자기사업을 행하며, 5) 항상 결과를 거두어 모으며, 6) 원인이 결코 다하지 않으며, 7) 승의(勝義)이다."라고 설한 가운데, "그 마음이 모든 번뇌와 섞임이 없이 일어났다."라고 의미를 위의 같은 책에서, "1) 항상 지선(至善)함을 설하여 보임이다. 왜냐하면, 만약 객진번뇌와 섞이면 번뇌와 같이 뒤에 다하게 되니, 처음 발심할 때부터 번뇌들과 섞이지 않음이니, 자성이 청정한 까닭에 거기에는 다함이 있지 않음으로써, '다함이 없음이다.'라고 한다."라고 하였다.

87 이 구절의 뜻을 같은 책에서, "2) 자성을 버리지 않음을 설하여 보임이니, 다른 수레(乘)는 성문과 연각의 수레이다. 그것을 원함이 없이 처음부터 그 두 수레에 마음을 일으키지 않음

3. 모든 원적이 파괴하지 못함으로써 그 마음이 굳건하게 일어났다.[88]

4. 그 마음이 모든 마라가 갈라놓지 못하게 일어났다.[89]

5. 모든 선근(善根)을 바르게 이룸으로써 그 마음이 견실하게 일어났다.[90]

6. 유위법(有爲法)이 덧없는 것임을 앎으로써 그 마음이 항상 일어났다.[91]

7. 모든 불법(佛法)을 바르게 거둠으로써 그 마음이 움직임이 없이 일어났다.[92]

이니, 그러므로 '그 두 수레에 연루됨이 없이 마음이 일어났다.'라고 함이다."라고 하였다.

88 이 구절의 뜻을 같은 책에서, "3) 자성을 여의지 않음을 설하여 보임이니, 원적은 마라와 외도 등의 무리이다. 파괴하지 못함은 그들이 침범하지 못하고, 그들에게 지배받지 않음이니, 외도 등의 원적들이 침범하지 못하고, 그들의 지배를 받지 않음으로써 마음이 굳건하게 일어남이다."라고 하였다.

89 이 구절의 뜻을 같은 책에서, "여기서 초학보살의 4) 자기사업을 행함도 다섯이니, '무엇인가?' 하면, ① 전도됨을 온전하게 앎이다. ② 산란을 온전하게 앎이다. ③ 번뇌가 없이 윤회함을 승인함이다. ④ 법의 의미를 추구함이 만족을 모름이다. ⑤ 법을 수순하는 법을 행함이다. 여기서 '그 마음이 모든 마라가 갈라놓지 못하게 일어났다.'라고 함은, ① 전도됨을 온전하게 아는 것을 설하여 보임이다. 마라들이 보리심과 보살을 별개로 나누지 못함으로써 갈라놓지 못하게 일어났다고 함이니, '마라에게 지배당한 뒤에는 보리심을 버리지 않음이 없다.'라는 뜻이다."라고 하였다.

90 이 구절의 뜻을 같은 책에서, "② 산란을 온전하게 아는 것을 설하여 보임이니, 보리심을 일으키는 그 원인으로 탐착하지 않음과 성내지 않음과 어리석지 않음 등의 모든 선근(善根)들을 바르게 이루는 것이니, 모든 선근(善根)을 바르게 이루는 원인을 행함으로써, '그 마음이 견실하게 일어났다.'라고 함이다."라고 하였다.

91 이 구절의 뜻을 같은 책에서, "③ 번뇌가 없이 윤회함을 승인한 것을 설하여 보임이니, 삼계의 유위법 일체가 극히 덧없는 것임을 앎으로써, 그 마음이 항상 일어남이니, '윤회에서 번뇌의 힘에 떨어지지 않고 마음이 일어났다.'라고 하는 뜻이다."라고 하였다.

92 이 구절의 뜻을 같은 책에서, "불법의 뜻을 추구함이 만족함을 모름을 설하여 보임이니, 그 보리심에 의지해서 위력(威力)과 무외(無畏) 등의 법을 거두니, 불법들을 거두어 모으는 기반과

8. 모든 사행(邪行)을 여읨으로써 그 마음이 손상됨이 없이 일어났다.[93]

9. 움직이지 않음으로써 그 마음이 극히 견고하게 일어났다.[94]

10. 대치(對治)함이 없음으로써 그 마음이 비유할 데가 없이 일어났다.[95]

11. 모든 법을 반드시 뚫어버림으로써 그 마음이 금강처럼 일어났다.[96]

[초지(初地)의 발심]

12. 무량한 복덕자량을 집적함으로써 그 마음이 무변하게 일어났다.[97]

의지처가 되게 하는 까닭에, '그 마음이 움직임이 없이 일어났다.'라고 한다."라고 하였다.

93 이 구절의 뜻을 같은 책에서, "법과 일치하는 법을 행함을 설하여 보임이니, 삿되게 행함은 삿된 견해와 살생과 절취와 음행 등의 열 가지의 불선(不善)을 행하는 것이니, 열 가지의 불선에 물들지 않고, 불선에 지배를 받지 않음으로써 손상됨이 없이 일어났다고 함이다. 4) 자기사업을 행하는 하나의 원인에 의해서 나머지 여섯 가지의 발심이 다함이 없음을 알도록 하라."라고 하였다.

94 이 구절의 뜻을 같은 책에서, "항상 선정(禪定)에 머무름이니, 삿된 방면과 산란의 어떤 쪽에도 떨어지지 않음이니, 움직이지 않고 견고하게 머묾으로써, '극히 견고하게 일어났다.'라고 한다."라고 하였다.

95 이 구절의 뜻을 같은 책에서, "세간과 출세간의 마음을 제압함을 설하여 보임이니, 이 단계서의 대치(對治)는 비교할 데를 말하니, 그와 같은 보리심은 비유와 비교가 전혀 불가함으로써, '비유할 데가 없이 일어났다.'라고 한다."라고 하였다.

96 이 구절의 뜻을 같은 책에서, "인무아(人無我)를 깨달음을 설하여 보임이니, 역품(逆品)으로 법들을 파괴하거나 혹은 이해한 법들을 전도됨이 없이 깨닫기에, '반드시 뚫어버림'이라 하니, '굳세고 사납고 날카로운 것을 금강과 같다.'라고 말한다."라고 하였다.

97 이 구절의 뜻을 같은 책에서, "역품(逆品)의 법들을 열어 보임이니, 그 보리심으로부터 무량한 복덕의 자량들이 일어남으로써, '그러므로 무변함이다.'라고 설하였으니, 끝이 없다

13. 모든 유정의 의요(意樂)에 대해 그 마음이 평등하게 일어났다.[98]

14. 차별을 함이 없음으로써 그 마음이 평등하지 않음이 없이 일어났다.[99]

15. 자성이 번뇌의 더러움이 없음으로써 그 마음이 청정하게 일어났다.[100]

[이지(二地)의 발심][101]

[삼지(三地)의 발심][102]

16. 반야의 광명이 빛남으로 말미암아 그 마음이 더러움이 없이

는 뜻이다. 두 가지로 신해(信解)함으로써 신해행지(信解行地)에서 1무수겁(無數劫) 동안에 이르도록 복덕자량을 무량하게 쌓음으로 말미암아 초지(初地)의 발심이 일어남으로써, '그 마음이 무변하게 일어났다.'라고 한다."라고 하였다.

98 이 구절의 뜻을 같은 책에서, "광대한 의요(意樂)를 닦음을 설하여 보임이니, 바르게 사유하고, 삿되게 사유하는 모든 유정을 자애하고 분노함이 없음으로써, '그 마음이 평등하게 일어났다.'라고 함이다."라고 하였다.

99 이 구절의 뜻을 같은 책에서, "위대한 의요(意樂)를 닦음을 설하여 보임이니, 좋고 나쁨과 높고 낮음 등의 생각을 버림으로써, '그 마음이 평등하지 않음이 없이 일어났다.'라고 함이다."라고 하였다.

100 이 구절의 뜻을 같은 책에서, "출세간의 지혜를 얻음을 설하여 보임이니, 탐욕 등의 번뇌를 버림으로써 청정하지 못한 자성이 청정한 본성으로, '그 마음이 청정하게 일어났다.'라고 함이다."라고 하였다.

101 위의 같은 책에서, "이지(二地)의 발심은 더러움이 없는 청정한 계율을 온전히 갖추지 못함과 범계(犯戒)를 온전히 버리지 못함으로써 설하지 않는다."라고 하였다.

102 위의 같은 책에서, "삼지(三地)의 발심도 또한 열 가지의 자기사업으로 설하여 보임이니, '무엇인가?' 하면 ① 청정한 계율로써 삿된 대치법(對治法)을 없애버림, ② 획득한 선정이 쇠퇴하지 않음, ③ 획득한 사무량(四無量)이 쇠퇴하지 않음, ④ 획득한 신통이 쇠퇴하지 않음, ⑤ 유루(有漏)의 소진과 신통을 힘써 닦음, ⑥ 선정에서 돌아서고 하지(下地)에 태어남, ⑦ 그같이 태어날지라도 또한 그 선정을 버리지 않음, ⑧ 거기에 태어날지도 또한 온전히 나아감으로써 여래께서 칭찬함, ⑨ 성문과 연각의 의지처가 됨, ⑩ 마라의 경계일지라도 마라의 경계가 아님을 설하여 보였다."라고 하였다.

일어났다.[103]

17. 증상의요(增上意樂)로 버리지 않음으로써 확실하게 사유해서 그 마음이 일어났다.[104]
18. 자애가 허공과 평등하고 동등함으로써 그 마음이 드넓게 일어났다.[105]
19. 모든 유정에게 길을 열어줌으로써 그 마음이 광대하게 일어났다.[106]
20. 마음을 탐착이 없는 지혜에 보냄으로써 그 마음이 장애가 없이 일어났다.[107]
21. 대비가 단절됨이 없음으로써 그 마음이 일체를 수순해서 일

---

103 이 구절의 뜻을 같은 책에서, "청정한 계율로 삿된 대치법(對治法)을 없앰을 설하여 보임이니, 소지(所知)와 번뇌의 장애가 없음으로써 반야의 광명이 빛남이니, 반야가 청정하다고 설하였다. 그같이 장애의 더러움 그 둘이 없는 까닭에, '이 그 마음이 더러움이 없이 일어났다.'라고 함이다."라고 하였다.

104 이 구절의 뜻을 같은 책에서, "선정이 쇠퇴하지 않음을 설하여 보임이니, 증상의요(增上意樂)는 지중(地中)에 머무는 보살들의 의요가 청정함을 말함이다. 그같은 의요를 버리지 않음이니, 그 의요와 더불어 달리 산란하지 않고 착란이 없이 일어남을 '확실하게 사유해서 일어났다.'라고 함이다."라고 하였다.

105 이 구절의 뜻을 같은 책에서, "획득한 사무량(四無量)이 쇠퇴하지 않음을 설하여 보임이니, 허공과 동등한 유정에게 보리심에서 발생한 자애가 충만함을 소연함으로써, '그 마음이 드넓게 일어났다.'라고 함이다."라고 하였다.

106 이 구절의 뜻을 같은 책에서, "획득한 오신통(五神通)이 쇠퇴하지 않음을 설하여 보임이니, 보리심에서 발생한 오신통(五神通)으로 모든 유정의 심원을 온전히 채워줌이다. 그같이 유정들의 심원과 소망을 가로막는 장애가 없음으로써, '그 마음이 광대하게 일어났다.'라고 함이다."라고 하였다.

107 이 구절의 뜻을 같은 책에서, "무루(無漏)와 신통을 힘써 닦음을 설하여 보임이니, 그 보리심이 탐욕과 장애가 없는 지혜를 소연하거나 또는 그 마음을 지혜를 일으키는 데에 보냄이라 하니, 그같이 무루(無漏)의 지혜를 소연하는 까닭에, '그 마음이 장애가 없이 일어났다.'라고 함이다."라고 하였다.

어났다.[108]

22. 온전히 회향하는 법식을 앎으로써 그 마음이 단절됨이 없이 일어났다.[109]

23. 일체지자(一切智者)께서 크게 칭찬함으로써 그 마음이 선행(先行)하여 일어났다.[110]

24. 다른 수레에 들어감으로써 그 마음을 우러러봄이 마땅하다.[111]

25. 모든 유정이 그 마음을 보려고 해도 보지 못하게 일어났다.[112]

---

108 이 구절의 뜻을 같은 책에서, "대비가 단절됨이 없음으로써 선정에서 돌아서고, 하지(下地)에 태어남을 설하여 보임이니, 대비로 욕계의 유정을 소연함이 단절되지 않음으로써, 선정을 획득하였을지라도 또한 다시 욕계에 태어남으로써, '일체를 수순해서 그 마음이 일어났다.'라고 함이다."라고 하였다.

109 이 구절의 뜻을 같은 책에서, "그같이 태어났을지라도 또한 그 선정을 완전히 버리지 않음을 설하여 보임이니, 모든 선행(善行)을 위 없는 대보리로 회향하는 데에 능통함으로써, 그 결과인 무주처열반(無住處涅槃)이 유정과 윤회세계가 존재하는 그때까지 끊어지지 않기 때문에, '그 마음이 단절됨이 없이 일어났다.'라고 함이다."라고 하였다.

110 이 구절의 뜻을 같은 책에서, "일체지자(一切智者)께서 크게 칭찬함으로써 그 마음이 선행(先行)하여 일어났다. [하지(下地)] 거기에 태어났을지라도 또한 온전하게 나아감으로써 여래께서 칭찬함을 설하여 보임이니, 그 보리심을 여래들께서 칭찬하신 까닭에 하늘과 사람이 모두 모여들고 의지함으로써, '그 마음이 선행(先行)하여 일어났다.'라고 함이다."라고 하였다.

111 이 구절의 뜻을 같은 책에서, "성문과 연각의 의지처가 됨을 설하여 보임이니, 대승에 들어간 보리심 그것을 뛰어난 것으로 봄으로써, 성문과 연각의 수레에 머무는 이들이 '그 마음을 우러러봄이 마땅하다.'라고 하는 뜻이다."라고 하였다.

112 이 구절의 뜻을 같은 책에서, "마라의 경계일지라도 또한 마라가 행할 바의 경계가 아님을 설하여 보임이니, '그 보리심은 범속한 유정들이 행할 바의 경계가 아니다.'라는 뜻이다."라고 하였다.

[사지(四地)의 발심][113]

26. 그 마음이 모든 불법의 종자로 일어났다.[114]

27. 그 마음을 모든 법이 파괴하지 못하게 일어났다.[115]

28. 그 마음이 모든 안락한 법들의 장소로 일어났다.[116]

29. 그 마음이 복덕자량으로 장엄해서 일어났다.[117]

30. 그 마음이 지혜자량으로 크게 깨달아서 일어났다.[118]

31. 그 마음이 보시의 자량을 크게 쌓아서 일어났다.[119]

---

113 위의 같은 책에서, "사지(四地)의 발심도 또한 일곱 가지의 자기사업으로 설하여 보임이니, '무엇인가?' 하면 ① 붓다의 종자를 온전히 지님, ② 동요와 자만 등의 일체를 온전히 버림, ③ 세간과 출세간의 등지(等至)를 얻음, ④ 복덕자량의 갑옷을 입음, ⑤ 지혜자량의 갑옷을 입음, ⑥ 보살의 역품(逆品)과 대치(對治)를 온전히 닦아 다스림, ⑦ 무주처열반을 얻기 위해 대비를 온전히 닦음이다."라고 하였다.

114 이 구절의 뜻을 같은 책에서, "불법의 종자를 온전히 지님을 설하여 보임이니, 그 보리심이 위력과 무외 등의 모든 불법의 원인이 됨으로써, '그 마음이 종자로 일어났다.'라고 함이다."라고 하였다.

115 이 구절의 뜻을 같은 책에서, "마음의 동요와 자만 등의 일체를 끊어버림을 설하여 보임이니, 그 보리심이 밖으로 산란하고, 안으로 흔들리는 일체에 의해서 동요하지 않음으로써, '파괴하지 못하게 일어났다.'라고 함이다."라고 하였다.

116 이 구절의 뜻을 같은 책에서, "세간과 출세간의 등지(等至)를 얻음을 설하여 보임이니, 보리심을 지니면 악도 등의 고통을 받음이 없이 하늘과 인간의 선정(禪定)의 안락을 얻음과 불보살의 모든 수용(受用)을 얻음으로써, 세간과 출세간의 안락한 모든 법이 발생하는 근원임으로써, '장소로 일어났다.'라고 하는 뜻이다."라고 하였다.

117 이 구절의 뜻을 같은 책에서, "복덕자량을 갑옷을 입음을 설하여 보임이니, 그 보리심이 큰 복덕자량에서 발생함으로써, '복덕자량으로 장엄해서 일어났다.'라고 함이다. 그러나 장엄을 하였지만 여기서는 단지 원인과 같은 것으로 보라."고 하였다.

118 이 구절의 뜻을 같은 책에서, "지혜자량을 갑옷을 입음을 설하여 보임이니, 지혜자량을 쌓음으로써, '그 보리심이 일어났다.'라고 하는 뜻이다."라고 하였다.

119 이 구절의 뜻을 같은 책에서, "그 마음이 반야의 자량으로 걸림 없이 일어났다고 함에 이르기까지의 육바라밀로 그 마음을 일으킴을 설함으로써, 그 마음의 역품(逆品)과 대치(對治)를 온전히 닦아 다스림을 설하여 보임이니, '그 마음이 보시의 자량을 크게 쌓아서 일어났다.'라고 함은 보시바라밀을 집적한 원인이라는 정언(定言)이다."라고 하였다.

32. 그 마음이 지계의 자량으로 기원함으로써 뛰어나게 일어났다.[120]

33. 그 마음이 인욕의 자량으로 공경(恭敬)하게 일어났다.[121]

34. 그 마음이 정진의 자량으로 이기기가 힘들게 일어났다.[122]

35. 그 마음이 선정의 자량으로 적정(寂靜)한 모양으로 일어났다.[123]

36. 그 마음이 반야의 자량으로 걸림이 없이 일어났다.[124]

37. 대자(大慈)를 쌓음으로써 그 마음이 해침이 없이 일어났다.[125]

38. 대비(大悲)를 쌓음으로써 그 마음이 뿌리가 굳건하고 견고하게 일어났다.[126]

---

120 이 구절의 뜻을 같은 책에서, "계율을 지님으로써 기원하고 생각한 일체를 이루고, 그 마음 또한 지계의 자량을 쌓음으로 말미암아 일어남으로써, '모든 기원을 이루는 자성으로 일어났다.'라고 하는 정언(定言)이다."라고 하였다.

121 본문의 '공경(恭敬, bsÑen bkur)'은 『무진의경(無盡意經)』과 『무진의경광주(無盡意經廣註)』에는 '난공경(難恭敬, bsÑen dkaḥ)'으로 나오나, 여기서는 공경의 뜻을 취해서 옮겼다. 이 구절의 뜻을 같은 책에서, "인욕을 지닌 위광은 어떤 것으로 또한 제압하지 못하기에 공경이라 함이니, 그와 같은 인욕의 자량으로 일으킴으로써, '그 마음이 또한 공경하게 일어났다.'라고 함이다."라고 하였다.

122 이 구절의 뜻을 같은 책에서, "정진의 갑옷을 입으니, 그 누구도 감당하지 못하는 그것으로부터 '그 마음이 일어났다.'라고 함이다."라고 하였다.

123 이 구절의 뜻을 같은 책에서, "마음의 산란을 적정하게 하는 모양의 자량으로 그 마음이 일어났기 때문이다."라고 하였다.

124 이 구절의 뜻을 같은 책에서, "제법의 자상(自相)과 공상(共相)을 분변하는 데에 걸림이 없는 그같은 반야의 자량으로 일으켰기 때문이다."라고 하였다.

125 이 구절의 뜻을 같은 책에서, "대자(大慈)를 쌓는 등의 사무량(四無量)으로 무주처열반을 얻기 위해 대비(大悲)를 온전히 닦음을 설하여 보임이니, 대자(大慈)를 쌓음으로써, '그 마음이 해침이 없이 일어났다.'라고 하는 그것은 유정을 해치는 마음이 없는 대자를 쌓음으로 말미암아 일어났기 때문이다."라고 하였다.

126 이 구절의 뜻을 같은 책에서, "대비는 일체지지(一切知智)의 뿌리이니, 그 보리심은 또한 대비를 지님으로 말미암아 뿌리가 굳건하고, 견고함이다. 또는 보살의 마음의 뿌리가 대

39. 그 마음이 대희(大喜)를 쌓음으로써 즐거움과 흐뭇함과 최고의 기쁨에 머무르게 일어났다.[127]

40. 그 마음이 대사(大捨)에 쌓음으로써 안락과 고통이 흔들지 못하게 일어났다.[128]

[오지(五地)와 육지(六地)와 칠지(七地)의 발심][129]

[팔지(八地)의 발심]

41. 그 마음이 부처님이 가지(加持)함으로써 가피로 일어났다.[130]

[구지(九地)의 발심]

42. 그 마음이 삼보의 종성이 끊어지지 않도록 위해서 방편(方便)

비이고, 대비를 장시간 쌓아서 일어났기에, '뿌리가 굳건하고 견고하게 일어났다.'라고 함이다."라고 하였다.

127 이 구절의 뜻을 같은 책에서, "대희(大喜)를 쌓음으로 인하여 그 마음이 일어남으로써, '즐거움 등에 머무른다.'라고 함이다. 과거의 유정들이 안락을 본 뒤 마음에 기쁨이 일어나는 것이 즐거움이다. 현재의 유정들이 안락을 본 뒤 마음에 기쁨이 일어나는 것이 흐뭇함이다. 미래의 유정들이 안락을 본 뒤 마음에 기쁨이 일어나는 것이 최고의 기쁨에 머무는 것이라 한다."라고 하였다.

128 이 구절의 뜻을 같은 책에서, "안락도 또한 탐착함이 없고, 고통에도 또한 성냄이 없는 대사(大捨)로써 그 마음을 일으켰기 때문이다."라고 하였다.

129 같은 책에서, "오지(五地)와 육지(六地)와 칠지(七地)들에는 육바라밀과 사무량들을 온전히 닦음과 무주처열반에 가까이하는 까닭에, 그러므로 그들의 발심을 설하지 않는다."라고 하였다.

130 이 구절의 뜻을 같은 책에서, "팔지(八地)의 발심도 또한 한 가지의 자기사업으로 설하여 보임이니, 보살이 깊은 지위에 들어가서, 제불의 지혜의 사업을 힘써 행함을 설하여 보임이니, 그 또한 '그 마음이 부처님이 가지(加持)함으로써 가피로 일어났다.'라고 설하였다. 여기서 '제불의 위신력을 지님과 또는 제불이 호념하고 섭수해서 그 마음이 일어났다.'라고 하는 정언(定言)이다."라고 하였다.

이 끊어지지 않게 일어났다.[131]

[십지(十地)의 발심]

43. 그 마음이 시방의 모든 불국토의 권속의 회중(會衆)에 크게 알려지게 일어났다.[132]'

대덕 사리불이여, '이와 같은 일체지(一切智)의 마음에 하나라도 다함이 있는 것인가?' 대덕 사리불이 답하되, '선남자여, 그것은 있지 아니하니, 이와 같은 일체지의 마음이 다함을 바라는 것은 허공이 다함을 바라는 것입니다.'라고 하였다. 무진의보살이 말하길, '대덕 사리불이여, 그와 같이 그 일체지의 마음은 다함이 없으니, 그 보리심이 그것의 뿌리로 일어남으로써, 그러므로 그것은 다함이 없다.'라고 하였다."[133]

---

131 이 구절의 뜻을 같은 책에서, "구지(九地)의 발심도 또한 한 가지의 자기사업으로 설하여 보임이니, 유정을 성숙시킴의 최후에 도달함으로써, 붓다가 출생하는 등이 끊어지지 않음을 설함이니, 그 또한 '그 마음이 삼보의 종성이 끊어지지 않도록 위해서 방편(方便, Tshul)이 끊어지지 않게 일어났다.'라고 함이다. 여기서 방편은 불법이 쇠퇴하고 없어지지 않게 하는 방법을 말하고, 보리심이 그것의 큰 방편임으로써, '삼보의 종성이 끊어지지 않기 위해서'라고 함이니, 그것의 원인이기 때문이다."라고 하였다.

132 이 구절의 뜻을 같은 책에서, "십지(十地)의 발심도 또한 한 가지의 자기사업에 자재함을 얻음을 설함이니, 그 또한, '그 마음이 시방의 불국토의 권속의 회중(會衆)에 크게 알려지게 일어났다.'라고 설하였다. 혹자는 말하길, '보리심을 일으키면 천신 등이 이름을 뭐라고 하는 이가 보리심을 일으켰다.'라고 전언함이니, 모든 부처님께 널리 알려지기 때문이다."라고 하였다.

133 이 경문은 데게 대장경 경장(經藏)의 경부(經部)에 수록된 『무진의경(無盡意經)』(동북목록 No.175)에서 인용하였다. 『난처석』에 인용된 경문에는 빠진 구절과 오자가 많고, 순서 등이 다른 곳도 있어서 인용하지 않았다.

또 같은 경전에서, "그 의요(意樂)는 억지로 만든 것이 아니기에 조작된 것이 아니다. 첨(諂, gYo)[134]이 없음으로써 조작이 아니다. 크게 깨달음으로써 첨(諂)이 없음이다. 광(誑, sGyu)[135]이 없음으로써 크게 깨달음이다. 광(誑)이 없음으로써 크게 정직함이다. 진실함으로써 광이 없음이다. 빛남으로써 교활함이 없음이다."라고 하는 등을 널리 설하였으니, 그 경전을 보도록 하라.

그와 같은 비공통의 마음, 모든 세간을 뛰어넘는 마음, 모든 유정을 버리지 않는 마음, 그것은 높은 지위에 머무르는 대보살들이 그것을 닦고 청정하게 하고, 그것이 쇠퇴하지 않게 하고 수호하니, 그것을 더 높은 지위로 발전시킨다. 그것은 모든 부처님의 마음인 까닭에 그것을 일으킨 뒤에는 불법을 좋아하는 착한 신들이 그 보살을 수호한다. 목숨을 마칠 때 환희로운 마음으로 숨을 거두고, 바르도(中有)와 어머니의 자궁과 어린 시절에도 또한 착한 신들이 수호한다. 모든 선근을 허비하지 않고, 마음에 복덕의 이어짐을 지니니, 아사리 싼띠데와(寂天)의 『입보리행론(入菩提行論)』에서 다음과 같이 설하였다.

"다른 모든 선업은 파초같이
열매가 익은 뒤 다하고 말지만,

---

134 첨(諂, gYo)은 간교함이다. 명리 등에 애착함으로써 자기의 허물을 숨기는 기만심이니, 과실의 이어짐을 방관하는 간교한 마음으로 탐·진·치 셋에 속하는 심소유법이다.

135 광(誑, sGyu)은 속임이다. 명리 등을 위해서 자기에게 공덕이 없음에도 불구하고 있는 것처럼 가장하여 남을 속이는 사특한 마음으로 우치에 속하는 심소유법이며, 사명(邪命)을 유지하는 근원이다.

보리심의 나무는 언제나 또한
열매가 다함 없이 늘어만 간다."

그러므로 그 보리심이 다함이 없음으로써 세간과 출세간의 도(道)의 일체법과 증과(證果)인 불지(佛地)의 일체법이 다함이 없다.

2. 원심(願心)의 가르침

1) 원심(願心)을 일으킨 공덕

그러므로 그때 그와 같은 마음이 일어나면, [본송(本頌)에서 다음과 같이 말하였다.]

"그같이 원보리심(願菩提心)을
일으킨 공덕이 어떤 것인가?" (제12송 1, 2구)

그와 같은 그 원심의 공덕[136]을 설하고자 하니, 그것을 『화엄경』에서 미륵자존께서 선재동자(善財童子)에게 다음과 같이 설하였다.

---

136 여기서는 원심(願心)을 위주로 설하였으나 행심(行心)과는 공덕에 차이가 있으며, 그것을 『입보리행론(入菩提行論)』에서, "원심(願心)을 일으킴으로 말미암아, 윤회할 때 큰 선과(善果)가 발생할지라도 또한, 그와 같이 행심(行心)을 일으킴처럼, 복덕이 연속적으로 발생하지 않는다. 어느 때부터 무변한 유정세계를, 크게 해탈시키기 위해서, 불퇴전의 마음으로 어떤 이가, 그 마음을 바르게 수지하게 되면, 그때부터 잠이 들거나 혹은, 방일할지라도 또한 복덕의 힘이, 끊임없이 자라나 소멸하지 않고, 허공과 평등하게 광대하게 발생한다."라고 하였다.

"1. 선남자여, 보리심은 모든 불법(佛法)의 종자와 같다.
2. 모든 중생의 백법(白法)을 자라나게 함으로써 밭과 같다.
3. 모든 세간 사람이 의지함으로써 대지와 같다.
4. 모든 빈궁을 바르게 파괴함으로써 [재신(財神)] 비사문천(毘沙門天)과 같다.
5. 모든 보살을 온전히 수호함으로써 아버지와 같다.
6. 모든 의리(義利)들을 바르게 이룸으로써 여의주왕(如意珠王)과 같다.
7. 모든 소망을 완전히 채워줌으로써 보병(寶甁)과 같다.
8. 모든 번뇌의 적들을 패배시킴으로써 단창(短槍)과 같다.
9. 모든 비리작의(非理作意)를 덮어버림으로써 갑옷과 같다.
10. 모든 번뇌의 머리를 떨어뜨림으로써 이검(利劍)과 같다.
11. 모든 번뇌의 나무를 잘라버림으로써 도끼와 같다.
12. 모든 해악으로부터 지켜줌으로써 무기와 같다.
13. 윤회의 폭류(暴流)에서 건져냄으로써 쇠갈고리와 같다.
14. 모든 장애의 가림을 흩어지게 함으로써 풍륜(風輪)과 같다.
15. 모든 보살의 행위와 서원을 요약함으로써 개론과 같다.
16. 하늘과 인간과 아수라의 모든 세계에서 보탑(寶塔)과 같다.
선남자여, 그와 같이 보리심은 그 공덕과 다른 공덕의 무량한 갈래를 지닌다."[137]

---

137 여기에 나오는 보리심의 16가지의 공덕은 아사리 싼띠데와(寂天)의 『집학론(集學論)』의 「보시바라밀품(布施波羅蜜品)」에 인용된 것을 재인용한 것이다. 이것은 또한 『화엄경』의 「입법계품(入法界品)」에 설해진 보리심의 122가지의 공덕을 요약해놓은 것으로 자구와 순서에 약간의 차이가 있다.

그와 같이 아래서 나오는 『근수청문경(勤授請問經)』의 경문[제14송에서 17송까지] 또한 여기에 인용하도록 하라.

2) 경전의 학습

그 밖에도 허다한 계경들과 아사리 나가르주나(龍樹)와 아사리 쌴띠데와(寂天) 등들께서도 역시 공덕을 많이 설한 바가 있을지라도 여기서는 글이 번거로워지므로 적지 않는다. 또 그것을 설하여 보이기 위해서 본송(本頌)에서 다음과 같이 말하였다.

> "그 계경을 읽거나 스승님께 들어서
> 원만한 보리심의 무변한 공덕들을,
> 요지하고 그것이 안주하는 요인으로
> 그와 같이 거듭거듭 발심토록 하라." (제13송)

여기서 '그 경전을 읽거나'라고 함은, 『집학론(集學論)』에서, "보살의 학처들은 대체로 계경들에서 나오니, 그 계경과 그것들에서 설한 보살행과 보살의 학처들이다. 그와 같음으로 그것을 보지 않으면 타죄가 발생하여도 또한 알지 못하고 버리는 일이 발생하므로 항상 계경들 보는 것을 공경하도록 하라."고 설하였다. 또 같은 책에서, "선지식을 버리지 않으며, 계경들을 항상 봄으로써"라고 설하였다. 아사리 쌴띠데와(寂天)께서도 다음과 같이 설하였다.

> "계경들을 보도록 하니

『허공장경(虛空藏經)』을
제일 먼저 보도록 하라.
용수 보살께서 지으신
『집경론(集經論)』을 또한
그 다음에 보도록 하라."

그러므로 먼저 계경들을 보는 습관을 들이도록 하라. 그리고 '스승님께 들어서'라고 함은, 여기서 '스승님'은 발심하게 한 그분이다. 그 또한 이같이 아사리 아쌍가(無着)로부터 전승되는 스승님과 아사리 쌴띠데와(寂天)로부터 전승되는 스승님이다.

3) 스승을 의지하기

그 또한 "스승을 의지하는 어떤 필요성이 있는가?"라고 한다면, 있다고 보니, 이같이 『화엄경』에서 다음과 같이 설하였다

"길생(吉生)이여, 이같이 선남자여, 선지식이 바르게 거두는 보살은 악도(惡道)에 들어가지 않는다. 선지식이 수호하는 보살은 학처(學處)를 위반하지 않는다. 선지식이 호념(護念)하는 보살은 세간인을 뛰어넘는다. 선지식을 받들어 모시는 보살은 모든 보살행을 유실하지 않고 머무른다. 선지식이 온전히 거두는 보살은 모든 업과 번뇌가 이기기 어렵다. 선지식은 행할 바가 아닌 일들을 통달하게 한다. 불방일(不放逸)의 처소에서 물러나게 한다. 윤회의 성채에서 구출한다.

선남자여, 그러므로 그와 같은 것이니 끊임없이 선지식들의 발 아래 나아가도록 하라. 모든 짐을 짊어질지라도 조금도 싫어하지 않는 까닭에 대지와 같은 마음과 갈라놓지 못하는 까닭에 금강과 같은 마음과 분노하지 않음으로써 충견과 같은 마음과 모든 고통에 흔들리지 않는 까닭에 철위산(鐵圍山)과 같은 마음과 모든 일에 투덜대지 않는 노예와 같은 마음과 만(慢)[138]과 과만(過慢)[139]을 버림으로써 빗자루와 같은 마음과 무거운 짐을 실음으로써 수레와 같은 마음과 가고 올지라도 싫어하지 않음으로써 배와 같은 마음과 선지식의 존안을 바라봄으로써 현명한 아들과 같은 마음으로 선지식을 받들어 모시도록 하라.

선남자여, 그대는 자기를 환자라는 생각을 일으키도록 하라. 선지식을 의사라는 생각과 가르침을 양약이라는 생각과 견실한 실행에 대하여 질병의 치유라는 생각들을 일으키도록 하라고 설하였다."

---

138 만(慢, Ṅa rgyal)은 잘난 체하고 남을 업신여김을 말하니, 보통 오만(傲慢)과 교오(驕傲), 자대(自大)의 뜻으로 자기를 높이 치켜세우고, 타인을 존경하지 않는 마음작용이 만(慢)이다. 갖가지의 고통을 일으키는 근본이 됨으로써 육근본번뇌(六根本煩惱)의 하나로 친다. 여기서 교오(驕傲)는 자기의 원만한 구족을 탐착하고 즐거운 마음을 탐착함으로써 방종함을 말하고, 오만(傲慢)은 자신을 특별하게 뛰어나다고 생각함이다. 또한 『구사론 4』(권오민 역주)에서, "만(慢)은 이를테면 타인에 대해 스스로 치켜세우는 성질[自擧性]을 말하니, 자신과 다른 이의 덕(德)의 차별을 재고 헤아려 마음이 스스로를 믿고 거들먹거리며[擧持] 다른 이를 능멸하기 때문에 만(慢)이라고 일컬은 것이다."라고 하였다. 이것도 세분하면 ① 교만(驕慢), ② 과만(過慢), ③ 만과만(慢過慢), ④ 아만(我慢), ⑤ 증상만(增上慢), ⑥ 비만(卑慢), ⑦ 사만(邪慢)의 일곱 가지가 있다. '부록 4 – 용어 해설'의 '칠만(七慢)'을 참조 바람.

139 과만(過慢, Che baḥi ṅa rgyal)은 자기와 상대방이 재물과 지위 등의 여러 방면에서 동등할지라도 계율 등을 비롯한 몇 가지가 상대방보다 자기가 더 높거나 크다고 여기는 마음이다.

달리 또한 선재동자(善財童子)와 비구 해운(海雲)의 문답과 『욱가장자청문경(旭伽長者請問經)』에서 또한 다음과 같이 설하였다.

> "장자(長者)여, 만일 보살이 가르침을 받거나, 낭송하거나, 보시를 지니거나, 계율을 지니거나, 인욕을 지니거나, 정진을 지니거나, 선정을 지니거나, 반야를 지니거나, 보살의 도(道)의 자량을 쌓음을 지닌 4구의 게송을 누구에게서 듣거나, 가르침을 얻었거나 혹은 받는 그 아사리를 법으로 여법하게 공경토록 하라. 있는바 모든 이름과 말과 글자의 그것들로 겁(劫)에 걸쳐서 만약 아사리를 간교함이 없이 재물과 공경과 시봉을 행할지라도 또한 장자여, 지금 다시 그 아사리를 경애함이 온전하지 못하다면 법이 아닌 것을 경애한 것임이 더 말할 필요가 있겠는가?"

그와 같이 『금강수관정속(金剛手灌頂續)』과 『팔천송반야경(八千頌般若經)』의 「상제보살품(常渧菩薩品)」[140]과 성선시(聖善施, ḥPhags pa legs par sbyin pa)가 스승님을 의지한 것들을 그 계경들을 보고서 알도록 하라.

---

140 이 「상제보살품(常啼菩薩品)」에는 상제보살이 발심한 뒤 반야바라밀을 구하기 위해서 자기의 몸을 팔아서 공양물을 마련한 뒤, 선지식 법상보살(法上菩薩)을 찾아가 해탈을 얻기까지의 구도의 과정이 담겨 있다. 예를 들면, "그 뒤 상제보살이 법상보살(法上菩薩)을 좋아하고 신뢰하고 존중하고 공경하게 되었으며, 이와 같이, '내가 여하히 공경하는 것으로 법상보살의 발아래 가야 하는가? 나는 가난하니, 무엇으로 법상보살을 내가 공양하겠는가? 공양할 옷도 보석도 금도 보주도 진주도 폐유리(吠琉璃)도 해라도 수정도 산호도 은도 꽃도 향도 향수도 주만(珠鬘)도 바르는 향도 가루향도 법의도 일산도 깃발도 요령도 보번(寶幡)과 같은 그러한 것이 내게 없으니, 지금 내기 이와 같이 법상보살의 발아래 나아가는 것은 옳지 않다.'라고 생각하였다. (중략) 그 뒤 상제보살이 어떤 도시에 갔다. 도시 가운데 들어가서 이와 같이, '이와 같이 나의 몸을 팔아서 그 돈으로 법상보살을 공양하리라.'고 생각하였다."라고 함과 같다. '부록 4 - 용어 해설'의 '상제보살의 발심구도'를 참조 바람.

또 아사리 아쌍가(無着)께서 스승님을 의지하는 법을 설하였으니, 이같이 『보살지(菩薩地)』의 [「공양친근무량품(供養親近無量品)」]에서 설하였다.

"여기서 첫째, 얼마만큼의 덕상(德相)을 지녀야 보살 선지식(善知識)이 됨인가? 둘째, 얼마만큼의 덕상을 지녀야 선지식으로서의 의의가 있는 것인가? 셋째, 얼마만큼의 덕상을 지녀야 선지식이 신앙의 대상이 되는가? 넷째, 보살 선지식이 되면 교화 대상들에게 해야 하는 선지식의 일이 얼마만큼이 있는가? 다섯째, 보살 선지식을 친근하는 데는 얼마만큼의 덕목이 필요한가? 여섯째, 어떤 생각들로 보살 선지식으로부터 법을 들어야 하는가? 일곱째, 보살 선지식으로부터 법을 들을 때, '법을 설하는 그 보특가라(人)에 대해서 작의(作意)하지 말아야 할 것이 몇 가지가 있는가?'라고 하면, [그것은 다음과 같다.]

첫째, '얼마만큼의 덕상을 지녀야 보살 선지식이 되는가?'라고 하면, 그가 여덟 가지의 덕상[141]을 지니면 보살 선지식의 모든 덕상을 갖춘 것임을 알도록 하라. [그것은 이와 같다.]
① 보살의 율의계(律儀戒)들에 안주하고, 어기지 않으며, 과실이 있지 않게 함으로써 계율에 잘 머무른다. ② 마음을 닦지 않음이 아닐 뿐더러 널리 들음이 있다. ③ 닦음에서 발생한 착한 어떤 것

141 선지식의 여덟 가지의 덕상(德相)을 『별해탈경본소(別解脫經本疏, So sor thar baḥi mdoḥi gshuṅ ḥgrel)』에서, "① 계율에 머무른다. ② 널리 들음이 있다. ③ 깨달음을 지닌다. ④ 비민(悲愍)을 지닌다. ⑤ 마음에 싫증을 냄이 없다. ⑥ 인내함을 지닌다. ⑦ 두려움이 없다. ⑧ 어사업(語事業)을 지닌다."라고 하였다.

을 얻고, 지관(止觀)을 얻음으로써 깨달음을 지닌다. ④ 비민(悲愍)을 지님으로써 자비를 지니니, 그는 이생에서 자기의 안락에 안주함을 버린 뒤, 타인의 이익을 행한다. ⑤ 그가 타인에게 설법하는 것을 겁내는 두려움으로 억념과 변재가 줄어들지 않음으로써 두려움이 없다. ⑥ 타인들이 경시하고, 질책하고, 조소하고, 비난하고, 악담하는 따위들의 원치 않는 언도(言道, Tshig gi lam)[142]들과 삿된 길을 가는 온갖 유정들에 대해서 인내한다. ⑦ 사부대중(四部大衆)[143]에게 법을 강설함에 위력을 지니고, 피곤함이 없으므로 마음에 싫증을 냄이 없다. ⑧ 언사가 사리에 맞고 조리가 있고 명료하여[144] 어사업(語事業)을 지님으로써 선설(善說)을 지닌다.

둘째, '얼마만큼의 덕상을 지녀야 선지식으로서 의미가 있는 것인가?'라고 하면, 보살 선지식이 그와 같은 모든 덕상을 지님은 다섯 가지의 덕상으로 선지식의 임무가 의미가 있으니, [그것은 다음과 같다.]

① 그가 과거부터 또한 타인들의 이익과 안락을 원함이다. ② 그

---

142 언도(言道, Tshig gi lam)는 『보살지(菩薩地, Byaṅ chub sem paḥi sa)』의 「공양친근무량품(供養親近無量品, mChod pa daṅ bsten pa daṅ tshad paḥi leḥu)」에서 인용한 것으로, 저자의 판본에는 의식(儀式, Cho ga)으로 나온다.

143 사부대중(四部大衆)은 비구와 비구니와 재가자인 우바새와 우바니의 넷을 함께 부르는 말이다.

144 '언사가 사리에 맞고 조리가 있고 명료하여'의 원문은 '칙최니래마냠씽쌜라(Tshig chos ñid las ma ñams śiṅ gsal la)'이다. 여기서 '칙냠빠(Tshig ñams pa, 語病)'는 능전(能詮)의 언사에 허물이 있음을 말하니, 예를 들면, 어구가 과다하거나 과소하거나 착오가 있어서 설하고자 하는 내용을 제대로 전달하지 못함을 말한다. 또 '법성(Chos ñid)'은 언사의 본질인 명료하고 모호함이 없음을 뜻한다고 본다.

이익과 안락이 또한 어떠한지를 앎이다. ③ 그가 마음이 전도되지 않음이다. ④ 어떤 방편과 어떤 설법의 도리로 어떤 유정을 능히 교화하는 그것에 능력과 위력이 있음과 마음에 싫증을 내지 않음이다. ⑤ 상·중·하의 유정에 대해서 편애함이 없이 자비가 평등함이다.

셋째, '얼마만큼의 덕상을 지니면 선지식이 신앙의 대상으로 머무는 것인가?'라고 하면, 그 선지식이 다섯 가지의 덕상에 의해서 신앙의 대상으로 존재하니, [그것은 다음과 같다.]
① 이야기만 단지 들어도 그를 타인들이 크게 신애(信愛)하면, 직접 보면 더 말할 필요가 없으니, 위의(威儀)가 적정하고, 위의를 지니고, 모든 몸의 지절(支節)들로 변함없이 위의를 갖추기 때문이다. ② 몸·말·뜻의 사업(事業, Las kyi mthaḥ)의 진행에 허비가 없고 변함이 없음으로써 견고하기 때문이다. ③ 남들을 기만하기 위해 위의가 견실한 것처럼 꾸미지 않음으로써 가장함이 없기 때문이다. ④ 남들의 법담(法談) 또는 재물의 얻음과 공경에 대해서 자신이 기뻐하고, 자기의 재물의 얻음과 공경도 또한 남에게 기증함으로써 질투가 없음[145]이기 때문이다. ⑤ 용품을 적게 지

145 이 구절은『보살지(菩薩地)』의「공양친근무량품(供養親近無量品)」의 본문을 요약한 것으로 본문은 다음과 같다. "남들의 법담(法談) 또는 재물의 얻음과 공경으로 말미암아서, 견디지 못함이 일어나지 않게 하고, 남들이 법담(法談)을 하도록 자기에게 간청함과 재물의 얻음과 공경을 크게 얻어도 또한 동요하지 않고 기뻐하는 마음으로 타인에게 간청하도록 하고, 그 법담과 재물의 얻음과 공경 그것 또한 타인들에게 기증한다. 그와 같이 자기가 재물의 얻음과 공경으로 즐거워하는 것처럼 타인이 재물의 얻음과 공경으로 몹시 즐거워함으로써 질투함이 없다."

니고, 용품이 검소해서 얻은 모든 용품을 모두에게 희사(喜捨)함으로써 용품이 검소하기 때문이다.

넷째, '보살의 선지식이 된 그는 교화 대상들에게 선지식이 해야 하는 일이 얼마만큼이 있는 것인가?'라고 하면, 여기서 보살 선지식이 된 그는 다섯 가지의 덕상(德相)으로 다른 교화 대상들에게 선지식의 일을 행한다. ① 거론(擧論)한다. ② 억념(憶念)하게 한다. ③ 교계(敎誡)한다. ④ 교도(敎導)한다. ⑤ 설법(說法)한다. 이들 다섯 가지의 문구의 차별[146]은 『성문지(聲聞地)』를 통해서 알도록 하라. 또한 교계(敎誡, gDams ṅag)[147]와 교도(敎導, rJes su ston

---

146 다섯 가지의 문구의 차별은 이와 같으니, "① 거론(擧論, gLeṅ bar byed pa)은 증상계학(增上戒學)의 계율이 무너짐과 계행이 무너짐을 근거로 삼아서 현전에서 목격하는 등의 다섯 가지의 언도(言道)로 타이르는 것이다. ② 억념(憶念, Dran par byed pa)은 타죄(墮罪)의 법 또는 법들을 기억하게 하는 것이다. ③ 교계(敎誡, ḥDoms par byed pa)는 큰 적정(寂靜)으로 전도됨이 없는 지관(止觀)을 가르쳐 보이는 것이다. ④ 교도(敎導, rJes su ston par byed pa)는 법과 비나야(毘奈耶)에서 연설한 것들에서 벗어남을 알면 가책(呵責)과 축출에 이르는 갈마(羯磨)을 행함이니, 행할 일과 행해서 안 되는 일들을 행한 자에게 거행해도 좋고 안 해도 좋은 것을 교계라 한다. ⑤ 설법(Chos ston par byed pa)은 시시로 과거에 행했던 이야기와 여실하게 발본했던 이야기들로 유정을 성숙시키고, 청정하게 하는 말과 글로 달통하기까지 도(道)의 자량의 법을 설함으로써 설법이라 한다."라고 아사리 해운(海雲, rGya mtsho sprin)의 『보살지정해(菩薩地精解, Byaṅ chub sem paḥi saḥi rnam bśad)』에서 설하였다.

147 여기서 교계(敎誡, gDams ṅag)는 『보살지(菩薩地)』의 「역종성품(力種姓品, sTobs kyi rigs kyi leḥu)」에서 설해진 여덟 가지의 교계를 주는 법이니, 요약하면, "① 지심교계(知心敎授)는 선정과 해탈과 삼매와 등지(等至)에 들어감을 아는 힘으로 종성을 가르치는 것이다. ② 근기교계(根器敎授)는 뛰어난 근기와 뛰어난 근기가 아님을 아는 힘으로 가르치는 것이다. ③ 의요교계(意樂敎授)는 갖가지의 심원을 아는 힘으로 가르치는 것이다. ④ 수면교계(隨眠敎授)는 심원(心願)을 아는 힘으로 가르치는 것이다. ⑤ 취입문교계(趣入門敎授)는 [갖가지의 들어가는 문을 시현해서 들어가게 함을 아는 힘인] 들어가는 길을 아는 힘으로 가르치는 것이다. ⑥ 진리가 아닌 상변(常邊)을 집착하는 자에게 교계를 줌은 전생에 태어난 곳을 아는 힘으로 가르치는 것이다. ⑦ 진리가 아닌 단변(斷邊)을 집착하는 자에게 교계를 줌은 죽은

pa)[148]는 [『보살지(菩薩地)』의] 「역종성품(力種姓品, sTobs kyi rigs kyi leḥu)」에서 알도록 하라.

다섯째, '보살 선지식을 친근(親近)하는 데는 얼마만큼의 덕목이 필요한가?'라고 하면, 여기서 보살 선지식을 친근함에는 네 가지 덕상에 의해서 완비됨을 알도록 하니, ① 시시로 간호하고, 시중을 들고, 공경과 기쁨을 지님이다. ② 시시로 공손하게 말하고, 절하고, 먼저 일어나고, 합장함이다. ③ 경배하고, 공양하고, 법복과 음식과 침구와 깔개와 의약과 생활용품의 보시로 공양함이다. ④ 의지처로 정한 뒤 바르게 들어가고, 온전히 들어가고, 법과 일치하는 일들에 능통하고 동요하지 않으며[149], 여실하게 잘못들을

뒤에 태어난 곳을 아는 힘으로 가르치는 것이다. ⑧ 하지 않은 것을 했다고 하는 증상만자(增上慢者)에게 교계를 줌은 누진(漏盡)을 아는 힘으로 가르치는 것이다."라고 위의 『보살지정해(菩薩地精解)』에서 설하였다. 그리고 교계의 일반적인 뜻은 『곰데칙죄첸모(貢德大辭典)』에서, "담악(gDams ṅag)은 추구하는 바의 방법을 잘못됨이 없이 설하여 보이는 말을 일컫는다."라고 하였다.

148 여기서 교도(教導, rJes su ston pa)는 『보살지(菩薩地)』의 「역종성품(力種姓品)」에서 설해진 다섯 가지의 교도이니, ① 차지(遮止), ② 개허(開許), ③ 간회(諫誨), ④ 가빈(呵擯), ⑤ 경위(慶慰)이다. 뜻을 간추리면, ① 차지는 몸과 말의 죄악을 행하지 못하게 막는 것이다. ② 개허는 죄악이 아닌 몸과 말로 마땅히 행해야 하는 착한 일들을 행하도록 권장하는 것이다. ③ 간회는 차지와 개허의 법들을 범하지 못하게 간언(諫言)하는 것이다. ④ 가빈은 차지와 개허의 법들을 반복해서 범하는 것을 착한 마음으로 꾸짖거나 축출하는 것이다. ⑤ 경위는 차지와 개허의 법들을 바르게 행하는 자를 칭송하고 공덕을 찬탄하여 환희하게 함이다. 그리고 교도의 일반적인 뜻은 교화할 대상의 의요(意樂)에 순응해서 가르쳐서 인도하는 의미이다. 『곰데칙죄첸모(貢德大辭典)』에서, "제쑤뙨빠(rJes su ston pa)는 롭뙨제빠(sBob ston byed pa)이다. 글자의 뜻이니, 제쑤(rJes su)는 제쑤튄빠니, 같음과 상동과 이익과 합치의 뜻임으로써 교화할 대상의 의요와 상동하게 또는 일치하게 법을 설하여 보이는 뜻이다."라고 하였다.

149 '법과 일치하는 일들에 능통하고, 동요하지 않으며'라는 구절의 의미를 풀이하길, "「법과

참회하고, 때맞춰 알고자 하는 생각으로 면전에 나아가고, 받들어 섬기고, 질문하고 듣는 것이다.[150]

여섯째, '어떤 생각을 지니고서 보살이 선지식으로부터 법을 듣는 것인가?'라고 하면, 여기서 보살이 선지식으로부터 법을 듣고자 원함으로써 다섯 가지의 생각을 지니고서 법을 들으니, ① 희유한 의미로써 보석이라 생각한다. ② 구생(俱生)의 광대한 반야를 얻는 자성적 원인의 의미로써 눈이라 생각한다. ③ 구생(俱生)의 지혜의 눈을 얻은 뒤 소지계(所知界)를 여실하게 모든 온갖 법을 바르게 설하여 보이는 의미로써 광명이라 생각한다. ④ 열반과 위 없는 대보리의 경지를 얻는 직접적 원인의 의미로써 광대한 결과와 이익이라고 생각한다. ⑤ 이생에서 고통에서 벗어나고, 대보리의 법의 얻음을 여실하게 결택하는 지관(止觀)의 큰 기쁨과 죄악이 없는 직접적 원인의 의미로써 죄악이 없다고 생각하는 것이다.[151]

일치하는」이라고 함은, 법과 어긋나지 않는 일들을 자신이 바르게 행하는 것이 「바르게 들어감」이라고 함이다. 「온전히 들어가고」라고 함은, 스승님의 말씀을 실행하는 것이다. 「일들을 장악하고」라고 함은, 그와 같이 정성껏 행하고, 스승님의 말씀을 어기지 않음이다. 그 둘을 공경하게 행하는 것이 「동요하지 않으며」이다."라고 위의 『보살지정해(菩薩地精解)』에서 설하였다.

150 이 문장은 『난처석』의 원문 대신 『보살지(菩薩地)』의 「공양친근무량품(供養親近無量品)」에서 인용하였다.

151 이 문장은 『난처석』의 원문 대신 『보살지(菩薩地)』의 「공양친근무량품(供養親近無量品)」에서 인용하였다.

일곱째, 보살이 선지식으로부터 법을 들음에 있어서, '법을 설하는 그 보특가라(人)에 대해서 작의(作意)하지 말아야 할 것이 몇 가지가 있는가?'라고 하면, 여기서 보살이 선지식으로 법을 들음에는 그에 대해서 오처(五處)를 작의하지 않고, 경청하고 믿는 마음으로 법을 듣도록 하니, ① 그는 계율이 무너졌다고 작의하지 말라. 이같이 그가 계율이 무너지고 율의에 머물지 않음으로써, '나는 그에게서 법을 듣지 않겠다.'라고 작의하지 말라. ② 그는 종성이 비천하니 또한, '나는 그에게서 법을 듣지 않겠다.'라고 작의하지 말라. ③ 용모가 나쁨을 작의하지 말라. 이같이 그는 용모가 나쁘기에 '나는 그에게서 법을 듣지 않겠다.'라고 작의하지 말라. ④ 문사(文詞)가 나쁘다고 또한 작의하지 말라. 이같이 그는 문사가 나쁘기에 '나는 그에게서 법을 듣지 않겠다.'라고 작의하지 말라. 오직 법에 의지하고 사람에게 의지하지 말라. 뜻에 의지하고 말에 의지하지 말라. ⑤ 말이 감미롭지 않다고 작의하지 말라. 이같이 그는 말이 거칠고 사나워서 감미롭게 법을 설하지 않기에 '나는 그에게서 법을 듣지 않겠다.'라고 작의하지 말라. 이들 오처를 작의함이 없이 보살은 공경함을 가지고 정법을 듣도록 하라. 법은 영원토록 사람의 허물로 인해서 물들지 않기 때문이다. 여기서 반야가 우둔한 그 보살이 사람의 허물들에 대해서 분노하고, 법을 듣기를 원치 않는 그것은 오로지 자신에게 손해가 되고, 반야가 완전히 쇠퇴하게 됨을 알도록 하라."[152]

---

152 이 문장은 『난처석』의 원문 대신 『보살지(菩薩地)』의 「공양친근무량품(供養親近無量品)」에서 인용하였다.

4) 발심의 반복하기

그러므로 스승님께 의지한 뒤 보리심의 공덕에 통달토록 하라. 다시 본송(本頌)으로 돌아가서, 밤낮으로 "그같이 거듭거듭 발심토록 하라."(제13송 4구)고 하였으니, 그와 같이 공덕을 알고 난 뒤, 낮에 세 번 그리고 밤에 세 번씩 항상 거듭거듭 그 마음이 자라나도록 보리심을 일으키도록 하라. 광대한 의궤를 통하지 않아도 또한, 이같이 행해서 그 보리심이 자라나게 한다.

> "거룩한 부처님과 달마와 중중존(衆中尊)께
> 대보리를 이룰 때까지 저는 귀의하옵니다.
> 제가 보시 등을 행한 바의 이것들에 의해
> 중생의 이익을 위해 붓다가 되게 하소서!"

여기서 말하고자 한다. 그러므로 모든 불법은 스승님께 달려 있음으로써 초학보살(初學菩薩)은 스승이신 현명한 선지식을 항상 의지토록 하라.

5) 발심의 다른 공덕

발심의 다른 공덕을 또한 말하고자 한다. 가정에 기거하는 일부 둔근의 재가보살이 이 원심(願心)에 의지해서 대보리를 성취한다고 하였으니, 이같이 『교수승광왕경(教授勝光王經)』에서 또한 설하였다.

> "대왕이시여, 그대가 다사다망해서 모든 때와 장소에서 전적으로 보시바라밀의 수학에서부터 반야바라밀에 이르기까지의 모

든 바라밀의 수학을 감당할 수 없다면, 그러므로 대왕이시여, 그대는 또한 무상정등각을 희구하고 신해하고 추구하고 소원함으로써, 오고 가거나, 앉고 서거나, 먹고 마시거나, 자고 일어날 때도 또한 좋으니, 항상 언제나 억념토록 하고, 작의토록 해서, 닦아 익히도록 하라.

또 제불보살님과 성문·연각들과 모든 범부와 자기의 과거와 미래와 현재에 발생한 삼세의 선근(善根)들을 전부 거두고 모아서, 수희(隨喜)토록 하라. 그것은 최승의 수희이니, 허공과 같고, 열반과 같음으로써 수희토록 하라.[153] 수희하고 난 뒤에는 또한, 제불보살님과 성문과 연각 모두에게 공양을 위해 바치도록 하라. 바치고 나서는 일체의 중생들과 공유토록 하라. 그 뒤 모든 중생이 일체지(一切智)에 이르기까지를 얻도록 하기 위해서, 모든 불법을 원만히 구족하도록 하기 위해서, 삼세를 하루처럼 무상정등각을 향해서 회향토록 하라. 대왕이여, 그대가 그와 같이 들어가고, 대왕이 또한 행하도록 하라. 그러면 국정 또한 쇠퇴하지 않으며, 보리의 자량도 또한 원만하게 성취하게 된다."

또 아사리 쌴띠데와(寂天)께서도 이 뜻을 설하였으니, 이같이 『집학론(集學論)』에서, "행함이 있지 않아도 또한 보리심은 무변한 윤회의 안락을 발생하기 때문에 그것을 경시하지 말라."고 하였다.

---

153 본문에 인용된 "수희(隨喜)토록 하라. 그것은 최승의 수희이니, 허공과 같고, 열반과 같음으로써 수희토록 하라."라는 경문은 아사리 까말라씰라(Kamalaśīla, 蓮華戒)의 『수습차제상편』에는 단지 "최승의 수희로써 수희토록 하라."고 하였으며, "허공과 같고, 열반과 같음으로써 수희토록 하라."는 나오지 않는다.

그 보리심의 위력을 또한 계경에서 설하였으니, 미륵보살의 해탈을 설한 『화엄경』의 「동뾔갠빼레우(sDoṅ pos brgyan paḥi leḥu)」에서 다음과 같이 설하였다.

"선남자여, 예를 들면 이와 같으니, 금강석은 설령 깨어질지라도 일체의 뛰어난 금장신구들을 압도해서, 금강석이라는 명성을 잃지 않으며, 또한 일체의 빈궁을 건진다. 선남자여, 그와 같이, 일체지(一切智)를 희구하는 금강과도 같은 발심은 비록 수습함이 있지 않을지라도, 또한 성문과 연각의 금장신구와 같은 공덕들을 제압해서, 보살의 위명을 또한 잃지 않고, 삼유(三有)의 빈궁을 또한 건진다."[154]

또한 『교수승광왕경(教授勝光王經)』에서도 이 뜻을 설하였으니, "대왕이여, 그대의 원만한 보리심의 선근들이 익음으로 해서, 그대는 허다히 인간과 천상에 태어나게 되며, 인간과 천상에 태어나는 그때마다 왕의 몸을 받게 되리라."라고 하였다. 그 계경을 보도록 하라.

6) 원심(願心)의 증장

다시 본송(本頌)으로 돌아가서, [원심(願心)으로 자라나게 하는 법을 다음과 같이 말하였다.]

---

154 이것은 티베트 데게 대장경의 『팰첸(Phal chen, 華嚴經)』의 45품에 해당하는 「동뾔갠빼레우(sDoṅ pos brgyan paḥi leḥu)」에 나온다.

"원보리심(願菩提心)을 일으킨 뒤에는
허다한 노력으로 두루 자라나게 하고,
이것을 타생에서도 또한 기억하기 위해
그와 같이 설한 학처들 또한 호지하라." (제18송)

그와 같이 원심을 일으키고 그것의 공덕을 아는 그것으로 그것을 증장하기 위해서, "허다한 노력으로 두루 자라나게 하고"라고 말하였다. 이것의 뜻을 내가 지은 『발심의궤(發心儀軌)』[155]에서 자세하게 설하였으니, "그와 같이 보리심을 발한 보특가라는 보리심을 증장시키기 위해서, 최소한 낮에 세 번 밤에 세 번씩, '거룩한 부처님과 달마와 중중존(衆中尊)께, 대보리를 이룰 때까지 저는 귀의하나이다. 제가 보시 등을 행한 바 이것들에 의해서, 중생의 이익을 위해서 붓다가 되게 하소서!'라고, 보리심을 발하도록 하라."고 하였다.

또한 "이것을 타생(他生)에서도 또한 기억하기 위해, 경에서 설한바 학처들 또한 수호하라."고 한 이 뜻을 또한 내가 『보적경(寶積經)』의 「가섭청문품(迦葉請問品)」에서 발췌해서 그 『발심의궤』에다 적어놓았으니, 이와 같다.

"보리심을 쇠퇴시키는 네 가지의 흑법(黑法)[156]에서 돌아서도록

---

155 이것은 『아띠쌰백법록(阿底峽百法錄)』에 수록된 『발심율의의궤차제(發心律儀儀軌次第, Sems bskyed pa daṅ sdom paḥi cho gaḥi rim pa)』인 것으로 본다.

156 네 가지의 흑법(黑法)의 전거는 『보적경(寶積經)』의 「가섭청문품(迦葉請問品)」이다. 이 계경에서 타생에서 발심을 잊어버리거나 혹은 실현하지 못하는 네 가지의 법[흑법]과 보리를 얻기 전까지 중간에 보리심을 잊지 않거나 혹은 실현함에는 네 가지의 법[백법(白法)]을 갖

하라. '넷이란 무엇인가?' 하면, ① 친교사(親敎師)[157]와 아사리(軌範師)[158]와 스승[159]과 응공처(應供處)[160]를 기만함이다. ② 달리 후회할 바가 없는 것에 대해서 악작(惡作, ḥGyod pa)[161]을 견인함이다. ③ 대승에 바르게 안주하는 보특가라(人)에 대해서 칭찬이 아닌 말과 비방하는 말과 칭송이 아닌 악담을 지어서 퍼뜨림이다. ④ 증상의요(增上意樂)가 아닌 것으로 타인에게 첨광(諂誑)[162]을

춘다고 하였다.

157 친교사(親敎師, mKhan po)는 범어 우빠다야(Upādhyāyaḥ)의 옮김이다. 본래 출가계를 전수하는 청정한 비구를 일컬으나, 또한 크고 작은 승원의 승원장을 지칭하는 말로 쓰인다. 『다조르밤뽀니빠(聲明要領二卷)』에서, "우빠다야(Upādhyāyaḥ, 親敎師)는 우뻬땨 - 아디야떼 - 아쓰맛(Upetya adhīyate asmāt)라고 하니, 처음 누구로부터 계율을 받게 되면 그의 면전에 특별히 나아간 뒤, [수계(受戒)의] 갈마(羯磨)를 표백(表白)함과 같이[가부(可否)를] 묻고 답함으로써 성언(聖言)을 전수하는 것을 말하니, 이미 전에 알려진 것과 의미의 둘을 결합해서 친교사라 명명한다."라고 하였다.

158 아사리(阿闍梨, Slob dpon)는 범어 아짜랴(Ācārya)의 음역이니, 의역하여 궤범사(軌範師)라 한다. 『다조르밤뽀니빠(聲明要領二卷)』에서, "아짜랴(Ācārya)는 아짜랴떼 - 아쓰민(Ācāryate asmin)이라 하니, 누구로부터 법과 예식 등을 듣고 배우는 그를 일컬음으로써 아사리라 부른다."라고 하였듯이, 자기의 제자에게 법과 재물의 문을 통해서 이익을 주는 선지식을 말한다.

159 스승은 상사(上師)니 선지식의 뜻이다. 티베트어로 라마(Bla ma)이자, 범어는 구루(Guru)이다. 『곰데칙죄첸모(貢德大辭典)』에서, "석의(釋義)는 공덕의 문을 통해서 모든 중생의 스승이니, 으뜸이 됨으로써 그와 같이 말한다. 스승의 대어(對語)는 구루이니, 으뜸과 무거움과 굳건함 따위에 해당한다고 함으로써 공덕의 문을 통해서 타인보다 뛰어나거나 각별하게 수승함으로써 으뜸이다. 공덕의 무더기가 매우 큼으로써 무거움이다. 탐착과 성냄 따위가 흔들지 못함으로써 굳건함이다."라고 하였다.

160 응공처(應供處)는 앞의 둘 사이에 들지는 않으나 공덕을 지닌 분들이다.

161 악작(惡作, 後悔)은 범어 까우끄르땸(Kaukṛtyaṃ)과 티베트어 괴빠(ḥGyod pa)의 번역으로 사이전(四異轉 : 선악과 무기 가운데 어떤 것으로 바뀜)의 하나이니, 과거에 지은 행위를 언짢게 여기고 후회하는 마음으로 인해 상심하고 마음의 평온을 깨뜨리는 심소유법(心所有法)이다. 곧 악작이란 그릇되게 지은 악소작(惡所作)의 자체이니, 그릇되게 지은 것을 소연하여 생겨난 마음의 후회를 말한다.

162 『아비달마구사론 4』(권오민 역주)에서, "첨(諂)이라 이를테면 마음의 아곡(阿曲)을 말하니,

행하는 것이다.

대신 보리심을 자라게 하는 네 가지 백법(白法)을 배우도록 하라. '넷이란 무엇인가?' 하면, ① 목숨을 위해서 또는 웃음거리를 위해서 또한 거짓말을 하지 않음이다. ② 첨광(諂誑)이 없이 모든 유정의 면전에 증상의요를 가지고 머무름이다. ③ 모든 보살에게 도사(導師)라는 생각을 일으키고, 그들의 진실한 경지를 칭찬함을 사방에 알림이다. ④ 소분(小分)의 수레를 원치 않기에 모든 유정을 성숙시키고, 그들 모두가 위 없는 정등각을 바르게 지니게 함이다."

특별히 신통을 신속하게 얻기를 원하는 보살은 『관자재소문칠법경(觀自在所問七法經)』을 배우도록 하라.[163]

이것으로 말미암아 능히 스스로를 참답게 드러내지 않게 되며, 혹은 [남의 허물을] 바로잡아 다스리지 않게 되며, 혹은 방편을 설(設)하여 이해하지 못하도록 하게 되는 것이다. 광(誑)이란 이를테면 다른 이를 미혹하게 하는 것을 말한다"고 하였다. 또한 같은 책의 주석 38에서, "자신의 마음을 방편으로 숨기고 교활한 모략으로써 타인의 마음을 유혹하여 실제의 앎과는 어긋나게 하는 것을 첨이라 이름한다.(『현종론』 권제27, 앞의 책, p.227)"고 하였다.

163 『관자재소문칠법경(觀自在所問七法經)』에서 칠법(七法)을 다음과 같이 설하였다. "선남자여, 보리심을 방금 일으킨 보살은 칠법(七法)을 배우도록 하라. '칠법이란 무엇인가?' 하면, 이와 같다. ① 분별로써 또한 탐욕을 의지하지 않는다면 남녀의 이근(二根)이 교합하는 것은 더 말할 필요가 없다. ② 최저 꿈속에서라도 또한 나쁜 선지식을 의지하지 않는다. ③ 새와 같은 마음으로 [보리심을] 잡아 가짐이 없도록 하라. ④ 방편과 반야에 정통함으로써 아집(我執)이 없도록 행하라. ⑤ 사물과 비사물을 [분별함을] 버린 뒤 공해탈문(空解脫門)을 견고하게 지니도록 하라. ⑥ 진실이 아닌 허망한 분별의 마음으로 환상과 꿈과 같은 윤회를 즐거워하지 않는다. ⑦ 인과를 [부정하는] 감손(減損)을 일으키지 않는다."

앞에서 이미 설한 '허다한 노력으로 두루 자라나게 하고'라는 구절의 의미는 이것이다.

3. 행심(行心)의 가르침

1) 행심(行心)의 본질인 증상의요

지존하신 스승님들께서 세 가지의 증장(增長)[164]에 의해서 두루 자라나게 함을 다음과 같이 설하였다.

> "행심의 본질인 율의를 제외해선
> 진정한 원심(願心)이 자라나지 못하니,
> 원만보리의 원심이 자라나길 원함으로
> 고로 힘써 이 율의를 반드시 수지하라." (제19송)

여기서 '행심의 본질'[165]이라 함은, 청정한 증상의요(增上意樂)[166]를 말하

---

164 여기서 '세 가지의 증장(增長)'이란 원만보리를 희구하는 원심(願心)은 행심(行心)에 의해서 자라나고, 행심은 율의의 수지를 통해서 자라나고, 율의는 원심을 통해서 증장하는 것으로 생각이 된다.

165 행심(行心, ḥJug sems)은 행보리심(行菩提心)의 준말로 보살의 율의를 실천함에 들어감을 말한다. 이것은 원심(願心)을 발한 뒤 유정에게 대비의 마음을 일으킴으로써 유정을 위해서 붓다가 되는 일에 진력하고, 원인이 되는 보살계의 실천에 들어감이 필수임을 앎으로써, 행심의 본질 또는 자체가 되는 보살의 율의계(律儀戒)를 수지한 뒤, 그 보살의 학처들을 배우고 실천하는 것을 말한다. 이 뜻을 선지식 낸조르첸뽀(rNal ḥbyor chen po, 大瑜伽師)께서,

니, 그 또한 『허공고경(虛空庫經)』에서,

"선남자여, 보리심이라고 하는 그 보리심은 '어떤 법으로 거두는가? 어떻게 하면 물러남이 없이 온전히 머무는가?'라고 하자, 허공고보살(虛空庫菩薩)이 말했다. '선남자여, 보리심은 두 가지 법으로 거둠으로써 물러남이 없이 머무른다. 「그 둘이 무엇인가?」 하면, 의요(意樂)와 증상의요이다. 의요와 증상의요는 「어떤 법으로 거두는가?」 하면, 의요는 무첨(無諂)와 무광(無誑)으로 거둔다. 증상의요는 그것을 탐착하지 않음과 뛰어나게 나아감으로써 거둔다. 「그 넷은 어떤 법으로 거두는가?」 하면, 여덟 가지의 법으로 거두니, 무첨(無諂)은 솔직함과 명백함으로 거둔다. 무광(無誑)은 조작하지 않음과 청정한 의요로 거둔다. 여기서 탐착하지 않음은 다함이 없는 마음과 다함이 없는 정진으로 거둔다. 뛰어나게 나아감은 복덕자량과 지혜자량으로 거둔다."

"조오제(大恩人)의 주장은 결과를 다짐하고, 원인을 다짐하는 둘이니, 그 뜻이 현재 문사수(聞思修)를 수행하는 등의 모든 법의 결과가 붓다의 삼신(三身) 자체임으로써, 유정의 이익을 위해서 그 결과인 삼신을 얻기를 원해서 발심하는 그것을 원심이라 하고, 유정의 이익을 위해서 오로지 붓다를 되기 위해서는, 그것이 원인이 없이는 발생하지 않음으로써, 그것의 원인인 육바라밀 등을 자력으로 직접 행하길 원해서 발심을 행하는 그것에 들어감이다."라고 『까담쩨뛰(噶當派大師箴言集)』에서 설하였다. 또한 행심(行心)의 본질은 일반적으로 남을 해치는 행위의 근본을 끊어 없애고, 범계(犯戒)의 이어짐을 차단하고 제멸하는 마음으로 율의의 본질 또는 자성이기도 하다. 『해심밀경소(解深密經疏)』에서, "계율의 자성(自性)은 네 가지의 공덕이니, ① 타인으로부터 바르게 잘 받음이다. ② 매우 청정한 의요(意樂)로서 받음이다. ③ 만약 위범하게 되면 다시 깨끗하게 함이다. ④ 위범하지 않기 위해서 공경함을 일으키고, 정념의 머무름을 지니고 방호함이다."라고 설하였다.

166 증상의요(增上意樂)는 의요(意樂)보다 더 뛰어난 의요로 일체중생을 구원하고자 하는 대승보살의 발심이다. '부록 4 – 용어 해설'의 '증상의요'를 참조 바람.

라고 하는 등의 128가지의 법으로 거두는 것이다. 자세한 것은 그 계경을 보도록 하라.

또 『법집경(法集經)』에서도, "특수한 공덕을 원함은 증상의요이다. 증상의요는 함령(含靈)과 부다(部多 : 鬼類) 등들에게 온화함이다. 모든 유정에게 자애로움이다. 모든 성자를 공경함이다. 세간사람을 연민함이다. 스승을 받들어 모심이다. 구호자(救護者)와 의탁처(依託處)와 섬(島)이 없음과 의호주(依怙主)[167]가 없는 이들에게 구호자와 의탁처와 [피난처인] 섬(島)[168]이 되어줌이다."라는 등을 설하였으니, 자세한 것은 그 계경들을 보도록 하라.

또 위의 같은 경에서, "청정한 의요의 보살에게는 허공과 담장과 나무와 하천과 산림 따위들로부터도 또한 법이 발생하니, 자기의 행위로부터도 또한 교수와 교계가 발생한다."라고 설하였다.

또 『무진의경(無盡意經)』에서도, "대덕 사리불이여, 달리 또한 보살들의 증상의요(增上意樂)는 다함이 없으니, 그것은 왜냐하면, 모든 선근을 특별히 소연(所緣)하기 때문이다. 나아가 그 보살은 어떠한 의요(意樂)도 그 일체가 선량한 의도로 말미암아 증상의요를 소연하니, 지(地)에서 지

---

167 의호주(依怙主)는 티베트어 괸(mGon)과 범어 나타(Nāthaḥ)의 옮김이니, 믿고 의지하는 대상으로 완전하게 구호하여 줌으로써 의호주(依怙主)와 의호존(依怙尊)이라 한다. 예를 들면, 미륵보살님을 자존(慈尊)이라 함과 같다.

168 섬(島)은 티베트어 링(gliṅ)과 범어 드위빠(Dvīpaḥ)의 옮김이니, 피난처와 안식처의 뜻이다.

(地)로 안치하기 때문에 전이(轉移, ḥPho ba)는 증상의요이다."라고 하는 등을 설하였으며, 또한 같은 경에서, "대덕 사리불이여, 이것은 보살들의 증상의요가 다함이 없음이다."라고 설하였다.

[증상의요는] 이와 같은 것이라고 표현하니, "이같이 비옥한 땅에서 산림과 곡식이 풍성하게 자라나듯이, 선량한 계율의 땅에서 모든 불법이 일어나고 자란다."라고 하는 것으로 이해하니, 이것을 나는 이렇게 해석했다.

2) 원심(願心)과 행심(行心)의 차별

원심과 행심의 그 둘의 뜻을 과거의 지자들과 현재의 지자들이 몇 가지로 설하였으며, 그들이 주장하는 그것들에 대해서 내 의견을 피력할 수 있을지라도 글이 번거로워지므로 적지 않는다.

그러나 이 둘의 뜻을 계경에서 분명하게 설하였으니, 『화엄경』에서 설하길, "선남자여, 중생의 세계에서 무상정등각을 희구하는 유정들은 얻기가 희유하며, 무상정등각을 수습하는 유정들은 더욱더 얻기가 희유하다."라고 하였다.

또 아사리 쌴띠데와(寂天)께서도 『집학론(集學論)』에서, "그 보리심은 두 가지이니, 보리를 희원하는 원심(願心)과 보리를 행하는 행심(行心)이다."라고 하였으며, 『입보리행론(入菩提行論)』에서는 다음과 같이 설하였다.

"가고자 원함과 가는 바의[169]
차이를 그같이 아는 것처럼,
그와 같이 지자들은 이것의
차별을 차례로 알도록 하라."

또 아사리 쌴띠데와(寂天)께서, "'원심(願心)은 내가 붓다가 되리라!'라고 하는 희원에서 일어난다."라고 『집학론(集學論)』에서 설하였다. 그러므로 구경과(究竟果)인 원만보리를 대경으로 삼아서 소연하는 것이 원심이다. 그와 같이 미륵자존께서도, "발심은 이타(利他)를 위해서, 정등각(正等覺)을 원함이다."라고 『현관장엄론(現觀莊嚴論)』에서 설하였다.

그리고 행심(行心)은 도위(道位)의 법을 대경으로 삼아서 소연하는 것이니, 미륵자존께서 『경장엄론(經莊嚴論)』에서 다음과 같이 설하였다.

"자타의 이익과 진실의(眞實義)와
위력과 자기의 불국토와,

---

169 '가기를 원하고 가는 바의'라고 함은 원심과 행심의 비유이니, "[원심과 행심의] 그 둘의 본질의 차이를 비유의 문을 통해서 설함이니, '어떤 사람들이 어떤 곳으로 가리라!'라고 하는 생각을 통해서 그곳으로 가기를 원하는 마음과 발을 내딛는 등을 통해서 길에 오르고 가는 행위와 더불어 그때에도 또한 '그곳으로 가리라!'라고 하는 생각의 마음이 있으니, 그 둘에는 그곳으로 가는 생각의 같은 마음이 있을지라도 실제로 가는 행위가 거두고 거두지 않는 차이 또는 차별이 그와 같이 있음을 아는 것과 같은 비유처럼, 자기와 타인의 이익을 성취하는 방편을 아는 지자(智者) 또는 두 발심의 특성의 차이 등의 보리심의 모양을 여실하게 아는 지자는 원심과 행심의 일으킴의 이 둘의 차이 또는 차별을 또 차례로 알도록 하라."는 의미라고 선지식 툽땐최끼닥빠(Thub bstan chos kyi grags pa)의 『입행론석보살보병(入行論釋菩薩寶瓶)』에서 설하였다.

유정을 온전히 성숙시킴과
일곱째는 대보리(大菩提)이다."

그러므로 그 보리심은 인위(因位)와 과위(果位)의 모두에서 그 자체인 것이나, 단계의 차별[170]에 의해서 그와 같이 되는 것이다.

그것을 또한 미륵자존께서 [『현관장엄론』에서 이십이종발심(二十二種發心)[171]에 대해서] 자세히 설하였으니, 이와 같다.

"대지와 황금과 신월(新月)과 열화(烈火)와
보장(寶藏)과 보생(寶生)과 대해(大海)와,
금강과 수미산과 양약(良藥)과 친우(親友)와
여의주(如意珠)와 일광(日光)과 가성(歌聲)과,
군왕(君王)과 고장(庫藏)과 대로(大路)와
좌기(坐騎)와 솟아나는 분천(噴泉)과,
금슬(琴瑟)과 하류(河流)와 농운(濃雲)들로
모두 이십이종(二十二種)이다."

여기서 [처음의] 둘은 인위(因位)의 보리심이고, [다음의] 열일곱은 도위(道

170 원심과 행심의 두 가지의 보리심에 속하는 이십이종발심(二十二種發心)을 지도(地道)의 단계적 차별로 인해서 『경장엄론(經莊嚴論, mDo sdeḥi rgyan)』에서는 사종발심(四種發心)으로 구분하니, ① 승해행발심(勝解行發心), ② 청정의요발심(清淨意樂發心), ③ 이숙발심(異熟發心), ④ 단장발심(斷障發心)이다. '부록 4 – 용어 해설'의 '사종발심(四種發心)'을 참조 바람.

171 이십이종발심(二十二種發心)은 『현관장엄론』에서 설한 22가지의 발심을 말한다. '부록 4 – 용어 해설'의 '이십이종발심(二十二種發心)'을 참조 바람.

位)의 보리심이고, [마지막의] 셋은 과위(果位)의 보리심이다.

또한 [처음의] 둘은 원심(願心)이고, [다음의] 스물은 행심(行心)이다.

달리 또한 [처음의] 셋은 인위(因位)의 보리심이고, [다음의] 열여섯은 도위(道位)의 보리심이고, 마지막의 셋은 과위(果位)의 보리심이다. 그것들의 자세한 뜻[172]은 『현관장엄론』을 보도록 하라.

---

172 이십이종발심(二十二種發心)에 대한 여러 가지의 분류법은 아사리 선연금강(善緣金剛, sKal ba bzaṅ poḥi rdo rje)의 『대승도차제(大乘道次第, Theg pa chen poḥi rim pa)』[데게 대장경 논장(論藏)의 속부(續部), 동북목록 No.4020] 등을 비롯한 여러 논전에서 설하고 있다.

3
장

증상계학(增上戒學)을 닦는 법[173]

1. 보살계와 별해탈계의 관계

그와 같이 보석과 같은 그 보리심이 뛰어나게 자라나게 하기 위해서, "고로 힘써 이 율의를 반드시 수지하라."(제19송 4구)고 말한 뒤, 이제 율의계(律儀戒)의 뛰어난 소의(所依 : 法器)를 설하길 원해서 다음과 같이 말하였다.

"칠종의 별해탈계(別解脫戒) 가운데
항상 다른 계율 하나를 지님들은,
후일 보살계를 받아 지니게 되는
복분이 있으나 달리는 있지 않다." (제20송)

여기서 묻기를, "그대가 처음에 '그 사부가 상사(上士)인 것이다.'(제5송 4구) 그리고 '뛰어난 유정으로 대보리를, 희구하는 그들을 위해서'(제6송 1, 2구)라고 말하지 않았는가? 다시 또한 여기서 이 말을 하는 그것은 어째서인가?"라고 하면, 답한다. 그것은 맞다. "앞에서 말한 것은 부정(不淨)한 소의(所依 : 法器)를 위해서 안치한 것이고, 이것은 청정한 소의를 위하고자 함이다."

---

173 증상계학(增上戒學)을 비롯한 삼학(三學)에서의 학(學)의 의미를 『구사론 24』(권오민 역주)에서, "누(漏)의 멸진을 획득하기 위해 항상 배우는 것[學]을 즐거워하기 때문이다. 그리고 배우는 것에는 요컨대 세 가지가 있으니, 증상(增上)의 계학(戒學)이며, 둘째는 증상의 심학(心學)이며, 증상의 혜학(慧學)이니, 계(戒)·정(定)·혜(慧)가 세 가지 자체의 본질이 된다."라고 하였다.

1) 별해탈계는 보살계의 지분이 됨

이 뜻을 지존하신 스승님 보디바드라(菩提賢)께서 『율의이십송주(律儀二十頌註)』에서 이같이 설하였다.

> "별해탈계는 보살계의 지분이 되니, 한 부분인 것으로 알라. 그러므로 다른 별해탈계를 지니는 이것은 보살계를 바르게 수지하는 법 그릇이 되니, '이 학처의 문구를 또한 주도록 하라.'고 하는 의미이다. 여기서 생명을 죽이는 따위들로부터 돌아서는 의식이 달리 있는 것이 아니니, 그것들로부터 또한 돌아서는 것이고, 보살계를 받는 법의 그릇이 또한 달리 있는 것이 아니다."

일단 대승을 익힌 훈습이 없고, 대승의 종성이 없음은 별해탈계의 영원한 장애이며, 혹은 전에 보살계를 받는 적이 없는 그에게 타죄(墮罪)가 발생하거나, 혹은 [계율의] 학처를 도로 바치거나, 혹은 선근이 끊어지거나, 혹은 그 계율을 받지 않아서 별해탈계가 없다면 다른 쪽이 어떻게 있음이 가능하겠는가?

묻기를, "살생 따위의 악업에서 벗어나지 못한 보살이 있는 것인가?"라고 하면, 답한다. "그것은 없다. 그들 보살에게 그것은 근본타죄(根本墮罪)라고 계경에서 설하였기 때문이다. 그러므로 그 별해탈계가 제일 먼저 필요하고, 선행(先行)하는 것이다. 또는 [대승의] 종성에 안주하고 타생(他生)에서도 대승을 수습하는 그것은 천성적으로 죄악을 행하지 않는 것이기에 보살계를 처음부터 받더라도 잘못이 없다."

2) 중관학파와 유식학파의 견해

대승의 중관학파의 교의를 엄중하게 따르면, 이같이 대승의 법 그릇이 되지 않음이 하나도 없다. "모든 유정은 하나의 종성(種姓)이며, 여래장(如來藏)이다."[174]라고 하였으며, 또한 말하였다.

> "땅 위엔 복분(福分)이 없는 자가
> 있지 않으니 모두가 붓다가 된다.
> 그러므로 정등각을 닦아 이룸에
> 조금도 게으름을 피우지를 말라."

또 『섭진실속(攝眞實續)』에서도, "오, 세존의 대만다라(大曼茶羅) 여기에 들어감에는 그릇과 그릇이 아님을 분별하지 말라. 그것은 왜냐하면"이라는 등을 설하였다. 또 아사리 아르야데와(Āryadeva, 聖天)[175]께서도 다

---

174 "모든 유정은 하나의 종성(種姓, Rigs)이며, 여래장(如來藏, De bshin gśegs paḥi sñiṅ po can)이다."라고 하는 의미를 선지식 롱뙨·마왜쎙게(Roṅ ston sMra baḥi seṅ ge, 語獅子)는 해설하길, "더러움을 지닌 진여를 근거로 해서 여러 계경에서, '모든 유정은 여래장(如來藏)이다.'라고 설한 뜻이 '무엇인가 하면?' 하면, 붓다의 법신이 발출하기 때문임과 법신의 진여와 자성의 청정한 측면과 분리하지 못하는 진여성(眞如性)을 지니기 때문임과 법신의 종성이니, 계(界 : 種子)의 힘이 있기 때문이니, 이 세 가지의 뜻으로 모든 유정은 항상 언제나 불장(佛藏)이라고 설하였다. 마하빤디따(大智者)께서, '이 세 가지의 뜻은 차례로 과위(果位)와 자성(自性)과 인위(因位)의 여래장이다.'라고 하였으니, 처음의 법신은 여래의 본신(本身)이니, 유정의 여래장은 가립이며, 유정들이 얻음이 마땅함으로써 널리 통용되게 말하였다. 둘째는 여래와 중생의 둘의 실제의 장(藏 : 精髓)이니, 진여와 자성의 청정함에서 돌아선 측면에서 둘에게 실제로 존재한다. 셋째는 여래의 원인임으로써 그렇게 가립함이다."라고 『대승보성론선설(大乘寶性論善說, Theg pa chen po rgyud bla maḥi nstan bcos legs par bśad pa)』에서 설하였다. 여기서 종성(種姓, Rigs)은 계(界, Khams)와 종자(種子, Sa bon)와 종족(宗族)과 같은 의미이다. '부록 4 – 용어 해설'의 '종성(種姓)과 여래장(如來藏)'을 참조 바람.

175 아사리 아르야데와(Āryadeva, 聖天)는 용수보살의 제자이며, 저술로는 『사백론(四百論)』이

음과 같이 설하였다.

> "처음 무엇과 무엇을 원하는지
> 그에게 그것과 그것을 베푼다.
> 묘법에는 그릇이 아닌 자가
> 전혀 또한 있는 것이 아니다."

그러므로 모든 유정이 하나의 종성임으로써, 아지따나타(Ajitanātha, 不敗依怙)[미륵자존(彌勒慈尊)]께서 다음과 같이 설하였다.

> "법계에는 차별이 없음으로써
> 종성을 나누는 것은 불가하다."

또 아사리 나가르주나(龍樹)[176]께서도 다음과 같이 설하였다.

> "법계는 차별이 없는 까닭에
> 세존의 수레도 차별이 없으나,
> 당신께서 삼승으로 개시함은
> 유정을 들어놓기 위함이시다."

유명하다. '부록 3 – 아사리 소개'를 참조 바람.

176 아사리 나가르주나(龍樹)는 중관파의 개조이며 수많은 저술이 있다. '부록 3 – 아사리 소개'를 참조 바람.

그렇다면, "계경에서 또한 유정의 무리를 셋[177]으로 설하고, 돌멩이의 종류를 비유로 든 그것은 무엇이며, 유정의 종성을 또한 오종성(五種姓)[178]으로 설한 그것은 어째서인가?"라고 하면, 답한다. "그것은 일시적인 상황을 고려한 것이니, 지존하신 스승님 금주법칭(金洲法稱)께서, '종성은 둘이니, 법성(法性)의 종성과 수증(修證, sGrub pa)의 종성이다.'라고 설함으로써, 수증의 종성에는 일시적으로 그와 같이 [다섯 가지가] 존재하고, 법성의 종성을 근거로 하면 차별이 전혀 있지 않다."

그같이 지자들이 별해탈계를 핵심으로 반드시 행하니, 그 또한 이같이, 법신(法身)은 모든 때와 모든 사물에 두루 편만하고, 보신(報身)은 또한 연속적으로 머무르니, 그 또한 오로지 십지(十地)의 자재보살(自在菩薩)이 수용하는 경지이며, 오로지 대승의 심오하고 광대한 법만을 설한다. 화신(化身)은 우담발라 꽃과 같음으로써 [출현하는] 때가 간헐적이니, 계경에서, "그 겁(劫) 뒤에는 붓다가 출현하지 않는 60겁이 일어난다."라고 설하였다.

그러므로 [화신의 붓다] 그가 설한 바의 이 별해탈계 또한 간헐적인 것으로 희귀하기 때문이고, 선취(善趣)로 가는 주된 원인이 되며, 붓다의 교법은 살생 등의 죄업에서 벗어나는 것이고, 붓다의 교법은 별해탈계

---

177 '유정의 무리를 셋'으로 구분함은 계경에서 설하는 성문종성(聲聞種姓)과 연각종성(緣覺種姓)과 여래종성(如來種姓)의 셋이다.

178 오종성(五種姓)은 『입능가경(入楞伽經)』 등에서 불법을 수행하는 유정의 근성에 따라 다섯 가지의 종성으로 분류한 것이니, ① 성문승종성(聲聞乘種姓), ② 연각승종성(緣覺乘種姓), ③ 여래종성(如來種姓), ④ 부정종성(不定種姓), ⑤ 무종성(無種姓)이다. '부록 4 - 용어 해설'을 참조 바람.

가 머무는 그때까지 존속하며, 그것에 의뢰하는 까닭에 별해탈계 그것을 제일 먼저 설하는 것이다.

이같이 행심(行心)에 들어가는 순서대로 행할지라도 또한, 과거세에 대승을 익힌 훈습이 없는 자들에게는 일곱 가지의 별해탈계 가운데 어떤 하나의 계율 그것이 선행(先行)하는 것이다. 과거세에 대승의 훈습이 없는 사람들에게는 그 계율이 생기지 않는다. 그러므로 본송(本頌)에서 "복분이 있으나 달리는 있지 않다."(제20송 4구)라고 또한 잘 설한 바이다.

2. 일곱 가지의 별해탈계(別解脫戒)

다시 본문으로 돌아가서, [본송(本頌)에서 다음과 같이 말하였다.]

"일곱 가지의 별해탈계를
여래께서 설하신 가운데,
범행(梵行)이 으뜸이 되니
그것은 비구계들이라 하셨다." (제21송)

이들 일곱 가지의 별해탈계(別解脫戒) 가운데서 "비구계는 비공통인 것이다."라고 나는 생각한다. 여기서 묻기를, "모든 『비나야경(毘奈耶經)』과 아라한 성자들이 저술한 『발지론(發智論)』[179] 등들과 다른 아사리들이

179 『발지론(發智論, Ye śes la ḥjug pa)』은 『아비달마발지론(阿毘達磨發智論)』의 준말이며, 범어로는 아비다르마즈냐나쁘라쓰타남샤쓰뜨라(Abhidharmaḥ jñānaprasthānaṃ śāstra)이다. 설일체유부(說一切有部)의 소의논전인 대법칠론(對法七論)의 하나로 저자는 장로 가전연(迦旃延, Kātyāyana)이다. 이것은 『육족론(六足論)』에서 이치를 밝힌 것을 더욱 상세하게 밝힌 것

지은 『대비바사론(大毘婆沙論)』과 그것의 의미를 정선하여 간추린 『구사론(俱舍論)』들에서 여덟 가지의 별해탈계[180]를 말한 것을 여기서 일곱 가지로 설한 것은 무슨 까닭인가?"라고 하면, 답하되, 그것은 사실이다. 그 논전들에서 그와 같이 설할지라도 아사리 아쌍가(無着)께서 『유가사지론(瑜伽師地論)』의 전체[181]와 「계품(戒品)」[182]에서 일곱 가지로 기술하였기 때문이다.

아사리 아쌍가(無着)께서는 법류삼매(法流三昧)[183]를 얻었고, 삼지(三地)에 머무는 보살임과 『문수사리근본속(文殊師利根本續)』에서 출현을

으로 2만5천 게송으로 되어 있다.

180 여덟 가지는 일곱 가지의 별해탈계에 일주야계(一晝夜戒)를 더한 여덟 가지이다.

181 『유가사지론(瑜伽師地論)』의 전체는 본문을 구성하는 『본지분(本地分)』과 『섭결택분(攝決擇分)』과 『섭사분(攝事分)』과 『섭이문분(攝異門分)』과 『섭석분(攝釋分)』의 다섯을 말한다. 『둥까르칙죄첸모(東噶藏學大辭典)』에 의하면, "오부지론(五部地論)은 아쌍가(無着)가 저술한 유식학파가 의거하는 소의논전(所依論典)의 핵심이니, ① 『본지분(本地分, Saḥi dṅos gshi)』은 한 보특가라(人)가 성불하는데 필요한 모든 조건들을 십칠지(十七地)에 수렴해서 연설하였다. ② 『섭결택분(攝決擇分, gTan la dbab pa bsdu ba)』은 『본지분(本地分)』의 해설과 같다고 말하니, 그 단계에서의 글과 뜻의 둘을 사변(四邊) 등으로 결택해서 연설하였으며, 그 안에서도 또한 염오번뇌와 해탈의 법들의 이명(異名)을 연설하였다. ③ 『섭사분(攝事分, gShi bsdu ba)』은 능전(能詮)의 그 경론들이 삼장(三藏)에 귀속되는 도리를 연설하였다. ④ 『섭이문분(攝異門分, rNam graṅs bsdu ba)』은 염오번뇌의 법과 해탈의 법들의 이명(異名)을 개별적으로 결택해서 연설하였다. ⑤ 『섭석분(攝釋分, rNam par bśad paḥi sgo bsdu ba)』는 그것들을 그와 같이 해설하는 도리를 연설하였다. 그들 다섯 가운데서 앞의 둘은 경전들에서 설하는 내용인 소전(所詮)이며, 중간의 둘은 능전(能詮)의 경론들이며, 마지막은 그와 같이 해설하는 도리를 근거로 해서 오부지론을 설한 것이다."라고 하였다.

182 「계품(戒品)」은 『유가사지론』의 『본지분(本地分)』에 속하는 『보살지(菩薩地)』에 들어있는 계품(戒品, Tshul khrims kyi leḥu)을 말한다.

183 법류삼매(法流三昧, Chos rgyun gyi tiṅ ṅe ḥdzin)의 의미를 『둥까르칙죄첸모(東噶藏學大辭典)』에서, "자기의 증상연(增上緣)인 정려정등지(靜慮正等至)에 의거해서 발생하니, 이전에 배워서 지닌 문의(文義)들을 잊지 않는 지혜이니, 상품자량도(上品資糧道)의 단계에서 얻게 된다."라고 하였다.

예언한 바이니, 이같이, "참된 사부(士夫)인 아쌍가 그는, 경론의 진실을 안다."라고 설함[184]과 또한 미륵자존으로부터 직접 장경(藏經)을 남김없이 청문한 이것을 누가 의심하겠는가? 그와 같은 큰 유정에게 분노하고 의심을 지닌다면 그 자신이 파멸하게 된다.

지존하신 스승님 보디바드라(菩提賢)께서도 또한 『율의이십송주(律儀二十頌註)』[185]에서 이같이 설하였다.

> "여기서 율의계(律儀戒)는 일곱 가지의 별해탈계를 받아서 지님이다. 비구(比丘)[186]와 사미(沙彌)[187]와 비구니(比丘尼)[188]의 차별로

---

184 이것을 좀더 설명하면 『문수사리근본속(文殊師利根本續)』에서, "아쌍가(無着)라 부르는 비구는 그 쌰쓰뜨라(Śāstra, 論)의 의미에 정통하고, 계경(契經)의 요의(了義)와 미요의(未了義)를 다양하게 분변한다. 세간을 알고 쌰쓰따(Śāstā, 教師)의 범주이며, 경론을 변석하는 타고난 논사가 되고, 그의 명지(明智, rig pa)를 닦아서 이름을 쌀라(Sāla, 娑羅樹)의 포냐모(Pho ña mo, 女使臣)라 부른다. 그 주술의 힘으로 선혜(善慧)를 지니고 태어난다. 불교를 오랫동안 머물게 하기 위해서, 계경의 진실의(眞實義)를 거두어 모은다. 150년 동안 세상에 머무르고, 그 몸의 무너진 뒤, 천상에 간다. 윤회세계에서 유전하고, 오랫동안 안락을 누린 뒤, 최후에 대성인 되고, 청정한 보리를 얻는다."고 함과 같다.

185 아사리 보리현(菩提賢)의 『율의이십난처석(律儀二十難處釋)』은 아사리 짠드리고미(月皓居士)의 『보살율의이십(菩薩律儀二十)』의 난해한 곳을 주석한 논서이다.

186 비구(比丘, dGe sloṅ)는 범어 빅슈(Bhikṣuḥ)와 티베트어 겔롱(dGe sloṅ)의 옮김이니, 필추(苾芻)라고 음역하고, 의역하여 걸사(乞士), 걸선(乞善)이라 한다. 『다조르밤뽀니빠(聲明要領二卷)』에서, "빅슈(Bhikṣuḥ)는 남자 비구이다. 열반의 뜻을 구걸(求乞)하고 추구함과 백사갈마(白四羯磨)에 의해서 구족계(具足戒)를 수지하고, 법과 일치하게 걸식하며 살아감으로써 비구라고 한다."라고 하였듯이, 253가지의 계율을 수지한다.
또 비구(比丘, dGe sloṅ)의 여덟 가지 명칭에 대하여 『롱돌쑹붐(Kloṅ rdol gsuṅ ḥbum)』에서, "① 몸과 말의 죄업이 다함으로써 비구라 한다. ② 착함을 추구함으로써 비구라 한다. ③ 음식을 구걸함으로써 비구라 한다. ④ 몸·말·뜻의 삼문(三門)이 적정에 머무름으로써 비구라 한다. ⑤ 몸과 말의 선도(善道)에 들어가 머무름으로써 비구라 한다. ⑥ 사명(邪命)을 버리고 걸식으로 생활함으로써 비구라 한다. ⑦ 모든 자구(資具)에 탐착을 버림으로써 비구라

써 출가의 방면에 속함이 다섯이다. 재가자(在家者)는 둘이니, 우바새(優婆塞, 近事男)와 우바니(優婆尼, 近事女)[189]로 나눈다. [하루 동안 행하는] 일주야계(一晝夜戒 / 八關齋戒)[190]는 행하기가 어렵지 않고, 욕망에서 벗어남이 아니기 때문임과 [욕망이] 오랫동안 지속하기 때문에 이것은 별해탈계의 종류에 들어감이 합당하지 않음으로써, 거론하지 않는다."

라고 설하였다.

한다. ⑧ 몸·말·뜻의 삼문(三門)의 행위가 우아함으로써 비구라 한다."라고 하였다.

187 사미(沙彌, dGe tshul)는 범어 쓰라마네라(Śramaṇeraḥ)의 옮김이니, 의역하면, 구적(求寂)과 근책남(勤策男)이라 한다. 사미는 십계(十戒)와 여기에 포함되는 33가지의 위범(違犯)을 지키는 출가계로 사미니(沙彌尼, dGe tshul ma / Śramaṇerika)와 같다. 십계(十戒)는 ① 살생하지 말라. ② 훔치지 말라. ③ 음행하지 말라. ④ 거짓말하지 말라. ⑤ 술 마시지 말라. ⑥ 꽃다발(華鬘)을 머리에 쓰지 말고, 향수를 바르지 말라. ⑦ 노래하고 춤추며, 풍류를 즐기지 말고, 구경하지 말라. ⑧ 높고 넓은 비싼 침상에 앉지 말라. ⑨ 때가 아닌 때 먹지 말라. ⑩ 금은(金銀) 등의 보석을 지니지 말라.

188 비구니(比丘尼, dGe sloṅ ma)는 비구와 같으나, 수호하는 계율의 숫자가 364조목에 달한다.

189 우바새(優婆塞, 近事男 : dGe bsñen / Upāsakaḥ)와 우바니(優婆尼, 近事女 : dGe bsñen ma / Upāsikaḥ)는 오계(五戒)를 수지하고 가정에 거주하는 남녀의 재가신도를 말한다. 『다조르밤뽀니빠(聲明要領二卷)』에서, "다섯 학처(學處 : 五戒) 등을 수지하고, 아라한과(阿羅漢果)에 가까이 머무름으로써 우바새라고 한다."라고 하였다. 또 지키는 계율의 숫자에 따라서 세분하면 여섯 종류의 우바새가 있으니, ① 귀의거사(歸依居士), ② 일계거사(一戒居士), ③ 이계거사(二戒居士), ④ 다계거사(多戒居士), ⑤ 원계거사(圓戒居士, Yoṅs rdzogs dge bsñen), ⑥ 범행거사(梵行居士, Tshaṅs spyod dge bsñen)이다.

190 일주야계(一晝夜戒)는 팔관재계(八關齋戒) 또는 팔재계(八齋戒) 등으로 부르고, 재가자가 밤낮의 하루 동안에 지키는 계율로 티베트어로 근주계(近住戒, bsÑen gnas kyi sdom pa)이니, ① 살생하지 말라. ② 훔치지 말라. ③ 사음하지 말라. ④ 거짓말하지 말라. ⑤ 술 마시고 노래하지 말라. ⑥ 꽃다발을 머리에 쓰고 향수를 바르지 말라. ⑦ 높고 큰 침상에 앉지 말라. ⑧ 오후에 음식을 먹지 말라 등의 이와 같은 여덟 가지를 하루 동안 지키지 못하고 어기면 죄가 되는 것을 말한다.

이 스승님께서는 보살장(菩薩藏)의 계율을 수지하는 대율사(大律師)이고, 아사리 나가르주나(龍樹)와 아사리 쌴띠데와(寂天)로부터 일맥으로 전승되는 교수(教授, bKaḥi gdams)[191]가 있기 때문에 그 지자의 뒤를 따르도록 하라.

1) 재가자의 계율

여기서 칠종의 별해탈계들에 대해서 조금 설하고자 한다. 먼저 우바새(近事男)도 두 종류이니, 사음(邪淫)을 버림과 자기의 아내 또한 멀리함이다. 이 둘의 공통의 학처(學處)는 이와 같으니, [살생·투도·사음·망어의] 네 가지의 근본타죄(根本墮罪)와 음주를 끊음이다. 혹자는 말하길, "사견(邪見)을 버림이다."라고 한다.

여기서 율사들은, "음주는 성죄(性罪)[192]이다."라고 주장하고, 아비달마(阿毘達磨)의 논사들은, "[제정된 계(戒)인] 차죄(遮罪)[193]라고 말한다.

---

191 여기서 교계(教誡, bKaḥi gdams)는 보통 교수하는 의미이나 여기서는 부처님 말씀의 일체를 수행의 교계로 이해하고 실천하는 뜻이 들어 있다. '부록 4 - 용어 해설'을 참조 바람.

192 성죄(性罪, Raṅ bshin gyi kha na ma tho ba)는 죄(罪)의 하나로 부처님께서 제정하지 않았더라도 살생 등과 같은 것은 본래 그 성질이 죄악에 해당함으로써 성죄라고 한다. 여기서 죄(罪, Kha na ma tho ba)의 의미를 『쎄르기담뷔밍칙챈델노르뷔도쌜(雪域名著名詞精典注釋)』에서, "① 타죄(墮罪)와 죄(罪) 등으로 고통의 결과를 불러오는 업이다. 석의(釋義)는 '성자들의 면전에서 입으로 말함이 불가한 업이기에 죄(罪)이다.'라고 선지식 다르마바드라(Dharmabhadra, 法賢)가 저술한 『율해정해(律海精解, ḥDul ba rgya mthsoḥi sñiṅ po ṭikka)』에서 설하였다. ② 타죄(墮罪)와 죄 등으로 고통의 결과를 불러오는 업을 말하니, 『뻴쩩최끼남당제장(吉積法異門備忘錄)』에서, '죄(罪)는 말로 언급하고 또는 말함을 감당하지 못하는 그것이니, 말함이 또한 타당하지 않고 저속한 처소이니, 그와 같은 것을 두려워함이 기피(忌避)이다.'라고 하였으며, 여기에는 차죄(遮罪)와 성죄(性罪)의 둘이 있다."라고 하였다.

193 차죄(遮罪, bCas paḥi kha na ma tho ba)는 죄(罪)의 하나로 부처님께서 행하지 말하고 금지한

그것들의 자세한 논설은 여기서 생략한다.

그와 같은 다섯 가지의 학처(學處 : 五戒)와 그것에 포함되는 학처가 45가지이니, 모두 50가지의 학처를 지닌 과실이 없는 우바새이다.

2) 비구와 비구니의 계율

그같이 사미(沙彌)의 학처[194]는 이와 같으니, 참회악작(懺悔惡作)[195]과 소계악작(所戒惡作)[196]과 무과실(無過失)[197]이다.

계(戒)을 어긴 타죄(墮罪)이다. 예를 들면, 출가자에게는 불가하나 재가자는 타죄가 되지 않는 것으로 예를 들면, 오후불식과 같은 것이다.

194 사미(沙彌 : 勤策男)의 학처(學處)인 삼십삼위범(三十三違犯, Blaṅs ḥdas so gsum)은 요약하면, 근본타죄에 속하는 살생(殺生)과 투도(偸盜)와 음행(淫行)과 망어(妄語)의 넷과 살생에 속하는 네 종류와 망어에 속하는 열두 종류와 음주와 가무 등에 속하는 세 종류와 화만(華鬘) 등에 속하는 세 종류와 높고 큰 침상에 속하는 두 종류와 비시식(非時食)과 금은(金銀)을 취함의 둘과 세 가지의 오손(汚損)이다.

195 참회악작(懺悔惡作, bŚags byaḥi ñes byas)은 사미(沙彌)의 삼십삼위범(三十三違犯, Blaṅs ḥdas so gsum) 가운데 [살(殺)·도(盜)·음(陰)·망(妄)의] 근본의 사계(四戒)를 제외한 나머지 위범(違犯)들이 참회악작죄(懺悔惡作罪)가 된다. 여기서 악작(惡作, Ñes byas)는 율어(律語)이니, 범어 두쓰끄리띠(Duṣkṛti)의 의역이며, 음역하여 돌길라(突吉羅)라 하고, 오편죄(五篇罪)의 하나이다. 이것은 출가자가 마땅히 끊어야 하는 죄이나 죄질이 미세한 까닭에 악작(惡作)이라 한다.

196 사미(沙彌)의 소계악작(所戒惡作, bsDam byaḥi ñes byas)은 사미가 마땅히 지켜야 하는 삼십삼위범(三十三違犯) 이외에 비구가 마땅히 끊어야 하는 죄들도 또한 마음으로 마땅히 방호해야 함으로써, 소계악작 또는 방호악작(防護惡作)이라 한다.

197 무과실(無過失, Ñes med)은 율어(律語)이니, 계율을 범함이 전혀 없어 계율이 원만하고 청정함을 무과실원만(無過失圓滿, Ñes med phun sum tshogs pa)라고 한다. 『둥까르칙죄첸모(東噶藏學大辭典)』에서, "무과실원만(無過失圓滿)은 출가한 뒤 계율을 수지하는 데는 허다한 장애가 있는바 그것들을 여읨이니, 계율이 생김을 가로막는 39가지의 장애와 계율의 머무름을 가로막는 네 가지의 장애와 계율의 아름다움을 가로막는 51가지의 장애와 계율이 자라남을 가로막는 43가지이니, 이것들이 전혀 있지 않은 문을 통해서 출가하는 것을 말한다."라고 하였다.

비구의 학처는 253가지[198]이니, 이 가운데 27가지는 참회악작의 학처이다. 213가지는 소계악작의 학처이다. 13가지는 무과실이다. 13가지를 제외한 나머지 240가지를 수호함이 죄(罪)가 없는 선(善)을 지니고 청정함이다.

정학녀(正學女)[199]는 근본육법(根本六法)[200]과 수순육법(隨順六法)[201]을 수호함이 청정한 정학녀이다.

그와 같이 비구 또한 청정한 법과 비나야경(毗奈耶經)에서 설한 바의 학처를 크게 원만하게 행함이 비구의 청정함이다. 그와 같이 비구니 또한 500가지의 학처[202]를 지니고, 청정함이다.

---

198 비구의 학처(學處)인 253계(戒)를 분류하면, 4조(條)의 바라이죄(波羅夷罪 / 他勝罪, Pham pa brgyad)와 13조(條)의 승잔죄(僧殘罪, dGe ḥdun lhag ma ñi śu)와 30조(條)의 사타죄(捨墮罪, sPaṅ ltuṅ)와 90조(條)의 단타죄(單墮罪, lTuṅ byed)와 4조(條)의 별회(別悔, Sor bśags)와 112조(條)의 악작(惡作, Ñes byas)을 합한 253계(戒)이다.

199 정학녀(正學女, dGe slob ma)는 사미니가 비구니의 계율을 받기 위해 수행하는 기간의 이름이며, 이 때 십계(十戒) 위에 근본육법(根本六法)과 수순육법(隨順六法)을 추가해서 2년 동안 지켜야 한다.

200 근본육법(根本六法)은 비구니가 수호해야 하는 여섯 가지 법으로 행해서는 안 되는 여섯 가지의 계(戒)를 말하니, ① 혼자 길을 가지 않는다. ② 물에서 수영하지 않는다. ③ 남자의 몸에 접촉하지 않는다. ④ 남자와 함께 머물지 않는다. ⑤ 중매를 서지 않는다. ⑥ 여자 친구의 과실을 엄폐하지 않는 것들이다.

201 수순육법(隨順六法)은 비구니가 근본육법과 함께 수호해야 하는 여섯 가지 법으로 행해서는 안 되는 여섯 가지의 계(戒)이니, ① 금은 따위의 보석을 지니지 않는다. ② 음모를 깎지 않는다. ③ 땅을 파지 않는다. ④ 싱싱한 풀을 베지 않는다. ⑤ 때 아닌 때에 먹지 않는다. ⑥ 축적한 음식을 먹지 않는 것들이다.

202 500가지의 학처는 아사리 쌴띠데와(寂天)의 『집학론』에 나오나 유부(有部)의 전통을 따르는 티베트 승단에서는 비구니의 계율로 371가지를 설하고 있으니, 8조(條)의 바라이죄(波羅夷罪 / 他勝罪, Pham pa brgyad)와 20조(條)의 승잔죄(僧殘罪, dGe ḥdun lhag ma ñi śu)와 33조(條)의 사타죄(捨墮罪, sPaṅ ltuṅ)와 180조(條)의 단타죄(單墮罪, lTuṅ byed)와 11조(條)의 별회(別悔, Sor bśags)와 112조(條)의 악작(惡作, Ñes byas)을 합한 364조(條)가 있음을 『비구니별해탈경(比丘尼別解脫經)』에서 설하였다.

3) 성문 18부파의 계율의 차이

그들 또한 부파(部派)가 각각이니, 이같이 대중부(大衆部)와 설일체유부(說一切有部)와 상좌부(上座部)와 정량부(正量部)이다. [또한 이 넷을 성문승(聲聞乘)의 근본사부(根本四部)[203]라고 부른다.]

이들 [네 부파도 갈라져서] 다시 18부파가 존재하니 그것은 다음과 같다.[204]

(1) 대중부(大衆部, Phal chen paḥi sde pa)에는 이같이, 동산부(東山部, Śar ri la gnas paḥi sde pa)와 서산부(西山部, Nub ri la gnas paḥi sde pa)와 설산부(雪山部, Gaṅs ri la gnas paḥi sde pa)와 설출세부(說出世部, ḥJigs rten las ḥdas par smra baḥi sde pa)와 설가부(說假部, bTags par yod par smra baḥi sde pa)의 다섯 부파가 있다.

(2) 설일체유부(說一切有部, gShi thams cad yod par smra baḥi sde pa)에는 근본설일체유부(根本說一切有部, rTsa baḥi gshi thams cad yod par smra baḥi sde pa)와 가섭부(迦葉部, Ḥod sruṅ baḥi sde pa)와 화지부(化地部, Sa ston paḥi sde pa)와 호법부(護法部, Chos sruṅ baḥi sde pa)와 분별설부(分別說部, rNam par phye ste smra baḥi sde pa)와 다문부(多聞部, Maṅ thos paḥi sde pa)와 홍의부(紅衣部, Gos dmar poḥi sde pa)의 일곱 부파가 있다.

(3) 상좌부(上座部, sNas brtan paḥi sde pa)에는 대사주부(大寺住部, gTshug lag

---

203 성문승(聲聞乘)의 근본사부(根本四部)의 각각의 차별은 '부록 4 – 용어 해설'을 참조 바람.

204 여기의 소승의 십팔부파(十八部派)은 『불교학대사전』(홍법원 간행)에 의거해서 본문을 정리한 것이다.

khaṅ chen na gnas paḥi sde pa)와 기타림주부(祇陀林住部, rGyal byed tshal na gnas paḥi sde pa)와 무외산주부(無畏山住部, ḥJigs med ri la gnas paḥi sde pa)의 세 부파가 있다.

(4) 정량부(正量部, Maṅ bkur baḥi sde pa)에는 계윤부(鷄胤部, Sa sgrog ri la gnas paḥi sde pa)와 수호부(守護部, Sruṅ ba paḥi sde pa)와 독자부(犢子部, gNas ma buḥi sde pa)[205]의 세 부파가 있다.

또 일부의 논전에서는 이 분류법과 달리 설가부를 설일체유부에 포함시키고 있다. 또 일부의 논전에서는 이같이 설하였다.

> "가섭부(迦葉部)와 호법부(護法部)와 호지부(護地部)와
> 근본설일체유부(根本說一切有部)의 넷,
>
> 동산부(東山部)와 서산부(西山部)와 설산부(雪山部)와
> 설가부(說假部)와 분별설부(分別說部)와 설출세부(說出世部)의 여섯,
>
> 홍의부(紅衣部)와 다문부(多聞部)와 수호부(守護部)와
> 계윤부(鷄胤部)와 독자부(犢子部)의 다섯,

---

205 독자부(犢子部, gNas ma buḥi sde pa)는 불가설의지묘(不可說依支妙, brJod du med pa brten pa mdzes)라는 자아의 일종을 승인함으로써 불교의 외도라 부른다. '부록 4 - 용어 해설'을 참조 바람.

기타림주부(祇陀林住部)와 무외산주부(無畏山住部)와
대사주부(大寺住部)의 셋이니,

[차례로 대중부의] 넷과 [설일체유부의] 여섯과 [정량부의] 다섯과
[상좌부의] 셋의 차별로 18부파로 승인하였다.

그와 같이 18부파로
석가사자(釋迦獅子)의 교법이 존재하니,
중생의 스승이신 그의
과거세의 사업의 힘에 의한 것이다.

장소와 법의(法義)와 아사리의 차별과
각기 다른 견해의 차이가 원인이 되어,
그들의 차별이 이루어졌으나
본사(本師)에는 차별이 있지 않다."

그러므로 그들 각각의 견해와 계율의 행상(行相)은 그들 각각의 논전들을 보도록 하라.

4) 청정한 범행(梵行)

다시 본송(本頌)으로 돌아가서, '범행(梵行)'이라고 함은, 술과 여자를 버림이다. 이같이 음주의 허물[206]을 또한 그 [비나야(毗奈耶)의] 전적(典籍)들과 [음주의 36가지 허물을 설하는 『업분별경(業分別經)』 등의] 계경들을 보도록 하

라. 여자의 허물 역시 대소승의 계경과 [비나야의] 전적들을 보도록 하라.

이같이 세존께서 『칠교구경(七交媾經, ḥKhrig pa bdun bstan paḥi mdo)』이라는 소승의 경전에서 다음과 같이 설하였다.

> "바라문(婆羅門)[207]이여, 여기서 어떤 이가 내가 청정한 범행(梵行)을 약속하고, 여인과 둘이서 서로 몸을 주지 않을지라도 여인의 몸을 눈으로 보고, 그녀의 몸매에 애착하고, 여인과 함께 놀이하고, 농담을 즐기고, 여인이 공경하는 것을 받아 즐기고, 가리개로 가리고, 커튼을 치고 여인의 장신구와 노래와 춤과 악기의 소리를 즐기거나, 상대를 원하는 오욕락(五欲樂)을 지닌 것을 보고서 즐기거나, 천신 등의 처소에 범행(梵行)을 회향하는 것도 또한 그

206 음주의 허물에 대해서 『정법염처경의명석론(正法念處經義明釋論)』에서는, "[18지옥 가운데 네 번째인] '호규지옥에 태어나는 원인이 무엇인가?' 하면, 세 가지의 신업(身業)과 음주(飮酒)를 가까이하고 즐김과 선정의 안락으로 마음을 정화하는 율의를 지닌 사문과 적정의 상태에 머무는 승가의 권속 가운데 술을 가져오고, 취하게 하고 광란을 일으키면 호규지옥에 태어난다. 염라왕의 옥졸들이 집게로 입을 벌리고 펄펄 끓는 붉은 구리 물을 부어 넣음으로써 참지 못할 고통에 호곡하는 가운데 내장이 모두 타버리고, (중략) 또한 극렬하게 타오르는 견고한 철산(鐵山)이 둘이 있고, 그 두 산이 힘차게 움직이는 사이에 그 유정을 집어넣음으로써 몸을 완전히 갈아버리는 무량한 고통을 받는다."라고 자세히 설하였다.

207 바라문(婆羅門)은 범어 브라흐만(Brāhmaṇḥ)의 음역이니, 범지(梵志)라고도 한다. 바라문의 뜻은 정행(淨行) 또는 범행(梵行)이다. 『다조르밤뽀니빠(聲明要領二卷)』에서, "브라흐만(Brāhmaṇḥ)은 겁초(劫初)의 시절에 일부의 사람이 집에 거주하지 않고, 숲속에 살면서 법을 수행하고, 마음이 마을보다 바깥을 즐거워함으로써 외도(外道, Phyi rol pa)라 한다고 『아비달마(阿毘達磨)』에서 설하였다. 바라문의 경전에 브라흐마노빠뜨얌(Brāhmaṇo patyaṃ)이라고 함이 있으니, 범천의 아들이라 옮길지라도 이미 통용되는 것을 준수해서 바라문이라고 원래대로 한다."라고 하였다. 또한 『비나야잡사품주(毗奈耶雜事品註)』에서, "바라문은 무릇 뜻을 밖으로 향해서 가정에 안주하려는 생각이 없음이다."라고 하였다.

와 같으니, 범행이 온전히 청정하지 못함이다.”

또 대승의 『칠법경(七法經, Chos bdun paḥi mdo)』에서도 설하길, “생각으로도 또한 욕망에 의지하지 않는다면, 그 이근(二根)이 교합하는 것은 더 말할 필요가 없다.”라고 하였다. 일반적으로 욕망의 허물에 대해서는 『우전왕청문경(優塡王請問經 / 出愛子王請問經)』과 『교수욕구경(教授欲求經, ḥDod pa la gdams paḥi mdo)』을 통해서 알도록 하라.

그러므로 범행이 아닌 것을 범행인 것처럼 말하고, 사문의 상징과 모양으로 교만을 행함으로써, “가정에 사는 보살로 법답게 수행하는 이들에게 나는 출가자이다.”라는 생각으로 그들을 경시하고, 가장하는 것은 도적과 같은 것이니, 계경에서, “도적이 먹는다. 도적이 마신다.”라고 하는 등들을 설하였다.

그와 같은 죄악자인 비구와 사미는 하늘과 인간의 탑묘(塔廟)가 되는 황색 가사를 입지를 말라. “법의가 불타고, 발우가 불탄다.”라고 말하였다. 그와 같이 『범계징치경(犯戒懲治經, Tshul khrims ḥchal ba tshar gcod paḥi mdo)』에서, “계율을 어기고 범한 비구는 붓다의 황색 승당(勝幢)을 손가락을 튕기는 짧은 순간일지라도 또한 손대지 말라.”고 하였다. 그 파계의 허물에 대해서는 「가섭청문품(迦葉請問品)」 등의 그것들을 보도록 하라.

그와 같은 죄악자의 사문은 대승의 교법과 대승의 길에 들어와서는 안 된다고 나는 생각한다. 그와 같은 허물에 물들지 않고 청정한 것이 범행인 것이다.

또 우바새와 사미와 정학녀(正學女)보다도 한층 뛰어남으로써, "그것은 비구계들이라 하셨다."(제21송 4구)라고 말함이니, "청정한 비구계는 대승의 뛰어난 근본이고, 수승함이다."라고 세존께서 그와 같이 승인하였다.

5) 근원계(近圓戒)의 구족

(1) 백사갈마

'비구(比丘)'라고 함은, 백사갈마(白四羯磨)[208]를 통해서 근원계(近圓戒)[209]

---

208 백사갈마(白四羯磨)는 일백삼갈마(一白三羯磨) 또는 일백삼진술(一白三陳述, gSol ba gcig daṅ brjod pa gsum)의 뜻이니, 한 차례의 표백과 세 차례의 주청(奏請, brjod pa)을 합한 넷을 백사갈마라 한다. 이것은 근원계(近圓戒)를 수여하는 의식의 절차를 나타내는 율어(律語)이다. 『불교학대사전』(홍법원)에서, "인도·중국·우리나라·일본에서는 각각 수계의식(受戒儀式)의 양식에 그 나름의 변천이 있다. 인도의 원시교단에 있어서 한 사람의 출가(즉 비구 비구니)의 수계(受戒 : 이를 구족계를 받는다는 의미에서 進具라 함)를 행하는 데는, 통상적인 경우, 실제로 계(戒)를 주는 사주(師主)인 계화상(戒和上 : 戒和尙)과 수자(受者)에게 작법(作法)의 교수(敎授)를 하는 교수사(敎授師 : 敎授阿闍梨)와 계장(戒場)에서 작법을 실행하는 갈마사(羯磨師 : 羯磨阿闍梨)의 삼사(三師) 밖에도, 입회자(入會者)로서 적어도 7인의 증인을 더한 삼사칠증(三師七證 : 합하여 十師)을 실행계(實行係)라 하여 필요로 했으며(다만 변방에서는 최소한 三師二證으로서 합하여 五師로도 가함), 백사갈마(白四羯磨 : 一白三羯磨라고도 함)의 작법에 의하여 수계(受戒)가 행하여진다. 먼저 갈마사(羯磨師)가 모자(某者)의 입단희망을 제안으로 표백(表白)하고 이어 그 가부(可否)를 묻는 작법(作法 : 羯磨)을 세 번 되풀이 하여 일동에게 묻고, 세 번 모두 발언이 없으면 이의가 없다고 인정하여 모자(某者)의 입단을 선언한다. 이같이 한 번의 표백(表白)과 세 번의 작법(作法), 즉 일백삼갈마(一白三羯磨)로서 의식을 완료한다."라고 한 바와 같다.

209 근원계(近圓戒, bsÑen rdzogs)는 범어 우빠쌈빤나(Upasaṃpana)의 옮김이니, 해탈과 열반에 가까이 가게 하는 뜻이다. 이것은 『다조르밤뽀니빠(聲明要領二卷)』에서, "우빠쌈빤나(Upasaṃpanaḥ)의 우빠(Upa)는 가까이를, 쌈빤나(Saṃpana)는 구족과 원만한 구족 등의 이름이다. 열반과 가까워지도록 백사갈마(白四羯磨)에 의해서 비구의 계율을 청정하게 받아 지님으로써 근원계라 한다."라고 하였다.

를 구족한다. 또 갈마(羯磨)는 이같이 넷이다.

첫째, 단백갈마(單白羯磨, gSol ba ḥbaḥ shig paḥi las)[210]이다.
둘째, 백이갈마(白二羯磨, gSol ba daṅ gñis kyi las)[211]이다.
셋째, 백사갈마(白四羯磨, gSol ba daṅ bshiḥi las)[212]이다.
넷째, 삼갈마주청갈마(三羯磨奏請羯磨, Las gsum brjod paḥi las)이다.

이들 사갈마(四羯磨)는 또한 두 가지에 의지하니, 유정사(有情事)와 비유정사(非有情事)의 둘로 나눈다.

처음의 유정사(有情事)는 여덟 가지이니, ① 출가(出家, Rab tu dbyuṅ ba), ② 근원계(受近圓戒, bsÑen par rdzogs pa), ③ 보특가라(人)의 동의(同意, Gaṅ zag yid mthun par bya ba), ④ 환정(還淨, lTuṅ ba las bslaṅ ba), ⑤ 격리(隔離, dGar ba)와 구축(驅逐, bsKrad pa)과 안거(安居, dByar gnas)의 승인, ⑥ 칠일(七日, Shag bdun)과 이십일(二十日, Ñi śu)과 사십일(四十日, bShi bcu)의 가지(加持), ⑦ 요익유정(饒益有情), ⑧ 치죄(治罪, Chad pas gcad paḥi las)이다.

---

210 단백갈마(單白羯磨, gSol ba ḥbaḥ shig paḥi las)는 줄여서 쏠와찍빠(gSol ba gcig pa)라고 하니, 전계의식에서 계율을 전수해 줄 것을 전계사(傳戒師)에게 처음 한 차례 [고해서 아뢰는] 표백(表白 : 告白)을 말한다.

211 백이갈마(白二羯磨, gSol ba daṅ gñis kyi las)는 전계의식에서 먼저 한 차례의 표백을 한 뒤, 한 번의 갈마(羯磨)를 주청(奏請, brjod pa)하는 그 둘을 합해서 백이갈마라고 한다.

212 백사갈마(白四羯磨, gSol ba daṅ bshiḥi las)는 한 차례의 표백과 세 차례의 주청(奏請, brjod pa)을 합한 넷을 백사갈마라고 한다.

다음의 비유정사(非有情事)는 넷이니, ① 법의가지(法衣加持)[213]와 발우가지(鉢盂加持)[214], ② 견실의가지(堅實衣加持)[215], ③ 법의(法衣)들을 바치지 않고 가지는 것, ④ [사원의] 경계의 획정(劃定)[216], ⑤ 재가자와 어울리는 행위와 같은 것들이다.

그들 작법(作法) 또한 둘이 모여서 행함과 넷으로 행함과 다섯으로 행함과 열 명으로 행함과 스무 명으로 행함과 사십 명이 모여서 행함과 대중이 동의해서 행한다.

여기서 둘이 모여서 행하는 갈마는 비구의 승가(僧伽)의 면전에서 세 번 드러내 고백하는 참회의 작법(作法)으로 타죄(墮罪, lTuṅ byed) 또는 악작(惡作, Ñes byas)의 죄를 참회하는 것이다.

넷으로 행하는 작법은 중죄(重罪, Ñes pa sbom po)를 네 명의 비구의 면전에서 참회하는 것이다.

다섯 명으로 행하는 것은 변방(邊方)에서 근원계(近圓戒)를 행하는

---

213 법의가지(法衣加持, Chos gos byin gyis brlab pa)는 근원계를 수지한 후에 법의를 걸침에 타죄가 발생하지 않도록 가지하는 것이다.

214 발우가지(鉢盂加持, lHuṅ bzed byin gyis brlab pa)는 차계(遮戒)를 지닌 비구로부터 의식을 통해서 합당함을 인정하는 가지를 받고 사용하는 것이다.

215 견실의가지(堅實衣加持, Sra brkyaṅ byin gyis brlab pa)는 견실의(堅實衣, Sra brkyaṅ)는 범어 까티나(Kaṭhina)의 의역이며, 한역에서는 주로 음역해서 가치나(迦絺那) 또는 가치나의(迦絺那衣)로 사용한다. 일반적으로 안거가 끝난 뒤에 5개월 동안만 착용토록 허락된 임시의복에 해당한다. '부록 4 – 용어 해설'을 참조 바람.

216 [사원의] 경계의 획정(劃定, mTshams gcad pa)은 하안거 동안 이동할 수 있는 범위로 이것을 넘어가면 타죄에 해당한다.

작법이다.

열 명으로 행하는 것은 중토(中土)에서 근원계를 행하는 작법이다.

이십 명으로 행하는 작법은 승잔(僧殘)[217]에서 쫓아내는 갈마이다.

사십 명으로 행하는 작법은 비구니의 근원계를 행하는 갈마이다.

승가대중의 만장일치로 행하는 작법은 사원의 경계를 정하는 갈마이다.

포살(布薩)[218]의 갈마와 해제(解制)[219]와 여타는 그와 같은 것과 동분의 갈마이다.

(2) 열 가지 근원계의 수지법

설일체유부(說一切有部)의 대율사이신 대덕(大德) 법구(法救, Dharmatrāta)[220]와 대덕 묘음(妙音, Ghoṣa)[221]과 대덕 세우(世友, Vasumitra)[222]와 대덕 각천

---

217 승잔(僧殘, Saṁghāvaśeṣa)은 바라이죄 다음으로 무거운 죄이다. 바라이죄는 다시 승가에 들어오지 못하나 이 승잔(僧殘)은 승가대중에게 참회하면 다시 계율을 회복해서 승가에 잔류할 수 있음으로써 승잔이라 한다. 여기에는 비구의 열세 가지의 승잔과 비구니의 열일곱 가지의 승잔이 있다.

218 포살(布薩, Poṣadha)은 장정(長淨) 등의 의미이니, 동일지역에 거주하는 승가대중이 보름마다 모여서 지난 반달 동안의 행위를 되돌아보고 죄가 있으면 고백해서 참회하는 행사이다. 매월 보름과 그믐날에 행한다.

219 해제(解制, dGag dbye)는 결제(結制)의 반대말로 인도에서 우기가 시작되는 음력 4월 16일부터 7월 15일까지는 유행하지 않고 정해진 곳에서 지내는 것을 안거(安居)라고 하며, 안거는 각각 결제작법(結制作法)과 해제작법(解制作法)을 통해서 이루어진다.

220 아사리 법구(法救, Dharmatrāta)는 음역하여 달마다라(達磨多羅)라 하고, 티베트어로는 최꿉(Chos skyob)이다. 소승의 설일체유부(說一切有部)의 논사로 아사리 세우(世友)·묘음(妙音)·각천(覺天)과 더불어 4대 논사의 한 분이다. '부록 3 - 아사리 소개'를 참조 바람.

221 아사리 묘음(妙音, Ghoṣa)은 유부(有部)의 논사로 아사리 법구(法救)·세우(世友)·각천(覺天)과 더불어 4대 논사의 한 분이다. 티베트어로는 양독(dByaṅs sgrogs)이며, 저술로는 『아비담감로미론(阿毘曇甘露味論)』이 있다.

(覺天, Buddhadeva)[223]과 대덕 의만(意滿, bSam rdzogs)[224]과 대지자(大智者)인 세친(世親, Vasuvandhu)과 상좌(上座)인 덕광(德光, Guṇaprabhā)[225]과 대덕 석가광(釋迦光, Śākyaprabhā)[226]들은 열 가지의 방법으로 근원계(近圓戒)를 수지[227]한다고 설하였다.

① 자연적으로 [아사리가 없이 근원계를 수지함은] 붓다와 연각(緣覺)이다.
② [견도(見道)에] 반드시 들어감으로써 [수지함은] 다섯 비구[228]이다.
③ '비구여, 이리로 오라'고 함으로써 [수지함은] 비구 야사(耶舍, Yaśas / Grags pa) 등이다.
④ [부처님을] 스승으로 승인함으로써 [수지함은] 대가섭(大迦葉,

---

222 아사리 세우(世友, Vasumitra)는 유부(有部)의 유명한 논사로 아사리 법구(法救)·묘음(妙音)·각천(覺天)과 더불어 4대 논사의 한 분이다. '부록 3 – 아사리 소개'를 참조 바람.

223 아사리 각천(覺天, Buddhadeva)은 유부(有部)의 유명한 논사로 아사리 법구(法救)·묘음(妙音)·세우(世友)와 더불어 4대 논사의 한 분이다. '부록 3 – 아사리 소개'를 참조 바람.

224 아사리 의만(意滿, bSam rdzogs)은 출처는 알 수 없으나, 혹여 『구사론만증소(俱舍論滿增疏)』를 저술한 쁘르나와르다나(Pūrṇavardhana)[강와뻴(Gaṅ ba spel, 滿增)]이 아닐까 생각된다.

225 아사리 덕광(德光, Guṇaprabhā)은 율학에 뛰어난 대율사인 제자인 석가광(釋迦光)과 함께 남섬부주를 아름답게 장엄한 이승(二勝) 가운데 한 분이다. '부록 3 – 아사리 소개'를 참조 바람.

226 아사리 석가광(釋迦光, Śākyaprabhā)은 율학에 뛰어난 대율사인 그는 스승인 덕광(德光)과 함께 남섬부주를 아름답게 장엄한 이승(二勝) 가운데 한 분이다. '부록 3 – 아사리 소개'를 참조 바람.

227 이것을 십종득계(十種得戒)라 부르니, ① 자연득(自然得), ② 견도득(見道得), ③ 선래득(善來得), ④ 자서득(自誓得), ⑤ 논의득(論議得), ⑥ 경중득(敬重得), ⑦ 체신득(遞信得), ⑧ 오인득(五人得), ⑨ 갈마득(羯磨得), ⑩ 삼귀득(三歸得)의 열 가지이다.

228 다섯 비구는 석가세존의 최초의 다섯 명의 출가한 제자이니, ① 아약교진여(阿若憍陳如)로 음사하는 아즈냐나까운디냐(Ājñāna kauṇḍinya, 全知具方便母之子), ② 마하남(摩訶男)으로 음역하는 마하나마(Mahānāma, 大名), ③ 아쓰와지뜨(Āśvajit, 調馬), ④ 십력가섭(十力迦葉, Daśabala kāśyapa), ⑤ 발제(拔提)로 음역하는 바드리까(Bhadrika, 小賢)이다.

Mahākāśyapaḥ / Ḥod bsruṅ chen po) 등이다.

⑤ [부처님의] 질문에 [능란하게] 대답함으로써 [부처님이] 환희해서 [수지함은] 비구 쑤닷따(Sudatta / Legs sbyin, 善施) 등이다.

⑥ 스승의 [비구니의] 팔경법(八敬法)[229]을 승인함으로써 [수지함은] 비구니 마하뿌라자빠띠(Mahāprajāpatī / sKye dguḥi bdag mo chen mo, 大衆生母)이다.

⑦ [부처님께서] 사자(使者)를 보내서 받게 함은 비구니 다르마딘나(Dharmadinnā / Chos sbyin, 法施)이다.

⑧ 전계사(傳戒師)가 없이 비구 다섯 명으로 [수지함은] 변방(邊方)의 비구이다.

⑨ [삼사칠증(三師七證)의] 열 명의 비구들로 [갈마의식으로 수지함은] 중인도의 비구이다.

⑩ 불·법·승의 삼귀의(三歸依)를 세 번을 외쳐서 근원계를 수지함은 60명의 현명한 무리(賢衆, Bhadravargas / sDe bzaṅs)이다.

(3) 네 종류의 비구

비구는 네 종류이니, 명자비구(名字比丘)와 자칭비구(自稱比丘)와 걸식비

---

229 비구니의 팔경법(八敬法)은 비구니가 비구에게 지켜야 하는 여덟 가지의 법이니, ① 100세의 비구니라도 새로 수계한 비구를 보면 일어나서 맞이하고 자리에 앉게 한다. ② 비구니는 비구를 비방할 수 없다. ③ 비구의 죄를 들어 그의 과실을 말할 수 없다. ④ 정학녀(正學女)가 계를 배웠으면 대중 스님들을 따라 대계(大戒)를 받아야 한다. ⑤ 비구니가 승잔죄(僧殘罪)를 범했으면 반달 내에 비구니 또는 비구에게서 참회를 행해야 한다. ⑥ 비구니는 반달마다 비구 대중 가운데서 가르쳐 줄 스승을 구해야 한다. ⑦ 비구가 없는 곳에서는 하안거를 할 수 없다. ⑧ 하안거가 끝나면 비구 대중 가운데 자자(自恣)할 스님을 구해야 한다.

구(乞食比丘)와 번뇌를 여윈 파혹비구(破惑比丘)[230]이다. 오늘날에는 계율이 청정한 비구가 매우 희소하니, 아사리 쌴띠데와(寂天)께서, "교법의 뿌리가 비구이니, 비구 또한 어렵게 존재한다."라고 설함으로써, "비구의 학처에 허물이 있음과 손상됨과 깨어짐과 오점이 생김과 무너지고, 제대로 갖추지 못한 비구보다는 청정한 우바새를 대승의 법기로 찬양한다."라고 스승들께서 전적으로 설하였다.

6) 율의(律儀)의 행상

또 설하니, '율의(律儀)[231]'라고 함은, 범계(犯戒)의 이어짐을 차단하고 방호하는 것이다. 그 또한 이같이, (1) 누구로부터 얻는가? (2) 어떻게 얻는가? (3) 율의를 받은 때, (4) 어떻게 받는가? (5) 어떻게 버림인가?

---

230 네 종류의 비구는 다음과 같다. ① 명자비구(名字比丘)는 계율이 청정하지 못해서 단지 이름만이 비구를 말한다. ② 자칭비구(自稱比丘)는 본래 수계를 하지 않았거나 또는 계율을 깨뜨려서 없어졌음에도 또한 나는 비구라고 말하는 경우이다. ③ 걸식비구(乞食比丘)는 거지나 소경처럼 타인에게 구걸해서 생활하는 비구를 말한다. ④ 파혹비구(破惑比丘)는 아라한과를 얻을 비구이다.

231 율의(律儀, sDom pa)는 범계(犯戒)의 이어짐을 차단하고 방호하는 것으로 계율의 뜻이다. 『다조르밤뽀니빠(聲明要領二卷)』에서, "쌈와라(Saṃbara)는 몸·말·뜻 셋의 불선(不善)을 행하지 않고 수호하는 이름 또한 임으로써 율의라 한다."라고 하였듯이, 율의(律儀)와 계율(戒律)과 제계(制戒) 등은 동의어이다. 『공데칙죄첸모(貢德大辭典)』에서, "죄행에서 돌아서길 승인하고 서약한 측면에서 율의라고 한다. 그것을 계율(戒律, Tshul khrims)과 제계(制戒, bSlab sdom)과 율의(律儀, sDom pa) 등을 말한다. 예를 들면, 별해탈율의(別解脫律儀)라고 함과 같다."라고 함과 같다.
또한 계율(戒律, Tshul khrims)은 씰라(Śīla)이니, 『다조르밤뽀니빠(聲明要領二卷)』에서, "씰람(Śīlaṃ)은 씰라싸마다우(Śīlasamādhau)에서 나옴이니, 선행(善行)에 들어가고, 계율을 굳게 지킴으로써 불선(不善)을 버리는 이름을 말한다. 또한 일향으로 씨딸라뜨와쯔짜씰람(Śītalatvāccaśīlaṃ)라고 하니, 번뇌의 열독이 그치고 청량하게 되는 이름이니, 실제로 본성적으로 불선(不善)을 행하지 않고 법규를 수호하는 이름이니, 계율이라 한다."라고 하였다.

(6) 율의의 본성, (7) 타죄(墮罪)가 일어나는 원인, (8) 타죄(墮罪)가 일어나지 않게 하는 원인, (9) 타죄의 환정(還淨)이다.

여기서 **(1) '누구로부터 얻는가?'**라는 등에서 [(4) '어떻게 받는가?' 하는] 의미는 율사에게 묻거나 경론들을 보도록 하라.

(5) '어떻게 버림인가?'라고 함은, 별해탈계를 버리는 원인은 허다하니, ① 사리에 밝은 사람(Mi brda phrad pa)의 면전에서 학처들을 진심으로 바침이다. ② 동류를 버림이다. ③ 바라이죄가 발생함이다. ④ 몸에 남녀의 양성(兩性)이 동시에 발생함이다. ⑤ 선근(善根)이 끊어짐이다.

'이렇게 계율을 버리는 원인이 무엇인가?'라고 하면, ① 진실로 버리고자 하는 마음이 [자발적으로] 일어남이다. ② 몸을 버림이다. ③ 어떠한 타죄의 원인이 발생함이다. ④ 몸이 쇠진함이다. ⑤ [율의의] 기반(基盤, gShi)이 끊어짐이다.

또 일부의 율사들은 말하길, "하나의 타죄가 발생함으로써 일체를 버리게 된다."라고 하였다. 일부의 율사들은, "정법이 소멸할 때 버린다."라고 설하였다. 설일체유부(說一切有部)의 율사들은 이같이, "타죄 하나 발생하는 것으로는 나머지를 버리지 않으니, 여기에는 율의와 율의가 아님의 둘이 있다. 그것은 한 사람에게 재물이 또한 있되 부채도 역시 있는 것과 같다. 타죄 그것을 진실로 참회하면 계율을 지니는 것이니, 계율이 아예 없는 것이 아니다."라고 하였다.

양성(兩性)이 바뀜은 과거에 없던 계율을 또한 버리지 않고, 이미 받은 것을 또한 버리지 않는다. 정법이 소멸함도 또한 그와 같다. 사망함으로써 버리는 것 또한 이같이 몸이 같지 않음과 그 몸에 [율의의] 닦음을 행하지 못함과 계율을 기억하지 못하기 때문이다. 그들은 아사리 세친(世親) 보살을 추종하여 설하였다. 그 비나야(毗奈耶)의 전적이 아닌 다른 종론도 많이 있으나 여기서는 적지 않는다.

(6) 율의(律儀)의 본질[232]은 또한 비나야의 전적들과 각자의 부파의 율사들에게 묻도록 하라.

(7) 타죄(墮罪)가 일어나는 원인은 둘이니, 마땅히 행할 일을 하지 않음과 행하지 말아야 할 일을 행함이다. 또한 [원인도] 넷이 있으니, 수치를 모름과 공경하지 않음과 방일함과 번뇌가 강렬함이다.

(8) 타죄(墮罪)가 일어나지 않게 하는 원인 또한 다섯이니, 다음과 같다.

첫 번째 원인은 몸의 감관들을 단속해서 머무름과 음식의 먹을 분량을 아는 것과 초야(初夜)와 후야(後夜)에 잠자지 않고 유가수행에 정진함과 정지(正知)의 상태에서 행함과 정념(正念)을 유실하지 않고 지님과 [선행(善行)에] 방일하지 않음과 작은 성죄(性罪)라도 두렵게 봄과 여법하게 사유하는 것이다.

---

232 율의(律儀)의 본질은 일반적으로 남을 해치는 행위의 근본을 끊어 없애고, 범계(犯戒)의 이어짐을 차단하고 단멸하는 마음이 율의의 본성이다. 『해심밀경소(解深密經疏)』에서, "계율의 자성(自性)은 네 가지의 공덕이니, ① 타인으로부터 바르게 잘 받음이다. ② 매우 청정한 의요(意樂)로서 받음이다. ③ 만약 위범하게 되면 다시 깨끗하게 함이다. ④ 위범하지 않기 위해서 공경함을 일으키고, 정념의 머무름을 지니고 방호함이다."라고 설하였다.

두 번째 원인은 사문성(沙門性)[233]을 중시함과 도사(導師)와 사범천(似梵天)[234]과 불법을 환희하는 착한 신들과 현명한 사부(士夫)와 세간인들이 꾸짖는다고 생각함과 자신을 관찰해서 참괴(慚愧 : 羞恥)를 아는 것이다.

세 번째 원인은 욕심이 적음(寡慾)[235]과 [살생 따위의] 업(業)의 변제(邊際)가 적은 것이다.

네 번째 원인은 승속(僧俗)이 섞여서 지내지 않음과 타죄(墮罪)와 타죄가 아닌 것에 정통함과 선(善)한 방면에 정진하는 것이다.

다섯 번째 원인은 초학자와 미친 사람과 수면과 마음이 혼란과 느낌에 의해서 손상을 입는 것이다.

(9) 타죄에서 다시 일어나는 환정(還淨)에는 셋이 있으니, 다섯 가지의 악작(惡作 : 後悔)을 일으킴과 다섯 지분에 거두어지는 불방일(不放逸)과 다섯 가지로 악작(惡作 : 後悔)을 멸함이다.

첫 번째, 다섯 지분에 거두어 짐은 『성문지(聲聞地)』를 보도록 하라.

두 번째, 다섯 가지의 악작(惡作 : 後悔)을 일으킴이니, 어떤 이들에게 타죄가 발생하면 이같이, "① 나는 이 타죄에 의해서 계율이 손상된다. ② 도사(導師)와 사범천(似梵天)과 지자(智者)들이 꾸짖는다. ③ 착한 신들이 비난한다. ④ 사방팔방에 죄악을 지은 사람으로 알려지고, 칭송이 아

233 사문성(沙門性, dGe sbyoṅ gi tshul)은 번뇌가 없는 무구도(無垢道)이니, 무루(無漏)의 무간도(無間道)이다.

234 사범천자(似梵天者, Tshaṅs pa mtshuṅ par spyod pa)는 청정한 범행을 닦는 형제와 자매의 다른 이름이니, 곧 남녀의 대수행자들을 뜻한다.

235 욕심이 적음(寡慾, Don ñuṅ ba bya ba ñuṅ ba)은 물욕이 담박함을 뜻한다.

닌 말을 퍼트린다. ⑤ 불선(不善)의 일 이것으로 인해서 내 몸이 무너진 뒤, 악도들에 태어나는 것은 옳지 않다"라고 생각해서 후회를 일으킨다.

세 번째, 다섯 가지에 의해 악작(惡作 : 後悔)을 멸함은 이와 같으니, "① 세존께서 [율의의] 근본과 함께 출리(出離)의 법을 교시함으로써, 타죄로부터 다시 일어나는 환정(還淨)의 방법이 있다. ② [수치를] 알지 못함과 방일함과 공경하지 않음과 강렬한 번뇌들로 타죄가 발생함을 알지 못한 뒤, 그들 네 가지가 발생했다. ③ 타죄에 떨어짐이 생기지 않기 위해서 증상의요(增上意樂)을 일으킨 뒤, 바르게 발심한다. ④ 사범천(似梵天)과 지자(智者)들의 면전에서 여실하게 참회하는 것이다. ⑤ 내가 잘 설해진 비나야법(毗奈耶法)으로부터 출가한 뒤, 학처를 어김에 후회를 일으키는 그것은 올바르지 않고 좋지 않은 것이니, 나는 세존께서 악작의 이어짐인 많은 종류의 장폐사(障蔽事, sGrib paḥi gnas)를 질책하심과 그 어떤 장애의 법이 허다하게 존재하고, 솔선해서 행하는 것을 없애지 않고, 없애지 않는 그것은 내게 착함도 아니고, 길상함도 아니다."라고 생각해서 악작(후회)을 없앤다.

7) 율의(律儀)의 요약

또는 각각의 부파에서 각자의 율경(律經)에서 나오는 방편에 의해서 참회토록 하라. 또는 자기가 행한 바의 타죄를 자세한 참회의식의 법으로 참회하도록 하라. 보름날마다 별해탈계를 독송하고 포살(布薩)에 정진하라. 비구가 비나야(毗奈耶)의 학처에 그와 같이 정진하는 것은 타죄에 정통함이다. 타죄에서 벗어남에 정통함이다. 자신이 청정하고, 정결하고, 더러움이 없고, 성죄(性罪)가 없음으로 악작이 없는 그것이, "집을 나와 출가한 뒤에 잘 설해진 법인 비나야의 계율이 손상됨과 깨어짐과 오점이 생김과 더러움이 없고, 잘 수호하고, 열두 가지의 두타(頭陀)의 공덕과 사문의 열일곱 가지의 장엄[236]으로 장식해서 머무는 것이 참된 비구인 것이다."라고 생각한 뒤, "그것은 비구계들이라 하셨다."(제21송 4구)라고 말한 것이다. 그러므로 미륵자존께서 『경장엄론(經莊嚴論)』에서 다음과 같이 설하였다.

> "타죄(墮罪)가 일어남과 있음과
> 출리(出離)와 보특가라(人)와,
> 제정(制定)과 바른 차별로써
> 확정됨으로써 율법(律法)이다."

이상으로 성문승(聲聞乘)의 단원을 완결한다.

3. 대승의 보살계(菩薩戒)

1) 보살계(菩薩戒)의 필요성

이같이 단지 별해탈계와 원심을 일으키는 것만으로 만족하거나 단지 그것에만 의지하지 않도록 하라. 『보운경(寶雲經)』에서 다음과 같이 설하였다.

---

236 사문의 열일곱 가지의 장엄은 『별해탈경본소(別解脫經本疏)』에 나오며, 믿음을 지니는 등의 열일곱 가지이다. '부록 4 - 용어 해설'을 참조 바람.

"선남자여, '어떻게 함이 보살의 학처(學處)의 율의로써 방호하는 것인가?'라고 하면, 이것을 보살은 이같이 행한다. '단지 별해탈계만으로는 내가 무상정등각(無上正等覺)을 이루지 못하니, 여래께서 이것을 그 계경과 그것들에서 설한 보살행과 보살의 학처와 함께 그것들을 내가 배우리라.'라고 설하였다."

그러므로 여기서 보살의 광대한 학처(學處)를 배우기 위해서 내가 스승님의 가르침과 대승의 계경들을 수순해서 설하고자 한다.

(1) 보살계의 의식

그와 같이 대승의 비공통의 소의(所依)를 설하여 보인 뒤, 이제 대승의 길을 열어 보이기 위해 본송(本頌)에서 다음과 같이 말하였다.

"[무착 보살의] 『보살지(菩薩地)』의,
「계품(戒品)」에서 설한 의궤대로," (제22송 1, 2구)

여기서 『보살지(菩薩地)』는 무착(無着) 보살의 저술로 육바라밀을 기술한 논전이며, 그 가운데서도 또한 「지계바라밀품(持戒波羅蜜品)」이다.

그것은 또한 아홉 가지의 행상(行相)[237]이니, 1) 계율의 본성, 2) 계율의 일체, 3) 난행(難行)의 계율, 4) 일체의 문(門)을 통한 계율, 5) 참된 사부

237 지계바라밀의 아홉 가지의 행상(行相)은 '부록 4 – 용어 해설'을 참조 바람.

의 계율, 6) 일체종(一切種)의 계율, 7) 쇠락(衰落, Phoṅs pa)과 그것의 물리침을 희구하는 계율, 8) 이생과 태생에서 안락함의 계율, 9) 청정한 계율이다.

그들 가운데서도 또한, "계율의 본성과 계율의 일체에서 설하였다."[238] 라고 함이다. 어떻게 설하였는가? 하면, 「계품(戒品)」에서 설한 바의 의궤에 의해서 행하는 것이다.

(2) 보살계의 전계사(傳戒師)

그 전계의식(傳戒儀式) 또한 어떤 것인가? 하면, 본송(本頌)에서 다음과 같이 말하였다.

> "올바른 덕상(德相)을 소유하신
> 참된 스승으로부터 계율을 받으라." (제22송 3, 4구)

여기서 "올바른 덕상(德相)을 지닌 스승은 그 또한 어떤 것인가?'라고 하면, 그것을 다음과 같이 말하였다.

---

238 "계율의 본성과 계율의 일체에서 설하였다."라고 함의 '계율의 본성'은 네 가지의 공덕을 지니니, ① 타인으로부터 바르게 잘 수지함이다. ② 극히 청정한 의요(意樂)로써 바르게 잘 수지함이다. ③ 만약 손상되면 [다시 깨끗하게] 환정(還淨)함이다. ④ 위범하지 않기 위해서 공경심을 일으키고, 정념(正念)에 머무름을 지니고 방호함이다. 또한 '계율의 일체'는 두 가지이니, ① 재가(在家)에 속하는 계율이다. ② 출가자에 속하는 계율이다. 그 또한 전체적으로는 세 가지이니, ① 지악율의계(止惡律儀戒)이다. ② 섭선법계(攝善法戒)이다. ③ 요익유정계(饒益有情戒)이다.

"전계의식(傳戒儀式)에도 능통하고
자신 또한 어떤 계율에 안주하고,
전계할 때 인욕과 자비를 지니면
그가 참된 스승임을 알도록 하라." (제23송)

여기서 '전계의식(傳戒儀式)에도 능통하고'라고 함은, 그것에 정통하고 익숙함이다. '계율에 안주하고'라고 함은, 스승의 계율이 손상됨과 무너짐이 없고, 청정함이다. '인욕'이라 함은, 힘을 지님이니, 계율의 전수에 국한하지 않고 [인욕을] 행하는 것이다. '자애를 지니면'이라 함은, 제자를 아들과 같이 생각하고, 타인의 고통을 견디지 못함이다. '참된 스승'이라 함은, 스승으로 받드는 대상인 그로부터 [보살계를] 받는 것이며, 타인으로부터 받는 것이 아니다. 왜냐하면, 공경하는 마음으로 스승으로 모시고, 그를 따르는 제자의 도리와 그가 설하여 보인 가르침을 크게 공경하기 때문이다.

또 그 스승은 네 가지의 원만(圓滿)을 갖추니, 계율이 원만함과 공덕이 원만함과 의요(意樂)가 원만함과 가행(加行)이 원만함이다.

여기서 '자신 또한 어떤 계율에 안주하고'라고 함은, 계율이 원만함을 설하여 보임이다. '전계의식(傳戒儀式)에도 능통하고, 전계할 때 인욕과'라고 함은, 공덕이 원만함을 설하여 보임이다.

또 설하니, '계율에 안주하고'라고 함은, 그 스승께서 계율을 버림과 계율을 어김과 법과 일치하지 않는 스승으로부터 계율을 받지 않음이다. '의식(儀式)에도 능통하고'라고 함은, 의식에 정통한 이로부터 전해 받는 것이며, 의식을 알지 못하는 이로부터는 그 자신이 의식이 온전하지 못함으로써 계율을 받지 않는다. '전계할 때 인욕'이라고 함은, 크게 기뻐하는 심경으로 이 법에 들어가는 것은, "훌륭하도다! 내가 의심할 바가 없이 계율을 주리라."라고 하는 생각으로 수여하는 것이다.

또한 '자비를 지니고'라고 함은, 의요(意樂)가 원만함과 가행(加行)이 원만함을 설하여 보임이다. 의요(意樂)가 원만함은, 믿음을 지니고, 성심으로 행함과 탐착하지 않으며, 비민(悲愍)을 지님이다. 스승을 공경하고, 욕심이 적음과 만족할 줄 알고, 재물을 열심히 모으지 않음과 싫증을 내지 않고, 상대의 허물을 인내함과 성냄과 원한을 가짐이 없는 등이다.

가행(加行)이 원만함은, 선한 법을 자라게 하고 왕성하게 함과 공경스럽게 행하고, 학처들을 슬기롭게 행하고, 즐거워하고, 게으름을 피우지 않음과 욕진(欲塵)의 안락과 소란함을 좋아하지 않음과 마음이 산란하지 않음이다.

그와 같은 스승으로부터 계율을 받으면 계율의 학처가 자라나게 된다. 그와 같은, "올바른 덕상(德相)을 소유하신, 참된 스승으로부터 계율을 받으라."(제22송 3, 4구)라고 나는 생각하였다.

(3) 보살계의 요약

그 또한, "첫째, 계율을 받는 수계의식, 둘째, 계율의 이문(異門 : 異名), 셋째, 계율을 버리는 원인, 넷째, 계율을 버리지 않는 원인을 지님, 다섯째, 계율을 회복시키는 환정(還淨), 여섯째, 계율의 공덕이다."라고 함은 보살계를 요약한 것이다.

여기에는 또한 과거의 허다한 아사리들의 법식이 있을지라도, 이것은 큰 사부의 길인 대승도(大乘道)인 까닭에, 아사리 아쌍가(無着)의 의식과 싼띠데와(寂天)의 의식 두 가지를 설하고자 한다.

첫째, 계율을 받는 수계의식(受戒儀式)은 아사리 아쌍가의 「계품(戒品)」에서 자세히 기술한 것과 또는 내가 지은 수계의식[239]을 보도록 하라. 아사리가 없이 받는 의식 또한 그 「계품」에 자세히 나온다. 내가 지은 그 의식은 아사리 아쌍가(無着)를 수순해서 지은 것이다.

또 아사리 샨띠데와께서 이 의식을 『입보리행론(入菩提行論)』에서 또한 저술하였을지라도 『집학론(集學論)』에 자세히 기술하였다. 그리고 아사리가 없이 계율을 받는 수계의식도 거기에 분명하게 기술하여 놓았다.

다음은 [아사리가 없이 계율을 받는 수계의식이니,] 이것을 내가 본송(本頌)에서 다음과 같이 말하였다.

"만약 힘써 노력해도 이 같은
참된 스승을 얻지 못하면,
다른 방법으로 보살계를 받는
여법한 의식을 설하고자 한다. (제24송)

과거 무량겁 전에 문수보살이
허공왕(虛空王)이 되었을 적에,
어떻게 보리심을 일으켰는가를

---

239 여기서의 '내가 지은 수계의식'은 데게 대장경 논장(論藏)의 『조외최충(Jo boḥi chos chuṅ, 阿底沙小集部)』에 실려 있는 「발심율의의궤차제(發心律儀儀軌次第, Sems bskyed pa daṅ sdom paḥi cho gaḥi rim pa)」인 것으로 여겨진다.

『문수불토장엄경』에서 설한 대로
그같이 여기서 자세히 적는다. (제25송)

세간의 구호자들의 면전에서
대보리를 위하여 발심한 뒤,
모든 중생을 귀빈으로 모시고
그들을 윤회에서 건지겠나이다. (제26송)[240]

해치는 마음과 성내는 마음과
인색함과 질투하는 마음들을
지금부터 대보리를 얻을 때까지
저는 결코 행하지 않겠나이다. (제27송)[241]

범행(梵行)을 받들어 행하고
죄악과 탐욕을 온전히 버리며,
율의계(律儀戒)를 환희함으로써
부처님을 따라서 배우겠나이다. (제28송)[242]

---

240 제26송에 해당하는 『문수불토장엄경(文殊佛土莊嚴經)』[데게 대장경 경장(經藏)의 보적부(寶積部), 동북목록 No.59.]의 게송은 "세간의 구호자의 면전 여기에서, 대보리를 위해서 발심하나이다. 모든 중생을 귀빈으로 모시고, 그들을 빈궁에서 건지겠나이다."로 나와서 많은 차이가 있다.

241 제27송에 해당하는 위의 『문수불토장엄경(文殊佛土莊嚴經)』의 게송은 "대보리를 어느 날 얻기까지, 해치는 마음과 성내는 마음과, 인색함과 질투하는 마음들을, 오늘부터 행하지 않겠나이다."로 나와서 많은 차이가 있다.

242 제28송에 해당하는 위의 『문수불토장엄경(文殊佛土莊嚴經)』의 게송은 "범행(梵行)을 제가

저는 신속한 방편으로써
보리를 얻음을 기뻐 않고,
한 유정의 이익을 행하는 원인으로
미래의 마지막까지 머물겠나이다. (제29송)[243]

한량없고 사의(思議)조차 못하는
나의 불국토를 온전히 정화하고,
모두가 내 이름을 지니게 하고
그 이름이 시방에 머물게 하겠나이다.(제30송)[244]

나의 몸과 말의 업(業)을
일체에서 청정하게 하고,
의업(意業) 또한 정화하여
불선업들을 짓지 않겠나이다." (제31송)[245]

행하옵고, 죄악과 탐욕을 온전히 버리며, 율의계를 환희하고 꼭 행하고, 부처님을 따라서 배우겠나이다."로 나와서 많은 차이가 있다.

243 제29송에 해당하는 위의 『문수불토장엄경(文殊佛土莊嚴經)』의 게송은 "저는 보리를 신속한 도리로서, 성불을 바라고 기뻐함이 없이, 미래의 마지막에 이를 때까지, 한 유정을 위해 행하겠나이다."로 나와서 많은 차이가 있다.

244 제30송에 해당하는 위의 『문수불토장엄경(文殊佛土莊嚴經)』의 게송은 "한량없고 사의(思議)조차 못하는, 나의 불국토를 온전히 정화하고, 방방곡곡 시방의 모두에서, 내 이름을 듣게 하겠나이다."로 나와서 많은 차이가 있다.

245 부연하면, 실제 위의 『문수불토장엄경(文殊佛土莊嚴經)』에는 제31송 앞뒤에 다음과 같은 두 게송이 나오니, "내가 나에게 수기하니, 성불함에 의심이 없도다. 나의 청정한 증상의요(增上意樂)와 이 자수관정(自授灌頂)에서 선언한 것들과"와 "미래세에 성불하여, 세간의 구호자(救護者)가 된다면, 이 진실에 의해서 대지 또한, 여섯 가지로 진동(六種振動)하게 하소서!"이다.

위의 제24송에서 제31송까지가 스승이 없이 보살계를 받는 수계의식을 적은 것이다.

또한 "이 허공왕(虛空王, Ambarāja)의 의식은 스승이 있음과 스승이 없이 받는 두 가지의 의식의 문구이다."라고 스승님들께서 설할지라도, 여기서는 스승이 없이 계율을 받는 수계의식으로 기재하였다. 이것을 『집학론』에서는 스승으로부터 받는 수계의식으로 설하였을지라도, 나는 그 둘의 법궤를 따름으로써, 스승으로부터 받는 의식은 「계품(戒品)」에 의거해서 기재하였고, 스승이 없이 받는 수계의식은 『집학론』에 의거해서 기재하였다.

둘째, 계율의 이문(異門 : 異名)은 아사리 아쌍가(無着)는 모든 계경을 남김없이 본성 등의 아홉 가지의 계율에 거두었으니, 「계품(戒品)」에서, "보살들의 계율은 그것들에 귀결된다. 계율의 소작(所作) 또한 그것들에 귀결된다. 계율의 공덕 또한 그것들에 귀결된다. 그 이상도 또한 있지 않다. 그것을 넘어섬도 또한 있지 않다."라고 설하였다.

아사리 쌴띠데와(寂天)는 모든 계경을 [상중하의] 삼사(三士)의 학처로 보았다. 이같이 대승을 익힌 훈습이 큰 사부와 훈습이 중간 정도인 사부와 훈습이 적은 사부 셋이다.

훈습이 큰 사부를 기준으로 『집학론』에서, "보살의 계율은 대승에서 널리 설하여졌다."라고 하였으며, 『입보리행론』에서도 또한, "보살들이 배우지 않는 것이, 하나라도 있는 것이 아니다."라고 하였다.

나의 스승님 보디바드라(菩提賢)께서도 [『율의이십난처석(律儀二十難處釋)』]에서, "이같이 보살의 학처들로 직접 거론한 이것들은 단지 요약일 뿐이니, 달리 보살의 학처는 무량하고 무궁하기 때문이다. 그것과 그것들에서 설하여 보인 것을 수순해서 죄가 되고, 죄가 되지 않는 것들을 알도록 하라."고 하였다.

또 대승의 훈습이 중간 정도인 사부를 기준 삼아서 『집학론』에서 다음과 같이 설하였다.

> "그 보살은 타죄가 안 생기는
> 요처(要處)들을 이것으로 알라.
> 자기의 몸과 향유하는 재물과
> 삼세에 걸쳐 발생한 선업들을,
> 모든 유정에게 희사(喜捨)하고
> 그것을 수호함이 자라나게 하라."

또 대승의 훈습이 변변찮은 사부를 기준으로 위의 같은 책에서 다음과 같이 설하였다.

> "그러므로 보살은 부처님의 면전에서 학처(學處)들 가운데 적절한 어떤 것을 지키기를 원한 뒤 서약하라. 선지식이 없다면 불보살님의 면전에서 자기의 능력과 연계해서 계율을 받아 지닌다. 그러므로 자기의 능력과 연계해서 하나의 학처라도 바르게 받아서 지키도록 한다."

셋째, 계율을 버리는 원인이니, 아사리 아쌍가(無着)의 종론에 의하면, 이같이 대보리를 향해서 세운 서원을 버림과 큰 전결(纏結)[246]에 의해서 타죄(墮罪)가 발생함이다. 여기서 전자는 유정의 이익에 싫증을 일으킴과 대보리를 요원하게 생각함과 성문과 연각과 외도가 되기를 원함이 생김이다. 후자에는 참(慚)과 괴(愧)가 일어나고, 그것을 후회하지 않고 마음으로 버림과 사리에 밝은 사람(Mi brda phrad pa)의 면전에서 학처를 반납하는 것이다.

아사리 쌴띠데와(寂天)의 종론에 의하면, 『집학론』에서 마업(魔業)[247]에 의한 해악과 정법을 수지하지 않는 해악 등의 열네 가지의 해악들을 버리지 않음과 또한 정념(正念)이 상실됨과 해태(懈怠)와 방일(放逸)[248]과

---

246 전결(纏結, Kun dkris)은 번뇌의 이름이니, 『둥까르칙죄첸모(東噶藏學大辭典)』에서, "여덟 가지의 전결(纏結)은 이십수번뇌(二十隨煩惱) 가운데 나오니, 가깝고 버리기 어려운 까닭에 별도로 뽑아서 팔전결(八纏結)로 시설하였다."라고 하였듯이, 사마타(止)와 평사(平捨)를 수습할 때 마음을 반복적으로 얽고 묶는 번뇌의 현행을 말한다. '부록 4 - 용어 해설'을 참조 바람.

247 마업(魔業, bDud kyi las)은 보통 보리와 해탈을 장애하는 내외의 모든 장애와 해악을 말하니, 『집학론』의 「수호설법자품제삼(守護說法者品第三)」에 갖가지의 해악과 장애들이 자세히 설해져 있다. 예를 들면, "『반야경』에서, '아난이여, 또한 어느 때 보살마하살이 반야바라밀에 정진하는 그때, 악마들이 「이 보살마하살을 끄집어내고 털이 곤두서게 하는 것이 이루어지게 하소서! 위 없는 정등각을 위한 발심이 한 번이라도 줄어들게 하소서!」라고 생각한 뒤, 그 보살에게 해악을 일으키는 것이다.'라고 하였다."라고 함과 같다. 또 같은 책에서, "『허공고경(虛空庫經)』에서, '그와 같이 불선의 법을 따라 행함과 선한 법을 버리는 그것들 모두가 마업(魔業)이다.'라고 설하였다."라고 함과 같다.

248 해태(懈怠)와 방일(放逸)이니, 해태(懈怠, Le lo)는 세간의 악행을 애착해서 선품(善品)에 게으르고, 좋아하지 않는 것으로 정진의 역품(逆品)이며, 방일(放逸, Bag med)은 자기의 잘못을 알지 못하고 방일하게 허송세월하는 것이다.

타죄에 정통하지 못함과 무참(無慚)과 무괴(無愧)[249]라고 하였다.

[지존하신 보디바드라(菩提賢)] 스승님께서는, "학처들에 정통하지 못함과 정념이 있지 않음과 착란과 공경하지 않음이다."라고 『율의이십난처석』에서 설하였다.

넷째, 여기서 타죄(墮罪)가 일어나지 않는 원인이니, 아사리 아쌍가(無着)의 종론에 따르면, 이같이 정지(正知)와 정념(正念)과 정진(精進)과 불방일(不放逸)과 죄의 유무를 앎과 참(慚)과 괴(愧)가 있음이다. 아사리 쌴띠데와(寂天)도 그것과 같은 가운데 [보리심을 잊어버림 등의] 열네 가지의 해악[250]들을 없애고 버림을 설하였다.

다섯째, 계율을 회복시키는 환정(還淨)이니, "다시 회복함과 처음부터 위배하지 않는 것이 무악작(無惡作)이다. 죄악을 죄악으로 보면 줄어들게 하고, 그것을 드러내서 참회하면 깨끗하게 된다."라고 스승님들께서 또한 설한 바이다.

---

249 무참(無慚)과 무괴(無愧)이니, 무참(無慚, Ṅo tsha med pa)는 부끄러움을 모름이니, 죄를 두려워하지 않음이다. 무괴(無愧, Khrel med pa)는 『아비달마구사론 4』(권오민 역주)에서, "무참과 무괴의 차별은 이러하다. 온갖 공덕(戒·定·慧의 삼학을 말함)과 공덕 있는 자(즉 스승)에 대해 공경하는 일이 없고, 숭배하는 일이 없으며, 어렵게 여겨 꺼리는 일[忌難]도 없을뿐더러, 따라 속하는 일[隨屬], 즉 제자로서의 예의도 없는 것을 일컬어 무참이라고 한다. 즉 이는 바로 공경의 적대되는 말이다.
또한 모든 선사(善士)가 꾸짖고 싫어하는 법을 일컬어 죄(罪)라고 하는데, 이러한 죄에 대해 두렵게 보지 않는 것을 일컬어 무괴하고 한다. 그리고 여기서 '두렵다'는 말은 애호할 만하지 않은 과보를 나타내니, 그것은 능히 두려움을 낳기 때문이다."라고 하였다.

250 열네 가지의 해악들에 대해서는 『집학론』의 「설해악품제사(說害惡品第四)」와 「멸해악품제오(滅害惡品第五)」를 참조 바람.

아사리 아쌍가(無着)의 종론에 따르면, 이같이, 타죄에서 다시 일어나는 환정(還淨)은 「계품(戒品)」에서, "만약 아사리가 될 만한 마땅한 사람이 없으면"이라는 등과 또한, "큰 전결(纏結)의 타죄(墮罪)가 발생하면, 그는 승가의 면전에서 참회하고, 계율을 다시 받도록 하라. 악작(惡作)은 성문 또는 대승의 승가 가운데 어느 곳에 참회를 한다."라고 설하였다.

아사리 쌴띠데와(寂天)의 『집학론』에서, "부처님께서 설하신 법에 노력함이 없으면 악도에 들어간다."라고 설한 단계에서, 『사법경(四法經)』의 의미를 설하는 단계에서 명확하게 기술하였다.

여섯째, 계율의 공덕[251]이니, 이같이 「계품(戒品)」에서 설하였다.

> "그같이 보살의 이 대계온(大戒蘊)이 큰 보리과(菩提果)를 발생시키니, 이것에 의지해서 지계바라밀을 원만히 성취한 뒤 성불한다. 나아가 성불할 때까지 [보살의 이 무량한 대계온(大戒蘊)을 배우면] 다섯 가지의 공덕을 얻게 되니, ① 부처님들께서 호념하고, ② 극도의 환희 속에 머무는 상태에서 임종하고, ③ 몸이 무너진 뒤 또한 어떤 곳에 그와 계율이 동등하거나 혹은 뛰어난 보살과 복분이 동등하고, 법이 동등한 선지식들이 머무는 그곳에 태어난다. ④ 이생에서 지계바라밀을 원만히 성취하는 무량한 복취(福聚)를

---

251 계율의 공덕에 대해서 비나야(毗奈耶)에서 설한 열 가지 공덕은 다음과 같다. ① 삼학(三學)의 차제에 의해서 열반을 성취한다. ② 후회가 없이 죽음을 맞이한다. ③ 처처에 명성이 넘친다. ④ 안락하게 잠에 들고 깨어난다. ⑤ 항상 선신들이 수호한다. ⑥ 죄업에 의한 두려움이 없다. ⑦ 원적이 틈을 얻지 못하고 이익을 준다. ⑧ 야차와 비인(非人)가 해치지 못하고 이익을 준다. ⑨ 법의 등을 어려움이 없이 얻는다. ⑩ 서원을 바르게 성취한다.

지닌다. ⑤ 후생에서도 또한 자생(自生)의 계율이니, 그 계율의 자체를 얻게 된다."[252]

또 『집학론』에서도 이같이, "오늘날 [계율의] 학처를 수호하는 것은 공덕이 광대함으로써, 그것에 정진함이 마땅하다."라고 하였으며, 또한 『권발증상의요경(勸發增上意樂經)』과 『적정신변삼마지경(寂靜神變三摩地經)』과 『월등경(月燈經)』과 『보운경(寶雲經)』들을 그곳에 인용하였다.

또 나의 [지존하신 보디바드라(菩提賢)] 스승님께서도, "그와 같다면, 이것이 그때 악도에 들어가는 것들을 차단하고, 태어나지 않게 되는 것이다."라고 설하였으며, 또한, "그는 악도에 태어나지 않으니, 만약 태어나도 또한 극심한 고통을 받지 않고, 신속하게 벗어남과 거기에 머물지라도 또한 타인을 성숙시킨다."라고 『율의이십난처석』에서 설하였다.

또 율의를 바르게 수지하는 그것에는 다른 공덕이 있으니, 그것을 아사리 짠드라고미(Candragomi, 皎月)께서 『보살율의이십(菩薩律儀二十)』에서 다음과 같이 설하였다.

"그때 선(善)으로 말미암아
그를 부처님과 보살들께서,
선한 마음으로 항상 또한
사랑스런 아들처럼 호념한다."

---

252 이 문단은 「계품(戒品)」의 원문을 번역한 것이다. 본문의 문장은 생략된 곳과 불명한 곳이 많다.

또 아사리 쌴띠데와(寂天)께서도 [『입보리행론(入菩提行論)』의 「보리심전지품(菩提心全持品)」]에서 다음과 같이 설하였다.

"오늘 붓다의 종성에 태어나서
지금 붓다의 아들이 되었도다.
이제 나는 무슨 일이든 오로지
종성에 합당한 일만을 하리니,
허물이 없는 이 고결한 종성이
더러워지지 않듯 그같이 행하리라."

2) 보살의 몸·말·뜻의 정화

그러므로 보살계를 받아 지닌 그 보살은 계율을 수호하고 자라나게 함이 필요하기에, 본송(本頌)에서 다음과 같이 말하였다.

"나의 몸·말·뜻을 맑게 하는 원인인
행심(行心)의 본질인 율의에 머물고," (제32송 1, 2구)

여기서 '나의 몸·말·뜻을 맑게 하는 원인인'이라고 함은, 『여래대비경(如來大悲經)』에서, "몸을 맑게 하고, 말을 맑게 하고, 뜻을 맑게 한다."라고 함으로써, 지악율의계(止惡律儀戒)로 몸과 말의 둘을 맑게 하고, 유정요익계(有情饒益戒)로 마음을 맑게 한다. 또는 하나하나의 계율로써 역시 몸 등의 셋을 맑게 한다. 또는 살생 등의 [몸과 말의] 일곱 가지의 악행을 끊음으로써 몸과 말을 맑게 한다. 탐심 등의 셋을 끊음으로써 마음을 맑게 한다.

이 뜻을 고려해서 『긴나라왕수청문경(緊那羅王樹請問經)』에서 다음과 같이, "탐욕과 성냄과 우치를 여윔이 몸이 청정한 계율이며, 자기의 본존인 삼보를 기만하지 않는 모양이 말이 청정한 계율이며, 탐심과 해치는 마음과 사견(邪見)이 없음이 마음이 청정한 계율이며,"라는 등을 설하였다.

계율이란 그와 같은 것이기에, "계율의 학처를 또한 잘 배우게 되고, 그것을 잘 익힌 힘으로 그 계율을 기뻐하고 즐거워하고 희구하고, 그것에 정진하고 크게 공경하게 된다."라고 생각한 뒤, 다음과 같이 말하였다.

"삼종계(三種戒)를 잘 학습함으로써
삼종계의 학처를 크게 공경하게 된다." (제32송 3, 4구)

[앞에서의 본성 등의 아홉 가지의 계율의 일체는 삼종계(三種戒)[253]에 거두어지니] 보살의 삼종계(三種戒)는 곧 (1) 지악율의계(止惡律儀戒), (2) 섭선법계(攝善法戒), (3) 요익유정계(饒益有情戒)의 셋이다.

---

253 보살의 삼종계(三種戒)의 뜻을 『율의이십난처석(律儀二十難處釋)』에서, "지악율의계(止惡律儀戒)는 마음을 머물게 한다. 섭선법계(攝善法戒)는 자기가 불법을 성숙시킨다. 요익유정계(饒益有情戒)는 유정을 성숙시킨다. 보살의 행하는 일의 일체는 이것들에 귀결된다. 이와 같으니, 이생에 안락 속에 머무는 까닭에 마음이 머무름이다. 몸과 마음에 고단함이 없이 불법을 성숙시킴과 유정을 성숙시키는 것이니, 보살의 계율은 이것들에 귀결된다."라고 하였다.

(1) 지악율의계(止惡律儀戒)

지악율의계(止惡律儀戒)는 [부처님이 제정하신] 차죄(遮罪)를 방지하는 일곱 가지의 별해탈계와 성죄(性罪)를 방지하는 열 가지의 불선업(不善業)을 [행하지 않음을] 지키는 것이다.

(2) 섭선법계(攝善法戒)

섭선법계(攝善法戒)는 계율을 바르게 수지한 뒤에 적게라도 몸·말·뜻 셋으로 보리를 위해 선업을 쌓음이니, 그 또한 특히 문사수(聞思修)의 셋을 일향으로 기뻐함으로써 실제로 행하는 것이다.

그와 같이 항상 스승님들께 정직하게 말하고, 예배하고, 자리에서 일어나고, 합장하고, 존댓말로 온전히 행하고, 받들어 모시고, 공덕을 지님을 찬탄하고, 모든 복덕을 수희하고, 타인이 업신여김을 인내하고, 모든 선업을 보리로 회향하고, 시시로 갖가지의 청정한 발원을 행하고, 갖가지의 광대한 공양물로 삼보께 공양하고, 선업에 정진하고, 방일을 버리고, 정념(正念)과 정지(正知)를 지녀서 학처들을 수호하고, 여섯 감관을 단속하고, 식사량을 알고, 초야와 후야에 잠자지 않고 정진하며, 참된 사부(士夫)를 의지하고, 죄악들을 보고 알아서 버리고, 죄를 법답게 참회하고, 그와 같은 동분의 선법(善法)들을 수호하고 자라나게 하는 것이다.

그와 같이 섭선법계에 안주하면 선법들을 크게 거두어들이게 되니, 이것은 수용욕진(受用欲塵)[254]의 추구를 조금이라도 자청하지 않으면, 허다한 선법들을 거두어들임은 더 말할 필요가 없다. [섭선법계는] 십

---

254 수용욕진(受用欲塵, ḥDod paḥi loṅs spyod)은 세속의 향락을 위해 추구하는 사물들을 말한다.

바라밀(十波羅蜜)[255]과 사섭법(四攝法)과 사무량(四無量)이니, 열 가지의 보리심[256]의 자체인 것이다.

(3) 요익유정계(饒益有情戒)

요익유정계(饒益有情戒)는 유정의 이익을 행하는 것이니, 질병 따위의 고통을 받는 이들에게 병구완 등의 도움을 주는 것이다. 소경들을 안내하고, 귀머거리들과 수화(手話)로 소통하고, 손발이 없는 자들을 업어 주고, 탐결(貪結)[257]을 가진 자들의 탐결을 없애주고, 남에게 모욕을 당하고 패배한 자들의 고통을 없애주고, 지친 나그네에게 먹을 것과 마실 것과 의복과 방사들로 도움을 주는 것이다. 의술로 환자들에게 재물을 바라지 않는 마음으로 싫어함이 없이 치병의 이익을 주는 것이다.

요약하면, 유정의 모든 고통을 없애버림과 그것을 없애려는 마음을 일으킴과 모든 선업을 타인의 이익을 위해서 회향하는 것이다. 이것들의 자세한 뜻은 [『유가사지론(瑜伽師地論)』의] 「지계바라밀품(持戒波羅蜜品)」을 보도록 하라.

---

255 십바라밀(十波羅蜜)은 육바라밀에 ① 방편바라밀(方便波羅密), ② 원바라밀(願波羅密), ③ 역바라밀(力波羅密), ④ 지바라밀(智波羅密)의 넷을 더한 것이다. '부록 4 – 용어 해설'을 참조 바람.

256 여기서 열 가지의 보리심이 정확히 어떤 것인지는 알 수가 없으나, 『성보살행경방편경변현설명대승경(聖菩薩行境方便境變現說名大乘經)』[데게 대장경 경장(經藏)의 경부(經部)[동북목록 No.146]에는 열두 가지의 보리심이 설하여져 있다. '부록 4 – 용어 해설'을 참조 바람.

257 탐결(貪結, ḥDod paḥi ḥdun pa)은 타인의 재물을 자기 것으로 만들기를 도모하는 마음이다.

3) 보리자량의 구족

그와 같은 "삼종계(三種戒)는 복덕자량인 까닭에, 그 자량을 구족하라." 고 생각한 뒤, 본송(本頌)에서 다음과 같이 말하였다.

> "그러므로 청정한 원만보리를
> 소연하는 보살의 율의계들을,
> 열심히 행함으로써 대보리의
> 자량들을 원만하게 구족한다." (제33송)

(1) 보살계의 근수

그러므로 원만보리를 얻기를 원하고, 그것의 원인인 복덕을 구족하길 원하면, "보살계를 근수하고 노력함으로써 복덕의 자량을 구족하게 된다."라고 함을 알도록 하라.

여기서 '보살의 율의계(律儀戒)들'이라고 함은, 아사리 무착보살의 가르침에 안주하는 보살계와 아사리 적천보살의 가르침에 안주하는 보살계이다.

또 스승님들께서도, "그와 같은 [유식과 중관의] 두 가지의 대승의 길에 안주한 뒤, 근수하고 정진하면 복덕과 지혜의 두 자량을 구족한 뒤, 정등각을 이루게 된다."라고 하였다.

또 나의 [지존하신 보디바드라(菩提賢)] 스승님께서도 『율의이십난처석(律儀二十難處釋)』에서 다음과 같이 설하였다.

> "그와 같은 삼종계(三種戒)의 학처를 바르게 수지하고 수호함으로써, 자기와 타인의 일과 이익과 안락을 이룸으로 말미암아 길

선(吉善)함이다. 보살의 학처는 무량하니, 무량한 [자량을] 거두어 모으기 때문이다. 보살의 학처는 유익함이니, 모든 유정의 이익과 안락을 닦아 이루기 때문이다. 보살의 학처는 결과가 광대함을 알라. 위 없는 정등각의 과보를 얻게 하기 때문이다."

(2) 보살의 다섯 가지의 선과(善果)

그같이 참된 스승님으로부터 그와 같은 학처를 잘 받아서 지니고, 법답게 수호하는 보살이 자량도(資糧道)의 순해탈분(順解脫分)의 선근을 일으키길 원하는 그것은, 과거 생의 선한 훈습이 있음이니, 그것을 미륵자존께서 『변중변론(辨中邊論)』에서 다음과 같이 설하였다.

"법기가 됨을 이숙(異熟)이라 말하니
[법기가 된] 그것의 연유로 힘과,
희구(希求)와 증상(增上)과 청정이니
오과(五果)와 차례로 [결부(結付)한다.]"[258]

---

258 이 게송의 의미를 아사리 쓰티라마띠(Sthiramati, 安慧)의 『변중변론소(辨中邊論疏, dBus mthaḥ rnam ḥbyed paḥi ḥgrel bśad)』에서, "그러므로 '법기가 됨을 이숙(異熟)이라 말하니'라고 널리 설하였다. 여기서 요약하면 오과(五果)이니, ① 법기(法器)가 됨, ② 힘, ③ 희구(希求), ④ 증상(增上), ⑤ 청정(清淨)이다. 여기서 ① 법기가 됨은 '선(善)과 동분의 이숙(異熟)이다.'라고 함이다. 그 또한 팔무가(八無暇)를 여윈 유루(有漏)의 뛰어난 육근(六根)을 지닌 보리분법(菩提分法)의 이숙이니, 모든 선법(善法)이 발생하는 터전이기에 법기라고 한다. ② 힘은 '법기가 된 그것의 연유로'라고 함이다. 몸에서 번뇌가 일어남이 많지 않기에, 선(善)이 강대한 그것이 번성하는 정언(定言)이다. 이것을 힘이라 한다. ③ 희구(希求)는 '과거에 익히고 배움으로써 선(善)을 희구한다.'라고 함이다. 과거의 생들에서 선법을 익히고 배움으로써, 이생에서 선법(善法)을 생각하는 그것이 희구이다. ④ 증상(增上)은 선(善)들이 더욱더욱 특별하게 향상함이다. 다른 이가 '선근(善根)이 번성한다.'라고 함은, '특별한 선법의 습기가 이생에서 번성한다.'라고 생각한다. ⑤ 청정은 '장애를 끊어버림이다.'라고 함이다.

이것을 스승이신 아사리 샨띠와(Śantiba, 寂靜)께서는 다음과 같이 설명하였다.

"보살들이 과거의 생애들에서 선업(善業)을 익히고 배움으로써 이생에서 보살의 법기(法器)가 됨은 이숙과(異熟果)[259]이다. [선업의] 그것들을 이생에서 행해 마친 힘을 지닌 자가 됨은 증상과(增上果)이다. 그것을 거듭거듭 희구(希求)함은 등류과(等流果)이다. 이생에서 학처들을 실제로 증장시킴은 사용과(士用果)이다. [번뇌와 소지] 그것의 장애의 더러움들을 여읨[청정]은 이계과(離繫果)이

여기에는 둘이니, 성문과 연각의 종성들이 번뇌의 장애를 끊어버림으로써 청정함이다. 보살 종성들의 청정은 번뇌와 소지의 장애를 끊어버림이다. 이것들은 '오과(五果)와 차례로'라고 함이니, ① 이숙과(異熟果)는 선법(善法)과 동류로 성숙함이다. ② 증상과(增上果)는 법기가 된 연유로 선(善)이 강대해 짐이다. ③등류과(等流果)는 과거에 익히고 배움으로써 선(善)을 희구함이다. ④ 사용과(士用果)는 현생(現生)에서 선법(善法)을 익히고 배움으로써 선근이 번성함이다. ⑤ 이계과(離繫果)는 장애를 끊어버림이다."라고 하였다.

259 이숙과(異熟果)를 비롯한 오과(五果)는 다음과 같다.

① 이숙과(異熟果, rNam smin gyi ḥbras bu)는 어떠한 유루의 선(善)과 불선(不善)의 이숙인(異熟因)으로부터 발생한 결과를 말한다.

② 증상과(增上果, bDag poḥi ḥbras bu)는 자기 원인의 힘에 의해서 발생하는 결과이니, 악업을 지음으로써 악취에 태어나고, 선업을 지음으로써 선취에 태어나는 주인(主因)인 증상인(增上因)으로 발생한 결과를 말한다.

③ 등류과(等流果, rGyu mthun gyi ḥbras bu)는 자기의 원인과 성상(性相)이 동일하거나 동등하게 발생하는 결과이니, 앞의 선(善)으로 말미암아 후선(後善)이 발생함과 같은 것으로 동류인(同類因)과 편행인(遍行因)의 두 가지의 결과를 말한다.

④ 사용과(士用果, sKyes bu byed paḥi ḥbras bu)는 뿌드갈라(人)의 노력에 의지해서 획득하는 결과를 말하니, 밭에다 종자를 심음으로써 곡식을 수확함과 장사를 함으로써 재물을 얻는 것과 같은 것으로 구유인(俱有因)과 상응인(相應因)의 두 가지의 결과로 성취한다.

⑤ 이계과(離繫果, Bral baḥi ḥbras bu)는 반야의 관혜(觀慧)에 의해서 자기의 소단사(所斷事)를 단멸하고 증득한 결과이니, 다시 말해, 성도(聖道)를 닦아서 번뇌를 소멸하고 얻은 증분(證分)인 도과(道果)를 말한다. '부록 4 - 용어 해설'의 '오과(五果)'를 참조 바람.

다. 여기서 증상과를 제외한 나머지 넷은 동류과(同類果, Ris bthun paḥi ḥbras bu)로 계산하나, 여기에 다 완결되는 것은 아니다."

또 아사리 바수반두(Vasubandu, 世親)께서도 [지계의 공덕에 대해서] 다음과 같이 설하였다.

"보살이 보리심을 일으킨 이래 세세생생에 선취(善趣)와 고귀한 종성으로 태어나고, 감관(感官)을 잘 갖추고, 남자가 되고, 과거의 생애를 기억하고, 물러나지 않는다. 보살은 유정의 이익을 위해서 고통을 싫어하지 않는다. 세간에서 재물로 사지 못하는 노예가 바로 보살성자이니, 그에게 특별히 뛰어난 재보(財寶)가 있을지라도 그것으로 교만과 교오(驕傲)[260]에 떨어지지 않고, 자비로 인해 타인에 이끌려서 자신이 모든 유정 앞에 엎드려 있는 개와 같이, 노예와 같이, 백정과 같이 교만이 부서진 채로 머문다. 타인이 경시하고 해칠지라도 인욕하고, 괴로움과 인고의 일체를 감당한다."[261]

260 교오(驕傲, Kheṅs pa)는 오만(傲慢)의 뜻이니, 『구사론 4』(권오민 역주)에서, "[각주87)에서 오만에 대해] 즉 자신의 용감함이나 건강, 재산, 지위, 도덕규범[계(戒)], 지혜, 친족 등의 존재[법(法)]에 대해 먼저 염착을 일으킴으로써 마음에 오만 방일함이 생겨 온갖 선본(善本)을 되돌아보는 바가 없기 때문에, '교'라고 일컫는 것이다. 온갖 선본에 대해 되돌아보는 바가 없다고 함은, 마음이 오만해짐에 따라 온갖 선업을 즐거이 수습하지 않는 것을 말한다.(『현종론』 권제6, 한글대장경200, p.152)"라고 하였다.

261 이 구절의 의미를 『아비달마구사론 18』에서 자세히 설하였으니, '부록 4 – 용어 해설'의 '지계의 공덕'을 참조 바람.

그러므로 그와 같은 사람이 대승을 수행하는 사부(士夫)임을 알도록 하라.

(3) 보리심이 쇠퇴함이 없는 상징

또 태어나는 생애마다 보리심이 쇠퇴하지 않는 상징을 계경(契經)에서 이와 같이 설하였다.

> "그것은 삼악도를 떠남이다. 변경에 태어남을 여윔이다. 참된 사부가 있는 지역에 태어남이다. 고귀한 종성으로 태어남이다. 용모가 뛰어남이다. 지혜가 큼이다. 질병이 없음이다. 자비를 지님이다."

또 다른 상징으로는 팔무가(八無暇)[262]를 여의고, 십가(十暇)[263]의 공덕을 지닌다.

또 다른 상징으로는 천성적으로 육바라밀을 갖추니, 계경에서, "'그것은 가르친 바가 없는 천부적 보시이다.'에서부터 '그것은 가르친 바가 없는 천부적 반야이다.'라고 하기까지를 지님이다."라고 설하였다.

또 아사리 짠드리끼르띠(月稱)께서 『입중론(入中論)』의 「현전지품(現前地品)」에서 다음과 같이 설하였다.

262 팔무가(八無暇)는 불법을 닦을 수 없는 여덟 가지의 나쁜 조건이니, ① 지옥에 태어남, ② 축생으로 태어남, ③ 아귀로 태어남, ④ 장수천(長壽天)에 태어남, ⑤ 변방인(邊方人)으로 태어남, ⑥ 육근부전(六根不全), ⑦ 집사견(執邪見), ⑧ 여래불출세(如來不出世)이다. '부록 4 - 용어 해설'을 참조 바람.

263 십가(十暇, Khom paḥi yon tan bcu)는 불법을 닦는 데 필요한 열 가지의 좋은 조건을 말한다. '부록 4 - 용어 해설'을 참조 바람.

"이생범부(異生凡夫)의 단계에서 공성을 듣고서
안에서 극도의 희열이 거듭거듭 일어나고,
극도의 희열에서 솟아난 눈물이 눈을 적시고
온몸의 털들이 곤두서는 어떤 사람,
그에게 붓다의 지혜의 종자가 들어있으니
그 사람이 공성을 설하여 보일 법기(法器)이다.
그에게 승의(勝義)의 진실을 설하여 보이라
그에게 그것의 뒤를 따라서 공덕이 발생한다."

["항상 계율을 바르게 수지해서 머물고
보시를 널리 행하고 대비를 친근하고,
인욕을 닦고 그 선업 또한 원만보리로
중생을 건지기 위해 온전히 회향하고
(보리행이) 원만한 보살들을 공경한다."][264]

또 아사리 세친(世親) 보살께서도 이같이, "순해탈분(順解脫分)은 어떤 이가 무아(無我)의 이야기와 윤회의 과환(過患)과 열반의 공덕을 이야기하는 것을 듣고서, 눈물을 흘리고, 온몸의 털이 곤두서면, 그에게 순해탈분의 선근이 있음을 알도록 하라. 여름철에 새싹이 트면 땅의 틈새에 종자가 있음을 아는 것과 같다."[265]

---

264 이 게송들의 의미를 아사리 짠드라끼르띠(Candrakīrti, 月稱)의 『입중론자주(入中論自註)』에서 해설하였으니, '부록 4 - 용어 해설' 가운데 '공성의 깨달음과 계율의 준수'를 참조 바람.

265 이 문장은 『구사론』의 원문의 요약이니, 『구사론 18』(권오민 역주)에 의하면, "순해탈분(順

또 그와 같이 『능가경(楞伽經)』에서도 설하였다.

> "연기로 인해 불을 알고
> 물새로 물이 있음을 앎처럼,
> 지자는 보살의 종성을
> 상징들로부터 알도록 하라."

4) 초학보살(初學菩薩)의 길

그와 같이 율의를 수호하는 초학보살(初學菩薩)은 항상 몸과 처소와 수용물의 일체와 윤회와 열반의 법들 일체가 꿈과 같음을 알도록 하라. 꿈과 같은 삼보께 꿈과 같은 시봉을 행하고, 꿈과 같은 윤회를 염오하고, 꿈과 같은 유정에게 꿈과 같은 마음으로 자비를 행하고, 꿈과 같은 유정들을 기쁘게 하라.

모든 유정을 은인으로 사유하고, 무생(無生)을 사유하고, 보리심을 사유하고, 죽음을 사유하고, 계율을 사유하고, 모든 사물에 집착하지 않음을 사유하고, 정념(正念)과 정지(正知)와 불방일(不放逸)과 법답게 사유

解脫分)이란, 이를테면 결정코 능히 해탈의 과보를 초래하는 선을 말하니, 이러한 선이 생겨나면 그들 유정들로 하여금 '소의신 중에 열반법이 존재한다'고 일컫게 한다. 즉 만약 어떤 이가 '생사에는 허물이 있고, 제법은 무아이며, 열반에는 [미묘한] 덕이 있다'고 설하는 것을 듣게 되면 몸의 털이 곤두서고 슬픔에 겨워 눈문을 흘리게 되니, 그러한 이는 이미 순해탈분의 선법을 심은 자임을 마땅히 알아야 할 것으로, 이미 마치 비가 내린 마당에 싹이 트는 것을 보고서 거기에는 이미 이전부터 그 종자가 있었음을 아는 것과 같은 것이다. 순결택분(順決擇分)이란, 이를테면 능히 성도의 과보를 초래하는 선으로서 난(暖) 등의 네 가지를 말하니,"라고 하였다.

함을 작의(作意)토록 하라.

(1) 방편에 통달함

또 초학보살은 언제라도 방편에 통달토록 하라. 그것은 이와 같다.

자기의 죄업을 타인의 죄업으로 삼아서 참회하고, 타인의 죄업을 자기의 죄업으로 삼아서 참회하라.

자기의 선근(善根)을 타인의 선근으로 삼고, 타인의 선근을 자기의 선근으로 삼으라.

자기의 안락을 타인의 안락으로 삼고, 타인의 고통을 자기의 고통으로 삼으라.

자기의 고통으로 타인의 고통을 없애고, 타인의 안락을 보거나 들으면 그것을 기뻐하라.

타인의 고통을 보거나 들으면, "어머니처럼 내가 언젠가 이들을 고통에서 반드시 해탈시키리!"라고 생각하고, 아파하라.

세간의 법에 [탐착하는] 마음을 버리고, 타인의 이양(利養)과 공경과 명성과 칭송에 대해서 질투하지 말라.

나는 이같이, "종성과 용모와 권속과 물품과 오명(五明)과 이양과 공경과 명성과 칭송을 소유하고 있다."라고 하여, 교만과 교오(驕傲)하지 말고, 다른 천한 사람들을 경시하지 말라.

나의 선근을 타인과 공유하여 대보리로 회향하고, 타인의 선근을 나와 공유한 뒤, 대보리로 회향하라.

나의 죄업을 타인의 죄업과 공유하여 낱낱이 참회하고, 타인의 악업을 나와 공유한 뒤, 낱낱이 참회토록 하라.

(2) 전도됨이 없는 행위

또 [초학보살이] 그것을 행하는 것은 잘못된 것이 아니니, 『보운경(寶雲經)』에서 다음과 같이 설하였다.

> "그가 먹거나, 그가 마시거나, 그가 가거나, 그가 자거나, 그가 오른쪽 옆구리를 대고 자거나, [언제나 방편에 통달하니]"라는 등이니, 그 경전을 보도록 하라.

또 [초학보살이] 그것을 서약하는 것은 잘못된 것이 아니니, 과거에 허공왕(虛空王)께서 [『문수불토장엄경(文殊佛土莊嚴經)』에서] 이같이 설하였다.

> "오늘부터 만일 또한 제가
> 탐욕의 마음을 일으키면,
> 시방의 세계에 계시옵는
> 모든 부처님을 속임이나이다.
>
> 해치는 마음과 성내는 마음과
> 인색함과 질투하는 마음들을
> 지금부터 대보리를 얻을 때까지
> 저는 결코 행하지 않겠나이다.[266]

---

266 제27송에 해당하는 『문수불토장엄경(文殊佛土莊嚴經)』[데게 대장경 경장(經藏)의 보적부(寶積部), 동북목록 No.59.]의 게송은 "대보리를 어느 날 얻기까지, 해치는 마음과 성내는 마음과, 인색함과 질투하는 마음들을, 오늘부터 행하지 않겠나이다."로 나온다.

범행(梵行)을 받들어 행하고
죄악과 탐욕을 온전히 버리며,
율의계(律儀戒)를 환희함으로써
부처님을 따라서 배우겠나이다."[267]

또 『권발증상의요경(勸發增上意樂經)』에서, "세존이시여, 저희가 오늘부터 여래의 면전에서 이같이 서약하나이다. 세존이시여, 만약 제가 오늘 이후부터 보살승(菩薩乘)의 보특가라(人)의 타죄가 없어도 좋고, [있어도 좋으니, 그것을] 말한다면, 저희가 여래(如來)·응공(應供)·정등각(正等覺)을 기만하는 것입니다."라는 등을 설하였으니, 그 경전을 보도록 하라.

또 [초학보살이] 그것을 일체에 회향하는 것은 잘못됨이 아니니, 『금광명최승왕경(金光明最勝王經)』의 서원(誓願)[268]과 [『화엄경』의] 금강당보살(金

---

267 제28송에 해당하는 위의 『문수불토장엄경(文殊佛土莊嚴經)』의 게송은 "범행(梵行)을 제가 행하옵고, 죄악과 탐욕을 온전히 버리며, 율의계를 환희하고 꼭 행하고, 부처님을 따라서 배우겠나이다."로 나온다.

268 이 『금광명최승왕경(金光明最勝王經)』의 서원(誓願)은 「몽견참회품제사(夢見懺悔品第四)」의 게송의 일부를 별도로 발췌한 뒤, 『금강명최승왕경서원(金剛明最勝王經誓願)』이란 이름으로 데게 대장경 논장(論藏)의 잡부(雜部)에 수록되어 있으나 실제는 몇 가지 서원이 더 설해져 있다. 예를 들면, 같은 경의 「의공의요원만품제십(依空滿願品第十)」에 설해진 발원으로 다음과 같은 것이 있다.
"그 뒤 대중 가운데 50만의 비구가 있으니, 보리행을 행하는 보리심에서 불퇴전을 사유하는 그들이 보광휘보살(寶光輝菩薩)의 설법을 듣고서, 보리심이 거듭 견고해지고, 위 없는 불가사의의 대원(大願)을 갖춘 뒤, 또한 보리심을 일으켰다. 각자가 법의를 벗어 보살에게 공양한 뒤, 위 없는 최승의 보리심을 일으키고, 이같이 기원하였다. '저희가 있는바 모든 선근을 무상정등각에 회향하나이다.'라고 발원을 하였다. 대범천이여, 그 비구들이 이 복덕에 의지한 뒤, 그와 같이 설한 대로 견실하게 수행한 뒤, 90대겁(大劫)을 지나서 윤회에서 해탈하는 지혜가 일어난다. 그 뒤 세존께서 그 비구들에게 말씀하셨다. '비구들이여, 30

剛幢菩薩)의 십종대회향(十種大廻向)[269]과 아사리 나가르주나(龍樹)의 서언이십송(二十誓言頌)[270]과 아사리 싼띠데와(寂天)의 『입보리행론(入菩提行論)』의 「회향품(廻向品)」[271] 등이 있다.

또 [초학보살이] 그것을 서원함은 잘못됨이 아니니, 『보현행원(普賢行願)』과 『십지경(十地經)』의 십종대원(十種大願)[272]과 약사여래의 십이대서원(十二大誓願)[273]과 아사리 마명(馬鳴) 보살이 저술한 『칠십서원(七十誓

무수겁(無數劫)이 지난 뒤에 위 없는 붓다가 되리니, 겁명(劫名)은 난승광왕(難勝光王)이며, 국토의 이름은 무구광(無垢光)이며, 동시에 모두가 위 없는 정등각을 이루니, 그들 모두 또한 명호가 원장엄간식왕(願莊嚴間飾王)이며, 공덕의 십호(十號)를 구족한다.'라고 수기를 하였다."

269 금강당보살(金剛幢菩薩, Byaṅ chub sems pa rDo rje rgyal mtshan)의 십종대회향(十種大廻向, Yoṅs su bsṅo ba chen po bcu)은 티베트 역본 『화엄경』의 「십회향품제삼십(十廻向品第三十)」에 해당하며, 데게 대장경 경장(經藏)의 화엄부(華嚴部)[동북목록 No.44]에 수록되어 있다. 이 십종대회향(十種大廻向)은 십회향지(十廻向地)에 머무는 보살의 서원이다. '부록 4 - 용어 해설'을 참조 바람.

270 아사리 나가르주나(龍樹)의 서언이십송(誓言二十頌, sMon lam tshigs su bcad pa ñi śu pa)은 『보만론(寶鬘論)』의 「설보리행품(說菩提行品)」에 설해진 것으로 본문의 복덕이십송(福德二十頌, bSod nams kyi tshogs ñi śu pa)은 판본의 오류라고 본다. 이것은 데게 대장경 논장(論藏)의 잡부(雜部)[동북목록 No.4388]에 『왕담보만소출서원이십송(王譚寶鬘所出誓願二十頌)』이란 이름으로 수록되어 있다.

271 아사리 싼띠데와(寂天)의 『입보리행론』의 「회향품제십(廻向品第十)」은 회향바라밀(廻向波羅蜜)에 대한 가르침을 설한 품(品)으로 모두 58게송으로 이루어져 있다.

272 『십지경(十地經)』의 십종대원(十種大願)은 본래 티베트 역본 『화엄경』의 「십지품제삼십일(十地品第三十一)」에 해당하나 별도로 분리해서 유통시킨 것으로 데게 대장경 경장(經藏)의 화엄부(華嚴部)[동북목록 No.44]에 수록되어 있다. '부록 4 - 용어 해설'의 '십무진원(十無盡願)'을 참조 바람.

273 『약사경(藥師經)』에 설해진 약사여래의 십이대서원(十二大誓願)이다. '부록 4 - 용어 해설'을 참조 바람.

願)』[274] 등이다.

또 나의 스승님께서 말씀하신 바인 계경들의 뜻을 남김없이 거두어 모은 [『경의집우파제사(經義集優波提舍)』에서 설한] 아버지와 어머니와 같고, 아들과 딸과 같은 오십법(五十法)[275]들 역시 순간마다 기억하라.

(3) 경론(經論)의 학습

또 초학보살은 늘 한 때 계경들을 남김없이 독송토록 하라. 왜냐하면, 초학보살은 대치하는 힘이 미약하고 조건에 얽매이는 까닭에 계경들을 열람하는 것에 정진토록 하라.

또 계경의 의미를 남김없이 수록한 까닭에 『집경론(集經論)』[276]과

---

274 『칠십서원(七十誓願)』의 원명은 『칠십서원명송(七十誓願名頌, sMon lam bdun bcu pa shes bya baḥi tshigs su bdad pa)』이다. 데게 대장경 논장(論藏)의 잡부(雜部)[동북목록 No.4392]에 수록되어 있다.

275 이것은 아띠쌰 존자의 저술인 『경의집우파제사(經義集優波提舍, mDo sdeḥi don kun bdus man ṅag)』[데게 대장경 논장(論藏)]의 『조외최충(Jo boḥi chos chuṅ, 阿底沙小集部)』[동북목록 No.4482]에 설해진 법들을 합해서 부르는 것이며, 일부를 소개하면 같은 책에서, "바다와 하늘과 같이 깊고 넓은, 경장(經藏)과 논장(論藏)을 열람하고, 길상하신 스승님이 친히 설하신 바의, 얻기 힘든 뜻들을 적고자 한다. 여기에 보살들의 여의주와 같은 법 오십 가지이니, 목숨과 같은 법들이다. 그것들을 조금 설하고자 하니, 이같이, '목숨은 수명이니 온기와 의식의 의지처이다.'라고 하였다. 그같이 유정들이 목숨을 사랑하고 목숨에 의지하는 그것처럼, 보살 또한 목숨과 같은 보리심을 애중히 여기고 그것에 의지한다. 아버지와 어머니와 같은 법은 공성과 대비이니, 그것을 일으키지 않고서는 보살이 출현하지 않는다. 아들과 딸과 같은 법은 죽음과 학처와 업의 짓고 쌓음을 헤아리는 것들이니, 밤낮으로 세 번씩 가까이하라. 집과 같은 것은 십선(十善)이니, 이것은 그 집이 악도의 문을 폐쇄하기 때문이다. 보물과 같은 것은 칠성재(七聖財)와 소욕(少慾)과 지족(知足)이다."라고 함과 같다.

276 『집경론(集經論, mDo kun las btus pa)』은 보살의 학처 또는 보살행의 심오한 의미를 성교(聖敎)로 논증하는 아사리 나가르주나(龍樹)의 중요한 저술 가운데 하나이다. 인도 주석서로는 아사리 린첸중내시와(Rin chen ḥbyuṅ gnas shi ba, 大寶生寂)의 『집경론주보명장엄(集經論註寶

『집학론(集學論)』[277]과 『입보리행론(入菩提行論)』과 「계품(戒品)」과 [아사리 짠드라고미(皎月)의] 『율의이십송(律儀二十頌)』들도 역시 시시로 보고 듣고 옮겨쓰도록 하라.

또 이 논서도 역시 보고 듣고 옮겨쓰도록 하라. 대승의 계경의 뜻과 과거의 아사리들과 현재의 지혜로운 스승님들의 의취(意趣)이기 때문이다.

또 밤낮으로 세 번씩 『삼취경(三聚經)』을 독송토록 하라. 『욱가장자청문경(旭伽長者請問經)』에서, "밤낮으로 세 번씩 목욕하고, 깨끗한 옷을 입고 『삼취경(三聚經)』을 독송토록 하라."고 하였으며, 『일체법무생경(一切法無生經)』에서도 역시, "낮과 그와 같이 밤에도 세 번씩 보살님들께 머리를 조아려 절하라."고 하였으며, 『보운경(寶雲經)』에서도 또한, "그와 같이 모든 불보살님들께 밤낮으로 세 번씩 공양토록 하라."고 하였으며, 『우바리청문경(優波離請問經)』에서도 역시, "밤낮으로 세 번씩 참회토록 하라."고 하였으며, 아사리 아쌍가(無着)께서도 역시, "신속하게 성불하길 원하는 보살은 밤낮으로 세 번씩 예배와 공양, 참회와 수희, 권청(勸請)과 기원, 회향 등을 행하라."라고 설하였다.

이것들의 공덕 또한 『성관자재경(聖觀自在經, ḥPhags pa spyan ras gzigs kyi mdo)』과 『일백설법(一百說法, Chos bśad brgya pa)』과 아사리 쓔라(Śura, 聖勇)의 『보만(寶鬘)』[278]과 같은 법문들을 보도록 하라. 또한 「보현행원품」

明莊嚴, mDo kun las btus paḥi bśad pa rin po che snaṅ baḥi rgyan)』[동북목록 No.3934] 등이 있다.

277 『집학론(集學論, bsLab pa kun las btus pa)』은 보살의 학처와 도(道)와 과(果)를 밝힌 아사리 샨띠데와(寂天)의 중요한 저술 가운데 하나로 모두 19품으로 구성되어 있으며, 데게 대장경 논장(論藏)의 중관부(中觀部)[동북목록 No.3940]에 수록되어 있다.

278 『보만(寶鬘, Rin po cheḥi phreṅ ba)』의 저자는 본서에서 아사리 쓔라(Śura, 聖勇)라고 하였으

을 통해서 그것을 알도록 하라. 또한 『삼취경』을 읽어서 알도록 하라.

5) 초학보살(初學菩薩)의 차별

또 지혜를 갖추고 다문(多聞)으로 장엄한 그 보살은 보현행원에 머물면서 스승님께서 친히 설하여 보인 교계의 의식을 널리 거행토록 하라. 그러므로 아사리 쌴띠데와(寂天)께서 『입보리행론』의 「정념정지수호품(正念正知守護品)」에서 다음과 같이 설하였다.

> "낮에 세 번 밤에 세 번씩
> 『삼취경(三聚經)』을 독송하라.
> 붓다와 보리심에 의지해서
> 타죄의 나머지도 그것으로 없애라."[279]

나, 데게 대장경에서는 짠드라하리빠(Candragaripa)로 나온다. 데게 대장경 논장(論藏)의 중관부(中觀部)[동북목록 No.39012]에 수록되어 있으며, 주석서로는 아사리 미팜쎼녠(Mi pham bśes gñen, 不敗友)의 『보만광주(寶鬘廣疏, Rin po cheḥi phreṅ ba rgya cher bśad pa)』가 데게 대장경 논장(論藏)의 서한부(書翰部)[동북목록 No.39012]에 수록되어 있다.

279 이 게송은 『입보리행론』의 「정념정지수호품(正念正知守護品)」의 제98송이며, 걜찹·다르마린첸(rGyal tshab dar ma rin chen, 壯寶)의 『입행론본주(入行論本注)』에서, "'학처에 노력할지라도 또한 [범계(犯戒)의] 잘못에 물들면 어떻게 해야 하는가?'라고 하면, 근본타죄의 잘못에 물들면 『집학론(集學論)』에서, '꿈과 허공장보살의, 면전에 무릎 꿇고 참회하라.'라고 함과 같이, 죄를 참회한 뒤 율의를 다시 환정(還淨)토록 하라. 하품(下品)과 중품(中品)의 타죄와 46가지의 악작(惡作)과 달리 『집학론』에서 설한 범계 그것들이 발생하면, 낮에 세 번 밤에 세 번씩 죄를 참회하고, 복덕을 쌓고, 선업이 소진하지 않고 자라나게 하는 방편이 『삼취경(三聚經)』을 독송토록 하고, 붓다와 삼보에 귀의하고 보리심에 의지해서 앞에서 설한 바와 같이 사대치력(四對治力)을 갖춘 문을 통해서 근본타죄의 나머지[악작(惡作) 등의 과실]들을 그것으로 없애라."라고 하였다.

그와 같은 의식을 행한 뒤에 삼보께 귀의하고, 타죄를 낱낱이 참회하고, 두 가지의 보리심을 일으킨 뒤, "나는 대승경전에서 설한 바의 보살의 학처를 남김없이 다 배우리라."라고 희원을 하라.

그로 말미암아 그와 같이 밤낮으로 무의미하게 머물지 않는 그 유가사는 삼원만(三圓滿)을 갖추게 되니, 나의 스승님께서 그것을 이같이 설하였다.

> "삼원만(三圓滿)으로 안락을 누린다. 이같이 가행(加行)과 의요(意樂)와 과거인(過去因)의 원만함이다. 여기서 가행원만(加行圓滿)은 몸·말·뜻 셋의 잘못을 항상 범하지 않고 죄업을 참회하는 것이다. 의요원만(意樂圓滿)은 이같이 나는 법의 의요[의향]로써 행하는 것이지, 사명(邪命) 따위의 비법으로 행하지 않는 것이다. 나는 또한 대보리를 추구하지, 세속의 안락을 추구하지 않는다. 과거인(過去因)의 원만은 그가 과거세에 복덕을 짓고 착한 업을 지음으로써, 지금 의식과 생활물자들이 빈궁하지 않고, 남에게도 또한 나누어줌을 아는 품성을 지닌 자이다."

그리고 이같이 지혜가 낮은 처음 배우는 제자는 처음부터 곧바로 [보살의] 길에 들어가지 않게 하라. "처음 보살의 광대한 학처를 기재한 계경과 논전들의 일체를 강설하고, 그 도리에 통달하게 한 뒤, 비로소 그 보특가라(人)가 [보살의] 길에 들어가는 의식을 행하도록 하라."고 스승님들께서 설하였다. 여기서 말한다.

> "삼보를 공경하고 대경에 애착함을 버리고

죽음을 억념하고 계율을 핵심으로 행하라.
스승을 공경하고 믿음을 갖고 간교함이 없고
나쁜 벗을 버리고 6분제(分際)의 가행을 한다.

[하루는] 6분제(分際), 18분단(分段)이니[280]
아침의 분제(分際)는 3분단(分段)이 있다.
여기서 처음 분단과 중간 분단에서
허물이 생기면 그 마지막 분단에서,
보리심을 잊어버리고 보살은 쇠퇴하니
뒤의 5분제는 이것으로 유추해서 알라.

매 분단마다 잘 환정(還淨)하는 사부가
상근이며, 중근은 중간 분단에 환정하고
마지막 분단에서 회복함은 하근기이다.

상근의 상근은 제일 찰나에 환정하고
상근의 중근은 제이 찰나에 환정하고
상근의 하근은 제삼 찰나에 환정하니
그와 같음에 의해서 상중하의 아홉이니
나머지 일체는 그것으로 또한 유추하라."

---

280 이것은 고대인도에서 하루를 전체 18시간으로 구분해서 6분제(分際)로 나눈 뒤, 3시간에 해당하는 하나의 분제는 다시 1시간에 해당하는 3분단(分段)으로 구분하여 사용하였다. 그런 까닭에 하루 동안 행하는 요가수행을 육좌유가(六座瑜伽)라고 하였다.

또 몇몇 아사리는 이같이, "[범계(犯戒)의] 허물이 발생하면 그 즉시 환정(還淨)하는 것은 상근의 사부이다. [허물이 발생한] 두 번째의 찰나 등이 지나서 그 뒤에 환정하는 것은 중근의 사부이다. 하근의 사부는 여섯째의 분제(分際)에서 환정한다."라고 설하였다.

이상으로 증상계학(增上戒學)을 설하여 마친다.

4
장

증상정학을 닦는 법[281]

1. 계학(戒學)과 정학(定學)의 관계

이같이 계율만으로 충분하다고 고집하지 말라. 삼매(三昧, Samādhi)[282]와 반야들 또한 일으키는 것이 필요하다. 그렇지만 계율에 의지해서 삼매가 발생하니, 『월등경(月燈經)』에서 그것을 다음과 같이 설하였다.

"번뇌 없는 삼매를 속히 얻으니
이것은 청정한 계율의 공덕이다."

또 아사리 싼띠데와(寂天)께서도 [『집학론(集學論)』]에서, "계율은 삼매를 성취한다."라고 설하였으며, 또한, "그러므로 삼매의 원인이 되는 그 어떤 가행(加行)들도 계율 가운데 거두어짐을 알라. 그러므로 삼매를 추구하는 것으로 [마음이] 정념(正念)과 정지(正知)의 본질이 되도록 하라."고 설하였으며, 또한, "그러므로 계율을 추구할지라도 또한 삼매에 힘쓰도

---

281 증상정학(增上定學)을 비롯한 삼학(三學)의 학(學)이 의미하는 것을 『구사론 24』(권오민 역주)에서, "누(漏)의 멸진을 획득하기 위해 항상 배우는 것[學]을 즐거워하기 때문이다. 그리고 배우는 것에는 요컨대 세 가지가 있으니, 증상(增上)의 계학(戒學)이며, 둘째는 증상의 심학(心學)이며, 증상의 혜학(慧學)이니, 계(戒)·정(定)·혜(慧)가 세 가지 자체의 본질이 된다."라고 하였듯이, 여기서 증상(增上)의 의미는 귀의로써 섭수하는 삼학(三學)을 증상삼학(增上三學)이라 하니, 『곰데칙죄첸모(貢德大辭典)』에서, "내도(內道)의 삼학은 귀의로써 섭수함으로써 외도의 삼학에 비해서 뛰어난 측면에서 그와 같이 말한다."라고 하였다.

282 삼매(三昧, Samādhi)는 티베트어로 띵에진(Tiṅ ṅe ḥdzin)이니, 정(定)과 선정(禪定)의 뜻이며, 삼매와 삼마지(三摩地)와 삼마제(三摩提)는 음역이다. 『다조르밤뽀니빠(聲明要領二卷)』에서, "싸마디(Samādhiḥ)는 싸마디야떼아네나(Samādhi yate anena)라고 하니, 삼마지의 힘으로 심(心)과 심소(心所)의 흐름을 하나의 소연경(所緣境)에 거두고, 움직이지 않도록 견고하게 붙잡아서 안치함으로써 띵에진(Tiṅ ṅe ḥdzin)이라 한다."라고 하였듯이, 무생(無生)의 진리 또는 공덕과 과실, 미묘함과 조악함 등의 자상(自相)과 공상(共相)의 분별로 가립(假立)한 사물을 소연하여 일심으로 전주하는 마음작용을 삼매라 한다. 이것은 산란을 다스리고 반야의 관혜(觀慧)를 산출하는 심소유법이다. '부록 4 - 용어 해설'을 참조 바람.

록 하니,"라고 설함과 또한, "[삼매와] 계율을 추구하는 둘은 하나가 하나를 자라나게 하니, 이 둘로 마음을 완전히 정화함을 온전히 성취한다."라고 설함으로써, 계율이 없이는 삼매가 일어나지 않으니, 그러므로 계율에 힘쓰는 것이 필요하다.

2. 삼매의 신통력(神通力)

그러므로 계율의 원만한 삼매로 신통을 일으킨 뒤, 이타행(利他行)을 하고, 두 가지의 자량(資糧)을 쌓는 방편이 신통임으로써, 그것을 설하여 보이고자, 본송(本頌)에서 다음과 같이 말하였다.

> "복덕과 지혜의 자성이 되는
> 자량을 속히 구족하는 원인으로,
> 모든 부처님들께서 신통력을
> 일으키는 것이라고 승인하였다."(제34송)

1) 자량(資糧)의 성취

[이 게송의 뜻을] 요약해서 설하면, "두 가지의 자량(資糧)을 쌓기를 원하고, 항상 타인의 이익을 바랄지라도 신통을 일으키지 못한다면, 눈먼 자의 행위와 미친 사람의 행동과 그같이 짐승의 행위처럼, 자기의 이익 또한 이루지 못한다면, 타인의 이익을 성취함이 어떻게 가능하겠는가?"라고 함이다.

2) 신통력이 없는 허물

[또한 본송(本頌)에서 비유로 다음과 같이 말하였다.]

"어떤가 하면 날개가 나지 않은
새는 하늘을 날지 못하듯이,
그같이 신통력을 여의고서는
유정의 이익을 행하지 못한다." (제35송)

대저 신통도 또한 얻지 못하고, [닦음에서 생겨난 반야인] 수소성혜(修所成慧)도 또한 일어남이 없이, 단지 문혜(聞慧)에만 의지해서 법을 강설하고 제자를 모으는 그것은 미친 행위이니, 이같이, "자기의 분수조차 알지 못한 채, [법을] 설함이 어찌 미친 일이 아닌가?"라고 하였다.

또한 『권발증상의요경(勸發增上意樂經)』에서도, "말하길 좋아하고, 말하길 즐거워하는 허물을 보도록 하라."고 하였으며, 또 같은 경에서 [말하길 좋아하는 스무 가지의 허물**283**을 설한 뒤] 다음과 같이 이들 게송을 설하였다.

"다문으로 교오해져 공경하지 않고
장황하게 논설하는 것을 애착하고,
정념을 잃고 정지(正知)를 상실하니

---

283 말하길 좋아하는 스무 가지의 허물은 '말하길 좋아하는 비구는 다문(多聞)으로 교오(驕傲)하고, 오만(傲慢)함으로써 공경하지 않는다.'라고 하는 등의 20가지이다. '부록 4 - 용어 해설'을 참조 바람.

이것들이 말하길 좋아하는 허물이다.

내심(內心)으로부터 크게 멀어지고
심신 또한 다스려지지 않게 되고,
오만과 전결[284]이 허다히 생기니
이것들이 말하길 좋아하는 허물이다.

범부는 정법을 사유함이 쇠퇴하고
마음이 온화하지 않고 조악해 지고,
지(止)와 관(觀)에서 크게 멀어지니
이것들이 말하길 좋아하는 허물이다.

언제나 스승님들을 공경하지 않고
더러운 이야기들에 크게 희열하고,
헛된 말에 머물고 지혜가 쇠하니
이것들이 말하길 좋아하는 허물이다."

그와 같이 또한 설하였다.

"'내 수행이 쇠했으니 이제 어찌할꼬?'
해서 죽을 때 범부는 비탄에 젖으니,

---

284 전결(纏結, mDud pa)은 맺힘을 뜻하니, 탐결(貪結)과 진결(嗔結)과 계금결(戒禁結)과 계금취결(戒禁取結)의 사결(四結)과 같은 것들이다.

슬픔은 가늠치 못하고 괴로움은 크니
이것들이 말하길 좋아하는 허물이다.

흔들리는 풀잎처럼 크게 동요하고
그는 그같이 의심에 쌓임이 확실하고,
그는 영원히 심지가 굳지 못하니
이것들이 말하길 좋아하는 허물이다.

연극을 관람하는 객석의 관객이
다른 영웅의 공적을 찬양함처럼,
자기의 견실함이 쇠퇴해 짐이니
이것들이 말하길 좋아하는 허물이다.

그는 간사하고 가볍고 절망하고
자꾸자꾸 헛된 말만 쏟아내고,
거룩한 정법에서 크게 멀어지니
이것들이 말하길 좋아하는 허물이다.

위세가 줄고 공경도 멀어지고
알지 못하고 번뇌에 흔들려서,
원숭이처럼 그 마음이 움직이니
이것들이 말하길 좋아하는 허물이다."

그와 같이 또한 설하였다.

"오래전부터 말하는 것을 좋아했어도
그것으로 내가 즐거움을 얻지 못하면,
'어떤 말로 끝없는 기쁨을 얻겠는가?'
한마디를 사유해도 참된 기쁨을 준다.

사탕수수 껍질은 단맛이 없으며
기쁨을 주는 맛은 안에 있어서,
껍질을 씹는 것으론 사탕수수의
감미를 맛보는 것이 불가능하다.

사탕수수 껍질과 같은 것이 말이고
단맛 같은 이것은 뜻을 사유함이니,
그러므로 말하길 좋아함을 버리고
항상 방일하지 않고 뜻을 사유하라."

그와 같이 또한 설하였다.

"그 뒤 미륵보살마하살이 세존께 이같이, '대저 묘법을 버리고 악업들을 짓는 그 보살은 반야가 매우 변변찮고, 반야가 크게 쇠퇴하나이다.'라고 아뢰었다.
세존께서 미륵보살마하살에게 이같이 말씀하셨다. '미륵이여, 그것은 그와 같다. 그같이 말한 그대로이니, 대저 묘법을 완전히 버리고 악업들을 짓는 그 보살들은 반야가 매우 변변찮게 된다. 미륵이여, 그대에게 설하니, 그대는 통달토록 하라. 정진이 없고, 선정이 없고, 버림이 없고, 구송(口誦)이 없고, 다문(多聞)을 추구함이 없는 그 보살들은 여래의 교법에 출가함이 아니다. 미륵이여, 여래의 교법은 선정과 버림으로 크게 여니, 지혜로 행하고, 지혜로 선정에 들고, 정진으로 크게 여는 것이지, 속가의 업(業)의 변제와 업에 종사하는 것으로 여는 것이 아니다. 비리(非理)에 정진하고, 윤회를 즐거워하는 자들의 업은 이것이니, 이같이 업에 종사하고, 세속의 잡무로 혼란스러우니, 그것에 대하여 보살들은 욕망을 일으키지 말라.'고 설하였다."

3) 신통력의 필요성

또 나의 [지존하신 보디바드라(菩提賢)] 스승님께서 전거(典據)[285]와 함께 「정자량품(定資糧品)」에서 다음과 같이 설하였다.

"'그와 같이 다문(多聞)만을 지닌 [초학의] 보살이 법을 강설하는 것을 차단[286]하였으니, 신통을 얻기 전까지는 단지 다문만으로

---

285 여기서 '전거(典據)'라고 함은 「정자량품(定資糧品)」의 사마타의 아홉 지분 가운데 "2) [문혜(聞慧)를 먼저 닦는] 전행(前行), 3) [신통이 없이 문혜(聞慧)에 의해서 법을 설함을 막는] 차단(遮斷)"을 하는 지분을 설한 본문에 인용된 『화엄경』과 『욱가장자청문경(旭伽長者請問經)』과 『묘비청문경(妙臂請問經)』 등의 20가지 이상의 경문들을 가리킨다.

286 초학보살이 문혜(聞慧)에만 의지해서 법을 설하는 허물을 저지하기 위해 인용한 티베트 판본 『화엄경』의 「십주품(十住品)」의 경문은, "① 그 초학보살이 처음에는 독송을 익히도록 권유하라. ② 다문(多聞)을 한 뒤에는 고요한 처소에 머물도록 권유하라. ③ [심신이] 적정(寂靜)해진 뒤에는 선지식이 되도록 권유하라. ④ 선지식이 되면, '나는 안락하다.'라고 할 수 있도록 권유하라. ⑤ '나는 안락하다.'라고 하게 한 뒤에는 시절을 알도록 권유하라. ⑥ 시절을 안 뒤에는 두려움이 있지 않게 권유하라. ⑦ 두려움이 없어진 뒤에는 뜻을 알도

는 타인을 이롭게 하지 못한다고 부처님께서 말씀하였다.'라고 함과 또한, '그러므로 단지 다문에 의해서 법을 설하는 것을 하지 말지니, 신통을 얻고 나서 비로소 타인의 이익을 행하라.'라고 함과 또한, '신통을 얻음이 없이는 제자를 성숙시키지 못하고, 자신을 구속하는 것으로 끝나니, 아사리 싼띠데와(寂天)께서도 [『입보리행론』의 「선정품(禪定品)」]에서 설하였다.

'유정은 희구함이 갖가지이니[287]
세존 또한 채워주지 못하는데,
나 같은 악인은 말해서 무엇하리!
그러니 세간을 생각함을 버리라.'"

그러므로 이 뜻을 고려해서 아사리 나가르주나(龍樹)께서도 [『보만론(寶鬘論)』에서] 다음과 같이 설하였다.

록 권유하라. ⑧ 뜻을 안 뒤에는 법을 수순하도록 권유하라. ⑨ 법을 수순하게 한 뒤에는 어리석음이 없도록 권유하라. ⑩ 어리석음이 없어진 뒤에는 여실히 머물도록 권유하라. 왜냐하면, 더한층 크게 모든 유정을 향한 대비에 머물도록 함과 어떤 법을 들어도 또한 그것을 자기가 개오(開悟, sByar ba)토록 하게 함과 타인의 교설에 의뢰하지 않도록 함이다." 라고 하였다.

287 '유정은 희구함이 갖가지이니'라고 함은 바라는 바가 천차만별임을 뜻하고, 이것을 낱낱이 아는 힘이 여래의 십력(十力) 가운데 지종종승해지력(知種種勝解智力)이다. 『뺄쩩최끼남당제장(吉積法異門備忘錄)』에서, "지종종승해지력(知種種勝解智力)은 일부의 유정들은 대승을 신해하고, 일부는 보시를 신해하고, 일부는 계율을 신해하고, 일부는 선정을 신해하는 등의 제법을 각자 다르게 신해하는 모든 차별상을 아는 지혜이다."라고 하였다.

"모든 생애마다 뒤따르는
오신통(五神通)을 얻은 뒤,
항상 모든 유정에게 오직
이익과 안락을 실행하라."

4) 스승의 필요성

스승의 가르침이 없이 단지 경론을 들은 것에 의지해서 수행하는 그것을 또한 여기서 곁들여 저지하였으니, 그와 같은 유가수행에 정진할지라도 또한 신통이 일어나지 않고, 원만보리도 또한 얻지 못하기 때문이다. 이 뜻을 고려해서 바라문 성취자 싸라하(Saraha)께서도 『승의정리(勝義正理, Don dam paḥi rigs pa)』에서 다음과 같이 설하였다.

"'스승의 구결'이라 부르는 감로 맛을
어떤 이가 마음껏 마시지 못하면,
그는 광대한 논전의 황량한 벌판에서
불타는 갈증 속에 반드시 죽고 만다."

또 아사리 나가르주나(龍樹)께서도 다음과 같이 설하였다.

"허다한 밀전(密典)들을 듣고 경문을 잘 배워도 또한
스승을 섬김이 모자란 탓에 높은 교계를 얻지 못한,
그것은 자기 이익을 행할 힘이 없고 입으로 논전을 말하는
그것은 오로지 논전을 혐오하는 원인이 될 뿐이다."

아래의 본송(本頌)의 두 게송의 의미도 그와 같은 것이다.

"신통이 있는 이가 하루지간에
짓고 쌓은 복덕들 어떤 그것을,
신통들이 없는 사람은 백생을
애써도 또한 갖춤이 있지 않다." (제36송)

"신속하게 원만보리의 자량을
온전하게 구족하길 희구하는,
그가 근수하면 신통을 얻으나
나태해선 그것을 얻지 못한다." (제37송)

5) 사마타(止)와 계율

이같이 원만보리는 두 가지의 자량에 의뢰하고, 두 가지의 자량은 또한 이타의 행위에 의뢰하고, 그 또한 신통 역시 사마타(止)에 의뢰하고, 사마타는 또한 계율에 의뢰함으로써, 처음에 계율을 설해 보인 것이다. 그러므로 계율로 인해서 사마타가 발생하니, 본송(本頌)에서 그것을 다음과 같이 말하였다.

"사마타(止)를 이룸이 없이는
신통이 생기지 않음으로써,
사마타를 수득하기 위해서
거듭거듭 힘써 정진토록 하라." (제38송)

3. 사마타(止)의 행상

신통은 이같이 [육신통(六神通)[288]]이니, 천안통(天眼通)과 천이통(天耳通), 타심통(他心通)과 숙명통(宿命通), 신족통(神足通)과 누진통(漏盡通)이다. 그와 같은 신통들은 사마타(止)[289]에서 발생하기에 사마타를 닦도록 하니, 그러므로 본송(本頌)에서 다음과 같이 말하였다.

> "사마타의 지분이 무너져서는
> 크게 정근하고 수습할지라도,
> 설령 수천 년이 경과할지라도
> 싸마디(定)를 이루지 못한다." (제39송)

1) 사마타(止)의 아홉 지분

여기서 '사마타의 지분'이라 함은, 나의 스승님께서 저술하신 「정자량품(定資糧品)」에 나오는 버려야 할 것 등의 아홉 가지이며, 나머지들은 이해하기가 쉽다.

그러므로 지분이 쇠퇴하면 사마타를 이루지 못하니, 그래서 나의 지존하신 스승님 보디바드라(菩提賢)께서 아홉 가지의 지분을 「정자량

---

288 육신통(六神通)에 대한 설명은 '부록 4 - 용어 해설'을 참조 바람.

289 사마타(Śamathaḥ, 止)는 티베트어로 시내(Shi gnas)이니, 우리말로는 지(止), 적지(寂止)이다. 『다조르밤뽀니빠(聲明要領二卷)』에서, "쌰마타(Śamathaḥ)는 쌰메와싸띠띠쌰마타(Śame vasatīti Śamathaḥ)이니, 쌰마(Śama)는 지멸(止滅)을, 타(Tha)는 안주(安住)를 뜻한다. 형상 등의 대경으로 달아나는 마음의 산란을 멈추게 한 뒤 닦는 어떤 선정을 닦는 그것에 일향으로 마음이 돌게 하는 이름인 까닭에 사마타(奢摩他)이다."라고 하였다. 그러므로 사마타는 모든 선정과 삼매들을 총괄하는 이름이자 원인이다.

품」에서 설하였으니, 그것은 다음과 같다.

"① [마업(魔業)을 버리는] 유기(遺棄), ② [문혜(聞慧)를 먼저 닦는] 전행(前行), ③ [신통이 없이 문혜에 의해서 법을 설하는 것을 막는] 차단(遮斷), ④ [갖가지 근심과 번뇌를 없애는] 해우(解憂), ⑤ [윤회에서 벗어나고자 하는] 염리(厭離), ⑥ [갖가지 삼마지(三摩地)의] 공덕[290]의 억념, ⑦ [공덕을 억념하고 즐거운 마음으로 노력하는] 정근(精勤), [지관(止觀)과 방편과 반야의 둘을 함께 닦는] 쌍운(雙運)[291], ⑨ 안주(安住)의 방편이다."

라고 하였다.

그와 같은 지분들을 알고서 거기에 잘 머물도록 하라고 스승님께서 설한 바이다. 그것들의 의미는 그 「정자량품」을 보도록 하라.

---

290 [갖가지 삼마지(三摩地)의] 공덕에 대하여 『보리도차제약론석하권(菩提道次第略論釋下卷)』에서, "① 심신이 즐겁고 편안해서 현생(現生)에 안락하게 머무는 것이며, ② 심신의 경안(輕安)을 얻어서 선소연(善所緣)에 마음이 원하는 대로 안주하는 것이며, ③ 삿된 대경을 향해 멋대로 달아나는 산란한 마음을 멸해서 악행이 생기지 않고, 뜻대로 선행을 할 수 있는 강한 힘이 생김이며, ④ 사마타(止)에 의지해서 신통변화(神通變化) 등의 공덕을 이루는 것이며, ⑤ 특별히 그것에 의지해서 진성(眞性)을 통달하는 위빠사나(觀)를 닦아서 윤회의 근본을 신속하게 끊는 것 등이다."라고 하였다.

291 [지관(止觀)과 방편과 반야의 둘을 함께 닦는] 쌍운(雙運)에 대하여 「정자량품(定資糧品)」에서, "쌍운(雙運 : 雙修)이니, 이같이 지관과 방편과 반야의 둘이다. 왜냐하면, 지(止)가 견고하지 못한 관(觀)은 굳건하게 머물지 못하니 바람 속의 등불과 같다. 관을 여읜 지는 장애의 그물들을 남김없이 정화하지 못하니, 마치 색계와 무색계 등의 선정이 다시 윤회에 떨어지는 것과 같다. 그러므로 『입보리행론(入菩提行論)』의 「선정품(禪定品)」에서 , '사마타(止)와 잘 갖춘 위빠싸나(觀)로, 번뇌를 온전히 파괴함을 요지한 뒤, 먼저 지(止)를 추구해서 이루니, 그 또한 세간을 탐착 않고 [지(止)를 닦는] 환희로 성취한다.(제4송)'라고 하였다. 그와 같이 방편과 반야도 역시 그러하니, '어째서인가?' 하면, 색신과 법신의 둘을 성취하기 위함과 번뇌와 소지(所知)의 두 장애를 끊어버리기 위함이기 때문이다."라고 하였다.

2) 안주의 방편의 뜻

여기서 마지막 지분인 [안주(安住)의 방편의] 뜻을 조금 적고자 하니, 스승님께서 「정자량품」에서 이같이, "그와 같이 여덟 가지의 지분을 갖춘 그가 적절한 장소에서, 적절한 음식과 여법한 행위와 적절한 의복과 좋은 도반을 갖추고서, 마음을 선정에 들게 하라."라고 설하였다.

또한, "그가 선정에 들지 않으면 또 반야경을 독송하고, 차차(Tsha thsa, 小像)의 공양과 탑돌이 등의 복덕자량에 힘쓰도록 하라."라고 설하였다.

또한, "마음이 선정에 들기를 원하는 그는 [여덟 가지의 끊어야 하는] 팔단행(八斷行)을 닦도록 하고, 또한 그것을 방해하는 역연(逆緣)의 법은 ① 해태(懈怠), ② 교계를 잊어버리는 실념(失念), ③ [마음이 어둡고 가라앉음과 들떠서 달아남인] 침몰(沈沒)과 도거(掉擧), ④ [침도(沈掉)를 그치게 해야 할 때 하지 않는 허물인] 부작행(不作行), ⑤ [침도(沈掉)가 그쳤을 때 다른 대경을 생각하는] 작행(作行)의 다섯이니, 이것을 수정오장(修定五障)[292]이라 한다."라고 [『변중변론(辨中邊論)』의 「변수대치품(辨修對治品)」에서] 설하였다.

그것들을 대치하는 팔단행(八斷行)[293]은 또한, "① 처(處 : 三摩地)[의

---

292 수정오장(修定五障, Tiṅ ṅe ḥdzin gyi gegs ñes pa lṅa)은 사마타(止, Śamatha)의 오장(五障)이라고도 하니, 아사리 쓰티라마띠(Sthiramati, 安慧)의 『변중변론소(辨中邊論疏, dBus mthaḥ rnam ḥbyed paḥi ḥgrel bśad)』에서, "① 해태(懈怠, Le lo)는 [싸마디(定)를] 닦을 때 허물이니, 그것으로 닦지 못하기 때문이다. ② 실념(失念 : brjes ṅas)는 정근할 때 교계를 잊어버림은 허물이니, 그것으로 마음이 등인(等引)에 머물지 못하기 때문이다. ③ 침도(沈掉, Byiṅ rgod)는 등인(等引)에 머물 때 침몰(沈沒)과 도거(掉擧)의 둘은 허물이니, 그것으로 마음이 도업(道業)을 감능(堪能)하지 못하기 때문이다. ④ 침몰(沈沒, Byiṅ ba)과 도거(掉擧, rGod pa)가 일어날 때 부작행(不作行, ḥDu mi byed)은 허물이니, 부작행은 평사(平捨)이니, 그것으로 그 둘을 그치지 않게 하기 때문이다. ⑤ 잘 그쳤을 때 작행(作行, ḥDu byed)은 허물이 되니, 작행은 [생각을 일으키는] 작사(作思)이다. 침몰과 도거를 여읨으로써 등인(等引)을 이루기 때문에 잘 그침이라 한다."라고 하였다. '부록 4 - 용어 해설'을 참조 바람.

293 수정오장(修定五障)을 대치하는 팔단행(八斷行)에 대하여 아사리 쓰티라마띠(Sthiramati, 安

희구(希求)], ② 그것에 머무름[의 정근(精勤)], ③ 원인[의 믿음(現得信)], ④ 결과에 머무름[의 경안(輕安)], ⑤ 소연(所緣)을 잊어버리지 않음[의 정념(正念)], ⑥ 침몰과 도거를 알아차림[의 정지(正知)], ⑦ 그것[침도(沈掉)]을 버리려는 마음의 작행(作行), ⑧ 그것이 그쳤을 때 본자리에 들어감[낼두죽

慧)의 『변중변론소(辨中邊論疏)』에서 다음과 같이 설하였다.
"해태(懈怠)를 멸하기 위해서는 넷이 필요하니, 희구(希求, ḥDun pa)와 정근(精勤, rTsol ba)과 현득신(現得信, Dad pa)과 경안(輕安, Śin sbyaṅs)이다. 희구(希求)는 원함이다. 정근(精勤)은 정진이다. 현득신(現得信)은 참으로 믿음이다. 경안(輕安)은 도업(道業)을 감당함이다. 해태(懈怠)를 멸하기 위해서 '어떻게 그것들을 안치하는가?' 하면, 그러므로 그들을 차례대로 알도록 하니, '① 처(處 : 三摩地), ② 그것에 머무름, ③ 원인, ④ 결과에 머무름 [⑤ 정념(正念), ⑥ 정지(正知)], ⑦ 그것을 버리려는 작행(作行), ⑧그것이 그쳤을 때 제자리에 들어감]'이라고 설하였다. 그들은 하나로부터 하나가 발생함으로써 해태를 멸하는 것을 설하여 보였다. 정근의 처(處)[싸마디(定)]를 희구함이다. 그것에 머무는 것은 정근이다. 원함은 정근에 선행하기 때문이다. 처(處)[싸마디(定)]를 희구하는 원인은 [실제로 구해서 얻고자 하는] 현득신(現得信)이니, '어째서인가?' 하면, '믿게 되면 희구하기 때문이다.'라고 말하였다. 원인과 결과에 믿음을 지니면 행하길 원하게 된다. 머무름에 정근하는 그것의 결과가 경안(輕安)이다. '어째서인가?' 하면, '정진(精進)을 개시하면 싸마디(定)의 특별함을 얻기 때문이다.'라고 하였다. 싸마디(定)가 특별하게 나아감이 경안의 원인이다. 그러므로 정진을 개시한 싸마디(定)가 특별하게 나아감으로써 경안은 정근의 결과라고 말하였다. 그와 같이 정진을 개시하여 취악취(取惡趣)의 분별의 허물을 여읨으로써 희열이 일어남이다. 뜻이 즐거움으로써 몸과 마음의 둘이 크게 경안(輕安)함이 도업을 감당하는 모양이다. '그러므로 싸마디(定)의 특별함을 얻기 위해서'라고 함이다. 여기서 원인과 결과를 함께 갖추는 정진이 해태를 다스리는 대치(對治)라고 설하였다. '네 가지 허물을 대치로 꼽음과 같이'라고 하는 거기에, 정념(正念)은 교계를 잊어버림을 대치한다. 정지(正知)는 침몰과 도거를 대치한다. 작사(作思, Sems pa)는 부작행(不作行)을 대치한다. 평사(平捨, bTaṅ sñom)는 작행(作行)을 대치하니, 작행(作行)의 평사로 알라. (중략) '정념(正念)은 소연(所緣)을 잊지 않음이다.'라고 함은, '마음을 머물게 하는 교계를 [뜻으로 말하는] 의언(意言)이다.'라고 하는 정언이다. '정지(正知)는 정념을 잊지 않으면 침몰(沈沒)과 도거(掉擧)를 알아차린다.'라고 함은, 정념이 잘 머무르고 정지를 지님이다. '그러므로 정념을 잊지 않는다면'이라고 말하였으니, 침몰과 도거를 알아차린 뒤 사마타(止)와 위빠사나(觀)의 둘을 함께 행하는 까닭에, '말이 필요 없이 들어감이다.'라고 하는 정언이다. '평사(平捨)은 다른 대경을 생각하지 않는 부작행(不作行)이다.'라고 하는 정언이다. (중략) 침몰과 도거를 여의기 위해서 작행(作行)을 행하니, '침몰과 도거를 여의면 또한 평사라 한다.'라고 설한다. 그와 같이 그의 마음이 제자리에 들어감[낼두죽빠(rNal du ḥjug pa)]이 도업의 감능인 것이다." 또 다른 설명은 '부록 4 – 용어 해설'을 참조 바람.

빠(rNal du ḥjug pa)의 평사(平捨)]이다."라고 [『변중변론(辨中邊論)』의 「변수대치품(辨修對治品)」에서] 설하였다.

또한 『경장엄론(經莊嚴論)』에서 [네 가지의 정자량(定資糧)을] 설하되, "① 힘써 행하는 것이며, ② 이타의 본성이 되는 것이며, ③ 버리는 것이며, ④ 대치(對治)이다."라고 하였다.

또 같은 논에서 [사마타(止)의 장애를] 설하되, "탐결(貪結)과 진심(嗔心)과 혼매(昏昧)와 수면(睡眠)과 도거(掉擧)와 악작(惡作)과 의려(疑慮)이다."라고 하였다.

여기서 혼매(昏昧, rMugs pa)와 졸음에 속하는 부류인 혼몽(昏懜, rMya ba)과 즐거워하지 않음과 하품(Bya rmyaṅ)을 함과 음식량을 지키지 않음과 혼침(昏沈, Shum pa)[294] 따위이다. [이것들의] 작용은 마음을 겁약하게 만든다. 대치하는 법은 광명상(光明想)[295]을 일으키는 것이다.

도거(掉擧)와 악작(惡作)에 속하는 부류는 친척에 대한 생각과 과거의 웃음거리와 즐거움과 놀이 따위를 떠올리는 것이다. [이것들의] 작용은 마음을 적정(寂靜)하지 않게 하는 것이다. 대치하는 법은 사마타(止)를 닦는 것이니, [본송(本頌)에서 다음과 같이 말하였다.]

---

294 혼침(昏沈, Shum pa)은 침몰(沈沒, Byiṅ ba)과 같은 뜻으로 징괴(Byiṅ rgod, 沈掉) 대신 슘괴(Shum rgod, 昏掉)라고도 한다.

295 광명상(光明想, sNaṅ baḥi ḥdu śes)은 혼몽과 졸음 등을 대치하는 법이니, "만약 어느 때 혼몽과 졸음에 눌려서 소연을 잡음이 불명하고, 마음이 가라앉게 되면 그때는[일월같이 환한] 광명상(光明想, Ālokasaṃjñā)을 닦거나, 또는 최상의 환희로운 대상인 여래의 공덕 등을 작의해서 마음의 침몰을 털어낸 뒤 그 대상을 확실하게 잡도록 한다."라고 『까말라씰라의 수습차제 연구』(중암, 불교시대사)에서 설하였다.

3) 사마타(止)의 대상

"어떤 적절한 대상들 가운데 하나를
닦는 마음은 현량하니 일념으로 머물라." (제40송 3,4구)

여기서 소연(所緣)은 마음을 안주시키려는 대경(對境)이니, 이같이 [아사리 바바(Bhavya, 淸辨)의] 『분별치연론(分別熾然論)』에서 설하였다.

"망동하는 마음의 코끼리를
튼튼한 소연(所緣)의 기둥에,
정념의 밧줄로 꽉꽉 묶어서
마음을 적정에 머물게 하라."

여기서 '적절한 대상들'이라 함은, 형상이 있는 사마타(止)와 형상이 없는 사마타(止)이다. 그것을 또한 나의 스승님께서 「정자량품(定資糧品)」에서 이같이 설하였다.

"사마타(止)는 둘이니, 첫째, 형상이 있는 사마타, 둘째, 형상이 없는 사마타이다.

첫째, 형상이 있는 사마타도 둘이니, 1) 안을 비추어보는 사마타, 2) 밖을 비추어보는 사마타이다.
1) 안을 비추어보는 사마타도 둘이니, (1) 몸을 소연하는 사마타, (2) 몸에 의지함을 소연하는 사마타이다.

(1) 몸을 소연하는 사마타도 셋이니, ① 몸을 본존(本尊)의 형상으로 소연하는 사마타, ② 해골 등의 부정한 형상으로 소연하는 사마타, ③ 카땀가(骨杖) 등의 특별한 형상을 소연하는 사마타이다.

(2) 몸에 의지함을 소연하는 사마타도 다섯이니, ① 호흡을 소연하는 사마타, ② 미세한 형상을 소연하는 사마타, ③ 명점(明点)을 소연하는 사마타, ④ 광선의 지분을 소연하는 사마타, ⑤ 환희와 안락을 소연하는 사마타이다.

2) 밖을 비추어보는 사마타도 둘이니, (1) 특별한 것을 비추어보는 사마타, (2) 보통의 것을 비추어보는 사마타이다.

(1) 특별한 것을 비추어보는 사마타도 둘이니, ① 몸을 소연하는 사마타, ② 말을 소연하는 사마타이다.

(2) 보통의 것이다. 위의 이것들은 사마타에 속하는 지분이다."

둘째, 형상이 없는 사마타(止)이니, 위의 같은 논전에서, "형상이 없는 사마타와 묘관찰(妙觀察)의 반야에서 형상이 없는 위빠사나(觀)와 무분별의 지혜가 발생한다."[296]라고 하였다.

또 「정자량품(定資糧品)」에서, "형상이 있는 사마타(止)에 의지하는

296 이 구절의 의미를 「정자량품(定資糧品)」에서, "형상이 없는 사마타(止)와 묘관찰(妙觀察)의 반야에서 형상이 없는 위빠사나(觀)와 무분별의 지혜가 발생하니, 그같이 또한 「가섭청문품(迦葉請問品)」에서, '두 나무가 비벼지게 되면 불이 발생하고, 불이 타올라서는 두 나무를 태워버림과 같이, [여실한 분별이 있게 되면] 성스러운 혜근(慧根)이 발생하고, 발생한 그 혜근으로 [여실한 분별] 그것을 태워버린다.'라고 설하였다. 묘관찰의 반야는 사마타가 아니니, '갖가지 모양으로 소연함이다.'라고 하면, 그같이 사마타도 또한 사마타가 아니니, 많은 찰나와 많은 지분을 소연하기 때문이다."라고 하였다.

것보다 형상이 없는 사마타를 소연한 뒤, 위빠사나를 일으키는 이 방면을 칭찬하였다. 왜냐하면, 그것에 머무름이 견고하고, 사마타만으로도 번뇌를 소멸하고 진압함으로써 그것은 결과와 동분의 원인이 되기 때문이다."라고 하였다.

또 위의 같은 책에서, "어떻게 닦는가는 여기서 말하지 않는다. 그것은 글이 번다해짐을 두려워함과 참된 스승께서 체험한 구결(口訣)에 의지하는 것이 도리이고, 수행의 구결이 글로 적혀있음으로써 알기가 어렵기 때문이고, 자세한 것은 사마타와 위빠사나의 교설에서 설하였기 때문이다."라고 하였다.

4) 유가(瑜伽)의 수행

또 나의 스승님께서, "그와 같은 유가사는 사마타(止)를 성취한 뒤, 앞에서 설한 바의 오신통(五神通)을 성취하는 데에는 의심이 없다."라고 설하였다.

또 신통을 일으키는 방편이 되는 『관자재소문칠법경(觀自在所問七法經)』에 설해진 그 학처들도 닦도록 하고, 그 계경을 수시로 독송토록 하라.

또 아사리 아쌍가(無着)께서도, "보살이 신통을 신속하게 얻고자 하면, 낮에 세 번 밤에 세 번씩 예배와 공양과 참회와 수희(隨喜)와 권청(勸請)과 기원과 회향에 정진토록 하라."고 설하였다.

달리 또한 소욕(所欲)과 지족(知足)과 검소함과 아란야(寂靜處) 등의 사마타(止)의 자량들을 모두 갖추는 것이다. 그와 같은 유가사는 사마타(止)에 잘 안주해서 소욕과 지족을 이루게 되니, 그러므로 『십만송반야경(十萬頌般若經)』에서, "비구여, 선정을 조금이라도 맛본 이들은 의복에 생각이 많지 않고, 음식에 생각이 많지 않고, 피부가 윤택하다."라고 설하였다.

그와 같은 그 보살유가사는 세간의 재물에 애착함을 버리고, 칠성재(七聖財)를 얻기 위해 힘쓰도록 하라. 그는 육수념(六隨念)을 작의(作意)토록 하라. 육수념 가운데서도 또한 먼저 불·법·승 셋을 수념(隨念)토록 한다.

여기에는 이근(利根)과 둔근(鈍根)의 차이가 있다. 이근(利根)이 수념하는 것은 『반야경』과 『불수념경(佛隨念經)』과 『허공고경(虛空庫經)』과 『무진의경(無盡意經)』 등을 보도록 하라.

둔근이 수념하는 것은 『신력발생경(信力發生經)』과 『불요집경(佛要集經)』과 『법요집경(法要集經, Chos rgyas bsro ba)』과 『승요집경(僧要集經, dGe ḥdun bsro ba)』과 『불수념경』의 그것들과 『소품(小品)의 불수념경(佛隨念經)』과 다른 대승경전들을 보도록 하라.

또 계경의 의취를 해설한 것이기에 『집학론(集學論)』의 『삼보수념경(三寶隨念經)』의 「품(品)」들도 보도록 하라.

[사마타를 성취한] 그와 같은 그 유가사에게 위빠사나(觀) 또한 발생하게 되니, 이것의 뜻은 아래에서 설하게 된다. 그러므로 지관(止觀)이 상응(相應)[297]하게 하는 것을, "도(道)에 안주함이다."라고 하는 것이기에,

---

297 지관(止觀)이 상응(相應, rNal ḥbyor)하게 함은 곧 지관(止觀)의 쌍운(雙運)이니, 양자의 관계를 아사리 보디바드라(菩提賢)의 「정자량품(定資糧品)」에서, "사마타(止)의 결과는 위빠사나(觀)이며, 위빠사나(觀)의 결과는 지관의 쌍운이니, 그 또한 사물의 [양변(兩邊)에] 머물지 않음으로써 사물이 실유하지 않음을 개별적으로 보는 것이다. 그때 심일경성(心一境性)을 이룸으로써 다수의 소연(所緣)을 향해 마음이 달아남이 그치고 온전히 머물기 때문이다."

사념주(四念住)[298]와 사정단(四正斷)과 사신족(四神足)과 오근(五根)과 오력(五力)과 보리분법(菩提分法)과 팔정도(八正道)들에 차례로 안주하게 된다.

이상으로 증상정학(增上定學)을 설하여 마친다.

라고 하였다.

298 사념주(四念住)에서 팔정도(八正道)에 이르는 보리분법(菩提分法)들은 '부록 4 - 용어 해설'의 '37보리분법'을 참조 바람.

5장

증상혜학(增上慧學)을 닦는 법

1. 위빠사나(觀)의 본질[299]

이제 "방편과 반야의 쌍운(雙運 : 合一)을 아는 반야로 복덕자량과 지혜자량의 둘을 함께 닦음을 갖추라."고 사유한 뒤, 본송(本頌)에서 다음과 같이 말하였다.

> "반야바라밀다의 유가를 떠나서는
> 이장(二障)이 소멸되지 않는다." (제41송 3, 4구)

단지 사마타(止)만으로는 업(業)과 번뇌와 이숙(異熟)과 법의 장애 등들을 끊어버림이 불가하니, "위빠사나(觀)로 그것들을 끊어버린 뒤에 소진함으로써 위빠사나를 의지토록 하라."고 함이 다음의 게송이다.

---

299 위빠사나(觀)나 사마타(止)의 본질에 대하여 『해심밀경(解深密經)』에서 설하되, "세존이시여, '어떻게 사마타(止)를 온전히 추구하며, 어떻게 위빠사나(觀)에 효달합니까?' 답하시되, '미륵보살이여, 나 여래가 법을 시설하여 건립함이 이와 같다. 계경(契經)·응송(應頌)·기별(記別)·풍송(諷誦)·자설(自說)·인연(因緣)·비유(譬喩)·본사(本事)·본생(本生)·방광(方廣)·희유(稀有)·논의(論議)의 십이분교(十二分教)를 보살들에게 설하였다. 보살은 그것을 잘 듣고, 잘 기억해 가지며, 구송해서 잘 익히며, 마음으로 잘 분별하고, 잘 관조해서 활연히 통달한 뒤, 보살이 홀로 고요한 곳에 머물면서, [그것을] 마음속에 잘 간직하고, 그와 같이 잘 사유한 그 법들을 작의(作意)하며, 작의를 행하는 그 내심에서 그 마음이 연속해서 작의를 행함으로써 작의라고 한다. 그와 같이 행하고 그것을 닦아 익히는 거기에서, 몸과 마음의 경안이 발생하는 그것을 사마타라고 한다. 그와 같다면 보살이 사마타를 온전히 추구하는 것이다. 또 보살이 몸과 마음의 경안을 얻은 다음 거기에 머물면서, 마음의 산란을 제멸한 뒤, 그와 같이 사유한 그 법들 안에서 삼마지의 [행하는 바의] 경계인 [그 법들의] 영상(影像)들을 여실히 관찰하고 승해(勝解)하는 것이다. 그와 같이 삼마지의 경계인 그 영상들의 소지의(所知義, Śes baḥi don)를 사택(思擇, rNam par ḥbyed pa)하고, 최극사택(最極思擇, Rab to rnam par ḥbyed pa)하고, 주편심사(周偏尋思, Yoṅs su rtog pa)하고, 주편사찰(周偏伺察, Yoṅs su dpyod pa)하고, 감내(堪耐, bZod pa)하고, 애락(愛樂,ḥDod pa)하고,분변(分辨,Bye brag ḥbyed pa)하고,관조(觀照, rTa ba)하고, 식별(識別, rTog pa)하는 그 일체가 위빠사나(觀)이다. 그와 같다면 보살이 위빠사나(觀)에 효달하는 것이다."라고 하였다.

"그러므로 번뇌와 소지(所知)의
장애들을 남김없이 끊기 위해,
반야바라밀다의 유가(瑜伽)를
항상 방편과 더불어 근수하라." (제42송)

2. 방편과 반야의 쌍운(雙運)

이제 방편과 반야를 자세히 설하고자 한다. 본송(本頌)에서, "속박이라 말하니"(제43송 3구)라고 함은, 『가야산두경(伽倻山頭經)』과 『무구칭경(無垢稱經)』에서, "방편을 여읜 반야는 속박이다. 반야를 여읜 방편 또한 속박이다."라고 설하였다.

그러므로 또한, "그 둘을 버려서도 안 된다."(제43송 4구)라고 함은, 아사리 즈냐나끼르띠(Jñānakīrti, 智稱)[300]께서 [『반야바라밀수습차제(般若波羅蜜修習次第)』에서] 이와 같이 설하였다.

"반야바라밀의 자성과 보시 등의 방편에 온전히 들어가라. 그 또한 『가야산두경(伽倻山頭經)』에서, '이들 둘은 보살도(菩薩道)를 총괄하니, 이같이 방편과 반야이다.'라고 하였다. 방편은 보시 등의 바라밀과 사무량(四無量)과 사섭법(四攝法)과 그러한 것들의 차별로 구별이 된다. 그것을 또한 『무진의경(無盡意經)』과 『보운경(寶雲經)』 등의 계경에서 설하였다. 반야는 방편을 전도되지 않게 온

---

300 아사리 즈냐나끼르띠(Jñānakīrti, 智稱)의 전기는 찾아볼 수가 없으나 『입진성론(入眞性論, De kho na ñid la ḥjug pa)』 등의 저술이 티베트 대장경에 수록되어 있다.

전히 결단하는 원인이다. 그것으로 방편을 바르게 관찰해서 전도되지 않고, 자타의 이익을 여실하게 실천함으로써, 진언으로 가지(加持)한 독물처럼 전적으로 번뇌가 되지 않는다. 그 계경에서 또한, '방편은 거두어 모으는 것임을 알라. 반야는 온전히 결단하는 것임을 알라'고 설함과 또한 『신력발생경(信力發生經)』에서, '「방편에 정통[301]함이란 무엇인가?」 하면, 그것은 일체법을 거두어 모음을 아는 것에 정통함이다. 「반야란 무엇인가?」 하면, 그것은 일체법이 차별 없음을 앎에 정통함이다'라고 설하였다."

1) 쌍운(雙運)의 필요성

이것들은 지중(地中)에 머물지라도 또한 의지해야 함으로써, 단지 아는 것만으로는 [충분한 것이] 아니다. 왜냐하면, 『십지경(十地經)』 등의 계경에서, "나머지 바라밀들을 또한 행하지 않는 것이 아니다."라고 설함으로써, "보살의 십지(十地) 전체에서 전적으로 모든 바라밀을 행한다."라고 설하였다. 그 또한 반야바라밀 하나만을 좋아하는 보살을 실례로 삼아서, 『성

---

301 '방편에 정통한 네 가지의 법'에 대하여 아사리 최승자(最勝子)의 『대승아비달마집론소(大乘阿毘達磨集論疏)』에서, "① 유정을 성숙시킴에 정통함은 사섭법(四攝法)이니, 그것으로 섭수(攝受)한 뒤 선행에 들여보내기 때문이다. ② 모든 불법을 갖추는데 정통함은 반야바라밀이니, 보시바라밀에서부터 일체종지(一切種智)에 이르기까지를 갖추길 원하는 보살마하살은 이 반야바라밀을 학습하라고 설하였기 때문이다. ③ 신통을 신속하게 얻는데 정통함은 밤낮 여섯 차례에 참회하고, 복덕을 수희하고, 부처님께 기원하고, 선근을 회향함이니, 이것은 『미륵청문경(彌勒請問經)』에서 그같이 설함과 같다. ④ 도(道)의 흐름이 단절되지 않음에 정통함은 무주처열반을 수여하고, 흐름이 단절되지 않게 완전히 세간계를 조복하는 것을 여실하게 불보살의 행위로 널리 설하여 보였기 때문이다."라고 설하였다.

실원만경섭일체법(聖悉圓滿經攝一切法)』[302]에서 다음과 같이 설하였다.

> "미륵보살이여, 보살들이 보리심을 위해서 육바라밀을 바르게 수지하는 그것에 대하여 어리석은 사람들은 이같이, '보살은 오직 반야바라밀 하나만을 배우도록 하라. 나머지 바라밀들로 무엇을 하고자 하는가?'라고 말하고, 그것으로 다른 바라밀들을 폄하하는 생각을 일으킨다."

또 『비로자나현증보리경(毘盧遮那現證菩提經)』에서도, "이 일체지지(一切知智)는 대비의 뿌리이며, 보리심의 원인이고, 방편의 구경에 도달함이다."라고 설하였다.

그러므로 그 둘을 또한 모든 때에 의지토록 하라. 그와 같다면 세존의 무주처열반(無住處涅槃)을 성취하는 것이다. 그 또한 보시 등의 방편에 의해서 색신(色身)과 정토와 권속 등의 광대한 수용의 원만한 과보(果報)를 완전히 지님으로써, 세존은 열반에도 또한 머물지 않고, 반야바라밀로 전도를 남김없이 끊어버림으로써 윤회에도 또한 머물지 않으니, 윤회는 전도의 자체이기 때문이다.

그리고 "그 또한 법의 이문(異門 : 法門)을 뗏목과 같은 것으로 이해하는 자들이 제법 또한 버리고자 하면, 법이 아닌 것은 더 말할 필요가 없다."라고 계경에서 설한 것은, "그것을 전도되게 집착함을 버리도록 하라고 설한 것이지, 필요한 의리(義利)를 구족하는 목적에 또한 머물지 말라."

---

302 『성실원만경섭일체법(聖悉圓滿經攝一切法, ḥPhags pa yoṅs su gyas paḥi mdo chos thams bsdus pa)』은 데게 대장경에는 수록되어 있지 않으나, 『집학론(集學論)』에 경문이 인용되어 있다.

고 설한 것이 아니다. 그것은 또한, "바른 법을 온전히 잡아 가지되, 삿된 법은 잡아 지니지 말라."고 하는 의미이다. 그러므로 전거와 더불어 이렇게 설하였다.

"항상 모든 때에 방편과
반야바라밀 자체를 의지하라.
왜냐하면 그것으로부터
무주처의 열반을 이룬다."

나의 스승님 보디바드라(菩提賢)께서도 [「정자량품(定資糧品)」에서] 또한, "그와 같음으로써 언제나 항상 방편과 반야의 둘을 함께 지니도록[303] 하며, 복덕과 지혜의 자량을 함께 운용해서 평등하게 쌓도록 하라."고 설하셨다.

2) 방편과 반야의 차이

"그와 같이 방편과 반야의 둘을 함께 행하고, 그 둘을 함께 지니도록 하라."고 하는 그것을 설하여 보인 뒤, [방편과 반야의 차이를 설하고자,]

---

303 '방편과 반야의 둘을 함께 지니고 청정하게 하는 네 가지의 법'에 대하여 『해의경(海意經)』에서, "① 모든 유정에게 자아가 없음을 보고, 사섭법(四攝法)으로 유정들을 성숙시킨다. ② 일체법은 [모든 이름과 모양을 여읨으로써] 불가설(不可說)임을 통달하고, 글자와 석의(釋義)로 중생들에게 법을 연설하고 정법을 또한 지니게 한다. ③ 모든 부처님은 법신으로 변석(辯析, Rab tu phye ba)함을 이해하고, 묘상(妙相)과 종호(種好)를 이루기 위해 정진이 또한 쇠퇴하지 않도록 행한다. ④ 모든 불국토를 허공의 본질로 깨닫고, 불국토를 정화하기 위해 근면의 장엄들이 또한 끊어지지 않게 한다."라고 설하였다.

이제 방편(方便)과 반야(般若)라 부르는 그 둘이 어떤 것인가를 설하기 위해서, 본송(本頌)에서 다음과 같이 말하였다.

> "반야란? 방편이란 무엇인가?
> [잘못 아는 등과] 의심들을,
> 없애기 위해 방편들과 반야의
> 바른 차별을 명확하게 밝힌다." (제44송)

여기서 '의심들을 없애기 위해'라고 함은, 과거의 대아사리들께서 이 둘은 같지 않은 별개로 설하였다. 그러므로 방편과 반야의 차별은 이와 같은 것이니, 일부의 논전에서 다음과 같이 설하였다.

> "방편은 보리살타(菩薩)의
> 중생을 [애민하는] 대비이니,
> 그 또한 소연(所緣)의 차별로
> 세 가지의 모양[304]이 있다."

또 다른 논전에서는, "세속의 행상(行相)의 보리심[305] 그것이 방편이다."

---

304 '세 가지의 모양'은 곧 삼종자비(三種慈悲)이니, ① 유정만을 소연하는 중생연자비(衆生緣慈悲), ② 자아의 덧없음 등의 법을 소연하는 법연자비(法緣慈悲), ③ 자아의 실유(實有)를 소연함이 없는 무연자비(無緣慈悲)의 셋이다. '부록 4 - 용어 해설'의 '삼종자비'를 참조 바람.

305 '세속의 행상(行相)의 보리심(世俗菩提心)'은 타인의 이익을 위해서 정등각 붓다를 추구하는 희구심(希求心)과 상응하는 뛰어난 마음을 말하니, 곧 발심(發心)과 같은 의미이다. '부록 4 - 용어 해설'의 '세속(世俗)의 의미'를 참조 바람.

라고 하였다. 나의 지존하신 스승님 보디바드라(菩提賢)께서도 [「정자량품(定資糧品)」에서] 이같이 설하였다.

> "반야바라밀다를 제외한
> 보시바라밀다 따위들의,
> 모든 선한 법들의 일체를
> 제불은 방편이라 설하였다." (제45송)

나는 이것을 [『보리도등론(菩提道燈論)』의] 원문에 기재하였다. 여기서 '보시바라밀다 따위들의'라고 함은, 보시는 셋이니, 베푸는 자와 시물(施物)과 [받는 대상인] 복전(福田)의 차별[306]이다.

베푸는 자인 시주(施主)는 이양(利養)과 공경 또는 명성과 칭송을 위해서거나 또는 다른 사람이 권유함으로써 또는 비민(悲愍)으로 말미암아서거나 또는 받들어 모시기 위함 등으로 보시를 하는 사람이다. 시물은 이같이 법과 재물과 무외(無畏)와 자애(慈愛)[307] 등이다. [받는 대상인] 복전은 이같이 삼보(三寶)와 스승님과 오도(五道)에 안주하는 모든 유정이다.

---

306 복전(福田)의 차별은 복전의 종류와 우열을 말한다. 최상은 복전은 부처님께 공양하는 것이나, 보통 세 가지의 복전을 말한다. 공덕의 복전은 친교사와 아사리 등이며, 은혜의 복전은 부모 등이며, 고통의 복전은 병자와 걸인 등이니, 이들 셋은 재가와 출가자와 보살들의 모두가 복혜(福慧)를 쌓는 복전이 된다. '부록 4 – 용어 해설'의 '복전의 의미'를 참조 바람.

307 여기서 법과 재물과 무외(無畏)와 자애의 넷을 베푸는 목적은 네 가지 특점이 있기 때문이니, 인색함 등의 보리의 역품(逆品)이 소멸하기 위함이며, 법무아(法無我)를 증득하는 무분별지(無分別智)를 얻기 위함이며, 중생의 바람을 만족시키기 위함이며, 삼승(三乘)의 종성을 성숙시키기 위함이다.

그 또한 『금강사좌속(四金剛座續)』에서, "6만의 쑤드라(Śūdraḥ, 노예 계급)의 종족은 하나의 바라문에게 결부한다."라고 하는 등을 널리 설하였으며, 또한 계경에서, "거사는 [외도의] 다른 스승을 친근하지 않는다."라고 하는 등을 널리 설하였으며, 또한 『강설백법(講說百法, Chos bśad pa brgya pa)』에서도 그와 같이 널리 설하였다.

달리 또한 [보시의 종류와 대상에 대하여] 세존께서 『삼계존승속(三界尊勝續)』이라 부르는 『요가딴뜨라(瑜伽續)』에서, "이같이, 관정(灌頂)의 보시와 법시(法施)와 재시(財施)와 음식의 보시와 무외(無畏)의 보시와 자애(慈愛)의 보시이다. 그것을 제자와 불현(不現)의 마음(Mi snaṅ baḥi sems)과 사문과 바라문과 가난한 자와 짐승과 죄수(罪囚, Gyod krin can)[308]와 모든 중생에게 차례대로 [보시함]이다."라고 하였다. '따위들의'라고 함은 다른 바라밀들을 또한 설함이다.

지계바라밀은 이같이, 보리심을 처음 일으킨 초학보살(初學菩薩)과 보살행에 들어간 보살과 불퇴전의 보살[309]과 무생법인(無生法忍)[310]을 얻은 보살과 일생보처(一生補處, sKye ba gcig gis thogs pa)와 최후유(最後有,

---

308 죄수(罪囚, Gyod krin can)는 혹형을 당한 죄인의 뜻이니, 『곰데칙죄첸모(貢德大辭典)』에서, "괴라띤(Gyod la krin, 罪囚). 몸의 사지와 손가락 따위를 절단하는 의미이니, 『율분별어광주(律分別語廣註, ḥDul ba rnam ḥbyed paḥi tshig rnam bśad)』[Tshu 39na]에서, '괴(Gyod)라고 함은 몸의 지분을 절단함이다.'라고 하였다. 이것에 대한 『율분별어(律分別語, ḥDul ba rnam ḥbyedb)』[Ca pa]에서, '미생원왕(未生怨王)이 그가 그만큼 도적질을 함으로써 사지를 절단하고 목숨과 분리되게 하였다.'라고 설하였다."라고 하였다.

309 불퇴전(不退轉)의 보살은 여기서 대승의 가행도(加行道)와 견도(見道)와 수도(修道)의 단계에 머무는 보살성자를 부르는 용어이다. 보살의 불퇴전의 상징에는 44가지가 있다. '부록 4 - 용어 해설' 가운데 '불퇴전의 상징'을 참조 바람.

310 무생법인(無生法忍, Mi skye baḥi chos la bzod pa)은 무생법(無生法)에 인(忍)을 얻은 팔지(八地)의 보살의 경계를 말한다. '부록 4 - 용어 해설'을 참조 바람.

Srid pa tha ma)에 머무는 보살의 계율들이다. 나머지 바라밀들은 계경에서 설한 바와 같다.

'모든 선한 법들의 일체들'이라 함은, 아래에서 설하게 된다. 달리 또한 이들의 자세한 의미들을 계경과 또한 계경의 뜻을 밝게 드러낸 『집경론(集經論)』과 『보살지(菩薩地)』와 『입보리행론(入菩提行論)』과 『집학론(集學論)』과 아사리 빠오(dPaḥ bo, 聖勇)[마명(馬鳴) 보살]의 『바라밀다법담(波羅蜜多法談, Pa rol tu phyin paḥi gtam)』 등을 보도록 하라.

또한 본송(本頌)에서 다음과 같이 말하였으니, 의미는 게송의 내용 그대로이다.

"방편을 수습한 힘으로 보살 자신이
어떤 법을 소연해서 반야를 근수하는,
그것은 신속히 원만보리를 증득하고
무아 하나만을 닦아서는 얻지 못한다." (제46송)

3) 반야의 바른 의미

"반야(般若, Śes rab)[311]란 무엇인가?" 하면, 이같이 타고난 구생지(俱生智)이거나 또는 들음으로부터 발생한 문소생혜(聞所生慧)이거나 또는 사유

311 '반야의 의미'에 대하여 『집학론(集學論)』에서, "'반야란 무엇인가?' 하면, 법을 극도로 결택함이다."라고 하였으며, 아사리 미팜쎄녠(Mi pham bśes bñen, 不敗親友)의 『보만론광주(寶鬘論廣註)』에서, '의미를 전도됨이 없이 여실하게 앎으로써 반야이니, 지혜의 뛰어남이다.'라고 하였듯이 제법의 실상을 바르게 분석하는 관혜(觀慧)의 뜻이다. '부록 4 - 용어 해설'의 '반야의 의미'를 참조 바람.

로부터 발생한 사소생혜(思所生慧)이거나 또는 닦음으로부터 발생한 수소생혜(修所生慧)이거나 또는 많은 계경에서,

"어떤 이의 모든 희론(戱論)의
자리(處)와 언설을 여읨[312]에,
들어가는 그 심금강(心金剛)이
반야(般若)라 한다고 선언한다."

라고 설한 바의 그것이다.

그와 같이 본송(本頌)에서도 다음과 같이 말하였다.

"온(蘊)·계(界)·처(處)의 법들이
진실로 무생(無生)임을 깨달아,
자성이 본래 공(空)함을 아는 것이
반야(般若)라고 분명하게 설하였다." (제47송)

여기서 '온(蘊)·계(界)·처(處)의' 셋에 내외의 모든 법이 거두어짐[313]이니, 세존께서도, "바라문이여, '일체, 일체'라고 함은, 온(蘊)과 계(界)와 처(處)[314]들이다."라고 설하였다. 또한 '무생(無生)'은 아래에서 설하게 된

---

312 '언설을 여읨'은 '언설로 바뀜이 없음'을 뜻하는 '칙뚜마규르(Tshig tu ma gyur pa)'의 옮김이다.

313 내외의 모든 법이 온계처(蘊界處)의 셋에 거두어짐이란, 곧 오온(五蘊)과 [육근(六根)과 육경(六境)과 육식(六識)을 합한] 십팔계(十八界)와 [육근(六根)과 육경(六境)을 합한] 십이처(十二處)이니, 이들 삼십오법(三十五法)에 내외의 모든 법이 포함됨으로써 그렇게 말한다.

314 갤찹·닥빠된둡(普稱義成)의 『보리도등론제호석(菩提道燈論醍醐釋, Byaṅ chub lam sgron gyi

다. '설하였다'라고 함은, '부처님과 스승님께서 설하였다.'라고 함이다.

여기서 말하니, [갖가지의] 바라밀과 사섭법(四攝法)과 사무량(四無量)과 [정념각지(正念覺支) 등의] 칠각지(七覺支)와 [서사(書寫) 등의] 십법행(十法行)[315]과 선업(善業)들과 달리 또한 [신성재(信聖財) 등의] 칠성재(七聖財)[316]와 [불수념(佛隨念) 등의] 육수념(六隨念)[317] 등과 맨달(Maṇḍal)의 공양[318]과

ḥgrel ba mar gyi ñiṅ khu))』에서, "'사물을 [실유(實有)로] 승인함이 있으면, 흉악한 탐욕과 성냄이 일어나고, 포악한 견해를 전적으로 고집하니, 그로부터 [불화가] 일어나서 논쟁하니, 그것이 모든 견해의 원인이다. 그것이 없으면 번뇌가 일어나지 않으니, 그러므로 그것을 온전히 깨달으면, 악견과 번뇌가 완전히 정화된다.'라고 『중관장엄론(中觀莊嚴論)』에서 설함과 같이, 사물을 실유(實有)로 승인하는 일체를 여읜 공성을 닦는 것이 필요하다. 그 또한 어떤 것에 애착하는 거친 분별 그것을 분석한 뒤 닦는 것임으로써, 처음에 단지 온(蘊)·계(界)·처(處) 셋만을 닦는 것도 구결(口訣)이다. 인아(人我)와 법아(法我)로 착각을 일으키는 일체가 온(蘊, Skandhaḥ) 따위에 의지해서 착각을 일으킴으로써, 착각의 근원 그것이 경(境 : 所取)과 유경(有境 : 能取) 가운데 어떤 것인가를 분석해서 공(空)으로 처리하는 것이다. 그 또한 하나의 자아로 분별하는 것을 대치하기 위해서 단지 여럿이 모인 것을 온(蘊)으로 사유하고, 원인으로 분별하는 것을 대치하기 위해서 단지 계(界, Dhātu)가 되는 것임을 사유하고, 또한 작용이 없음에도 자기의 성질을 지님이 계(界)이니, 땅의 성질이 딱딱함 따위들을 파지하는 것이다. 식자(食者 : 결과를 누리는 자)로 분별하는 것을 대치하기 위해서 단지 처(處, Ayatanaṃ)로 사유하니, 그와 같이 사유함으로써 아집(我執)을 물리치는 것이다."라고 해서 온(蘊)·계(界)·처(處)의 뜻을 정의하였다.

315 십법행(十法行)에는 몇 가지 뜻이 있으니, 여기서는 『변중변론(辨中邊論)』에서 설한 10가지인 것으로 생각된다. 곧 ① 서사(書寫), ② 공양, ③ 보시, ④ 청문(聽聞), ⑤ 수지(受持), ⑥ 독송(讀誦), ⑦ 강설(講說), ⑧ 염송(念誦), ⑨ 사유(思惟), ⑩ 수습(修習)이다. '부록 4 – 용어 해설'을 참조 바람.

316 칠성재(七聖財)는 신성재(信聖財), 계성재(戒聖財), 문성재(聞聖財), 사성재(捨聖財), 참성재(懺聖財), 괴성재(愧聖財), 혜성재(慧聖財)의 일곱이다. '부록 4 – 용어 해설'을 참조 바람.

317 육수념(六隨念)을 닦는 법은, 불수념(佛隨念)·법수념(法隨念)·승수념(僧隨念)·시수념(施隨念)·계수념(戒隨念)·천수념(天隨念)의 여섯을 그들의 공덕을 억념하는 문을 통해서 존경심을 일으키고, 자신 또한 그 문을 통해서 그와 같이 되고자 염원하고 또 행하는 것이다. '부록 4 – 용어 해설'을 참조 바람.

318 맨달(Maṇḍal)의 공양은 수미산과 사대주를 상징하는 동판 등으로 만든 예식용 법구에 윤왕칠보 등을 비롯한 진귀한 공양물을 불보살님께 공양을 올려서 복덕자량을 쌓는 일종의 작업이다. 대표적인 것으로는 37공맨달(三十七供曼荼羅)의식이 있다. '부록 4 – 용어 해설'

차차(Tsha tsha)[319]의 공양과 탑돌이 등은 방편이니, 보신과 화신의 원인이 되고, 오직 반야바라밀 하나만이 반야이니, 법신의 원인이다.

3. 사대증인(四大證因)[320]을 통한 위빠싸나(觀)의 수습

말한다. [첫째, 정리(正理)의 증인(證因)[321]을 통해서 제법이 무생(無生)임을 설하여 보이니] 선남자여, "그와 같은 반야라는 그것을 어떤 도리로 현증(現證)하는가?"라고 하면, 말하니, 사대증인(四大證因)[322]에 의해서 깨닫는다. "그

을 참조 바람.

319 차차(Tsha tsha, 小像)이니, 차진 진흙으로 만든 작은 탑과 불상 등의 이름이다. '부록 4 – 용어 해설'을 참조 바람.

320 사대증인(四大證因, gTan tshigs chen po bshi)이 티베트에 유래된 연유를 『보리도등론제호석(菩提道燈論醍醐釋)』에서, "깨닫고자 하는 대상인 법무아(法無我)의 의미를 결택하는 도리 또는 증인(證因)을 실제로 설하니, 선지식 뽀또와(Potoba, 1031~1105)께서 설하되, '『중관광명론(中觀光明論, dBu maḥi snaṅ ba)』을 수순해서 티베트 사람들이 사대증인(四大證因)이라고 하였지만, 모든 증인은 이일다인(離一多因)과 연기인(緣起因)의 둘에 거두어진다. 생인(生因)을 논파하는 모든 증인을 연기인이라 함이니, 여기서는 파사구생인(破四句生因)을 말하지 않았다. 결과의 측면에서 분석함이 파유무생인(破有無生因)이며, 원인의 측면에서 분석함이 금강설인(金剛屑因)이니, 이것의 이름 또한 아사리 까말라씰라(Kamalaśīla. 蓮華戒)께서 붙였다. 원인과 결과를 함께 분석함이 이일다인(離一多因)이다.'라고 설함과 같다."라고 하였다. 또한 오대증인(五大證因)을 말하기도 하니, '부록 4 – 용어 해설'의 '오대증인'을 참조 바람.

321 증인(證因, gTan tshig)은 결정구(決定句)의 뜻이니, 범어 헤뚜(Hetuḥ)를 인(因, gGyu)과 원인(原因, gGyu mtshan) 등으로 직역하지 않고 의역한 용어이다. 다시 말해, 소립(所立 : 논증하려는 주제)의 명제인 종(宗)을 성립시키는 이유 또는 원인이 되는 능립(能立 : 立論)의 증인(證因 : 理由)을 말한다.

322 보통 인무아(人無我)를 논증하는 방법으로 수레의 지분에 의거하는 오상도리(五相道里)를 여기서 언급하지 않고, 사대증인(四大證因)만을 논설한 것은 이 사대증인으로도 인무아를 타파할 수 있기 때문이다. 다시 말해, "이것은 법무아를 논증하는 파사변생인(破四邊生因)과 인무아를 논증하는 칠상도리(七相道里)와 이무아(二無我)를 결택하는 이일다인(離一多因)과 증인(證因)의 왕인 연기증인(緣起證因)이다."라고 『슝까뾔응아칙된쎌뎁(藏傳佛敎五明詞義詮釋)』에서 설함과 같다.

넷이 무엇인가?"라고 하면, 파사구생인(破四句生因)과 금강설인(金剛屑因)과 이일다인(離一多因)과 연기증인(緣起證因)이다.

"이것들이 또한 어떤 것인가?"라고 하면, 본문에서, "있는 것이 발생하는 것은 정리가 아니며"라고 하는 등의 [48송·49송·50송·51송의] 네 게송을 설하여 보였다.

1) 발생의 결과를 분석하는 파사구생인(破四句生因)[323]

먼저 본송(本頌)에서 다음과 같이 말하였다.

> "있는 법이 다시 생하는 것은 정리가 아니며
> 없는 법이 생하는 것은 또한 허공 꽃과 같다.
> 허물이 [유무(有無)의] 둘에 성립하기 때문에
> [사물은] 둘로부터도 또한 발생하지 않는다." (제48송)[324]

---

323 파사구생인(破四句生因)의 뜻은 자기가 원인의 단계에서 있음(有)으로부터, 아니면 없음(無)으로부터, 아니면 있음과 없음의 둘로부터, 아니면 있음과 없음의 둘도 아닌 것으로부터 결과가 발생하는지를 분석하는 증인(證因)이다.

324 이 게송의 뜻은『칠십공성론(七十空性論)』의 제4송에서, "있는 것은 있기 때문에 발생하지 않고, 없기 때문에 없는 것은 발생하지 않으니, 법이 같지 않기 때문에 유무(有無) [둘]로부터도 [발생하지] 않으니, [제법은] 생함이 없기에 머물고 멸함이 없다."라고 하였으며, 또 해설하길, "사물이 있음으로써, 원인에서 생하지 않으니, 있는 것은 이미 존재해 있는 것이다.'라고 설하였다. 없는 것은 있지가 않기 때문에, 원인으로부터 발생하지 않는다. 있는 것과 없는 것은 같지가 않기 때문에, 발생하지 않으니, 서로 어긋나기 때문이다. (그 또한) 이같이 있는 것과 없는 것들은 서로 어긋나는 법인 까닭에, 법이 일치하지 않기 때문에, 또 있는 것이기도 하고, 또한 없는 것이기도 한 것이 '어떻게 발생하겠는가?' 발생함이 있지 않기 때문에 머물고 소멸함이 또한 없다"라고 하였다. 다른 해설은 '부록 4 – 용어 해설'의 '파사구생인(破四句生因)'을 참조 바람.

이것은 파사구생인(破四句生因, Mu bshi skye ḥgog gtan tshigs)[325]이니, 어떤 법들로 [이미 존재하고] 있는 것들은 [다시] 발생[326]하지 않으니, 이미 발생하였기 때문이다. [아예 존재하지 않는] 없는 법은 또한 발생하지 않으니, 그것들은 자신이 성립하지 않고, 발생하는 원인이 없기 때문이다. 그 '[유무(有無)의] 둘'이라 부르는 세 번째의 온(蘊 : 事物)은 여기에 있지 않다.

이 뜻을 아사리 쌴띠데와(寂天)께서 또한 [『입보리행론』의 「반야품(般若品)」[327]에서] 다음과 같이 [제146송~제150송의] 다섯 게송[328]을 설하였다.

"사물이 [이미 성립해서] 있는데
'원인이 필요함이 어찌 있겠는가?'

---

325 이 파사구생인(破四句生因)은 또한 파유무생인(破有無生因)이라 부른다. 보통 파사구생인은 "일인(一因)이 일과(一果)와 다과(多果)를 발생하지 않고, 다인(多因)도 역시 일과(一果)와 다과(多果)를 발생하지 않기 때문이다."라고 해서, 내도(內道) 가운데 모든 사물은 육인(六因)과 사연(四緣)에 의해서 발생한다고 주장하는 설일체유부의 주장을 논파할 때 주로 사용하는 증인(證因)이다.

326 『중론』의 「관삼상품(觀三相品 / 觀生住滅品)」의 제20송에서, "먼저 [사물이] 있음(有)과 없음(無)으로부터 또한, 발생함은 정리가 아니며, 있음과 없음에서 [발생함이] 또한 아니라 말하니, 이미 앞에서 설하여 보인 바이다."라고 하였으며, 또한 아사리 짠드라끼르띠(月稱)의 입중론(入中論)에서, "[결과인 사물이] 있다면 능생(能生 : 因)이 어찌 필요하며, 없다면 또한 그것으로 무엇을 하겠는가?"라고 하였다.

327 쫑카빠 대사의 『중론정리대해(中論正理大海)』에 실려 있는 출판사의 서문에 의하면, "그 뒤 아사리 쌴띠데와(寂天)는 아사리 짠드라끼르띠(月稱) 등을 수순해서 중관귀류견(中觀歸謬見)으로 주석한 『입보리행론(入菩提行論)』을 저술하였다."라고 하였듯이, 이 「반야품」은 중관귀류파의 견해를 담고 있다.

328 『난처석』의 본문에 실린 게송들 대신 데게 대장경의 판본에 실린 게송들로 대체하였다. 이것은 두 판본 사이에 의미에서는 큰 차이가 없으나, 구절의 순서와 자구에서 많은 차이를 보이기 때문이다. 또 이 다섯 게송에 대한 의미를 선지식 캔뽀·꾼뻴(普賢具吉)의 『입보리행론주감로적(入菩提行論註甘露滴)』에서 다음과 같이 설하였으니, '부록 4 - 용어 해설'의 '『입보리행론』의 「반야품(般若品)」의 다섯 게송'을 참조 바람.

그리고 그것이 없다 하면 또한
'원인이 필요함이 어찌 있겠는가?'[329]

백천만의 원인에 의해서도 또한
비사물(非事物)은 [사물로] 전변시키지 못하니,
[사물이 없는] 그 상태에서 '사물이란 어떤 것이며
사물로 전변한 그것은 또한 어떤 것인가?'[330]

없는 때는 사물이 있는 것이 아니니
'사물이 어느 때 있게 되는 것인가?'

---

329 이 게송의 의미를 선지식 부뙨·린첸듑(寶成)의 『입보리행론주소(入菩提行論註疏)』에서, "자기와 다른 것과 그 둘의 자성의 원인이란 유법(有法), 그것은 승의에서 결과를 발생시킴에는 근거가 없다. 승의에서 결과의 유무(有無)를 전혀 발생시키지 못하기 때문이다. 증인(證因)이 성립하니, 결과의 사물이 [성립하여] 있는 데, 이미 있음이 성립한 사물에 원인의 필요성이 어찌 있겠는가? 결과가 원만하게 이미 성립하였기 때문이다. '다른 모양을 분명하게 함으로써'라고 할지라도, 결과의 사물 그것이 있을 뿐 아니라, 없는 사물의 자성이면 또한 원인의 필요성이 어찌 있겠는가? 없는 사물은 원인이 발생시키는 대상이 아니기 때문이니, 토끼의 뿔과 같은 것이다."라고 하였다.

330 부뙨·린첸듑(寶成)의 위의 같은 책에서, "'사물이 이미 성립하여 원인이 필요가 없을지라도 또한 없음[非事物]에는 필요한 것이다.'라고 한다면, [사물이 아닌] 비사물(非事物)이란 유법(有法), 그대는 십만의 원인을 말할 것도 없고, 백천만의 원인에 의해서도 또한 사물로 전변시키지 못하니, 비사물(非事物)이기 때문이다. 허공과 같이 전변하지 않는 것에 속한다. '사물의 자성으로 존재한다.'라고 하면, 결과인 유법, 그 사물은 '어떤 모양과 같은 것인가?' 사물이 응당 아니니, 비사물의 그 상태를 버리지 않은 자성이기 때문이다. '비사물이 사물이 되는 것이 아니고, 없음으로부터 돌아선 뒤 사물로 바뀐다.'라고 하면, 달리 없음으로부터 돌아선 다른 또한 이라는 유법, '사물의 실질로 발생함이란 어떤 것인가?' 응당 아니니, 사물로 존재하기 때문이며, 이미 원인에 결과가 있어서 발생함을 앞에서 타파하였기 때문이다."라고 하였다.

사물이 발생함이 있지 않고서는[331]
사물이 없음과 분리되지 않는다.

비사물(非事物)과 분리되지 않으면
사물이 있는 때가 있지 않으며,
사물이 또한 비사물이 되지 않으니[332]
그 자성이 둘로 성립하기 때문이다.

그같이 [제법은] 멸함이 있지 않고[333]
사물은 또한 있는 것이 아니니,
그러므로 이들 유정의 일체는
영원히 생함도 없고 멸함도 없다."[334]

---

331 이 게송의 제2구, 3구는 『난처석』의 본문과 조금씩 다르니, 차례로 "어느 때 '사물이 발생하게 되는가?(Nam shig dṅos po ḥbyuṅ bar ḥgyur)'"와 "사물이 발생함이 없이는(dṄos po skye ba med pa yis)"이다.

332 『난처석』의 본문에서는 제4구와 3구가 바뀌어서 나오나 의미에서는 차이가 없으니, "자성이 둘로 성립하기 때문에(Raṅ bshin gñis su thal ḥgyur phyir), 사물이 비사물(非事物)로 존재하지 못한다(dṄos po dṅos med yod mi ḥgyur)"로 나온다.

333 『난처석』에 실린 이 게송은 데게 판본과 의미에서는 차이가 없으나 사뭇 다르니, "그와 같이 단멸이 있지 않고(De bshin chad pa yod min shiṅ), 상주함을 또한 보지 못한다(rTag par yaṅ mi dmigs so), 그러므로 이들 유정은(De bas skye bo ḥdi dag ni), 생함도 없고 멸함도 없다(sKye ba med ciṅ ḥgas pa med)"로 나온다.

334 선지식 갤찹·다르마린첸(壯寶)의 『입보리행론본주(入菩提行論本注)』에서, "앞에서 설한 그와 같은 도리로 [제법의] 발생은 자성이 성립하지 않으니, 그와 같이 소멸도 자성이 성립하지 않고, 사물은 또한 자성이 있는 것이 아니니, 그러므로 이들 유정의 일체는 영원히 자성이 생함도 없고 멸함도 없으며, 본래부터 적멸이며, 자성이 열반이다."라고 하였다.

2) 발생의 원인을 분석하는 금강설인(金剛屑因)[335]

또한 본송(本頌)에서 다음과 같이 말하였다.

> "사물은 자기로부터 발생하지 않으며
> 다른 것과 둘로부터도 또한 아니며,
> 원인이 없이 생함도 아니니 그러므로
> [사물에는] 본질이 성립하는 자성이 없다." (제49송)[336]

이것은 금강설인(金剛屑因, rDo rje gzegs maḥ gtan tshigs)[337]을 열어 보인 것

---

335 금강설인(金剛屑因)은 또한 파사변생인(破四邊生因)이라고 하니, 선지식 제둥·쎄랍왕뽀(rJe druṅ Śes rab dbaṅ po)의 『입중론의취명해난처석(入中論義趣明解難處釋)』에서, "그들 증인(證因) 가운데 여기서 아사리 나가르주나(龍樹)의 부자는 논증의 핵심으로 금강설인의 문을 통해서 무실유(無實有)를 결택하였다. 『중론(中論)』의 「관인연품제일(觀因緣品第一)」의 제3송에서, '자기로부터도 아니며 다른 것으로부터도 아니며, 둘로부터도 아니며 원인이 없음도 아니니, 사물은 어떤 것들도 어디서도 또한, 발생함이 어느 때도 또한 있지 않다.'라고 하였다."라고 함과 같이, 증인(證因)의 핵심으로 삼았다.

336 이 게송의 의미를 선지식 잠괸·로되타얘(無邊慧)의 『보리도등론정해(菩提道燈論精解)』에서, "내외의 사물들이란 유법(有法), 자기로부터 발생하지 않으니, '그와 같으면 발생이 무의미함과 끝이 없게 되고, 원인과 결과가 하나이자, 능생(能生 : 產出者)과 소생(所生 : 產出物)이 하나가 된다.'라고 하는 자가당착에 빠지게 되기 때문이다. '자성은 또한 다른 것으로부터 또한 발생하지 않으니, 자성이 다른 [것에 의해서 발생하는] 것이라면 혜택을 받는 자와 주는 자의 연결성이 없게 되니, 그와 같으면 일체에서 일체가 발생하기 때문임과 원인과 결과가 다른 것이면 원인과 원인이 아닌 것이 동일하게 된다.'라고 하는 정리(正理)에 의해 논파되기 때문이다."라고 하였다. 다른 해설은 '부록 4 - 용어 해설'의 금강설인(金剛屑因)을 참조 바람.

337 이 금강설인의 의미를 선지식 갤참·닥빠된둡(普稱義成)의 『보리도등론제호석(菩提道燈論醍醐釋)』에서, "여기서 선지식 쌰라와(Śa ra ba, 1070~1141)께서, '금강이 사물을 부수지 못함이 없음과 같이, 이것이 또한 실유(實有)의 집착을 파괴하지 못함이 없음으로써 금강이며, 미세하고 깨닫기가 어려움으로써 미세한 조각(屑)이다.'라고 설하였다"라고 하였다.

이다. 이같이, 자아(自我, bDag)[338]와 신(神, Phyva)[339]과 자재(自在, dBaṅ phyug)[340]와 사부(士夫, sKyes bu)[341]와 업(業, las)[342]과 자성(自性 : 勝性, Pradhāna)[343]과 덕(德, Guṇaḥ)[344]과 범천(梵天, Brahmā)[345]과 편입천(遍入天,

---

338 『다조르밤뽀니빠(聲明要領二卷)』에서, "아뜨마(Ātmā, 自我)는 빠라마뜨마(Paramātmā)이니, 아(我)라 부르는 몸이 위주가 되는 이 온(蘊)을 버린 뒤 다른 온(蘊)을 받으며, 그 실질이 상주하고 다른 온(蘊)을 버림이 뱀의 허물을 벗는 것과 같이 버림이니, 나와 나의 것으로 집착하는 근거임으로써 자아라고 부른다."라고 하였다.

339 차(Phyva)는 보통 운명과 점술, 점술가 등의 뜻으로 흔히 쓰이나, 여기서는 세속의 신(神)을 뜻한다. 『다똘쎄르기멜롱(brDa dkrol gser gyi me loṅ, 古藏文辭典)』에서, "차(Phyva)는 세속신(世俗神)의 한 종류이다. 『유법론보취석(喩法論寶聚釋, dPe chos rin chen spuṅs paḥi ḥbum ḥgrel)』에서, '달리 세간의 차(Phyva, 神)와 자재천(自在天)과 등과 대력을 지닌 하늘과 용들은 우리들의 귀의처가 되지 못한다.'라고 함과 『청색수책주(青色手册註, Beḥu bum sṅon po ḥgrel pa)』에서, "죽지 않을 수가 전혀 없으나, 또한 태어나니, 태어나게 하는 원인 또한 차(Phyva, 神)와 자재천(自在天, dBaṅ phyug) 등이 아니다.'라고 함과 같다."라고 함과 같다.

340 자재(自在, dBaṅ phyug / Īśvara)는 『구사론 4』(권오민 역주)의 주석66)에서, "여기서 자재(Īśvara)란 일체의 세간을 통섭(統攝)하여 마음대로 지배하는 자"라고 하였듯이, 세간의 주재자인 자재천(自在天)을 뜻한다고 본다. '부록 4 – 용어 해설'을 참조 바람.

341 사부(士夫, sKyes bu / Puruṣaḥ)의 의미에 대하여 『다조르밤뽀니빠(聲明要領二卷)』에서, "뿌루샤(Puruṣaḥ)로 천 개의 머리가 있고, 베다(吠陀)의 경문을 낭송하고 설하는 자가 있다는 이야기가 있음과 능력을 지닌 뿌르샤(Puruṣaḥ)가 유일하게 존재한다고 주장을 함으로써 뿌루샤(Puruṣaḥ)라 부른다."고 하였듯이, 외도들이 상주하여 불멸하는 존재로 여기는 자아의 하나이다. 『구사론 9』(권오민 역주)에서, "능히 이 같은 온(蘊)을 버리고서 능히 그 밖의 다른 온을 상속하는 내적으로 작용하는 사부(士夫, Puruṣaḥ)이다. 이와 같은 내적으로 작용하는 사부는 결정코 존재하지 않으니, 색(色)이나 안(眼)처럼 [그 자성이나 작용이] 인식되지 않기 때문이다. 세존께서도 역시, '업도 있고 이숙도 있지만, 그 작자는 인식될 수 없다. 이를테면 능히 이러한 온을 버리고 아울러 능히 그 밖의 다른 온을 상속하는 것이니, 오로지 법가(法假)만은 제외된다.'라고 말씀하였던 것이다."라고 하였다.

342 업(業)은 까르마(Karma)로 승론육구의(勝論六句義)의 하나이니, '부록 4 – 용어 해설'을 참조 바람.

343 자성(自性 : 勝性, Pradhāna)은 인도의 수론학파에서 주장하는 25제(諦) 가운데 하나이다. '부록 4 – 용어 해설'을 참조 바람.

344 덕(德)은 구나(Guṇaḥ)로 승론육구의(勝論六句義)의 하나이다. '부록 4 – 용어 해설'을 참조 바람.

Viṣṇuḥ)[346]과 대천(大天, Mahādevaḥ)[347] 등의 안과 바깥의 능작(能作, Byed pa)[348]의 사부(士夫)와 또 한편 내도(內道)의 일부들도 육인(六因)[349]과 사연(四緣)에 의해서 사물이 발생함을 승인하는 그것들은 전도된 분별[350]

---

345 브라흐마(Brahmā, 梵天)는 세간의 창조주로 일컫는다. '부록 4 – 용어 해설'을 참조 바람.

346 비스누(Viṣṇuḥ, 遍入天)는 편입천(遍入天)이다. '부록 4 – 용어 해설'을 참조 바람.

347 마하데와(Mahādevaḥ)는 대천(大天)으로 대자재천의 별명이다. '부록 4 – 용어 해설'을 참조 바람.

348 '능작(能作)의 사부(士夫)'는 작자(作者)의 뜻이니, 『다조르밤뽀니빠(聲明要領二卷)』에서, "까라까(Kārakaḥ, 作者)는 외도들의 경전에서 또한 생멸하는 등의 일체를 상아(常我)가 행한다고 주장함으로 작자라 부른다."라고 하였다.

349 육인(六因)은 능작인(能作因)과 구유인(俱有因)과 이숙인(異熟因)과 상응인(相應因)과 편행인(遍行因)과 동류인(同類因)의 여섯이고, 사연(四緣)은 인지연(因之緣)과 등무간연(等無間緣)과 소연연(所緣緣)과 증상연(增上緣)의 넷이다. '부록 4 – 용어 해설'을 참조 바람.

350 "[자아(自我, bDag / Ātmā)에서부터 사연(四緣)에 이르기까지의 실유로 주장하는] 그것들을 전도된 분별"이라고 함은, 그러한 자아(自我)와 사연(四緣) 등에는 사물을 발생시키는 능력이 있지 않기 때문이니, 로짜와(Lo tsā ba, 譯經師) 쿠·도데바르(Khu mDo sde ḥbar)가 번역한 나가르주나(龍樹)의 『보리심석(菩提心釋)』에서 밝히길, "왜냐하면, [자아(自我) 등의] 그들에게는 소작성(所作性, Bya baḥi mtshan ñid can)이 있지 않기 때문이다."라고 함과 같다.
또 소승의 유부(有部)에서 제법은 육인(六因)과 사연(四緣)에 의해 발생한다는 주장을 『중론』의 「관인연품제일(觀因緣品第一)」에서 비판하고 있으며, 여기서 인지연(因之緣)·소연연(所緣緣)·등무간연(等無間緣)·증상연(增上緣)의 사연(四緣)을 논파하는 게송을 소개하면 다음과 같다.
"사물(dŇos po)들의 자성(自性)이, 연(緣) 등에 있지 않듯이, 나의 실질(實質)이 있지 않으면, 타인의 실질도 있지 않다."(제5송)
"[결과를 생기하는] 소작(所作, Bya ba)[작용]는 연(緣)을 가지지 않고, 연(緣)을 가지지 않은 소작[작용]는 없으며, 소작[작용]을 가지지 않으면 연(緣)이 아니고, 소작[작용]을 가지면 또한 [연(緣)이] 아니다."(제6송)
"이것들을 의지해서 발생함으로써, 고로 이것들을 연(緣)이라 말하니, [의지하지 않는] 때부터(Ji srid) [결과가] 발생하지 않는 때까지(De srid), 이것들은 비연(非緣)이니 '어째서 아니겠는가?'"(제7송)
"없는 사물이나 존재하는 사물에 또한, 연(緣)이 [있는 것은] 타당하지 않으니, 없다면 어떻게 연(緣)이 되고, 있다면 연(緣)이 '무엇을 하겠는가?'"(제8송)
"어느 때 [분석해서] 법이 있음과, 없음과 있고 없음이 성립하지 않는 [그때], '어떻게 성립시키는 것을 인지연(因之緣)이라 하겠는가?' 그와 같다 하면 정리가 아니다."(제9송)

이니, 그것들을 논파하기 위해서 아사리 나가르주나(龍樹)께서 『중론』의 「관인연품(觀因緣品)」에서 다음과 같이 설하였다.

> "자기로부터도 아니며 다른 것으로부터도 아니며
> 둘로부터도 아니며 원인이 없음도 아니니,
> 사물은 어떤 것들도 어디에서도 또한
> 발생함이 어느 때에도 또한 있지 않다."

이 뜻의 자세한 것은 중론과 그것의 여섯 가지의 큰 주석서와 두 가지의 주소(註疏, Ṭīkkāḥ)와 [나가르주나의] 『중관세연경(中觀細硏經)』[351]과 [짠드라끼르띠(月稱)의] 『현구론(顯句論)』과 [바뱌(淸辨)의] 『분별치연론(分別熾然論)』과 [짠드라끼르띠의] 『입중론(入中論)』들을 보도록 하라.

"존재하는 이 법에 소연(所緣)이, 있지 않음을 오로지 설함이니, 가령 법에 소연이 없다면, 소연연(所緣緣)이 '어떻게 있겠는가?'"(제10송)

"[결과인] 제법이 무생(無生)이라면, [종자가] 소멸하는 것은 타당하지 않다. 그러므로 등무간(等無間)은 정리가 아니니, [종자가] 소멸하면 '무엇이 [싹의] 연(緣)으로 또한 존재하는가?'"(제11송)

"사물에 자성이 없는 [그때] 그들의, 존재는 [자성이 없기에] 고로 있는 것이 아니니, '이것이 있음으로써 이것이 생한다.'라고 하는, [증상연(增上緣)] 이것은 타당한 것이 아니다."(제12송)

"연(緣)들이 각각 모여있어도, 거기에는 결과 그것이 없을 뿐이니, 연(緣)들에 그것이 없다면, 그것이 연(緣)에서 '어떻게 발생하겠는가?'"(제13송)"

351 『우마남빠르탁빠(dBu ma rnam par ḥthag pa)에는 『세연경(細硏經 / 摧破經, Shib mo rnam par ḥthag pa shes bya baḥi mdo)』과 『세연론(細硏論 / 摧破論, Shib mo rnam par ḥthag pa shes bya baḥi rab tu byed pa)』의 둘이 있는 가운데 여기서는 용수보살의 저술인 『세연경』으로 옮겼다.

3) 제법의 자성을 분석하는 이일다인(離一多因)

또한 본송(本頌)에서 다음과 같이 말하였다.

"또한 [내외(內外)의] 모든 제법을
하나와 다수의 자성으로 분석하면,
본질이 성립함을 보지 못함으로써
자성이 있지 않은 것이 확실하다." (제50송)[352]

이것은 이일다인(離一多因, gCig du bral gyi gtan tshigs)[353]을 열어 보인 것

---

352 이 게송의 의미를 4대 빤첸라마의 『보리도등론석승소희연(菩提道燈論釋勝笑喜宴)』에서, "이것을 『입능가경(入楞伽經)』에서, '그와 같이 깨끗한 거울 속의 영상은, 하나와 다수 [자성을] 멀리 여의어서, [거기에 나타나도 또한 있는 것이 아니니, 그와 같은 것이 사물의 실성(實性)이다.]'라고 하는 등과 [아사리 나가르주나(龍樹)의] 『중론(中論)』의 귀경게(歸敬偈)에서, '다른 것도 아니고 하나인 것도 아니며,'라고 함과 [아사리 싼따락시따(Śantarakṣita, 寂護)의] 『중관장엄론(中觀莊嚴論)』에서, '자파와 타파가 말하는 이들 사물은, 진실에 있어서는 하나와, 다수의 자성을 여읜 까닭에, 자성이 없으니 영상(影像)과 같다.'라는 성언(聖言)들로 설하여 보인 정리를 안립하였다. 다른 정리의 이문(異門 : 法門)들을 설하여 보이기 위해서, 앞에서 이미 [증인(證因)들을] 설함으로 해서, 또한 내외의 모든 사물이란 유법(有法), 자성이 없는 것이 분명하니, '자성이 성립하는 하나와 그와 같이 성립하는 다수가 어디에 성립하는가?'라고 분석하면, 대경의 분상에서 성립하는 본질을 티끌만큼도 보지 못함으로써, 가히 얻지 못하기 때문이다. 예를 들면, 거울 속의 영상(影像)과 같다.
여기서 종법(宗法 : 命題)의 입론(立論)은, 그 유법(有法), 그대는 자성이 성립하는 하나가 없다. 부분(部分, Cha bcas)이기 때문이다. 그 유법은, 그와 같이 자성이 성립하는 다수도 없다. 그와 같이 성립하는 하나의 자성이 정리로 배척되었기 때문이다. 주편(周遍)의 성립은, 자성이 성립하면, 그와 같이 성립하는 하나의 자성과 그와 같이 성립하는 다수의 어떤 것이 성립함이 주편함이니, 하나와 다수는 직접적으로 상위함이 아님으로써, 있으면 하나와 다수의 어떤 것으로 존재하기 때문이다. 『중관장엄론』에서, '하나와 다수를 제외하고는, 다른 모양을 지니는, 사물은 불가능하고 이 둘은, 서로를 배제하고 존재하기 때문이다.'라고 설하였기 때문이다."라고 하였다.

353 이일다인(離一多因)은 중관자속파에서 제법의 무자성(無自性)을 논증하는 핵심적 증인(證因)이니, 까괸쿠죽(bKaḥ mgon khu byug)의 『중관변증선집신탐(中觀辨證選輯新探)』에서, "일

이니, 여기서 '또한'이라 함은, 이것의 의미를 열어 보임이다. '하나와 다수의 자성으로 분석하면'이라고 하는 의미를 아사리 싼따락시따(Śantarakṣita, 寂護)[354]께서 설함이니, [『중관장엄론(中觀莊嚴論)』의 제1송에서] 다음과 같이 설하였다.

"자파와 타파가 말하는 이들 사물은
진실에 있어서는 하나와,
다수의 자성을 여읜 까닭에[355]
자성이 없으니 영상(影像)과 같다."[356]

또 아사리 쓰리굽따(Śrīgupta, 聖護)[357]께서도 다음과 같이 설하였다.

반적으로 중관의 논전에서 오대증인(五大證因) 또는 사대증인(四大證因)으로 알려졌을지라도 또한 그들 가운데 핵심과 같은 것은 정리(正理)의 왕인 연기도리(緣起道理)이며, 나머지들은 여기에 거두어질지라도 이일다인(離一多因)은 그들 가운데 이검(利劍)의 칼날과 같고 창끝과 같은 것이다. 이 이일다(離一多)의 도리는 이해하기가 쉽고, 분석하기가 수월하고, 효력이 지대함 등의 많은 특점을 지님으로써 매우 뛰어난 것이다."라고 하였다. '부록 4 – 용어 해설'의 '사대증인(四大證因)' 가운데 '이일다인'을 참조 바람.

354 아사리 싼따락시따(Śantarakṣita, 寂護)의 학통과 약전은 '부록 3 – 아사리 소개'를 참조 바람.

355 『중관장엄론』의 제2,3구인 '진실에 있어서는 하나와, 다수의 자성을 여읜 까닭에'는 다수의 판본에 나오는 구절이나, 『난처석』에 인용된 두 구절은, '진실한 의미에서 자성이 없으니(Yaṅ dag don du raṅ bshin me), 하나와 다수의 자성을 여읜 까닭에(gCig daṅ du mar bral baḥi phyir)'이다. 의미에서는 차이가 없다.

356 이 게송의 의미를 주미팜·잠양남곌갸초(文殊尊勝海)의 『중관장엄론석환희언교(中觀莊嚴論釋歡喜言敎)』에서, "이같이 **자파**인 내도(內道)의 불교도**와 타파**인 외도들이 전부 실유(實有)로 **말하는 이들 사물** 일체는, **진실한 뜻에서는** 정리로써 여실히 분석할 때 자성이 없으니, **하나와 다수의 자성** 둘을 **떠난 까닭에,** 이들에게는 **자성이** 성립함이 조금도 또한 **없음이니,** 비유하면, 나타날지라도 또한 실재가 아닌 **영상(影像)과 같다.**"라고 하였다.

357 아사리 쓰리굽따(Śrīgupta, 聖護)는 티베트어로 뻴배(dPal sbas)이니, 그는 경부행중관자속파

"내외에 존재하는 이들 일체는
진실한 의미에서 무자성이니,
하나(一)와 다수(多)의 자성을
여읨으로써 영상(影像)과 같다."

그리고 이 게송들의 자세한 뜻은 그 논전들을 보도록 하라.

4) 제법의 무자성(無自性)을 분석하여 양변(兩邊)을 멸하는 연기증인(緣起證因)

또한 본송(本頌)에서 다음과 같이 말하였다.

"『칠십공성론(七十空性論)』의 정리와[358]
『중론(根本中論頌)』 등에서도 역시,
모든 사물들의 자성(自性)이[359]

(經部行中觀自續派)의 아사리이다. 그의 학통에 대해서는 '부록3 – 아사리 소개'를 참조 바람.

358 보통 『칠십공성론(七十空性論)』은 『중론』의 「관생주멸품제칠(觀生住滅品第七 / 觀三相品第七)」의 교설을 해설한 것으로 알려졌다. 그 교설도 요약하면, "머무름과 또는 생멸과 유무, 낮음과 또는 동등과 높음 들을, 부처님이 세속에 의거해서, 설함이지 진실의(眞實義)에 의거함이 아니다."(제1송)라고 해서, 제법은 본래 무생(無生)이기에 생·주·멸의 셋을 보는 것은 세속의 진리임을 말하였다.

359 『중론』의 「관사제품제이십사(觀四諦品第二十四)」에서, "왜냐하면 연기하지 않은, 어떠한 법도 있지 않다. 그러므로 공(空)하지 않은, 어떠한 법도 있지 않다."(제19송)라고 함과 같이, 보통 자성(自性)은 세 가지 특성을 가지는 실체로 부르니, 곧 ① 본질이 인(因)과 연(緣)에 의해 발생하지 않음, ② 조건에 의해 다르게 변화하지 않음, ③ 다른 것에 의뢰하지 않는 자주(自主)의 셋이니, 그러므로 연기(緣起)한 모든 사물에는 이러한 자성이 존재하지 않는 것이다. 이 뜻을 『중론』의 「관자성품제십오(觀自性品第十五)」에서, "자성이 인(因)과 연(緣)으로부터, 발생하는 것은 정리가 아니니, 인(因)과 연(緣)으로부터 발생한, 자성은 만들

공(空)함이 성립한다고 설하였다."(제51송)[360]

이것은 연기증인(緣起證因, rTen ciṅ ḥbrel bar ḥbyuṅ baḥi gtan tshigs)[361]을 설하여 보임이니, 이것의 의미는 또한 그 논전들을 보도록 하라.

여기서 "공(空)함이 성립한다고 설하였다."라고 함은, 과거의 대아사리들이 모든 사물이 무생(無生)임을 증명하여 보였음을 말한다.

그와 같은 사대증인(四大證因)에 의해서 ① 모든 사물이 남김없이 무생(無生, sKye ba med pa)[362]이며, ② 극무주(極無住, Rab tu mi gnas pa)[363]이

어진 것이 된다.(제1송). '자성이 만들어진 것이다.'라고 함이, '어떻게 가능하겠는가?' 자성들은 만들어지지 않고, 다른 것에 의뢰함이 없다."(제2송)라고 하였다.

360 이 게송의 의미를 4대 빤첸라마의 『보리도등론석승소희연』에서, "조오제(大恩人)의 『심수요집(心髓要集, sÑiṅ po ṅes par bsdus pa)』에서 또한, '연기(緣起) 등의 어떤 정리의 수습을 통해서, 사물로 집착하는 [실집(實執)의] 마라(魔羅)를 남김없이 물리치라.'라고 함과 또한 『베우붐응왼뽀(靑色手冊)』에서도, '상주와 단멸 등의 악견을 끊는 것은, 연기를 닦음으로써 [끊는] 것이다.'라고 해서, 정리의 왕인 연기증인을 찬양하고 설하여 보였다. 그와 같이 보특가라(人)와 온(蘊)이란 유법(有法), 그대는 자성이 없으니, 인(因)과 연(緣)으로 발생하였기 때문이다. 이 뜻을 『무열용왕청문경(無熱龍王請問經)』에서, '연(緣)에서 발생한 어떤 법들 그것은 무생(無生)이니, 그것에는 발생한 자성(自性)이 있지 않다. 연(緣)에 의뢰하는 어떤 것들 그것을 공(空)이라 말하니, 공성을 아는 어떤 사람 그는 방일하지 않는다.'라고 함과 또한, '연(緣)으로 발생한 어떤 것들, 그것들은 자성이 추호도 없다.'라고 함과 『중론(中論)』에서도, '연기(緣起)한 어떤 것, 그것은 자성이 공(空)하다.'라고 함과 '어떤 것을 의지해서 어떤 것이 발생하니,'라고 설하여 보였다."라고 하였다.

361 일반적으로 연기도리(緣起道理) 또는 연기증인(緣起證因)은 인법무아(人法無我)의 둘을 함께 타파할 뿐만 아니라, 유변(有邊)과 무변(無邊) 등의 양변(兩邊)을 동시에 타파함과 더불어 다른 모든 정리의 근거가 됨으로써 정리(正理)의 왕으로 일컫는다. '부록 4 – 용어 해설'의 '사대증인(四大證因)' 가운데 '연기증인'을 참조 바람.

362 여기서 무생(無生, sKye ba med pa)은 공성의 뜻이니, 연기한 사물은 승의(勝義)에서 자성이 없음으로써 그와 같이 말한다. 『제불경계입지광장엄경(諸佛境界入智光莊嚴經)』에서, "항상 무생(無生)의 법은 여래이며, 모든 제법은 선서(善逝)와 같다. 어리석은 범부들로 유상(有相)을 집착하는 자들은, 세간들에서 있지 않은 법을 행한다."라고 하였듯이, 이 무생의 증인(證因)으로 소립(所立)의 법을 확정하는 것이다. 이 뜻을 짱꺄·롤빼도제(遊戲金剛)의 『연

며,[363] ③ [자성이] 열반(涅槃, Mya ṅan las ḥdas pa)[364]이며, ④ [본래] 청정(淸淨, rNam par dag pa)[365]이며, ⑤ 무근무본(無根無本, rTsa med pa gshi med pa)[366]이

기찬석선설보고(緣起讚釋善說寶庫)』에서, "여기서 '자성이 생함이 없다.'라고 함은 [증명할] 소립(所立)의 법이다. 연(緣)에서 발생함은 증인(證因)이다. 소립의 확정으로 상견(常見)을 멸하고, 자성이 없음에 확신을 얻고. 결정적 증인으로 단견(斷見)을 멸하고, 업과(業果) 등의 세속명언(世俗名言)에 확신을 얻는다."라고 하였다.

363 여기서 극무주(極無住, Rab tu mi gnas pa)의 뜻은 『본송(本頌)』에서, "'반야로써 모든 제법들, 그것의 자성을 보지 못함과 같이,'(제54송)라고 함은, '법(法 : 事物)을 봄이 전혀 없는 것이, 최승의 진실(眞實, De kho na ñid)을 봄이다.'라고 여러 계경에서 설하였다."라고 함과 같이, 현분(現分 : 事物)에 대하여 [진실유(眞實有)의] 희론을 단지 끊어버림을 승의(勝義)의 진실로 주장하는 것을 극무주(極無住)라 말한다. 이 극무주(極無住)는 귀류파(歸謬派)의 견해로서 자속파(自續派)의 견해로 알려진 환법리성(幻法理成)과 대립하는 주장으로 널리 알려졌다. '부록 4 – 용어 해설'의 '극무주(極無住)와 환법이성(幻法理成)'을 참조 바람.

364 [자성이] 열반(涅槃, Mya ṅan las ḥdas pa)은 모든 유정에게 내재하는 마음의 법계는 본래 자성이 청정해서 괴로움의 번뇌장이 없음을 뜻하니, 아띠쌰 존자의 『법계견가(法界見歌, Chos kyi dbyiṅs su lta baḥi glu)』에서, "깊고 적정하고 무희론이며 진여이고, 광명이며 무위이고, 불생불멸이고 본래 청정이며, 자성열반(自性涅槃)의, 법계는 중앙과 가장자리가 없으니, 침몰과 도거와 착란이 없는, 무분별의 심오한 혜안(慧眼)으로 본다."라고 하였다.

365 [본래] 청정(淸淨, rNam par dag pa)은 제법의 자성이 본래로 광명이자 청정하여 번뇌와 소지장이 있지 않음의 뜻이니, 미륵보살의 『변중변론(辨中邊論)』의 「무상승품(無上乘品)」에서, "법계는 자성(自性)이, 청정한 까닭에 허공과 같다."라고 하였으며, 또한 「변삼신품(辨三身品)」에서, "그와 같이 법계에는 분별의 일체가 일어나지 않기 때문에, '청정하다.'라고 한다."라고 하였다.

366 무근무본(無根無本, rTsa med pa gshi med pa)는 마음을 비롯한 모든 법에는 바탕 또는 기반이 없음을 말한다. 『곰데칙죄첸모(貢德大辭典)』에서, "원인과 조건에 의해서 또한 만들어짐이 아님과 발생의 장소와 머무는 곳과 멸하는 곳의 일체를 여의었고 또한 정리로 분석하면 얻지를 못하고 자기의 본지로 돌아감이다."라고 설함과 같다. 또 같은 책에서, "쫑카빠 대사의 『오차제명등(五次第明燈)』에서, '금강승에서 설한 도리 또한 거기에서, 「제불의 행하는 경계를 온전히 익힌 마음 어떤 그것의 본질은 무근(無根)·무주(無住)·무본(無本)·무상(無相)·무형색(無形色)·감관(感官)을 떠남·분별론자들의 행할 바 경계가 아님이다.」라고 세존께서 모든 밀속(密續)을 연설한 글에서 설하였다.'라고 하였다. 또한 '안락과 고통의 모든 체험도 예를 들면, 꿈속에서 고락을 경험함과 같으니, 그것은 근본이 성립하지 않는다. 억념과 분별의 일체도 예를 들면, 하늘의 구름처럼 발생의 장소와 머무는 곳과 멸하는 곳을 여읨으로써 근본을 여읨이다.'라고 9대 까르마빠 왕축도제(Karmapa dBaṅ phyug rdo rje, 自在金剛)가 설하였다."라고 함과 같다.

며, ⑥ 제법이 불성립(不成立, Grub pa med pa)[367]임을 과거의 지자(智者)들께서 이미 잘 증명하여 보였다.

4. 반야바라밀에 대한 아사리들의 견해

1) 유식학파의 견해

이 남섬부주의 지자들께서 이같이 설하였다. 아사리 아쌍가(Asaṅga, 無着)께서는 교법의 이문(異門 : 差別)[368]을 설하였다. 그는 반야바라밀의 의미를 유심(唯心, rNam par rig pa tsam)으로 해설하였고, 현재의 나의 스승님 쑤와르나드위빠(Suvarṇaṇḍvāipa, 金洲法稱)와 나의 스승님 쌴띠와(Śantiba, 寂靜)[369]께서도 또한 그와 같이 사유하였다.

---

367 제법이 불성립(不成立, Grub pa med pa)은 제법의 자성이 성립함이 추호도 있지 않음의 뜻이다.

368 교법의 이문(異門, bsTan paḥi rnam graṅs)은 교법의 차별을 말하니, 이것은 경의분변(經義分辨, gShuṅ ḥbyed)을 뜻으로 경전의 요의(了義)와 미요의(未了義)를 분별해서 밝힘이다. 『문수사리근본속(文殊師利根本續)』에서, "아쌍가(無着)라 부르는 비구는 그 쌰쓰뜨라(Śāstra, 論)의 의미에 정통하고, 계경(契經)의 요의(了義)와 미요의(未了義)를 다양하게 분변한다. 세간을 알고 쌰쓰따(Śāstā, 스승)의 주인이며, 경론을 변석하는 타고난 논사가 되고, 그의 명지(明智, Rig pa)의 닦아 이룸을 사라수(娑羅樹, Sāla)의 포냐모(Pho ña mo, 女使臣)라 부른다. 그 주술의 힘에 의해서, 선혜(善慧)를 지니고 태어난다. 불교를 오랫동안 머물게 하기 위해서, 계경의 진실의(眞實義)를 거두어 모은다. 150년 동안 세상에 머무르고, 그의 몸의 무너진 뒤, 천상으로 간다. 윤회세계에 유전하고, 오랫동안 안락을 누린 뒤, 최후에 대성인 되고, 청정한 보리를 얻는다."라고 설하였다.

369 아사리 쑤와르나드위빠(金洲法稱)와 쌴띠와(寂靜)의 두 분 스승님의 견해에 대하여 『까담최중쌜왜된메(噶當派原流)』에서, "[38. 심오한 견해를 타인의 교설에 의뢰하지 않는 위대함 중에서] 스승님이신 쑤와르나드위빠(金洲法稱)는 형상진실파(形相眞實派)의 유식견(唯識見)을 지니시고, 쌴띠와(寂靜)는 형상허위파(形相虛僞派)의 견해를 지니시고, 조오제(大恩人)께서는

2) 중관학파의 견해

아사리 나가르주나(Nāgārjuna, 龍樹)께서는 교법의 정수(精髓 : 空性)를 해설하였다. 그는 반야바라밀다의 의미인 유무(有無)의 양변을 떠난 중도(中道)의 뜻을 통달하고, 다른 지자(智者)들의 마음 흐름에도 또한 그와 같이 설하였다. 그와 같이 나의 스승님 보디바드라(Bodhibadra, 菩提賢)와 지존하신 꾸쌀리빠(Kusalipa, 大乞士)[370]께서도 그와 같이 사유하였다.

아사리 나가르주나(龍樹)의 금구(金口)의 그 감로로 아사리 아르야데와(Āryadeva, 聖天)와 아사리 짠드라끼르띠(Candrakīrti, 月稱)와 아사리 바뱌(Bhavya / Bhāvaviveka, 淸辨)와 아사리 싼띠데와(Śantideva, 寂天)와 나의 스승님 보디바드라(菩提賢)에 이르기까지의 심의(心意)를 만족시켰으며, 나에게도 또한 감로의 방울이 조금 뿌려졌다.

그와 같이 사대증인(四大證因)에 의해서 모든 제법이 무생(無生)임을 확정한 뒤, 과거의 아사리들의 뒤를 따라서 중관의 교의(敎義)에 안주토록 하라.

또 이와 같으니, 지금은 중생탁(衆生濁)·겁탁(劫濁)·번뇌탁(煩惱濁)·견탁(見濁)·수명탁(壽命濁)의 오탁(五濁)[371]이 치성하는 말세이니, 경론들을 널리 들음을 원하지 않음으로써 요의(要義)의 유가(瑜伽)를 수습하라.

극무주(極無住)의 중관견을 지니셨으니, 『중관우파제사(中觀優波提舍, dBu maḥi man ṅag)』에서 설하여 보인 것이 그것이다."라고 함과 같다.

370 아사리 꾸쌀리빠(Kusalipa, 大乞士)는 쫑카빠(Tsoṅ kha pa)께서, "지나(Jinaḥ, 勝者)의 모든 구결의 소유자이다.'라고 칭송하였다."라고 하였듯이, 불세존의 현밀(顯密)의 구결의 일체를 소유하신 중관논사였다. '부록 3 - 아사리 소개'를 참조 바람.

371 오탁(五濁)은 과거세의 숙업(宿業)에 의해서 유정들의 수명과 견해 등이 쇠퇴하는 것이니, 마치 약을 거르고 남은 찌꺼기와 같이 수명과 유정과 시절이 열등하게 되는 것으로 번뇌와 사견 등의 힘으로 거듭해서 일어남으로써 오탁이라 한다. '부록 4 - 용어 해설'을 참조 바람.

오늘날 지금은 나룻배와 같은 광대한 경론들을 청문하는 시간조차 없음으로써, 심지를 어지럽히는 일체를 버리고 성자들이 친히 설하여 보인 가르침들을 오로지 닦도록 하라. 수명은 짧고 [알아야 할] 소지계(所知界 : 現象界)의 종류는 많고, 수명의 기한조차 얼마인지 모르니, 백조가 물에서 우유만을 뽑아서 마시듯이 자기가 원하는 것을 취해서 닦도록 하라.

3) 중관의 주요한 논서

다시 본송(本頌)을 해설코자 하니, '『중론(中論根本頌, dBu maḥi rtsha ba)』'은 『중론근본반야송(中論根本般若頌)』[372]이다. '등(等)'이라고 함은, 『무외론(無畏論)』[373]과 『육십정리론(六十正理論)』과 『회쟁론(廻諍論)』과 『칠십공

---

372 『중론근본반야송(中論根本般若頌)』이라 부르는 이유는 다른 논전들의 뿌리이기 때문이며, 다른 다섯 논전을 합해서 중관육취론(中觀六聚論)이라 하니, 이들의 관계를 『중론석정리대해(中論釋正理大海)』에서 설명하되, "심오한 중도의 요의를 성언(聖言)으로 열어 보였으니, 『집경론(集經論)』에서 『십만송반야경(十萬頌般若經)』과 『보살장경(菩薩藏經)』 등의 허다한 계경들을 인용해서 설하였다. 또한 정리(正理)로 열어 보였으니, 『중론』과 『칠십공성론(七十空性論)』과 『회쟁론(廻諍論)』과 『육십정리론(六十正理論)』과 『세연론(細硏論)』과 『보만론(寶鬘論)』의 여섯 논전에서 허다한 정리를 통해서 [무자성을] 결택하였다."라고 하였듯이, 이들 육론의 관계에 대해서는 '부록 4 - 용어 해설'의 '중관육취론(中觀六聚論)과 상관관계'를 참조 바람.

373 『무외론(無畏論, Ga las ḥjigs med)』은 보통 나가르주나(龍樹)의 저술로 알려졌으나, 실제는 다른 아사리의 저술로 그의 이름을 빌린 것으로 알려졌다. 『곰데칙죄첸모(貢德大辭典)』에서, "쫑카빠 대사께서 그것은 『근본중론』의 자주(自註)가 아닌 것으로 설하였으니, 『변요불요의론(辨了不了義論)』에서, '제27품의 주석인 『무외론(無畏論, Ga las ḥjigs med)』에서, 「대덕 아르야데와(聖天) 또한 듣는 자와 듣고자 하는 바에 말하는 화자(話者)가 나옴이 극히 드묾이니, 그러므로 요약하면 윤회는 변제가 있음이 아니고 변제가 없음도 아니니,」라고 설하였다.'라고 『사백론(四百論)』의 문구를 이유로 인용함으로써, 자주(自註)의 의미가 없다. 붓다빨리타(佛護)와 바뱌낭델(淸辨)과 짠드라끼르띠(月稱)의 주석에서 그의 주석이 일언반구조차 나오지 않는 것을 통해서도 또한 알 수 있다."라고 함과 같다.

성론(七十空性論)』과 『보만론(寶鬘論 / 寶行王正論)』과 『대승이십송론(大乘二十頌論)』과 『백자론(百字論)』과 『도간경광주(稻竿經廣註)』 등(等)이다.

또한 '등(等)'이라 함은, 아사리 성용수(聖龍樹)의 직제자인 아사리 아르야데와(聖天)와 아사리 짠드라끼르띠(月稱)와 아사리 바뱌낭델(淸辨)과 아사리 쌴띠데와(Śāntideva. 寂天)[374] 등이 지은 논전들이다.

그 또한 아사리 아르야데와(聖天)는 『중관세연론(中觀細硏論)』[375]과 『해권론(解捲論)』과 『쏘르모따뷔썌빠(Sor mo dta buḥi bśad pa)』[376]와 『지혜심수집(智慧心髓集)』과 [『중관미란최파론(中觀迷亂摧破論)』과 『사백론(四百論)』] 등을 저술하였다.

아사리 짠드라끼르띠(Candrakīrti, 月稱)[377]는 『입중론(入中論)』과 『육십정리론주(六十正理論註)』와 『중관오온론(中觀五蘊論)』과 『현구론(顯句論)』과 [『칠십공성론주(七十空性論註)』와 『사백론광주(四百論廣註)』] 등을 저술하였다.

아사리 바뱌낭델(Bhavya sNaṅ bral / Bhāvaviveka, 淸辨)[378]은 [『중관심론

---

374 아사리 쌴띠데와(Śāntideva. 寂天)는 티베트어로는 시와하(Shi ba lha)이다. 대승의 로종(Blo sbyoṅ, 修心)의 핵심인 자타상환법(自他相換法)을 통해서 인도불교에 지대한 영향을 미쳤으며, 저술로는 『입보리행론(入菩提行論)』 등이 있다. '부록 3 - 아사리 소개'를 참조 바람.

375 본서에서는 『중관세연론(中觀細硏論, dBu ma rnam par ḥthag pa chen mo)』의 저자를 아르야데와(聖天)으로 말하였으나, 데게 대장경에는 나가르주나(龍樹)의 저술로 나온다.

376 여기서 『쏘르모따뷔썌빠(Sor mo dta buḥi bśad pa)』는 『차쌔끼얜락쩨자왜랍뚜제빠(Cha śad kyi yan lag ces bya baḥi rab tu byed pa, 支分名品論)』[데게 대장경 땐규르(論藏) 중관부(동북목록 No. 3844)]의 다른 이름이 아닌가 생각된다.

377 아사리 짠드라끼르띠(Candrakīrti, 月稱)는 티베트어로 다와닥빠(Zla ba grags pa)이다. 그는 아사리 붓다빨리따(Buddhapālita, 佛護)의 학설을 계승하여 마드야미까쁘라쌍기까(中觀歸謬論證派)를 실질적으로 개창하였다. '부록 3 - 아사리 소개'를 참조 바람.

378 아사리 바뱌낭델(Bhavya sNaṅ bral / Bhāvaviveka, 淸辨)은 티베트어로 렉댄제(Legs ldan ḥbyed)라 한다. 그는 마드야미까쓰와딴뜨리까(經部行自續派)를 개창한 중관논사로 유식학파에서 아뢰야(阿賴耶) 연기설을 주창함에 대항해서 아사리 나가르주나(龍樹) 등이 주장

(中觀心論)』의 주석서인] 『분별치연론(分別熾然論)』과 『반야등론(般若燈論)』 등을 저술하였다.

여기서 『중론근본반야송(中論根本般若頌)』에는 여덟 가지의 주석서[379] 가 있으니, 아사리 자신께서 지은 ① 『무외론(無畏論, Ga las ḥjigs med)』, ② 아사리 짠드라끼르띠(月稱)의 『현구론(顯句論, Tshig don gsal ba)』, ③ 아사리 바뱌낭델(淸辨)의 『반야등론(般若燈論, Śes rab sgron ma)』, ④ 아사리 붓다빨리따(Buddhapālita, 佛護)[380]의 『불호론(佛護論, Buddhapālita)』, ⑤ 아사리 쓰티라마띠(Sthiramati, 安慧)[381]의 [한역본인 『대승중관석론(大乘中觀釋論)』], ⑥ 아사리 구나마띠(Guṇamati, 德慧)[382]의 주석서, ⑦ 아사리 구나쓰리(Guṇaśrī, 聖德)의 주석서, ⑧ 아사리 구나다따(Guṇadata, 德施)의 주석서들이다.

여기서 『반야등론(般若燈論)』에는 두 가지의 대주소(大註疏)가 있으니, 아사리 짼래씩뚤슉(sPyan ras gzigs brtul shugs, 觀誓)[383]이 저술한 『반야

하는 무자성(無自性)의 중관교설을 선양하였다. '부록 3 - 아사리 소개'를 참조 바람.

379 『중론근본반야송(中論根本般若頌)』에는 여덟 가지의 주석서 가운데 『무외론(無畏論)』과 『불호론(佛護論)』과 『반야등론(般若燈論)』과 『현구론(顯句論)』의 넷을 제외한 나머지는 티베트어로 번역되지 않았다.

380 아사리 붓다빨리따(Buddhapālita, 佛護)는 티베트어로 쌍개꺙(Saṅs gyas bskyaṅs)이다. 그는 중론의 주석서인 『불호론(佛護論)』을 저술하면서 귀류논증의 입장에서 해석함으로 귀류논증파의 개조가 되었다. '부록 3 - 아사리 소개'를 참조 바람.

381 아사리 쓰티라마띠(Sthiramati, 安慧)는 티베트어로 로땐(Blo brtan)이다. 유식(唯識)의 십대논사 가운데 한 분으로 아비달마(對法藏)에 뛰어난 아사리였다. '부록 3 - 아사리 소개'를 참조 바람.

382 아사리 구나마띠(Guṇamati, 德慧)는 6세기경 남인도에서 태어난 유식의 십대논사 가운데 한 분이다. '부록 3 - 아사리 소개'를 참조 바람.

383 아사리 짼래씩뚤슉(sPyan ras gzigs brtul shugs, 觀誓)은 티베트어이니, 범어로 아왈로끼따브라따(Avalokitavrata)이다. 그는 중인도의 싸께따(Sāketa) 지방에서 한 바라문의 가정에서 태어났으나, 자세한 전기는 알 수가 없다. 그는 중관자속파의 아사리로 그의 저술인 반야등

등론광주(般若燈論廣註)』와 아사리 데와싸르마(善天)[384]의 『우마까르뽀차르와(dBu ma dkar po rnam par ḥchar ba, 中觀白出論)』이다.

달리 또한 이 남섬부주에서 아사리 나가르주나(龍樹)의 의취(意趣)를 강설하는 큰 지자들로 바다와 같은 자타의 교의(敎義)에 통달한 이들이 저술한 논전의 증인(證因)들에 의해서, '모든 사물들의 자성이, 공(空)함이 성립한다고 설하였다.'(제51송 3, 4구)라고 하였으니, 그것과 그것들에서 일체법의 공성을 널리 확립시켰다.

5. 유가수행의 핵심

만약 내가 사대증인(四大證因)으로 타인의 삿된 분별들을 없애려고 하면, 글이 매우 번다해지기에 여기서는 간략하게 기술해서 상세히 설하지 않는다. [본송(本頌)에서 다음과 같이 말하였다.]

"그로 인해 [그것들을 인용하면] 글이 번다해져
여기선 [성언과 정리들을] 널리 설하지 않고,
[교리로] 확정된 종의(宗義)만을 [조금 설한 것은]
단지 수행의 목적을 위해 설해 보인 것이다." (제52송)

론광주(般若燈論廣註)는 중국과 한국 등지에서 널리 읽히고 있다.

384 데와싸르마(Devaśarma / lHaḥi dge sbyoṅ ṅam dge baḥi lha, 善天)는 아사리 호법(護法, Chos skyoṅ)의 제자로서 아사리 짠드라끼르띠(月稱)의 학설을 논파하기 위해서 『우마까르뽀차르와(dBu ma dkar po rnam par ḥchar ba, 中觀白出論)』을 지었다고 알려졌다.

여기서는 단지 내가 이미 확정된 '중관학파의 종의(宗義)는 이와 같다.' 라고 언급하는 정도로 그치고, 학파의 교의를 자세히 기술하지 않는다. 대신 유가사(瑜伽師)로 실천수행을 원하는 이들을 위해 간략하게 열어 보인 까닭에, '단지 수행의 목적을 위해 설하고자 한다.'(제52송 4구)라고 함이 이것인 것이다.

여기서는 승의(勝義)의 보리심을 닦음으로써 닦는 방편은 내가 구체적으로 기술하지 않으니, 스승님을 크게 기쁘게 해드린 뒤, 각자의 스승님께 그것을 청하도록 하라.

1) 제법의 무자성(無自性)

또한 본송(本頌)에서 다음과 같이 말하였다.

"고로 남김없이 제법들의
자성들을 보지 못함으로,
무아를 닦는 어떤 그것이
곧 반야의 수행인 것이다." (제53송)

여기서 '고로 남김없이 제법들의'라고 하는 등의 이것들은 본문의 뜻이 글자 그대로이다.

또한 본송(本頌)에서 다음과 같이 말하였다.

"반야로써 [인(人)과] 모든 제법들
그것의 자성을 보지 못함과 같이,

반야 그것도 [무자성임을] 정리로 설한바[385]

무분별(無分別) 그것을 닦도록 하라." (제54송)[386]

'그것의 자성(自性)을 보지 못함과 같이'라고 함은, 법(法 : 事物)을 봄이 전혀 없는 것이, '최승의 진실(眞實, De kho na ñid)을 봄이다.'라고 허다한 계경들에서 설하였다. 이 의미에 대해서는 아사리 아르야데와(聖天)께서 저술하신 『중관미란최파론(中觀迷亂摧破論)』을 보도록 하라. 또 아사리 바바낭델(淸辨)의 『분별치연론(分別熾然論)』과 아사리 짠드라끼르띠(月稱)의 『입중론(入中論)』과 아사리 짼래씩뚤슉(觀誓)[아왈로끼따브라따(Avalokitavrata)] 등의 논전들을 보도록 하라.

385 『난처석(難處釋)』에는 '정리로 설한바(Rigs bśad pa)'로 나오나, 다른 판본에는 '정리로 분석하다'를 뜻하는 '릭째빠(Rigs dpyad pa)'로 나오거나, '명지(明智)로 분석하다'를 뜻하는 '릭째빠(Rig dpyad pa)'로 나옴으로써, 번역에 약간의 차이가 있다.

386 이 게송의 의미를 잠괸·로되타얘(無邊慧)의 『보리도등론정해(菩提道燈論精解)』에서, "온(蘊)·계(界)·처(處)에 거두어지는 일체법은 진실이 아님을 결택하는 이것으로 인(人)과 온(蘊) 등의 제법들이 남김없이 모두 자성이 있으면, '성언(聖言)과 정리로써 추찰할 때 반드시 얻게 될지라도 티끌만큼도 보지 못함으로써, 인(人)과 제법에 자성이 성립하는 자아가 있지 않음이다.'라는 정리로 분석하고 닦는 어떤 그것이 반야바라밀을 닦는 것이니, 『수습차제중편(修習次第中篇)』에서, '반야로써 모든 사물의 자성을 낱낱이 관찰한 뒤, 왜냐하면 [자성이 있음을] 봄이 없이 선정을 행하는 것이 그러므로, 최승의 반야의 선정이라 하니,' 라고 설하였다. 그렇다면, '그와 같이 깨달은 사람이 반야를 집착함을 어떻게 끊어버리는가?'라고 하면, 묘관찰(妙觀察)의 반야로 인(人)과 제법을 분석할 때 그것의 자성이 실유(實有)로 성립함을 보지 못함과 같이, 그 반야도 역시 정리로 분석하면 자성이 실유로 성립함이 없다. 실유로 성립하는 하나[의 자성]와 다수[의 자성]를 여의었기 때문이다. 그와 같이 유경(有境)도 무생(無生)임을 깨닫는 어떤 그것이 무분별로 머무는 것이 무분별지(無分別智)의 원인으로 확정됨으로써 그것을 닦도록 하라."고 하였다.

2) 반야의 무자성(無自性)

모든 다른 법들을 볼지라도 전혀 [자성이] 성립함이 있지 않다면, '자기의 이 마음은 [자성이] 있는 것인가?'라고 하면, '반야 그것도 [자성이 없음을] 정리로 설한바'라고 하였으니, 묘관찰(妙觀察, So sor rtog pa)의 반야 그것에 [자성이] '어찌 있겠는가?' 없는 것이다. '어떻게 없는 것인가?' 하면, '정리(正理)로 설한바'라고 함이니, 반야 그것도 또한 [무자성(無自性)임을] 사대증인(四大證因)으로 이미 설한 바이니, 분석하면 성립하지 않는다. 이 뜻을 세존께서 『이제경(二諦經)』에서 분명하게 다음과 같이 설하였다.

> "승의(勝義)에서 일체법의 [자성을] 반야로 철저히 분석하고 추구할지라도 전혀 있지 않고, 보지 못한다. 반야 그 또한 승의에서 전혀 있지 않고 보지 못함으로써, 속제(俗諦)에서 반야라 부르니, 반야 그 또한 승의에서 전혀 무생(無生)이며 있지 않다."

또 아사리 나가르주나(龍樹)께서도 이 뜻을 고려해서 [『보리심석(菩提心釋)』]에서 다음과 같이 설하였다.

> "마음은 모든 부처님들도
> 보지 못하고 봄이 없으니,
> 자성이 있지 않는 본질에
> '무엇을 볼 수 있겠는가?'"

또 아사리 아르야데와(聖天)께서도 『지혜심수집(智慧心髓集)』에서 다음과 같이 설하였다.

"식(識) 그 또한 승의(勝義)에서
그것을 지자들은 승인치 않으니,
하나와 다수의 자성을 여읨으로
마치 허공 속의 연꽃과도 같다."

또 아사리 나가르주나(龍樹)께서도 『보리심석(菩提心釋)』에서 다음과 같이 설하였다.

"아집(我執)을 물리칠 목적으로
온(蘊)과 계(界) 등을 설함이니,
유심(唯心)에 안연히 머물면서
큰 법연자들은 그것을 부순다."

"'이들 일체는 유심(唯心)이다.'라고
능인(能仁)께서 그것을 설하심은,
범부의 두려움을 없애기 위함이니
진실에서는 그것이 아닌 것이다."

또 위의 같은 책에서 다음과 같이 설하였다.

"대승(大乘)을 환희하는 자들에게
법아(法我)가 없는 평등성에 의해,
자기 마음이 본래 무생(無生)임을
부처님들께서 요약해서 설하였다."[387]

그러므로 외도들이 분별로 가립(假立)한 자아(自我)[388] 따위들과 내도(內道)의 [유부(有部) 등이]가 분별로 가립한 온(蘊)·계(界)·처(處)와 [유식학파(唯識學派)의] 유심(唯心, Sems)[389]과 환상(幻相, sGyu ma)[390] 등의 분별을 없앤 뒤, 그와 같은 [무생(無生)의] 뜻에 항상 머물면서 분별을 끊어버리도록

---

387 이 게송은 아짜랴 곌챈남돌(Ācārya Gyaltsen Namgol)이 편집한 보리심석(菩提心釋, Byaṅ chub sems ḥgel)에 실린 것으로 『난처석』의 본문의 게송은 제1구와 2구가 도치되어 있다.

388 아사리 나가르주나(龍樹)는 『마뙥빠뙥빠르제빠(不覺令覺論)』에서 외도들이 분별로 가립(假立)한 자아(自我)를 정의하길, "'타인의 반론이 무엇인가?' 하면, 말하자면, '아(我)는 존재한다. 그 또한 상주(常住)·주편(周遍)·유일(唯一)·작자(作者)·[결과를 누리는] 식자(食者)'인 것이다."라고 하였듯이, 그 자아가 곧 타파의 대상인 소파분(所破分)인 것이다.

389 이것은 유식학파에서 유심(唯心)을 실유로 주장하는 것은 승의의 진실이 아님을 말한 것이니, 『중관장엄론(中觀莊嚴論)』에서, "『해심밀경』과 『입능가경』과 『밀엄경(密嚴經)』 등에서 외경을 배척한 뒤, 유식의 도리로 성립함을 설한 몇몇 단계에서 마음에 자성이 있음을 힐척하지 않은 것은, 일체법에 자성이 없음을 일시에 깨닫기가 불가능하기에, 점차로 인도함이 필요한 자들의 의요에 수순해서 설하여 보인 것이다."라고 하였으며, 또한 같은 책에서, "유심(唯心)에 의지해서, 외경을 분별하지 않고, 진실의(眞實義)를 소연해서, 유심에서 또한 벗어난다."라고 설함과 같다.

390 여기서 환상(幻相, sGyu ma)은 승의의 진실을 세울 때 환법이성(幻法理成)을 주장하는 중관논사의 주장을 말하는 것으로 보이니, 『보리도차제광론』에서, "승의를 주장하는 도리의 문을 통해서 이름을 시설하는 [중관논사에게도] 또한 둘이 있으니, 현공(現空)의 둘의 합집(合集) [환상과 같은 의미 그것]을 승의제로 주장하는 환법이성(幻法理成)과 [현공의 둘이 합집한 그같은 것이 아니라] 현상에 대해 [진실유(眞實有)라는] 희론을 단지 끊어버림을 승의제로 주장하는 극무주(極無住)[의 중관사의 둘로 나눈다.]"라고 함과 같다.
또한 환법이성(幻法理成)의 주장은 정리가 아님을 아사리 짠드라고민(皎月)은 그의 『문수진실명광석(文殊眞實名經廣釋)』에서 설하길, "중관파에도 또한 둘이 있으니, 제법을 환화(幻化)로 주장함과 극무주(極無住)로 주장함이다. 환화의 종론은 정리가 아니니, 환화는 정량에 의해서 성립되지 않음과 환화인 까닭에 진실이 아니다. 그러므로 환화의 주장을 어김이다. 극무주(極無住)의 종론에도 둘이 있음을 알라. 승의(勝義)의 진실과 세속의 진실이다. 승의의 진실도 둘이 있으니, 이문(異門)과 비이문(非異門)이다. 세속의 진실에도 둘이 있으니, 정세속(正世俗)과 전도세속(顚倒世俗)이다. 이들이 최승의 종론이니, 무상유가승(無上瑜伽乘)도 역시 이것을 떠나 별도로 있지 않기 때문이다."라고 해서, 세간의 환상(幻相)이 정리로 성립함을 부정하였다.

하라.[391] 그러므로 아사리 나가르주나(龍樹)께서 [『보리심석(菩提心釋)』에서] 다음과 같이 설하였다.

"부처님들의 보리심은[392]
아(我)와 온(蘊) 따위와
유식(唯識)의 분별들로 가림 없는
항상 공성의 성품임을 주장하셨다."[393]

그와 같은 [실집(實執)의] 분별을 끊어버림이 '[고통을 여읜] 최승의 니르바나(涅槃)이다.'[394] 라고 설하였다. [그러므로 또한 본송(本頌)에서 다음과 같이 말하였다.]

---

391 본문의 "그러므로 외도들이 ~ 분별을 버리도록 하라."까지의 문장은 극무주(極無住)의 중관학파로 불리는 귀류파(歸謬派)의 종지를 요약한 것이다. 여기서 외도와 내도의 많은 학파들의 종지를 극무주(極無住)의 입장에서 힐척한 아사리 짠드라고민(皎月)의 논설을 그의 『문수진실명광석(文殊眞實名經廣釋)』에서 인용하여 소개하면 다음과 같으니, '부록 4 - 용어 해설'의 '갖가지 수레의 논설'을 참조 바람.

392 본문에 인용된 『보리심석(菩提心釋)』의 제2송은 바라밀다대승 가운데서 중관학파와 진언대승에서 설하는 핵심 의취를 함축하고 있는 게송으로 나가르주나(龍樹)의 『보리심석』에서 논설하는 승의보리심을 닦는 핵심이자, 아띠쌰 존자의 『보리도등론』에서 논설하는 제법의 무자성을 결택하는 반야바라밀의 수습을 다룬 증상혜학(增上慧學)의 전거이기도 하다. '부록 4 - 용어 해설'의 '『보리심석(菩提心釋)』의 제2송'의 해설을 참조 바람.

393 이 게송은 아짜랴 갤챈남돌(Ācārya Gyaltsen Namgol)이 편집한 『보리심석(菩提心釋)』에 의한 것이며, 본문에는 "아(我)와 온(蘊) 따위와, 유식(唯識)의 분별로 가림 없는, 부처님들께서는 보리심이, 공(空)의 자성임을 주장하였다."(제2송)이다. 또 아사리 직메중내배빠(ḥJigs med ḥbyuṅ gnas sbas pa, 無畏生護)의 『툽빠공갠(Thub paḥi dgoṅs rgyan, 能仁意趣莊嚴)』에서는, "보리심의 성품은, 아(我)와 온(蘊) 따위와, 유식(唯識)의 분별들로 가림 없고, 공(空)함을 부처님들께서는 항상 주장하였다."라고 하는 등의 판본마다 번역이 다르다.

394 '최승의 니르바나(涅槃)'의 의미를 선지식 쌰라와(Śa ra ba)께서 설하시되, '최승(最勝)'이라고 함은, 단지 고통에서 벗어난 열반은 윤회에 의지해서 최승인 것이며, 열반 가운데서 또한 최승은 모든 분별을 남김없이 끊어버린 붓다의 무주처열반(無住處涅槃)이다. 그러므로 반야로 분별을 끊지 못하면 최승의 열반을 얻지 못함으로써, 그 또한 버려야 할 바인 것이

"[실집의] 분별에서 생긴 이 삼유는

분별의 [가립(假立)] 그 자체이니,

그러므로 분별을 남김없이 끊음이

[고통을 떠난] 최승의 니르바나(涅槃)이다." (제55송)[395]

다. 분별을 끊지 못하면 삼유(三有)를 물리치지 못함으로써 분별을 허물로 본다.'라고 설하였다."라고 하였다.

395 이 게송의 의미를 4대 빤첸라마의 『보리도등론석승소희연(菩提道燈論釋勝笑喜宴)』에서, "선지식 쌰라와(Śa ra ba)께서, '이 게문(偈文)은 위빠사나(觀)을 닦음으로써 삼유(三有)의 뿌리를 뽑아내는 이익을 설한 것이다. 그 또한 「[실집의] 분별에서 생긴」이라는 구절로써 끊어야 할 바인 집제(集諦)를, 「삼유(三有)는 분별의 [가립(假立)] 그 자체이니」라는 구절로써 알아야 할 바인 고제(苦諦)를 설해 보였다. 제3구로는 의지할 바인 [분별을 끊는] 도제(道諦)를, 제4구로는 얻어야 할 바인 멸제(滅諦)를 설하여 보였다.'라고 설한 의취대로 하면,

집(集 : 原因)인 업(業)과 번뇌라는 유법(有法), 그대는 해탈을 원하는 자들이 반드시 끊어버려야 하는 소단사(所斷事)이며, 끊어버릴 수가 또한 있으니, 사물을 실유로 집착하는 분별의 무명에서 업들이 발생하기 때문이다. 『칠십공성론(七十空性論)』에서, '인(因)과 연(緣)에서 발생한 사물들을, 진실한 것으로 분별하는 어떤, 그것을 도사께서 무명이라 설하시니, 그로부터 십이연기가 발생한다.'라고 설하였기 때문이다.

삼유(三有)인 삼계의 윤회라는 유법(有法), 그대는 해탈을 추구하는 자들이 실유가 아님을 알아야 하니, 분별로 증익(增益)한 자체이기 때문이다. 『우바리청문경(優波離請問經)』에서, '갖가지 환희로운 꽃들이 피어나고, 수려한 황금의 전각이 찬란히 빛나는, 여기엔 그것을 만든 자도 전무하니, 그것들을 분별의 탓으로 가립(假立)하고, 분별의 탓으로 세간으로 분별함이니,'라고 하였기 때문이다.

무아(無我)의 의미를 [낱낱이 분석하]는 묘관찰(妙觀察)의 반야라는 유법(有法), 그대는 해탈을 원하는 자들이 의지하는 바이니, 실유로 집착하는 분별을 남김없이 뿌리째 끊어버림이 해탈이고, 반야 그대가 실유로 집착하는 무명 그것을 직접적으로 파괴하는 것이다.

그러므로 분별을 남김없이 끊어버린 적멸(寂滅)이란 유법(有法), 그대는 해탈을 추구하는 자들이 증득해야 할 바이니, 최승의 열반 또는 대열반이기 때문이다. 『중론(中論)』에서, '무명이 온전히 소멸함을, 앎으로써 그것을 닦음으로써,'라고 하였으며, 『사백론(四百論)』에서, '[삼유(三有)의 종자는 의식이니, 대경들은 그것의 소행경(所行境)이다.] 대경에 자아가 없음을 보면, 삼유의 종자가 소멸한다.'라고 하였으며, 『입보리행론(入菩提行論)』에서, '그러므로 아(我)와 아소(我所)가 공(空)함을 보는, 그 유가사는 크게 해탈한다.'라고 설하였기 때문이다.

요약하면, 이 삼유(三有)의 윤회의 일체는 사물을 실유로 집착하는 분별에서 발생함으로써, 분별이 그것의 뿌리가 되고, 분별로써 가립(假立)한 자체인 것이다. 그러므로 뿌리인 분별을 습기와 함께 남김없이 끊어버림이 [고통을 떠난] 최승의 해탈인 무주처열반(無住處

3) 중도의 정견

[나의 스승님 보디바드라(菩提賢)는] 아사리 나가르주나(龍樹)의 교계에 의해서 실지(悉地)를 성취한 뒤, 성스러운 문수보살의 허여(許與)[396]를 얻고, 신통을 얻고, 모든 딴뜨라(Tantra, 密續)와 모든 쑤뜨라(契經)와 모든 비나야경(毘奈耶經)의 의취가 일시에 마음에 밝게 출현하여 진실을 증견(證見)하였다.

그러므로 [아사리 나가르주나로부터] 일맥(一脈)으로 이어져 오는 법맥을 전승한 스승님이 바로 아사리 보디바드라인 까닭에 그의 가르침을 따르도록 하라. 그리고 앞에서 서술한 그 논전들의 의미[397]는 다음과 같다.

涅槃)을 얻음이자, 자리이타의 모두를 성취하는 것이다."라고 하였다.

396 허여(許與, gNaṅ ba)는 곧 윤허(允許)의 뜻이니, 밀속(密續)의 강설과 청문과 관정 등을 행하고 닦을 수 있도록 허락을 해 줌이다.

397 이것은 이제(二諦)의 진실을 여실하게 깨닫지 못한 채 전도된 견해에 사로잡힌 외도와 내도의 여러 학파들의 착란의 견해로는 구경의 해탈에 이르지 못하고, 오로지 나가르주나(龍樹)의 중도의 정견을 통해서만 무주처열반과 일체지자의 경지에 도달하게 되는 원인과 이유를 밝힌 것이다. 이 뜻을 제쭌 · 렝다와(rJe btshun Red mdaḥ ba)의 『입중론석진성명등(入中論釋眞性明燈)』에서 다음과 같이 설하였다.
"그러므로 아사리 나가르주나(龍樹)의 종론의 이제(二諦)의 행상을 달가워하지 않는 유식(唯識)과 극미(極微)와 승성(勝性) 등을 설하는 논사들은 세속과 승의의 진실 둘로부터 퇴락한 것이니, '이제에서 퇴락함으로써 해탈을 얻지 못한다.'라고 함을 설하여 보이기 위해서 게송을 설했다. '아사리 나가르주나(龍樹)의 중도(中道)에서 [퇴락해서], 외도가 된 그들에게는 적멸의 방편이 없다.(제79송 1,2구)' 그것이 '왜 그런가?' 하면, '그들은 속제와 진제에서 퇴락하니, 그것에서 퇴락하여 해탈을 얻음이 있지 않다.(제79송 3,4구)'라고 하였기 때문이다. 아사리 나가르주나(龍樹)의 종론을 따르지 않는 자타의 학파의 그들은 속제와 구경의 승의제의 둘에서 퇴락한 것이니, 그들이 그같이 변계(遍計)의 의타기(依他起)와 극미(極微)와 승성(勝性) 등들은 승의에서 성립은 고사하고, 세속의 명언(名言)에서조차 성립하지 않기 때문이다. 그 또한 이같이 모든 실유론자(實有論者)가 논리로 분석한 뒤 자기의 종론을 확립하나, 세간인은 논리를 세움이 없이 그냥 세속명언에 들어가기 때문이다. 또한 '어째서 이제에서 퇴락함으로써 해탈을 얻지 못하는가?'라고 하면, 답하니, '명언제(名言諦)는 방편이 되고, 진제(眞諦)는 방편에서 발생하니, 그 둘의 차별을 알지 못하는, 그는 전도된 분별로 인해 악도에 들어간다.'(제80송)라고 하였기 때문이다. 여기서 명언제(名言諦)

"진성(眞性)을 여실히 변석하면[398]
현현한 유법(有法)의 일체와,
학파 등이 가립한 [아(我)와 온(蘊) 등의] 일체는
착란이니 허구(虛構)[399]라고 주장한다. (제1송)

예를 들면 눈병 난 사람이 안질 탓에
허공에서 바늘과 머리칼이 떨어지고[400],
두 개의 달과 벌들이 엉킨 것을 보고
그것을 실집(實執)하는 의식 또한 있다. (제2송)

예를 들면 잠들면 수면의 힘으로
습기가 발동해서 안락과 괴로움과,

를 세존께서 설하신 것은 진제를 깨닫는 방편이 되기 때문이며, 진제를 설하신 것은 방편에서 발생하기 때문이니, 명언제에 오로지 머물면서 진제를 설하여 보이니, 진제를 통달함으로 말미암아 해탈을 얻게 되기 때문이다. 논전에서, '명언에 의지함이 없이는, 진제를 깨닫지 못하고, 진제를 깨닫지 못하고서는, 열반을 얻지 못한다.'라고 설하였다."

398 여기서 진성(眞性)은 데코나니(De kho na ñid)이니, 줄여서 데니(De ñid)라고 하고, 공성(空性)과 진여(眞如), 실성(實性), 승의(勝義), 제일의(第一義), 진제(眞諦)는 그것의 다른 이름이다. 아사리 쩬래씩뚤슉(sPyan ras gzigs brtul shugs, 觀誓)의 『반야등론광주(般若燈論廣註)』에 의하면, "진성(眞性, De kho na ñid)은 '전도되지 않음과 여실무도(如實無倒, Yaṅ dag pa ji lta ba bshin)이다.'라고 하는 정언이다."라고 하였다.

399 허구(虛構, brdzun pa)는 곧 분별의 착란으로 건립된 세속을 말하니, 아띠쌰 존자의 『법계견가(法界見歌)』에서, "가립(假立, bTags tsam)과 현상과 소리(sNaṅ grag), 사물(事物, dṄos po)과 명언(名言, Tha sñad), 착란(錯亂, ḫKhrul pa)과 환상(幻相, sGyu ma), 세속(世俗, Kun rdzob ñid)은 다른 이름이다."라고 하였다.

400 "예를 들면, 눈병 난 사람이 안질 탓에, 허공에서 바늘과 머리칼이 떨어지고"라고 함은, 무명의 분별로 제법이 발생하는 비유로 삼음이니, '부록 4 – 용어 해설'의 '안질과 머리카락'을 참조 바람.

갖가지 형색 따위들을 경험하고
그것을 실집(實執)하는 의식 또한 있다. (제3송)[401]

그같이 시원조차 없는 때로부터
무명의 안질에 걸리고 눈병 탓에,
안과 바깥의 사물들을 경험하고
그것을 실집(實執)하는 의식 또한 있다. (제4송)[402]

또한 시원조차 없는 때로부터
무명의 깊은 잠 속에 떨어져,

---

401 이 게송과 뒤의 두 게송을 합한 세 게송의 뜻을 설명하면, 쫑카빠 대사의 『문수예찬운해(文殊禮讚雲海)』에서 설한, "당신께서 현증하신 그 삼매의 힘으로, 환상과 같은 대경의 모든 현상과, 꿈속의 사물같이 분명하고 그것을 아는 마음의, 실감(實感)과 대경이 남김없이 법계로 녹아들어,"(제49송)라고 하였으며, 다시 이 게송의 의미를 7대 달라이 라마의 『문수예찬운해상석(文殊禮讚雲海詳釋)』에서 다음과 같이 설하였다.
"그와 같이 극도로 미세한 소지장(所知障)을 파괴하는 직접적 대치법인 그 최후상속제(最後相續際, rGyun mthaḥ)의 무간도(無間道, Bar chad med lam)의 힘으로 사실이 아님에도 사실로 나타나는 예를 들면, 환술로 만든 말과 소가 실제로 말과 소가 아님에도 말과 소로 나타남과 같은 외경의 현상과 대덕(大德) 무성(無性)의 저술한 『텍뒤쌔자르(Thag bsdus bśad sbyar, 攝大乘論釋)』에서, '꿈은 잠에 의해서 마음과 심소(心所)의 무리가 거두어진 것이다.' 라고 설하였듯이, 꿈속의 갖가지 대경들이 출현하는 잠에 물든 마음도 역시 꿈인 까닭에, 사물의 존재성(gNas thsod)이 없음에도, 자기 마음으로 단지 건립한 갖가지 대경이 분명하고 그것을 아는 꿈처럼 실제로는 없으나, 마음이 단지 건립한 대경이 실제로 분명하고 그것을 아는 마음이 유경(有境)이 되니, 그와 같이 실감(實感)하는 유경의 마음과 현현의 대경에 거두어지는 모든 현상계는 진성 또는 본질이 아님에도 본질인 것으로 나타나는 일체가 지혜의 분상에서 환상륜(幻相輪)이 무너짐과 같이 영원히 나타남이 없이 소멸하니, 모든 희론의 변제를 여읜 본성인 허공과 같은 법계로 녹아든다."

402 "안과 바깥의 사물들을 경험하고, 그것을 실집(實執)하는 의식 또한 있다."라고 함은, 무시이래 무명의 번뇌에서 발동한 업과 습기에 기인하는 것임을 말함이니, '부록 4 – 용어 해설'의 '암호랑이와 해골의 몸'을 참조 바람.

네 가지 습기의 꿈을 경험하고[403]
그것을 실집(實執)하는 의식 또한 있다. (제5송)

승의(勝義)를 여실히 분석하면
모든 제법의 법성(法性)[404] 으로 인해,
그릇되게 분별하는 그것들로는
유무(有無)로 정립하지 못한다. (제6송)

예를 들면, 지독한 눈병에 걸리면
머리칼이 떨어짐이 없다고 못하고,
어느 때 눈병이 가시고 좋아지면
머리칼이 떨어짐이 있다고 못한다. (제7송)

예를 들면 무명의 잠을 깨면
꿈을 본다고 말하지 못하고,
나아가 잠에서 깨지 못하면
꿈이 없다고 말하지 못한다. (제8송)

---

403 네 가지 습기(習氣)는 의언습기(意言習氣)와 아견습기(我見習氣)와 유지습기(有支習氣)와 동류습기(同類習氣)이다. '부록 4 - 용어 해설'을 참조 바람.

404 법성(法性, Dharmtā)은 진여(眞如, De bshin ñid)이니, 법성은 자기 본질이 공(空)한 성품에서 움직임이 없이 갖가지로 일체에 출현하는 경(經, 貫穿 / Sūtantra)이라는 계경(契經)이 있듯이, 이 법성은 법계(法界)와 동의어이자 공성의 다른 이름이다. 『곰데칙죄첸모(貢德大辭典)』에서, "① 공성(空性). 석의(釋義)는 '법 그것의 존재도리가 진성(眞性)인 까닭에 법성이다.'라고 한다. ② 성품과 자성이니, 예를 들면, '불망(不忘)의 성품 또는 자성을 염무실성(念無失性)'이라 함과 같다."라고 하였다. '부록 4 - 용어 해설'을 참조 바람.

어느 때 흐릿한 눈병이 가시고

무명의 깊은 잠에서 깨어나면,

머리칼이 떨어지는 등과 꿈과

그것을 실집(實執)하는 의식 또한 없다. (제9송)[405]

---

405 이 게송의 의미를 제둥·쎄랍왕뽀(rJe druṅ Śes rab dbaṅ po)의 『입중론의취명해난처석(入中論義趣明解難處釋)』에서 다음과 같이 설하였다.

"첫째, 『입중론자주(入中論自註)』에서, '그러므로 그와 같이 속제를 설하여 보인 뒤, 승의제를 설하여 보이길 원함으로써, 그것은 가히 설하지 못하기 때문임과 소지(所知)의 경계가 아닌 까닭에, 직접 설하여 보이는 것이 불가능함으로써, 듣기를 원하는 자들에게 자기의 체험 위에 그것의 자성을 밝게 드러내기 위해 비유로 설한다.'라고 하였다. 이것의 의미 또한 승의의 그것을 자신이 능전(能詮)의 글자로써 직접 설하는 것이 불가능함과 자취(自取)의 분별로는 직접 현증하는 것이 불가능하다는 뜻이지, 계경 등의 성언(聖言)의 소전(所詮)과 이지(理智, Rigs śes)의 비량(比量) 등의 깨닫는 바의 경계가 아님을 설한 것이 아니기 때문이다.

그러므로 본문의 글 뜻을 비유를 통해서 설하면, 예를 들면, 흐릿한 눈병에 걸린 몇몇 환자가 소뿔 따위의 자기 그릇에는 머리칼 등이 본래 없음에도 있는 것으로 본 뒤, 그것을 없애기 위해 더러움 등을 닦아내는 등을 하고 있기에, 눈병 없는 사람이 '무엇을 하냐?'라고 묻자, 그가 말하길, '나의 밥그릇에 머리칼과 벌 등이 있어서 그것을 없애는 것이다.'라고 자기의 생각을 말하면, 눈병 없는 사람이 그릇을 살펴보자 거기에는 머리칼과 그의 차별적 법[벌]들을 전혀 보지 못하기에, '머리칼과 그의 차별적 법들을 거기에 없다.'라고 말하는 것에 의지해서, 눈병 없는 사람이 그 그릇에 머리칼의 나타남이 아예 없음을 아는 것을 통해서, 그 그릇에 머리칼 등이 없는 것을 아는 것처럼 눈병에 걸린 사람이 비록 스스로 깨닫지 못할지라도, 그것에 의해서 환자의 안식(眼識)에는 소뿔 등의 그릇에 비록 머리칼이 나타나는 상태에서도 머리칼이 없다고 생각하는 하나의 의식의 각성이 일어나게 된다. 그러므로 눈병 없는 사람이 보는 것처럼 머리칼이 없는 의미를 알게 되니, 눈병에 걸린 사람이 보는 머리칼 등이 실제로 존재하지 않듯이 그처럼 추지(推知)의 이 단계에서 알아야 할 법인 것이다.

그것을 알게 하는 법은, 공성을 깨달음을 체험하지 못한 이생범부에게 실집(實執)의 무명에 물듦에 의지해서, 색상 등이 진실로 없는 상태에서 실제로 나타나고 그것을 애착해서 탐착 등이 발생하는 탓에, 선악의 업을 쌓고서 결과인 고락 등을 맛보는 것이다. 그럴 때 실집과 습기를 함께 지닌 흐릿한 눈병을 멀리 여읜 세존은 색상 등이 진실로 성립함을 조금도 보지 못함으로써, 색상 등을 실유로 집착하는 그것을 물리치기 위해서, '색상 등은 진실로 없다.'라고 법을 설함에 의지해서, 교화 대상인 이생범부들이 어느 때 세존에게는 체실유(諦實有)로 나타남이 아예 없음을 통해서, 색상과 소리 등이 진실로 없음을 깨닫는 것처럼 깨닫지는 못하여도, 색상 등이 실재하는 것으로 나타남을 통해서 색상 등이 진실로

그같이 무명(無明)의 눈병과
무명의 깊은 잠에서 깨어나면,
현상과 가립(假立)의 일체와
[그것을] 경험하는 의식 또한 없다. (제10송)

'단절과 비단절(非斷絶)'을 말하는[406]
어떤 주장 그것은 단절되어도,
법성에는 그것이 있지 않으니
객진[407]에 물든 범부의 분별에 귀결된다. (제11송)

없는 것으로 아는 깨달음이 일어난다. 세존에게는 색상 등이 체실유로 나타남이 아예 없는 것을 통해서 색상 등이 진실로 있지 않음을 깨닫는 의미 그것이 색상 등의 승의의 참모습이니, 이생범부에게 색상 등이 체실유로 나타남과 같이 성립하는 색상 등의 의미는 승의의 참모습이 아니기 때문이다." [『입중론의취명해난처석』, pp.304~305]

406 아띠쌰 존자의 『입이제론(入二諦論)』에서, "세속의 사물이 그같이 출현한 이것을, 정리로 분석하면 전혀 [있음을] 얻지 못하니, 얻지 못하는 그것이 승의(勝義)이며, 본초부터 내주(內住)하는 법성이다.(제20송) 인(因)과 연(緣)들에서 발생함으로써, 세속이 그처럼 출현함이 성립하니, 만약 성립함이 불가하다면, 물속의 달 등을 '누가 생기하는가?'(제21송) 그러므로 갖가지의 인연들이 모여서, 발생함으로써 모든 현상이 성립하니, 만약 연(緣)들이 단절되어 없어지면, 세속에 또한 발생하지 않는다.(제22송) 그와 같이 견해와 사유가 어리석지 않고, 행위가 크게 청정하게 되면, 착란의 길로 가지 않고, 밀엄찰토(密嚴刹土)로 간다.(제23송)"라고 하였듯이, 승의(勝義)를 알지 못한 채 단지 세속의 진리에 사로잡혀 사물의 단절과 비단절을 주장하는 외도의 견해는 "불생역불멸(不生亦不滅), 불상역불단(不常亦不斷)"의 중도의 정견을 모르는 범부의 전도된 견해에 불과하다.

407 객진(客塵, Glo bur / Glo bur gyi dri ma)은 곧 무명의 번뇌를 말한다. 여기서 객진이라 함은 청정한 마음의 본성에는 본래로 존재하지 않으나, 착란의 분별로 인해서 홀연히 생겨나서 마음의 본성을 가리고 덮음으로써 객진(客塵)이라 한다. 또한 『데우최중(弟吳宗教源流)』에서, "[증득해야 하는] 증법(證法)이자 대경인 법계의 자성은 객진의 번뇌에서 벗어나 적멸이니, 유경(有境)인 보지 못하는 반야는 도위(道位)의 증득의 법이다."라고 하였듯이, 반야에 의해서 소멸하는 것이다.

그러므로 아사리 적천 보살이
'단절을 여기선 승인 않으니,
그의 교계(敎誡)가 있지 않음과
단절을 설하는 논전이다.'라고 말한다. (제12송)

여기엔 없앨 대상도 전무하고
안립할 대상도 조금도 없으니,
진성(眞性)을 바르게 관조하고
진성을 비춰봄으로써 해탈한다. (제13송)

자파(自派)와 타파(他派)의 일부는
제법의 실유(實有)를 정립하고
다른 일부는 무실유를 말한다. (제14송)

제법의 진성(眞性)을 분석하면
있다고 말하고 없다고 말해도,
진실의 변제엔 그것이 없으니
고로 전혀 정립하지 못한다. (제15송)

스승의 전승교계가 없는 자들은
각자의 추론(推論)의 반야로써,
유무·상단 등을 정립해도 또한
힘만 들뿐 진실의를 얻지 못한다. (제16송)

다르마끼르띠(法稱)와 다르못따라(法上) 등이[408]
많은 인명의 논전들을 저술한 그 같은 것은,
외도의 적론(敵論)들을 논파하기 위해서
지자들께서 적극적으로 저술한 것이다. (제17송)[409]

'그러므로 승의(勝義)의 수습에는
인명(因明)이 필요 없다.'고 함을,
내가 다른 데서 논설을 했기에
일단 여기서는 언급하지 않는다. (제18송)

그러므로 비량(比量)을 위주로 하는
추론자의 논전들을 멀리한 뒤,
아사리 용수 보살의 종론(宗論)을
전승하는 교계를 수습토록 하라. (제19송)

비유(非有)·비무(非無)·비유무(非有無)

---

408 아사리 다르마끼르띠(法稱)과 다르못따라(法上)와 그리고 '등(等)이'라고 함은 디그나가(陳那)를 비롯한 아사리들이니, 다르마끼르띠(法稱)는 『석량론(釋量論, Tshad ma rnam ḥgrel)』 등의 『인명칠론(因明七論)』을 저술하였고, 다르못따라(法上)는 『양관찰(量觀察)』 등을, 디그나가(陳那)는 『인명입정리론(因明入正理論)』 등을 저술한 것을 말한다. '부록 3 - 아사리 소개'를 참조 바람.

409 아띠쌰 존자의 『입이제론(入二諦論)』에서, "현량(現量, mŃon sum tshad ma)과 비량(比量, rJes dpag tshad ma)이 필요가 없으니, 외도들의 적론(敵論)을 물리치기 위해, 지자(智者)들이 [인명논전을] 지은 바이다. 계경(契經)에서도 역시 분명하게, '유분별(有分別)과 무분별의, 간혜(乾慧)의 둘로는 깨닫지 못함을 알라.'라고 하였다고, 아사리 바바(Bhavya, 淸辨)께서 설하였다.(제13송)"라고 하였다.

유무(有無)의 둘이 아님도 아닌,
이들 사변(四邊)에서 멀리 벗어난
진성(眞性)을 중관논사는 깨닫는다. (제20송)

비상(非常) · 비단(非斷) · 비상단(非常斷)
상단(常斷)의 둘이 아님도 아닌,
이들 사구(四句)에서 멀리 벗어난
진성(眞性)을 중관논사는 깨닫는다. (제21송)

유무(有無) 따위에서 벗어나고
상단(常斷)을 완전히 단멸하고,
능지(能知) · 소지(所知)에서 벗어난
이것이 중관(中觀)의 대논전이다. (제22송)

고로 추론(推論)을 핵심으로 해서
유무(有無) · 상단(常斷)들을 논해도,
법성은 그것을 추종하지 않으니
증익(增益) · 감손(減損)에 귀착된다. (제23송)

예를 들면 금과 허공과 물 등의
자성이 본래로 청정한 것이기에,
비록 더러움과 섞여서 나타나도
그것의 허물을 추종 않음과 같다. (제24송)

증익(增益)과 감손(減損)을 다 끊고[410]

모든 증익에서 반드시 벗어나는,

진성(眞性)만을 오로지 수습하고

여타의 종론(宗論)에 머물지 말라. (제25송)

아사리 나가르주나(龍樹)와 아르야데와(聖天)와

짠드라끼르띠(月稱)와 바뱌(淸辨)와 싼띠데와(寂天)로

전승되는 우빠데쌰(敎誡)만을 오로지 닦도록 하라. (제26송)[411]

만약 전승교계가 없다면

그들이 저술한 논전들을

반복해서 읽어 보도록 하라. (제27송)

---

410 여기서 증익(增益, Samāropabāda)과 감손(減損, Pāpabāda)는 상견(常見)과 단견(斷見)의 양극단에서 기인하는 삿된 견해이니, 증집(增執)은 제법이 항상(恒常)하고, 견고(堅固)하고, 자아가 있는 등으로 고집하는 전도된 견해이고, 감집(減執)은 공무(空無)에 치우쳐서 만유는 실재하지 않는다고 고집하는 전도된 견해이다.

411 아띠쌰 존자의 『중관교계(中觀敎誡, dBu maḥi man ṅag)』에서, "대승의 중관교계(中觀敎誡)는 이것이니, '세속에서 일체법은 차안(此岸 : 現法)만을 보는 분상에서 행함이니, 인과(因果) 등을 시설한 일체는 그같이 나타남처럼 사실일지라도, 승의(勝義) 또는 진실에 있어서는 세속사물이 그같이 나타나도 진실의(眞實義)의 대증인(大證因)들로 분석하고 추구하면, 털끝을 백 개로 쪼갠 극소의 양만큼도 얻지 못한다.'라고 설한 이것을 반드시 통달토록 하라."고 하였다.
또 그의 『입이제론(入二諦論)』에서, "차안(此岸)만을 보는 우치한 범부들이, 이제(二諦)를 결택함이 불가할지라도, [전승법계의] 스승들의 말씀에 의지해서, 나가르주나(龍樹)의 종론의 이제를 기술한 이것은, 금주(金洲, gSer gliṅ)의 국왕을 위해서, 지은 이것을 만약 오늘날 신심 있는 이들도 역시, 잘 살펴본 뒤 수지토록 하되, 단지 믿음과 존경 때문에는 행하지는 말라. 금주(金洲)의 국왕 구루팔라(Guruphala)가, 비구 데와마띠(天慧)를 보내옴으로써, 국왕의 간청으로 지은 이 『입이제론』을, 오늘날 지자들이 변석함이 마땅하다."라고 하였듯이, 이 자주(自註)도 또한 그같이 아사리 나가르주나(龍樹)로부터 전승되는 교계를 설한 것이다.

일체법은 아(阿) 자의 문(門)이니[412]
본래 무생이며 멸함도 없으며,
본성은 니르바나(涅槃)이고
자성이 청정(淸淨)[413]하도다. (제28송)

볼지라도 또한 보는 것이 아니며
보이는 대상(所見)과 보는 자(能見)와,
보는 것(見)도 또한 있지 않으며
능인(能仁)은 항상 싸마히따(等引)이다. (제29송)[414]

---

412 '일체법은 아(阿) 자의 문(門)이니'라고 함은 심오한 의미를 내포하고 있으니, 『잠뻴챈죄(文殊眞實名經)』에서 "이와 같이 붓다 세존 정등각은, 불생의 아(阿) 자에서 출생하시니, 아() 는 모든 문자의 최승이며, 대의리를 지닌 미묘한 글자이다."(제28송)라고 설하였다. '부록 4 - 용어 해설'을 참조 바람.

413 『밀집금강속(密集金剛續)』의 「보리심품(菩提心品)」에서 불공성취불(不空成就佛)께서, "그 뒤 세존·여래·무의성취(無疑成就)께서 여래일체위섭금강삼매(如來一切威攝金剛三昧)에 머무시면서 이 보리심을 설하였다. '제법의 자성은 광명이며, 허공처럼 본래부터 청정하고, 보리도 없고 현증(現證)도 없으니, 보리의 이취(理趣) 이것은 견고하다.'라고 세존·여래·무의성취(無疑成就)께서 설하였다."라고 하였다.

414 '능인(能仁)은 항상 싸마히따(等引)이다.'라고 하는 의미는 입정(入定)과 출정(出定)을 구분함이 없이 항상 선정에 머무름이니, 이것은 여래의 십팔불공법(十八不共法)의 하나인 정무멸(定無滅, Tiṅ ṅe ḥdzin ñams pa med pa)이기도 한다. 화엄경에서, "일체법의 본성인 진여에 안주하는 선정에서 쇠멸함이 없다."라고 하였듯이, 일체법의 진성(眞性)과 평등성(平等性)에 들어가 머물고, 그 상태에서 움직이지 않음으로써 정무멸(定無滅)이니, 이것은 모든 때에 항상 선정에 들어 있음으로써 마음에 산란이 없고 선정이 쇠멸함이 없음을 말한다. 또한 아사리 까말라실라(Kamalaśīla, 蓮華戒)의 『입무분별다라니경광주(入無分別陀羅尼經廣註)』에서 다음과 같이 설하였다.
"'만약 세존께서는 항상 싸마히따(Samāhitaḥ, 等引)에 머무심으로써, 그러므로 [권속들을] 본다고 말함은 정리가 아니다'라고 한다면, [법문을 설하는] 그와 같은 때 [법문을 이해하는] 복분(福分)이 있음과 복분이 없음을 요지함과 [복분의] 차이를 변별함으로써, 그러므로 항상 싸마히따이니, 이것이 지나(Jina, 勝者)이다"라고 하였으며, 또한 그의 『금강경광주(金剛經廣註)』에서, "'억념(憶念)을 먼저 [전면에] 안치하다'라고 함은, 과거 세존께서 보살이 되었

모든 분별을 끊어버리고
무분별의 법계에 머물면,[415]
대유가(大瑜伽)의 지혜를
일으키고 들어가는 그것을 원치 않는다. (제30송)

고로 싸마히따(等引)와 후득(後得)에서[416]
성불하는 것을 우리는 원하지 않으니[417],

을 때 위 없는 지위를 얻은 뒤, '그와 같이 부처님의 종성이 끊어지지 않음을 그와 같이 내가 행하리라!'라고 원을 세우신바, 그 발원을 억념함을 현전(現前)시킴이라는 정언(定言)이다. 불세존께서는 항상 싸마히따에 머무심으로써 일체에 또한 억념에 머물지라도, 때가 아니고서는 그 억념이 전혀 없으나, 때가 오면 발원을 억념함이 [종성의 끊어지지 않음을 행하는] 결과와 더불어 현전한다. 때가 되어 억념할지라도 또한 세존께서는 항상 싸마히따의 상태에서 보여줌으로써 어긋남이 없다." '부록 4 - 용어 해설'의 '능인(能仁)은 항상 싸마히따'를 참조 바람.

415 '무분별의 법계'의 의미를 『입무분별다라니경(入無分別陀羅尼經)』에서 설하되, "'어째서 무분별(無分別)의 법계를 무분별이라 부르는가?' 하면, 분석하는 모든 분별에서 멀리 떠남과 드러내 보임과 비유로 분별하는 일체에서 멀리 떠남과 근(根)으로 분별하는 일체에서 멀리 떠남과 경(境)으로 분별하는 일체에서 멀리 떠남과 식(識)으로 분별하는 일체에서 멀리 떠남과 모든 번뇌와 모든 소지(所知)의 장애가 머무는 처(處)가 없기 때문이니, 그러므로 무분별(無分別)의 법계를 무분별이라 부른다.
무분별이란 '그 또한 무엇인가?' 하면, 무분별은 색(色)이 없음이며, 드러내지 못함이며(bsTan du med pa), 의지함이 없음이며(rTen med pa), 불현(不現, sNaṅ ba med pa)이며, 심식(心識, rnam par rig pa)이 아니며, 무주(無住, gNas med pa)이다. 보살마하살이 무분별의 법계에 안주함으로써, 소지(所知 : 現象)와 차별이 없는 무분별의 지혜로써 일체법을 허공과 같은 것으로 본다."라고 하였다.

416 '싸마히따(等引)와 후득(後得)'의 의미는 싸마히따의 상태에서 일체법이 자성이 성립함을 오로지 타파하는 [완전히 부정하는] 무차(無遮, Med dgag)에 정주(定住)하는 힘으로써, [등인정(等引定)에서 일어난] 후득(後得)의 상태에서 일체법이 자성이 있지 않을지라도 자성이 있는 것처럼 나타나는 색(色) 등의 현상이 출현하는 것을 말한다. '부록 4 - 용어 해설'을 참조 바람.

417 '성불하는 것을 우리는 원하지 않으니'라고 함은, 까말라실라(蓮華戒)의 『입무분별다라니경광주』에서, "지(地)들과 일체지자를 수습하지 않으면 보살과 붓다로 또한 '어떻게 안립(安立)하는가?' 그러므로 무분별의 법계에 들어가기 위해 선정(禪定)에 머무는 때에는 유

'지중(地中)에 머무는 때에는'이라고[418]

『입무분별다라니경(入無分別陀羅尼經)』에서 설하였다. (제31송)

이 뜻을 여기에선 상설하지 않으니

나의 논전을 견지하는 선지식들을,

친근하고 섬기는 등으로 공양한 뒤

거듭거듭 [교계를] 청하도록 하라. (제32송)

가사는 그 분별을 버리도록 이것을 설한 것임을 통달하도록 하라. 그러므로 '분별은 모양(相)이다.'라고 일체에서 설하였으니, 그것을 버리도록 설하였기 때문이다."라고 함과 같다.

418 '지중(地中)에 머무는 때에는'이라고 하는 이 구절의 뜻은 제법의 무자성(無自性)의 평등성에 의해서, 초지(初地)에서부터 구경과(究竟果)인 일체지자(一切智者)에 이르기까지의 일체는 또한 무자성인 까닭에 그것을 얻음을 추구하는 것은 분별의 모양인 까닭에, 그것들을 작의(作意)함이 없이 무분별의 상태에서 들어감을 말한다. 이 뜻을 『입무분별다라니경(入無分別陀羅尼經)』에서 설하되, "이같이, 자성을 분석하거나 혹은 공덕을 분석하거나 혹은 정수(精髓)를 분석함 또한 무방하니, 그것으로 그것들을 또한 작의(作意)하지 않음으로써 [분별을] 온전히 끊어버림이다. 그것으로 온전히 끊어버리면 달리 진성(眞性)을 분석하는 분별의 모양들이 출현하는 도리가 전적으로 발생하고 현전(現前)하니, 이같이 공성을 분석하는 분별의 모양과 진여(眞如)를 분석하는 분별의 모양과 진실변제를 분석하는 분별의 모양과 무상(無相)과 승의(勝義)와 법계를 분석하는 분별의 모양이니, 이같이 자상(自相)을 분석하거나 혹은 공덕을 분석하거나 혹은 정수(精髓)를 분석함 또한 무방하니, 그것으로 진성(眞性)을 분석하는 분별의 모양 그것들을 또한 작의(作意)하지 않음이 [분별을] 온전히 끊어버림이다.
그것으로 [분별을] 온전히 끊어버리면 달리 얻음을 분석하는 분별의 모양들이 출현하는 도리가 전적으로 발생하고 현전(現前)하니, 이같이 초지(初地)의 얻음을 분석하는 분별의 모양에서부터 십지(十地)에 이르기까지의 얻음을 분석하는 분별의 모양과 무생법인(無生法忍)의 얻음을 분석하는 분별의 모양과 수기(授記)를 얻음을 분석하는 분별의 모양과 불국토를 정화함을 얻음을 분석하는 분별의 모양과 유정을 온전히 성숙시킴의 얻음을 분석하는 분별의 모양과 [시방의 제불의] 관정(灌頂)을 얻음을 분석하는 분별의 모양에서부터 일체지자의 얻음에 이르기까지를 분석하는 분별의 모양이니, 이같이 자상을 분석하거나 혹은 공덕을 분석하거나 혹은 정수를 분석함 또한 무방하니, 그것으로 얻음을 분석하는 분별의 모양 그것들을 또한 작의(作意)하지 않음으로써 [분별을] 온전히 끊어버림이다."라고 하였다.

일체지자께서 [계경들에서] 예언하신[419]
아사리 나가르주나(龍樹)의 법맥을 잇는,
아사리 보디바드라(菩提賢)를 수순한 뒤
여타의 종론들을 지니지 않도록 하라." (제33송)

위와 같이 정리(正理)의 문을 통해서 제법의 무생(無生)[420]을 확증(確證)하였다.

6. 성언(聖言)에 의한 무자성의 결택

[두 번째] 이제 성언(聖言, Āgamaḥ)의 문을 통해서 제법이 무생(無生)임을 설하여 보이고자 한다. 본송(本頌)에서 "그와 같이 또한 세존께서 설하시되"라는 등을 설하였으니, 아래의 세 가지 본송을 깊이 관찰토록 하라.

---

419 아띠쌰 존자의 『입이제론(入二諦論)』에서, "공성을 누가 깨쳐서 아는가? 하면, 여래께서 예언하시고, 법성의 진실을 통견하신, 나가르주나(龍樹)와 제자 짠드라끼르띠(月稱)이니, 그로부터 전승되는 교계에 의해서, 법성의 진실을 깨닫게 된다."라고 하였듯이, 중관학파 가운데 귀류파(歸謬派)의 견해를 최상으로 여기는 것이다.

420 『팔천송반야바라밀다경』(金亨俊 譯, 담마아카데미)에서, "달모드가따가 말했느니라. '그렇습니다. 선남자여, 실로 그렇습니다. 마치 이처럼 선남자여, 누구든 여래의 모양이나 음성에 집착하고 있는 자는 여래가 온다거나 혹은 간다고 망상하는 것입니다. 하지만, 여래의 거래를 망상하는 자는 마치 물이 아닌 것에 대해 물이라는 관념을 품는 저 남자와도 같이 어리석은 자이며 지혜가 떨어지는 자라고 불러 마땅합니다. 그것은 왜냐하면, 여래를 색을 몸으로 삼는 존재로 여겨서는 안되기 때문입니다. 여래들이란 곧, 법을 몸으로 삼는 이들인 것입니다. 선남자여, 법성은 오거나 가는 일이 없습니다. 마치 이처럼 여래들에게 있어서 거래는 존재하지 않는 것입니다. 선남자여, 예를 들어 환술사가 마법으로 만들어 낸 상병(象兵)이나 기마병, 전차병, 보병이 오거나 가는 일은 없습니다. 마치 이처럼 선남자여, 여래들에게 있어서 가고 옴은 존재하지 않는 것입니다.'고 설하였다."라고 하였다.

그같이 또한 세존께서 [『환망속(幻網續)』 등에서] 설하였다.

“[실집의] 분별이 큰 무명이니
윤회의 바다에 떨어지게 하고,
무분별의 선정(禪定)에 머물며
허공 같은 무분별지의 빛남을 본다.” (제56송)[421]

『입무분별다라니경(入無分別陀羅尼經)』에서 또한 설하였다.

“[무생(無生)의] 이 법에 불자가

---

421 제56송과 앞뒤의 제55, 57게송을 하나로 묶어서 4대 빤첸라마의 『보리도등론석승소희연(菩提道燈論釋勝笑喜宴)』에서, “그렇다면, ‘윤회가 분별에서 발생하고, 무아를 닦음으로써 분별을 종자와 함께 단멸할 수 있는 근거가 무엇인가?’라고 하면, 앞에서 설함과 같이 『쌈부따(三補止續)』에서 소지(所知)의 유법(有法)을 사물로 실집(實執)하는 분별 이것이 삼유(三有)의 근본이 되는 큰 무명이니, 깊이를 알 수 없는 윤회의 바다에 떨어지게 하는 작자(作者)이기 때문이다. 작자에게 ‘크다’란 말을 또한 붙이니, 『불사고(不死庫, ḥChi med mdzod)』에서, ‘「크다·뛰어남·무량·현능(賢能)·정근·홍취의 업(業)의 자체·크게 경이로움·작자(作者)를 크다고 한다.」라고 설하였다.’고 하였기 때문이다.
그와 같이 ‘[실집의] 분별에서 생긴 이 삼유는, 분별의 [가립(假立)] 그 자체이니,(제55송, 1, 2구)’라는 두 구절의 뜻을 성언(聖言)으로 입론(立論)한 뒤, ‘그러므로 분별을 남김없이 끊음이, [고통을 떠난] 최승의 니르바나(涅槃)이다.(제55송, 3, 4구)’라는 두 구절로써 확정함은, 실집의 분별의 다스림 법으로 무아의 뜻을 정리로 분석해서 확신을 얻을 때, 분석을 진행한 끝에 분별이 없어져서, 무분별의 선정에 머물고 닦음으로써 수습이 구경에 이르면, 가을날 구름 없는 허공 같은 무분별의 마음의 법성이 빛남을 실제로 보게 되니, ‘[소취(所取)와 능취(能取)의] 이현(二現)의 분별을 습기와 함께 파괴하게 된다.’라고 『상합속(相合續, Kha sbyor gyi rgyud)』에서 설하였기 때문이다. 이것은 아사리 정리자재자(正理自在者, Rig paḥi dbaṅ phyug)께서, ‘그러므로 진실과 비진실’이라는 등을 설한 정리와 같은 것이다.
심오한 공성에 일념으로 안주하면 분별의 희론을 물리치게 되는 또 다른 근거로 『입무분별다라니경(入無分別陀羅尼經)』에서도 이 뜻을 설하였으니, ‘무엇인가?’ 하면, ‘무분별을 사유하고 닦으면 유상(有相)을 행하는 건너기 어려운 분별의 그물을 잘 넘어가서, 차례로 무분별의 지혜를 얻게 된다.(제57송)’라고 설하였기 때문이다.”라고 하였다.

무분별을 사유하고 [닦으면],
건너기 힘든 분별들을 넘어서
차례로 무분별을 얻게 된다.” (제57송)[422]

[요의(了義)의] 성언과 정리들로
모든 제법들이 진실로 무생이며,
자성이 있지 않음을 확정한 뒤
무분별을 여실하게 닦도록 하라. (제58송)[423]

---

422 이 게송의 뜻을 위의 『보리도등론제호석(菩提道燈論醍醐釋)』에서, “그 또한 분별에서 삼유(三有)가 발생함을 『비로자나현증보리속(毘盧遮那現證菩提續)』 또는 『환망속(幻網續)』에서 설하였을 뿐만 아니라, 그것들을 알게 하는 다른 성언(聖言)인 『입무분별다라니경(入無分別陀羅尼經)』에서도 또한, ‘대승의 이 법에 불자(佛子)인 보살들이 분석할 대상의 사물이 전혀 성립하지 않음을 확지한 뒤, 무분별을 사유하면 건너기 힘든 분별이니, 만약 분별을 끊지 않음을 추종하면 윤회의 무변한 고통 속에 유전하게 됨으로써 건너기 힘들고, 만약 끊고자 하면 무량겁에 걸쳐서 무한한 노력을 해야 함으로써, 끊기가 어려운 까닭에 건너기 어려운 그것으로부터, 처음 탐착 등의 자성의 분별과 그 뒤 바라밀 등의 대치(對治)의 분별과 그 뒤 삼해탈문(三解脫門)의 본성의 분별과 그 뒤 십력(十力)과 사무외(四無畏) 등을 얻는 획득의 분별 넷을 차례로 끊는 모양으로 잘 넘어간 뒤, 차례로 처음 인아(人我)를 분별하지 않음과 그 뒤 법을 색(色)으로도 또한 분별하지 않음과 그 뒤 무색(無色)의 법으로도 또한 분별하지 않음과 그 뒤 반야로도 또한 분별하지 않음을 얻게 되거나 또는 자량도(資糧道)의 단계에서 무분별을 사유함으로 발생하는 사소생혜(思所生慧)로써 [무생법(無生法)에] 확신을 얻음과 가행도(加行道)의 단계에서 세간의 수소생혜(修所生慧)로써 거친 분별들을 네 가지의 순결택분(順決擇分)으로 차례로 끊음으로써 견도(見道)를 얻게 되면, [출세간의] 무분별지(無分別智)를 실제로 얻게 된다. 그가 십지(十地)들을 수습함으로써 금강유정(金剛喩定)으로 미세한 분별의 습기마저 남김없이 끊은 뒤, 불지(佛地)에서 무분별의 체성(體性)이 된다고 설하였다.’라고 하였다.”라고 하였다.

423 4대 빤첸라마의 『보리도등론석승소희연(菩提道燈論釋勝笑喜宴)』에서, “요의(了義)의 성언(聖言)과 더러움이 없는 정리(正理)의 부류들로 보특가라(人)와 온(蘊) 등에 귀속되는 모든 제법들이 진실로 무생(無生)이며 또는 발생한 자성이 없음을 확정하고 증익(增益)을 끊은 뒤, 공성의 뜻에 유상(有相)의 분별을 여의고 일념으로 닦도록 하니, ‘들음을 수순해서 수행을 견실하게 행하라. 태어남의 성채에서 크게 어려움이 없이 해탈을 한다.’라고 설하였기 때문이다.”라고 하였다.

1) 계경(契經)에서의 논증

그 뿐만 아니라, 이 뜻을 세존께서 다른 계경(契經)에서도 다음과 같이 설하였다.

『법계자성무차별설경(法界自性無差別說經)』에서, "여기서 법계를 준거로 삼으면, 승의(勝義) 또한 없으며, 세속 또한 있지 않다."라고 하는 등을 분명하게 설하였다.

『보살장경(菩薩藏經)』에서도 또한, "진리(眞理, bDen pa)는 하나이니, 이같이 멸제(滅諦)이다."라는 등으로 이 뜻을 널리 설하였다.

『제불경계입지광장엄경(諸佛境界入智光莊嚴經)』에서도 또한, "항상 무생(無生)의 법은 여래이며, 모든 제법은 선서(善逝)와 같다. 어리석은 범부들로 유상(有相)을 집착하는 자들은, 세간들에서 있지 않은 법을 행한다."라고 설하였다.

『월등경(月燈經)』에서도 또한, "일체공(一切空)의 자성이 승의(勝義)이니, 법(法)이 있음을 보지 못하고 법성이 있지 않으니, 실집(實執)을 물리치기 위해 [제법이] 연기(緣起)임을 설한 것을 깨닫지 못함이다. 법의 본성은 무문자(無文字, Tshig med)이며, 불가언설(不可言說, brJod du med pa)이다."라고 설하였다.

『율해(律海, ḥDul ba rgya mtsho)』[424]에서도 또한, "전제(前際, sṄon gyi mthaḥ)[425]도 공(空)하고, 후제(後際, Phyi maḥi mthaḥ)도 역시 공(空)하다. 제유(諸

---

424 『해룡왕청문경(海龍王請問經)』에서도, "전제(前際)도 공(空)하고, 후제(後際)도 공(空)하고, 생(生)·멸(滅)·주(住)의 사물도 공(空)하고, 사물이 없음도 또한 없다. 모든 제법은 공(空)의 자성이다."라고 하였다.

425 전제(前際, sṄon gyi mthaḥ)는 과거의 최초의 시간 또는 전생과 전생에 태어난 곳들을 뜻하고, 후제(後際, Phyi maḥi mthaḥ)는 미래의 최후의 시간 또는 후생과 후생에 태어나는 곳들을

有)는 전적으로 공(空)하니, 한 쪽만 공(空)함은 외도들의"라고 설하였다.

『입능가경(入楞伽經)』에서도 또한, "세속에서는 일체가 존재하고, 승의에서는 자성이 있지 않다. 자성이 없는 것에 착각하는 어떤, 그것을 정세속(正世俗)[426]이라 말한다."라고 설하였다.

『반야바라밀승력최복경(般若波羅蜜勝力摧伏經, Śes rab kyi pha rol tu phyin pa rab kyi rtsal gyis rnam par gnon paḥi mdo)』에서도 또한, "여래의 지혜는 [외경이 있음을] 전혀 보지 않으니, 왜냐하면, 이같이 지혜에는 대경이 있지 않기 때문이다."라고 설하였다.

『성승자생모경(聖勝者生母作經, ḥPhags pa rgyal ba skyed mar mdzad pa chen poḥi mdo)』에서도 또한, "부동여래(不動如來)의 불국토의 뛰어남을 설하심으로써 권속들이 불세존·부동여래의 불국토를 열어 보여주시길 청하였다. 세존께서 그 세간을 열어 보인 뒤 다시 나타나지 않게 하였다. 세존께서 말씀하셨다. '그와 같이 부동여래의 그 불국토가 눈에 나타나지 않듯이 색(色)은 눈에 나타나지 않는다. 수(受)도 눈에 나타나지 않는다.'라는 등을 널리 설하였다."라고 하였다.

이 뜻을 [『팔천송반야경(八千頌般若經)』의] 「상제보살품(常渧菩薩品)」에서도 또한 상세하게 설하였다.[427]

말한다. '부록 4 - 용어 해설'의 '전제(前際)와 후제(後際)'를 참조 바람.

426 정세속(正世俗, Yaṅ dag paḥi kun rdzob)은 삼세속(三世俗)의 하나이다. 『해심밀경(解深密經)』에서, "① 내외의 모든 연기도리(緣起道理)에 대하여 바르게 사유하고 관찰해서, 십선(十善) 등으로 발생시키는 일체의 인과를 정세속이라 한다. ② 전도세속(顚倒世俗, Yaṅ dag ma yin paḥi kun rdzob)은 내외의 연기도리(緣起道理)에 대하여 전도되게 사유하고, 허망하게 분별해서 발생시키는 모든 결과를 말한다. ③ 복진세속(覆眞世俗, Kun rdzob kyi kun rdzob)은 환상과 아지랑이와 광영(光影 : 二重影像) 따위들과 같이 각자 자기가 가진 소작력(所作力, Bya ba byed mi nus pa)을 발생시키지 못하는 특성의 사물을 말한다."라고 하였다.

2) 여타의 계경들의 소개

그와 같이 『아사세멸회경(阿闍世滅悔經 / 未生怨滅悔經, Ma skyes dgraḥi ḥgyod pa bsal baḥi mdo)』에서도 또한 이 뜻을 널리 상세하게 설하였다.[428]

---

427 『소품 마하반야바라밀다경』(박용길 옮김, 세계사)에서, "부처님이 반야바라밀을 설하시니 당시 무리 가운데에 있던 비구와 비구니와 우바새와 우바이의 사부대중 및 천룡(天龍)과 야차(夜叉)와 건달바(乾達婆)와 아수라(阿修羅)와 가루라(迦樓羅)와 긴나라(緊那羅)와 마후라가(摩睺羅伽)와 인비인(人非人) 등은 부처님의 신통력에 의해 아촉불이 공경심을 가진 큰 무리에 둘러싸여 법을 설하고 있는 모습을 보았다. 마치 큰 바닷물이 고여 있는 것과 같았다. 그때 그곳의 비구들은 모두 아라한이니 번뇌에서 말끔히 벗어나 다시는 번뇌가 없고 마음이 자유자재하며 또한 그곳의 보살들은 숫자를 헤아릴 수가 없었다. 부처님께서 신통력을 거두시니 그곳의 사부대중 등은 아촉여래를 비롯하여 성문과 보살의 국토가 장식된 모습을 더 이상 볼 수 없었다. 부처님이 아난에게 이르셨다. 「아난이여, 모든 대상도 이와 같아서 대할 수가 없으니 이제 아촉불과 함께 모든 아라한과 모든 보살이 다시는 보이지 않는 것과 같다. 왜 그럴까? 대상은 대상을 보지 못하고 대상은 대상을 알지 못하기 때문이다. 아난이여, 일체의 대상은 알지 못하고 보지 못하고 지어냄이 없고 탐욕이 없고 분별이 없다. 아난이여, 모든 대상은 불가사의해서 마치 허깨비와 같으며 모든 대상은 받아들이는 것이 없으니 완강하지 않기 때문이다. 보살이 이와 같이 행하면 이것을 가리켜 반야바라밀을 행한다고 하고 어떤 대상에도 집착하지 않는다고 하며 보살이 이와 같이 배우면 이것을 가리켜 반야바라밀을 배운다고 한다.」"고 하였다.

또 티베트판본의 『팔천송반야경(八千頌般若經)』의 「세간현시품(世間顯示品)」에서, "수보리(善現)여, '어떻게 일체법을 아는 자와 보는 자가 없는 것인가?'라고 하면, 일체법은 공(空)이다. 수보리여, 일체법은 머물지 않음(無住)이다. 수보리여, 그와 같이, 일체법을 아는 자와 보는 자가 없다. 수보리여, 그와 같이, 그들 일체법을 반야바라밀에 의지해서 여래는 원만하게 깨닫는다. 수보리여, 그와 같이 또한, 반야바라밀은 여래·응공·정등각들에게 이 세간을 바르게 열어 보인다. 색(色)을 보지 않음과 수(受)·상(想)·행(行)들과 식(識)을 보지 않기 때문에 바르게 열어 보임이다.' 수보리가 여쭈었다. '세존이시여, 어떤 것이 색을 보지 않는 것입니까? 어떻게 수(受)·상(想)·행(行)들과 세존이시여, 어떤 것이 식(識)을 보지 않는 것입니까?' 세존께서 말씀하셨다. '수보리여, 만약 색(色)을 보는 식(識)이 발생하지 않으면, 그와 같이 색을 보지 않는 것이다. 그와 같이, 만약 수(受)·상(想)·행(行)들과 수보리여, 만약 식(識)을 보는 마음이 발생하지 않으면, 그와 같이 식(識)을 보지 않는 것이다. 수보리여, 색(色)을 보지 않는 그것과 수(受)·상(想)·행(行)들을 보지 않는 그것과 식(識)을 보지 않는 것이기에, 그와 같이 여래는 세간을 보는 것이다.' 수보리여, 그와 같이 반야바라밀은 여래·응공·정등각들에게 이 세간을 바르게 열어 보인다. (중략) '그와 같이 세간은 부사의(不思議)하고, 그와 같이 적정(寂靜, Shi ba)하고, 그와 같이 원리(遠離, dBen pa)이며, 그와 같이 청정(淸淨, rNam dag)하다.'라고 세간을 설한다. 그와 같이 알도록 하라. 그와 같이 보도록 하라."고 설하였다.

『부자합집경(父子合集經, Yab sras mjal baḥi mdo)』에서도, 『앙굴마라경(央掘魔羅經, Sor moḥi phreṅ ba la phan paḥi mdo)』에서도,[429] 『지인삼매경(智印三昧經, Ye śes kyi phyag rgyaḥi tiṅ ṅe ḥdzin mdo)』에서도, 『여래비밀경(如來秘密經, De bshin gśegs paḥi gsaṅ baḥi mdo)』에서도, 『무구칭경(無垢稱經 / 維摩詰所說經, Dri ma med par grags paḥi mdo)』에서도,[430] 『불수념경(佛隨念經, Saṅs rgyas rjes su dran paḥi mdo)』에서도,[431] 『허공조복경(虛空調伏經, Nam mkhaḥ mdog gi ḥdul baḥi mdo)』에서도, 『여래고경(如來庫經, De bshin gśegs paḥi mdzod kyi mdo)』에서도,[432] 『삼십삼천품경(三十三天品經, Sum cu rtsa gsum gyi mdo)』에서도, 『가섭청문경(迦葉請問經, Ḥod sruṅs kyis shu paḥi mdo)』에서도,[433] 『제

---

428 『아사세멸회경(阿闍世滅悔經)』에서, "무간업(無間業)을 지을지라도 또한 이 법의 차별(差別, rNam graṅs)에 들어가고, 승해(勝解)하면, 그의 업의 업장(業障)이 있다고 나는 말하지 않는다."라고 설함과 같다.

429 『부자합집경(父子合集經)』에서, "이들 모든 법은 삼세의 평등성에 의해서 크게 평등하니, 과거 시간의 모든 법은 본질을 여의었다. 미래 시간과 현재 시간의 모든 법은 본질이 공(空)하다."라고 하였으며, 또한 "제법은 본질이 공(空)하니, 어떤 법으로 실체가 없는 그것은 과거가 아니며, 미래가 아니며, 현재도 아니다. 그것이 왜 그런가 하면, '사물이 있지 않기 때문에 과거이다.'라고 안립하지 못한다. '미래도 아니다. 현재라고 안립할 수 있는 것이 아니다.'라고 설하였다."라고 함과 같다.

430 『무구칭경(無垢稱經 / 維摩詰所說經)』에서, "견희(見喜, mThoṅ dgaḥ)보살이 설하길, '색은 공(空)이니, 색은 괴멸함으로써 공(空)이 아니니, 색의 자성이 공(空)이다.'라는 등을 설하였다."라고 함과 같다.

431 『불수념경(佛隨念經)』에서, "진실변제(眞實邊際)에 머무른다."라고 함과 같다.

432 『여래고경(如來庫經)』에서, "열 가지의 큰 불선업(不善業)을 제기한 뒤, 그것들이 있을지라도 무아(無我)의 법에 들어가고, 일체법이 본래부터 청정함을 신해(信解)하는 그 유정은 악도에 들어가지 않는다."라고 함과 같다.

433 『가섭청문경(迦葉請問經)』에서, "가섭이여, 마음은 전적으로 추구하여도 얻지 못한다. 무릇 얻지 못하는 그것은 과거가 또한 아니며, 미래도 또한 아니며, 현재도 또한 아니다. 무릇 과거가 아니며, 미래도 아니며, 현재도 아닌 그것은 삼시(三時)를 벗어남이다. 무릇 삼시를 벗어난 그것은 있음도 또한 아니며, 없음도 또한 아니다. 무릇 있음도 아니며, 없음도 아닌 그것은 불생(不生)이다. 무릇 불생인 그것은 자성이 없다. 무릇 자성이 없는 그것은 무생

법무생경(諸法無生經, Chos tham cad ḥbyuṅ ba med par bstan paḥi mdo)』에서도, 『여래장경(如來藏經, De bshin gśegs paḥi sñiṅ poḥi mdo)』에서도, 『삼마지왕경(三摩地王經, Tiṅ ṅe ḥdzin rgyal poḥi mdo)』에서도,[434] 『현재제불현주삼마지경(現在諸佛現住三摩地經, Da ltar gyi saṅs rgyas mṅon du bshugs paḥi mdo)』에서도, 『삼신경(三身經, ḥPhags pa sku gsum shes bya baḥi mdo)』에서도, 『무구시청문경(無垢施請問經, Dri ma med kyis byin pas shus paḥi mdo)』에서도, 『묘혜동녀청문경(妙慧童女請問經, Blo gros bzaṅ mos shus paḥi mdo)』에서도, 『정신동녀청문경(淨信童女請問經, Bu mo rnam dag dad pas shus paḥi mdo)』에서도, 『법성자성공부동차별일체조경(法性自性空不動差別一切照經, Chos ñid raṅ gi ṅo bo stoṅ pa ñid las mi gyo bar tha dad par snaṅ baḥi mdo)』에서도, 『이제경(二諦經, bDen pa gñis bstan paḥi mdo)』에서도,[435] 『허공장경(虛空藏經 / 虛空孕菩薩經, Nam mkhaḥ sñiṅ poḥi mdo)』에서도, 『무열용왕청문경(無熱龍王請問經, Kluḥi rgyal po ma dros pas shus paḥi mdo)』에서도,[436] 『해룡왕청문경(海龍王請問經,

---

(無生)이다. 무릇 무생인 그것은 불멸(不滅)이다. 무릇 불멸인 그것은 불리(不離)이다. 무릇 불리인 그것에는 감도 또한 없으며, 옴도 또한 없으며, 사멸(死滅)도 또한 없으며, 탄생도 또한 없다. 무릇 감도 또한 없으며, 옴도 또한 없으며, 사멸(死滅)도 또한 없으며, 탄생도 또한 없는 거기에는 행(行)이 전혀 없다. 무릇 행(行)이 전혀 없는 그것이 무위(無爲)이다."라고 함과 같다.

434 『삼마지왕경(三摩地王經)』에서, "예를 들면, 윤택한 파초(芭蕉)의 줄기에서, 핵심을 원하는 사람이 그것을 추구해도, 안과 밖의 어디에도 실체가 있지 않으니, 모든 법이 그와 같음을 알도록 하라."고 함과 같다.

435 『이제경(二諦經)』에서, "천자여, 그와 같이 아(我)가 승의(勝義)에서 아(我)가 아닌 그것처럼 번뇌들 또한 승의(勝義)에서 번뇌가 아니다. 천자여, 만약 승의에서 아(我)가 진실이라면, 천자여, 그러므로 번뇌도 또한 승의에서 진실이다."라고 함과 같다.

436 『무열용왕청문경(無熱龍王請問經)』에서, "연(緣)에서 발생한 어떤 법들 그것은 무생(無生)이니, 그것에는 발생한 자성이 있지 않다. 연(緣)에 의뢰하는 어떤 그것을 공(空)이라 설하니, 어떤 이가 공성을 알면 그는 방일하지 않는다."라고 설함과 같다.

Kluḥi rgyal po rgya mtshos shus paḥi mdo)』에서도,[437] 『반야바라밀다경(般若波羅密多經)』들 모두에서도,[438] 『여래비밀부사의경(如來秘密不思議經, ḥPhags pa gsaṅ ba bsam gyis mi khyab paḥi mdo)』에서도 또한 널리 설하였다.

위의 경전들을 비롯한 모든 계경에서 이 뜻을 매우 분명하게 설하였음으로써, 그 경전들을 또한 보도록 하라.

여기서 그 경전들의 게송을 기재하면 극히 번다해짐으로써, 그러므로 대승의 경전들을 남김없이 모두 보는 일에 정진토록 하라.

7. 중관논사의 법통

또 반야바라밀의 핵심의 의취를 전도됨이 없이 여실하게 통달하신 아사리 나가르주나(龍樹)와 아사리 아르야데와(聖天)와 [아사리 붓다빨리따(佛護)]와 아사리 짠드라끼르띠(月稱)와 아사리 샨띠데와(寂天)와 아사리 바뱌(Bhavya / Bhāvaviveka, 淸辨)와 아사리 아르야쑤라(Āryasūra, 聖勇)[아쓰와고샤(Aśvaghoṣa, 馬鳴)][439]와 아사리 짠드라고미(皎月) 등이 저술한 그 논전들에서 계경의 뜻을 명확하게 해설해 놓았으니, 그것들을 정독하는 일에 정진토록 하라. 여기서 그들의 논전들을 기술하게 되면 글이 매우 번

---

437 『해룡왕청문경(海龍王請問經)』에서, "어떤 법들로 연기(緣起)한, 그것들에는 자성이 없다. 어떤 법들로 자성이 없는, 그것들은 어디서도 또한 발생하지 않는다."라고 함과 같다.

438 여기서 '모두에서'의 뜻은 『십만송반야경』과 『이만오천반야경』과 『팔천송반야경』에서부터 『금강경』과 『반야심경』에 이르기까지의 모든 『반야경』들이니, 여기서, "'수보리여, 색(色)은 본질이 비어 있다.'에서부터 식(識)에 이르기까지의, 일체를 공성의 성상(性相)으로 설함이다."라고 함과 같다.

439 아사리 아르야쑤라(Āryasūra, 聖勇)는 아사리 마명(馬鳴, Aśvaghoṣa)의 다른 이름이다. '부록 3 - 아사리 소개'를 참조 바람.

다해짐으로써 적지 않는다.

그리고 아사리 나가르주나(龍樹)를 허다한 계경(契經)들과 남섬부주의 지자들이 또한 이같이, "초지(初地)에 머무는 보살이다."[440]라고 말하고, 널리 알려졌지만, 내가 보는 관점에서는 그는 경전에서 설하는 팔지보살(八地菩薩)임이 확실하다.

아사리 아르야데와(聖天) 또한 나가르주나(龍樹)의 교계에 의해 팔지(八地)를 성취한 보살로 본다.

아사리 짠드라끼르띠(月稱) 또한 나가르주나의 교계에 의해 진리의 가피(加被, bDen paḥi byin rlabs)를 지니고, 제법을 환상으로 통달하고, 남섬부주에 4백 년을 머물면서 타인의 이익을 오로지 행하였다.

아사리 쌴띠데와(寂天) 또한 나가르주나의 교계에 의해 문수보살의 윤허(允許)를 얻었으며, 진리를 보았다.

아사리 바뱌(Bhavya, 淸辨) 또한 나가르주나의 교계에 의해 그 생애에서 지명(持明)의 정토에 왕생하였다.

---

440 아사리 용수보살의 출현과 예언에 대해서, 『곰데칙죄첸모(貢德大辭典)』에서, "문수사리근본의궤경(文殊師利根本儀軌經)에서, '나 여래가 열반에 든 뒤 400년이 이르면, 루(Klu, 龍)라 부르는 비구가 출현하니, 교법을 신해하고 이익을 행한다. [초지(初地)인] 환희지(歡喜地)를 얻고, 600백년을 산다. 명주(明呪)인 대공작불모(大孔雀佛母)를 성취하고, 각종의 논전들의 의미와 무실유(無實有)의 의미 그것을 이해한다. 어느 때 육신을 버리면, 극락세계에 태어나고, 최후에 그가 성불한다. 결정적으로 진실의(眞實義)를 성취한다.'라고 설함과 『대운경(大雲經)』의 예언을 캐둡제(mKhas grub rje)가 『중관대강개안론(中觀大綱開眼論, sToṅ thun skal bzaṅ mig ḥbyed)』에 인용한 경문에서, '이 동자는 내가 열반한 뒤 400년에 이르면, 루(Klu, 龍)라 부르는 비구가 된 뒤, 나의 교법을 융성케 하고, 점차로 초광(初光)이라 부르는 세간에서 지생여래(智生如來)로 성불한다.'라고 하였다. 또한 『입능가경(入楞伽經)』에서, '남쪽 웨따(Veta)라는 지역에서 구덕(具德)이라는 비구가 출현하니, 이름을 루(Klu, 龍)라 부르는 그가, 유무(有無)의 양변을 파괴하고, 나의 교법을 세간에 현양하며, 위없는 대승을 크게 강설한 뒤, 환희지를 성취하고, 그가 극락세계로 간다.'라고 설하였다."라고 하였다.

아사리 아쓰와고샤(Aśvaghoṣa, 馬鳴) 또한 아르야데와(聖天)의 교계에 의해 진리를 보았다.

아사리 짠드라고미(皎月) 또한 그와 같다.

8. 무분별의 위빠사나(勝觀)의 수습

그러므로 그와 같은 광대한 성교(聖敎)와 정리(正理)를 열어 보인 그것들을 환히 깨달아 알도록 하고, 그 뜻을 확실하게 통달해서 의심이 없도록 한 뒤, 위빠사나(勝觀, Vipaśyanā / lHag mthoṅ)[441]라 부르는 무분별의 [유가] 그것을 수습[442]토록 하라.

'그것을 어떻게 닦는가?' 하면, 일단 사물은 두 가지이니, 유색(有色)과 무색(無色)이다. 그 두 가지도 또한 대증인(大證因)들에 의해서 끊어 없앤 뒤 닦도록 하라. 그 또한 [지존하신 보디바드라(菩提賢)] 스승님께서 「정자량품(定資糧品)」에서 이같이 설하였다.

---

441 위빠사나(勝觀, Vipaśyanā)는 티베트어로 학통(lHag mthoṅ)이다. 『다조르밤뽀니빠(聲明要領二卷)』에서, "위빠쌰나(Vipaśyanā, 勝觀)는 위쎼샤빠쌰나(Viśeṣa paśyanā)이니, 위쎼샤(Viśeṣa)는 특별함 또는 뛰어남이고, 빠쌰나(Paśyanā)는 견(見)과 관(觀)을 뜻한다. 보통 반야로써 사물의 자성을 뛰어나게 깨닫는 본질이 되기에 위빠사나이라 한다."라고 하였듯이, 제법의 불생(不生) 또는 무자성(無自性)을 닦는 것을 말한다.

442 '무분별의 [유가] 그것을 수습'함이란, 아사리 보디바드라(菩提賢)의 「정자량품(定資糧品)」에서, "사마타(止)의 결과는 위빠사나(觀)이며, 위빠사나(觀)의 결과는 지관쌍운(止觀雙運)이니, 그 또한 사물이 전혀 [양변(兩邊)에] 머물지 않음으로써, 사물이 실유하지 않음을 개별적으로 보는 것이니, 그때 심일경성(心一境性)을 이룸으로써, 다수의 소연(所緣)을 향해 마음이 달아남이 그치고 온전하게 머물기 때문이다. 그와 같이 지관쌍운의 이 단계에서 지혜의 소연이 무엇이고, 지혜가 어떤 도리로 머무르고, 유가행자의 지관쌍운과 우리 중관행자(中觀行者)의 지관쌍운에 어떠한 차별들이 있는가에 대한 내 생각을 피력하는 것을 눌러두고, 여기서는 단지 실천하는 방법만을 분명하게 밝히길 원하고, 학설을 결택하기를 원하는 것이 아니다."라고 하였다.

"모든 법은 마음에 거두어지고, 마음은 또한 몸에 거두어지고, 몸을 또한 법계로 삼아서 행하는 이것은 구결이다."443

---

443 아사리 보디바드라(菩提賢)의 「정자량품(定資糧品)」에서, "아사리 나가르주나(龍樹)께서 설하길, '세간은 분별에서 발생하고, 분별은 마음에서 일어나고, 마음은 또한 몸에서 발생하니, 그러므로 몸을 분석하라.'라고 하였으며, 또 아사리 나가르주나(龍樹)께서, '몸이 없는 의식은, 없는 것이라고 깨닫도록 하라.'라고 설하였으며, 계경(契經)에서도 또한, '의식은 몸에서 벗어나지 못한다.'라고 설하였다. 그러므로 모든 법은 마음에 거두어지고, 마음은 몸에 거두어지고, 몸을 법계와 상응(相應)하게 하는(Ñe bar rnal ḥbyor du bya ba) 이것은 구결이다."라고 설하였듯이, 오온을 법계로 닦는 법을 또한 『금광명경(金光明經)』의 「의공만원품제십(依空滿願品第十)」에서 다음과 같이 설하였다.
"천녀 보광휘(寶光輝)여, 그것은 오온(五蘊)을 법계로 시설함이니, 법계가 오온이다. 오온은 또한 불가설(不可說)이며, 비오온(非五蘊)도 또한 불가설이니, 여기서 법계 그것이 오온이라면 법계는 단멸(斷滅)이 된다. 만약 오온 외에 다른 것이라 주장하면 상주(常住)가 된다. '이상(二相)을 여의고, 양변(兩邊)에 머물지 않고, 능히 보지 못하고, 가히 보이는 대상에서 벗어났고, 이름과 모양이 없는 그것이 법계이다.'라고 말한다.
착한 종성의 천녀여, '오온을 어떻게 법계로 시설하는가?' 하면, 그 오온은 인(因)과 연(緣)이 발생시키지 않는다. 또한 만약 인(因)과 연(緣)에서 발생하는 것이라면, '이미 발생한 것이 생긴 것인가?' 또는 '발생하지 않은 것이 생긴 것인가?'라고 하면, 만약 이미 발생한 것이 생기는 것이라면, 인(因)과 연(緣)이 또한 필요 없음이 정리이다. 만약 발생하지 않은 것이 생기는 것이라면, 생기는 것을 보지 못하기 때문에 정리가 아니다. 그것이 '왜 그런가?' 하면, 발생하지 않은 법들은 있지 않음으로써 이름도 없고 모양도 없고, 사량과 측량과 비유로써 가히 설하지 못하니, 인(因)과 연(緣)이 발생시키는 대상이 아니다.
착한 종성의 천녀여, 예를 들면, 북소리는 나무와 가죽과 손바닥에 의지해서 소리가 날지라도, 그 북소리는 과거에도 또한 공적(空寂)하고, 미래에도 또한 공적하고, 현재 머무름도 또한 공적하니, 그 북소리는 나무에서 발생하지 않고, 가죽과 손바닥에서 또한 발생하지 않는다. 삼세가 발생시키지 않음으로써 불생(不生)이니, 대저 생기지 않은 그것은 멸하지도 않는다. 대저 멸하지 않는 그것은 어디에서 또한 오지도 않는다. 어디에서 오지 않은 그것은 어디로도 또한 가지 않는다. 어디로 가지 않는 그것은 상주와 단멸이 아님으로써 하나가 또한 아니며, 다른 것도 또한 아니다. 그것이 '왜 그런가?' 하면, 만약 하나라면 법계와 다른 것이 아님으로써, 어린아이 같은 이생범부들도 또한 승의의 진실을 현증(現證)함으로써, 열반의 뛰어난 안락을 또한 얻게 되나, 그같은 것이 아님으로써 그것은 하나가 아니다. 만약 그것이 다른 것이라면 불보살들의 행위도 또한 별도의 모양(別相)을 집착하는 것임으로써 해탈도 또한 이루지 못하고, 번뇌의 결박에서 벗어나지 못함으로써, 그는 위없는 정등각을 이루지 못한다. 그것이 '왜 그런가?' 하면, 성자들에게는 행(行, ḥDu byed)과 비행(非行, ḥDu byed ma yin)이 진실에서는 하나이기 때문에 다른 것이 아님이다.
그러므로 그 오온은 있는 것도 또한 아니고, 없는 것도 또한 아니다. 인(因)과 연(緣)에서 그와 같은 상태에 마음이 전혀 분별하지 않고, 전혀 집착하지 않고, 억념(憶念)과 작의(作意)하는 일체를 끊어버림이니, 나아가 유상(有相)의 원수가 일어나는 그때까지 그같은 상태에 머물도록 하라.

또 아사리 나가르주나(龍樹)께서 다음과 같이 설하였다.

"망상(妄想)으로 분별하지 않고
마음은 [일체에] 머물지 않으며,
무념(無念)과 작의(作意)가 없고
소연이 없는 그분께 예배하옵니다."

또 아사리 나가르주나(龍樹)께서 다음과 같이 설하였다.

"지자(智者)는 공성을 또한
공성(空性)이라 보지 않는다."

또 [『보리심석(菩提心釋)』에서도] 다음과 같이 설하였다.

"소연을 여읜 마음이
허공의 본성에 머물며,[444]

발생함이 또한 아니고, 인(因)과 연(緣)이 없음에서 발생함도 또한 아니다. 언설에 떨어지지 않고, 이름과 모양이 없으며, 인(因)과 연(緣)이 없고, 비유로 드러내지 못하며, 처음과 마지막이 적멸하고, 자기 본질이 공적하니, 그것은 성자들이 지견(知見)하는 바이며, 다른 자들의 행할 바의 경계가 아니다."

444 '허공의 본성에 머물며'는 '남캐챈니라내떼(Nam mkhaḥi mtshan ñid la gnas)의 옮김이니, 이

허공을 닦는 이것이
공성을 닦는 것이다."[445]

또 아사리 싼띠데와(寂天)께서도 [『입보리행론』의 「반야품」]에서 다음과 같이 설하였다.

"어느 때 사물과 비사물들이
혜심(慧心) 앞에 존재하지 않는,

것은 허공의 비어 있는 성품과 공성의 보리심이 본성이 같음을 비유한 것이다. 『보리심석(菩提心釋)』의 제46송에서, "무성(無性)이고 무생(無生)이며, 유(有)가 아니고 언설의 길을 여읜, 허공과 보리심은, 불이(不二)의 보리의 본성이다."라고 하여 허공과 보리심의 본성이 같음을 비유하였다.
또 허공의 본성에 대하여 『중론』의 「관계품제오(觀界品第五 / 觀六種品)」의 제7송에서, "고로 허공은 [물상(物象)이] 있음도 아니며, 없음도 아니고 사상(事相, mTshon gshi)도 아니며, 성상(性相, mTshan ñid)도 아니고 오계(五界)의, 다른 것들도 허공과 같다."라고 하였듯이, 허공은 물상이 있음(dṄod po)과 물상이 없음(dṄod po med)과 사상(事相, mTshon gshi)과 성상(性相, mTshan ñid)의 넷의 자성이 어디에도 있지 않음을 밝혔다.

445 본문에 실린 『보리심석(菩提心釋)』의 제51송은 몇 가지의 다른 번역이 존재하나 의미에는 큰 차이가 없다. 샤마르빠·최끼닥빠(Shva dmar pa Chos kyi grags pa, 法稱)의 『보리심석구의명해(菩提心釋句義明解, Don eam byaṅ chub sems kyi raṅ bshin ji lta ba bśad pa)』에는, "마음에 소연하는 바가 없이, 머무는 것이 허공의 본성이니, 그들이 공성을 닦는 것을, 허공을 닦는 것으로 승인한다."라고 나온다.
또 이 게송의 의미를 같은 책에서 해설하길, "'그러면 공성을 닦는 도리에 정통함이 무엇과 같은가?'라고 하면, 살생 따위를 끊은 착한 업과 비속한 업을 행하는 불선(不善)과 또는 허망한 분별을 분석하는 예리한 반야의 착한 업과 그것과 반대인 어리석음은 불선(不善)이니, 그들 허망한 분별의 소단사(所斷事)을 다스리는 상집(相執)이 끊어진 특성인 무분별의 공성을 닦음을 최상으로 부처님들께서 설하셨다. 이것을 제외한 다른 그것들인 [진실로 없다고 하는] 단공(斷空)과 [세속명언에서 자아가 없다는 것은] 무아(無我)를 닦는 것으로 인정하지 않는다. 그러므로 무분별의 지혜가 승의(勝義)의 보리심이고, 분별의 상(相)을 소연함이 없는 상태에 머무는 것이 허공의 특성이라고 앞에서 설한바 그것이다. 그들 유가행자가 공성을 여실하게 닦는 것이 허공과 동등하게 무분별을 닦는 것으로 승인한다.'라고 함을 통달토록 하라."고 하였다.

그때 다른 모양이 없음으로써
소연이 없어져 크게 적멸한다."446

또 공성을 익히면 [실집(實執)의 습기를 끊는] 그것의 힘이 되니, 아사리 쌴띠데와(寂天)께서 [『입보리행론』의 「반야품」]에서 다음과 같이 설하였다.

"공성의 훈습(薰習)을 익힘으로써
사물의 습기를 끊어버리게 된다."447

---

446 이 게송의 뜻은 연기한 법은 자성이 공적해서 소연(所緣)이 성립하지 않음을 밝힌 것이니, 『중론』의 「관생주멸제칠(觀生住滅品第七 / 觀三相品第七)」의 제16송에서, "연기(緣起)한 어떠한 법, 그것은 자성이 적멸하니, 따라서 생기고 있는 것과, 생긴 것 또한 적멸성(寂滅性)이다."라고 하였다. 이것은 곧 갖가지 인연에 의지해서 발생하는 연기(緣起)의 사물은 본래 자성이 없어서 적멸함으로써, 발생하고 있는 사물과 발생한 법 또한 자성이 본래 없는 적멸성(寂滅性)인 것이다. 이러한 공성의 이치를 깨달으면 사물과 비사물의 분별의 집착에서 벗어나서 열반의 적멸을 얻게 된다.

447 『입보리행론』의 「반야품」에서 단지 공성을 깨닫는 것만으로는 사물을 실유로 집착하는 악습을 끊지 못하기에, 공성을 통견하는 무자성의 훈습을 익힘으로써 비로소 실집(實執)의 습기를 끊게 된다고 다음과 같이,
"환상(幻相)인 줄로 안다고 해도 또한, '어떻게 번뇌를 물리칠 수 있겠는가?'
어느 때 환화(幻化)의 여인에 대해, 그것을 만든 환술사 또한 애착이 발동한다.(제31송)
그것을 만든 환술사가 대상에 대해, 번뇌의 습기를 끊지 못하여서,
따라서 그것을 보게 되니 그것은, 공성의 훈습(薰習)이 미약함이다.(제32송)
공성의 훈습(薰習)을 익힘으로써, 사물의 습기를 끊게 되고,
'전혀 없다.'라고 함을 익힘으로써, 그것 또한 뒤에 끊게 된다.(제33송)
어느 때 '어떤 것이 없다.'라고 하는, 분별할 대상의 사물을 보지 못하는,
그때 사물이 없어져 사물을 여의니, 혜심(慧心) 앞에 '어떻게 [사물이] 존재하겠는가?'(제34송)
어느 때 사물과 비사물들이, 혜심(慧心) 앞에 존재하지 않는,
그때 다른 모양이 없음으로써, 소연이 없어져 크게 적멸한다.(제35송)"라고 설하였다. 위의 게송에 대한 해설은 '부록 4 – 용어 해설' 가운데 '공성을 익힘[훈습(薰習)]'을 참조 바람.

또 아사리 쓰리굽따(Śrigupta, 聖護)께서도 다음과 같이 설하였다.

"좀 닦아 익힌 힘으로
제법의 자성이 없는,
그것의 체성이 되니
마치 사물을 봄과 같다."

이상으로 증상혜학(增上慧學)을 설하여 보였다.

6
장

오도(五道)의 차제

1. 오도(五道)의 행상[448]

본송(本頌)에서 다음과 같이 말하였다.

> "그같이 진성(眞性)을 수습하면[449]
> 차례로 난위(暖位) 등을 얻은 뒤,
> 환희지(歡喜地) 등도 얻게 되어
> 붓다의 보리도 머지않아 얻는다." (제59송)

여기서 등인유가(等引瑜伽, mÑam gshag paḥi rnal ḥbyor)[450]와 위의유가(威儀

---

448 오도(五道)는 자량도(資糧道)와 가행도(加行道)와 견도(見道)와 수도(修道)와 무학도(無學道)의 다섯이니, '부록 4 - 용어 해설'을 참조 바람.

449 "그같이 진성(眞性)을 닦으면"이라고 하는 제1구의 『보리도등론』의 원문은 "데따르데니 곰재나(De ltar de ñid bsgom byas na)"이나, 『난처석(難處釋)』에는 "데따르똥니곰재내(De ltar stoṅ ñid bsgom byas nas)"로 나온다. 여기서 데니(De ñid, 眞性)와 똥니(sToṅ ñid, 空性)는 같은 의미이다.
또 제1구의 '그같이 진성(眞性)을 닦으면'이라는 것은 도(道)에 들어가는 길을 말함이니, 『보리도차제광론(菩提道次第廣論)』에서, "(rJeḥi lam rim 574) [사물의] 진성(眞性)에 그같이 들어가는 차제는 처음 윤회의 과환(過患)을 사유해서 염오(厭惡)하고, 그것을 버리려는 염원을 일으킴이 필요하다. 그 뒤 그 원인을 뒤집지 못하면 돌아 나오지 못함을 본 뒤, 윤회의 원인이 무엇인가를 사유하고, 그것의 원인을 고찰함으로써 괴취견(壞聚見) 또는 무명이 윤회의 근본이 되는 도리에 철저하게 확신을 얻은 뒤, 그것을 버리려는 꾸밈없는 진실한 염원이 일어남이 필요하다. 그 뒤 괴취견을 물리치는 그것은 외경에 자아가 없음을 깨닫는 반야[관혜(觀慧)]의 일어남에 달렸음을 본 뒤, 그 자아를 마땅히 타파해야 함을 보고서, 그 자아가 존재함을 파괴하고, 그것이 있지 않음을 논증하는 성언(聖言)과 정리에 의지해서 확신을 얻은 것이 해탈을 추구하는 데 있어서 불가결의 방편인 것이다. 그와 같이 아(我)와 아소(我所)에는 자성이 전혀 있지 않음에 확정적 견해를 얻은 뒤, 그 뜻을 닦아 익힘으로써 법신을 얻게 되는 것이다"라고 하였다. [『승까뻬응애칙된쌜델(藏傳佛教五明詞義詮釋)』, p.154]

450 등인유가(等引瑜伽, mÑam gshag paḥi rnal ḥbyor)는 제법의 진성(眞性)인 공성의 무분별에 안주하는 근본정(根本定)의 수습을 말한다.

瑜伽, sPyod lam gyi rnal ḥbyor)[451]에 안주한 뒤, 앞에서 설명한 대승의 계경들의 의미인 반야바라밀의 도(道)에 여실하게 머무는 그 유가사는, 미륵자존께서 친히 설하시고, 아사리 아쌍가(無着)께서 남섬부주에 널리 전파한 반야바라밀의 도(道)의 가르침인 『현관장엄론(現觀莊嚴論)』의 팔품차제(八品次第)[452]를 아사리 아르야비묵따쎄나(Āarya Vimuktasena, 聖解脫軍)[453]와 아사리 하리바드라(Haribhadra, 獅子賢)[454]께서 해설하고 주석한

---

451 위의유가(威儀瑜伽, sPyod lam gyi rnal ḥbyor)는 후득(後得)의 상태에서 모든 제법이 환상과 같음을 행주좌와의 네 위의(威儀) 가운데 여실하게 통찰해서 실집(實執)의 상태에 떨어지지 않게 관조하는 것이다.
또 아띠쌰의 『초학보살행도론(初學菩薩行道論, Byaṅ chub sems dpaḥ las daṅ poḥi lam la ḥjug pa bstan pa)』에서, "[등인유가(等引瑜伽)에서 나온] 그 뒤 눈을 뜨고 숨을 내쉰 뒤, 안과 밖의 사물을 보면, '경이로워라! 경이로워라! 허공과 같은 무생(無生)의 법계에서 연기(緣起)의 힘으로 갖가지로 출현하고 머무르는 이것은 참으로 경이롭도다!'라고 사유한 뒤, 여환팔유(如幻八喩)의 도리를 알도록 하라. 그 뒤 대비의 마음으로 보이지 않는 모든 유정에게 법을 설하기 위해 자기 깨달음의 역량을 다 동원해서 대승경전을 낭송토록 하라. 그 뒤 음식을 취할 때 36가지 부정물(不淨物)로 채워진 육신에는 정수(精髓)가 없음을 사유한 뒤, '이 두려움으로 불신(佛身)의 정수를 추구하리라!'라고 사유하라. 보양을 위해서도 또한 아니고, 맛에 탐착해서도 또한 아니며, [고해를 건너는] 배와 같은 마음으로 음식을 먹도록 하라."라고 함과 같다.

452 『현관장엄론(現觀莊嚴論)』의 팔품차제(八品次第)는 ① 일체종지(一切種智), ② 도종지(道種智), ③ 일체지(一切智), ④ 일체상현관(一切相現觀), ⑤ 정현관(頂現觀), ⑥ 차제현관(次第現觀), ⑦ 일찰나보리현관(一刹那菩提現觀), ⑧ 법신(法身)의 8품을 현증(現證)하는 차제를 말한다. 곧 인위(因位)의 문자반야와 수증(修證)의 도위(道位)의 반야와 일체종지의 법신의 과위(果位)의 반야의 셋을 8품으로 구분해서 밝혀 놓은 것이다.
또한 『현관장엄론』의 팔품차제를 수행차제로 삼아 저술된 것이 『보리도등론』인 까닭에 이것을 바르게 이해하는 것이 매우 중요하다. 그러므로 쫑카빠 대사의 『보리도차제광론』에서, "[일체종지(一切種智)의 지위로 나아가는 참된 사부의 법궤이며, 삼사(三士)가 실천하는 모든 차제를 빠짐없이 거두어 모은 보리도의 차제의] 이 교계는 전체적으로 지존하신 미륵자존께서 지으신 『현관장엄론』의 교계인 것이나, 특별히 이것[『보리도차제광론』]의 논전은 『보리도등론』인 것임으로써, 그 저자가 곧 이것의 또한 저자이기도 하다."라고 하였으며, 또한 이 『현관장엄론』의 팔품차제를 제대로 알지 못하면, "그와 같지 않으면 도위(道位)와 과위(果位)에 어리석게 된다."라고 본서에서 설하였다.

453 아사리 아르야비묵따쎄나(Āarya Vimuktasena, 聖解脫軍)는 아사리 세친보살의 제자로 유식

그것들[455]을 잘 숙지하고 [그 도리에] 안주토록 하라. 만약 그와 같은 것이 아니면 도위(道位)와 과위(果位)에 어리석게 된다.

그러므로 유가사는 진성(眞性 : 空性)에 안주함으로써 자량도(資糧道)[456]에 머물고, 그 뒤 순해탈분(順解脫分)[457]의 선근을 일으킨 뒤, 가행도(加行道)[458]에 이르게 된다. '차례로 [가행도의] 난위(暖位) 등을'이라고 함은, 난위(暖位)의 세 행상(行相)과 정위(頂位)의 세 행상과 인위(忍位)의 세 행상과 세제일법(世第一法)의 세 행상에 안주한 뒤, 순결택분(順決擇分)의 선근을 생기하고 네 가지의 선정(禪定)으로 견도(見道) 등을 일으키니, '환희지(歡喜地) 등도 얻게 되어'라고 하였다. '붓다의 보리'라고 함

학파의 뛰어난 논사이다. '부록 3 - 아사리 소개'를 참조 바람.

454 아사리 하리바드라(Haribhadra, 獅子賢)은 아사리 샨따락시따(Śantarakṣita, 寂護)의 제자로 유가행중관파의 뛰어난 논사이다. '부록 3 - 아사리 소개'를 참조 바람.

455 여기서 그것들이란 아사리 아르야비묵따쎄나(聖解脫軍)의 『반야바라밀다이만오천송우파제사론현관장엄주(般若波羅蜜多二萬五千頌優波提舍論現觀莊嚴註)』과 하리바드라(獅子賢)의 『반야바라밀다우파제사론현관장엄명주(般若波羅蜜多優波提舍論現觀莊嚴名註)』이다.

456 자량도(資糧道)는 문사(聞思)의 둘을 통해서 도(道)의 자량을 처음 집적하는 단계임으로써 자량도라 부르니, '부록 4 - 용어 해설'의 '오도(五道)의 행상'을 참조 바람.

457 순해탈분(順解脫分)의 뜻을 세친(世親) 보살께서, "순해탈분(順解脫分)은 어떤 이가 무아(無我)의 이야기와 윤회의 과환(過患)과 열반의 공덕의 이야기를 설함을 듣고서, 눈물을 흘리고, 몸의 털이 곤두서면, 그에게 순해탈분의 선근이 있음을 알도록 하라. 여름철에 새싹이 트면 땅의 틈새에 종자가 있음을 아는 것과 같다."라고 하였듯이, 이것으로 가행도의 순결택분(順決擇分)을 산출하게 된다. 또한 순결택분(順決擇分)이란, "이를테면 능히 성도(聖道)의 과보를 초래하는 선근으로 난(暖) 등의 네 가지를 말하니,"라고 하였듯이, 가행도(加行道)의 핵심이 된다. '부록 4 - 용어 해설'의 '오도(五道)의 행상'을 참조 바람.

458 가행도(加行道)의 전체상을 요약하면, 『데우최중(lDeḥu chlos ḥbyuṅ)』에서, "가행도(加行道)는 십(十)이니, 오근(五根)과 오력(五力)이다. '어째서 가행도인가?' 하면, 난위(暖位)와 정위(頂位)와 인위(忍位)와 세제일법(世第一法)에서 견도(見道)를 연결함으로써 가행도인 것이다. 그 또한 소취(所取)의 외경이 자성이 없음이 난위이고, 그것에 신해(信解)가 발생함이 정위이고, 능취(能取)의 내심이 자성이 없음이 인위이고, 그것에 신해가 발생함이 세제일법이다."라고 하였다. '부록 4 - 용어 해설'의 '오도(五道)의 행상'을 참조 바람.

은, 이같이 십지(十地)를 원만히 성취한 뒤, 일찰나에 정등각을 이룬 뒤, 삼신(三身)과 오지(五智)[459] 등을 머지않아 신속하게 얻는 것이다.

여기서 난위(暖位)부터는 가행도이며, 견도(見道)[460] 등의 십지(十地)와 삼신(三身) 등의 행상은 글이 매우 번다해짐으로써 여기서는 적지 않는다. 계경과 논전들에서 명확하게 설하여 놓았으니 주의 깊게 보도록 하라.

2. 대승(大乘)의 위대함

또한 '붓다의 보리도 머지않아'라고 하는 이것은 게으른 보살들에게 흥취를 일으키게 하는 의미이다. 대저 '삼무수겁(三無數劫)'이라고 설한 그것 또한 머지않은 것이니, 보살들은 모든 유정의 이익을 위해서 머무니, 그것은 [문수보살께서 전생에] 허공왕(虛空王, Ambarāja)이 되어 [당시의 뇌음왕불(雷音王佛)의 면전에서 발심할 때] 발원함과 같은 것이다.

> "저는 빨리 성불하는 것을
> 희구하고 기뻐하지 않으며,
> 미래의 마지막 끝까지 남아서 또한
> 한 유정의 이익을 행하려 하나이다."[461]

---

459 오지(五智)는 법계체성지(法界體性智)와 대원경지(大圓鏡智)와 평등성지(平等性智)와 묘관찰지(妙觀察智)와 성소작지(成所作智)의 다섯이니, '부록 4 - 용어 해설'을 참조 바람.

460 견도(見道)는 최초로 제법의 진성(眞性)을 현증(現證)하여 성자의 지위에 오르는 단계를 말하니, '부록 4 - 용어 해설'의 '오도(五道)의 행상'을 참조 바람.

461 이 게송과 본문의 제25송에서부터 제31송까지의 7게송은 『문수사리불국토장엄경』의 경

또 『최승본초속(最勝本初續, dPal mchog daṅ poḥi rgyud)』에서 다음과 같이 설하였다.

> "나아가 윤회의 처소들에서
> 큰 지자께서 머무시게 되면,
> 무비의 유정의 이익을 위해
> 열반에 들지 않을 수 있다."

또 아사리 나가르주나(龍樹)의 발원에서도 다음과 같이 설하였다.

> "나아가 예에 유정이 조금 있거나
> 한 유정이라도 해탈하지 못하면,
> 위 없는 보리를 얻을지라도 또한
> 그때까지 그 일을 남아서 행하리!"

그것이 왜 그런가 하면, 계경에서, "이 모든 세간계가 거대한 수륜(水輪)이 되고, 거기서 한 사람이 백천만 년 동안 털끝으로 그 물을 찍어서 뿌리면, 그 수륜이 다하게 될지라도 그 유정계는 다함이 없다."라고 설하였고, 또 「보현행원품(普賢行願品)」에서도 다음과 같이 설하였다.

> "허공계의 끝에 이르는 그만큼

문을 인용한 것으로, 그 경문의 앞뒤의 본문은 다음과 같으니, '부록 4 - 용어 해설' 가운데 '허공왕(虛空王)의 발심게(發心偈)'를 참조 바람.

모든 유정의 변제도 그만큼이다."[462]

예를 들면, "산들의 왕인 수미산을 티끌로 부순 뒤에 보리를 얻으리라." 고 생각하여도 또한 그것은 게으른 보살이라고 설하였다. 그러므로 허공왕(虛空王, Ambarāja)이 또한 설하였다.

"시원조차 없는 윤회로부터
최후의 생애에 이르기까지,
나아가 유정의 이익을 위해
무량한 행위를 하고자 하나이다."[463]

그러므로 유정계는 줄어듦도 없고 늘어남도 또는 없으니, 그 가운데 고통받는 그들을 내버린 뒤, 자기 홀로 신속히 성불하길 바라지 말라. 용맹한 보리살타가 예리한 근기와 정진을 잘 갖추고, 마음이 대비의 힘에 이끌려서 유정들을 남김없이 연민하는 그 같은 대비를 원치 않음을 지

---

462 「보현행원품(普賢行願品)」에서 설하길, "선남자여, 그대는 이 뜻을 이같이, '중생에게 마음이 평등함으로써 원만한 대비를 성취하고, 대비심으로 중생을 수순함으로써 여래에게 공양함을 성취한다.'라고 알라. 보살은 이같이 중생을 수순하니 허공계가 다하고, 중생계가 다하고, 중생의 업이 다하고, 중생의 번뇌가 다할지라도 나의 이 수순은 다함이 없다. 생각 생각이 연속하여, 잠깐도 끊어짐이 없고, 몸과 말과 뜻으로 하는 일에 지치거나 싫어함이 없도다."라고 하였다.

463 이 게송도 앞서 인용한 『문수사리불국토장엄경』의 경문이나, 제1구와 2구에 있어 경문과는 약간 다르다. 여기서 제1구는 "시원조차 없는 윤회로부터(ḥKhor baḥi thog ma med pa yi)"이나 본경(本經)에서는 "끝이 없는 윤회의(ḥKhor baḥi tha ma med pa yi)"이며, 제2구는 "최후의 생애에 이르기까지(sKyes ba tha ma ji srid du)"이나, 본경에서는 "과거의 최초로부터(sŇon gyi tha ma ji srid pa)이다.

닐지라도 또한 빨리 정등각 붓다를 이룬다고 하는 것은 객소리이다.

또 아사리 뜨리삐따까말라(Tripiṭākamāla, 三藏鬘)[464]께서 『삼이취등론(三理趣燈論)』[465]에서 다음과 같이 설하였다.

"발원과 [보살행의] 실천과
그같이 심오함과 광대함과,
불퇴와 묘과를 얻음으로써
대승이 크게 뛰어난 것이다."[466]

그러므로 "성문승보다 바라밀다승이 크게 수승한 것이다."라는 것을 잘 알도록 하라.

이상으로 바라밀다승(波羅蜜多乘)의 가르침을 완결한다.

---

464 아사리 뜨리비따까말라(Tripiṭākamāla, 三藏鬘)는 달리 웃브따씻디쓰와미(Udbhṭasiddhisvāmi, 高德成就主)라고 부르니, 티베트어로는 토쭌둡제(mTho btsun grub rje, 高德成就主) 또는 토쭌 뜨리비따까말라(mTho btsun Tripiṭākamāla, 高德三藏鬘)로 옮기고 있다. 저술로는 『수승찬(殊勝讚, Kyad par ḥphags bstod)』 등이 있다. '부록 3 - 아사리 소개'를 참조 바람.

465 『삼이취등론(三理趣燈論, Tshul gsum gyi sgron ma)』은 성문승과 대승과 진언대승에서 각각 설하는 세 가지 보리의 진실 가운데 그것의 차별과 우열을 해설한 매우 뛰어난 논전이다.

466 보통 대승이 위대성을 미륵보살의 『현관장엄론』에서, "소연(所緣)의 광대함, 지혜의 광대함, 정진의 광대함, 선교방편의 광대함, 진성(眞性)의 수습이 광대함, 사업의 광대함의 일곱 가지를 갖춤이 대승(大乘)이다."라고 설함과 같이, 여기서는 대승의 뛰어남을 여섯 가지로 정리하여 해설한 것으로 '부록 4 - 용어 해설' 가운데 '대승의 위대성'을 참조 바람.

제 3 편

진언대승(眞言大乘)의 길

1. 진언승의 뛰어난 방편

이제 위 없는 대승의 대승인 비밀진언승(秘密眞言乘)[467]을 말하고자 한다. 그 또한 아사리 뜨리삐따까말라(三藏鬘)께서 『삼이취등론(三理趣燈論)』에서 다음과 같이 설하였다.

"뜻은 하나여도 또한 어리석지 않고[468]
허다한 방편과 어렵지 않기 때문과,
날카로운 근기(根器)에 의지함으로
비밀진언의 가르침이 크게 뛰어나다."[469]

---

467 진언승(眞言乘, Mantrayāna)의 명칭에는 밀주승(密呪乘)을 뜻하는 비밀진언승(秘密眞言乘, Guhyamantrayāna)과 과승(果乘, Phalyāna))과 금강승(金剛乘)과 방편승(方便乘, Upāyayāna))과 탐애의 도(道)로 성불하는 애염승(愛染乘)과 지명승(持明乘, Vidyadharayāna) 등의 많은 이름들이 있다. 여기서 진언승의 의미는 진언에 의지해서 불지(佛地)에 나아가는 수레인 까닭에 그렇게 부른다.

468 여기서 '뜻은 하나여도'라고 함은 세존께서 진언이취(眞言理趣)의 무이지(無二智)의 진실에 모든 유정을 들여놓기 위한 목적으로 갖가지 상위한 방편의 문을 통해서 해탈의 문을 설함에 의해서 '이생에서 성불한다.'라는 등들을 설하였으니"라고 하였듯이, 바라밀다대승과 진언대승의 둘이 무이지(無二智)의 진실을 얻어서 성불하는 것에는 하나의 뜻으로 다를 바가 없을지라도, 그것을 성취하는 방편에는 큰 차이가 있음을 설한 것이다. 그러므로 성취자 싼띠와(Śantiba, 寂靜)께서 설하길, "바라밀다승(波羅蜜多乘)과 진언승이 진제에 대해서는 차별이 없을지라도, 속제의 깊고 넓음의 차이에서는 차별이 있다. 그와 같이 현상계의 대경들을 본존으로 수습함으로써 소연의 광대하고, 삼세의 부처님들이 말씀하신 서언들을 여법하게 수호함으로써 뛰어난 가피가 발생함으로써 도움이 광대하며, 불보살님들이 중생의 이익을 행하고, 불국토의 청정함을 가지함과 같이 후수생(後隨生)의 작행(作行)이 광대함이다. 이 세 가지가 중관사(中觀師)와 유식사(唯識師)와 성문과 연각에게 없는 까닭에, 삼무수겁(三無數劫)과 사무수겁(四無數劫)에 통해서 성불하는 것이며, 진언승에는 이것이 있음으로써 단시간에 성불하는 큰 차별이 있다."라고 함과 같다.

469 이 게송은 진언대승이 바라밀다대승에 비하여 네 가지의 점에서 크게 뛰어남을 설한 것이니, ① 방편에 어리석지 않음, ② 방편이 많고 다양함, ③ 행하기 어렵지 않음, ④ 날카로운 근기에 의지함의 넷이다. '부록 4 – 용어 해설' 가운데 '비밀진언승의 뛰어남'을 참조 바람.

이것은 "반야바라밀다승(般若波羅蜜多乘)보다 비밀진언승(秘密眞言乘)이 크게 뛰어나다."[470]라고 하는 것이 논전의 의취이다.

이같이 승의(勝義)의 보리심의 진실에 전도되지 않은 그것을 밀주행(密呪行)을 행하는 보살은 일으키도록 하라.[471] 그렇지만 여기서는 그

---

470 이 구절의 의미에 대해서 설명하면, 아사리 샨띠와(Śantiba, 寂靜)는, "바라밀다승과 진언승이 승의제(勝義諦)에 있어서는 차별이 없을지라도, 속제(俗諦)의 깊고 넓음의 차이에서는 차별이 크다. 그와 같이 세간의 현상들을 본존[만다라]로 닦음으로써 소연이 광대함과, 삼세의 제불들이 설하신 서언들을 여법하게 수호함으로써 수승한 가피가 생기는 까닭에 [수행성취의] 도움의 광대함과, 제불보살들의 중생의 이익을 수행하고 국토의 청정함을 가지함과 같이 그들을 수순하여 일으키는 행위가 광대함이다. 이 셋은 중관학자(中觀學者)와 유식학자(唯識學者)와 성문과 연각들에게는 없는 까닭에, 그들은 삼무수겁(三無數劫)과 사무수겁(四無數劫)에 통해서 성불하게 되며, 진언승(眞言乘)에는 이것이 있음으로써 짧은 시간에 성불하는 큰 차별이 있다."라고 하였다.
또 아띠쌰 존자의 『일체삼마야집(一切三摩耶集, Dam thsig thams cad bsdus pa)』에서, "대승의 대승인 진언승은 하위의 수레(乘)들에 비해서 크게 뛰어나다. '어떻게 뛰어난가?' 하면, 나가르주나(龍樹)께서 다음과 같이 설하였다. '일체를 법신으로 증오함으로써 [법신불] 보현여래(普賢如來)와 합일을 이루며, 세간의 큰 호법신들이 권속들과 함께 복전으로 받듦으로써 가피가 함께 하고, 삼세의 불보살님들이 함께 호념하고 가지함으로써 성취가 신속하며, 모든 여래와 행하는 바의 경계가 하나여서 윤회와 삼악도의 공포를 여의고 안식을 얻으며, 금강의 보리심을 갖추고 몸·말·뜻 셋이 분리되지 않음으로써 수행의 장애가 전혀 없고, 안과 밖의 모든 법의 자성이 청정함을 신해함으로써 서언의 퇴실이 생기지 않으며, 설령 퇴실할지라도 스스로 회복시키는 차별이 있다."라고 해서, 일곱 가지의 차별이 있다고 하였다.

471 "승의(勝義)의 보리심의 진실에 전도되지 않은 그것을 비밀진언행(秘密眞言行)을 행하는 보살은 일으키도록 하라."고 한 의미는 이와 같으니, 아사리 바와밧뜨(Bhavabhaṭṭ)의 『승락섭략여난처석(勝樂攝略續與難處釋, bDe mchog ñuṅ ṅu daṅ dkaḥ ḥgrel)』의 머리말에서, "본사이신 석가세존께서 모든 중생에 대하여 친소를 떠나 평등하게 살피시고, 중생의 교화 방편에 극히 빼어나서 근기와 성품과 신해가 각기 다른 중생들을 교화하기 위해서 또한, 갖가지의 다른 방편들을 열어서 법륜을 차례로 굴리셨다. 요약하면, 성문승과 대승의 둘로 거두어지고, 대승의 법도 또한 인승(因乘, Hetuyāna)의 바라밀다승과 과승(果乘, Phalyāna)의 진언금강승의 둘이 있다. 이들의 구경의 득과(得果)는 과위의 부처님의 사신(四身)인 점에서는 차별이 없을지라도, 방편의 더딤과 빠름의 차이가 존재한다. 이 또한 이근(利根)을 대상으로 하는 진언승은 특별하게 뛰어나다고 설하였다."라고 함과 같이, 바라밀다대승과 진언대승의 차이는 반야의 지혜의 차별에 의한 것이 아니라, 방편의 우열과 성불의 더딤과 빠름의 차이가 있기에 상근의 사부는 진언승의 가르침을 행하도록 권하는 것이다.

와 같은 논전의 뜻을 내가 설명하지 않는다. 다만 여기서는 생기차제(生起次第)[472]에 머무는 보살이 두 가지의 자량을 쌓는 방편을 조금 본송(本頌)에서 기술하고, 여기서는 본송에 의거해서 간단히 적고자 한다.

"그와 같은 비밀진언(秘密眞言)[473]의 행법으로 비공통의 두 가지의 자량을 신속하게 갖추도록 하라."고 생각한 뒤, 본송(本頌)에서 다음과 같은

---

472 범속한 자신의 몸을 본존(本尊)의 몸으로 생기하는 행법을 위주로 설한 것이 생기차제(生起次第)이니, 원만차제(圓滿次第)와 함께 무상유가딴따라(無上瑜伽續)의 수행핵심이다. '부록 4 - 용어 해설'의 '생기차제와 원만차제'를 참조 바람.

473 비밀진언(秘密眞言, Guhyamantra) 또는 진언(眞言, Mantra)의 의미에 대하여 선지식 슈첸·출팀린첸(Shu chen Tshul thrims rin chen)의 『땐규르까르착(bsTan ḥgyur dkar chag, 論藏目錄)』에서, "범어의 만뜨라(Mantra, 眞言)는 티베트어로는 비밀진언 또는 진언으로 부르며, 이 또한 글자를 분해하여 설명하면, 만(Man)은 의(意)를, 뜨라(Tra)는 구제를 뜻함이니, 심의(心意)를 상(相, Nimitta)과 분별로부터 구출하는 까닭에 진언인 것이다. 『데코나니뒤빠(眞實攝經)』에서, '근(根)과 외경들의 조건에 의해서 발생하는 그 모든 심의(心意)를 만(Man)이라 한다.' 라고 설하였으며, 뜨라(Tra)는 구제하는 뜻이며, 세속의 행위로부터 해탈을 무릇 설하는 서언을 지킴이니, 모든 금강의 보호는 진언의 행위라고 설한다.'라고 함과, 또한 '공성과 자비의 무이(無二)라고 한다.'라고 설하였다. 또한 『왕왼맨림빠(灌頂功德次第)』에서, '마(Ma)는 공성이며, 상(相)의 여윔이며, 금강살타의 날숨이며, 대반야라고 나는 설한다. 뜨라(Tra)는 구출하는 의미이며, 여래의 날숨이며, 공성과 대비의 불이의 두 상(相)이다.'라고 하였다. 또한 이 만뜨라의 내용을 분류하면, 비밀주와 명주(明呪)와 다라니주(陀羅尼呪)로 구분한다. 여기서 비밀주(秘密呪, Guhyamantra)는 법기가 아닌 유정들의 행할 바의 경계가 아닌 까닭에 비밀리에 행하는 것이 합당한 것이므로 그와 같이 부르는 것이다. 『뻴카조르(吉祥和合第一品)』에서, '편입천(遍入天)과 대자재천(大自在天)과 범천(梵天)과 성문과 연각들의 행할 바의 경계가 아닌 까닭에 비밀인 것이다.'라고 설하였다.
다음의 명주(明呪, Vidyamantra)[릭응악(Rig sṅags)]의 글 뜻은, 명지(明智)의 반대편이 되는 탐애 등의 번뇌의 어둠을 파괴하는 것에 의거해서 이름을 붙인 것이다. 『도제쩨모(金剛頂經)』에서, '탐애의 어둠을 조복하며, 번뇌들 또한 제복하며, 무지를 물리치는 그것을 명주(明呪)라고 부른다.'라고 설함과, 『쌈땐치마델빠(禪定后續註解)』에서, '명주(明呪)란 여인의 모습과 자태의 천녀와 그가 설해 보이는 음성과 수인(手印) 등인 것이다.'라고 하였다.
마지막의 다라니(Dhāraṇi, 總持)의 글 뜻은, 공덕을 기억해서 지니게 하는 것에 의거해서 붙인 것이다. 『데코나니뒤빠(眞實攝經)』에서, '제불의 모든 법을 받아 지니고, 제법을 억념하고, 모든 선업(善業)을 잡아 가짐이 다라니주의 본질이라 설한다.'라고 하였다."

등을 말하였다.

"진언(眞言, Mantra)의 힘으로 얻은
식멸과 증익 등의 사업(四業)들로,
소망충족의 보병(寶甁)을 얻는 등의
팔대성취 등의 위력으로써 또한," (제60송)

여기서 '진언(眞言)의 힘'이라고 함은, 보통 모든 다라니(陀羅尼)의 의식이 또한 사속(事續)임으로써, 다라니 등의 모든 진언속(眞言續)에서 나오는 진언을 염송한 힘으로써 성취(成就, dŃos grub)가 발생하니, '그것이 무엇인가?' 하면, '식멸(熄滅)과 증익(增益) 등의'라고 하는 회유(懷柔)와 주살(誅殺)의 여덟 가지의 의식[474]이다.

또한 '보병(寶甁)을 얻는 등의 팔대성취(八大成就)'라고 함은, 보병(寶甁)과 신행(神行)과 보검(寶劍)과 노복(奴僕)과 토행(土行)과 은형(隱形)과 여의수(如意樹)와 국정(國政)들이다. '등의'라고 함은, 안약(眼藥)과 환약(丸藥)과 공행(空行)과 곡우(穀雨)와 백개자(白芥子)를 성취한 뒤, 갖가지의 형상을 현시하고, 원광(圓光)을 행해서 신통을 일으키고, 신변(神變) 따위들을 통해서 섭수(攝受)와 제압 등의 모든 업의 성취들을 이루는 그것들은 염송과 삼매에 의해서 식멸(熄滅)·증익(增益)·회유(懷柔)·주살(誅殺)의 사업(四業)[475]

---

474 여덟 가지의 의식은 곧 여덟 가지의 공통업(共通業)을 말하니, 『이품속(二品續)』에서, "① 회유(懷柔, dBaṅ ba) 또는 섭복(懾服), ② 저주(咀呪, mŇon spyod), ③ 위협(威脅, dGraḥi sde ḥjigs pa), ④ 구축(驅逐, bsKrad pa), ⑤ 살적(殺敵, bSad pa), ⑥ 소환(召喚, dGug pa), ⑦ 식멸(熄滅, Shi ba), ⑧ 증익(增益, rGyas pa)이다."라고 하였다.

475 식멸(熄滅)·증익(增益)·회유(懷柔)·주살(誅殺)의 사업(四業)은 밀교의 대표적인 행법의 하

과 세간공통의 팔대성취(八大成就)[476] 등들을 성취한 뒤, 애씀이 없이 신속하게 복덕과 지혜의 두 자량을 갖추는 것이다.

2. 진언승의 종류

1) 일곱 가지의 진언승

그와 같은 성취가 애씀이 없이 신속하게 발생하는 비밀진언승(秘密眞言

나이니, ① 증익업(增益業, rGyas paḥi las)은 복덕과 수명과 재부 등을 왕성하게 하는 것으로, 별도로 닦거나 아니면 원만차제 단계에서 하행풍(下行風)을 닦아서 성취한다. ② 식멸업(熄滅業, Shi baḥi las)은 질병과 재난과 귀신 등의 재앙을 소멸시키는 행위를 말한다. 별도로 닦거나 아니면 지명풍(持命風)을 닦아서 성취한다. ③ 회유업(懷柔業, dBaṅ gi las)은 천신과 귀신 야차 등을 회유해서 복종시키는 것으로, 별도로 닦거나 아니면 상행풍(上行風)을 닦아서 성취한다. ④ 주살업(誅殺業, Drag poḥi las)은 태우고, 매장하는 등의 방법으로 원적을 제멸하는 것으로, 별도로 닦거나 아니면 등주풍(等住風)을 닦아서 성취한다.

476 세간공통의 팔대성취(八大成就)에는 여러 논설이 있으나 보통 ① 소망성취의 보병(寶甁)은 그 항아리 속에서 음식과 재물과 의복 등이 끊임없이 나오게 한다. ② 신행(神行, rKaṅ mgyogs)은 수련으로 성취한 약물을 다리에 바르면 잠시간에 세계를 주유할 수가 있는 능력이다. ③ 보검(寶劍, Ral gri)은 누구를 막론하고 손에다 수련으로 성취한 이 보검을 쥐면 하늘을 날고 원적을 파괴하는 능력이다. ④안약(眼藥, Mig sman)은 수련으로 성취한 이 안약을 눈에다 바르면 멀고 가깝고 크고 작고 떠나서 세상의 모든 물건을 볼 수가 있는 능력이다. ⑤ 환약(丸藥, Ril bu)는 수련으로 성취한 환약을 입에다 물면 누구도 보지 못하고 야차처럼 원하는 대로 몸을 변형시킬 수 있는 신통이다. ⑥ 노복(奴僕, mṄag gshug)은 신귀들을 종으로 부려서 무엇을 명령하든 이행하니, 10만 명의 사람이 해야 할 일을 하루간에 성취하는 신통이다. ⑦ 토행(土行, Sa ḥog)은 지하의 보물과 보병 등을 능히 꺼내서 원하는 대로 타인에게 베푸는 능력이다. ⑧ 은형(隱形, Mi snaṅ ba)은 수련으로 성취한 약물을 이마에 바르면 몸이 사라지고 누구도 보지 못하는 것이다. 이외에도 금단(金丹, bCud len)은 꽃들의 정화와 진언에 의지해서 무병장수와 동안을 유지하는 것과 하늘을 나는 비행(飛行)과 불사(不死) 등이 있다.

乘)이라 하는 '그것이 무엇인가?' 하면, 본송(本頌)에서 다음과 같이 말하였다.

"행하기 쉽고 빠르게 보리자량을
원만하게 갖추기를 원함과 또는,
사속(事續)·행속(行續) 등의 딴뜨라에서 설한
밀주행(密呪行)을 만약 닦기를 원하면," (제61송)[477]

'사속(事續) 등의 딴뜨라'라고 함이니, 사속(事續)과 행속(行續)과 분별속(分別續)과 양구속(兩俱續)과 유가속(瑜伽續)과 대유가속(大瑜伽續)과 무상유가속(無上瑜伽續)들 [일곱 가지][478]이다.

---

477 위의 제60송과 제61송의 의미를 잠괸·로되타얘(無邊慧)의 『보리도등론정해(菩提道燈論精解)』에서, "그와 같이 바라밀다대승의 전통인 육바라밀과 사섭법(四攝法)의 수행으로 자타의 이익을 원만하게 갖추는 것처럼, 금강승의 지(地)와 도(道)로 나아가는 데는 '어떠한 소의(所依 : 法器)가 필요한가?'라고 하면, 진언을 염송한 힘으로 이루는 것이니, 식멸(熄滅)과 증익(增益) 등의 사업(四業)들로써 이룸과 소망충족의 보병(寶甁)을 성취하는 등과 팔대성취 등의 힘으로써 또한 이룸이니, 행하기 쉽고 빠르게 자기의 보리자량을 원만하게 갖추고, 타인의 이익을 모두 성취하길 원하고, 사속(事續)과 행속(行續) 등의 딴뜨라(密續)들에서 설한대로, 만약 모든 밀주행(密呪行)을 여법하게 닦아 이루길 원함을 갖추면 밀주(密呪)의 소의(所依 : 法器)가 됨을 알도록 하라."라고 하였다.

478 『보리도등론』의 일곱 가지의 딴뜨라의 분류법에 대하여 꽁뚤·린뽀체의 『쎼자꾼캅(Śes bya kun khyab, 知識總彙)』에서 설하길, "다섯째, 아사리 아띠쌰(Atīśa)의 『보리도등론(菩提道燈論)』에서 설하는 사속(事續)과 행속(行續)과 분별속(分別續)과 양구속(兩俱續)과 유가속(瑜伽續)과 대유가속(大瑜伽續)과 무상유가속(無上瑜伽續)의 일곱 가지의 분류법이다. 여기서는 사속과 행속에서 설하는 은신(隱身) 등을 다루는 환약성취 등의 의궤를 따로 독립시켜서 분별속으로 설함과 행속와 유가속에 공통되는 규틀다와(幻罔續) 등을 별도의 양구속으로 설하였다."라고 함과 같이, 여러 가지의 분류법이 있으나, 티베트에서는 일반적으로 사속과 행속과 유가속과 무상유가속의 넷으로 분류하고 있다.

2) 밀전(密典)의 종류

또 그 딴뜨라(Tantra, 續)[479]들은 하나하나마다 역시 무량하니, 『지혜금강집속(智慧金剛集續, Ye śes rdo rje kun las btus paḥi rgyud)』에서 세존께서 이같이 각각의 딴뜨라들의 숫자를, "사속(事續)이 4천이고, 행속(行續)이 8천이고, 분별속(分別續)이 4천이고, 양구속(兩俱續)이 6천이고, 대유가속(大瑜伽續)이 1만2천이니, 그것들을 자세히 헤아리면 셀 수 없다."라고 설하였다.

① 사속(事續, Kriyātantra)[480]에는 모든 다라니(陀羅尼, Dhāraṇī)와 『최상명속(最上明續, Rig pa mchog gi rgyud)』과 『최승무도자속(最勝舞蹈者續, Gar mkhan mchog gi rgyud)』과 『능성속(能成續, Rab tu grub par byed paḥi rgyud)』와 『묘비청문속(妙臂請問續 / 蘇婆呼童子請問經, dPuṅ bzaṅ gis shus paḥi rgyud)』과 『문수사리근본속(文殊師利根本續)』과 『문수사리비밀속(文殊師利秘密續, ḥJam dpal gsaṅ baḥi rgyud)』과 『금강정발속(金剛頂髮

---

479 딴뜨라(Tantra, 續)의 의미를 선지식 슈첸·출팀린첸(Shu chen Tshul thrims rin chen)의 『땐규르까르착(bsTan ḥgyur dkar chag, 論藏目錄)』에서, "『번역명의집(飜譯名義集)』에서, '「딴뜨라쁘라반다캬(Tantraprabandhakhyā)는 끊임없이 이어지는 흐름을 말하는 용어이다.」라고 하였다.'고 설하였다. 여기서 『번역명의집』에서 설하는 딴뜨라(Tantra)의 의미에 의거하면, 마음인 무이지(無二智)의 자상(自相)이 명정(明淨)하고, 불멸(不滅)하며, 인(因)과 방편(方便)과 과(果)의 일체의 단계에서 연결되어 지속되고, 본성이 방편과 반야의 합일의 자체로서 존재하는 그것을 딴뜨라(Tantra)라고 부르는 것이다. 또한 『규툴다와(大幻罔續)』에서도, '딴뜨라(Tantra)는 흐름(續)이다.'라고 설함과 『도제쩨모(金剛頂經)』에서도 또한, '딴뜨라(續)는 연속하는 흐름을 말하니, 윤회를 [연속하는] 속(續)으로 주장하면, 열반은 [뛰어난 연속인] 상속(上續)이 된다.'라고 설함과 『쌍뒤귀치마(密集後續)』에서도 또한, '딴뜨라(續)는 연속하는 흐름을 말하니, 이 연속은 세 가지의 모양이니, 바탕과 자성(自性)과 불탈(不奪)로 구분한다. 자성의 모양은 인(因)이며, 바탕은 방편이라 한다. 이같이 불탈(不奪)은 과(果)이니, 이 셋으로 딴뜨라(續)의 뜻을 요약한다.'라고 설한 바와 같다."라고 하였다.

480 사속(事續, Kriyātantra / Bya baḥi rgyud)은 외사(外事)인 목욕과 청결 등의 위의를 위주로 진언의 수행을 닦는 까닭에 사속이라 부른다.

續, rDo rje gtsug gtor rgyud)』과 『불공견색속(不空絹索續, Amoghapāśa)』과 『존승대속(尊勝大續, rNam par rgyal baḥi rgyud chen po)』 등을 비롯한 4천의 속부(續部)가 있다.

② 행속(行續, Caryātantra)[481]에는 『비로자나현증보리속(毘盧遮那現證菩提續, rNam par snaṅ mdzad mṅon par byaṅ chub paḥi rgyud)』과 『금강수관정대속(金剛手灌頂大續, Lag na rdo rje dbaṅ bskur baḥi rgyud)』 등을 비롯한 8천의 속부(續部)가 있다.

③ 분별속(分別續, rTog paḥi rgyud)[482]에는 『도모제업출현속(度母諸業出現續, sGrol ma las sna tshogs ḥbyuṅ baḥi rgyud)』과 『삼서언장엄왕속(三誓言莊嚴王續, Dam tshig gsum bkod paḥi rgyal poḥi rgyud)』과 『일체분별집속(一切分別集續, rTog pa kun las btus paḥi rgyud)』 등을 비롯한 4천의 속부(續部)가 있다.

④ 양구속(兩俱續, gÑis kaḥi rgyud)[483]에는 『환망속(幻網續, sGyu ḥphrul dra baḥi rgyud)』과 『연화가무왕속(蓮花歌舞自在王續, Padma gar gyi dbaṅ phyug gi rgyud)』 등을 비롯한 6천의 속부(續部)가 있다.

⑤ 유가속(瑜伽續, Yogatantra)[484]에는 『섭진실경(攝眞實經, De kho na ñid bsdus paḥi mdo)』과 『최승본초속(最勝本初續, dPal mchog daṅ poḥi rgyud)』과

---

481 행속(行續, Caryātantra / sPyod paḥi rgyud)은 외사(外事)에 속하는 몸과 말의 행위와 내심(內心)의 삼매의 행위를 평등하게 수습함으로써 행속(行續)이라 부른다.

482 분별속(分別續, rTog paḥi rgyud / rTog paḥi rgyud)은 사속(事續)과 행속(行續)에서 설하는 은신(隱身) 등을 다루는 환약성취(丸藥成就) 등의 의궤를 위주로 설한 딴뜨라를 따로 독립시켜서 분별속이라 부른다.

483 양구속(兩俱續, gÑis kaḥi rgyud)은 행속와 유가속에 공통되는 부분을 지닌 『규틀다와(幻罔續)』 등을 별도의 양구속이라 부른다.

484 유가속(瑜伽續, Yogatantra / rNal ḥbyor gyi rgyud)은 내심(內心)의 지혜와 방편의 유가를 위주로 닦는 것이니, 심오한 승의(勝義)의 진실과 광대한 세속의 진실을 통달해서 그 둘을 일미로 화합하는 삼마지(三摩地)를 위주로 수행함으로써 유가속이라 부른다.

『삼계존승왕속(三界尊勝王續, ḥJig rten gsum las rnam par rgyal baḥi rgyud)』과 『유가존승속(瑜伽尊勝續, Yoga rnam par rgyal baḥi rgyud)』과 『금강정속(金剛頂續, rDo rje rtse moḥi rgyud)』 등을 비롯한 무수한 속부(續部)가 있다.

⑥ 대유가속(大瑜伽續, Mahāyogatantra)[485]에는 『비밀집회속(秘密集會續, gSaṅ ba ḥdus paḥi rgyud)』와 그의 석속(釋續)[486]들과 『월비밀명점속(月秘密明点續, Zla gsaṅ thig leḥi rgyud)』과 『흑염마적속(黑閻魔敵續, gŚin rjeḥi gśed nag poḥi rgyud)』과 『제신집회속(諸神集會續, lHa thams cad ḥdus paḥi rgyud)』과 『일체비밀속(一切秘密續, Thams cad gsaṅ baḥi rgyud)』과 『조복유의속(調伏有義續, ḥDul ba don yod paḥi rgyud)』과 『비로자나환망속(毘盧遮那幻網, rNam par snaṅ mdzad sgyu ḥphrul paḥi rgyud)』과 『소허공평등섭략속(小虛空平等攝略續, Nam mkhaḥ daṅ mñam pa chuṅ ṅuḥi rgyud)』과 『무이평등존승속(無二平等尊勝續, gÑis su med pa rnam par rgyal baḥi rgyud)』 등을 비롯한 1만 2천의 속부(續部)가 있으나, 자세히는 헤아릴 수가 없다.

⑦ 무상유가속(無上瑜伽續, Anuttarayogatantra)[487]에는 『길상허공평등십만윤제속(吉祥虛空平等十萬輪制續, dPal nam mkhaḥ daṅ mñam pa ḥbum pa chen po ḥkhor lo sdom paḥi rgyud)』과 『금강공행속(金剛空行續, rDo

---

485 대유가속(大瑜伽續, Mahāyogatantra / rNal ḥbyor chen poḥi rgyud)은 『비밀집회속(秘密集會續)』과 같이 부속(父續, Pha rgyud)에 속하는 딴뜨라이다.

486 석속(釋續, bŚad rgyud)은 본속(本續)인 『비밀집회속(秘密集會續)』을 해설한 딴뜨라들을 말하니, 여기에는 『하모시쉬빠(四天女所問續)』와 『공빠룽땐(密意懸記續)』와 『도제텡와(金剛鬘)』와 『예시도제꾼뛰(智慧金剛總集)』 등이 있다.

487 무상유가속(無上瑜伽續 / rNal ḥbyor bla na med paḥi rgyud)은 『희금강속(喜金剛續)』과 같이 모속(父續, Ma rgyud)에 속하는 딴뜨라를 말한다. 그리고 보통 『비밀집회속』과 『희금강속』과 같이 무상유가속에 속하는 딴뜨라의 의미는 방편인 구생대락(俱生大樂)의 지혜와 반야인 공성을 통달하는 지혜의 두 가지의 무이무별(無二無別)을 논제로 삼아서 설한 딴뜨라와 그 딴뜨라에 예속되는 모든 의궤가 무상유가속이다.

rje mkhaḥ ḥgroḥi rgyud)』과 『금강사좌속(金剛四座續, rDo rje gdan bshiḥi rgyud)』과 『마하마야(Mahāmāyā, 大幻化續)』와 『불상합속(佛相合續, Saṅs rgyas mñam ḥbyor baḥi rgyud)』과 『불정개속(佛頂蓋續, Saṅs rgyas thod paḥi rgyud)』와 『희금강오십만속(喜金剛五十萬續, dGyes paḥi rdo rje ḥbum phrag lṅa paḥi rgyud)』 등을 비롯한 1만 4천의 속부(續部)가 있으며, 자세히는 헤아릴 수가 없다. 그와 같이 속부(續部) 하나마다 무수함으로써 비밀진언승은 매우 광대하고 무궁하다.

이같이, "『염구아귀다라니(焰口餓鬼陀羅尼, Yi dvags kha nas me ḥbar baḥi gzuṅs)』와 『대공작다라니(大孔雀陀羅尼, rMa bya chen moḥi gzuṅs)』 등의 모든 다라니는 또한 사속(事續)이다."라고 스승님들께서 설하였다.

3. 관정(灌頂)과 아사리의 공경

1) 관정(灌頂)[488]

"[사속(事續)과 행속(行續) 등의 딴뜨라들에서] 설한"(제61송 3구)이라고 함이니, '어떻게 설하였는가?' 하면, 본송(本頌)에서 다음과 같이 말하였다.

---

488 관정(灌頂, Abhiṣeka / dBaṅ bskur)의 뜻을 뻴조르된둡((dPal ḥbyor don grub))의 『나로최둑냠렌쎌된(那若六法修習明燈)』에서, "처음의 [심신을] 성숙시키는 관정은 예를 들면, 비옥한 토지에다 물과 거름과 온기의 셋을 배합한 뒤에, 종자를 정성껏 파종하여 새싹이 나오게 하는 것과 같다."라고 하였듯이, 제자의 머리에 지혜의 감로수를 부어서 심신의 죄업을 씻고, 생기와 원만차제의 도를 닦을 수 있도록 권위를 수여하는 것을 말한다. 다시 말해, 십지(十

"밀주행(密呪行)을 만약 닦길 원한다면," (제61송 4구)

"그때 아사리의 관정을 얻기 위해
시봉과 공경과 보석 등의 올리고,
말씀한 대로 행하는 등의 일체로써
스승님을 기쁘게 해드리도록 하라." (제62송)[489]

이같이 만약 사속(事續) 등의 비밀진언승(秘密眞言乘)을 행하기 원한다면, '아사리의 관정'[490]이라고 하는 보병관정(寶瓶灌頂)[491]을 얻음이 없이

地)와 오도(五道)의 과위의 공덕을 얻을 수 있도록 제자의 법 그릇에 지혜의 감로수를 넣어 주며, 아뢰야식에 종자를 뿌려서 도과(道果)를 얻게 하는 훈습을 심어주고, 몸·말·뜻 셋의 장애의 더러움을 씻어서 도업을 닦을 수 있도록 만들고, 딴뜨라를 청문하고 사유하고, 강설하고 수행할 수 있는 권한을 얻음으로써 권위를 수여하는 것이다.

489 이 게송의 의미를 걜찹·닥빠된둡(普稱義成)의 『보리도등론제호석(菩提道燈論醍醐釋)』에서, "그 또한 어느 때 보살이 진언대승의 비밀진언의 문에 들어온 뒤, 밀주행(密呪行)을 행하길 원하는 그때, 먼저 자격을 갖춘 아사리의 관정을 받기 위해서 또는 완전한 아사리의 관정을 위해서 관정을 베푸는 스승님에게 과거 선지식 돔뙨빠(ḥBrom ston pa)께서 조오제(大恩人)를 받들어 섬김과 같이, 몸·말·뜻 셋이 안락함을 느끼게 하는 방법의 시봉과 공경과 값을 매길 수 없는 보석 등의 온갖 귀한 물건들을 올리는 재물의 문을 통해서와 사제(四諦)의 도리에 대해 취하고 버림과 행하고 그침을 일러준 말씀 그대로 행하는 행위의 문을 통해서 받들어 모심이니, 그것들을 요약하면, 스승님이 기뻐하는 행위와 재물들의 일체로써 행하는 것이니, 핵심은 제자가 법답게 행함으로써 환희하는 스승님을 기쁘게 해드리는 것이다."라고 하였다.

490 아사리(阿闍梨)의 관정 또는 금강아사리의 관정은 밀교에 입문하는 문인 11가지의 관정 가운데 여섯 가지의 아사리의 관정을 말하니, ① 불퇴전의 관정, ② 비밀관정, ③ 허여관정(許與灌頂), ④ 수기관정(授記灌頂), ⑤ 안식관정(安息灌頂), ⑥ 찬송관정(讚頌灌頂)의 여섯 가지이다.

491 보병관정(寶瓶灌頂)은 밀교의 네 가지 관정 가운데 하나로 육신의 더러움을 씻고 생기차제를 수행할 수 있는 능력을 심어 주고, 과위의 화신을 얻게 한다. 자세한 것은 '부록 4 – 용어 해설'의 '사관정(四灌頂)'을 참조 바람.

단지 원심(願心)과 행심(行心)을 일으킴에 의지하지 않도록 하라. 비밀진언을 자기 스스로 취하기 때문이다. 왜냐하면, 또한 밀전(密典)에서 다음과 같이 설하였다.

> "아사리를 기쁘게 하지도 않고
> 관정(灌頂)들을 받음도 없이,
> 청문 등을 행하는 것은 또한
> 아무런 결과도 있지 않게 된다."

또 밀전(密典)에서 다음과 같이 설하였다.

> "관정과 허여(許與)가 없이 또한
> 밀주(密呪)를 자기 스스로 취한다."

그러므로 만다라(曼茶羅 : 壇場)[492]에 들어감과 관정과 스승님의 허여(許與, rJes gnaṅ)[493]가 없이 대승경전의 의미인 바라밀다의 도(道)의 의궤에 의지해서 다라니(陀羅尼)[494]의 의궤를 행함과 또한 도모(度母)[495] 등의

---

492 여기서의 만다라(曼茶羅, maṇḍala)는 관정의식을 행하기 위하여 임시로 조성한 제단이니, 곧 관정의 본존과 성중과 본존의 성중과 그 세계를 모래 등으로 만들어 놓은 조형물을 안치한 장소로 단장(壇場)이라 한다.

493 허여(許與, rJes gnaṅ)는 각각의 밀속(密續)의 관정을 수여한 뒤, 각각의 본존(本尊)과 권속들의 진언을 염송하고, 그들을 수습할 수 있도록 허락 또는 윤허를 베푸는 의식을 말한다. 예를 들면, 스승님께서 가지하고, '이같이 수행하라.'고 허락하고, 그것을 닦는 성취의궤를 주는 것이다.

494 다라니(陀羅尼, Dhāranī)는 티베트어로 쑹악(gZuṅs sṅags)이며, 우리말로는 총지(總持) 또는

성취법을 단지 듣고 나서, 수행과 염송과 호마(護摩 : 火供)[496]와 또르마(食子)와 만다라(曼茶羅) 등을 행하는 것은 밀주(密呪)를 자기 스스로 취하는 것이다. 이것은 만다라에 들어감과 관정을 행함을 아사리께서 이같이, "너의 본존은 이 분이다. 염송은 이것을 행함이 마땅하다."라고 하는 윤허를 얻지 못하기 때문이다. 그러므로 밀전에서 다음과 같이 설하였다.

"밀주(密呪)를 자기가 취함은
오로지 지옥에 가는 것이니,
밀주 또한 성취하지 못하고
육신이 단지 번뇌로 끝난다."

이것들이 설한 바의 글귀의 뜻이니, "모든 밀전과 과거의 모든 아사리와 현재의 모든 스승님께서 이같이 설함이다."라고 함이다.

또 세간과 출세간의 신령(神靈)들의 원광(圓光, Pra phab pa)과 꿈속에서, "이 사람은 숙생에서 밀주행(密呪行)을 닦은 자이다."라고 말한다면,

---

총지주(總持呪)라 한다. 『다조르밤뽀니빠(聲明要領二卷)』에서, "다라니(Dhāranī)는 아르탐그란탐짜다라야띠띠다라니(Arthaṃ granthaṃ ca dhārayatīti dhāraṇī)이니, 진언으로 법의 뜻과 구절을 잊지 않고 지니며, 특별한 경계를 얻는 이름인 까닭에 총지주(總持呪)라 한다."라고 하였다.

495 성도모(聖度母, rJe btsun sgrol ma)는 사속(事續)에 속하는 딴뜨라의 하나로 『성이십일존따라예찬경(聖二十一尊多羅禮讚經)』 등이 있다. 이것은 『21예찬게(禮讚偈)』와 연계해서 갖가지 장애와 질병 등을 소멸하고, 수행의 성취법을 설하고 있다.

496 호마(護摩 : 火供)는 티베트어로 진쎅(sByin sregd)이며, 우리말로는 화공(火供) 또는 소시(燒施)이다. 곧 공물을 불에 태워서 본존에게 공양하는 뜻이니, 『다조르밤뽀니빠(聲明要領二卷)』에서, "호마(Homaḥ)는 후다네(Hudāne)이니, 시여하고 올림을 또한 말한다. 또한 아그니호뜨람주후얏(Agnihotraṃjuhuyāt)이라고 하니, 신들 모두에게 공시(供施)를 행하는 문(門)과 입(口)의 불인 까닭에 불에 태우는 이름으로 또한 인용하여 화공(火供)이라 한다."라고 하였다.

그가 스승님을 온전히 기쁘게 해드리고, [스승님께서] 가지를 하고, "이같이 수행하라"라고 윤허하고, 성취의궤의 행법을 준다.

그 의식 또한 이것이니, 『삼서언장엄왕속의궤(三誓言莊嚴王續儀軌)』와 『광재세존무량궁의궤(廣才世尊無量宮儀軌)』와 『약사여래의궤(藥師如來儀軌)』로 죄업을 정화하고, 성불의 자량을 축적하고, 상서로운 조짐이 발생하면 그 사람은 비밀진언승에 들어감을 허락하는 것이니, 이같이 숙생에서 비밀진언을 닦지 않음과 또는 단지 삼보에 귀의하고, 원심(願心)만을 일으킴과 행심(行心)만을 일으킨 자에게 비밀진언을 설하여 보이거나 그가 수행하고, 밀속(密續)들을 보고 듣는 것을 허락하지 않으니, 이것은 [여러 수레가] 들어가는 길이 각각이고, 각각의 수레들의 해탈이 섞이지 않도록 함이니, 세존께서 사람의 근(根)과 계(界)와 수면(隨眠)[497]을 아

---

497 "세존께서 사람의 근(根)과 계(界)와 수면(隨眠)을 아심으로써"라고 함의 ① '근(根)을 아심으로써'란 곧 여래의 십력(十力) 가운데 지근상하지력(知根上下智力)으로 중생의 근기의 높고 낮음을 여실하게 아는 지력(智力)이니, 『다조르밤뽀니빠(聲明要領二卷)』에서, "믿음 등의 근기의 상중하의 차례와 차별을 남김없이 앎으로써 지근상하지력(知根上下智力)이라 한다."라고 하였다.

② '계(界)를 아심으로써'란 곧 여래의 십력(十力) 가운데 지종종계지력(知種種界智力)으로 이것은 유정의 갖가지 특성과 성정(性情)을 여실하게 아는 지력이니, 『다조르밤뽀니빠』에서, "여기서 계(界)란 과거의 습기에 의해 성취한 사유(思惟)의 경계와 번뇌의 특성과 해탈의 경계 등을 말하니, 갖가지 허다한 성정의 자상(自相)과 공상(共相)을 잘못됨이 없이 통달함으로써 지종종계지력(知種種界智力)이라 한다."라고 하였다.

③ '수면(隨眠)을 아심으로써'란 중생의 마음흐름 속에 잠자는 상태로 잠복해 있어서 드러나지 않는 번뇌를 낱낱이 아는 지혜를 말한다. 또한 수면(隨眠)의 뜻을 『구사론 19』(권오민 역주)에서, "번뇌가 잠자고 있는 상태[睡位]를 설하여 '수면'이라 이름하고, 깨어 있는 상태[覺位]를 설하여 바로 '전(纏)'이라 이름하기 때문이다."라고 하였으며, 또한 "무엇을 일컬어 잠자고 있는 상태라고 한 것인가? 이를테면 현행하지 않고 종자(種子)로서 수축(隨逐)하는 것을 말한다. 무엇을 일컬어 깨어있는 상태라고 한 것인가? 이를테면 온갖 번뇌가 현기(現起)하여 마음을 속박[纏]하는 것을 말한다."라고 하였듯이, 여기에는 욕계의 탐수면(貪隨眠)과 진수면(瞋隨眠)과 유[상이계]탐수면(有[上二界]貪隨眠)와 만수면(慢隨眠)과 무명수면(無明隨眠)과 견수면(見隨眠)과 의수면(疑隨眠)의 일곱 가지들로 이들이 깨어나면 각

심으로써 여러 수레의 길을 각각 설한 것이다. 그러므로 본송(本頌)에서 다음과 같이 말하였다.

"밀주행(密呪行)을 만약 닦길 원하면" (제61송 4구)

"그때 아사리의 관정을 얻기 위해서" (제62송 1구)

만약 바라밀다승의 길에 들어오고 행하길 원하면, 앞에서 그와 같이 설한 바대로 삼학(三學)을 배우고, 만약 비밀진언을 행하고 도모(度母) 등을 닦기를 원하면, '아사리의 관정'이라 부르는 보병관정을 청하도록 하라고 함이 본송(本頌)의 뜻이다.

2) 아사리의 공경

그러면 '관정을 주시는 그 스승님께 비용과 재물을 드림이 없이 행하는 것인가?'라고 하면, 그것이 아니니, '시봉과 공경과 보석 등의'라고 하였다. 그러면 '재물이 없고 가난한 이들은 어떻게 하는가?'라고 하면, '말씀한 대로 행하는 등의'라고 하였다. 여기서 재물이 넉넉한 이들은 국정칠보(國政七寶)[498] 등들과 최소한 자기의 몸도 또한 바치도록 하라.

기 자기와 동품의 거칠고 무거운 번뇌들을 불러오게 된다.

498 국정칠보(國政七寶)은 전륜성왕이 국가를 통치하는데 사용하는 일곱 가지의 보물이며, 이것을 결행관정(結行灌頂)에서 아사리가 제자에게 시여하는 데는 내밀한 뜻이 있다. 『쌉최시토공빠랑돌쌉최시토공빠랑돌』의 「왕시태채랑돌기제끼림빠(一切受持四灌頂者自脫後次第)」에서 시여하는 칠정보(七政寶)의 관정의 논설을 요약하면 다음과 같다.

옛적에 아사리 붓다즈냐나빠다(Buddhajñānapāda, 佛智足)에게 법왕 데와빨라(Devapāla, 天護)께서 모든 국정(國政)을 바친 뒤에 자신과 왕비 또한 바치고, 다시 왕과 왕비가 그 둘의 무게만큼의 황금으로 교환한 것과 같다. 가난한 이들은 말씀한 대로 행하고, 몸으로 받들어 섬기고, 만다라와 꽃들을 자주자주 바치는 등을 행한다. 그와 같은 법으로 스승님을 기쁘게 해드린다.

그와 같이 스승님께서 환희하고 즐거워하고, 관정을 얻은 뒤에 몸 등의 모든 죄업에서 벗어난 뒤, 죄업이 청정해진 원인으로 말미암아 그가 세간과 출세간의 모든 성취를 닦게 되는 복분을 갖추게 된다. [이 뜻을 고려해서 본송(本頌)에서 다음과 같이 말하였다.]

"스승님께서 환희함으로써 [허여 등의]
완전한 금강아사리의 관정을 수여해서,
모든 죄장들이 정화되고 제자 자신이

"1. 금륜보(金輪寶)는 허공·풍·불·물·땅·견고·요동·무색계·태양·달의 십상(十相)을 갖춘 금륜(金輪)으로 윤회의 업취(業聚)를 끊은 뒤 해탈의 법륜을 굴리도록 하는 상징이다. 2. 왕비보(王妃寶)는 복덕의 보고이자, 십바라밀을 완성한 아름다운 색신을 갖춘 왕비처럼, 수명과 수용과 심원을 자유로이 획득하는 힘의 성취를 상징한다. 3. 보주보(寶珠寶)는 세 가지의 보물을 갖춘 보주에 의해서 복혜(福慧)의 자량을 신속히 성취하고, 본래 타고난 칠성재(七聖財 : 信·戒·聞·捨·慚·愧·慧)가 자라남을 상징한다. 4. 대신보(大臣寶)는 칠보를 소유한 대신처럼, 타인의 행복과 이익 을 위해 복혜의 자량을 속히 원성하고, 모든 사물의 이치에 달통하는 지혜의 성취를 상징한다. 5. 장군보(將軍寶)는 적군을 무찌르는 장군처럼, 정진의 갑옷을 입고 윤회를 쳐부수고, 유신견(有身見)을 깨뜨림을 상징한다. 6. 준마보(駿馬寶)는 사대주(四大洲)를 하루에 세 바퀴 도는 준마처럼, 오도(五道)와 십지(十地)를 신속히 답파하여, 윤회의 바다에서 벗어나 해탈의 정토에 도달하는 사신족(四神足 : 欲定斷·心定斷·勤定斷·觀定斷神足)의 성취를 상징한다. 7. 대상보(大象寶)는 마군을 혼자서 멸하는 큰 코끼리처럼, 십력(十力)을 갖추고 자타의 의리를 수행하며, 비밀금강승의 진실을 깨달음을 상징한다."

모든 성취들을 수증하는 복분을 갖춘다." (제63송)

그와 같이 비밀진언승에 머물면서 애씀이 없이 신속하게 정등각을 이루게 된다. 이상으로 이타(利他)의 구경에 도달하는 방편을 설하여 보였다.

4. 밀주(密呪)에 대한 곡해

1) 밀주에 대한 사견의 타파

이제 비밀진언승에 대한 삿된 분별들을 타파하기 위해서, 본송(本頌)에서 다음과 같이 말하였다.

"『시륜본초불속(時輪本初佛續)』에서
적극적으로 저지하는 까닭에,
비밀과 반야지의 관정의 둘은
범행자(梵行者)는 받지를 말라." (제64송)

여기서 비밀진언을 삿되게 분별함은 둘이니, 처음은 날조하는 것과 다음은 훼손하는 것이다. 전자는 제압하고 후자는 섭수한다.

(1) 증익(增益)을 타파함

이같이 혹자는 비밀진언의 모든 대속(大續)들의 의취를 알지 못하고, 참된 스승이 섭수하지 않고, 죄업의 선지식을 의지함으로써, 비밀진언의 도리를 여실하게 알지 못하고 [별도의 의취(意趣, dGoṅs pa can)가 있음을 모르고] 단지 문자에 의지해서 이같이, "우리는 밀주행자(密呪行者)이다. 우리는 모든 행위를 거리낌 없이 행하고, 마하무드라(大印)의 성취 또한 신속하게 얻는다."라고 선언하고 안주하는 그들은 반드시 악도에 들어간다. 여래의 가르침을 훼손하고 범행(梵行)을 닦는 자들을 오염시킴으로써 붓다의 교법을 몰락시키고, 주살(誅殺)을 행하고, 여인들을 의지함으로써 바라이죄(波羅夷罪)가 발생하기 때문이다. 길상하신 아사리 즈냐나끼르띠(智稱)께서 [『입진성론(入眞性論)』에서] 이같이 설하였다.

"'우리 유가사에게 세존께서 허락한 바이다.'라고 말하고, 큰 소리로 떠들어대고, 달리 또한 모든 행위를 대놓고 행하는 그들은 악도에 들어간다."

나의 스승님이신 걸식행자 아와두디빠(Avadhūtipa, 一切斷者)[499]께서도, "만약 [비밀과 반야지의] 관정 그 둘을 받으면, 아사리와 제자가 함께 악도에 들어간다."라고 설하였으며, 세존께서도 『밀의해석속(密意解釋續, dGoṅs pa luṅ bstan paḥi rgyud)』에서 다음과 같이 설하였다.

"유가의 구결이 없는 자들이
갈고리 없는 광상(狂象)처럼 행하고,

---

499 아사리 아와두디빠(Avadhūtipa, 一切斷者)는 아띠쌰 존자의 스승이신 꾸쌀리체와(Kusali che ba, 大乞士)로 생각되고, 그의 동생인 꾸쌀리충와(Kusali chuṅ ba, 小乞士)가 마이뜨레야요기(慈愛瑜伽師)이다. 그의 본명은 린첸데(Rin chen sde)이며, 또는 게와짼(dGe ba can)이라고도 한다. '부록 3 - 아사리 소개' 가운데 꾸쌀리빠(Kusalipa, 大乞士)를 참조 바람.

'나는 요기이다.'라고 말하며
밀주의 법을 교활하게 행한다.

진언과 수인(手印)의 행위로
살림살이를 또한 영위하고,
단지 사소한 잘못에도 또한
분노해 주살(誅殺)을 행하고,

이같이 겨우 성취법 정도만을
알고서 대속(大續)을 강설하고,
어디서나 이양을 얻기 위해서
여래의 정법을 연설해 보인다."

또 길상하신 아사리 빠드마바즈라(Padmavajra, 蓮花金剛)[500]께서도 그와 같은 허물을 허다하게 설한 뒤, 다음과 같이 설하였다.

"그와 같은 [행위와] 그들은

---

500 아사리 빠드마바즈라(Padmavajra, 蓮花金剛)는 성취자 싸라하(Saraha) 등이 활약했던 시기보다 늦은 밀교의 초창기에 출현했던 아사리이다. 따라나타(Tāranātha)의 『인도불교사(印度佛敎史)』에 의하면, "싸라하(Saraha)와 나가르주나(龍樹)의 부자(父子)와 성취자 샤와리빠(Śavaripa)에 이르기까지 이어짐을 전승한 것은 널리 알려진 바대로 있었음이 분명하다. 달리 그 이전의 아사리들이 위없는 밀주(密呪)의 전승에 참여하였음에도 또한 크게 눈에 뜨이질 않는다. 아사리 아르야데와(聖天)의 『쬐뒤된마(集行明燈論, sPyod bsdus sgron ma)』를 전거로 빠드마바즈라(蓮花金剛)와 깜발라빠(Kambalapa)가 출현하였으나 또한, 초기에는 인도에서 유정의 이익을 행함이 발생하지 못했음이 분명하고, 후기의 행적은 보지 못하였다."라고 함과 같이, 자세한 행적을 알 수가 없다. '부록 3 - 아사리 소개'를 참조 바람.

모두 또한 죄업자일 뿐이니,
정법이 아닌 사도에 들어가
지옥들을 향해서 나아간다."

비록 전거(典據)가 숱하게 있을지라도 또한 글이 번거로워짐을 우려해서 더는 적지 않는다. 그와 같은 것들을 대비의 마음으로 제압함이다.

(2) 훼손을 섭수함

또 혹자는 이같이 말하니, "비밀진언의 큰 도리가 어떤 것인지를 제대로 모르는 채 '밀주승(密呪乘)으로 무엇을 하고자 하는가?' 바라밀다승과 성문과 연각의 청정한 수레에 들어가도록 하라. 이같이 여인을 의지함으로써 범행(梵行)을 범하는 타죄가 일어나고, 주살(誅殺)을 행함으로 살생의 타죄가 일어남으로써, 비밀진언의 수레에 들어가지 말라."고 해서, 밀주(密呪)의 의취를 알지 못한 채 [진언승을] 훼손하는 그들은 심오하고 광대하고, 날카로운 근기가 행하는 경계이자 불법의 정수인 밀주는 오직 복분과 훈습과 유업(遺業)을 타고난 일부의 선근자가 행하는 경계인데, 그와 같은 밀법(密法)을 훼손하는 그것은 반드시 유정지옥에 들어가는 이것을 의심하지 말라. 왜냐하면, 여래의 가르침을 훼손하고, 심오한 법을 유기하기 때문이다. 또 법을 유기하는 죄업의 이숙(異熟)을 『섭연경(攝研經)』에서,

"'어떤 법은 좋다.'고 말함과
'어떤 법은 나쁘다.'고 하면,
이것은 법을 버리는 것이다."

라는 등의 법을 많이 보았기 때문이다.

또 나의 스승님이신 걸식행자 아와두디빠(一切斷者)께서도 다음과 같이 설하였다.

"'그러므로 비밀진언승에 대해
마라가 설했다.'고 능멸하지 말라.
모든 수레를 유기하는 것이다.
이것이 머물러 마하무드라를 얻는다."

그러므로 그와 같은 보특가라(人)는 대비의 마음으로 섭수토록 하라.

여기서 훼손(毁損) 또한 두 가지이니, 법을 훼손함과 사람을 훼손하는 것이다. 처음은 법을 훼손하지 말지니, 「가섭청문품(迦葉請問品)」에서 다음과 같이 설하였다.

"어떤 이들로 붓다의 심오한 법을 마음으로 깨닫지 못한 그들에게 붓다의 보리는 무변하고, 갖가지의 승해(勝解)[501]를 지닌 유정들에게 여래들이 법을 설함에 들어가시니, 여래들은 아시고, 나

---

501 "갖가지의 승해(勝解, Mos pa sna tshogs)의 유정들에게 여래들이 법을 설함에 들어가니,"라고 함은 곧 여래의 십력(十力) 가운데 지종종승해지력(知種種勝解智力)을 말함이니, 이것은 어떤 중생은 대승을 신해(信解)하고, 어떤 중생은 성문승(聲聞乘)을, 어떤 중생은 연각승(緣覺乘)을 신해하고, 어떤 중생은 보시를, 어떤 중생은 계율을, 어떤 중생은 선정을 신해하는 등의 갖가지의 서로 다른 신해들을 빠짐없이 요달하는 지혜를 말한다. 『무량의경(無量義經)』에서, "이같이 관하고서 중생의 모든 근기와 성품과 욕망에 들어갈지니라. 성품과 욕망이 한량이 없는 까닭에 설법도 한량이 없느니라. 설법이 한량이 없는 까닭에 그 뜻도 한량이 없느니라."고 설함과 같다.

는 알지 못한다. '여래들은 직접'이라고 해서, 버리지 않으니, [가섭이여, 보살이 그 사법(四法)[502] 을 지니면 뛰어나게 나아감으로써 전혀 쇠퇴하지 않는 자가 된다.]"

라고 설하였다. 그러므로 그 계경을 보도록 하라. 달리 모든 계경과 밀속(密續)에서 이 의미를 내가 본 바이다.

다음은 사람을 또한 훼손하지 말지니, 『권발증상의요경(勸發增上意樂經)』과 『일체법무생경(一切法無生經)』들에서, "나 또는 나와 같은 이를 제외하고 사람이 사람의 도량(度量)을 재지 말지니, 손상을 입는다."라고 설하였다. 그것의 허물을 내가 또한 다른 계경들에서 허다하게 본 바이다.

5. 관정(灌頂)의 범주

본송(本頌)에서 다음과 같이 말하였다.

"『시륜본초불속(時輪本初佛續)』에서
적극적으로 저지하였기 때문에,
비밀과 반야지의 관정의 둘은
범행자(梵行者)는 받지를 말라." (제64송)

"만약 그 관정을 받게 되면

---

502 여기서 사법(四法)은 ① 항상 육바라밀을 지님, ② 방편에 정통함, ③ 보살장경(菩薩藏經)을 추구함, ④ 교만이 없음이다.

범행의 난행에 머무는 자가,
금계(禁戒)를 범하는 까닭에
범행(梵行)의 율의가 깨어져," (제65송)

"그 금행자(禁行者)는 바라이의
타죄(他罪)들이 발생하게 되고,
그것은 악도에 떨어짐으로써
성취 또한 영원히 있지 않다." (제66송)

위의 '『시륜본초불속(時輪本初佛續)』에서' ~ '성취 또한 있지가 않게 된다.'까지의 12구절[제64송, 65송, 66송까지]의 뜻은 내가 스승님이신 걸식행자 아와두디빠(一切斷者)와 쎄르링빠(金洲法稱)의 교계에 의지해서 기술한 것이며, 스승님께서 '반드시 관정을 설해 보인다.'[503]라고 함에서 이 같이 설하였다.

1) 재가와 출가자의 관정

여기서 관정은 두 가지이니, 재가자(在家者)를 기준으로 함과 범행(梵行)을 닦는 출가자를 기준으로 함이다. '처음의 재가자를 기준으로 함이란 무엇인가?' 하면, 모든 밀속에서 설한 일체이다. '다음의 범행을 닦는 출가자를 기준으로 함이란 무엇인가?' 하면, 그들 가운데 비밀관정과 반야

503 이 구절은 제63송의 1, 2구를 요약해서 말한 것이다.

지의 관정을 제외하는 것이다.

'왜 그 둘을 제외함인가?' 하면, 답하니, "이같이 불법에 의지해서 발생하는 선업의 일체가 교법이 존재함으로써 발생하고, 교법이 머무는 것도 또한 오로지 범행(梵行)에 의뢰하는 것이니, 그 두 가지의 관정은 범행과 상위한 것으로 보기 때문이다. 그러므로 그 두 가지의 관정은 범행을 훼멸시키는 것이니, 범행이 훼손되면 불법이 쇠락하게 되고, 그것이 쇠락하면 복덕을 짓고 쌓는 것들이 끊어지게 되고, 그 상황에서 헤아릴 수 없는 불선(不善)들이 일어나기 때문에 그 둘은 범행을 닦는 자들에게는 제외토록 하라."고 설하였다.

2) 출가자의 밀주행

그렇다면, '범행(梵行)을 닦는 자들은 비밀진언에 들어감이 불가능한 것인가?' 하면, 본송(本頌)에서 이것을 말하였다.

"모든 딴뜨라를 청문하고 강설하고
호마와 공시(供施) 등을 행함이,
아사리의 관정과 [허여]를 받고
[십]진실(十眞實)을 알면 허물이 없다." (제67송)[504]

---

504 이 게송의 뜻을 걜찹·닥빠된둡(普稱義成)의 『보리도등론제호석(菩提道燈論醍醐釋)』에서, "그 또한 보병(寶甁)과 비밀관정(秘密灌頂)의 둘을 받지 않으면, '법의 문이 차단되어 [딴뜨라(密續)의] 청문과 강설 등이 불가하지 않음인가?'라고 하면, '어떤 보살이 진언의 문에 들어온 뒤, 모든 딴뜨라(密續)을 자기가 청문하고, 타인에게 강설하고, 화공(火供)와 상공하시(上供下施) 등의 범주에 속하는 것과 관정과 점안(點眼, Rab gnas)의 모두를 포함하는 아

만약 범행(梵行)을 닦는 진언사가 딴뜨라 등을 청문하고, 타인에게 강설하고, 열람하고, 호마(護摩 : 火供)와 또르마(食子)와 낭송 등을 행하길 원하면, '아사리의 관정'이라 부르는 보병관정(寶甁灌頂)으로 가능하다고 모든 딴뜨라와 모든 만다라의 의궤에서 설하였다. 이 뜻을 스승님이신 걸식행자 아와두디빠(一切斷者)께서 다음과 같이 설하였다.

> "그와 같다면, '범행(梵行)을 닦는 자들은 대승의 대승인 [밀승(密乘)]의 복분을 지니지 못한 자가 된다.'라고 한다면, 그것은 크게 잘못된 것이다. 어떤 이가 보병과 아사리의 관정과 허여(許與)를 얻음으로써, 딴뜨라 등을 수행하고 강설하고 청문하고 열람하는 것에 권위를 부여한 까닭에 복분(福分)을 지닌 자이다. 그렇다면, '재가자들에게 또한 비밀관정과 반야지의 관정이 필요 없게 된다.' 하면, 그것 또한 불필요한 것이자, 그것으로 저지한 것이기도 하다."

(1) 십진실(十眞實)

본송(本頌)에서, "[십]진실(十眞實)[505]을 알면 허물이 없다."(제67송 4구)라

사리(阿闍梨)의 소임 그것들을 행함에는 앞의 두 관정을 받지 않을지라도 또한, 아사리의 관정을 받고, 스승의 허여(許與)을 얻고, 자신이 십진실(十眞實, De ñid bcu)을 아는 등의 아사리의 법을 지니거나 또는 제법의 진실[무생(無生)]을 아는 견도(見道)의 지혜가 발생한 보특가라(人)가 행함이 불가한 앞의 아사리의 소임 그것들을 행하여도 함으로써 법을 남용하는 허물이 영원히 없다.'라고 함이다."라고 하였다.

505 십진실(十眞實, De ñid bcu)은 밀주승(密呪乘)의 금강아사리가 숙통해야 하는 열 가지의 진실이니, 여기에는 몇 가지의 설이 있다. 『장한대사전(藏漢大辭典上卷)』에 따르면, "① 만다라(壇場)의 진실, ② 만뜨라(眞言)의 진실, ③ 수인(手印)의 진실, ④ 자기와 거처의 수호의

고 하는 이것의 뜻을 내게 스승님들께서 직접 설명해 준 것이 많다.

어떤 스승님께서는, "대비로 유정의 이익을 알고, 마음이 대비의 힘에 이끌린 보살은 무엇을 행할지라도 그의 마음 흐름에는 허물이 없고, 그 뒤에 또한 복덕이 허다하게 자라난다."라고 설하였다. 이것은 하품의 인위(忍位)를 얻은 것이다.

어떤 스승님께서는, "모든 제법을 환상(幻相)으로 알고, 그것의 진실을 아는 유가사에게는 허물이 되는 것이 조금도 없다. 이같이, 물속의 달과 같은 것으로, 어떤 유가사가 그것을 알면, 그는 죄악과 복덕 등에, 언제라도 물들지 않는다. 안과 바깥의 이 모든 존재가, 마음이며 환상과 같으니, 그것은 또한 상주도 아니고 단멸도 아니며, 그 둘로도 또한 분별하지 않고, 실집(實執)의 맹독에 물들지 않으니, '그 같음을 누가 보겠는가?' 환상으로 앎에는 허물이 없다."라고 설하였다. 하품의 세제일법(世第一法)을 얻은 자에게는 허물이 없는 것이다.

내 스승님이신 걸식행자 아와두디빠(一切斷者)께서는 '허물이 되지 않는다.'라고 말씀하신 것은, 스승님께서 저술하신 그 논전을 보도록 하라. 이것은 초학자도 그 순간부터 또한 허물이 없는 것이다.

다른 스승님께서는 이같이, "「가섭청문품(迦葉請問品)」과 『여인전변수기경(女人轉變授記經)과 『최승본초속(最勝本初續)』과 『조복유의속(調伏有義續, ḥDul ba don yod paḥi rgyud)』과 그것이 아닌 다른 딴뜨라들과 아사

진실, ⑤ 영신의궤(迎神儀軌)의 진실, ⑥ 염송(念誦)의 진실, ⑦ 수습(修習)의 진실, ⑧ 내외의 호마(護摩)의 진실, ⑨ 수섭(收攝)의 진실, ⑩ 송신(送神)의 진실이다."라고 하였으며, 『린첸바르와(Rin chen ḥbar ba)』에서는, "① 금강저(金剛杵), ② 금강령(金剛鈴), ③ 지혜(智慧), ④ 신(神), ⑤ 만다라(曼茶羅), ⑥ 화공(火供), ⑦ 진언(眞言), ⑧ 둘쵠(rDul tshon, 彩色細砂), ⑨ 또르마(食子), ⑩ 관정(灌頂)"이다.

리 나가르주나(龍樹)와 아사리 아르야데와(聖天) 등의 그들 논전의 도리에 의해서 허물이 되지 않으니, 그 뜻인즉 '[십]진실(十眞實)을 알면 허물이 없다.'라는 그것은 하품의 정위(頂位)을 얻으면,"이라는 것이라고 설하였다.

다른 스승님께서는 이같이, "제법무생(諸法無生)의 승의의 보리심을 일으키고, 그것이 마음 흐름에 일어나면 또한 허물이 없다. 제법의 진실을 알면 허물이 없다."라고 설하였으니, 이것은 진실을 꿰뚫어 본 자들에게는 허물이 되지 않는다. 그러므로 도(道)에 머무는 유가사는 그것으로 허물이 없음과 허물이 되는 바들을 알도록 하라.

6. 맺는말

여의주 같은 화신들은 떠나고
아사리 나가르주나(龍樹) 등의
지자들도 또한 계시지 않고,
능인(能仁)의 정법이 쇠락함이
가까워진 오늘날 광인과 같은
삿된 분별의 인간들이 많이 나타났다.

상사의 전승의 가르침을 여의고
경론의 책자들을 보는 것으로써,
바다처럼 깊은 성언의 뜻을 헤아리는
그들은 앞 못 보는 소경과 같아,
대승의 묘도를 그들은 알지 못하니

그러므로 삿된 분별을 따르지 말라.

만선(萬善)의 원천인 대승의 도는
눈알과 같은 참된 스승이 없이는
못 보고 보지 못하고 볼 길이 없다.

대승은 바다처럼 깊고 깊으며
허공처럼 광대하고 무변하니,
스승을 여의고 멋대로 떠드는 자는
경전과 논전의 책자 그것들을
보는 것만으로 단지 만족한다.

스승을 의지 않는 교만한 그들은
대승의 논설차제조차도 모르는데
깊고 넓은 뜻이 어떻게 있겠는가?
대승의 선량한 훈습(薰習)이 있는
참된 스승님이 섭수하는 사부를
지자는 누구든 그를 믿고 따르라.

이제 붓다의 교법이 몰락하는
두려운 시절이 도래하였으니,
깨침 있는 지자들은 불방일로
현량한 스승을 전승하는 사부가
어디에 있는지를 수소문한 뒤,

달과 해에 걸쳐 사사토록 하되
법답게 시봉해서 환희케 하라.

그 사부가 몸과 말의 행실을
설령 나쁘게 할지라도 또한
보지 말고 정법만을 취하라.
비유하면 벌이 꽃을 취할 때
꿀만을 취하고 꽃은 놓아두니
지자는 더더욱 그같이 행하라.

행실은 보지 않고 교계만 듣고
친히 설한 그것에 친숙해지면
이생에서 보리를 얻는 까닭에,
승락금강(勝樂金剛) 등의 밀주의
구결을 그 전승상사에게 청하라.

[비밀 등의] 두 관정을 제외한
밀주의 도리를 잘 알지 못하면,
갖가지 분별들에 결박을 당해
신속히 성불(成佛)하지 못한다.

또 말한다.

능인의 교법의 위광이 쇠퇴하고

세존의 정법을 크게 무너뜨리며
오늘날 불법을 파괴함에 있어서,
붓다의 제자들을 제외하고서는
[불법에 분노하는] 외도와 범부
그 누구도 불법을 멸하지 못한다.

특별히 출가자가 법을 훼멸하니
일부는 밀주의 법을 추종해서
삿되게 행하고 그릇되게 전파한다.

일부는 또한 반야바라밀다의
참되고 올바른 뜻을 모른 채,
인과 등의 속제를 차단하고
'자성이 청정하다.'고 말한다.

일부는 별해탈계(別解脫戒)와
계율의 학처를 다 버린 뒤,
시장 등지서 속인과 어울리고
법당에서 온갖 잡담을 나눈다.

『입능가경(入楞伽經)』에서 설하길,
"나의 교법을 배척하고
황색의 법의를 걸치고,
인과의 유무를 논하는 자가

미래세에 출현한다."라고 하였다.

또 같은 경전에서 설하길,
"투쟁시(鬪爭時)의 끝에는
세상은 정법을 안 닦는다."라고 하였다.

아사리 바쑤반두(世親)께서도 설하시길,
"세간의 눈 세존도 눈을 감으시고
법에 자재하신 사부들도 떠나시고,
진리를 못보고 제멋대로 행동하는
삿된 분별자들이 불법을 교란한다.

스스로 오고 왔던 교법을 아끼는 이들이
적멸에 들어가 중생의 구호자도 없는데,
교계의 전수도 없고 공덕을 파괴하는
더러운 자들이 오늘날 행락(行樂)을 즐긴다.

그같이 불법의 쇠락을 기뻐하는 이것은
숨통을 끊는 것과 같고 더러운 자들이,
위세를 떨치는 악한 시절임을 깨닫고
해탈을 구하는 사부들은 신중하라."고 하였다.

참된 스승의 교계를 제시한 이것이
붓다의 교법이 머무르는 그때까지,

자비와 보리심을 소유한 그 사부가
각고면려로 밤낮으로 행하게 하소서!

이 『보리도등론난처석(菩提道燈論難處釋)』은 인도의 방갈라(Baṅgala)의 왕족 출신의 석가비구이자 대학승(大學僧)이며, 대승의 보살행을 닦는 디빰까라쓰리즈냐나(Dīpaṃkara Śrījñāna, 吉祥燃燈智)께서 저술하고 완결하였다.

번역승 낙초·로짜와의 발문(跋文)

"믿음의 대지에 계율의 씨앗이 의지하니
자애의 싹은 삼매(三昧)의 물에 적셔지고,
뿌리는 대비이고, 줄기는 보리심이며
가지는 바라밀, 잎은 사섭법(四攝法)이고,
꽃은 칠성재(七聖財), 열매는 육수념(六隨念)
십선(十善)의 향기가 넘치고 제자의 무리가,
새떼처럼 모이는 큰 보리수 같은 대보살이
방갈라 출신의 길상연등지(吉祥燃燈智)이시다.

오늘날 붓다를 계승하는 후예이고
사람들 가운데 태양처럼 빛나시며,
명성이 드높고 현묘한 법을 아시고
계율로 수호하고 지비력(智悲力)을 갖추니,
고귀한 종성들의 스승 됨이 마땅한
그는 부처님들의 유일한 아들이시다.

의요(意樂)와 증상의요(增上意樂)는
불변의 황금과 신월(新月)과 같고,[506]
상대방 중생들의 심원과 행위에
수순하고 법문 또한 널리 펴시고,
언제나 믿음 없는 반대편 사람을
독물처럼 버리는 생각을 따르고,
악행을 버리고 몸가짐이 의연하고
순간순간 대치하는 힘을 지니셨다.

숙업이 선량해 인도의 땅에 나시고
탄생이 훌륭해 왕족으로 태어나고,
종성이 뛰어나 대승으로 태어나고
서원이 고귀해 붓다의 아들이 되니,
그와 같은 스승이자 대보리살타가
대비의 지존이신 길상연등지이시다.

뛰어난 그 사부를 흠모하는 제자

506 '의요(意樂)와 증상의요(增上意樂)는 불변의 황금과 신월(新月)과 같고,'라고 함은 비유이니, 황금유발심(黃金喩發心)은 중품자량도(中品資糧道)에 안주하는 보살의 마음흐름(心續)에 깃들어 있는 항주하는 의요(意樂)와 상응하는 발심이니, 금생과 후생에서도 육바라밀로 섭수하는 유정의 이락(利樂)을 위한 마음이 보리를 얻을 때까지 불변함이 변치 않는 황금과 같음으로써 그렇게 부른다. 또한 신월유발심(新月喩發心)은 상품자량도(上品資糧道)에 안주하는 보살의 마음흐름(心續)에 깃들어 있는 증상의요(增上意樂)와 상응하는 발심이니, 37보리분법(菩提分法) 따위의 모든 선법(善法)들이 더욱더욱 향상함이 신월(新月)이 차오름과 같음으로써 그렇게 부른다.

석가비구 역경승 출팀걜와(戒勝)가,
믿음과 공경으로 받들어 섬김을
여법하게 행함으로 핵심 본존인,
“『승락금강유가속왕(勝樂金剛瑜伽續王)』이
팔만사천의 법온(法蘊)들 가운데
핵심의 핵심이 되는 이 법을,
밤낮으로 전심으로 닦으라.”고 하는
이것으로 친전(親傳)을 내리셨다.

나 낙초(Nag tsho) 한 사람 이외에
다른 티베트 제자에게 있기 힘드니,
그 지고한 스승님께 믿음과 공경으로
몸·말·뜻 셋을 다해 항상 예배하나이다.

인도의 대석학이자 스승이시며 대보리살타인 방갈라(Baṅgala) 출신의 길상연등지(吉祥燃燈智, dPal mar me mdzad ye śes)와 역경승(譯經僧) 출팀걜와(Tshul khrim rgyal ba, 戒勝)가 번역하고 교정해서 완결하였다.

부록

부록 1. 참고문헌

1 『강짼캐둡림죈밍죄(Gaṅs can mkhas grub rim byon miṅ mdzod, 雪域歷代名人辭典)』, 꼬슐·닥빠중내(Ko shul Grags pa ḥbyuṅ gnas), 甘肅 民族出版社, 1992, 青海省, China.

2. 『경의집우파제사(經義集優波提舍, mDo sdeḥi don kun bdus man ṅag)』, 디빰까라쓰리즈냐나(Dīpaṃkara Śrījñāna, 吉祥燃燈智), 데게 대장경 논장(論藏)의 조외최충(Jo boḥi chos chuṅ, 阿底沙小集部), 동북목록 No.4482에 실려 있다.

3. 『까담최중쌜왜된메(bKaḥ gdams chos ḥbyuṅ gsal baḥi sgron me, 噶當派源流)』, 래첸·꾼가걜챈(Las chen Kun dgḥ rgal mtshan, 慶喜勝幢), 西藏 人民出版社, 2003, 西藏, China.

4. 『까담쩨뛰(Legs par bśad pa bkaḥ gdams rin po cheḥi gsuṅ gi gces btus nor buḥi baṅ mdzod, 噶當派大師箴言集)』, 青海省, 青海民族出版社, 1996. 6, China.

5. 『대승아비달마집론소(大乘阿毘達磨集論疏, Chos mṅon pa kun las btus paḥi rnam par bśad pa shes bya ba)』, 최승자(最勝子, rGyal baḥi sras), 데게 대장경 논장(論藏)의 유식부(唯識部)[동북목록 No.4049]에 실려 있다.

6. 『데우최중(lDeḥu chos ḥbyuṅ rgyas pa, 弟吳宗教源流)』, mKhas pa ldeḥu, 西藏藏文古籍出版社, 2010, 西藏, China.

7. 『승락섭략여난처석(勝樂攝略續與難處釋, bDe mchog ñuṅ ṅu daṅ dkaḥ ḥgrel)』[귀끼걜뽀뻴뎀촉늉응우당바와밧뜨재빼까델당째빠(rGyud kyi rgyal po dpal bde mchog ñuṅ ṅu daṅ Bhavabhaṭṭ yis mdzad paḥi dkaḥ ḥgrel daṅ bcas pa)], 바와밧뜨(Bhavabhaṭṭ), 2002, Central Institute of Higher Tibetan Studies, Sarnath, Varanasi, India.

8. 『문수예찬운해(文殊禮讚雲海, ḥJam dbyaṅs bstod sprin rgya mtsho bshugs so)』, 쫑카빠·로쌍닥빠(Tsoṅ kha pa Blo bzaṅ grags pa), 청해 민족출판사, 1996, 青海省, China.

9. 『문수예찬운해상석(文殊禮讚雲海詳釋, ḥJam dbyaṅs bstod sprin rgya mtsho rnam ḥgrel kun gsal ḥdod ḥjo)』, 7대 달라이 라마 깰쌍갸초(bsKal bzaṅ rgya mtsho, 善福海), 청해 민족출판사, 1996, 青海省, China.

10. 『문수진실명광석(文殊眞實名經廣釋)』[팍빠잠뻴기챈양닥빠르죄빼갸체르델빠(ḥPhags pa ḥjam dpal gyi mthsan yaṅ dag par brjod paḥi rgya cher ḥgrel pa)』, 짠드라고미(Candragomi, 皎月), 데게 대장경 논장(論藏)의 속부(續部)[동북목록 No.2090]에 수록되어 있다.
11. 『발심율의의궤차제(發心律儀儀軌次第, Sems bskyed pa daṅ sdom paḥi cho gaḥi rim pa)』, 디빰까라쓰리즈냐나(Dīpaṃkara Śrījñāna, 吉祥燃燈智)이며, 데게 대장경 논장(論藏)의 조외최충(Jo boḥi chos chuṅ, 阿底沙小集部)[동북목록 No.4054]에 실려 있다.
12. 『법계견가(法界見歌, Chos kyi dbyiṅs su lta baḥi glu)』, 디빰까라쓰리즈냐나(Dīpaṃkara Śrījñāna, 吉祥燃燈智), 데게 대장경 논장(論藏)의 조외최충(Jo boḥi chos chuṅ, 阿底沙小集部), 동북목록 No.4475에 실려 있다.
13. 『보리도등론정해(菩提道燈論精解, Byaṅ chub lam sgron gyi ḥgrel pa sñiṅ por bsdus pa)』, 잠괸 · 로되타애(ḥJam mgon Blo gros mthaḥ yas, 無邊慧), Vajra Vidya Institute Library, 2012, Sarnath, Varanasi, India.
14. 『보리도등론제호석(菩提道燈論醍醐釋, Byaṅ chub lam sgron gyi ḥgrel ba mar gyi ñiṅ khu)』, 걜찹 · 닥빠된둡(rGyal tshab Grags pa don grub, 普稱義成), Vajra Vidya Institute Library, 2012, Sarnath, Varanasi, India.
15. 『BODHIPATHAPRADĪPAḤ(菩提道燈論)』, Lobsang Norbu Shastri, Central Institute Of Higher Tibetan Studies, 1994, Sarnath, Varanasi, India.
16. 『보리도등론석승소희연(菩提道燈論釋勝笑喜宴, Byaṅ chub lam gyi sgron maḥi rnam bśad phul byuṅ bshad paḥi dgaḥ ston)』, 4대 빤첸라마 · 로쌍최끼걜챈(Blo bzaṅ chos kyi rgyal tshan, 善慧法幢), 목판본 인쇄파일.
17. 『보리도차제상사전승전기(菩提道次第上師傳承傳記, Lam rim bla brgyud paḥi rnam thar)』, 용진 · 예시걜챈(Yoṅs ḥdzin Ye śes rgyal mtshan, 智幢), Dha sa bod gshuṅ sherig Parkhang, 1999, Delhi, India.
18. 『보리심석구의명해(菩提心釋句義明解, Byaṅ chub sems ḥgrel gyi rnam bśad tshig don gsal ba)』, 4대 샤마르빠 · 최끼닥빠(Sva dmar pa Chos kyi grags pa, 法稱), Vajra Vidya Institute Library, 2007, Sarnath, Varanasi, India.
19. 『슝까뾔응애칙된쌜델(藏傳佛教五明詞義詮釋, gShuṅ bkaḥ pod lṅaḥi tshig don gsal bar ḥgrel pa rin chen dbyig gi gan mdzod)』, lHa mchog rgyal daṅ lHa btsun, 北京: 民族出版社, 2008. 11, China.
20. 『연기찬석선설보고(緣起讚釋善說寶庫, rTen ḥbrel bstod paḥi ḥgrel pa legs bśad nor buḥi baṅ mdzod ces bya ba bshugs so)』, 짱꺄 · 롤빼도제(lCaṅ skya Rol pa rdo rje, 遊戲金剛), 청해 민족출판사, 1996, 青海省, China.

21. 『유법론보취석(喩法論寶聚釋, dPe chos rin chen spuṅs paḥi ḥbum ḥgrel)』[Po to skor paḥi khyad chos, don gsal bar byed paḥi sgron me dpe chos rin chen spuṅs paḥi ḥbum ḥgrel shes bya ba bshugs so], 쬔빠·쎼랍도제(bTsun pa Śes rab rdo rje, 般若金剛), Sherig Parkhang, 2002, Delhi, India.
22. 『입무분별다라니경광주(入無分別陀羅尼經廣註, ḥPhags pa rnam par mi rtog par ḥjug paḥi gzuṅs kyi rgya cher ḥgrel pa)』, 까말라씰라(Kamalaśīla, 蓮華戒), 데게 대장경 논장(論藏)의 경소부(經疏部)[동북목록 No.4000]에 수록되어 있다.
23. 『입보리행론본주(入菩提行論本注, sPyod ḥjug rtsa ḥberl bshugs so)』, 걜찹·다르마린첸(rGyal tshab Dar ma rin chen, 壯寶), 청해 민족출판사, 2006, 青海省, China.
24. 『입보리행론주감로적(入菩提行論註甘露滴, Byaṅ chub sems paḥi spyod pa la ḥjug paḥi tshig ḥgrel ḥjam dbyaṅs bla maḥi shal luṅ bdus rtsisḥi thig pa)』, 캔뽀·꾼뻴(mKhan po Kun dpal, 普賢具吉), Yashodhara Publication, 1993, Delhi, India.
25. 『입보리행론석보살보병(入菩提行論釋菩薩寶瓶, Pyod ḥjug ḥgrel bśad rgyal sras bum bzaṅ)』, 툽땐최끼닥빠(Thub bstan chos kyi grags pa), 중국장학출판사, 2007, 북경, China.
26. 『입보리행론주소(入菩提行論註疏)』[입보리행론주소·보리심명해월광(入菩薩行論註疏·菩提心明解月光, Byaṅ chub sems paḥi spyod pa la ḥjug paḥi ḥgrel pa byaṅ chub kyi sems gsal bar byed pa dza baḥi ḥod zer bshugs so)], 부뙨·린첸둡(Bu ston Rin chen grub, 寶成), 중국장학출판사, 2010, 북경, China.
27. 『입보리행론정해(入菩提行論精解, sPyod ḥjug rnam bśad sñiṅ po)』[입보리행론정해대승법해무변심광(入菩提行論精解大乘法海無邊深廣, Byaṅ chub sems paḥi spyod pa la ḥjug paḥi rnam par bśad pa theg chen chos kyi rgya mtsho zab rgyas mthaḥ yas paḥi sñiṅ po shes bya ba bshugs so)], 빠오·쭉락텡와(dPaḥ bo gtsugs lag phreṅ ba, 勇士·經典鬘), sKyo brag dgon thos pa dgaḥ rtsom sgrig khaṅ.
28. 『입이제론(入二諦論, bDen pa gñis la ḥjug pa)』, 디빰까라쓰리즈냐나(Dīpaṃkara Śrījñāna, 吉祥燃燈智), 데게 대장경 논장(論藏)의 조외최충(Jo boḥi chos chuṅ, 阿底沙小集部), 동북목록 No.4467에 실려 있다.
29. 『입중론석진성명등(入中論釋眞性明燈, ḥJug paḥi rnam bśad de kho na ñid sgron ma : 仁達哇·旋努洛卓文集第五)』, 렝다와·슈누로되(Re mdaḥ ba gShon nu blo gros, 福童), 뵈종뵈익뻬닝뻬뙨캉(Bod ljoṅs bod yig dpe rñiṅ dpe skrun khaṅ), 2015, 西藏, China.
30. 『입중론의취명해난처석(入中論義趣明解難處釋, dBu ma la ḥjug paḥi rnam bśad dgoṅs pa rab gsal gyi dkaḥ gnad gtan la ḥbebs pa dgoṅs pa yaṅ gsal shes bya ba bshugs so)』, 제둥·쎼랍

왕뽀(rJe druṅ Śes rab dbaṅ po), Ser gtsug naṅ bstan dpe rñiṅ ḥtshol bsdus phyogs sgrig khaṅ, 2011, 西藏, China.

31. 『중관교계(中觀教誡, dBu maḥi man ṅag)』, 디빰까라쓰리즈냐나(Dīpaṃkara Śrījñāna, 吉祥燃燈智), 데게 대장경 논장(論藏)의 조외최충(Jo boḥi chos chuṅ, 阿底沙小集部), 동북목록 No.4에 실려 있다.

32. 『중관장엄론(中觀莊嚴論)』[중관장엄송(中觀莊嚴頌, dBu ma rgyan gyi thsig leḥur byas pa)], 싼따락시따(Śantarakṣita), 데게 대장경 논장(論藏)의 중관부(中觀部), 동북목록 No.3884에 실려 있다.

33. 『중관장엄론석환희언교(中觀莊嚴論釋歡喜言教, dBu ma rgyan gyi rnam bśad dgyes paḥi shal luṅ shes bya ba bshugs so)』, 주미팜·잠양남걜갸초(ḥJu mi pham ḥJam dbyaṅs rnam rgyal rgya mtsho, 文殊尊勝海), 청해 민족출판사, 2005, 青海省, China.

34. 『중론정리대해(中論正理大海』)[중관근본송반야소정리대해(中觀根本頌般若疏正理大海, dBu ma rtsa baḥi tshig leḥur byas pa śes rab ces bya baḥi rnam bśad rigs paḥi rgya mtho shes bya ba bshugs so)], 쫑카빠·로쌍닥빠(Tsoṅ kha pa blo bzaṅ grags pa), Ser gtsug naṅ bstan dpe rñiṅ ḥtshol bsdus phyogs sgrig khaṅ, 2011, 西藏, China.

35. 『초학보살행도론(初學菩薩行道論, Byaṅ chub sems dpaḥ las daṅ poḥi lam la ḥjug pa bstan pa)』, 디빰까라쓰리즈냐나(Dīpaṃkara Śrījñāna, 吉祥燃燈智), 데게 대장경 논장(論藏)의 조외최충(Jo boḥi chos chuṅ, 阿底沙小集部), 동북목록 No.4477에 실려 있다.

36. 『투우깬둡타(Thuḥu kwan grub mthaḥ, 宗教源流史)』, 투우깬·로쌍최끼니마(Thuḥu kwan Blo bzaṅ chos ki ñi ma, 善慧法日), 1984, 감숙 민족출판사, 난주, China.

부록 2. 『보리도등론난처석』에 인용된 경론의 원명과 출처

1. 「가섭청문품(迦葉請問經, Ḥod sruṅs sruṅs kyis shu paḥi mdo)」의 원명은 『성가섭품명대승경(聖迦葉品名大乘經, ḥPhags pa ḥod sruṅ gi leḥu shes bya ba theg pa chen poḥi mdo)』이며, 데게 대장경 경장(經藏)의 보적부(寶積部)[동북목록 No.87]에에 수록되어 있으며, 한역 대장경에는 『대보적경보명보살회제사십삼(大寶積經普明菩薩會第四十三)』으로 수록되어 있다.
2. 『가야산두경(伽倻山頭經, Ga yā mgoḥi riḥi mdo)』의 원명은 『성가야산두명대승경(聖伽倻山頭名經, ḥPhags pa ga yā mgoḥi ri shes bya ba theg pa chen poḥi mdo)』이며, 데게 대장경 경장(經藏)의 경부(經部)[동북목록 No.109]에 수록되어 있으며, 한역 대장경에는 『불설상두정사경(佛說象頭精舍經)』으로 수록되어 있다.
3. 『경의집우파제사(經義集優波提舍, mDo sdeḥi don kun bdus man ṅag)는 데게 대장경 논장(論藏)의 조외최충(Jo boḥi chos chuṅ, 阿底沙小集部)[동북목록 No.4482]에 수록되어 있다.
4. 『경장엄론(經莊嚴論, mDo sdeḥi rgyan)』의 원명은 『대승경장엄명송(大乘經莊嚴名頌, Theg pa chen po mdo sdeḥi rgyan shes bya baḥi tshig leḥur byas pa)』이며, 데게 대장경 논장(論藏)의 유식부(唯識部)[동북목록 No.4020]에 수록되어 있으며, 한역 대장경에는 『대승장엄경론(大乘莊嚴經論)』으로 수록되어 있다.
5. 『관자재소문칠법경(觀自在所問七法經, sPyan ras gzigs dbaṅ phyug gis shus pa chos bdun paḥi mdo)』의 원명은 『성관자재소문칠법명대승경(聖觀自在所問七法名大乘經, ḥPhags pa spyan ras gzigs dbaṅ phyug gis shus pa chos bdun pa shes bya ba theg pa chen poḥi mdo)이며, 데게 대장경 경장(經藏)의 경부(經部)[동북목록 No.150]에 수록되어 있되 있다.
6. 『권발증상의요경(勸發增上意樂經, ḥPhags pa lhag bsam bskul ba shes bya ba theg pa chen poḥi mdo)』이며, 데게 대장경 경장(經藏)의 보적부(寶積部)[동북목록 No.69]에 수록되어 있으며, 한역 대장경에는 『대보적경발승지요회제이십오(大寶積經發勝志樂會第二十五)』로 수록되어 있다.

7. 『교수승광왕경(教授勝光王經, rGal po la gdams pa)』의 원명은 『성왕훈계명대승경(聖王訓戒名大乘經, ḥPhags pa rgal po la gdams pa shes bya ba theg pa chen poḥi mdo)』이며, 데게 대장경 경장(經藏)의 경부(經部)[동북No.221]에 수록되어 있으며, 한역 대장경에는 『불설승군왕소문경(佛說勝軍王所問經)』으로 수록되어 있다.
8. 『근수청문경(勤授請問經, dPaḥ sbyin gyis shus paḥi mdo)』의 원명은 『성근수장자청문명대승경(聖勤授長者請問名大乘經, ḥPhags pa dpaḥ sbyin gyis shus pa shes bya ba theg pa chen poḥi mdo)』이며, 데게 대장경 경장(經藏)의 보적부(寶積部)[동북목록 No.72]에 수록되어 있으며, 한역 대장경에는 『대보적경근수장자회제이십팔(大寶積經勤授長者會第二十八)』로 수록되어 있다.
9. 『금강경(金剛經, rDo rje gcod pa)』의 원명은 『성반야바라밀다금강능단명대승경(聖般若波羅蜜多金剛能斷名大乘經, ḥPhags pa śes rab kyi pha rol tu phin pa rdo rje gcod pa shes bya ba theg pa chen poḥi mdob)』이며, 데게 대장경 경장(經藏)의 반야부(般若部)[동북No.16]에 수록되어있다.
10. 『금강사좌속(金剛四座續, rDo rje gdan bshi)』의 원명은 『유기모속대왕길상사좌(瑜祇母續大王吉祥四座, rNal ḥbyor maḥi rgyud kyi rgyal po chen po dpal gdan bshi pa)』이며, 티베트 데게 대장경 십만딴뜨라부(十萬怛特羅部)[동북목록 No.428]에 수록되어 있다.
11. 『금광명경(金光明經, gSrer ḥod dam pa)』의 원명은 『성금광명승경제왕명대승경(聖金光明勝經帝王名大乘經, ḥPhags pa gsrer ḥod dam pa mdod sdeḥi dbaṅ poḥi rgyal po shes bya ba theg pa chen poḥi mdod)』이며, 데게 대장경 십만딴뜨라부(十萬怛特羅部)[동북목록 No.556]에 수록되어 있으며, 한역 대장경에는 『합부금광명경(合部金光明經)』으로 수록되어 있다.
12. 『금강명최승왕경서원(金剛明最勝王經誓願, gSer ḥod dam pa mdo sdeḥi dbaṅ poḥi smon lam)』은 데게 대장경 논장(論藏)의 잡부(雜部)[동북목록 No.4379]에 수록되어 있다.
13. 『금강수관정속(金剛手灌頂續, Lag na rdo rje dbaṅ bskur baḥi rgyud)』의 원명은 『성금강수관정대속(聖金剛手灌頂大續, Lag na rdo rje dbaṅ bskur baḥi rgyud chen po)』이며, 데게 대장경 십만딴뜨라부(十萬怛特羅部)[동북목록 No.494]에 수록되어 있다.
14. 『금강정속(金剛頂續, rDo rje rtse mo)』의 원명은 『비밀대유가속금강정(秘密大瑜伽續金剛頂, gSaṅ ba rnal ḥbyor chen poḥi rgyud rdo rje rtse mo)』으로 데게 대장경 십만딴뜨라부(十萬怛特羅部)[동북목록 No.480]에 수록되어 있다.
15. 『긴나라왕수소문경(緊那羅王樹所問經)』의 원명은 『성긴나라왕수소문명대승경(聖緊那羅王樹所問名大乘經, ḥPhags pa miḥam ciḥi rgyal po sdoṅ pos shus pa shes bya ba theg pa chen poḥi mdo)』이며, 데게 대장경 경장(經藏)의 경부(經部)[동북목록No.157]에 수록

되어 있으며, 한역 대장경에는 『대수긴나라왕소문경(大樹緊那羅王所問經)』으로 수록되어 있다.

16. 『대승이십송론(大乘二十頌論, Theg pa chen po ñi śu pa)』의 원명은 『대승이십(大乘二十, Theg pa chen po ñi śu pa)』이며, 데게 대장경 논장(論藏)의 중관부(中觀部)[동북목록 No.3833]에 수록되어 있으며, 한역 대장경에도 『대승이십송론(大乘二十頌論)』으로 수록되어 있다.

17. 『도간경광주(稻竿經廣註, Sā lu ljaṅ paḥi rgya cher bśad pa)』의 원명은 『성도간명대승경광소(聖稻竿名大乘經廣疏, ḥPhags pa sā lu ljaṅ pa shes bya ba theg pa chen poḥi mdoḥi rgya cher bśad pa)』이며, 데게 대장경 논장(論藏)의 경소부(經疏部)[동북목록 No.3986]에 수록되어 있다.

18. 『도모제업출현속(度母諸業出現續, sGrol ma las sna tshogs ḥbyuṅ baḥi rgyud)』의 원명은 『일체여래모도모제갈마출현명속(一切如來母多羅母諸羯磨出現名續, De bshin gśegs pa thams cad kyi yum sgrol ma las sna tshogs ḥbyuṅ ba shes bya baḥi rgyud)』이며, 데게 대장경 십만딴뜨라부(十萬怛特羅部)[동북목록 No.726]에 수록되어 있다.

19. 『마하마야(Mahāmāyā, 大幻化)』의 원명은 『길상대환화명속왕(吉祥大幻化名續王, dPal sgyu ḥphrul chen po shes bya baḥi rgyud kyi rgyal po)』이며, 데게 대장경 십만딴뜨라부(十萬怛特羅部)[동북목록 No.425]에 수록되어 있다.

20. 『묘비청문속(妙臂請問續, dPuṅ bzaṅ gis shus paḥi rgyud)』의 원명은 『성묘비청문명속(聖妙臂請問名續 / 聖賢臂所問名續, ḥPhags pa dpuṅ bzaṅ gis shus pa shes bya baḥi rgyud)』이며, 티베트 데게 대장경 십만딴뜨라부(十萬怛特羅部)[동북목록 No.805]에 수록되어 있으며, 한역 대장경에는 『소바호동자청문경(蘇婆呼童子請問經)』으로 수록되어 있다.

21. 『묘혜동녀청문경(妙慧童女請問經, Blo gros bzaṅ mos shus paḥi mdo)』의 원명은 『성묘혜동녀소문명대승경(聖妙慧童女所問名大乘經, ḥPhags blo gros bzaṅ mos shus pa shus pa shes bya ba theg pa chen poḥi mdo)』이며, 데게 대장경 경장(經藏)의 보적부(寶積部))[동북목록 No.74]에 수록되어 있으며, 한역 대장경에는 『대보적경묘혜동녀회제삼십(大寶積經妙慧童女會第三十)』으로 수록되어 있다.

22. 『무구시청문경(無垢施請問經, Dri ma med kyis byin pas shus paḥi mdo)』의 원명은 『성무구시소문명대승경(聖無垢施所問名大乘經, ḥPhags pa dri ma med kyis byin pas shus pa shes bya ba theg pa chen poḥi mdo)』이며, 데게 대장경 경장(經藏)의 보적부(寶積部))[동북목록 No.77]에 수록되어 있으며, 한역 대장경에는 『대보적경무구시보살응변회제삼십삼(大寶積經無垢施菩薩應辯會第三十三)』으로 수록되어 있다.

23. 『무구칭경(無垢稱經 / 維摩詰所說經, Dri ma med par grags paḥi mdo)』의 원명은 『성무

구칭소설명대승경(聖無垢稱所說大乘經, ḥPhags pa dri ma med par grags pas bstan pa shes bya baḥi theg pa chen poḥi mdo)』이며, 데게 대장경 경장(經藏)의 경부(經部)[동북목록 No.176]에 수록되어 있으며, 한역 대장경에는 『유마힐소설경(維摩詰所說經)』으로 수록되어 있다.

24. 『무열용왕청문경(無熱龍王請問經, Kluḥi rgyal po ma dros pas shus paḥi mdo)』의 원명은 『성무열용왕소문명대승경(聖無熱龍王請問經, ḥPhags pa kluḥi rgyal po ma dros pas shus pa shes bya ba theg pa chen poḥi mdo)』이며, 데게 대장경 경장(經藏)의 경부(經部)[동북목록No.156]에 수록되어 있으며, 한역 대장경에는 『불설홍도광현삼매경(佛說弘道廣顯三昧經)』으로 수록되어 있다.

25. 『무이평등존승속(無二平等尊勝續)』의 원명은 『성무이평등존승명분별대왕(聖無二平等尊勝名分別大王, gÑis su med pa mñam pa ñid rnam par rgyal ba shes bya baḥi rtog paḥi rgyal po chen po)』이며, 데게 대장경 십만딴뜨라부(十萬怛特羅部)[동북목록 No.452]에 수록되어 있으며, 한역 대장경에는 『불설무이평등최상유가대교왕경(佛說無二平等最上瑜伽大敎王經)』으로 수록되어 있다.

26. 『무외론(無畏論, Ga las ḥjigs med)』의 원명은 『근본중론주무외(根本中論註無畏, dBu ma rtsa baḥi ḥgrel pa ga las ḥjigs med)』이며, 데게 대장경 논장(論藏)의 중관부(中觀部)[동북목록No.3820]에 수록되어 있다.

27. 『무진의경(無盡意經, Blo gros mi zad pas bstan paḥi mdo)』의 원명은 『성무진의소설명대승경(聖無盡意所說名大乘經, ḥPhags pa blo gros mi zad pas bstan pa shes bya baḥi theg pa chen poḥi mdo)』이며, 데게 대장경 경장(經藏)의 경부(經部)[동북목록No.175]에 수록되어 있으며, 한역 대장경에는 『대방광대집경제십이무진의보살품(大方廣大集經第十二無盡意菩薩品)』으로 수록되어 있다.

28. 『문수사리근본속(文殊師利根本續, ḥJam dpal gyi rtsa baḥi rgyud)』의 원명은 『성문수사리근본속(聖文殊師利根本續, ḥPhags pa ḥjam dpal gyi rtsa baḥi rgyud)』이며, 티베트 데게 대장경 십만딴뜨라부(十萬怛特羅部)[동북목록 No.543]에 수록되어 있으며, 한역 대장경에는 『대방광보살문수사리근본의궤경(大方廣菩薩文殊師利根本儀軌經)』으로 수록되어 있다.

29. 『문수불토장엄경(文殊佛土莊嚴經, ḥJam dpal gyi saṅs rgyas shiṅ rgyan gyi mdo)』의 원명은 『성문수사리불국토공덕장엄경(聖文殊師利佛國土功德莊嚴經, ḥPhags pa ḥjam dpal gyi saṅs rgyas kyi shiṅ gi yon tan bkod pa shes bya baḥi theg pa chen poḥi mdod)』이며, 데게 대장경 경장(經藏)의 보적부(寶積部)[동북목록 No.59. Ga.248b~297a]에 실려 있으며, 한역 대장경에는 『대보적경문수사리수기회제십오(大寶積經文殊師利授記會第

十五)』로 수록되어 있다.

30. 『밀의본속만(密意本續鬘, dGoṅs pa rgyud kyi phreṅ ba)』의 원명은 『성밀의속대만보살대결정설시중마니선교설시대회향왕(聖密意續大鬘菩薩大決定說示中摩尼善巧說示大廻向王, ḥPhags pa dgoṅs paḥi rgyud kyi phreṅ ba chen po byaṅ chub sems paḥi rnam par ṅes pa chen po bstan pa las nor bu rin po che la mkhas pa bstan pa yoṅs su bsṅo ba chen poḥi rgyal po shes bya ba)』이며, 데게 대장경 십만딴뜨라부(十萬怛特羅部)[동북목록 No.809]에 수록되어 있다.

31. 『밀의해석속(密意解釋續, dGoṅs pa luṅ bstan pa)』의 원명은 『밀의해석명속(密意解釋名續, dGoṅs pa luṅ bstan pa shes bya baḥi rgyud)』이며, 데게 대장경 십만딴뜨라부(十萬怛特羅部)[동북목록 No.444]에 수록되어 있다.

32. 『반야등론(般若燈論, Śes rab sgron ma)』의 원명은 『근본중론주반야등(根本中論註般若燈, dBu ma rtsa baḥi ḥgrel pa śes rab sgron ma)』이며, 데게 대장경 논장(論藏)의 중관부(中觀部)[동북목록 No.3853]에 수록되어 있으며, 한역 대장경에는 『반야등론(般若燈論)』으로 수록되어 있다.

33. 『반야등론광주(般若燈論廣註, Śes rab sgron ma rgya cher ḥgrel pa)』의 원명은 『반야등광주(般若燈廣註, Śes rab sgron ma rgya cher ḥgrel pa)』이며, 데게 대장경 논장(論藏)의 중관부(中觀部)[동북목록 No.3859]에 수록되어 있다.

34. 『반야바라밀수습차제(般若波羅蜜修習次第, Phar phin bsgom rim)』의 원명은 『반야바라밀다승수습차제교계(般若波羅蜜多乘修習次第教誡, Phar rol tu phin paḥi theg paḥi bsgom paḥi rim paḥi man ṅag)』이며, 저자는 아사리 즈냐나끼르띠(Jñānakīrti, 智稱)이고, 데게 대장경 논장(論藏)의 『조외최충(Jo boḥi chos chuṅ, 阿底沙小集部)』[동북목록 No.4542]에 수록되어 있다.

35. 『반야바라밀승력최복경(般若波羅蜜勝力摧伏經, Śes rab kyi pha rol tu phyin pa rab kyi rtsal gyis rnam par gnon paḥi mdo)』, 미확인.

36. 『발심율의의궤차제(發心律儀儀軌次第, Sems bskyed pa daṅ sdom paḥi cho gaḥi rim pa)』는 데게 대장경 논장(論藏)의 조외최충(Jo boḥi chos chuṅ, 阿底沙小集部)』[동북목록 No.4490]인 것으로 생각된다.

37. 『백자론(百字論, Yi ge brgya pa)』은 데게 대장경 논장(論藏)의 중관부(中觀部)[동북목록 No.3834]에 수록되어 있으며, 한역 대장경에도 『백자론(百字論)』으로 수록되어 있다.

38. 『법계자성무차별설경(法界自性無差別說經, Chos kyi dbyiṅs kyi raṅ bshin dbyer med pa bstan paḥi mdo)』의 원명은 『성법계자성무차별설명대승경(聖法界自性無差別說名大

乘經, ḥPhags pa Chos kyi dbyiṅs kyi raṅ bshin dbyer med pa bstan pa shes bya ba theg pa chen poḥi mdo)』이며, 데게 대장경 경장(經藏)의 보적부(寶積部))[동북목록 No.52]에 수록되어 있으며, 한역 대장경에는『대보적경법계체성무분별회제팔(大寶積經法界體性無分別會第八)』로 수록되어 있다.

39. 『법성자성공부동차별일체조경(法性自性空不動差別一切照經, Chos ñid raṅ gi ṅo bo stoṅ pa ñid las mi gyo bar tha dad par snaṅ baḥi mdo)』의 원명은『성법성자성공부동차별일체조경(聖法性自性空不動差別一切照經, ḥPhags pa chos ñid raṅ gi ṅo bo stoṅ pa ñid las mi gyo bar tha dad par tham cad la snaṅ baḥi mdo)』이며, 데게 대장경 경장(經藏)의 경부(經部)[동북목록 No.128]에 수록되어 있다.

40. 『법집경(法集經, Chos yaṅ dag par sdud paḥi mdo)』의 원명은『성법집명대승경(聖法集名大乘經, ḥPhags pa chos yaṅ dag par sdud pa shes bya ba theg pa chen poḥi mdo)』이며, 데게 대장경 경장(經藏)의 경부(經部)[동북목록 No.238]에 수록되어 있으며, 한역 대장경에는『불설법집경(佛說法集經)』으로 수록되어 있다.

41. 『변중변론(辨中邊論, dBus mthaḥ rnam ḥbyed)』의 원명은『중변분별송(中邊分別頌, dBus daṅ mthaḥ rnam par ḥbyed paḥi thsig leḥur byas pa)』이며, 데게 대장경 논장(論藏)의 유식부(唯識部)[동북목록 No.4021]에 수록되어 있으며, 한역 대장경에는『변중변론송(辨中邊論頌)』으로 수록되어 있다.

42. 『변중변론주(辨中邊論註, dBus mthaḥ rnam ḥbyed paḥi ḥgrel pa)』의 저자는 아사리 바쑤반두(Vasuvandhuḥ, 世親)이며, 데게 대장경 논장(論藏)의 유식부(唯識部)[동북목록 No.4027]에 수록되어 있으며, 한역 대장경에는『변중변론(辨中邊論)』으로 수록되어 있다.

43. 『변중변론주소(辨中邊論疏, dBus mthaḥ rnam ḥbyed paḥi ḥgrel bśad)』의 저자는 아사리 쓰티라마띠(Sthiramati, 安慧)이며, 데게 대장경 논장(論藏)의 유식부(唯識部)[동북목록 No.4032]에 수록되어 있으며, 한역(漢譯)은 있지 않다.

44. 『보등명다라니경(寶燈明陀羅尼經, dKon mchog ta la laḥi gzuṅs)』의 원명은『성보등명다라니명대승경(聖寶燈明陀羅尼名經, ḥPhags pa dkon mchog ta la laḥi gzuṅs shes bya ba theg pa chen poḥi mdod)』이며, 데게 대장경 경장(經藏)의 경부(經部)[동북목록No.145]에 수록되어 있으며, 한역 대장경에는『대방광총지보광명경(大方廣摠持寶光明經)』으로 수록되어 있다.

45. 『보리심석(菩提心釋, Byaṅ chub sems ḥgrel)』의 원명은『보리심석(菩提心釋, Byaṅ chub sems kyi ḥgrel pa shes bya ba)』이며, 데게 대장경 논장(論藏)의 딴뜨라부(怛特羅部)[동북목록 No.1800]에 수록되어 있다.

46. 『보만론(寶鬘論, Rin chen phreṅ ba)』의 원명은 『왕담보만(王譚寶鬘, rGyal po la gtam bya ba rin po cheḥi phreṅ ba)』이며, 데게 대장경 논장(論藏)의 서한부(書翰部)[동북목록 No.4158]에 수록되어 있으며, 한역 대장경에는 『보행왕정론(寶行王正論)』으로 수록되어 있다.

47. 「보살지(菩薩地, Byaṅ chub sems dpaḥi sa)」는 무착 보살의 저술인 『유가사지론(瑜伽師地論)』의 『본지분(本地分, Yogacaryābhūmi)』에 설해진 「보디쌋뜨와부미(Bodhisattvabhūmi, 菩薩地)」이다.

48. 『보살율의이십(菩薩律儀二十, Byaṅ chub sems paḥi sdom pa ñi śu pa)』은 데게 대장경 논장(論藏)의 유식부(唯識部)[동북목록 No.4081]에 수록되어 있다.

49. 『보살장경(菩薩藏經, Byaṅ chub sems paḥi sde snod)』의 원명은 『성보살장명대승경(聖菩薩藏名大乘經, ḥPhags pa byaṅ chub sems paḥi sde snod ces bya ba theg pa chen poḥi mdod)』이며, 데게 대장경 경장(經藏)의 보적부(寶積部))[동북목록 No.56]에 수록되어 있으며, 한역 대장경에는 『대보적경보살장회제십이(大寶積經菩薩藏會第十二)로 수록되어 있다.

50. 『보운경(寶雲經, dKon mchog sprin)』의 원명은 『성보운명대승경(聖寶雲名大乘經, ḥPhags pa dkon mchog sprin shes bya ba theg pa chen poḥi mdo)』이며, 데게 대장경 경장(經藏)의 경부(經部)[동북목록No.231]에 수록되어 있으며, 한역 대장경에는 『불설제개장보살소문경(佛說除蓋障菩薩所問經)』으로 수록되어 있다.

51. 『부자합집경(父子合集經, Yab sras mjal baḥi mdo)』의 원명은 『성부자회합명대승경(聖父子會合名大乘經, ḥPhags pa yab daṅ sras mjal ba shes bya ba theg pa chen poḥi mdo)』이며, 데게 대장경 경장(經藏)의 보적부(寶積部))[동북목록 No.60]에 수록되어 있으며, 한역 대장경에는 『대보적경보살견실회제십육(大寶積經菩薩堅實會第十六)』으로 수록되어 있다.

52. 『분별치연론(分別熾然論, rTog ge ḥbar ba)』의 원명은 『중관심주사택염(中觀心註思擇炎, dBu maḥi sñiṅ poḥi ḥgrel pa rtog ge ḥbar ba)』이며, 데게 대장경 논장(論藏)의 중관부(中觀部)[동북목록 No.3856]에 수록되어 있다.

53. 『불상합속(佛相合續, Saṅs rgyas mñam ḥbyor)』은 『길상일체불상합다길니환모승락명상속(吉祥一切佛相合茶吉尼幻母勝樂名上續, dPal saṅs rgyas thams cad daṅ mñam par ḥbyor ba mkhaḥ ḥgro ma sgyu ma bde baḥi bchog ces bya baḥi rgyud phyi ma)』인 것으로 보이며, 데게 대장경 십만딴뜨라부(十萬怛特羅部)[동북목록 No.366]에 수록되어 있다.

54. 『불수념경(佛隨念經, Saṅs rgyas rjes su dran paḥi mdo)』의 원명은 『성불수념(聖佛隨念, ḥPhags pa saṅs rgyas rjes su dran pa)』이며, 데게 대장경 경장(經藏)의 경부(經部)[동북목

록 No.279]에 수록되어 있다.

55. 『불요집경(佛要集經, Saṅs rgyas bsro ba)』의 원명은 『성불가명대승경(聖佛歌名大乘經, ḥPhags pa saṅs rgyas bsro ba shes bya ba theg pa chen poḥi mdo)』이며, 데게 대장경 경장(經藏)의 경부(經部)[동북목록No.228]에 수록되어 있으며, 한역 대장경에는 『제불요집경(諸佛要集經)』으로 수록되어 있다.

56. 『불정개속(佛頂蓋續, Saṅs rgyas thod pa)』의 원명은 『길상불정개명유기모속왕(吉祥佛頂蓋名瑜祇母續王, dPal Saṅs rgyas thod pa shes bya baḥi rnal ḥbyor maḥi rgyud kyi rgyal po)』이며, 데게 대장경 논장(論藏)의 십만딴뜨라부(十萬怛特羅部)[동북목록 No.424]에 수록되어 있다.

57. 『불호론(佛護論, Buddhapālita)』의 원명은 『근본중론주불타파리다(根本中論註佛陀波利多, dBu ma rtsa baḥi ḥgrel pa buddhapālita)』이며, 데게 대장경 논장(論藏)의 중관부(中觀部)[동북목록 No.3842]에 수록되어 있다.

58. 『비나야경(毗奈耶經, ḥDul baḥi gshuṅ)』에는 『율본사(律本事, ḥDul baḥi gshuṅ)』[여기에는 세부적으로 「출가본사(出家本事 / 根本說一切有部出家事)」와 「안거본사(安居本事 / 根本說一切有部安居事)」 등의 17가지 항목의 본사(本事)가 있으며], 『바라제목차경(波羅提木叉經)』[『근본설일체유부계경(根本說一切有部戒經)』]과 『율분별(律分別, ḥDul ba rnam par ḥbyed pa)』[『근본설일체유부비나야(根本說一切有部毗奈耶)』] 등이 있다.

59. 『비로자나현증보리속(毘盧遮那現證菩提續, rNam par snaṅ mdzad mṅon par byaṅ chub paḥi rgyud)』의 원명은 『대비로자나현등각신변가지방광경제왕명법문(大毘盧遮那現等覺神變加持方廣經帝王名法門, rNam par snaṅ mdzad chen po mṅon par rdzogs par byaṅ chub pa rnam par byin gyis rlob pa śin tu rgyas pa mdo sdeḥi dbaṅ poḥi rgyal po shes bya baḥi chos kyi rnam graṅs)』이며, 데게 대장경 십만딴뜨라부(十萬怛特羅部)[동북목록 No.494]에 수록되어 있으며, 한역 대장경에는 『대비로자나성불신변가지경(大毘盧遮那成佛神變加持經)』으로 수록되어 있다.

60. 『비밀집회속(秘密集會續, gSaṅ ba ḥdus pa)』의 원명은 『일체여래신구의대비밀비밀집회명의궤대왕(一切如來身口意大秘密秘密集會名儀軌大王, De bshin gśegs pa thams cad kyi sku gsuṅ thugs kyi gsaṅ chen gsaṅ ba ḥdus pa shes bya ba brtag paḥi rgyal po chen po)이며, 데게 대장경 십만딴뜨라부(十萬怛特羅部)[동북목록 No.442]에 수록되어 있으며, 한역 대장경에는 『불설일체여래금강삼업최상비밀대교왕경(佛說一切如來金剛三業最上秘密大教王經)』으로 수록되어 있다.

61. 『비화경(悲華經, sÑiṅ rje chen poḥi mdo)』의 원명은 『성비백련화명대승경(聖悲白蓮華名大乘經, ḥPhags pa sñiṅ rje pad ma dkar po shes bya ba theg pa chen poḥi mdo)』이며, 데게

대장경 경장(經藏)의 경부(經部)[동북목록 No.112]에 수록되어 있으며, 한역 대장경에도 『비화경(悲華經)』으로 수록되어 있다.

62. 『사백론(四百論, bShi brgya pa)』의 원명은 『사백론명송(四百論名頌, bsTan bcos bshi brgya pa shes bya ba thsig leḥur byas pa)이며, 데게 대장경 논장(論藏)의 중관부(中觀部)[동북목록 No.3846]에 수록되어 있으며, 한역 대장경에는 『대승광백론본(大乘廣百論本)으로 수록되어 있다.

63. 『사백론광주(四百論廣註, bShi brgya paḥi rgya cher ḥgrel pa)』의 원명은 『보살유가행사백광주(四百論廣註, Byaṅ bhub sems paḥi rnal ḥbyor spyod pa bshi brgya paḥi rgya cher ḥgrel pa)』이며, 데게 대장경 논장(論藏)의 중관부(中觀部)[동북목록 No.3865]에 수록되어 있다.

64. 『사자후경(獅子吼經, Seṅ geḥi sgra bsgrags paḥi mdo)』의 원명은 『성사자후명대승경(聖獅子吼名大乘經, ḥPhags pa seṅ geḥi sgra bsgrags pa shes bya ba theg pa chen poḥi mdo)』이며, 데게 대장경 경장(經藏)의 경부(經部)[동북목록No.209]에 수록되어 있으며, 한역 대장경에는 『대방광사자후경(大方廣獅子吼經)』으로 수록되어 있다.

65. 『삼계존승속(三界尊勝續, ḥJig rten gsum las rnam par rgyal ba)』의 원명은 『삼계존승분별대왕(三界尊勝分別大王, ḥJig rten gsum las rnam par rgyal ba rtog paḥi rgyal po chen po)』으로 데게 대장경 십만딴뜨라부(十萬怛特羅部)[동북목록 No.482]에 수록되어 있으며, 한역 대장경에는 「금강정경유가문수사리보살법일품(金剛頂經瑜伽文殊師利菩薩法一品)」으로 수록되어 있다.

66. 『삼마지왕경(三摩地王經 / 月燈經, Tiṅ ṅe ḥdzin rgyal poḥi mdo)』의 원명은 『성일체법자성평등현출삼매왕명대승경(聖一切法自性平等顯出三昧王名大乘經, ḥPhags pa chos thams cad kyi raṅ bshin mñam pa ñid rnam par spros pa tiṅ ṅe ḥdzin gyi rgyal po shes bya ba theg pa chen poḥi mdo)』이며, 데게 대장경 경장(經藏)의 경부(經部)[동북목록 No.127]에 수록되어 있으며, 한역 대장경에는 『월등삼매경(月燈三昧經)』으로 수록되어 있다.

67. 『삼서언장엄왕속(三誓言莊嚴王續, Dam tshig gsum bkod paḥi rgyal poḥi rgyud)』의 원명은 『삼삼매야장엄왕명속(三三昧耶莊嚴王名續, Dam tshig gsum bkod paḥi rgyal po shes bya baḥi rgyud)』이며, 데게 대장경 십만딴뜨라부(十萬怛特羅部)[동북목록 No.502]에 수록되어 있다.

68. 『삼신경(三身經, sKu gsum shes bya baḥi mdo)』의 원명은 『성삼신명대승경(聖三身名大乘經, ḥPhags pa sku gsum shes bya ba theg pa chen paḥi mdo)』이며, 데게 대장경 경장(經藏)의 경부(經部)[동북목록 No.283]에 수록되어 있다.

69. 『삼십삼천품경(三十三天品經, Sum cu rtsa gsum gyi mdo)』의 원명은 『성삼십삼천품

명대승경(聖三十三天品名大乘經, ḥPhags pa sum cu rtsa gsum paḥi leḥu shes bya ba theg pa chen poḥi mdo)』이며, 데게 대장경 경장(經藏)의 경부(經部)[동북목록No.223]에 수록되어 있다.

70. 『삼이취등(三理趣燈, Tshul gsum gyi sgron ma)』의 저자는 아사리 뜨리비따까말라(Tripiṭākamāla, 三藏鬘)[토준둡제(mTho btsun grub rje, 高德成就主)]이며, 데게 대장경 논장(論藏)의 딴뜨라부(怛特羅部)[동북목록 No.3707]에 수록되어 있다.

71. 『삼취경(三聚經, Phuṅ po gsum paḥo mdo)』은 『삼온경(三蘊經)』이라고도 하며, 원명은 『성삼취명대승경(聖三聚名大乘經, ḥPhags pa puṅ po gsum pa shes bya ba theg pa chen poḥi mdo)』이며, 데게 대장경의 경장(經藏)의 경부(經部)[동북목록No.284]에 수록되어 있다.

72. 『선근섭지경(善根攝持經, dGe baḥi rtsa ba yoṅs su ḥdzin paḥi mdo)』의 원명은 『성선근섭지명대승경(聖善根攝持名大乘經, ḥPhags pa dge baḥi rtsa ba yoṅs su ḥdzin pa shes bya ba theg pa chen poḥi mdo)』이며, 데게 대장경 경장(經藏)의 경부(經部)[동북목록 No.101]에 수록되어 있으며, 한역 대장경에는 『불설화수경(佛說華手經)』으로 수록되어 있다.

73. 『섭연경(攝研經, Chos rnams par ḥthag paḥi mdo)』의 원명은 『성일체세파섭명대승경(聖一切細破攝名大乘經, ḥPhags pa chos rnams par ḥthag pa thams cad bsdus pa shes bya ba theg pa chen poḥi mdo)』이며, 데게 대장경 경장(經藏)의 경부(經部)[동북목록 No.227]에 수록되어 있으며, 한역 대장경에는 『대승방광총지경(大乘方廣總持經)』으로 수록되어 있다.

74. 『섭진실경(攝眞實經, Tattvasaṁgraha / De kho na ñid bsdus paḥi mdo)』의 원명은 『일체여래진성섭명대승경(一切如來眞實攝名大乘經, De bshin gśegs pa tham cad kyi de kho na ñid bsdus pa shes bya baḥi theg pa chen poḥi mdo)』이며, 데게 대장경 십만딴뜨라부(十萬怛特羅部)[동북목록 No.479]에 수록되어 있으며, 한역 대장경에는 『불설일체여래진실섭대승현증삼매대교왕경(佛說一切如來眞實攝大乘現證三昧大敎王經)』으로 수록되어 있다.

75. 「성문지(聲聞地, Ñan thos kyi sa)」는 『유가사지론(瑜伽師地論)』의 「본지분(本地分, rNal ḥbyor spyod paḥi sa)」[데게 대장경 논장(論藏)의 유식부(唯識部), tshi, 164 na 4.(동북목록 No.4035)] 가운데 「성문지(聲聞地)」가 들어있다.

76. 『성승자생모경(聖勝者生母作經, ḥPhags pa rgyal ba skyed mar mdzad pa chen poḥi mdo)』, 미확인.

77. 『시륜본초불속(時輪本初佛續, Daṅ poḥi saṅs rgyas rgyud chen)』의 원명은 『최승본초불소현속왕길상시륜(最勝本初佛所現續王吉祥時輪, mChog gi daṅ poḥi saṅs rgyas las byuṅ ba rgyud kyi rgyal po dpal dus kyi ḥkhor lo shes bya ba)』이며, 데게 대장경 십만딴뜨라부(十萬怛特羅部)[동북목록 No.362]에 수록되어 있다.

78. 『신력발생경(信力發生經, Dad paḥi stobs skyed paḥi mdo)』의 원명은 『신력발생입인계경(信力發生入印契經, Dad paḥi stobs skyed pa la ḥjug paḥi phyag rgya shes bya ba theg pa chen poḥi mdo)』이며, 데게 대장경 경장(經藏)의 경부(經部)[동북목록 No.201]에 수록되어 있으며, 한역 대장경에는 『신력입인법문경(信力入印法門經)』으로 수록되어 있다.

79. 『십지경(十地經, Sa bcu paḥi mdo)』은 「화엄경십지품제삼십일품(華嚴經十地品第三十一品, Phal chen sa bcuḥi leḥu sum cu rtsa gcig)」에 해당한다.

80. 『아사세멸회경(阿闍世滅悔經 / 未生怨滅悔經, Ma skyes dgraḥi ḥgyod pa bsal baḥi mdo)』의 원명은 『성아사세멸회명대승경(聖阿闍世滅悔名大乘經, ḥPhags pa ma skyes dgraḥi ḥgyod pa bsal ba shes bya ba theg pa chen poḥi mdo)』이며, 데게 대장경 경장(經藏)의 경부(經部)[동북목록No.216]에 수록되어 있으며, 한역 대장경에는 『문수지리보초삼매경(文殊支利普超三昧經)』으로 수록되어 있다.

81. 『앙굴마라경(央掘魔羅經, Sor moḥi phreṅ ba la phan paḥi mdo)』의 원명은 『성지만유익명대승경(指鬘有益名大乘經, ḥPhags pa sor moḥi phreṅ ba la phan pa shes bya ba theg pa chen poḥi mdo)이며, 데게 대장경 경장(經藏)의 경부(經部)[동북목록No.213]에 수록되어 있으며, 한역 대장경에는 『앙굴마라경(央掘魔羅經)』으로 수록되어 있다.

82. 『약사여래경(藥師如來經)』의 원명은 『성박가범약사유리광본원차별광대명대승경(聖薄伽梵藥師琉璃光本願差別廣大名大乘經, ḥPhags pa bcom ldan ḥdas sman gyi bla baiḍūryaḥi ḥod kyi sṅon gyi smon lam gyi khyad par rgyas pa shes bya ba theg pa chen poḥi mdo)』이며, 데게 대장경 십만딴뜨라부(十萬怛特羅部)[동북목록 No.504]에 수록되어 있으며, 한역 대장경에는 『약사여래유리광여래본원공덕경(藥師琉璃光如來本願功德經)』으로 수록되어 있다.

83. 『업분별경(業分別經, Las rnam par ḥbyed pa)』은 데게 대장경 경장(經藏)의 경부(經部)[동북목록 No.338]에 수록되어 있으며, 한역 대장경에는 『불위수가장자설업보차별경(佛爲首迦長者說業報差別經)』으로 수록되어 있다.

84. 『업장상속단멸경(業障相續斷滅經, Las kyi sgrib pa rgyun gcod pa)』의 원명은 『성업장상속단멸명대승경(聖業障相續斷滅經名大乘經, ḥPhags pa las kyi sgrib pa rgyun gcod pa shes bya ba theg pa chen poḥi mdo)』이며, 데게 대장경 경장(經藏)의 경부(經部)[동북목록 No.219]에 수록되어 있으며, 한역 대장경에는 『대승삼취참회경(大乘三聚懺悔經)』으로 수록되어 있다.

85. 『여래고경(如來庫經, De bshin gśegs paḥi mdzod kyi mdo)』은 데게 대장경 경장(經藏)에는 수록되어 있지 않으나, 아사리 용수(龍樹) 보살의 『집경론(集經論, mDo kun las bdus pa)』에 나온다.

86. 『여래대비경(如來大悲經, De bshin gśegs paḥi sñiṅ rjeḥi mdo)』의 원명은 『성여래대비현시명대승경(聖如來大悲顯示名大乘經, ḥPhags pa de bshin gśegs paḥi sñiṅ rje chen po ṅes par bstan pa shes bya ba theg pa chen poḥi mdo)』이며, 데게 대장경 경장(經藏)의 경부(經部)[동북목록No.147]에 수록되어 있으며, 한역 대장경에는 『대애경(大哀經)』으로 수록되어 있다.

87. 『여래비밀부사의경(如來秘密不思議經, De bshin gśegs paḥi gsaṅ ba bsam gyis mi khyab paḥi mdo)』의 원명은 『성여래비밀부사의설명대승경(聖如來秘密不思議說名大乘經, ḥPhags pa de bshin gśegs paḥi gsaṅ ba bsam gyis mi khyab pa bstan pa shes bya ba theg pa chen poḥi mdo)』이며, 데게 대장경 경장(經藏)의 보적부(寶積部)[동북목록 No.47]에 수록되어 있으며, 한역 대장경에는 『대보적경밀적금강역사회제삼(大寶積經密迹金剛力士會第三)』으로 수록되어 있다.

88. 『여래장경(如來藏經, De bshin gśegs paḥi sñiṅ poḥi mdo)』의 원명은 『성여래장명대승경(聖如來藏名大乘經, ḥPhags pa de bshin gśegs paḥi sñiṅ po shes bya ba theg pa chen poḥi mdo)』이며, 데게 대장경 경장(經藏)의 경부(經部)[동북목록No.258]에 수록되어 있으며, 한역 대장경에는 『대방광여래장경(大方廣如來藏經)』으로 수록되어 있다.

89. 『여인전변수기경(女人轉變授記經, Bud med ḥgyur ba luṅ bstan paḥi mdo)』의 원명은 『성여신전수기명대승경(聖女身轉授記名大乘經, ḥPhags pa bud med ḥgyur ba luṅ bstan pa shes bya ba theg pa chen poḥi mdo)』이며, 데게 대장경 경부(經部)[동북목록 No.190]에 수록되어 있으며, 한역 대장경에는 『낙영락장엄방편품경(樂瓔珞莊嚴方便品經)』으로 수록되어 있다.

90. 『염구아귀다라니(焰口餓鬼陀羅尼, Yi dvags kha nas me ḥbar baḥi gzuṅs)』의 원명은 『염구아귀구발다라니(焰口餓鬼救拔陀羅尼, Yi dvags kha nas me ḥbar ba la skyabs mdzad paḥi gzuṅs)』이며, 티베트 데게 대장경 십만딴뜨라부(十萬怛特羅部)[동북목록 No.646]에 수록되어 있으며, 한역 대장경에는 『불설구발염구아귀다라니경(佛說救拔焰口餓鬼陀羅尼經)』으로 수록되어 있다.

91. 『우전왕청문경(優塡王請問經 / 出愛子王請問經)』의 원명은 『성벌차왕우타연청문명품(聖伐蹉王優陀延請問名品, ḥPhags pa bta saḥi rgyal po ḥchar bye kyis shus pa shes bya baḥi leḥu)』이며, 데게 대장경 경장(經藏)의 보적부(寶積部))[동북목록 No.73]에 수록되어 있으며, 한역 대장경에는 『대보적경우타연왕회제이십구(大寶積經優陀延王會第二十九)』로 수록되어 있다.

92. 『우바리청문경(優婆離請問經, Ñe bar ḥkhor gyis shus paḥi mdo)』의 원명은 『성율결정우바리소문명대승경(聖律決定優婆離所問名大乘經, ḥPhags pa ḥdul ba rnam par gtan la

dbab pa ñe bar ḥkhor gyis shus pa shes bya ba theg pa chen poḥi mdo)』이며, 데게 대장경 경장(經藏)의 보적부(寶積部))[동북목록 No.68]에 수록되어 있으며, 한역 대장경에는 『대보적경우바리회제이십사(大寶積經優婆離會第二十四)』로 수록되어 있다.

93. 『욱가장자청문경(旭伽長者請問經, Drag śul can gyis shus paḥi mdo)』의 원명은 『성욱가장자소문명대승경(聖旭伽長者所問名大乘經, ḥPhags pa khyim bdag drag śul can gyis shus pa shes bya ba theg pa chen poḥi mdo)』이며, 데게 대장경 경장(經藏)의 보적부(寶積部)[동북목록No.63]에 수록되어 있으며, 한역 대장경에는 『대보적경욱가장자회제십구(大寶積經勤授長者會第十九)』로 수록되어 있다.

94. 『월등경(月燈經, Zla ba sgron maḥi mdo)』의 원명은 『성일체법자성평등현출삼매왕명대승경(聖一切法自性平等顯出三昧王名大乘經, ḥPhags pa chos thams cad kyi raṅ bshin mñam pa ñid rnam par spros pa tiṅ ṅe ḥdzin gyi rgyal po shes bya ba theg pa chen poḥi mdo)』이며, 데게 대장경 경장(經藏)의 경부(經部)[동북목록 No.127]에 수록되어 있으며, 한역 대장경에는 『월등삼매경(月燈三昧經)』으로 수록되어 있다.

95. 『월비밀명점속(月秘密明点續, Zla gsaṅ thig le)』의 원명은 『길상월비밀명점속대왕(吉祥月秘密明点續大王, dPal zla gsaṅ thig le shes bya ba rgyud kyi rgyal po chen po)』이며, 데게 대장경 십만딴뜨라부(十萬怛特羅部)[동북목록 No.477]에 수록되어 있다.

96. 『유가사지론(瑜伽師地論)』은 또한 오부지론(五部地論)이라 부르니, 곧 『본지분(本地分, Saḥi dṅos gshi)』과 『섭결택분(攝決擇分, gTan la dbab pa bsdu ba)』과 『섭사분(攝事分, gShi bsdu ba)과 『섭이문분(攝異門分, rNam graṅs bsdu ba)』과 『섭석분(攝釋分, rNam par bśad paḥi sgo bsdu ba)』의 다섯 부분으로 이루어졌으며, 또한 『본지분(本地分)』[데게 대장경 논장(論藏)의 유식부(唯識部), tshi, 164 na 4.(동북목록 No.4035)] 가운데 『성문지(聲聞地, Ñan thos kyi sa)』와 보살지(菩薩地, Byaṅ chub sems dpaḥi sa)』가 들어있고, 『보살지(菩薩地)』 가운데 「보살계품(菩薩戒品, Byaṅ chub sems dpaḥi tshul khrims kyi leḥu)」이 들어있다.

97. 『육십정리론(六十正理論, Rigs pa drug cu pa)』의 원명은 『육십정리송(六十正理頌, Rigs pa drug cu paḥi tshigs leḥur byas pa shes bya ba)』이며, 데게 대장경 논장(論藏)의 중관부(中觀部)[동북목록 No.3825]에 수록되어 있다.

98. 『육십정리론주(六十正理論註, Rigs pa drug cu paḥi ḥgrel pa)』의 원명은 『육십정리주(六十正理註, Rigs pa drug cu paḥi ḥgrel pa)』이며, 데게 대장경 논장(論藏)의 중관부(中觀部)[동북목록 No.3864]에 수록되어 있다.

99. 『율의이십난처석(律儀二十難處釋, sDom pa ñi śu paḥi ḥgrel pa)』의 원명은 『보살율의이십난처석(菩薩律儀二十難處釋, Byaṅ chub sems paḥi sdom pa ñi śu paḥi dkaḥ ḥgrel)』으

로 아사리 짠드리고미(月皓居士)의 『보살율의이십(菩薩律儀二十, Byaṅ chub sems paḥi sdom pa ñi śu pa)』의 난해한 곳을 주석한 논서이며, 데게 대장경 논장(論藏)의 유식부(唯識部)[동북목록 No.4083]에 수록되어 있다.

100. 『이제경(二諦經, bDen pa gñis bstan paḥi mdo)』의 원명은 『성속제진제설명대승경(ḥPhags pa kun rdzob daṅ don dam paḥi bden pa bstan pa shes bya ba theg pa chen poḥi mdo)』이며, 데게 대장경 경장(經藏)의 경부(經部)[동북목록 No.179]에 수록되어 있으며, 한역 대장경에는 『청정비니방광경(淸淨毘尼方廣經)』으로 수록되어 있다.

101. 『일체법무생경(一切法無生經, Chos thams cad ḥbyuṅ ba med paḥi mdo)』의 원명은 『성일체법무생설명대승경(聖一切法無生說名大乘經, ḥPhags pa chos thams cad ḥbyuṅ ba med par bstan pa shes bya ba theg pa chen poḥi mdo)』이며, 데게 대장경 경장(經藏)의 경부(經部)[동북목록 No.180]에 수록되어 있으며, 한역 대장경에는 『불설제법무생경(佛說諸法無生經)』으로 수록되어 있다.

102. 『일체비밀명속(一切秘密名續, Thams cad gsaṅ baḥi rgyud)』의 원명은 『일체비밀명속왕(一切秘密名續王, Thams cad gsaṅ ba shes bya ba rgyud kyi rgyal po)』이며, 데게 대장경 십만딴뜨라부(十萬怛特羅部)[동북목록 No.481]에 수록되어 있으며, 한역 대장경에는 『일체비밀최상명의대교왕의궤(一切秘密最上名義大教王儀軌)』로 수록되어 있다.

103. 『입능가경(楞伽經, Laṅ kar gśegs paḥi mdo)』의 원명은 『성능가서명대승경(聖楞伽逝名大乘經, ḥPhags pa laṅ kar gśegs paḥi theg pa chen poḥi mdo)』이며, 데게 대장경 경장(經藏)의 경부(經部)[동북목록No.107]에 수록되어 있으며, 한역 대장경에는 『입능가경(入楞伽經)』으로 수록되어 있다.

104. 『입무분별다라니경(入無分別陀羅尼經, ḥPhags pa rnam par mi rtog par ḥjug paḥi gzuṅs)』의 원명은 『성입무분별다라니(入無分別陀羅尼, ḥPhags pa rnam par mi rtog par ḥjug pa shes bya baḥi gzuṅs)』이며, 데게 대장경 경장(經藏)의 경부(經部)[동북목록No.142]에 수록되어 있으며, 한역대장경에는 『불설입무분별법문경(佛說入無分別法門經)』으로 수록되어 있다.

105. 『입보리행론(入菩提行論, sPyod pa la ḥjug pa)』의 원명은 『입보리행론(入菩提行論, Byaṅ chub sems dpaḥi spyod pa la ḥjug pa)』이며, 데게 대장경 논장(論藏)의 중관부(中觀部)[동북목록No.3871]에 수록되어 있으며, 한역대장경에는 『보리행경(菩提行經)』으로 수록되어 있다. 범어 이름은 『보디쌋뜨와짜르야와따라(Bodhisattvacaryāvatāra)』이다.

106. 『입중론(入中論, dBu ma la ḥjug pa)』의 원명은 『입중관(入中觀, dBu ma la ḥjug pa shes bya ba)』이며, 데게 대장경 논장(論藏)의 중관부(中觀部)[동북목록 No.3861]에 수록되

어 있다.

107. 『입진성론(入眞性論, De kho na ñid la ḥjug pa)』의 원명은 『입진성명선서전교설섭략석(入眞性名善逝全敎說攝略釋, De kho na ñid la ḥjug pa shes bya ba bde bar gśegs paḥi bkaḥ ma lus pa mdor bsdus te bśad paḥi rab tu byed pa)』이며, 저자는 즈냐나끼르띠(Jñānakīrti, 智稱)이고, 데게 대장경 논장(論藏)의 속부(續部)[동북목록 No.3709]에 수록되어 있다.

108. 『적정신변삼마지경(寂靜神變三摩地經, Rab tu shi ba cho ḥphrul gyi mdo)』의 원명은 『성적정결정신변삼마지명대승경(聖寂靜決定神變三摩地名大乘經, ḥPhags pa rab tu shi ba rnam par ṅes paḥi cho ḥphrul gyi tiṅ ṅe ḥdzin shes bya ba theg pa chen poḥi mdo)』이며, 데게 대장경 경장(經藏)의 경부(經部)[동북목록 No.129]에 수록되어 있으며, 한역 대장경에는 『적조신변삼마지경(寂照神變三摩地經)』으로 수록되어 있다.

109. 『정신동녀청문경(淨信童女請問經, Bu mo rnam dag dad pas shus paḥi mdo)』의 원명은 『성정신동녀소문명대승경(聖淨信童女所問名大乘經, ḥPhags pa bu mo rnam dag dad pas shus poḥi mdo)』이며, 데게 대장경 경장(經藏)의 보적부(寶積部)[동북목록No.84]에 수록되어 있으며, 한역 대장경에는 『대보적경정신동녀회제사십(大寶積經淨信童女會第四十)』으로 수록되어 있다.

110. 『정자량품(定資糧品, Tiṅ ṅe ḥdzin gyi tshogs kyi leḥu shes bya ba)』의 범어 원명은 『싸마디쌈바라빠리와르따나마(Samādhisambhāraparivarta-nāma)』이며, 데게 대장경 논장(論藏)의 중관부(中觀部)[동북목록 No.3924]에 수록되어 있다.

111. 『제법무생경(諸法無生經, Chos tham cad ḥbyuṅ ba med par bstan paḥi mdo)』의 원명은 『성일체법무생설명대승경(聖一切法無生說名大乘經, ḥPhags pa chos tham cad ḥbyuṅ ba med par bstan pa shes bya ba theg pa chen poḥi mdo)』이며, 데게 대장경 경장(經藏)의 경부(經部)[동북목록 No.180]에 수록되어 있으며, 한역 대장경에는 『불설제법본무경(佛說諸法本無經)』으로 수록되어 있다.

112. 『제불경계입지광장엄경(諸佛境界入智光莊嚴經, Saṅs rgyas thams cad kyi yul la ḥjug paḥi ye śes snaṅ baḥi rgyan gyi mdo)』의 원명은 『성일체제불경계입지광장엄명대승경(聖一切諸佛境界入智光莊嚴名大乘經, ḥPhags pa saṅs rgyas thams cad kyi yul la ḥjug paḥi ye śes snaṅ baḥi rgyan shes bya ba theg pa chen poḥi mdo)』이며, 데게 대장경 경부(經部)[동북목록 No.100]에 수록되어 있으며, 한역 대장경에는 『불설대승입제불경계지광명장엄경(佛說大乘入諸佛境界智光明莊嚴經)』으로 수록되어 있다.

113. 『중관미란최파론(中觀迷亂摧破論, Bu ma ḥkhrul pa ḥjoms pa)』의 원명은 『중관미란최파(中觀迷亂摧破, Bu ma ḥkhrul pa ḥjoms pa shes bya ba)』이며, 데게 대장경 논장(論藏)의 중관부(中觀部)[동북목록 No.3850]에 수록되어 있다.

114. 『중관심론(中觀心論, dBu maḥi sñiṅ po)』의 원명은 『중관심송(中觀心頌, dBu maḥi sñiṅ poḥi tshig leḥur byas pa)』이며, 데게 대장경 논장(論藏)의 중관부(中觀部)[동북목록 No.3855]에 수록되어 있다.

115. 『중관세연경(中觀細研經, dBu ma rnam par ḥthag paḥi mdo)』의 원명은 『세연경(細研經 / 摧破經, Shib mo rnam par ḥthag pa shes bya baḥi mdo)』이며, 데게 대장경 논장(論藏)의 중관부(中觀部)[동북목록 No.3826]에 수록되어 있다.

116. 『중관세연론(中觀細研論, dBu ma rnam par ḥthag pa)』의 원명은 『세연명론(細研名論 / 摧破名論, Shib mo rnam par ḥthag pa shes bya baḥi rab tu byed pa)』이며, 데게 대장경 논장(論藏)의 중관부(中觀部)[동북목록 No.3830]에 수록되어 있다.

117. 『중관오온론(中觀五蘊論, Bu ma phuṅ po lṅaḥi rab tu byed pa)』의 원명은 『오온론(五蘊論, Phuṅ po lṅaḥi rab tu byed pa)』이며, 데게 대장경 논장(論藏)의 중관부(中觀部)[동북목록 No.3866]에 수록되어 있다.

118. 『중관장엄론(中觀莊嚴論, dBu maḥi rgyan)』의 원명은 『중관장엄송(中觀莊嚴頌, dBu ma rgyan gyi tshig leḥur byas pa)』이며, 데게 대장경 논장(論藏)의 중관부(中觀部)[동북목록 No.3884]에 수록되어 있다.

119. 『중론(根本中論頌, dBu ma rtsa ba)』의 원명은 『근본중론송반야(根本中論頌般若, dBu ma rtsa baḥi thsig leḥur byas pa śes rab ces bya ba)』이며, 데게 대장경 논장(論藏)의 중관부(中觀部)[동북목록 No.3824]에 수록되어 있다.

120. 『지인삼매경(智印三昧經, Ye śes kyi phyag rgyaḥi tiṅ ṅe ḥdzin mdo)』의 원명은 『성여래지혜인계삼매명대승경(聖如來智慧印契三昧名大乘經, ḥPhags pa de bshin gśegs paḥi ye śes kyi phyag rgyaḥi tiṅ ṅe ḥdzin shes bya ba theg pa chen poḥi mdo)』은 데게 대장경 경부(經部)[동북목록 No.131]에 수록되어 있으며, 한역 대장경에는 『불설여래지인경(佛說如來智印經)』으로 수록되어 있다.

121. 『지혜심수집(智慧心髓集, Ye śes sñiṅ po kun las btus pa)』의 원명은 『지혜심수집(智慧心髓集, Ye śes sñiṅ po kun las btus pa shes bya ba)』이며, 데게 대장경 논장(論藏)의 중관부(中觀部)[동북목록 No.3851]에 수록되어 있다.

122. 『집경론(集經論, mDo kun las bdus pa)』의 범어 원명은 『쑤뜨라싸뭇짜야(Sūtrasamuccaya)』이며, 데게 대장경 논장(論藏)의 중관부(中觀部)[동북목록 No.3934]에 수록되어 있으며, 한역 대장경에는 『대승보요의론(大乘寶要義論)』으로 수록되어 있다.

123. 『집학론(集學論, bSlab pa kun las btus pa)』의 범어 원명은 『씩샤싸뭇짜야까리까(Śikṣāsamuccayakārikā)』이며, 데게 대장경 논장(論藏)의 중관부(中觀部)[동북목록

No.3940]에 수록되어 있으며, 한역 대장경에는『대승집보살학론(大乘集菩薩學論)』으로 수록되어 있다.

124. 『최상명속(最上明續, Rig pa mchog gi rgyud)』의 원명은『성최상명대속(聖最上明大續, ḥPhags pa rig pa mchog gi rgyud chen po)』이며, 티베트 데게 대장경 십만딴뜨라부(十萬怛特羅部)[동북목록 No.746]에 수록되어 있다.

125. 『최승본초속(最勝本初續, dPal mchog daṅ poḥi rgyud)』의 원명은『길상최승본초명대승분별왕(吉祥最勝本初名大乘分別王, dPal mchog daṅ po shes bya ba theg pa chen poḥi rtog paḥi rgyal po)』이며, 데게 대장경 십만딴뜨라부(十萬怛特羅部)[동북목록 No.487]에 수록되어 있으며, 한역 대장경에는『불설최상근본대락금강불공삼매대교왕경(佛說最上根本大樂金剛不空三昧大教王經)』으로 수록되어 있다.

126. 『칠십공성론(七十空性論, sToṅ ñid bdun cu pa)』의 원명은『칠십공성주(七十空性註, sToṅ pa ñid bdun cu paḥi ḥgrel pa)』이며, 데게 대장경 논장(論藏)의 중관부(中觀部)[동북목록 No.3831]에 수록되어 있다.

127. 『칠십공성론주(七十空性論註, sToṅ pa ñid bdun cu paḥi ḥgrel pa)』의 원명은『칠십공성주(七十空性註, sToṅ pa ñid bdun cu paḥi ḥgrel pa)』이며, 데게 대장경 논장(論藏)의 중관부(中觀部)[동북목록 No.3867]에 수록되어 있다.

128. 『팔천송반야경(八千頌般若經, brGyad stoṅ pa)』의「상제보살품(常啼菩薩品, rTag tu ṅuḥi leḥu)」의 원명은『성반야바라밀다팔천송(聖般若波羅蜜多八千頌, ḥPhags pa śes rab kyi pha rol tu phyin pa brgyad stoṅ pa)』의「상제보살품제삼십(常啼菩薩品第三十, rTag tu ṅuḥi leḥu shes bya ste sum cu paḥo)」이며, 데게 대장경 경장(經藏)의 반야부(般若部)[동북목록No.12]에 수록되어 있으며, 한역 대장경에는『불설불모출생삼법장반야바라밀다경(佛說佛母出生三法藏般若波羅蜜多經)』으로 수록되어 있다.

129. 『해권론(解捲論, Lag paḥi tshad)』의 원명은『수량론송(手量論頌, Rab tu byed pa lag paḥi tshad kyi thsig leḥur byas pa)』이며, 데게 대장경 논장(論藏)의 중관부(中觀部)[동북목록 No.3848]에 수록되어 있으며, 한역 대장경에는『해권론(解捲論)』으로 수록되어 있다.

130. 『해룡왕청문경(海龍王請問經, Kluḥi rgyal po rgya mtshos shus paḥi mdo)』의 원명은『성해룡왕소문명경(聖海龍王所問名大乘經, ḥPhags pa kluḥi rgyal po rgya mtshos shus pa shes bya ba theg pa chen poḥi mdo)』이며, 데게 대장경 경장(經藏)의 경부(經部)[동북목록 No.153]에 수록되어 있으며, 한역 대장경에는『불설해룡왕경(佛說海龍王經)』으로 수록되어 있다.

131. 『해심밀경소(解深密經疏, ḥPhags pa dgoṅs pa ṅes par ḥgrel paḥi mdoḥi rnam par bśad pa)』는

데게 대장경 논장(論藏)의 잡부(雜部)[동북목록 No.4358]에 수록되어 있다.

132. 『해의경(海意經 / 慧海經, Blo gros rgya mtsoḥi mdo)』의 원명은 『성해의소문명대승경(聖海意所問名大乘經, ḥPhags pa blo gros rgya mtsos shus pa shes bya ba theg pa chen poḥi mdo)』이며, 데게 대장경 경장(經藏)의 경부(經部)[동북목록No.152]에 수록되어 있으며, 한역 대장경에는 『해의보살소문정인법문경(海意菩薩所問淨印法門經)』으로 수록되어 있다.

133. 『허공고소문경(虛空庫所問經, Nam mkha mdzod kyis shus paḥi mdo)』의 원명은 『성허공고소문명대승경(聖虛空庫所問名大乘經, ḥPhags pa nam mkha mdzod kyis shus pa shes bya ba theg pa chen poḥi mdo)』이며, 데게 대장경 경장(經藏)의 경부(經部)[동북목록 No.148]에 수록되어 있으며, 한역대장경에는 『대집대허공장보살소문경(大集大虛空藏菩薩所問經)』으로 수록되어 있다.

134. 『허공장경(虛空藏經, Nam mkhaḥ sñiṅ poḥi mdo)』의 원명은 『성허공장명대승경(ḥPhags pa nam mkhaḥ sñiṅ po shes bya ba theg pa chen poḥi mdo)』이며, 데게 대장경 경장(經藏)의 경부(經部)[동북목록No.260]에 수록되어 있으며, 한역 대장경에는 『허공잉보살경(虛空孕菩薩經)으로 수록되어 있다.

- **『현관장엄론(現觀莊嚴論, mṄon par rtogs paḥi rgyan)』과 주석서**

135. 미륵보살(彌勒菩薩)의 『현관장엄론(現觀莊嚴論, mṄon par rtogs paḥi rgyan)』의 원명은 『반야바라밀다우파제사론현관장엄명송(般若波羅蜜多優波提舍論現觀莊嚴名頌, Śes rab kyi pha rol tu phin paḥi man ṅag gi bstan bcos mṅon par rtogs paḥi rgyan shes bya baḥi tshig leḥur byas pa)』이며, 데게 대장경 논장(論藏)의 반야부(般若部)[동북목록 No.3786]에 수록되어 있다.

136. 아사리 아르야비묵따쎄나(Āarya Vimuktasena, 聖解脫軍)의 『현관장엄론주(現觀莊嚴論註)』의 원명은 『성반야바라밀다이만오천송우파제사론현관장엄주(聖般若波羅蜜多二萬五千頌優波提舍論現觀莊嚴註, ḥPhags pa śes rab kyi pha rol tu phin pa stoṅ phrag ñi śu lṅa paḥi man ṅag gi bstan bcos mṅon par rtogs paḥi rgyan gyi ḥgrel pa)』이며, 데게 대장경 논장(論藏)의 반야부(般若部)[동북목록 No.3787]에 수록되어 있다.

137. 아사리 하리바드라(Haribhadra, 獅子賢)의 『현관장엄론명의석(現觀莊嚴論明義釋, mṄon rtogs rgyan gyi ḥgrel pa don gsal)』의 원명은 『반야바라밀다우파제사론현관장엄명주(般若波羅蜜多優波提舍論現觀莊嚴名註, Śes rab kyi pha rol tu phin paḥi man ṅag gi

bstan bcos mṅon par rtogs paḥi rgyan shes bya baḥi ḥgrel pa)』이며, 데게 대장경 논장(論藏)의 반야부(般若部)[동북목록 No.3793]에 수록되어 있다.

138. 『현겁경(賢劫經, bsKal pa bzaṅ poḥi mdo)』의 원명은 『성현겁명대승경(聖賢劫名大乘經, ḥPhags pa bskal pa bzaṅ po shes bya ba theg pa chen poḥi mdo)』이며, 데게 대장경 경장(經藏)의 경부(經部)[동북목록No.94]에 수록되어 있으며, 한역 대장경에는 『현겁경(賢劫經)』으로 수록되어 있다.

139. 『현구론(顯句論, Tshig gsal)』의 원명은 『근본중론주현구(摧破名論, dBu ma rtsa baḥi ḥgrel pa tshig gsal ba shes bya ba)』이며, 데게 대장경 논장(論藏)의 중관부(中觀部)[동북목록 No.3860]에 수록되어 있다.

140. 『현재제불현주삼마지경(現在諸佛現住三摩地經, Da ltar gyi saṅs rgyas mṅon sum du bshugs pa shes bya baḥi tiṅ ṅe ḥdzin mdo)』의 원명은 『성현전불현주삼매명대승경(現前佛現住三昧名大乘經, ḥPhags pa da ltar gyi saṅs rgyas mṅon sum du bshugs paḥi tiṅ ṅe ḥdzin shes bya ba theg pa chen poḥi mdo)』이며, 데게 대장경 경장(經藏)의 경부(經部)[동북목록No.133]에 수록되어 있으며, 한역 대장경에는 『반주삼매경(般舟三昧經)』으로 수록되어 있다.

141. 『화엄경(華嚴經, sDoṅ po bkod paḥi mdo)』의 원명은 『불화엄명대방광경(佛華嚴名大方廣經, Saṅs ggyas phal po che shes bya ba śin tu rgyas pa chen poḥi mdo)』이며, 데게 대장경 경장(經藏)의 화엄부(華嚴部)[동북목록No.44]에 수록되어 있으며, 한역 대장경에는 『대방광불화엄경(大方廣佛華嚴經)』으로 수록되어 있다.

142. 『환망속(幻網續, sGyu ḥphrul dra ba)』의 원명은 『속대왕환망(續大王幻網, rGyud kyi rgyal po chen po sgyu ḥphrul dra ba shes bya ba)』이며, 데게 대장경 십만딴뜨라부(十萬怛特羅部)[동북목록 No.466]에 수록되어 있으며, 한역 대장경에는 『불설유가대교왕경(佛說瑜伽大教王經)』으로 수록되어 있다.

143. 『회쟁론(廻諍論, rTsod bzlog)』의 원명은 『회쟁주(廻諍註, rTsod pa bzlog paḥi ḥgrel pa)』이며, 데게 대장경 논장(論藏)의 중관부(中觀部)[동북목록 No.3832]에 수록되어 있으며, 한역 대장경에는 『회쟁론(廻諍論)』으로 수록되어 있다.

144. 『흑염마적속(黑閻魔敵續, gŚin rjeḥi gśed nag po)』의 원명은 『길상흑염마적속왕삼분별(吉祥黑閻魔敵續王三分別, dPal gśin rjeḥi gśed nag poḥi rgyud kyi rgyal po rtog paḥi gsum pa shes bya ba)』이며, 데게 대장경 십만딴뜨라부(十萬怛特羅部)[동북목록 No.469]에 수록되어 있다.

- **각천(覺天)** : 아사리 각천(覺天, Buddhadeva)은 티베트어로 쌍개하(Saṅs rgyas lha)이며, 유명한 유부(有部)의 논사이자, 아사리 법구(法救) · 묘음(妙音) · 세우(世友)와 더불어 4대 논사로 불린다. 『불교학대사전(佛教學大辭典)』에 의하면, "각천(覺天)은 범어 붓다데와(Buddhadeva). 불타제파(佛陀提婆)라 음역함. 유부종(有部宗)의 사대논사(四大論師)의 하나. 1세기 경 사람으로 물심이원론(物心二元論)을 세우고 물질현상인 조색(造色)은 대종(大種)의 차별이 있고, 정신현상인 심소(心所)는 마음의 차별이 있다고 주장하여 다른 논사에 비해 진보적인 면을 보였다."라고 하였다.
- **구나마띠(德慧)** : 아사리 구나마띠(Guṇamati)는 우리말로 덕혜(德慧)이며, 티베트어로 왼때로되(Yon tan blo gros)이다. 6세기경 남인도에서 태어난 유식의 십대논사 가운데 한 분이다. 중인도 마가다에서 당시의 유명한 수론외도(數論外道)와 대론하여 그를 논파함으로써 유명해졌다.

  또한 따라나타(Tāranātha)의 『인도불교사(印度佛教史)』에 의하면, "그 빤짜마씽하(Pañcamasiṃha) 왕이 북쪽으로는 티베트와 남쪽으로는 뜨릴링가(Triliṅa)와 서쪽으로는 바라나씨(Vārāṇasī)와 동쪽으로는 바다에 이르기까지 통치하였다. 그때 빠라마쎄나(Paramasena, 勝軍)의 제자인 비니따쎄나(Vinītasena, 戒軍)와 마가다에는 대덕 비묵따쎄나(Vimuktasena, 解脫軍)와 구나쁘라바(Guṇaprabhaḥ, 德光)의 제자인 아미달마(對法藏)에 정통한 구나마띠(Guṇamati, 德慧)와 아사리 다르마빨라(Dharmapāla, 護法)와 아사리 이쓰와라쎄나(Īśvarasena, 自在軍)와 북인도 까스미르에는 싸르와즈냐미뜨라(Sarvajñamitra, 一切知友)가 있었으며, 마가다에는 바르샤(Bharṣa) 왕의 작은 아들인 쁘라싼나(Prasanna, 大明) 왕이 넓지 않은 지역을 통치하였으나, 수용이 광대하였다."라고 하였듯이, 그는 대율사인 아사리 구나쁘라바(德光)의 제자로 아비달마(對法藏)에 정통하였다. 또 같은 책에서, "아사리 구나마띠(德慧)는 모든 학문에 통달하고, 『구사론(俱舍論)』의 주석과 용수의 『근본중론』의 주석서를 지으니, 이것은 안혜(安慧)논사의 견해를 수순하여 청변논사의 견해를 논파한 것이며, 청변의 제자인 쌈쁘라두따(Sampradūtaḥ) 또한 그와 동시에 출현하였다. 동쪽의 발라뿌리(Balapurī)에서 [그와 함께] 장시간 논쟁을 해서 덕혜(德慧)가 승리하였다고 알려졌다."라고 하였듯이, 그의 저술로는 『연기초분분별소설광소(因緣初分分別所說廣疏)』가 있다.

- **꾸쌀리빠(大乞士)** : 아사리 꾸쌀리빠(Kusalipa, 大乞士)는 아와두디빠(Avadhūtipa, 一切斷者)이니, 본명은 라뜨나바드라(Ratnabhadra, 寶賢)[린첸쌍뽀(Rin chen bzaṅ po)]이다. 그는 쫑카빠(Tsoṅ kha pa) 대사께서, "'지나(Jinaḥ, 勝者)의 모든 구결의 소유자이시다.'라고 칭송하였다."라고 하였듯이, 불세존의 현밀(顯密)의 모든 구결을 소유하신 중관논사이다.

  용진·예시걜챈(Yoṅs ḥdzin Ye śes rgyal mtsḥan, 智幢)의 『도차제상사전승전기(道次第上師傳承傳記, Lam rim bla ma brgyud paḥi rnam thar)』에서 그의 행적을 발췌해서 소개하면, "실제의 이름이 라뜨나바드라(Ratnabhadra, 寶賢)[린첸쌍뽀(Rin chen bzaṅ po)]로 부르는 이 성인께서는 불문에 출가한 뒤 비구계를 받았다. 아사리 하리바드라(Haribhadra, 獅子賢)[쎙게쌍뽀(Seṅ ge bzaṅ po)]를 스승으로 모신 뒤, 미륵자존(彌勒慈尊)으로부터 전승되는 반야바라밀의 교계들을 완전하게 청문하였으며, 아사리 나가르주나(Nāgārjuna, 龍樹)로부터 전승되는 중관의 가르침들도 또한 완전하게 청문하였다. 그 당시 남섬부주의 각처에 주석하던 대부분의 빤디따(Paṇḍitaḥ, 智者)와 성취자들을 사사하여 현밀의 모든 구결을 청문하였다. (중략) 이 성인께서 현밀의 모든 구결을 청문한 뒤 그것을 동생인 꾸쌀리충와(Kusali chuṅ ba, 小乞士)에게 전해주었고, 꾸쌀리충와(小乞士)께서는 조오제(Jo bo rje, 大恩人) 아띠쌰(Atīśa)에게 온전하게 전수하였다."라고 함과 같다.

  또 캔뽀·침·탐째켄빠(mKhan po ḥChima thams cad mkhyen pa)의 『길상연등지전기(吉祥燃燈智傳記)』에 나오는 일화를 소개하면, "스승이신 아와두디빠(一切斷者)를 7년 동안 사사한 것으로 어떤 이는 말하고, 또 어떤 이는 12년 동안 사사한 것으로 주장한다. 선지식 로짜와(Lo tsā ba)[돔뙨빠(ḥBrom ston pa)]는 9년 동안 사사하였다고 말하였다. 중관의 법은(法恩)은 대부분 그로부터 얻었다. 아띠쌰 존자에게 '유가행중관견(瑜伽行中觀見)을 지니는 원인이 무엇입니까?'라고 묻자, 아띠쌰께서 나 또한 스승이신 아와두디빠(一切斷者)께 묻기를, '유가행중관견을 지니는 원인이 무엇입니까?'라고 하자, 스승님께서 말씀하시길, '내가 이 문을 통해서 법을 보았기 때문이니, 그대 또한 이것을 지니라.'고 하심으로써, 내가 지니는 것이다. 나의 스승이신 쌴띠와(Śantiba, 寂靜)께서 『팔천송반야경(八千頌般若經)』을 설하실 때 중관으로 주장하는 것들 전부를 하나씩 힐척함으로써, 나의 중관의 견해 그것을 명확하게 함과 같이 되었고, 유가행중관견이 극히 명확하게 되었다. 나는 짠드라끼르띠(Candrakīrtiḥ, 月稱)의 중관귀류견(中觀歸謬見)을 크게 신뢰한다고 말하였다."라고 하였다.

- **나가르주나(龍樹)** : 아사리 나가르주나(Nāgārjuna)는 우리말로 용수(龍樹)이니, 용성(龍成)이라 의역한다. 티베트어로는 루둡(Klu sgrub)이며, 남섬부주를 아름답게 장엄한 육장엄(六莊嚴)의 하나이다. 그는 1세기 무렵 남인도의 바라문 가문에서 태어났으며, 뒷날 나렌드라(Nalendra) 승원에 들어가 성취자 싸라하(Saraha)에게 의지하여 출가하니, 법명을 구덕(具德)이라 하였다. 그는 대승의 논사로 중관 또는 중도의 공사상을 확립하여 유부(有部)와 경량부(經量部)의 삼세실유설(三世實有說)을 부정하고, 일체법의 무자성(無自性)을 설하는 중도사상을 개창하였다. 저서로는 『근본중론(根本中論)』과 『회쟁론(廻諍論)』과 『보만론(寶鬘論)』을 비롯한 중관육취론(中觀六聚論)』과 『대지도론(大智度論)』과 『보리심석(菩提心釋)』 등의 수많은 현밀(顯密)의 논서들이 있다.

  또 『불교학대사전』에서, "특히 『중론(中論)』에서 확립된 공(空)의 사상은 그 이후의 모든 불교사상에 깊은 영향을 끼쳤다. 즉 실체(實體 : 自性)를 세우고, 실체적인 원리를 상정(想定)하기 위한 바람직한 자세를 그는 철두철미하게 비판을 가하면서, 일체의 것이 다른 것과의 의존(依存)·상대(相對)·상관(相關)·상의(相依)의 관계(연기) 위에서만 비로소 성립한다고 주장하였다. 그리고 그 상관관계는 긍정적·부정적·모순적 상태의 여러 가지 형태로 나타나며, 어느 것에서도 독립적으로 존재할 수 없으며 공의 상태에 이를[벗어날] 수 없는 반면, 궁극의 절대적 입장(眞諦·第一義)은 우리들의 일상적 진리(俗諦·世俗諦)에 의해서만이 성립할 수 있으며, 이를 초월해서는 논의의 대상이나 표현의 대상이 될 수 없다는 것이다. 공(空)의 입장에서 본다면 어느 한쪽에 치우침이 없는 중도적 입장에 있었기 때문에 후세에 그의 학파를 중관파(中觀派)라고 불렀다. 용수는 또 용궁에 들어가 『화엄경』을 가져 왔다고 하며, 남천축의 철탑을 열고 『금강정경(金剛頂經)』을 얻었다 한다."라고 하였다.

  또한 용수 보살의 출현과 예언에 대하여 『곰데칙죄첸모(貢德大辭典)』에서, "『문수사리근본의궤속(文殊師利根本儀軌續)』에서, '나 여래가 열반에 든 뒤 400년이 이르면, 루(Klu, 龍)라 부르는 비구가 출현하니, 교법을 신해하고 이익을 행한다. [초지(初地)인] 환희지(歡喜地)를 얻고, 600백년을 산다. 명주(明呪)인 대공작불모(大孔雀佛母)를 성취하고, 각종의 논전들의 의미와 무실유(無實有)의 의미 그것을 이해한다. 어느 때 육신을 버리면, 극락세계에 태어나고, 최후에 그가 성불한다. 결정코 진실의(眞實義)를 성취한다.'고 설함과 『대운경(大雲經)』의 예언을 캐둡제

(mKhas grub rje)가 『중관대강개안론(中觀大綱開眼論, sToṅ thun skal bzaṅ mig ḥbyed)』에 인용한 경문에, '이 동자는 내가 열반한 뒤 400년에 이르면, 루(Klu, 龍)라 부르는 비구가 된 뒤, 나의 교법을 융성케 하고, 점차로 초광(初光)이라 부르는 세간에서 지생여래(智生如來)로 성불한다.'라고 하였다. 또한 『입능가경(入楞伽經)』에서, '남쪽 웨따(Veta)라는 지역에서 구덕(具德)이라는 비구가 출현하니, 이름을 루(Klu, 龍)라 부르는 그가, 유무(有無)의 양변(兩邊)을 파괴하고, 나의 교법을 세간에 현양하며, 위없는 대승을 크게 강설한 뒤, 환희지(歡喜地)를 성취하고, 그가 극락세계로 간다.'라고 설하였다."고 하였다.

- **다르마끼르띠(法稱)** : 아사리 다르마끼르띠(Dharmakīrtiḥ)는 우리말로 법칭(法稱)이며, 티베트어로는 최닥(Chos grags)이다. 그는 불교의 인명학(因明學)의 완성자로 남섬부주의 육장엄(六莊嚴)의 하나이며, 디그나가(Dignāgaḥ, 陳那)와 더불어 두 명의 정리자재자(正理自在者)라 부른다.

  그는 6세기 무렵 남인도의 뜨리말라야(Trimalaya) 지방의 바라문의 가계에서 태어났으며, 어려서 오명(五明)과 외도의 경전을 배워서 18세 때에 외도의 견해에 정통하였다. 뒷날 불교의 경전을 열람한 뒤 외도의 종파를 버림으로써 부모로부터 쫓겨난 뒤 중인도를 유행하다 아사리 호법논사(護法論師)를 만나 그를 의지하여 출가하고, 불법을 배워 일체의 교법에 통달하였다. 아사리 디그나가(陳那)의 제자인 자재군(自在軍)의 문하에서 진나의 『집량론(集量論)』을 세 차례에 걸쳐 청문하였다. 나렌드라(Nalendra) 승원에 논쟁을 위해 찾아온 많은 외도들을 변론을 통해서 차례로 조복하였다. 말년에는 남인도에 머물다 깔링가(Kaliṅga)에서 입적하였다.

  그의 저술로는 진나보살의 『집량론(集量論, Tshad ma kun las btus pa)』을 해설한 『집량칠론(集量七論)』인 『석량론(釋量論)』과 『정량론(正量論)』, 『정리적론(正理滴論)』과 『인적론(因滴論)』, 『상속관찰론(相續觀察論)』과 『오타속론(悟他續論)』, 『쟁리론(諍理論)』을 지어서 인명학을 선양하였다.

  또한 따라나타(Tāranātha)의 『인도불교사(印度佛教史)』에 실린 외도논사 쌈까라(Śaṃkara)와의 논쟁의 일화를 발췌해서 소개하면 다음과 같다.

  "그때 마가다의 나렌드라(Nalendra) 승원으로부터 '쌈까라짜랴(Śaṃkarācārya, 作樂師)가 논쟁을 걸어왔다.'라는 서신이 도착하였다. 그들 또한 '내년에 논쟁하자'라고 뒤로 미룸으로써, 아사리 법칭을 남인도에서 모셔왔다. 그 뒤 논쟁의 날짜가 도래하자, 불교도와 바라문과 외도들을 쁘라됴따(大明) 왕이 바라나씨(Vārāṇasī)로 전부 소집한 뒤, 왕이 증인의 무리들과 함께 자리한 가운데서 쌈까라짜랴(作

樂師)와 아사리 다르마끼르띠(法稱)가 논쟁에 들어갔다. 샴까라짜랴(作樂師)가 말하길, '만약 내가 이기면 그대들을 갠지스 강에 뛰어들게 하든지, 외도에 입문하게 하든지 선택을 내가 하고, 만약 그대들이 승리하면 나는 갠지스 강에 뛰어들어 죽겠다.'라고 한 뒤, 논쟁을 시작하였다. 아사리 다르마끼르띠(法稱)가 샴까라짜랴(作樂師)를 연거푸 패하게 만들고 마지막엔 입조차 열지 못하게 만들었다. 그 뒤 샴까라짜랴(作樂師)가 갠지스강에 죽으러 들어갈 때 다르마끼르띠(法稱)가 만류하였으나 듣지 않고, 그의 제자 밧따아짜랴(Bhaṭṭaācārya)에게 말하길, '그대가 논쟁을 계속하라. 삭발한 그 자에게 승리하라. 설령 승리하지 않아도 좋으니, 내가 너의 아들로 태어나서 그와 다시 논쟁한다.'라고 한 뒤, 갠지스강에 뛰어들어 죽었다. 그의 제자들 가운데 빠리브라자까 - 브라흐마짜리(Parivrājaka-brahmacārī, 遊行梵行者)들을 불법에 귀의시켰고, 나머지들은 멀리 도망을 쳤다. 다음 해 죽은 샹까라짜랴(作樂師)가 제자 밧따아짜랴의 아들로 환생하고, 밧따아짜랴 또한 3년 동안 자기의 신을 잘 섬겨서 기쁘게 하고, 다시 3년간 불교의 학설을 제압하는 논리를 연마하였다. 7년째 이전과 같이 교법을 담보로 하고 논쟁을 하였다. 또 법칭논사가 밧따아짜랴를 완전하게 패하게 만들자 그 역시 아사리의 만류도 듣지 않고 갠지스강에 뛰어들어 죽었다. 그 밧따아짜랴의 큰아들인 두 번째 밧따아짜랴와 샴까라짜랴(作樂師)의 환생자(還生者)와 바라문으로 자기 교파의 학설을 크게 애착하는 자들은 동쪽으로 멀리 도망을 쳤다. 나머지 바라문들로 공정한 마음을 지닌 5백 명 정도가 불문에 출가하였고, 5백 명 정도가 삼보에 귀의하였다. 그때 마가다에 바라문 뿌르나(Pūrṇa, 盈滿)와 마투라(Mathura)에 바라문 뿌르나바드라(Pūrṇabhadra, 滿賢)가 있었다. 그 두 사람은 권세와 재물이 넘치고 논리학에도 아주 밝았고, 범천의 딸인 싸라쓰와띠(Sarasvati, 妙音天女)와 비스누(遍入天) 등들 비롯한 자기들이 섬기는 천신들로부터 가피를 얻은 바라문들로 그들 역시 앞뒤로 논쟁을 위해서 찾아왔다. 아사리가 논리로 그들을 논파한 뒤 불법에 안치하니, 그 두 바라문들 또한 마가다와 마투라에서 각각 50개의 사원을 건립했다. 이렇게 아사리 다르마끼르띠(法稱)의 명성이 모든 땅 위에 진동하였다. 그 뒤 마가다와 가까운 수림인 마땅가(Mātaṅga) 선인(仙人)의 숲에서 오랫동안 주석하면서 여러 명주(明呪)들을 닦아 성취하였다.

그 뒤 남인도 빈드야짤라(賓陀山) 산맥 안에 뿌스빠(Puṣpa) 왕에게 웃뜨풀라뿌스빠(Utphullapuṣpa, 滿開花)라 부르는 아들이 있었다. 그 왕이 3십만 가구를 통치하니 재부가 풍요로움이 마치 천신과 같았다. 그가 사는 지역을 둘러보기 위해서 다르마끼르띠(法稱)가 그곳에 간 뒤 왕의 궁전을 방문하였다. 왕이 누구냐고 묻자,

아사리가 말하길, '지혜로운 자는 디그나가(陳那)이고, 짠드라고미(皎月)는 강설이 청정하고, 시가(詩歌)는 쓔라(馬鳴)에서 나오니 작문에 능통하고, 일체로부터 승리함은 내가 아니면 누구이겠는가?'라고 하자, 왕이 그러면, '아사리 다르마끼르띠(法稱)가 아닙니까?'라고 하자, 아사리가 말하길, '세상에서 그와 같이 부른다.'라고 하였다. 그 왕이 많은 사원들을 건립하고 다르마끼르띠(法稱)가 그곳에 주석하면서 『집량칠론(集量七論)』을 저술한 뒤, '만약 다르마끼르띠(法稱)의 언설의 태양이 지면, 법들은 잠이 들거나 혹은 죽고, 법이 아닌 법들이 다시 고개 든다.'라는 자설게(自說偈)을 성문에다 적어놓았다. 그곳에서 또한 오랫동안 불법을 전파함으로써 그 지역에 1만 명 정도의 비구들이 출현하였으며, 사원 또한 50개 정도를 건립하였다.

그 뒤 변방인 구지라타(Gujiratha)로 간 뒤 그곳에서 또한 많은 바라문과 외도들을 불법에 안치하고, 고따뿌리(Gotapurī)라 부르는 불전을 세웠다. 그 지역에는 특히 외도가 많음으로써 그들이 다르마끼르띠(法稱)가 머무는 승사(僧舍)에다 불을 지르니, 사방에서 불길이 타오르는 가운데 아사리께서 본존과 밀주를 수념(隨念)하면서 하늘로 올라간 뒤, 그곳에서 1유순(由旬) 정도 떨어진 그 지역의 왕궁 곁으로 날아가자, 모든 사람이 경이로움을 일으켰다. 오늘날 인도의 80성취자(成就者)들을 찬양하는 찬탄문이 단지 이것을 근거로 삼는 것은 아닐지라도, 그 찬탄문 가운데, '반론을 제압하고 하늘로 날아가니'라고 하는 구절은, 이 전승에 근거하는 것이 분명하다.

그때 쌴까라짜랴(作樂師)가 또한 몸을 받으니 전생보다 한층 더 지혜가 날카롭고, 논쟁에 능숙하고, 보병(寶甁) 위에 자기가 섬기는 [대자재천] 신이 몸을 온전하게 현시하였다. 그의 나이 15세 또는 16세가 되자 다시 아사리 다르마끼르띠(法稱)와 논쟁을 하기 위해서 바라나씨로 찾아왔다. 마하쎄나(Mahāsena, 大軍) 왕에게 알리고 사방에 논쟁을 선포하고, 그곳으로 아사리 다르마끼르띠(法稱)를 초청하니, 약 5천명의 바라문들과 국왕을 비롯한 무수한 사람들이 운집하였다. 또 과거와 같이 교법을 담보로 하고 논쟁을 시작한 뒤, 아사리가 또한 그를 완전히 제압하자 역시 과거와 같이 만류하여도 듣지 않고 갠지스강에 뛰어들어 죽었다. 거기에 모인 많은 바라문들이 자기 교파를 논파하는 논리가 정당한 것임을 본 뒤 많은 이들이 출가하고, 또한 많은 이들이 거사가 되었다.

그때 북인도 까스미르(Kasmir) 지방에서 위드야씽하(Vidyāsiṃha, 獅子明)와 데와위드야까라(Devasvidyākara, 作明天)와 데와씽하(Devasiṃha, 天獅子)라 부르는 바라문 아사리 셋이 다르마끼르띠(法稱)를 찾아와서 공정한 마음으로 교파 간의 교리논쟁을 많이 가졌다. 다르마끼르띠(法稱) 또한 정리를 설함으로써 그들 또한 불법에 믿음을 크게 일으킨 뒤, 귀의와 오계를 받고, 교법을 청문하고, 특별히 『집량칠론(集量七論)』을 들음으로써 크게 정통하였다. 그 뒤 까시미르(Kasmir)로 돌아간 뒤 다르마끼르띠(法稱)의 인명학을 널리 전파하였다. 중간에 아사리는 바라나씨에 오랫동안 주석하였다고 알려졌다. (중략)
아사리 다르마끼르띠(法稱)의 생의 후반기에 또한 과거 [두 번째 논쟁에서 패하고 죽은] 썀까라짜랴(作樂師)가 [밧따아짜랴의 막내아들인] 세 번째 밧따아짜랴의 아들로 태어나니, 지난 생에 비해서 한층 더 지력이 강성하였다. 자기가 섬기는 [대자재천인] 천신이 눈앞에 출현해서 실제로 논리학을 가르쳤다. 어느 때는 그의 몸에 직접 들어와 머무름으로써 과거에 없던 학문을 강설하는 일이 생겼다. 그가 12살 정도가 되자 아사리 다르마끼르띠(法稱)와 논쟁을 원함으로써 그곳의 바라문들이 말하길, '일단 다른 이들과 논쟁하라. 다르마끼르띠(法稱)를 패배시키기가 쉽지 않다.'라고 하였으나, 그가 말하길, '만약 그를 이기지 못한다면 논쟁의 명성을 얻지 못한다.'라고 한 뒤, 남인도로 향하였다. [이전과 마찬가지로] 논쟁에 이기는 자의 교법에 들어가야 한다고 약속하고 논쟁을 시작하였다. 이번에도 역시 아사리 다르마끼르띠(法稱)가 승리하자, 썀까라짜랴(作樂師)가 불문에 귀의하였다. 남인도에서는, '바라문 [썀까라짜랴(作樂師)]가 거사의 율의를 배우고, 불교에 공양을 올렸다.'라고 알려졌으며, 그가 건립한 사원이 지금까지도 또한 남아있다.
그 뒤 아사리 다르마끼르띠(法稱)는 마지막엔 깔링까(Kaliṅga) 지역에 사원을 건립하고 무수한 사람들을 법에 귀의시킨 뒤 입적하였다. 범천과 동등하게 범행을 닦는 이들이 아사리의 시신을 시림으로 운구한 뒤, 다비를 하자 하늘에서 꽃비가 떨어지고, 사방에 향기가 진동하고, 하늘 음악이 들리는 현상이 칠일 동안 일어났다. 아사리의 유체가 전부 보석과 같은 하나의 덩어리로 변화함으로써, 뼈와 같은 것들은 아예 있지 않았다."

- **다르못따라**(法上) : 아사리 다르못따라(Dharmottaraḥ)는 법승(法勝)이며, 티베트어로는 최촉(Chos mchog)이다. 그는 인도불교의 후기에 활약했던 인명논사(因明論師)이다. 아사리 디그나가(Dignāgaḥ, 陳那)의 제자가 비니따데와(Vinītadevaḥ 調伏天)이며, 그의 제자가 아사리 데웬드라붓디(Devendrabuddhiḥ, 天主意)이고, 그의 제자가 아사리 자마리(Jamari)이고, 이 아사리의 제자가 다르못따라(法勝)라고 하였듯이, 그는 유식(唯識)과 인명(因明)에 정통한 아사리였다. 그의 저술로는 『양관찰(量觀察, Tshad ma brtags pa / Pramāṇaparīkṣā)』과 『피세간성취(彼世間成就, ḥJig rten pa lol grub pa / Paralokasiddhi)』와 『끄샤나방가씻디(Kṣaṇabhaṅgasiddhi, 刹那消滅成就 / sKad cig ma ḥjig pa grub pa)』 등이 있다.

- **담쓰뜨라쎄나**(牙軍) : 아사리 담스뜨라쎄나(Daṃṣṭrasena)는 우리말로 아군(牙軍)이며, 티베트어로는 체왜데(mChe baḥi sde)라 한다. 유식학파에 속하는 아사리로 중인도의 데와빨라(Devapala, 天護) 법왕의 시대에 활약하였다.

  그의 행적에 대해서는 자세히 알 수가 없으나 따라나타(Tāranātha)의 『인도불교사(印度佛教史)』에서, "이 [데와빨라(Devapala, 天護) 법왕의] 시대에 아사리 쌰꺄쁘라와(Śākyaprabha, 釋迦光)의 제자인 쌰꺄미뜨라(Śākyamitra, 釋迦親友)가 출현하였다. 그 밖에 대율사인 아사리 깔랴나미뜨라(Kalyāṇamitra, 妙善友)와 쑤마띠씰라(Sumtiśīla, 善慧戒)와 담스뜨라쎄나(牙軍)와 [호법논사의 제자인] 즈냐나짠드라(Jñānacandra, 智月)와 바즈라유다(Vajrāyudha, 金剛弓)와 만주쓰리끼르띠(Mañjuśrīkirti, 文殊稱)와 즈냐나닷따(Jñānadatta, 智施)와 바즈라데와(Vajradeva, 金剛天)와 남인도에선 대덕 아왈로끼따브라따(Avalokitavrata, 觀誓)가 출현하였으며, 북인도 까스미르 지방에선 아사리 다나미뜨라(Dhanaamitra, 財施友) 등이 출현하였다. 아사리 하리바드라(Haribhadra, 獅子賢) 또한 이 왕의 시대에 빤디따가 되었고, 유정의 이익을 온전히 행하였다."라고 해서, 그가 활약하였던 시기를 설명하였다.

  그의 저술로는 『반야바라밀다십만(송)광주(般若波羅蜜多十萬(頌)廣註)』와 『반야바라밀다십만(송)이만오천(송)일만팔천(송)광주(般若波羅蜜多十萬(頌)二萬五千(頌)一萬八千(頌)廣註)』 등이 있다.

- **덕광**(德光) : 아사리 구나쁘라바(Guṇaprabhā)는 우리말로 덕광(德光) 또는 공덕광(功德光)이며, 티베트어로는 왼땐외(Yon tan ḥod)이다. 아사리 세친 자신보다 뛰어난 4대 제자 가운데 한 분이자, 율학에 뛰어난 대율사로 남섬부주를 아름답게 장엄한 이승(二勝) 가운데 한 분이다.

  또한 따라나타(Tāranātha)의 『인도불교사(印度佛教史)』에 의하면, "아사리 구나쁘라바(德光)는 중인도 마투라(Mathura, 壞滅) 지방의 바라문 가문에서 태어났다. 어릴 때 외도의 베다와 논전들 일체를 배워서 통달하였다. 후일 그곳의 불교사원에서 출가하고 구족계를 받았다. 그 뒤 아사리 세친(世親)의 문하에서 성문의 삼장과 대승의 경전들을 배워서 통달하였다. 각 부파의 비나야(毗奈耶)의 논전들 일체에 정통하고, 『십만송비나야(十萬頌毘奈耶)』를 항상 암송하였다. 마투라(壞滅) 지방의 아그라뿌리(Agrapurī)라 부르는 사원에서 주석하니, 그를 따라 함께 머무는 비구들이 5천 명이 되었다. 그들 모두 또한 계율에 어긋나는 작은 죄행이라도 발생하면 낱낱이 환정예식(還淨禮式)을 통해서 수시로 바룸으로써 율의가 청정함이 과거의 아라한들이 교법을 수호하는 시절과 같았다.

그 가운데 경장(經藏)을 수지하고, 아비달마장(阿毘達磨藏)를 수지하는 승려들이 많이 있었고, 날마다 『십만송비나야(十萬頌毘奈耶)』를 낭송하는 비구들 또한 5백 명쯤이 있었다. 청정한 계율의 힘으로 쓰리하르샤(Śriharṣa) 왕의 대신으로 마땅가라자(Mātaṅrāja)라 부르는 신하가 왕의 형벌을 받아서 눈알 하나가 뽑히자 그것을 또한 아사리가 기원하는 힘으로 소생하였다. 아사리가 왕의 스승이 됨으로써 생활 자구들이 날마다 무수하게 쌓였으나, 그 즉시 그 일체를 선행을 쌓는 데 쓰고, 자신은 12두타행(頭陀行)에서 물러남이 없었다."라고 하였다. 그의 저술로는 『보살지주(菩薩地註)』[『보살지계품석(菩薩地戒品釋)』]와 『보살계품소(菩薩戒品疏)』와 『비나야경주(毘奈耶經註)』 등이 있다.

- **디그나가(陳那)** : 아사리 디그나가(Dignāgaḥ)는 우리말로 음역해서 진나(陳那)이니, 의역하면 역용(域龍) 또는 방상(方象)이다. 티베트어로는 촉끼랑뽀(Phyogs kyi glaṅ po)이다. 그는 아사리 세친보살의 4대 제자 가운데 자신보다 인명학(因明學)에 뛰어난 제자라고 하였듯이, 그는 유식에 정통할 뿐만 아니라 불교의 인명학의 창시자로 남섬부주의 육장엄(六莊嚴) 가운데 한 분이다. 그는 법칭논사(法稱論師)와 더불어 두 명의 정리자재자(正理自在者)라 부른다. 그는 유식의 아뢰야연기설(阿賴耶緣起說)에서는 상분(相分)·견분(見分)·자증분(自證分)의 삼분(三分)을 주장하였으며, 저술로는 『집량론(集量論, Tshad ma kun las btus pa)』과 『인명입정리론(因明入正理論, Rig pa la ḥjug pa)』과 『관소연론(觀所緣論 / 無相思塵論, dMigs pa brtags pa)』과 『장중론(掌中論)과 『종법구구(宗法九句)』 등이 있다.

또 그의 전기를 『부뙨최중(Bu ston chos ḥbyuṅ, 布頓佛教史)』과 『따라나타(Tāranātha)의 인도불교사(印度佛教史)』의 내용을 절충해서 소개하면 다음과 같다.

"아사리 디그나가(Dignāgaḥ, 陳那)는 남인도의 씽가왁따(Siṅgavakta)라 부르는 깐지(Kañci) 지방과 가까운 곳에서 한 바라문의 가정에서 태어났다. 그 당시 외도의 모든 종파의 학설에 정통한 아사리로 [정량부(正量部)에서 파생한] 왓씨뿌뜨리야(Vātsīputrīya, 犢子部)의 친교사(親教師) 나가닷따(Nāgadatta, 象施)에 의지해서 출가한 뒤, 성문의 삼장을 배워서 통달하였다. 그 뒤 스승님에게 가르침을 청하자, '불가설(不可說)의 자아[실유(實有)도 아닌 시설유(施設有 : 假有)도 아닌 뿌뜨갈라(人)]'를 찾으라는 가르침을 주었다. 그 뒤 그것을 관찰하고 추구하였으나 있음을 보지 못하자, 낮에는 창문을 모두 막고, 밤에는 사방에 등불을 켜놓고, 벌거벗은 몸으로 [그것을 찾기 위해서] 안과 밖의 일체를 관찰하였다. 그같이 하는 것을 친구가 본 뒤 친교사에게 말하자, 그 친교사 또한 디그나가에게 물었다. 디그나가(陳那)가 말하길, '나는 어리석고 지혜가 저열해서 친교사가 설하여 보인 그것[불가설(不

可說)의 자아]을 제가 보지 못함으로써, 「장애에 의해서 가려진 것이 아닌가?」 생각해서, 그와 같이 한 뒤 바라본 것입니다.'라고 하자, 친교사가 듣고서 크게 분노한 뒤, '나의 교파를 조소하는 행위이니, 너는 여기에 있지를 말고 나가라.'고 함으로써, 출송(出送)이 합당하지 않은 일로 추방을 당하자, 비록 그 자리에서 정리로 그것을 논파할 수 있었지만 옳은 일이 아니기에 절을 한 뒤 교단을 나왔다. 여러 곳을 거쳐서 아사리 세친 보살의 문하에 들어갔으며, 그곳에서 대소승의 모든 삼장(三藏)을 청문한 뒤 5백 권 정도의 경전을 암송하였다고 알려지니, 그것은 대소승의 경전과 다라니주(陀羅尼呪)를 합한 것이다. 특별히 진언을 닦는 한 아사리로부터 명주(明呪)를 받아서 닦은 뒤 성문수사리보살의 존안을 친견하자, 그처럼 원하던 법을 [문수사리로부터] 청문하였다.

그 뒤 동쪽의 오디비쌰(Oḍiviśa)의 수림이 울창한 한적한 곳에 있는 보따쎌라(Bhoṭaśela)라 부르는 동굴에 머물면서 일념으로 선정을 닦았다. 그렇게 몇 년이 지나서 나렌드라(Nalendra) 승원에서 외도들과 논쟁이 벌어졌다. 그들 가운데 쑤드르자야(Sudurajaya)라 부르는 한 바라문이 있었다. 그가 자기의 본존(本尊)을 친견하고, 논리에 정통함으로써 누구도 그를 이기기가 어려웠다. 나렌드라 승원의 빤디따들이 논쟁을 감당하지 못함으로써, 아사리 디그나가(陳那)를 동쪽의 오디비쌰에서 초청하였다. 아사리 디그나가(陳那)가 그 외도를 세 차례에 걸쳐서 패하게 만들고, 또한 그곳에 모인 외도들의 반론들을 모두 하나하나 논파한 뒤, 그들을 불법에 입문시켰다. 그 뒤 아사리가 나란다 승원에서 승려들에게 여러 가지 경전을 강의하고, 아비달마장(阿毘達磨藏)을 널리 강설하였다. 그 밖에 유식과 논리에 대한 작은 논문들 또한 많이 저술하였으니, 합하면 모두 100권의 논서를 저술하였다고 알려졌다.

그 뒤 다시 오디비쌰의 동굴로 돌아와서 선정수습에 전념하였다. 그곳에서 유정들의 괴로움의 원인이 법성의 진실의(眞實義)를 알지 못하는 무명인 까닭에 그것을 소멸하기 위해서, 그것의 대치법인 반야의 생기를 위하여 『구사론(俱舍論)』의 주석과 『무변공덕찬(無邊功德讚)』의 주석과 『관소연연론석(觀所緣緣論釋)』 등의 논전들을 저술하였다. 특히 자신의 비공통의 변석의 힘에서 생긴 이 논리체계에다 자신이 이전에 저술하였으나 파편처럼 되어 버린 논문들을 하나로 결집한 인명논서인 『집량론(集量論)』이라 부르는 『뿌라마나싸뭇짜야(Pramāṇasamuccaya)』을 저술하기를 결심한 뒤, 디그나가(陳那)라 부르는 동굴의 벽에다 백석분(白石粉)으로 다음과 같이, '모범이 되시고 유정들의 이익을 행하신, 도사 여래 구호자께 예배하오니, 인명(因明)을 성취하기 위해서 나의 논문인, 이 『집량론』에 갖가지 단편들을 하나로 엮는다.'라고 예찬을 하고, 저술의 서약을 씀과 동시에 대지가 크게 흔들리고, 사방에 광명이 충만하고, 하늘에서 큰 소리가 울렸다.

그때 가까운 곳에 살던 이름을 끄르스나무니라자(Kṛṣṇamunirāja, 黑難王)이라 부르는 외도도사가 자기의 신통력으로 살펴보자 아사리 디그나가(陳那)의 힘임을 알고서 질투를 일으켰다. 그 뒤 아사리가 걸식을 위해서 마을로 간 사이 그곳에 와서 그것을 지워버렸다. 그와 같이 두 차례에 걸쳐서 지워버림으로써, 세 번째는 바위에다 그 게송을 적으면서 끝에다, '내가 적은 게송을 지운 이가 누군가. 재미로 지운 것이라면 여기에는 큰 뜻이 있으니 지우지 말라. 만약 뜻을 잘못 알고서 논쟁을 원한다면 몸을 나타내라.'라고 적어 놓았다. 또 걸식을 나가자 그 외도가 지우기 위해서 왔다가 그것을 본 뒤 기다리고 있었다.

그때 아사리가 교법을 담보로 걸고 논쟁해서 여러 차례 외도를 패하게 만든 뒤, '이제 당신은 졌으니 불법에 입문해야 한다.'라고 아사리가 말하자, 그 외도도사가 크게 분노한 뒤 진언을 불어넣은 재를 뿌리자 아사리의 생활 도구들이 모두 불에 타고, 아사리도 겨우 비켜나자 그가 가버렸다. 그때 아사리가 크게 절망하여, '슬프도다! 모든 유정의 이익을 위해서 하겠다고 생각하였지만, 외도가 내 혼자의 일조차도 못하게 만드니 내 개인의 안락을 실현하리라.'라고 생각한 뒤, '백석분을 허공에 던지고 그것이 땅에 떨어지는 순간 발심을 포기하리라.'라고 결심하고 허공에 던졌다. 그것이 땅에 떨어지기 전에 문득 문수보살께서 강림하였다. 그리고 말씀하시길, '아들아, 그렇게 하지 말라. 그렇게 하지 말라. 저속한 인간과 만남으로써 삿된 마음이 생긴 것이니, 그대의 이 논전을 외도의 무리가 가히 훼손하지 못함을 알라. 그대가 성불하기 전까지 내가 그대의 선지식이니, 후세에 이것이 모든 논전의 유일한 눈이 된다.'라고 하시자, 아사리께서, '참기 어려운 갖가지 고통을 지니니 또한 참기 힘들고, 마음 또한 진실하지 못한 행위를 좋아하고, 성인은 만나는 것도 힘들지만 비록 당신의 존안을 친견할지라도, 제게 가피를 주시지 않는다면 여기에 무엇을 하시려고 있는 것입니까?'라고 말하자, 문수보살께서, '아들아, 너는 기뻐하지 않도록 하지 말라. 모든 괴로움으로부터 내가 지켜 주리라.'라고 말씀하신 뒤 사라졌다.

그 뒤 그 『집량론』을 잘 저술하였으나, 한 차례 병이 들어 도시에 나가 걸식을 해서 돌아오는 길에 숲속에 앉아 있다가 문득 잠이 들었다. 그가 잠 속에서 많은 붓다들의 존안을 친견하고 허다한 삼매들을 얻었다. 밖에서는 천신들이 꽃을 비처럼 뿌리고, 숲속의 꽃들 또한 고개를 숙여 발에다 절을 하였다. 코끼리들이 그늘을 만들어 주고, 그곳의 왕이 대신들과 함께 아사리를 위로하기 위해서 찾아오는 것을 보고 놀라워하고 있는데, 어디서 음악 소리가 들림으로써 잠에서 깨어나니, 누가 말하길, '당신이 디그나가(陳那)입니까?'하고 묻자, '그와 같이 세상에서 부른다.'라고 답하자, 왕이 아사리의 발에다 절을 하였다.

그 뒤에 남인도로 가서 그곳에 사는 모든 외도의 온갖 반론들을 모조리 제압하고, 이전의 아사리들이 건립했던 사원들로 쇠락한 것들을 대부분 재건하였다. 오디비쌰의 왕에게 왕의 어고(御庫)의 관리하는 바드라빨리따(Bhadrapālita, 賢護)라 부르는 대신을 불법에 입문시켰다. 그 바라문 대신이 16개의 큰 사원을 건립하고, 사원마다 승려들이 살도록 하고, 사원마다 설법당(說法堂)을 설치하였다. 또 아사리 디그나가(陳那)의 계율이 청정한 상징으로 다음과 같은 일화가 있다. 어느 때 그 바라문 대신 바드라빨리따(賢護)의 정원에 있는 모든 질병을 치료하는 무스띠하리따까(Muṣṭiharitaka)라 부르는 아주 특별한 아루라(Arura) 나무가 말라 버리자, 아사리께서 소생을 기원하자 7일 만에 완전히 회생하였다. 그와 같이 외도의 반론을 모두 제압함으로써, '논쟁의 우왕(牛王)'으로 알려졌으며, 법과 인연을 맺은 제자들이 사방을 덮었다. 그러나 시봉하는 비구조차 거두지 않고 소욕지족(少欲之足)함으로써, 생전에 12두타행(頭陀行)에 머무시다 오디비쌰의 한 아란야에서 입적하였다."

- **뜨리삐따까말라(三藏鬘)** : 뜨리삐따까말라(Tripiṭākamāla, 三藏鬘)는 웃브따씻디쓰와미(Udbhṭasiddhisvāmi, 高德成就主)라고 부른다. 티베트어로는 토쮠둡제(mTho btsun grub rje, 高德成就主) 또는 토쮠뜨리비따까말라(mTho btsun Tripiṭākamāla, 高德三藏鬘)라 한다.

  따라나타(Tāranātha)의 『인도불교사(印度佛敎史)』에 의하면, "[불경의 제3차 결집(結集)이 있고 나서 락샤쓰와(Lakṣaśva) 왕의 시절] 그때 마가다(Magadha)에 웃브따씻디쓰와미(高德成就主)와 쌈까라빠띠(Śaṃkarapati, 作樂主)[데제닥뽀 bDe byed bdag po]라 부르는 바라문 형제가 출현하였다. 종성의 신(神)으로 대자재천(大自在天)을 섬겼으며, 그 둘은 또한 내외의 학파에 정통하였다. 그렇지만 웃브따씻디쓰와미(高德成就主)는 의심을 품었고, 대자재천이 더 뛰어나고 생각하였다. 쌈까라빠띠(作樂主)는 오로지 부처님만을 신앙하였다. 어머니의 말에 고무되어 축지법을 성취한 뒤, 산들의 왕인 까일라쌰(Kailāśa) 설산으로 갔다. 대자재천의 거처에서 그가 타고 다니는 백우(白牛)와 또한 우마데비(Umādevi)가 꽃을 꺾는 것들을 보았다. 마지막에는 대자재천 자신이 사자좌에 앉아서 법을 연설하는 것을 보았다. 가네쌰(Gaṇeśa)[촉끼닥뽀(Tahogs kyi bdag po)]가 그 둘의 손을 잡고 대자재천에게 데려갔다. 얼마쯤 지나서 만나싸싸로와(Mānasa-sarova)[이끼초(Yid kyi mtsho, 意湖)]에서 5백

명의 아라한들이 날아왔다. 대자재천이 몸소 절을 하고, 발을 닦아드린 뒤, 점심 공양을 올리고 법을 들었다. 여기서 부처님이 뛰어남을 알게 되었을지라도 또한 묻자, 대자재천이 말하길, '해탈은 오직 불도(佛道)에만 있으며, 다른 데에는 없다.'라고 하였다. 그 둘이 크게 환희한 뒤 자기의 고향으로 돌아왔다. 바라문 복장을 버린 뒤, 청정한 거사의 계율을 받아서 지켰으며, 모든 수레의 법들을 학습해서 통달하였다. 불법과 외도와의 우열의 차이를 가리기 위해 형인 웃브따쐿디쓰와미(高德成就主)는 『수승찬(殊勝讚, Kyad par ḥphags bstod)』을 짓고, 동생 쌈까라빠띠(作樂主)는 『천승찬(天勝讚, lHa las phul byuṅ gyi bstod pa)』을 지으니, 시장 바닥에서부터 왕궁에 이르기까지 일체에 알려졌다. 그 지방의 대부분의 사람들이 그들을 칭송하였다. 웃브따쐿디쓰와미(高德成就主) 형제가 금강보좌(金剛寶座)에서 5백 명에 달하는 성문(聲聞)의 비구에게 생필품을 공급하고, 나렌드라(Nalendra) 승원의 대승의 비구 5백 명에게 공양하였다."라고 하였듯이, 그의 『수승찬(殊勝讚)』을 아사리 반야개(般若鎧, Śes rab go cha)가 주석한 『수승찬광석(殊勝讚廣釋)』에도 그의 약전이 실려 있다.

- **마명보살(馬鳴菩薩)** : 아사리 아쓰와고샤(Aśvaghoṣaḥ)는 우리말로는 마명(馬鳴)이며, 티베트어로는 따양(rTa dbyaṅs)이다. 그 밖에도 아르야쓔라(聖勇) 등을 비롯한 여러 이름이 있으니, 따라나타(Tāranātha)의 『인도불교사(印度佛教史)』에서, "아사리 마뜨르쩨따(母使)는 앞에서 잠깐 언급한 바라문 두르다르샤깔라(Durdharṣakāla, 黑難勝)가 바로 그 사람이다. 아르야쓔라(Āryaśūra, 聖勇)와 아쓰와고샤(Aśvaghoṣaḥ, 馬鳴)와 마뜨르쩨따(Mātṛceta, 母使)와 삐뜨르쩨따(Pitṛceta, 父使)와 두르다르샤(Durdharṣa, 難勝)와 다르마쑤부띠(Dharmasubhūti, 法善現)와 마띠찌뜨라(Maticitra, 諸種慧) 등은 그의 다른 이름들이다."라고 함과 같다.

  그는 중인도 마갈타국 사람으로 불멸 후 6백 년경에 탄생한 대승의 논사(論師)이다. 그의 아버지는 바라문 출신의 의사로 의학에 통달한 사자밀(獅子密)이며, 어머니는 보성(寶成)이다. 어려서부터 사베다(四吠陀)와 사베다지(四吠陀支)와 바라문의 육업(六業) 등을 배워서 정통하였다. 아버지를 따라서 의학을 배우고, 외도에 입문하여 외도의 유상론(有常論)에 통달하였다. 뒷날 아사리 아르야데와(聖天)와 행한 논쟁에서 패배한 뒤 불교로 개종하여 대승불교를 선양하였다. 저서로는 『불소행찬(佛所行讚)』과 『대승기신론(大乘起信論)』과 『의학팔지대론(醫學八支大論)』 등의 허다한 논서들이 있다. 특히 그의 걸작인 『불소행찬(佛所行讚, Buddhacarita)』은 부처님의 일대기를 오언(五言)의 시구로 짓은 장편의 시문으로 석가의 탄생으로부터 열반과 사리를 8등분(等分)을 하기까지의 일대기를 기록한 아름다운 서사시로 알려졌다.

또한 따라나타(Tāranātha)의 『인도불교사(印度佛敎史)』에 의하면, "코르따(Khorta)라 부르는 도시에 한 상인이 있었으니, 그는 슬하에 모두 10명의 딸을 두었다. 그 딸들 모두가 삼보에 귀의하고, 오계(五戒)를 받아 지니고, 삼보에 공양하였다. 그 딸들이 자라서 각 지역의 귀족들의 며느리가 되었으며, 막내딸은 부유한 바라문 쌈가구햐(Saṃghaguhya, 衆密)의 며느리로 간 뒤 아들을 낳으니, 이름을 깔라(Kāla, 黑墨)라고 지었다. 그가 베다(吠陀)와 그에 속하는 전적들을 남김없이 배워서 통달하고, 부모님을 극진히 공경함으로써 마뜨르쩨따(Mātṛceta, 母使)와 삐뜨르쩨따(Pitṛceta, 父使)로 알려졌다, 만뜨라(眞言)와 딴뜨라(密續)의 행법과 논리학에 크게 정통하였다. 대자재천(大自在天)이 실제로 나타나서 그에게 가르침을 내렸다. 그 뒤 논쟁의 자만심을 가지고, 동인도의 오디위쌰(Oḍiviśa)와 가우다(Gauḍa)와 띠라후띠(Tīrahuti)와 까마루빠(Kāmarūpa) 등의 지방에서 불교도들과 논쟁하여 그들을 패배시켰다. 일부는 외도로 개종시키고, 일부는 그들의 권위를 빼앗고, 일부는 외도에게 절을 행하게 하는 등의 모욕을 주었다. 그때 어머니가 생각하길, '만약 내 아들이 나렌드라(Nalendra) 승원으로 가서, 논리의 대가들과 명주(明呪)를 성취한 빤디따(Paṇḍitaḥ, 智者)들에게 아들이 패배한 뒤, 불법에 입문하면 얼마나 좋을까!'하고 생각한 뒤, 아들에게 말하길, '다른 지역의 불교도들은 말의 귓 털 정도에 불과하고, 중인도 마가다(Magadha)의 불교도들은 말의 몸뚱이와 같으니, 만약 마가다의 불교도들과 논쟁해서 승리하지 못하면 논쟁의 명성을 얻지 못한다.'라고 하자, 그가 마가다로 간 뒤부터 출가하기까지의 일은 앞에서 말한 바와 같다. 거기서 상좌(上座)가 되어 경장(經藏)을 받아 지니자, 어느 때 꿈속에 아르야 따라(聖度母)가 나타나서, '너는 붓다의 찬양문(讚揚文)을 많이 짓도록 하라, 과거에 불법에 죄를 짓은 업장들이 소멸한다.'라고 권함으로써, 참회의 목적을 위해서 『무능찬찬(無能讚讚)』[『불박가범찬소응찬중무능찬찬(佛薄伽梵讚所應讚中無能讚讚)』]을 지었으며, 그 밖에 『불소행찬(佛所行讚)』을 지었다고 알려졌다. 그리고 많은 찬탄문 가운데 으뜸은 『불소행찬(佛所行讚)』이다."라고 하였다.

- **바바낭델(淸辨)** : 아사리 바뱌낭델(Bhavya snaṅ bral / Bhāvaviveka) 또는 바뱌(Bhabya)는 청변(淸辨)이니, 티베트어로는 렉댄제(Legs ldan ḥbyed)라 한다. 그는 서기 6세기 중반에 활약한 마드야미까쓰와딴뜨리까(經部行自續派)를 개창한 중관논사로 유식학파에서 아뢰야(阿賴耶) 연기설을 주창함에 대항해서 아사리 나가르주나(龍樹) 등이 주장하는 무자성(無自性)의 중관교설을 선양하였다.

따라나타(Tāranātha)의 『인도불교사(印度佛敎史)』에서, "아사리 청변논사(淸辨論師)

는 남인도 말랴라(Malyara) 지방의 고귀한 왕족의 가문에서 태어났다. 그 지역에서 출가한 뒤 삼장(三藏)을 학습하여 대학승이 되었다. 중인도의 마가다에 온 뒤 아사리 쌈가락시따(Saṁgharakṣita, 僧護)로부터 대승의 경전들과 아사리 나가르주나(龍樹)의 교학을 배웠다. 다시 남인도로 돌아간 뒤 금강수보살의 존안을 친견하고, 수승한 삼매를 성취하였다. 남인도에 있는 50개가 넘는 사원들의 법주가 되어 불법을 널리 선양하였다. 아사리 붓따빨리따(佛護)가 입적한 뒤 그가 저술한 논서들을 열람하고, 아사리 나가르주나(龍樹)의 『중론』에 대한 이전의 아사리들의 견해를 힐척하는 주석서 『반야등론(般若燈論)』를 저술함과 동시에 또한 나가르주나(龍樹)의 관점에 의지해서 몇몇 경전에 대한 주석서들을 지었다. 마지막에 이 아사리 또한 [아사리 붓따빨리따(佛護)처럼] 구띠까씻디(Guṭikāsiddhi, 妙丹成就)를 닦아서 성취하였다. 그리고 이들 아사리는 차례로 이숙신(異熟身)을 버린 뒤 위드야다라(持明者)의 정토로 갔다. 이들 [청변(清辨)과 불호(佛護)의] 두 분 아사리는 다 같이 무자성(無自性)의 중도를 설하는 중관의 설법당을 건립하였다. 불호논사에게는 제자들이 그리 많지 않은 대신 청변논사에게는 제자들이 지극히 많아서 수천 명의 비구들이 그를 추종함으로써, 그의 중관자속견(中觀自續見)이 극도로 성행하게 되었다. 이들 두 아사리가 오기 전까지는 모든 대승의 교도들이 하나의 교법 아래 있었으나, 이 두 분 아사리께서 나가르주나(龍樹)와 아쌍가(無着)의 교의의 둘이 크게 다르니, 아쌍가(無着)의 교의는 중관의 중도를 설함이 아니라 오직 비즈냐나(Vijñana, 唯識)만을 설함으로써, 아사리 나가르주나(龍樹)의 교의는 오직 우리에게만 있고 다른 곳에는 없다고 설하여 다른 쪽을 배척함으로써, 아사리 청변논사가 입적한 뒤부터 대승 또한 안으로 두 파로 갈라져 논쟁하게 되었다. 그 또한 아사리 쓰티라마띠(Sthiramati, 安慧)가 『중론』의 의취를 유식(唯識)의 입장에서 해설한 주석서를 저술한 뒤, 그의 저술이 남인도에 도달하자 청변논사의 제자들이 그것을 인정하지 않았다. 그들이 나렌드라(Nalendra) 승원으로 찾아온 뒤, 쓰티라마띠(安慧)의 제자들과 논쟁해서 청변논사의 제자들이 승리했다고 무자성(無自性)을 설하는 이들이 말하였다. 이것은 아사리 짠드라고미(Candragomī, 皎月)와 짠드라끼르띠(Candrakīrti, 月稱) 사이의 논쟁을 통해서도 알 수 있다."라고 하였다.

- **바쑤반두(世親)** : 아사리 바쑤반두(Vasuvandhuḥ)는 세친(世親)이니, 티베트어로는 노르기짜락(Nor gyi rtsa lag) 또는 익녠(dByig gñen)으로 번역한다. 아사리 바쑤반두(世親)는 아사리 아쌍가(無着)의 동생으로 처음에는 소승의 교의를 현양하였으나, 후일 대승으로 전향한 뒤 대승의 유식학을 선양하니, 남섬부주를 아름답게

장엄한 육장엄(六莊嚴) 가운데 한 분으로 숭앙한다. 말년에는 네팔에 들어와서 법을 펴다가 입적하니, 그의 부도가 현재 네팔 쓰와얌부(自生塔) 대탑 근처에 있다. 또 아사리 아쌍가(無着)와 바쑤반두(世親) 형제의 탄생에 얽힌 비화에 대하여 따라나타(Tāranātha)의 『인도불교사(印度佛教史)』에서, "아사리 아쌍가(無着)가 출가한 그해에 태어나니, 그 둘은 같은 어머니의 형제이다. 예리한 지혜를 얻는 예식을 행함으로써 널리 듣고 배우고 삼매를 얻게 한 것[『부뙨최중(布頓佛教史)』]에 의하면, '그때 바라문 여인 쁘라까쌰씰라(Prakāśaśīlā, 大明戒)의 마음속에, 「교법의 뿌리를 외도가 3차례에 걸쳐서 파괴하였음에도 이것을 중흥할 사람이 달리 보이지 않는다. 나 역시 여인의 몸을 받아서 불가능하니, 아이를 낳아서 불법을 융성하게 하리라.」고 한 생각한 뒤, 왕족과 합방하여 아쌍가(無着)를 낳고, 바라문과 합방하여 바쑤반두(世親)를 낳았다. 그때마다 아기의 혀에다 우황(牛黃)으로 [본불생(本不生)의] 아(阿) 자를 그리는 등의 예지(銳智)를 얻게 하는 의식을 행하였다고 하였다.'라고 한데까지는 형 아쌍가(無着)의 전기와 같다. 바쑤반두(世親)가 나란다 승원으로 출가한 뒤 성문의 모든 삼장에 통달하고자 열심히 학습하였다. 나아가 아비달마(對法藏)의 방면도 통달하기 위해서, 또 성문의 18부파(部派)의 교의도 모두 알기 위해서, 또 모든 학문의 갈래들도 깨닫기 위해서, [그 당시 소승이 성행하였던] 북인도 까스미르(Kashmir) 지방으로 갔다. 그곳에서 아사리 쌈가바드라(Saṃghabhadra, 衆賢)를 핵심으로 의지해서 비바샤(Vibhāṣā, 毘婆沙論)와 18부파의 각각의 논전들과 각 부파의 경전과 서로 다른 비나야(律經)들과 그리고 외도의 여섯 가지 견해의 논전들 모두와 모든 논리체계를 배워서 통달하였다. 그 뒤 그 지방에서 여러 해를 보내면서 정리(正理)와 비리(非理)의 차별을 변석하고, 성문의 삼장을 전파하였다. (중략)

그때 아사리 아쌍가(無着)께서 저술한 『오부지론(五部地論)』[『유가사지론(瑜伽師地論)』의 다른 이름]을 보았으나, 대승의 교설을 이해하지 못하였고, 더구나 본존으로부터 청문하였다는 것을 믿지 못한 뒤, '슬프다. 형님 아쌍가(無着)께서 산림 속에서, 12년간 삼매를 닦았음에도, 삼매는 얻지 못하고 코끼리 등 위에 싣는, 무거운 등짐 같은 하찮은 학설을 지었다.'라고 말한 것이 널리 퍼졌다. 어쨌든 조금 조소하는 시구를 지음으로써, 형님 아쌍가(無着)께서 그것을 듣고 나서 이제 동생을 교화할 때가 왔다고 생각한 뒤, 한 비구에겐 『무진의보살청문경(無盡意菩薩請問經)』을 지니게 하고, 다른 비구에게는 『십지경(十地經)』을 지니게 한 뒤, 먼저 『무진의보살청문경』을 독송한 다음 『십지경』을 독송하라고 당부한 뒤, 동생 바쑤반두(世親)에게 보냈다. 그 두 비구가 저녁 무렵에 『무진의보살청문경』을 독송하자 동생 바쑤반두(世親)가 그것을 듣고서, '이 대승경전은 인(因)은 좋으나 과(果)가 어지러운 것 같다.'라고 생각하였다. 새벽에 『십지경』을 독송하자 인과(因果) 둘 다 좋은 것을 알고는, 그것을 비방해서 크게 죄를 지었으니, '[대승경전을] 비방을 한 혀를 잘라야 한다.'라고 생각한 뒤 계도(戒刀)를 찾자, 그 두 비구가 말하길, '그것을 위해서라면 혀를 끊는 것이 어찌할 일인가? 죄를 참회하는 방법이 형님에게 있으니 그리로 가는 것이 좋다.'라고 말함으로써, 형님을 찾아갔다. (중략) 동생 바쑤반두(世親)가 죄업을 정화하는 법을 묻자, 무착보살이 미륵자존께 여쭈어서 답을 들은 뒤, '너는 대승의 교법을 널리 전파하라. 많은 경전을 주석하고, 존승불모(尊勝佛母)의 명주(明呪)를 십만 번 독송하라.'라고 말하였다. 그가 대승의 경장(經藏)을 한 차례 청문하는 것으로 통달하였다. 밀주의 한 아사리에 의지해서 진언도(眞言道)에 입문한 뒤, 5백의 『다라니경(陀羅尼經)』을 독송하였다. 비밀주(秘密主)의 명주를 닦아 성취하고, 진실의(眞實義)를 통달하고, 수승한 삼매를 지니게 되었다. 그 당시 인간세계에 존재하는 모든 불경을 통달함으로써 세존께서 열반에 든 이래 아사리 세친보살처럼 다문(多聞)한 아사리가 있지 않다고 말하였다. 성문의 삼장 가운데 경전 5백 권과 30만 게송과 『보적경(寶積經)』에 속하는 49품과 『화엄경』과 『대집경(大集經)』의 품(品)들을 하나하나 계산하고, 나머지 『십만송반야경(十萬頌般若經)』 등을 비롯한 대승의 크고 작은 경전들을 합해서 5백 권과 다라니주 5백 권이니, 그들 일체의 문의를 남김없이 통달하였다."라고 하였다.

- 법구(法救) : 아사리 다르마뜨라따(Dharmatrātaḥ)는 법구(法救)이니, 음역하여 달마다라(達磨多羅)라 하고, 티베트어로는 최꼽(Chos skyob)이다. 소승의 설일체유부(說一切有部)의 유명한 논사인 그는 아사리 세우(世友)·묘음(妙音)·각천(覺天)과 더불어 4대 논사로 불린다. 『불교학대사전』에 의하면, "인도 사람으로 본명은 달마다라(達磨多羅)이다. 1세기경의 논사로서 설일체유부의 한 분. 삼세실유(三世實有)의 종의(宗義)로 유(類)의 부동설(不同說)을 주장하였다. 3세(世)의 법은 각각 그 유(類)의 부동(不同)에 의하여 과거·현재·미래의 이름을 세운 것이라 하며, 안식(眼識)이 색(色)을 본다는 학설로서 곧 식견설(識見說)을 취하였다. 『법구경(法句經)』(2권)을 편찬하였고, 예로부터 『오사비파사론(五事毘婆沙論)』과 『잡아비달마심론(雜阿毘達磨心論)』을 지은 법구(法救)와 이 법구(法救)에 대하여 일부 학자는 같은 사람이라 하며, 또한 이름은 같으나 다른 사람이라 하여 그 말이 일정치 않다."라고 하였으나, 아사리 법구(法救)의 이름으로 티베트 데게 대장경의 논장(論藏)의 아비달마부(阿毘達磨部)에 『체두죄빠촘(優陀那品)』[『법집요송경(廣法集要頌經)』]이 실

려 있다.

- **법왕 데와빨라(天護)** : 법왕 데와빨라(Devapāla)는 우리말로 천호(天護)이며, 재위 기간은 A.D. 730~777년으로 고빨라(Gopāla) 왕의 아들이다. 그는 부왕의 뒤를 이어서 불법의 외호와 진흥에 크게 힘썼다.

  그의 전기를 따라나타(Tāranātha)의 『인도불교사(印度佛敎史)』에서 발췌해서 소개하면, "어떤 사람들은 데와빨라(Devapāla) 왕은 용(龍)의 아들이라고 말하나, 고빨라(Gopāla) 왕으로부터 전해지는 명주(明呪)의 가피가 들어있기 때문에 그의 아들이라고 생각한다. 그렇지만 '사실은 이와 같다.'라는 이야기가 널리 알려졌다.

  고빨라(Gopāla) 왕의 가장 어린 왕비가 한 바라문 주술사에게 왕을 마음대로 부리는 비방을 간청하자, 그가 설산에서 약재를 취해서 진언을 불어넣고, 음식에 섞어서 봉인한 뒤, 왕에게 드리라고 왕비에게 말하였다. 시녀에게 가져가게 하자 그녀가 물가를 지나다가 미끄러져서 강물에 떨어뜨리자, 그것이 강물을 타고 용(龍)의 거처에 도달하였다. 호해(護海, rGya mtsho skyoṅ)라 부르는 용왕이 그것을 먹자, 그가 마음이 홀려서 왕의 모습으로 변형해서 찾아온 뒤, 왕비와 교합하여 임신을 하는 상황이 벌어졌다. 어느 날 왕이 처벌을 내리려는 그 순간 왕비가 말하길, '왕이 진짜로 왔었다.'라고 함으로써, 왕이 말하길, '다시 살펴보리라.'라고 하였다. 그러던 어느 날 왕비가 아이를 출산하자 신에게 예물을 올리는 행사를 할 때, 갑자기 뱀의 머리가 어디선가 나타남으로써 어린 왕자의 손가락에 낀 반지를 보니, 거기에 용의 문자가 새겨져 있는 것을 보고 왕자가 용왕의 아들임을 알고서 양육하였다. 고빨라(Gopāla) 왕이 운명한 뒤 왕으로 추대되었다. 선왕보다 또한 권세가 커서, 동쪽의 와렌드라(Varendra) 지방을 통치하에 두었다. 특별하게 뛰어난 사원을 건립하길 마음먹은 뒤 쏘마뿌리(Somapurī) 사원을 건립하였다. (중략)"라고 하였다.

- **법왕 인드라부띠(Indrabhūti)** : 법왕 인드라부띠(Indrabhūti)는 부처님이 세상에 계실 때 서인도의 오디야나(Oḍḍiyāna, 烏仗那國)에 출현했던 법왕의 이름이다. 인드라부띠는 티베트어로 번역하면 중뽀왕뽀(ḥByuṅ poḥi dbaṅ po, 惡鬼王)이다.

  그의 행적을 짧게 소개하면 『곰데칙죄첸모(貢德大辭典)』에서, "인드라부띠(Indrabhūti)는 부처님이 살아계실 때 인도 서쪽의 오디야나(烏仗那國)에 출현하였으며, 세존의 이름을 단지 듣는 것만으로 믿음과 공경으로 예배를 하였다. 마음으로 기원을 함으로써 세존께서 직접 그곳에 [신통으로] 강림하였다. 『밀집금강속(密集金剛續)』의 부동금강(不動金剛)의 만다라를 현시한 뒤 관정을 수여하고, 세간의 다섯 가지의 욕락(欲樂)을 버림이 없이 도(道)로 전용하는 방편을 간청함으로써 그에 상응하는 딴뜨라(續)를 설하였고, 교계(敎誡)로 섭수하였다. 국왕 역시 그 뜻을 통달한 뒤 유희론행(有戱論行)으로 널리 행한 끝에 권속과 함께 지명(持明)의 지위를 성취하였다."라고 하였다.

- **법왕 장춥외(菩提光)** : 장춥외(Byaṅ chub ḥod. 菩提光)는 과거 서부 티베트의 구게(Gu ge) 왕국의 출가한 법왕으로 선조인 불법을 파괴한 티베트의 랑다르마(gLaṅ dar ma) 왕의 팔대손(八代孫)으로 A.D. 1042년에 아띠쌰(Atiśa) 존자를 서부 티베트에 초청해서 티베트불교를 재건하였다.
그의 전기를 『까담최중쎌된(噶當派源流)』에서, "왕족출신의 출가자로 비구계를 받은 뒤, 불법과 중생의 짐을 대신 지고, 조오제(Jo bo rje, 大恩人)를 초빙하는 초청자가 되었다. 불교 전체를 위해서 『보리도등론』의 저술을 청하였고, 역경사 마·게왜로되(rMa dge baḥi blo gros, 善慧)가 그것을 번역하였다. 장춥외(菩提光)가 조오제(大恩人)에게 저는 『밀집금강속(密集金剛續)』과 우빠데쌰(Upadeśa, 敎誡)로는 즈냐나빠다(Jñānapāda, 智足)가 전승하는 대비관음을 본존으로 신해합니다. 그가 세간자재(世間自在)를 주존으로 하는 만다라의 성취법을 청함으로써, 세간자재를 주존으로 하는 19신위(神位)의 만다라의 관정을 수여하고, 대소의 두 가지 성취법을 예찬문과 함께 저술하니, 마·게왜로되(善慧)가 그것을 번역하였다. 조오제의 세간자재를 본존으로 닦음으로써 존안을 직접 친견하였다. 조오제께서 중앙티베트로 가신 뒤에도 조오제(大恩人)의 시봉과 더불어 또한 법들도 많이 청문하였다. 조오제의 가르침을 애중히 여김으로써 조오제 또한 기뻐하였다고 알려졌다."라고 하였다. 또한 『둥까르칙죄첸모(東噶藏學大辭典)』에서, "이 출가법왕 장춥외(菩提光)의 생존 시에 대역경승 린첸쌍뽀(寶賢)가 역경을 광대하게 행하였고, 그의 생애 후반에는 뿌렝(Pu hreṅs) 출신의 상충·쮠쌜셰랍(Shaṅ chuṅ bTsun gsal śes rab)에게 명령을 내려서 중인도의 빤디따(Paṇḍita) 쓰리바드라보디(Śribharabhodhi)를 초청하고, 로짜와 기조·다왜외쎄르(Gyi jo dza baḥi ḥod zer, 月光)가 함께 『깔라짜끄라(時輪續)』과 몇몇 모속(母續)을 번역하였다. 그의 자세한 전기는 구게(Gu ge)의 켄첸·응아왕닥빠(mKhen chen Ṅag dbaṅ grags pa)가 저술한 『응아리최중(mŃaḥ ri chos ḥbyuṅs, 阿里敎派史)』에 나온다."라고 하였다.

- **보디바드라(菩提賢)** : 아사리 보디바드라(Bodhibhadra, 菩提賢)는 우리말로는 보리현(菩提賢)이고, 티베트어로는 장춥쌍뽀(Byaṅ chub bzaṅ po)이며, 아띠쌰(Atīśa) 존자의 스승님 가운데 한 분이다. 『난처석(難處釋)』에서, "일체지자께서 [계경들에서] 예언하신 아사리 나가르주나(龍樹)의 법맥을 전승하는 아사리 보리현(菩提賢)을 수순한 뒤, 여타의 종론(宗論)들을 지니지 않도록 하라."고 함과 같이, 아사리 보

디바드라(菩提賢)는 쁘라쌍기까(Prāsaṅgika, 歸謬論證派)의 전승자이자 또한, "글과 뜻을 원만하게 하신 스승님은 싼띠와(Śantiba, 寂靜)와 나렌드라(Nalendra)의 빤디따(Paṇḍita, 智者) 보디바드라(菩提賢)이다."라고 『까담최중쌜왜된메(噶當派原流)』에서 설하였듯이, 그는 아띠쌰(Atīśa) 존자가 평생 의지하였던 스승님들 가운데 한 분이었다. 그의 저술로는 아사리 아르야데와(Āryadeva, 聖天)의 『지혜심수집(智慧心髓集, Ye śes sñiṅ po kun las btus pa)』을 주석한 『지혜심수집회소(智慧心髓集會疏, Ye śes sñiṅ po kun las btus pa shes bya baḥi bśad sbyar)』가 데게 대장경 논장(論藏)의 중관부(中觀部)[동북목록 No. 3852]에 실려 있으며, 「정자량품(定資糧品, Tiṅ ṅe ḥdzin gyi tshogs kyi leḥu)」이 중관부(中觀部. 동북목록 No.3924)]에 실려 있다.

그의 행적에 대하여 따라나타(Tāranātha)의 『인도불교사(印度佛教史)』에서, "[나렌드라의 북문의 수호자인] 성취자 나로빠(Nāropa)께서 북문의 수호자 임무를 몇 년 동안 맡은 뒤, 유가행(瑜伽行)에 들어갔다. 그를 대신해서 상좌 보디바드라(菩提賢)가 북문의 수호자가 되었다. 그는 오디비쌰(Oḍiviśa)에서 바이쌰(Vaiśya) 종성으로 태어났다. 원만한 보살행을 지니고, 대승종성의 훈습이 각성된 아사리였다. 명자량(明資糧, Rig tshogs)과 행자량(行資糧, sPyod tshogs)과 특별히 보살지(菩薩地, Byaṅ chub sems dpaḥi sa)에 정통한 빤디따(Paṇḍita, 智者)이었다. 성관자재보살님의 존안을 친견하고, 직접 법을 들은 아사리이었다."라고 하였다.

또한 돔뙨빠(ḥBrom ston pa)의 『조오첸뽀갤씨빵내타르빠쬔빼남타르(Jo bo chen po rgyal srid spaṅs nas thar par byon paḥi rnam thar)』에 의하면, 아띠쌰 존자께서 왕자로 있을 당시 구법을 위해서 중인도의 마가다를 방문하여 아사리 보디바드라(菩提賢)와 처음 만난 일화를 다음과 같이 전하고 있다.

"[나렌드라(Nalendra)의 왕이 묻기를,] '삼보의 궁전인 이 신들의 만다라 세계에는, 헤아릴 수 없이 많은 출가자가 거주하니, 해와 달과 같은 석학과 빤디따(智者)들이 있다. 「왕자인 그대는 누구를 원하는가?」라고 하자, 왕자가 답하길, '길상한 나렌드라 대승원, 바다 가운데 보석의 섬, 지자들이 하늘의 별처럼 무수한 가운데, 크게 칭송받는 보디바드라(菩提賢) 그 분이, 바라문 제따리(jetāri, 勝敵)께서 예언한 나의 스승이시니, 왕인 당신께선 장애를 없애주길 청합니다.'라고 하였다. 대왕이 말하길, '대용사인 보디바드라(菩提賢)는 설산에 둘러싸인 수미산처럼, 태연부동하고 혁혁하고 의연하게 머무신다. 비사문천(毘沙門天)이 재물을 향유하듯이, 그는 성재(聖財)를 누리는 복분을 얻었다.'라고 하였다.

또한, '그 뒤 나렌드라 대승원에서 아사리 보리현의 면전에 나아갔다. 그가 승원에 도착해서 스승님을 뵙게 되자 억누를 수 없는 벅찬 환희가 마음에서 일어났다. 아사리 보디바드라(菩提賢)께서도 왕자가 찾아왔음을 듣고 나서 크게 기뻐하며 자리에 앉은 뒤, 아름다운 문사로 안부를 묻되, '법왕의 아들이여, 이곳에 왔는가? 국왕의 옥체는 강녕하신가? 싸호르(Za hor) 국토에는 법의 재물이 융성한가? 먼 길 오는 도중 길은 잃지 않았는가?'라고 하자, 왕자가 아뢰길, '제가 여기에 왔으며, 부왕은 강녕하시고, 법을 수순함이 있습니다. 길이 멀어도 이제 스승님과 만났습니다. 지자이신 스승님께서는 부처님의 법에 문(聞)·사(思)·수(修) 셋이 유실됨이 없으십니까?'라고 하자, 스승님께서, '훌륭하도다! 나 또한 묘법에 의해서 밤낮으로 안락하니, 왕자도 자리에 앉기를 청한다.'라고 하였다.

그 뒤 왕자가 공손하게 예배를 올린 뒤 아름다운 보석들로 스승님을 기쁘게 해드렸다. 또 왕자가 공경스러운 말씨로, '중생의 스승이시여, 자애로 제 말을 헤아려주소서! 저는 참지 못할 윤회의 진흙탕에서 기만적인 국정으로 억압당함을 우려한 뒤, 한 무리 군인들과 함께 숲속에 들어갔나이다. 그곳에는 제따리(勝敵) 스승님이 주석하고 있었습니다. 그에게 발심을 간청할 때, 그 지자께서 자비로 저를 살피신 뒤, 「나렌드라 승원으로 가라. 과거 생애부터 자비로 거두어 주신, 보디바드라(菩提賢) 스승님이 계신다. 그에게서 발심의 가르침을 청하라.」고 말하였습니다. 그 즉시 왕궁으로 가서, 공양물을 챙긴 뒤 오늘 여기에 왔습니다. 이제 저를 자비로 거두어 주시고, 발심의 가르침을 주시옵소서!'라고 간청한 뒤, 자리에 앉자 곧바로 스승님께서 삼매에 드신 뒤, 몸·말·뜻 셋이 도업(道業)을 감당하도록 가지하였다. 그 뒤 많은 발심의 가르침들을 주었다.

그 또한 내려주신 가르침은 다음과 같으니, '왕자여, 이생에서 큰 뜻을 성취하기 위해 국정을 버린 뒤 해탈을 이루지 못하면, 업력에 의해 악도에 떨어질 때, 크게 후회할지라도 이미 늦었다. 태어나서 견고한 해탈의 성채를 붙잡는 이때, 힘든 고행으로 정진하지 않는다면, 해탈의 기회를 놓쳐버릴 때, 이후에는 기회를 다시 잡음이 없다. 왕자여, 용맹하고 굳세고 갑옷을 잘 둘러도, 저편 험난한 곳으로 염라왕의 옥졸이 데려갈 때는 무력하고 처참하고 후회가 막급한 것 외에는 어떤 것도 도움이 되지 않는다. 왕자여, 이 법을 마음에 꼭 간직하라. 이 나렌드라 승원의 북쪽에는 무시이래 그대의 아버지이었던 위드야꼬낄라(Vidyākokila, 大明杜鵑)[릭빠쿠죽첸뽀(Rig paḥi khu byug chen po)]께서 계신다. 수명이 다해 가고 적정처에 머무시니, 그는 더러운 세속의 팔풍(八風)에 물듦이 없이 계율의 정결한 옷을 입고 걸림 없는 신통을 지녔다. 그의 면전에 나아가 법의 가르침을 청하라.'고 하였다."라고 함과 같다.

- **붓다빨리따(佛護)** : 아사리 붓다빨리따(Buddhapālita)는 우리말로 불호(佛護)이며,

티베트어로 쌍개꺙(Saṅs gyas bskyaṅs)이다. 아사리 나가르주나(龍樹)의 『중론(中論)』의 의취를 귀류논증(歸謬論證)의 입장에서 처음 해석한 『붓다빨리따물라마드야마까브릇띠(根本中論註佛護論)』를 저술한 중관학파의 아사리이다.

따라나타(Tāranātha)의 『인도불교사(印度佛教史)』에 의하면, "아사리 붓다빨리따(佛護)는 남인도 땀발라(Tabala)의 지역에 속하는 함싸끄리다(Haṃsakrīḍa, 鵝遊)라 부르는 곳에서 태어났다. 그 지방에서 출가한 뒤 널리 법을 청문하였다. 아사리 나가미뜨라(Nāgamitra, 龍友)의 제자인 아사리 쌈가락시따(Saṃgharakṣita, 僧護)로부터 나가르주나(龍樹)의 논전들을 청문한 뒤 일념으로 수행하여 최승의 지혜를 얻었다. 또 성문수보살의 존안을 친견하고, 남인도의 단따뿌리(Dantapurī) 사원에 주석하면서 불법을 전파하였다. 아사리 나가르주나(龍樹)의 부자(父子)와 아사리 쓔라(Śura, 聖勇) 등이 저술한 많은 논전을 주석하였으며, 마지막에는 구띠까씻디(Guṭikāsiddhi, 妙丹成就)를 닦아서 성취하였다."라고 하였다.

- **붓다즈냐나빠다(佛智足)** : 아사리 붓다즈냐나빠다(Buddhajñānapāda)는 우리말로 불지족(佛智足)이며, 티베트어로는 쌍걔예시샵(Saṅs gyas ye śes shabs)이다. 그는 아사리 하리바드라(獅子賢)의 제자로 밀법을 닦아서 성취한 성취자이다.

  『곰데칙죄첸모(貢德大辭典)』에 의하면, "아사리 하리바드라(Haribhadra, 獅子賢)[쎙게쌍뽀(Seṅ ge bzaṅ po)]의 제자인 붓다즈냐나빠다(佛智足)는 오디야나(Oḍḍiyāna, 烏仗那國)의 지방에 온 뒤, 아사리 마하락쓰미(Mahāakṣmī, 大吉福)를 기쁘게 해드렸다. 그 밖에도 쑹왜샵(Sruṅ baḥi shabs)과 문수우(文殊友, ḥJam dpal bśes gñen) 등으로부터 『비밀집회(秘密集會)』의 관정과 딴뜨라(續)를 구결과 함께 얻고 수행하여 성취하였다. 비끄라마씰라(Vikramaśīla, 戒香寺) 승원의 밀교의 금강아사리가 되었다. 사속(事續)과 행속(行續)과 유가속(瑜伽續)의 삼부속(三部續)과 내속(內續)의 『비밀집회(秘密集會, gSaṅ ba ḥdud pa)』와 『환망속(幻罔續, sGyu ḥphrul dra ba)』과 『제불상합속(諸佛相合續, Saṅs rgyas mñam sbyor)』과 『월비밀명점(月秘密明点, Zla gsaṅ thig le)』과 『문수분노(文殊忿怒, ḥJam dpal khros pa)』의 다섯과 특히 비밀집회를 위주로 강설함으로써 금강승의 교법을 널리 현양하였다. 『보현성취행(普賢成就行)과 『원만차제해탈명점(圓滿次第解脫明点)』 등을 저술하고, 『비밀집회』의 즈냐나빠다(佛智足)의 종풍(宗風)이라 부르는 학파를 개창하였다. 문수의 말씀을 비망록 형태로 기록한 『문수교언(文殊教言)』 등의 열네 가지의 논전들과 그 밖에도 많은 저술을 남겼다. 무수한 제자들 가운데 중요한 제자는 보처(補處)의 지위에 오른 열여덟 명과 현법(現法)에서 열반을 얻은 연등현(燃燈賢, Mar me mdzad bzaṅ po)와 적정우(寂靜友, Rab shi bśes gñen)과 라훌라바드라(Rāhulabhadra, 羅睺羅賢)와 금강대락(金剛大樂, rDo rje bde chen) 등의 뛰어난 제자 네 명이 출현하였다."라고 하였다.

- **빠드마바즈라(蓮花金剛)** : 아사리 빠드마바즈라(Padmavajra)는 우리말로 연화금강(蓮花金剛)이며, 티베트어로는 빼마바즈라(Padma rdo rje)이다. 그는 성취자 싸라하(Saraha)와 나가르주나(龍樹)가 활약했던 시기보다 늦은 밀교의 초창기에 출현했던 아사리이다.
  또한 따라나타(Tāranātha)의 『인도불교사(印度佛教史)』에서, "성취자 싸라하(Saraha)와 나가르주나(龍樹)의 부자(父子)와 성취자 쌰와리빠(Śavaripa)에 이르기까지 전승의 이어짐을 전승한 것은 알려진 대로 있었음이 분명하나, 달리 그 이전의 아사리들이 위 없는 밀주(密呪)의 전승에 참여한 일은 알려진 것이 없다. 아사리 아르야데와(聖天)의 『쬐뒤된마(集行明燈論, sPyod bsdus sgron ma)』를 전거로 빠드마바즈라(蓮花金剛)와 깜발라빠(Kambalapa)가 출현하였으나 또한, 초기에는 인도에서 유정의 이익을 널리 행하지 못하였음이 분명하고, 후기의 행적은 보지 못하였다."라고 함과 같이, 밀교의 초창기에 활약했던 성취자이다.
- **석가광(釋迦光)** : 아사리 쌰꺄쁘라바(Śākyaprabhā)는 우리말로는 석가광(釋迦光)이며, 티베트어로는 쌰꺄외(Śākya ḥod)라 한다. 율학에 뛰어난 대율사인 그는 덕광(德光, Guṇaprabhā)의 제자로 스승과 함께 남섬부주를 아름답게 장엄한 이승(二勝) 가운데 한 분이다. 저술로는 『설일체유부사미송주유광(說一切有部沙彌頌註有光)』 등이 있다.
- **세우(世友)** : 아사리 바쑤미뜨라(Vasumitra)는 우리말로는 세우(世友)이며, 티베트어로는 익셰(dByig bśes)이다. 유명한 유부(有部)의 논사로 불멸 후 백 년이 지나서 북인도의 꾸샨(Kuṣāṇ, 大月氏國) 왕조의 까니스까(Kaniṣka) 법왕의 주도 아래 행해졌던 화적정사(花積精舍)에서 불경의 제삼차결집(第三次結集) 당시 협존자(脇尊者)와 함께 당시의 5백 명의 아라한들의 상좌(上座)로 추대되어, 5천 명의 삼장법사들과 함께 삼차결집을 완수하였다. 『불교학대사전』에 의하면, "세우(世友)는 범어 바수미뜨라(Vasumitra). 벌소밀저라(筏蘇蜜咀羅)라고 음역함. 1~2세기경의 논사로, 학식이 높아 법구(法救)·묘음(妙音)·각천(覺天)과 함께 4대 논사라고 한다. 북인도 건타라국 사람이나, 가습미라국에서 가니색가왕이 삼장을 결집했을 때 5백 불교학자의 상좌로 추대되다. 저서로는 『이부종륜론(異部宗輪論)』(1권)이 있음."이라고 하였다.
- **싸라하(Saraha)** : 아사리 싸라하(Saraha)의 본명은 대바라문 라훌라바드라(Rāhulabhadra, 羅睺羅賢)이며, 티베트어로는 다짼진(sGra gcan ḥdzin)이다. 그는 A.D. 1세기 무렵에 출현한 밀교의 성취자로 아사리 나가르주나(龍樹)에게 밀교를 전

수한 스승이기도 하다. 저술로는 『도가집(道歌集, Doha mdzod) 등이 있다.

『쎄르기담뷔밍칙챈델노르뷔도쌜(雪域名著名詞精典注釋)』에 의하면, "그가 태어난 곳은 남인도의 베르다바(Verdabha)와 동인도의 도시 라데(Ra sdhe)라는 두 가지의 설이 있다. 그의 부모 모두가 바라문의 법을 행하는 바라문일지라도 그는 불법을 신봉하였다. 낮에는 바라문의 법을 행하고, 밤에는 불법을 닦았다. 어떤 때는 술 또한 마심으로써 다른 바라문들이 자기들의 법과 어긋난다고 본 뒤, 왕에게 간청해서 타지로 추방하였다. 그 뒤 수전단(守栴檀, Tsan dan skyoṅ) 왕이 통치할 무렵에 나렌드라(Nalendra) 승원으로 출가해서 흑대덕(黑大德, bTsun pa nag po)로부터 구족계(具足戒)를 받고, 성문의 법장(法藏)을 청문하였다. 어떤 이는, '대덕 다짼진외(sGra gcan ḥdzin ḥod, 羅睺羅光)으로부터 구족계를 받았고, 그의 친교사(親教師)가 흑대덕(黑大德)이다.'라고 말했다. 아사리 남빠르미똑빠(rNam par mi rtog pa, 無分別)을 비롯한 몇몇 아사리로부터 대승의 법도 또한 청문하였으나, 비밀주(秘密主)를 위시한 본존들로부터 대승의 계경과 밀속들을 청문하였다. 활 만드는 장인의 딸을 수인모(手印母)로 삼아서 밀행(密行)에 들어갔다. 중관의 법을 널리 선양하고, 말년에는 남쪽의 길상산(吉祥山, dPal gyi ri)에 들어가 거기서 밀주(密呪)의 법을 널리 폈고, 아사리 나가르주나(龍樹) 등의 몇몇 제자들을 육성하였다. 이 아사리가 바라문의 법을 행하던 시절에 유가행(瑜伽行)을 닦는 아사리 5백 명이 출현하였고, 이 아사리의 생존 시에, '『십만송반야경(十萬頌般若經)』을 제외한 대부분의 대승의 경장(經藏)이 출현하였다.'라고 알려졌다."라고 하였다.

- **쌴띠데와**(寂天) : 아사리 쌴띠데와(Śāntideva)는 우리말로는 적천(寂天)이며, 티베트어로는 시와하(Shi ba lha)이다. 그는 선개(善鎧) 국왕의 아들로 태어났다. 부왕이 돌아가서 왕위를 잇게 되었는데, 즉위식 전날 밤 문수보살께서 꿈에 나타나서, '왕위는 지옥과 같다.'라고 하신 말씀을 듣고 왕궁을 버린 뒤, 나렌드라(Nalendra) 승원에서 아사리 승천(勝天, Javadeva)을 의지해 출가하였다. 특히 대승의 로종(Blo sbyoṅ, 修心訣)의 핵심인 자타상환법(自他相換法)을 통해서 인도불교에 지대한 영향을 미쳤다. 저술로는 『입보리행론(入菩提行論)』과 『대승집보살학론(大乘集菩薩學論)』 등이 있다.

  따라나타(Tāranātha)의 『인도불교사(印度佛教史)』에 의하면, "아사리 쌴띠데와(寂天)는 싸우라스뜨라(Saurāṣṭra) 왕국의 왕자로 태어났다. 숙업의 복보(福報)에 의해서 어려서부터 문수보살을 꿈속에서 친견하였다. 장성한 뒤 왕위에 오르게 되었다. 꿈속에서 문수보살께서 어좌(御座)에 앉아서 말하길, '아들이여, 이것은 내 자리이며, 내가 너의 선지식이다. 너와 내가 둘이 한자리에 앉는 것은 참으로 옳지 않은 일이다.'라고 하였다. 또 아르야따라(聖度母)도 친어머니의 모습을 하고서 뜨거운 물을 머리에 부어줌으로써, '무슨 일입니까?'라고 묻자, 아르야따라께서, '왕국은 지옥의 마르지 않는 뜨거운 물과 같다. 그것으로 너에게 관정을 하는 것이다'라고 답하였다. 이에 왕위에 오르는 것이 옳지 않음을 안 뒤, 즉위식 전날 밤에 도망을 쳐서 왕궁을 나왔다. 거기서 21일 동안을 걸은 뒤 큰 수풀 아래 있는 한 샘물에 도착하였다. 샘물을 마시려고 할 때, 한 여인이 가로막은 뒤 맛있는 다른 물을 따라준 뒤, 숲속의 동굴에 사는 한 요기에게 데려갔다. 그에게서 바른 가르침을 받고 수행함으로써 무량한 삼매와 지혜를 얻으니, 그 요기는 문수보살이고, 여인은 아르야따라였다. 그 뒤부터 항상 문수보살의 존안을 친견하였다. (중략) 그 뒤 중인도의 나렌드라 승원에 도착하여 친교사 승천(勝天, rGyal baḥi lha)에 의지해서 출가하니, 법명을 적천(寂天, Shi ba lha)이라 하였다. 그곳에서 학승들과 함께 기거하면서, 음식은 매번 쌀 다섯 되를 먹었다. 안으로는 삼매에 들고, 문수보살로부터 법을 듣고, 『집학론(集學論)』과 『집경론(集經論)』을 저술하고, 모든 법을 남김없이 통달하였을지라도 또한 밤낮으로 잠을 자고, 겉으로 다른 사람의 눈에는 문(聞)·사(思)·수(修) 셋을 전혀 행하지 않는 것처럼 보여주었다. 그래서 다른 승려들이 믿음의 재물을 낭비하는 이 사람을 절 밖으로 쫓아내길 결정한 뒤, '경전을 돌아가며 낭송하게 되면 이 사람이 자기 스스로 떨어져 나간다.'라고 방법을 논의한 뒤, 그와 같이 행하였다. 마지막에 아사리 적천(寂天) 또한 경전을 낭송하는 차례가 되자, 처음에는 거절하였으나 거듭거듭 요청함으로써, '그러면 법상을 차려라. 낭송하겠다.'라고 말하자, 일부 승려들은 의심하였으나, 대부분은 그를 법상에서 끌어내리려는 목적으로 모여들었다. 마침내 아사리께서 사자좌에 오른 뒤 말하길, '일찍이 있었던 법을 낭송하길 원하는가? 아니면 없었던 법을 낭송하길 원하는가?'라고 묻자, 모두가 그를 시험해 보기 위해서 일찍이 없었던 법을 낭송하라고 말하자, 아사리께서 『입보리행론(入菩提行論)』을 설하였다. [『입보리행론』의 「반야품」의 제35송의 제1, 2구(句)인] '어느 때 사물과 비사물(非事物)들이, 마음 앞에 존재하지 않는, 그때 다른 모양이 없음으로써, 소연(所緣)이 사라져서 [희론(戲論)이 크게 적멸한다.]'라는 구절 중간에서 아사리의 몸이 하늘로 떠오른 뒤 사라졌다. 몸은 보이지 않아도 또한 목소리가 들림은 끊어지지 않고, 『입보리행론』을 완전하게 설하여 마쳤다. (중략) 거기서 불망다라니(不忘陀羅尼, Śrutidhara)를 얻은 빤디따(Paṇḍitaḥ, 智者)들이 마음에 기억하니, 까쓰미르(Kaśmīr)의 빤디따들에 의하면 1천 게송이 넘고, 서두예찬(書頭禮讚 / 歸敬偈, mChod brjod)은 자기들의 요량으로 지어서 붙였고, 동쪽 지방의 빤디따들에 의하면 전체가 7

백 게송밖에 되지 않고, 서두예찬(書頭禮讚)은 근본중론의 그것을 따다 붙였으며, 또한 「참회품(懺悔品)」과 「반야품(般若品)」의 둘은 빠졌다. 중인도의 빤디따들에 의하면 서두예찬과 저술의 서언(誓言)이 없고 본문만 있었다. 뒷날 덕을 기리고자 하는 의도에서 1천 게송의 『입보리행론』이 출현하였다."라고 하였다.

- **쌴따락시따(寂護)** : 아사리 쌴따락시따(Śantarakṣita, 寂護)는 따라나타(Tāranātha)의 『인도불교사(印度佛教史)』에 의하면, "친교사 보디싸따(Śantarakṣita, 寂護, ?~787)는 인도의 빨라(Pāla, 685~1166) 왕조의 고빨라(Gopāla, 685~720) 왕에서 다르마빨라(Dharmapāla, 790~853) 왕 때까지 생존하였다."라고 기록하였듯이, 그는 동인도의 싸호르(Zahor) 왕국의 왕자로 태어난 뒤, 후일 나렌드라(Nalendra) 승원에서 아사리 즈냐나가르바(智藏)를 은사로 출가하였다. 그의 학통에 대해서는 쫑카빠 대사의 『중론정리대해(中論正理大海)』에 실려 있는 출판사의 서문에 의하면, "그 뒤 아사리 즈냐나가르바(Jñānagarbha, 智藏)의 제자인 아사리 쌴따락시따(Śantarakṣita, 寂護)가 아사리 즈냐나가르바(智藏)와 아사리 비니따쎄나(Vinītasena, 戒軍)로부터 나가르주나(龍樹)로부터 전승되는 모든 학설을 청문하고, 심오함과 광대함의 둘을 설하는 『중관장엄론(中觀莊嚴論)』과 『중관장엄론주(中觀莊嚴論註, dBu ma rgyan gyi ḥgrel pa)』의 둘과 [내외의 학파의 종지를 논파하는] 『섭진실론(攝眞實論, De kho na ñid bsdus paḥi tshig leḥur byas pa)』 등을 저술하고, 유가행중관자속파(瑜伽行中觀自續派)의 전통을 개창하였다."라고 하였듯이, 그는 중관자속파(中觀自續派)의 동방삼사(東方三師) 가운데 한 분이다.
  특히 그는 티베트의 티쏭데짼(Khri sroṅ lde btsan) 왕의 초청으로 중앙 티베트에 들어와서 쌈얘(bSam yas, 桑耶寺) 승원을 설계해서 세우고, 최초로 티베트인 7인을 출가시켜 승단을 결성하여 승가제도를 확립하고. 계율과 중관 등의 불법을 전승함과 동시에 삼장(三藏)을 티베트어로 번역하는 등의 광대한 불사를 통해서 티베트불교의 기초를 세우고 그곳에서 열반하였다. 또 그는 제자인 까말라씰라(Kamalaśīla, 蓮華戒)와 함께 티베트불교에 유가행중관자속파(瑜伽行中觀自續派)의 전통을 수립하였다. 그는 오늘날에도 티베트에서 법왕 티쏭데짼(Khri sroṅ lde btsan)과 구루 빠드마삼바바(蓮花生)와 더불어 사군삼존(師君三尊)으로 추앙받는다. 그에 대한 소상한 전기는 주미팜·잠양남걜갸초(ḥJu mi pham ḥJam dbyaṅs rnam rgyal rgya mtsho, 文殊尊勝海)의 『중관장엄론석환희언교(中觀莊嚴論釋歡喜言教, dBu ma rgyan gyi rnam bśad dgyes paḥi shal luṅ)』에서 실려 있다.
- **쌴띠와(寂靜)** : 아사리 쌴띠와(Śantiba, 寂靜)는 달리 라뜨나아까라쌴띠빠(Ratnaākaraśantipa) 또는 티베트어로 린첸중내시와(Rin chen ḥbyuṅ gnas shi ba, 寶生

寂靜)라고도 한다. 아사리 미직빠진빠뻴(Mi ḥjigs pa sbyin pa dpal, 吉祥施無畏)이 저술한 『팔십성취자전(八十成就者傳, Grub chen brgyad cuḥi rnam thar)』에서, "중인도 마가다(Magadha)의 도성에 데와빨라(Devapāla) 왕이 통치하던 시절 비끄라마씰라(Vikramaśīla, 戒香寺)에 바라문의 종성에서 출가한 아사리 라뜨나까라쌴띠빠(Ratnakaraśantipa)라 부르는 오명(五明)에 통달한 아사리가 출현하였다. 그의 [학문에 통달한] 현명(賢明)함과 [계율을 수호하는] 청정함의 공덕을 찬양하는 칭송이 사방팔방에 넘쳤다."라고 함과 같이, 그는 아띠쌰(Atīśa)의 스승님 가운데 한 분으로 그에게 지대한 영향을 끼쳤다. 『까담최중쌜왜된메(噶當派原流)』에서 다음과 같이, "[37.전승법계의 스승님을 친근한 위대함 중에서] 조오제(Jo bo rje, 大恩人)께서, '내외의 차이를 분변해서 바르게 아는 사람은 나의 스승님이신 쑤와르나드위빠(金洲法稱)와 쌴띠와(寂靜)의 둘과 나를 포함한 셋과 나의 제자 끄시띠가르바(Kṣitigarbhaḥ, 地藏)을 합한 네 명 외에는 없다. 그 또한 의심을 끊는 곳과 법을 묻는 곳을 나와 스승님이신 쌴띠와(寂靜) 두 사람이 행하였으나, 스승님은 입적하시고, 나는 티베트에 들어왔으니, 인도 또한 열악하게 되었다.'고 말하였다."라고 함과 같다.

또 같은 책에서는 아사리의 법통에 대해 설명하길, "[38.심오한 견해를 타인의 교설에 의뢰하지 않는 위대함 중에서] 스승님이신 쑤와르나드위빠(金洲法稱)는 형상진실파(形相眞實派)의 유식견(唯識見)을 지니고, 쌴띠와(寂靜)는 형상허위파(形相虛僞派)의 견해를 지니고, 조오제(大恩人)께서는 극무주(極無住)의 중관견(中觀見)을 지니셨으니, 『중관교계(中觀教誡, dBu maḥi man ṅag)』에서 설한 것이 그것이다. (중략) 또한 쌴띠와(寂靜)께서 반야바라밀을 강설할 때, '아사리 하리바드라(Haribhadra, 獅子賢)가 『팔천송반야경광주(八千頌般若經廣註)』에서 중관으로 강설한 것으로 드러난 모든 것을 하나하나 힐척해서 강의함으로써, 나의 중관견이 그에 의해서 명확해 짐으로써 유가행중관(瑜伽行中觀)이 확고하게 되었다. 또 아사리 짠드라끼르띠(Candrakīrti, 月稱)의 『입중론(入中論)』의 종론에 또한 확신을 갖게 되었다.'고 말하였다."라고 함과 같다.

따라나타(Tāranātha)의 『인도불교사(印度佛教史)』에 의하면, 그는 나렌드라(Nalendra)의 동문의 수호자로 활약하였으니, "[베야빨라(Bheyapāla) 왕자가 어려서] 그의 외삼촌인 짜나까(Canaka)가 통치를 하였다. 그의 재위 기간에 아사리 쌴띠와(寂靜) 등을 초청함으로써 나렌드라의 육문(六門)의 수호자란 명칭이 생겨났다. (중략) 그 당시 출현한 육문(六門)의 수호자 가운데 아사리 라뜨나아까라쌴띠빠(寶生寂靜)의 역사는 다른 곳에서 알도록 하라."고 하였다.

또 같은 책에서, "나렌드라의 북문의 수호자는 성취자 나로빠(Nāropa)이니, 그의 역사는 다른 곳에서 알도록 하라. 이 아사리로부터 투쟁시(鬪爭時)의 일체지자인 싼띠와(寂靜)께서도 법을 들었다. (중략) 후일 싼띠와께서 실지(悉地)를 성취하던 그 무렵, 성취자 나로빠께서 해골바가지를 들고 모든 사람에게 걸인처럼 동냥을 구하니, 한 도둑놈이 해골 안에다 작은 칼 하나를 던졌다. 나로빠께서 응시인(凝視印)을 짓자 칼이 버터처럼 녹자 그것을 마시고 떠났다. 또 번화한 사거리에서 죽은 코끼리시체가 버려져 있음으로써 [타인의 몸속에 자기의 의식이 들어가는] 동죽(Groṅ ḥjug, 入舍)을 행해서 화장터로 옮겨놓았다. 그때 화장터의 부근에서 싼띠와께서 다가오자 나로빠께서 큰 소리로 말하길, '내가 요기인 상징이 그와 같은 것이다. 아직도 마하빤디따(Mahāpaṇḍita)는 성취의 상징을 현시하는 것을 좋아하지 않는가?'라고 하자, 싼띠와께서 말하길, '저 같은 사람이 무엇을 할 수 있겠습니까? 그렇지만 당신 같은 이가 허락한다면 행하겠다.'라고 하였다. 그때 앞쪽에서 몇 사람이 물 항아리를 들고 옴으로써 그 물에다 진언을 불어넣자 황금의 용액으로 변하였다. 거기에 있던 승려들과 바라문들에게 일일이 나눠주었다."라고 그의 행적을 기록하여 놓았다.

- 쎄르링빠(金洲法稱) : 아사리 쎄르링빠(gSer gliṅ pa)는 티베트어이고, 범어로 쑤와르나드위빠(Suvarṇadvīpa)이며, 우리말로는 금주법칭(金洲法稱)이다. 오늘날 인도네시아의 보로부두르(Borobudur) 대탑이 있는 자바에 건립된 불교 왕국의 왕자로 태어나서 출가하였다. 성장한 뒤 인도의 마다가에 유학하여 유식학(唯識學)과 로종(修心)의 가르침을 전승하였다. 또 아띠쌰(Atiśa)에게 자타상환(自他相換)의 로종(修心)의 가르침을 전해줌으로써, 후일 티베트불교에 지대한 영향을 끼친 위대한 아사리이기도 하다. 저술로는 『삭제분별수심결(削除分別修心訣, Blo sbyoṅ rtog pa ḥbur ḥjoms)』과 『집학론현관(集學論現觀, bSlab pa kun las btus pa mṅon rtogs)』 등이 있다.

또 『까담최중쌜왜된메(噶當派原流)』에서 아사리의 법통을 설명하길, "[38.심오한 견해를 타인의 교설에 의뢰하지 않는 위대함 중에서] 스승님이신 쎄르링빠(金洲法稱)는 형상진실파(形相眞實派)의 유식견(唯識見)을 지니시고, 싼띠와(寂靜)는 형상허위파(形相虛僞派)의 견해를 지니시고, 조오제(大恩人)께서는 극무주(極無住)의 중관견(中觀見)을 지니셨으니, 중관교계(中觀教誡, dBu maḥi man ṅag)에서 설한 것이 그것이다. 쎄르링빠께서는 일체법의 무자성(無自性)을 주장하는 것은 잘못된 것으로 여김으로써, '조오제(大恩人)에게 그대처럼 큰 지혜를 지녔음에도 견해를 그와 같이 이해하는 것은 참으로 놀라운 일이다.'라고 거듭해서 말하였으나, 조오제(大恩人)께서는 중관의 견해에 대해서 다시 크게 신해하게 되었다.'고 말하였다."라고 함과 같다.
또 『보리도차제상사전승전기(菩提道次第上師傳承傳記, Lam rim bla brgyud paḥi rnam thar)』에 실린 쎄르링빠(金洲法稱)의 전기를 발췌해서 소개하면 다음과 같다.
"그같이 큰 섬에서 이 보살성자께서 왕의 아들로 태어난 뒤 오래지 않아 '씨나씨나(Si na si na, 歸依三寶)'라고 하는 말을 계속하였다. 그 나라는 한때는 불교가 성행하고, 한때는 외도가 성행하는 시기였음에도 왕의 아들임으로써 누구도 막지를 못하였다. 왕자가 성장해서 한 동굴에서 구리로 만든 석가모니 불상 하나를 발견하였다. 그 불상에 공양하자 이전보다 7배가 넘는 농작물을 거두고, 질병이 없어지고 적어지는 등의 상서로움이 일어났다. 그로 말미암아 백성들이 모두 불법을 신앙하고, 불법을 구하기 위해 왕자를 중인도로 보내야 한다고 강력하게 주장하였다.
이에 왕자가 몹시 기뻐한 뒤 법을 구하기 위해 마가다에 도착하였다. 그와 동시에 보드가야의 대각사(大覺寺)에서 나찰에게 공양하는 법회가 성대하게 열렸다. 그때 공덕을 지닌 모든 사람이 그곳에 모인 가운데 빤디따(Paṇḍita, 智者)와 씻다(Siddha, 成就者)들이 많이 있었음에도, 다른 스승들에게는 숭앙하는 마음을 일으키지 않고 오로지 아사리 마하쓰리라뜨나(Mahāśrīratna, 大吉祥寶)를 크게 숭앙해서 7일 동안 함께 하였다. 그 뒤 아사리께서 홀연히 사라지고 말자, 왕자가 사방으로 다니며 그를 찾기 위해 수소문을 하였으나 결국 찾지 못하고 지친 나머지 잠이 들었다. 꿈속에서 두 어린아이가 노래를 부르는데, '고향의 친척과 재물들을 버리고, [인연의] 성숙 하나로는 자취를 못 찾는다. 오래전부터 쇠약해짐인가? 급하게 쇠약함인가? 종성이 청정하고 뛰어나도 지혜가 적다.'라고 하였다. 잠에 깨어나자 거기에 아사리 마하쓰리라뜨나(大吉祥寶)라 부르는 성자, 마이뜨레야요기(Maitreyayogi, 慈愛瑜伽師)가 실제로 계심을 보자 무량한 존경심과 믿음으로 만다라를 올리고 기원하였다. 스승님께서 크게 기뻐하시고 받아들인 뒤, 불문에 출가하게 하고 구족계(具足戒)와 삼장(三藏)과 사부속(四部續)에 거두어지는 대부분의 우빠데쌰(Upadeśa, 教誡)를 청문하였다.
특별히 여래의 의취(意趣)를 두 대승[유식과 중관]의 교의로 해설한 심오하고 광대한 구결의 도차제(道次第)의 핵심을 완비한 삼사도(三士道)의 차제의 일체를 청문함으로써, 한 그릇에서 다른 그릇으로 옮겨 담듯이 완전하게 통달하였다. 법명 또한 금주법칭(金洲法稱, gSer gliṅ pa Chos kyi grags pa)이라 칭하였다. 다른 많은 인도의 빤디따와 성취자들로부터 현밀(顯密)의 법을 많이 청문하였다. 스승이신 자애유가사(自愛瑜伽師)에 의지해서 7년 동안 법을 청문하고, 보리도차제를 수행함으로써 도차제의 핵심 전체를 체험하는 최상의 깨달음을 얻었다. 또한 『현관장엄론(現觀莊嚴論)』과 『반야경』의 교설을 배합한 구결을 닦음으로써 지자의 반열에 올랐다.

특별히 문수보살로부터 아사리 쌴띠데와(寂天)에게 전승되는 구결인 [자기보다 타인을 애중히 여기는] 자타상환(自他相換)의 광대한 보리심의 보석이 마음에 출생하였으며, 오직 그것을 수증의 핵심[툭담기틸(Thugs dam gyi mthil)]으로 삼고, 지도(地道)와 증과(證果)의 일체가 그것의 지분이 됨을 얻음으로써, 그때 보리심의 법주(法主)로 널리 알려졌다. (중략)

그 뒤 아사리 금주법칭께서 마음에 얻고자 했던 모든 뜻을 성취한 뒤, 금주(金洲)로 돌아와서 불법을 크게 진흥시킴으로써, 그 나라의 모든 이들의 정수리의 장엄과 같이 되었다. (중략)

그와 같이 이 대성인께서 통상 교화사업을 광대하게 행하신 가운데, 특별히 조오제(大恩人)라 부르는 길상하신 아띠쌰(Atīśa)에게 황금법당에서 12년 동안 대승의 도차제의 모든 구결을 [장애를 소멸하고 효력을 증대시키는] 제장발효(除障發效, Gegs sel bogs ḥdon)을 함께 주심으로써, 조오제(大恩人)의 마음의 보병에 보리심의 감로를 가득히 채워주었다. 그로 말미암아 보리심의 보석의 힘으로 보고 듣고 접촉하는 일체를 거두고 성숙해탈에 안치하고, 다른 빤디따와 성취자들보다 교화사업의 범위가 광대하였다.

특별히 북쪽의 설원의 야만스러운 중생들로 교화하기가 험난한 자들 또한 조오제(大恩人)의 몸을 보고, 목소리를 듣고, 최저 존명을 듣는 것으로도 믿고 희구함과 조오제의 이름을 듣고, 그의 몸 모습을 생각하면 각자의 흉악한 번뇌들이 일순간에 없어지고 믿음과 공경함이 저절로 일어났다. (중략)"

- **쓰리굽따(聖護)** : 아사리 쓰리굽따(Śrīgupta, 聖護)는 우리말로는 성호(聖護)이고, 티베트어로는 뻴배(dPal sbas)라고 하며, 경부행중관자속파(經部行中觀自續派)의 아사리이다. 그의 생몰연대는 자세히는 알 수가 없으나 따라나타(Tāranātha)의 『인도불교사(印度佛教史)』에서, "그 당시 비말라짠드라(Vimalacandra, 無垢月) 법왕은 빤디따(Paṇḍita) 아마르씽하(Aamarsiṁha)와 라뜨나끼르띠(Ratnakīrti, 寶稱)와 쌈쁘라두따(Sampradūta)의 제자인 중관논사 쓰리굽따(聖護) 등을 공양하고 섬겼다." 라고 하였듯이, 그는 아사리 쌈쁘라두따(Sampradūta)의 제자라고 하였다.

  일반적으로 아사리 청변논사(清辨論師)의 제자로 알려진 아사리 쓰리굽따(聖護)와 아사리 쌴따락시따(寂護)의 스승인 즈냐나가르바(智藏)의 학통에 대하여 쫑카빠 대사의 『중론정리대해(中論正理大海)』에 실려 있는 출판사의 서문에서, "아사리 바뱌(Bhavya / Bhāvaviveka, 清辨)의 제자인 아사리 쓰리굽따(Śrīgupta, 聖護)와 그의 제자가 아사리 즈냐나가르바(Jñānagarbha, 智藏)이니, 이 아사리께서 용수보살과 청변논사의 학설을 교계와 더불어 일맥으로 전승하는 일체를 아사리 쓰리굽따(聖護)로부터 청문한 뒤 통달하였으며, 또한 과거 아사리들의 논전의 의취를 경부행중관자속파(經部行中觀自續派)의 도리로 주석하고 『이제분별론(二諦分別論)』과 『이제분별론주(二諦分別論註)』의 둘을 저술하였다."라고 하였다.

- **쓰티라마띠(安慧)** : 아사리 쓰티라마띠(Sthiramati)는 우리말로는 안혜(安慧) 또는 견혜(堅慧)이며, 티베트어로는 로땐(Blo brtan)이다. 그는 아사리 세친(世親)의 제자로 아비달마(對法藏)에 대해 스승보다 뛰어난 세친의 4대 제자 가운데 한 분이자, 유식(唯識)의 십대논사 가운데 한 분이다. 여기서 아비달마(對法藏)는 『구사론(俱舍論)』과 『대비파사론(大毘婆沙論)』과 같이 경전의 심오한 내용을 해설하고 천명한 논전들을 말한다.

또 따라나타(Tāranātha)의 『인도불교사(印度佛教史)』에 의하면, "아사리 바쑤반두(世親)께서 바가비따라(Bhagavitāra) 부르는 곳에서 곡식과 기름 등을 저장하는 큰 구리그릇에 들어가 49품(品)의 십만송(十萬頌)으로 알려진 경전[『보적경(寶積經)』]을 독송할 때, 아주 영리한 비둘기 한 마리가 기둥 위에 앉아서 공경하는 모양으로 그것을 들었다. 그 비둘기가 죽은 뒤 남인도의 단다까라냐(Daṇḍakaranya)라 부르는 상인의 아들로 태어났다. 그가 태어나자마자, '나의 아사리가 지금 어디에 계시나요?'하고 묻자, 아버지가, '너의 아사리가 누구냐?'고 하자, 답하길, '나의 아사리는 세친보살이며, 마가다에 계신다.'라고 하였다. 그곳에서 온 상인에게 물어보자 현재 살아계신다고 하였다. 일곱 살이 되던 해 [나렌드라 승원에 주석하는] 아사리 바쑤반두(世親)에게 데려갔다. 그곳에서 학문을 배웠으며 지혜가 있음으로써 이해하는 데에 어려움이 없었다.

어느 때 콩 한 주먹을 얻은 것을 먹으려 하였다. 그때 아르야따라(聖度母)의 전각 곁에 있었기에 먼저 아르야따라(聖度母)께 올리지 않고 먹는 것은 옳지 않다고 생각한 뒤, 약간의 콩을 아르야따라의 손에 올리자 대굴대굴 굴러서 떨어졌다. 아르야따라께서 드시지 않으면 나도 먹지 않겠다고 생각한 뒤, 콩이 없어질 때까지 올렸지만 계속 굴러서 떨어지자, 어린 마음에 그만 울어버렸다. 그러자 아르야따라께서 실제로 현신하여, '너는 울지를 말라. 내가 너에게 가피를 내린다.'라고 말하자, 그 순간 무변한 지혜를 얻었다. 그래서 그 존상의 이름 또한 '마샤따라(Māṣa Tārā)[콩 따라]'라고 알려졌다. 후일 상좌(上座)가 되어 삼장(三藏)을 수지하고, 특별히 대소승의 아비달마 논장에 정통하고, 날마다 『보적경(寶積經)』을 독송하였다. 또 모든 일을 아르야따라의 예언대로 처리하였으며, 49품(品)의 『보적경』과 나가르주나(龍樹)의 근본중론의 주석서를 또한 지었다. 아사리 바쑤반두(世親)께서 입적한 직후 외도 위스따빨라(Viṣṭapāla) 등이 걸어온 숱한 논쟁들을 물리침으로써 어자재(語自在)로 알려졌다. 아사리 바쑤반두(世親)께서 저술한 주석서 대부분을 거듭 주석하고, 논전에 대해서도 또한 많은 주석을 하였다."라고 하였다.

- **아르야데와(聖天)** : 아사리 아르야데와(Āryadevaḥ)는 우리말로는 성천(聖天)이니, 음역하여 성제파(聖提婆)라고 하며, 티베트어로는 팍빠하(ḥPhags pa lha)이다. 아사리 나가르주나(龍樹)의 제자이자, 남섬부주를 아름답게 장엄한 육장엄(六莊嚴)의 하나로 『사백론(四百論, bShi brgya pa)』을 저술하여 나가르주나(龍樹)의 공사상을 크게 현양하였다. 또 그는 뛰어난 논사로 외도의 모든 논전에 정통하여 논쟁에 적수가 없어 아무도 그를 이기지 못으로써, 별명이 외도난승흑묵(外道難勝黑墨)이라 알려졌다. 특히 외도 두르다르샤(Durdharṣa, 難勝)와의 논쟁에서 승리하고 그를 불교로 개종시키니, 그가 『불소행찬(佛所行讚)』을 저술한 유명한 마명(馬鳴) 보살이다.

그의 출세에 대하여 『문수사리근본의궤속(文殊師利根本儀軌續)』에서, "달리 또한 청정한 출가자가 [오늘날 스리랑카인] 씽갈리(Siṅgali) 나라에 머문다. 성자가 아니면서 성자의 이름을 하니, 외도의 적론(敵論)을 논파한 뒤 외도의 악주(惡呪)를 파괴한다.'라고 설하였으며, 또한 『시륜후속(時輪後續)』에서도, "십선도(十善道)로 성취를 이룬 아르야데와(聖天)이다."라고 예언하였다.

또 아사리의 행적을 『곰데칙죄첸모(貢德大辭典)』에 실린 전기와 다른 자료들의 내용을 취합해서 소개하면 다음과 같다.

"어느 때 세존께서 대중들이 모인 가운데서 법을 설하실 때, 까마귀 한 마리가 부처님의 머리에다 똥을 싸고 날아갔다. 대중들이 의심이 들어서, '이것이 무슨 징조입니까?'라고 여쭈었다. 세존께서, '미래에 이 까마귀가 외도의 빤디따 마명(馬鳴, Aśvaghoṣaḥ)으로 태어난 뒤, 불법을 크게 훼멸한다.'라고 예언하였다. 그때 대중 가운데 있던 연화수보살(蓮花手菩薩)이, '제가 그 외도를 조복한 뒤 불법에 들여놓게 하소서!'라고 발원하자, 세존께서 또한, '그같이 된다.'라고 예언하였다. 그 뒤 훗날 씽갈리[오늘날 스리랑카]의 왕 빤짜쓰리가마(Pañcaśragama)에게 아들 하나가 태어나니 바로 아르야데와(聖天)였다. 어려서 출가한 뒤 남인도로 건너와 아사리 나가르주나(龍樹)를 만나서 그의 제자가 된 뒤, 함께 남인도의 쓰리빠르와따(Śrīparvata, 吉祥山)[뺄기리dPal gyi ri]에 머물렀다. 그때 동인도에 20명이 넘는 여인들이 불법을 신봉하고 있었으며, 그 가운데 한 바라문 여인에게 아들이 태어났다. 장성한 뒤 성명(聲明)과 인명(因明)에 달통하였다. 어머니는 불자인 까닭에 아들을 불법에 귀의시키길 원했으나, 아버지가 외도인 까닭에 듣지 않고 시바를 섬기는 자재천파(自在天派)에 입문시켰다. 그 뒤 대자재천을 수행하여 그의 존안을 친견하니, 그가 말하길, '너는 무엇을 원하는가?'하고 묻자, 답하길, '일체로부터 승리하길 원합니다.'라고 하자, 대자재천이, '태생의 인간들 일체가 그대를 이기지 못하게 하리라.'고 축복한 뒤, 뛰어난 성취와 네 가지 성취를 시여하고, 문법과 논리에 뛰어난 빤디따 퇴걜와(Thod rgyal ba)와 빤디따 바기니(Bhaginī)와 빤디따 쓔까(Śuka)와 빤디따 카디까(Khaḍika) 네 사람을 붙여 주었다. 만약 그들 넷이 이기지 못하면, '내가 그대 심장 가운데 머물면서 가피를 내리리라.'고 약속하였다.

그 뒤 그가 동인도의 불교의 빤디따들에게 우리가 논쟁한 뒤, 당신이 이기면 내가 갠지스강에 죽으로 들어가고, 내가 이기면 당신들은 내 종파에 들어와야 하고, 그대들의 사원과 경전들을 불태워 버려야 한다고 약속한 뒤 논쟁에 들어갔다. 그가 승리함으로써 불법을 파괴하고 말았다. 그와 같이 남인도에서도 행한 뒤, 어머니에게 제가 그와 같이 행하였다고 말하자, 어머니께서, '슬프다! 이 아들을 불교의 한 빤디따가 제압한 뒤 그를 불법에 들여놓으면 얼마나 좋을까!'라고 생각한 뒤, '아들아, 붓다의 교법이 말의 몸체만 하면, 동인도와 남인도에는 말의 귀만큼도 있지 않다. 그 둘 안에는 불교의 뛰어난 빤디따에 속하는 이가 아예 없다. 그들을 패배시켜도 뛰어난 빤다따가 되지 못한다. 불법이 온전하고, 뛰어난 빤디따들이 중인도의 나렌드라 승원 등에 있으니, 그들을 이기면 그때 뛰어난 빤디따가 된다.'라고 말하자, 아들이 교만한 마음을 일으킨 뒤, '그들 모두를 이름조차 없도록 파괴해서 외도의 교법에 들어놓겠다.'라고 생각한 뒤, 중인도로 향했다.

그가 나렌드라 승원과 가까운 한 마을에 도착해서 한 여인에게 묻기를, '나렌드라 승원이 어디에 있는가?'라고 말하자, 그 여인이 말하길, '어리석은 자가 나렌드라를 말한다.'라고 하였다. 그의 생각에, '이것은 흉조이다.'라고 생각하면서 나렌드라 승원에 도착했다. 그리고 말하길, '나는 외도 아쓰와고샤(馬鳴)라 부르니, 그대들과 논쟁을 하고자 한다. 너희들이 이기면 나는 갠지스강에 죽으로 들어가고, 내가 이기면 그대들은 나의 종파에 들어와야 하고, 그대들의 사원과 경전들을 불태워야 한다. 증인으로 왕을 세우고, 날짜를 정하라.'라고 하자, 승려들이 모여서 회의를 한 뒤, '이것은 경전에서 교법을 쇠멸케 한다고 말한 그 예언이다. 동인도와 남인도의 불교의 빤디따들을 모두 패배시킨 상태이니, 우리가 이기지 못한다. 쓰리빠르와따(吉祥山)에서 아사리 나가르주나(龍樹)를 모셔 와야 하니, 시간을 벌어야 한다.'라고 한 뒤, 30일 뒤에 논쟁하기로 하였다. 이런 상황을 그가 알아차린 뒤, '일단 그대들과 논쟁을 하는 것이니, 외부인은 안으로 들어오지 못하고, 내부인은 밖으로 나가지 못한다.'라고 말한 뒤, 대문 앞에 누워서 출입을 막았다. 대중들이 말하길, '아사리 나가르주나(龍樹) 부자(父子)를 초청하기 위해서 사람이 갈지라도 제때에 도착하지 못하니, 호법신께 기원을 드리자.'라고 한 뒤, 호법신 마하깔라(Mahākāla, 大黑天)에게 또르마(食子)를 진설하고, 그 위에 초청의 서신을 올려놓고 기원을 드리자, [자생의 마하깔라(大黑天) 석상 가슴 가운데서] 까마귀 한 마리가 출현하자 그 목에다 서신을 매어주니 날아갔다. 호법신이 아사리 나가르주나(龍樹) 부자에게 서신을 올리니 나가르주나께서 그것을 보신 뒤, '지금 외도 아쓰와고샤(馬鳴)가 교법을 훼멸하려고 한다. 그것을 물리치기 위해서 내가 가야 한다.'라고 말하자, 아르야데와(聖天)가 말하길, '아사리께서 가실 필요가 없습니다. 제가 가서 그를 제복하겠습니다.'라고 하자, 아사리께서, '네가 그를 이길 수 있으니 지금 떠나라'라고 하였다. 아사리 아르야데와(聖天)께서 신통으로 나렌드라 승원의 근처에 도착하자, 길에서 외도의 한 여인이 수행성취에 필요한 공물로 뛰어난 비구의 눈알이 필요하다고 구걸함으로써, 그녀에게 눈 하나를 뽑아주었다. 그 뒤 나렌드라에 도착한 뒤 물긷는 사람에게 내가 왔다고 말하자, 그 물 긷는 사람이 말하길, '내가 왔다고 말하는 한 아사리가 있다.'라고 알리자, 대중들이 말하길, '물 긷는 사람의 모양을 하고서 들어오라.'라고 전갈하자, 그와 같이 한 뒤, 안으로 들어가서 대중의 끝자리에 앉았다.

외도 아쓰와고샤(馬鳴)가 그것을 알고서, '이전에 없던 둥근 머리는 어디에 있는가?'라고 묻자, 아르야데와(聖天)가 답하길, '머리 위에 있다.'라고 말하자, 그가 논쟁하려고 함을 안 뒤, 참새 한 마리를 손에 쥐고서, '이것이 죽었는가? 죽지 않았는가?'하고 묻자, 답하길, '그것은 그대의 손에 달려 있다.'라고 하였다. 다시 그가 문지방에 올라서서 말하길, '내가 밖에 있는가 아니면 안에 있는가?'하고 묻자, 답하길, '그대의 행동에 달렸다.'라고 말함으로써, 사나운 기세가 꺾였다. 그 뒤 대중들이, '빤디따 퇴걜와, 빤디따 바기니, 빤디따 쑤까, 빤디따 카디까가 있다.'라고 말하자, 그들을 대적하는 방법으로 까꼴라(Kākola, 無慚)와 비달라(Viḍāla, 猫)와 따일라가따(Tailaghaṭa, 黑油)를 준비하였다. 논쟁하기 전날 저녁에 가운데는 국왕의 옥좌를, 오른쪽에는 아사리 아르야데와(聖天)의 법좌를, 왼쪽에는 외도 마명(馬鳴)의 법좌를 진설하였다. 그리고 외도 마명(馬鳴)의 법좌 위 한쪽에는 오래된 머리칼을 비롯한 부정한 물건들을 올려놓도록 하였다.

그다음 날 각자의 자리에 앉은 뒤 논쟁에 들어가니, 먼저 외도 마명(馬鳴)이 말하되, '이 눈 하나인 자는 누구인가?'라고 묻자, 아사리 아르야데와(聖天)가 답하길, '대자재천에게 눈이 셋이 있을지라도 또한 진실을 보지 못하고, 제석천에게 눈이 천 개가 있을지라도 또한 진실을 보지 못한다. 나 아르야데와(聖天)는 눈이 하나일지라도 또한 남김없이 삼계의 진실을 본다.'라고 말하였다. 이에 외도 마명(馬鳴)이 그의 긴 머리채를 들어 올리고 이마에 눈 하나를 나타내 보이자, 아르야데와(聖天)가 말하길, '그것은 놀라워할 일이 아니다.'라고 한 뒤, 발바닥에서 또한 눈 하나를 나타내 보였다.

그 뒤 국왕을 증인으로 앉힌 뒤, 논쟁에 들어가니, 처음은 누구나 다 이해하였다. 그 뒤 또한 학설이 극도로 심오한 곳에 이르자, 복창하는 증인 또한 복창하지 못하고, 판정을 내리는 증인 또한 판정하지 못하였다. 그 탓에 국왕 역시 승패를 알지 못하였다. 외도 마명(馬鳴)이 말하길, '우둔한 자에게 묻도록 하자.'라고 함으로써, 소치는 촌부를 불러와서 '누가 이겼는가?'라고 질문하니, 그가 답하길, '아사리가 이겼다.'라고 말하자, 외도 마명(馬鳴)이, '이제 신통을 겨루자.'라고 말하면서, 당신이 허공에다 만다라를 그리던가 아니면 당신이 그것을 지우라고 하자, 아사리가 그에게 그리라고 한 뒤, 그가 허공에다 만다라를 그리면 아사리가 그것을 지워버렸다. 또 그가 말하길, '내가 하늘을 날던가 아니면 당신이 날아가라.'라고 하자, 아사리가 그대가 날아가라고 하자, 외도 마명(馬鳴)이 하늘 멀리 날아가자, 아사리가 거대한 불모(佛母)의 모습으로 변화한 뒤, 그를 손가락으로 눌러서 무릎 밑에다 가두자 더는 날아가지 못하였다. 그와 같이 논쟁과 힘과 신통 어느 것으로도 이기지 못하자 외도 마명(馬鳴)이 크게 부끄러워한 뒤, '대자재천이 가슴에 머물면서 가피를 내리기로 약속한 것과 오래된 머리카락 등의 부정한 물건들로 빤디따 바기니(Bhaginī)를 비롯한 권속들도 힘을 쓰지 못하니, 신이 여러 사람들 앞에서 나를 기만하였다.'라고 통곡한 뒤, '이전의 큰 승리가 수치스러우니, 범천의 세계로 가리라.'고 생각한 뒤 도망을 쳤다. 아르야데와(聖天)가 그를 하늘에서 붙잡은 뒤 말하길, '네가 이제 여기서 더 위로 올라가면, 날카로운 바람의 칼에 의해서 몸이 조각난다.'라고 하자, 그가 말하길, '그것이 있음을 어떻게 아는가?'라고 하자, '너의 머리칼을 하나 뽑아서 위로 던져보라.'라고 하였다. 그가 그같이 하자 머리카락이 조각남으로써 두려워한 뒤 더는 가지 못하였다. 아사리가 그를 데려온 뒤, 머리털을 깎으라고 하자, 그가 말하길, '머리털을 깎지 않고 나는 갠지스강에 죽으로 간다.'라고 하자, 억지로 머리를 깎여서 경전들을 보관하는 방에 넣은 뒤 문을 잠갔다. 그가 그곳에서 숱한 경전들을 열람함으로써 자기의 견해가 삿됨을 깨달았다. 인과를 크게 무시한 죄업에 의해서 지옥에 떨어짐을 안 뒤, 전혀 할 일이 아닌 일을 저지른 것을 크게 후회한 뒤 불법에 귀의하겠다고 선언하였으며, 뒷날 『불소행찬(佛所行讚)』 등의 많은 논서들을 지었다."

- **아르야비묵따쎄나(聖解脫軍)** : 아사리 아르야비묵따쎄나(Āaryavimuktasena)는 우리말로 성해탈군(聖解脫軍)이며, 티베트어로는 팍빠남돌데(ḥPhags pa rnam grol sde)이다. 그는 아사리 세친(世親)의 제자로 반야학(般若學)에 스승보다 뛰어난 세친보살의 4대 제자 가운데 한 분이다.
  또 『장한대사전(藏漢大辭典下卷)』에 의하면, "5세기 무렵에 인도의 마가다에서 출생하였다. 출가한 뒤 아사리 바쑤반두(世親)와 승호(僧護 dGe ḥdun skyabs)을 선지식으로 사사하였다. 『반야바라밀다이만오천송우파제사론현관장엄주(般若波羅蜜多二萬五千頌優波提舍論現觀莊嚴註)』를 저술하였다."라고 하였다.
- **아쌍가(無着)** : 아사리 아쌍가(Asaṅga, 無着)는 티베트어로 팍빠톡메(ḥPhags pa thogs med)이니, 대승의 유식학파의 개조이자, 미륵보살로부터 전승되는 로종(修心)의 전승자이며, 남섬부주를 아름답게 장엄한 육장엄(六莊嚴)의 한 분이다. 『문수사리근본의궤속(文殊師利根本儀軌續)』에서 그의 출현을 예언하되, "아쌍가(無着)라 부르는 비구는 그 싸쓰뜨라(Śāstra, 論)의 의미에 정통하고, 계경의 요의(了義)와 미요의(未了義)를 다양하게 분변한다. 세간을 알고, 싸쓰따(Śāstā, 教師)의 주인이며, 경론을 변석하는 타고난 논사가 되고, 그의 명지(明智)의 닦아서 이름을 쌀라(Sāla, 娑羅樹)의 포냐모(Pho ña mo, 女使臣)라 부른다. 그 주술의 힘으로 선혜(善慧)를 지니고 태어난다. 불교를 오랫동안 머물도록 위해서, 계경의 진실의(眞實義)를 거두어 모은다. 150년 동안 세상에 머무르고, 그의 몸의 무너진 뒤, 천상으로 간다. 윤회세계에서 윤회하고, 오랫동안 안락을 누린 뒤, 최후에 대성인 되니, 청정한 보리를 얻는다."라고 하였다.
  또 그는 불멸후 1천 년이 지나서 북인도의 간다라(Gandhāra)에서 왕족인 아버지 교시가와 바라문인 어머니 쁘라까싸씰라(Prakāsaśīla, 大明戒) 사이에서 출생하였으며, 아사리 바쑤반두(世親)는 그의 동생이기도 하다. 처음 소승의 화지부(化地部)에 출가하였으며, 빈도라(Piṇḍora) 존자를 따라 소승의 공관(空觀)을 닦았다. 뒷날 계족산(鷄足山)에서 미륵보살님을 12년 동안 수습하여 공통성취를 얻고 법류삼매(法流三昧)를 증득하였다. 도솔천에서 미륵자존으로부터 대승의 교법을 남김없이 청문한 뒤, 모든 경론의 의미를 통달하였다. 대승경전의 은밀한 의미를 현관차제(現觀次第)로 해설한 『미륵오론(彌勒五論)』을 인간계에 모셔왔으며, 그것의 비밀한 뜻을 해설한 『유가사지론(瑜伽師地論)』을 저술하고, 그 밖에 『대승아비달마집론(大乘阿毘達磨集論)』과 『섭대승론(攝大乘論)』과 『대승장엄론(大乘莊嚴論)』과 『현양성교론(顯揚聖敎論)』을 비롯한 허다한 논서들을 지어서 대승불교를 현양하였다. 말년에는 나렌드라 승원에서 12년 동안 머무르면서 외도들의 반론을 논파하였으며, 마지막에는 왕사성(王舍城)에서 입적하였다.

- **아와두디빠(Avadhūtipa, 一切斷者)** : 앞서 소개한 꾸쌀리빠(大乞士)와 같은 사람임.
- **역경승(譯經僧) 갸·쬔뒤쎙게(精進獅子)** : 역경승 갸·쬔뒤쎙게(rGya rtson ḥgrus seṅ ge, 精進獅子)는 조오제(大恩人)의 『중관교계(中觀敎誡, dBu maḥi man ṅag)』를 비롯한 여러 전적을 번역한 역경승으로 아띠쌰 존자를 티베트에 초청하는 데 주도적인 역할을 하였다. 갸·쬔뒤쎙게가 인도에서 수학하고 있을 때, 낙초·로짜와(Nag tsho lo tsā ba)가 다시 왕명으로 아띠쌰를 초청하기 위해서 방문하자, 그를 조오제에게 안내해서 티베트불교의 혼란한 상황을 잘 말씀드려서 허락을 받게 하고, 또한 그곳에서 불법을 수학하면서 조오제께서 서부 티베트로 떠날 준비를 마칠 때까지 몇 년 동안 기다렸다가 모셔오는 일을 주선하였다.

  또 『강짼캐둡림쬔밍죄(Gaṅs can mkhas grub rim byon miṅ mdzod, 雪域歷代名人辭典)』에서, "그의 탄생연대는 분명하지 않으나 태어난 곳은 응아리(mṄaḥ ri) 뿌렝(Pu hreṅs) 지방이다. 티베트의 제일승생(第一勝生, Rab byuṅ daṅ po)[1] 경진년(庚辰年, 1040년)에 [조오제(大恩人)를 모시고 티베트로 오던 도중에] 네팔에서 입적하였다. 그는 티베트의 대학승 린첸쌍뽀(寶賢) 등을 사사해서 현밀(顯密)과 오명(五明)에 통달하였다. 특히 범어(梵語)에 정통하였다. 1031년 전후에 출가법왕 예시외(Ye śes ḥod, 智光)가 그를 인도에 파견하여 조오제를 티베트에 초청하는 명령을 내렸으나, 처음에는 초청하지 못하였다. 그 뒤 조오제(를 사사하고, 비끄라마씰라(Vikramaśīla, 戒香寺) 승원에서 수학하면서 많은 경론을 티베트어로 역출하였다."라고 하였다.
- **역경승(譯經僧) 마·게왜로되(善慧)** : 역경승(譯經僧) 마·게왜로되(rMa dGe baḥi blo gros, 善慧)는 대역경승 린첸쌍뽀(寶賢, 958~1055)의 제자이니, 『까담최중쎌된(噶當派源流)』에서, "대역경승 [린첸쌍뽀(Rin chen bzaṅ po, 寶賢)]의 다섯 명의 총명한 어린 제자 가운데 둘은 카체(Kha che : 카시미르)에 도착해서 열병으로 병사하고, 남

---

1 우리나라의 단기(檀紀)와 같은 것이다. 구게 왕국의 출가국왕 장춥외(菩提光)의 재위 기간에 기조로짜와(Gyi jo lo tsa ba)가 『깔라짜끄라(時輪續)』를 번역한 것을 계기로 티베트에 도입된 새로운 시륜역법(時輪曆法)으로 정묘년(丁卯年)[A.D. 1027년]을 기점으로 60년을 1승기(勝期) 또는 1승생(勝生)으로 부른다.

은 셋이 게왜로되(善慧)와 망에르·로짜와·장춥쩨모(Maṅ wer lo tsā ba Byaṅ chub rtse mo)와 장·로짜와·린첸슈누(lJaṅ lo tsā ba Rin chen ghon nu)였다. 처음 대역경승 아래서 학습하여 정통하였다. 조오제(Jo bo rje, 大恩人)에게 법을 청문하고, 장시간 사사하였다. 『보리도등론(菩提道燈論)』 등을 비롯하여 많은 전적을 번역하였다." 라고 하였듯이, 그는 뛰어난 역경사로 많은 범어의 전적들을 티베트어로 번역한 업적을 남겼다.

로쌍도제랍링(Lobsang Dorjee Rabling)의 『조오제재빼슝챈응아(Jo bo rjes mdzad paḥi gshuṅ tshan lṅa, 大恩人著五部小論)』에 실린 그의 행적을 발췌하면, "낙초·로짜와(Nag tsho lo tsā ba) 출팀걜와(Tshul khrim rgyal ba, 戒勝)가 조오제(大恩人)를 모시고 네팔에 도착한 뒤, 낙초·로짜와와 함께 동행 하였던 갸·쬔뒤쎙게(精進獅子)가 외도의 주술에 의해서 목숨을 잃게 되었다. 조오제께서, '내가 티베트에 가도 무의미하다. 나의 혀가 끊어짐으로써 이익이 없다. 티베트의 국운에 갸·쬔뒤쎙게(精進獅子)가 죽지 않을 작은 복조차 없다.'라고 탄식하자 그때, 낙초·로짜와가 여쭙길, '스승님, 그와 같이 말씀하지 마십시오. 대역경승 린첸쌍뽀(寶賢)와 응옥·렉빼쎼랍(rṄog Legs paḥi śes rab, 妙慧)과 마·게왜로되(善慧)와 선지식 쿠뙨·쬔뒤융둥(Khu ston brTson ḥagrus gyuṅ druṅ, 精進堅固) 등을 비롯한 많은 역경사가 있습니다.'라고 대답한 것을 신뢰할 수 있는 조오제(大恩人)의 전기들에서 만날 수 있음으로써, 역경사 마·게왜로되(rMa dGe baḥi blo gros, 善慧)는 조오제께서 티베트에 들어오기 전에 이미 출생하였고, 많은 전적에 대해서 문사(聞思)를 거쳤을 뿐만 아니라, 세수도 50세 가까이 되지 않았을 리가 없다고 생각한다."라고 하였듯이, 그는 많은 전적을 번역한 가운데 특히 아사리 법칭(法稱)의 『집량론(集量論, Tshad ma rnam ḥgrel gyi tshig leḥur byas pa)』과 『집량론자주(集量論自註, Tshad ma rnam ḥgrel gyi ḥgrel pa)』를 번역하고 또한 그것을 티베트에서 최초로 강설하고 전파한 것으로도 유명하다.

- **역경승(譯經僧) 낙초·출팀걜와(戒勝)** : 역경승(譯經僧) 낙초·출팀걜와(Nag tsho Tshul khrim rgyal ba, 戒勝)는 또한 선지식 궁탕빠(Guṅ thaṅ pa)라고도 불리니, A.D. 1011년에 응아리(mṄaḥ ri) 지역의 개하동(dGaḥi lha gdoṅ)에서 태어났으며 1064년에 54세로 입적하였다. 그의 전기를 『까담최중쎌된(噶當派源流)』에서 다음과 같이 전하고 있다.

"낙초·로짜와(Nag tsho lo tsā ba)는 신해(辛亥)[A.D. 1011] 년에 탄생하였다. 고향은 궁탕(Guṅ thaṅ)이고, 종족은 낙초(Nag tsho)이다. 법명은 출팀걜와(戒勝)이고, 계율에 정통한 대율사(大律師)로 알려졌다. 갸·쬔뒤쎙게(精進獅子)로부터 『구사론』을 배웠다. 세수 27세가 되던 해에 조오제(大恩人)를 초청하기 위해서 인도로 파견

되었다. 19년 동안 여법하게 조오제를 사사하였다. 공통의 학처에 통달하고, 티베트의 승려들이 모두 그를 아사리라 불렀다. 조오제의 법들을 그가 근거를 찾은 뒤 간청하게 주선하자, 다른 이들도 또한 대부분 교계를 얻음으로써 그에게 크게 감사를 표하였다.

낙초·로짜와가 녜탕(sÑe thaṅ) 사원에서 고향인 뙤응아리(sTod mṅaḥ ris)로 떠날 무렵, 조오제께서 많은 가르침을 주었다. 승락륜제삼서언왕(勝樂輪制三誓言王)의 불상을 손에다 쥐어주고 가피를 내렸다. 또 『비나야경(毘奈耶經)』과 『밀집금강속(密集金剛續)』의 범본과 특별히 송별의 법[도최(ḥGro chos)]으로 『성관자재보살성취법』 등의 20가지의 은밀법(隱密法, sBas chos)을 하사하고, 많은 예언도 하였다. 또 붉은 전단에 그린 엄지손가락 크기의 아띠쌰(Atīśa)의 화상(畵像)도 가우(Gaḥu, 小佛龕) 속에 넣고 어깨에 걸은 채, 크게 기뻐하고 또 기뻐하였다.

그가 고향에 돌아온 뒤 길이 16척(尺)에 달하는 큰 광목천에다 인도의 화가 끄리스나(Kṛṣṇā)와 상의해서 위쪽에는 조오제의 본존들을 그리고, 그 아래 양쪽에는 조오제의 스승님 12분의 초상을 그렸다. 중앙에는 조오제의 초상을 실제 크기와 같이 그려 넣었다. 또 좌우 양쪽에는 인도 시자들의 입상(立像)을 그리고, 양쪽 가장자리에는 조오제의 행적들을 그렸고, 하단에는 돔뙨빠·걜왜중내(ḥBrom ston pa rGyal baḥi ḥbyuṅ gnas)와 쿠뙨·쬔뒤융둥(Khu ston brTson ḥgrus gyuṅ druṅ)과 응옥·렉빠셰랍(rṄog legs paḥi śes rab) 셋을 비롯한 티베트 제자들을 강당에서 변론하는 모양으로 그렸다. 전면에는 낙초·로짜와 자신이 발원하는 모습을 그렸다. 뒷면에는 조오제의 『팔십찬(八十讚)』을 기록하였다. 점안의식을 행할 때 조오제께서 직접 도솔천에서 강림하기로 사전에 승인함으로써 이 탱화는 조오제와 차별이 없었다. 상중하의 응아리(sTod mṅaḥ ris) 지역에서 가장 가피가 큰 성물이라고 말하였다.

그 뒤 아사리 즈냐나아까라(Jñānākāra)와 네팔의 싼띠바드라(Śantibhadra)와 낙뽀·담칙도제(Nag po dam tshig rdo rje) 등을 의지해서 많은 역경을 하였다. 그 뒤 조오제의 예언대로 수행에 매진함으로써, 조오제의 육자(六字)와 성도모(聖度母)와 문수금강(文殊金剛)들의 존안을 친견하였다. 그의 기록에도 또한, '나 낙초(Nag tsho) 한 사람 이외에는, 다른 티베트 제자에게 있기 힘드니,'라고 하였다. 그의 제자 락쏘르와(Lag sor ba)에 의해서 중앙 티베트에 그의 법맥이 어떻게 출현하였는가는 아래에서 설하고자 한다."

- **짠드라고미(皎月)** : 아사리 짠드라고미(Candragomī)는 우리말로는 교월(皎月)이고, 티베트어로는 쮠빠다와(bTsun pa zla ba)이다. 대덕 월거사(月居士)라 높여 부르는 그는 아사리 짠드라끼르띠(月稱)와 논쟁을 벌였으며, 그것을 계기로 극무주

중관사(極無住中觀師)가 된 유명한 인물이다. 저서로는 『보살율의이십론(菩薩律儀二十論)과 『문수진실명광석(文殊眞實名經廣釋)』 등의 많은 저술을 남겼다.

그의 행적을 따라나타(Tāranātha)의 『인도불교사(印度佛敎史)』에서 발췌하면 다음과 같다.

"동인도의 와렌드라(Varendra) 지방에 성관자재보살의 존안을 친견한 빤디따(Paṇḍitaḥ, 智者) 한 사람이 살고 있었다. 그가 한 순세외도(順世外道)와 논쟁을 하였고, 그 아사리가 외도의 종견(宗見)을 논파하였으나, 그 외도가 말하길, '논리는 지혜에 의한 변석인 까닭에 지혜를 비교하면 그대가 승리하였을지라도, 전생과 후생이 있다는 직접적 증거는 없는 것이기에 우리는 그것을 인정하지 못한다.'라고 하였다. 그러자 그 빤디따가 국왕 등을 증인으로 삼은 뒤, '내가 다시 후생을 받을 것이니, 이마에다 표시하라.'라고 말하자, 그가 빤디따의 이마에 살을 파서 주사(朱砂)로 동그라미를 새기고, 입안에는 진주 한 알을 넣자, 빤디따가 그 자리에서 죽었다. 시신을 구리 상자 속에 넣은 뒤 뚜껑을 닫고 왕이 봉인하였다. 약속한 대로 그가 왕족의 빤디따 위쎼싸가(Viśeṣaga)의 아들로 태어나니, 상호를 갖추었다. 그 아이가 태어나자마자 이마에는 주사로 그린 동그라미가 있었고, 입안에는 그 진주가 있음을 보았다. 이에 왕 등이 과거의 시신을 꺼내서 보니, 이마에 그린 주사의 동그라미는 지워져 있었고, 진주가 있던 자리에는 구멍이 나 있었다. 그것을 본 뒤 그 외도들 또한 전생과 후생이 있음을 믿는다고 하였다.

그 아이가 태어나자마자 어머니에게 절을 한 뒤, '어머니, 10달 동안 고생하지 않으셨습니까?'라고 말하자, 어머니가 갓난아기가 말하는 것은 흉조라고 한 뒤, 말을 하지 못하게 하자 7년 동안 말을 전혀 하지 않자 다들 그를 바보라고 생각하였다. 그때 불법을 배척하는 한 외도가 극도로 난해한 게송을 짓고, 그 게송의 의미를 가지고서 불교의 종파를 파괴할 목적으로 그것을 왕과 학자들에게 발송하였다.

빤디따 위쎼싸가의 집에도 그것이 도착하자, 그가 장시간 궁리할지라도 게송의 뜻을 제대로 알지 못해서 반박하는 답변을 쓸 수 없었다. 그가 글 뜻을 생각하면서 집 밖으로 일을 하기 위해 나가자, 그때 7곱 살이 된 짠드라고미(皎月)가 그것을 보고, 그 뜻을 앎으로써 답변하는 데에 어려움이 없었다. 어린 짠드라고미(皎月)가 그 뜻을 해석한 짧은 글을 짓고, 또한 답변하는 게송도 지었다. 아버지가 집으로 돌아와 그와 같이 적힌 것을 본 뒤, '집에 누가 왔었는가?'라고 짠드라고미(皎月)의 어머니에게 묻자, '아무도 오지 않았고, 이 바보 아들이 보고서 지었다.'라고 말하자, 아버지가 아들에게 묻자, 단지 어머니의 얼굴만 쳐다볼 뿐이었다.

어머니가 아들에게 말하라고 하자, 어린 짠드라고미(皎月)가, '이것은 제가 지었으며, 반론을 물리치는 것은 어려운 일이 아닙니다.'라고 말하였다. 다음날 짠드라고미(皎月)와 그 외도의 도사가 논쟁을 벌인 뒤 짠드라고미(皎月)가 승리하자, 왕으로부터 큰 상을 받았다.
그 뒤 문법과 논리학을 비롯한 공통의 학문 일체를 배우지 않고서도 저절로 앎으로써, 그 명성이 사방에 진동하였다. (중략) 그 뒤 대승의 한 아사리에 귀의하고, 오계를 받았다. 아사리 쓰티라마띠(Sthiramati, 安慧)로부터 경전과 아비달마장(阿毘達磨藏)을 대부분 한 차례 듣는 것만으로도 이해하였다. 밀교의 아사리 아쑈까(Aśoka, 無憂)로부터 가르침을 받고, 명주(明呪)를 닦아서 성관자재보살과 아르야따라(聖度母)의 존안을 친견하고, 대석학이 되었다. (중략) 그 뒤 학문의 산실인 마가다(Magadha)의 나렌드라(Nalendra) 승원에 찾아오니, 그때 나렌드라 승원에는 외도와 논쟁을 감당할 수 있는 빤디따들은 담장 밖에서 법을 설하고, 그렇지 못한 승려들은 안에서 법을 설하고 있었다.
그때 승원장인 아사리 짠드라끼르띠(Candrakīrti, 月稱)는 담장 밖에서 법을 설하고 있었고, 그가 있는 곳에 짠드라고미(皎月)가 와서 자리에 앉지 않고 일어선 채 듣고만 있었다. 당시 논쟁을 원하는 자들은 그와 같이 행동하였다. 그것이 아니면 듣기를 거부하거나 혹은 공경하게 들었다. 짠드라끼르띠(月稱)가 '짠드라고미(皎月) 그가 논쟁의 상대인가?'라고 생각하면서, '그대는 어디에서 왔는가?'라고 물었다. '남쪽에서 왔다.'라고 하자, '어떠한 법을 아는가?'라고 묻자, '『빠니니(波膩尼)의 문법』과 『백오십찬(百五十讚)』과 『문수진실명경(文殊眞實名經)』 셋만 알 뿐 그 외의 것은 모른다.'라고 겸손하게 답했으나, 실제로는 성명학(聲明學)과 계경(契經)와 만뜨라(眞言)의 일체를 다 알고 있다고 자인하는 것임으로써, '혹시 짠드라고미(皎月)가 아닌가?'라고 이름을 묻자, '세상에서 그와 같이 알려졌다'라고 답하였다. 짠드라고미(皎月)가 말하길, '위대한 빤디따(智者)가 번개 치듯 들이닥치는 것은 보기가 좋지 않다. 대중이 맞이함이 마땅하니 잠시 마을로 돌아가 있으라.'라고 하였다. 짠드라고미(皎月)가 말하길, '나는 거사의 몸인데 승가가 영접하는 것은 마땅하지 않다.'라고 하자, 짠드라끼르띠(月稱)가 말하길, '좋은 방법이 하나 있다. 성문수사리의 존상을 모셔오는데, 그때 불자(拂子)를 흔들면서 들어오라. 대중들이 문수보살님의 존상을 영접하는 것이 된다.'라고 말하였다. (중략)
그렇게 논쟁이 시작되자, 아사리 짠드라고미(皎月)는 아쌍가(無着)의 견해에 의거해서 유식의 교리를 견지하고, 아사리 짠드라끼르띠(月稱)는 나가르주나(龍樹)의 논전을 붓따빨리따(佛護) 등이 주석한 견해에 의거해서 무자성(無自性)의 교리를 견지한 채, 7년 동안 서로가 논쟁하였다. 그와 같은 논쟁으로 말미암아 많은 사람들이 항상 운집함으로써 마을의 어린 남녀 아이들까지도 그 일부를 이해한 뒤, '아, 아르야 나가르주나(聖龍樹)의 논전은 일부에게는 양약(良藥)이자 일부에겐 독약이며, 미륵자존과 아르야 아쌍가(聖無着)의 논전은 모든 사람에게 감로수이다.'라고 노래하였다. (중략)

그 뒤 아사리 짠드라고미(皎月)가 나렌드라 승원에 머물면서 많은 법을 설하였다. 어느 날 짠드라고미(皎月)가 아사리 짠드라끼르띠(月稱)가 저술한 문법책인 『싸만따바드라브야까라나(Samantabhadravyākaraṇa, 普賢聲明記論經)』라 부르는 아름다운 게송의 책을 본 뒤, 자기가 저술한 문법책이 아름답지 못하고 유정에게 이익이 되지 못한다고 여기고서 그것을 우물 속에 던져버렸다. 그러자 아르야따라(聖度母)께서 나타나서, '너의 이 책은 타인의 이익을 위한 고귀한 마음으로 지은 까닭에 미래에 유정에게 크게 이로움을 주나, 짠드라끼르띠(月稱)는 학문의 교만심에 취해서 저술함으로써 타인에게 크게 이로움을 주지 못한다. 그러니 우물에서 그 책을 꺼내도록 하라'고 예언하였다. 그 말씀대로 책을 우물에서 꺼내자, 그 우물의 물을 마시는 것만으로 큰 지혜를 얻는 일이 발생하였다. 그 뒤부터 그의 『짠드라브야까라나(梅陀羅聲明記論經)』는 현재에 이르기까지 크게 유행하고, 뒷날 외도와 불교도를 막론하고 모두가 그것을 배우고 있음에 비해서 그 『싸만따바드라브야까라나(普賢聲明記論經)』는 오래가지 못하고 자취를 감추니, 현재는 그 책이 또한 있는지조차 알기가 어렵게 되었다. (중략)

또 그 무렵 가난한 한 늙은 여인에게 예쁜 딸이 있었으나, 사위에게 줄 예물이 없는 탓에 여러 마을로 구걸하러 다니다가 나렌드라 승원에 찾아왔다. 그녀가 아사리 짠드라끼르띠(月稱)에게 재물이 많다는 소문을 듣고 찾아와서 구걸을 청하자, 아사리가 말하길, '나는 비구인 까닭에 재물을 많이 지니지 않으며, 조금 있는 것들 또한 사원과 승가를 위해서 필요하다. 아사리 짠드라고미(皎月)가 저쪽 집에 살고 있으니 그리고 가서 도움을 청하라.'고 알려주었다. 그 말대로 늙은 여인이 그리로 갔으나 짠드라고미(皎月)가 몸에 지닌 것이라곤 입을 옷 한 벌과 『팔천송반야경(八千頌般若經)』 한 권 이외는 아무것도 없었다. 마침 거기에 아르야따라(聖度母)의 벽화가 있어서 그 가난한 늙은 여인을 크게 연민하는 마음으로 거기에다 대고 기원을 하고 슬퍼서 눈물을 흘렸다. 그러자 그 벽화 속의 아르야따라(聖度母) 그림이 실제의 아르야따라(聖度母)의 몸으로 변화한 뒤, 자기 몸에 걸치고 있던 갖가지 보석으로 만든 값으로 매길 수 없는 장식물들을 벗어서 아사리에게 건네주었다. 그가 그것을 그녀에게 또한 건네주자 그녀가 크게 기뻐하였다. 그 뒤 그 벽화 속의 아르야따라(聖度母)는 보석의 장신구가 없는 까닭에, '장식 없는 아르야따라(聖度母)'로 알려졌고, 장식물이 벗겨진 자리에는 광명이 타올랐다. 그와 같이 유정의 이익을 오랫동안 행한 뒤 마지막에는 성관자재보살의 정토인 뽀딸라(普陀洛迦)로 갔다."

- **짠드라끼르띠(月稱)** : 아사리 짠드라끼르띠(Candrakīrtiḥ)는 월칭(月稱)이니, 티베트어로는 다와닥빠(Zla ba grags pa)이다. 그는 7세기경 남인도에서 출생하였다. 그는 아사리 붓다빨리따(Buddhapālita, 佛護)의 학설을 계승하여 마드야미까쁘라쌍기까(中觀歸謬論證派)를 실질적으로 개창한 아사리로 그의 중관사상은 티베트의 후전기불교(後傳期佛教)에 큰 영향을 미쳤다. 이것은 티베트 불교의 까담빠(bKaḥ gdams pa, 教誡派)의 비조로 추앙받는 아띠쌰(Atīśa)께서 중관귀류논증의 견해를 견지하고, 그것을 널리 전파한 영향이 크다고 할 수 있다.
  예를 들면, 그가 『입이제론(入二諦論)』에서, "'공성을 누가 깨쳐서 아는가?' 하면, 여래께서 예언하시고, 법성의 진실을 통견한 아사리 나가르주나(龍樹)와 제자 짠드라끼르띠(月稱)이니, 그로부터 전승되는 교계에 의해서 법성의 진실을 깨닫는다."라고 하였듯이, 귀류견(歸謬見)을 최상으로 치는 그의 중관견(中觀見)과 도차제(道次第)의 사상은 후전기(後傳期)에 성립하는 티베트불교의 까담빠(教誡派)와 까귀빠(bKaḥ brgyud pa)와 싸꺄빠(Sa skya pa)와 겔룩빠(dGe lugs pa) 등의 종론(宗論)에 결정적인 영향을 미쳤다.
  또 따라나타(Tāranātha)의 『인도불교사(印度佛教史)』에 의하면, "아사리 짠드라끼르띠(月稱)는 남인도 싸만따(Samanta / Samana) 지역에서 태어났으며, 어려서부터 모든 학문을 수학하였다. 같은 지방에서 출가하고, 삼장(三藏) 일체를 배워서 통달하였다. 아사리 바뱌(Bhabya, 清辨)의 제자들과 아사리 붓다빨리따(佛護)의 제자인 까말라붓디(Kamalabuddhi, 覺蓮)로부터 나가르주나(龍樹)의 논전들과 우빠데쌰(教誡)들의 일체를 전해 받았다. 지자(智者)들의 태두가 되었으며, 나렌드라(Nalendra) 승원장을 지냈다.
  그는 『쁘라싼나빠다(Prasannapadā, 顯句論)』와 『마드야마까아와따라(Madhyāmaka Avatāra, 入中論)』와 『짜뚜쌰따까(Catuḥśataka, 四百論廣註)』와 『육띠샤스띠까브릇띠(Yuktiṣaṣṭhikāvṛtti, 六十正理論註)』 등을 저술하였으며, 아사리 붓다빨리따(佛護)의 종지를 널리 현양하였다. (중략) 수많은 외도의 삿된 반론들을 물리쳤다. 마지막에는 남인도로 간 뒤 꽁꾸나(Koṅ ku na / Koṅ kā na) 지방에서 많은 외도의 반론들을 제압하고, 바라문과 장자들 대부분을 불법에 입문시킨 뒤, 큰 사원들을 많이 건립하였다. 그 후 마누방가(Manubhaṅga)라 부르는 산에서 진언도(眞言道)를 수습하여 최승성취(最勝成就)를 얻음으로써 세상에 오랫동안 머문 뒤, 무지개 몸으로 화하였다고 밀교의 아사리들이 주장하였다."라고 하였다.

- **하리바드라(獅子賢)** : 아사리 하리바드라(Haribhadra)는 우리말로는 사자현(獅子賢)이며, 티베트어로는 쎙게쌍뽀(Seṅ ge bzaṅ po)이다. 따라나타(Tāranātha)의 『인도불교사(印度佛敎史)』에서, "아사리 하리바드라(Haribhadra, 獅子賢)는 왕족에서 출가한 아사리로 많은 논전에 통달하였다. 아사리 싼따락시따(Śantarakṣita, 寂護)로부터 중관의 논전들과 교계들을 함께 청문하였다."라고 하였듯이, 그는 아사리 까말라씰라(Kamalaśīla, 蓮華戒)와 함께 아사리 싼따락시따(寂護)의 양대 제자이기도 하다. 또 『곰데칙죄첸모(貢德大辭典)』에 의하면, "아사리 쎙게쌍뽀(Seṅ ge bzaṅ po, 獅子賢)는 왕족에서 출가하였으며, 내외의 모든 학파에 정통하였다. 특히 반야바라밀의 의취를 오랫동안 수습하였다. 그가 자기의 친교사 바이로짜나바드라(Vairocanabhadra, 遍照賢)로부터 미륵자존의 성취법을 청해서 받은 뒤 그것을 닦음으로써, 꿈속에서 위의가 단엄하고 홍화처럼 붉은 아름다운 모습의 비구를 만났는바, 그가 '동쪽의 카싸르빠니(Khasarpāṇi)의 숲으로 가라.'고 예언하였다. 잠에서 깨어나서 그곳에 간 뒤 삼일 동안 머물면서 꿈을 관찰하였다. 새벽 무렵에 꿈을 꾸니, 오딴따뿌리(Otantapuri, 能飛城寺) 승원의 신전(神殿, Gandhola) 위의 하늘에 짙은 구름의 틈새로 천인의 몸이 나타난 뒤, 갖가지의 공양물들로 공양하는 것을 보았다. '무엇을 하느냐?'라고 묻자, 답하길, '미륵자존께서 『팔천송반야경(八千頌般若經)』을 강설하심으로써 공양을 올리는 것이다.'라고 하였다. 보탑(寶塔)으로 정수리를 장식하고, 오른손에 전법륜(轉法輪)의 수인을 짓고 계신 금빛 얼굴의 미륵자존을 멀리서 뵙고는 절을 하고 공양을 올렸다. 그리고 '오늘날 당신의 논전[『현관장엄론(現觀莊嚴論)』]에 대한 주석서들이 많이 있는데 누구의 것을 따라야 합니까?'라고 여쭙자, '모든 주석서를 잘 통달한 뒤 합당한 것들을 가린 뒤, 네가 하나로 모아서 저술하라.'라고 하는 윤허를 얻었다."라고 하였듯이, 그의 저술로는 『현관장엄론주석(現觀莊嚴論註釋)』과 『반야팔천송주(般若八千頌註)』 등이 있다.

⊙ 갖가지 수레의 논설 : 아사리 짠드라고미(皎月)는 처음에는 유식의 견해를 지녔으나, 아사리 짠드라끼르띠(月稱)와 갖은 논쟁을 통해서 중관의 극무주(極無住)의 견해를 지닌 점에서 아띠쌰(Atīśa)와 일치한다. 아사리 짠드라고미(皎月)가 『문수진실명경(文殊眞實名經)』의 "갖가지 수레의 방편의 도리로써, 유정의 요익행에 통달한 자이시며, 삼승의 출리로 발생하는 도과(道果)는, 오직 일승의 도과(道果)로 머무른다."(제135송)라는 게송을 해설하면서, 외도와 내도의 유부(有部)와 경부(經部)와 유식(唯識)과 중관(中觀)의 각기 다른 견해들을 극무주(極無住)의 관점에서 회통하고 있음으로써, 『보리도등론(菩提道燈論)』과 『난처석(難處釋)』의 교설을 이해하는데 있어서 교리적으로 크게 유익하다고 하겠다. 아사리 짠드라고미(皎月)의 『문수진실명광석(文殊眞實名經廣釋)』에서 내외의 학파들의 견해를 비판한 것을 소개하면 다음과 같다.

"갖가지 수레라고 함은, 수레의 문이 무변함을 말하니, 크게 나누면 8만4천이며, 중간은 십이분교(十二分敎)이며, 거두면, 삼장(三藏)과 삼승(三乘)과 특별무상승(特別無上乘)과 외도승(外道乘) 이상이 여기에 속함을 알라.

여기서 외도의 견해에는 둘이 있으니, 단견(斷見)과 상견(常見)이다. [내도(內道)의] 아사리가 열반경을 수순하여 자성아(自性我)를 논파하니, 외도도사 식설(食屑) 등이 [자아를 실유(實有)로 인정하는] 실사아(實事我)를 승의로 주장함에 대하여, [묻기를] '그것이 유위(有爲)인가? 아니면, 무위(無爲)인가?' 만약 유위이면 [실사가] 무상한 것이며, 무위이면, 실사가 [성립되지 않음으로 스스로] 훼손함이다.

여타의 [정리(正理)라 부르는] 증상정인(增上正因)은 또한 외도도사 가비라(迦毘羅)의 [주장인] 상아(常我)에 대하여, [묻기를] '그것은 실사인가? 아니면 비실사(非實事)인가?' 내가 고찰하고자 한다. 만약 실사가 없다고 한다면, 상아(常我)는 [성립되지 않음으로 스스로] 훼손함이다. 만약 실사가 있다고 한다면, '그 상아(常我)가 작용력이 있는가? 없는 것인가?' 만약 능히 작용하지 못한다면, 어떤 작용도 하지 못하는 그것은 허공의 꽃과 같을 뿐이다. 달리 실의(實義)의 작용을 할 수 있다고 한다면, '점차로 행하는 것인가? 일시에 행하는 것인가?' 만약 점차로 행하는 것이라면 그것은 무상(無常)한 것이 된다. 일시에 능히 행한다면 아이들도 또한 용사의 사업을 행할 수 있으니, [그러므로 상아(常我)가 있다는 주장은 성립하지 않는다.]

단견(斷見)의 주장들 역시 정리(正理)가 되지 못하니, 단멸된 뒤에 출현하기 때문이며, 앞과 뒤는 [상속됨으로] 속임이 없기 때문이며, 단멸의 자성이 성립되지 않으니, 그러므로 외도의 주장들은 정리가 아니다.

또한 내도(內道)도 셋이니, 성문승과 연각승과 보살승이다. 성문승(聲聞乘)은 인아(人我)의 더러움을 끊은 뒤, 법아(法我)의 [소집(所執)과 능집(能執)의] 이집(二執)을 승의(勝義)로 주장한다. 이 외경(外境)은 방분(方分)이 없는 무수한 난구형(卵球形)의 극미진(極微塵)이 모임으로써 조색(粗色)의 덩어리를 이룬다고 주장한다. [고찰하면] 그 주장들 또한 어린아이의 발상(發想)에 지나지 않음을 알라. 그렇다면, '그들 극미진이 서로 결합하고 둘러싸여 있는 것인가?' 아니면, 틈새가 없이 존재해도 좋으니, 만약 여섯 방분(方分)을 통해서 변석하면, [무방분(無方分)은 서로 결합할 방분이 없어 실체를 이루지 못하고, 방분이 있다면 극미진이 되지 못함으로써 정리가 아니다.] 하나의 극미진 또한 성립되지 않으니, 그 하나가 성립되지 않는 그것은 여럿이 되지 못한다. 그와 같이 일(一)과 다(多)가 성립되지 못하면 외경 또한 성립하지 못하니, 없는 것이다.

연각승(緣覺乘)은 외경의 사물이 일다(一多)의 정인(正因)에 의해서 훼손되어 전무(全無)하여도 안의 능취(能取)인 각명(覺明)을 승의(勝義)로 주장한다. 그러나 그것들 역시 진실이 되지 못하니, 대경으로 성립하지 못하는 대경을 취하는 능식(能識)은 언제나 정리가 되지 못한다. 비유하면, 흰 것이 아닌 것을 흰 것으로 취하는 심식(心識)은 발생하지 못한다. 사람인 천수(天授)에게 만약 막대기가 있다면 그것에 의해서 특별하게 막대기를 지닌 사람이라고 부르는 것은 정리이나, 만약 막대기가 없다면 천수를 막대기를 가진 자라고 부르는 것은 정리가 아니다.

보살승(菩薩乘)은 둘이니, 유가행파와 중관파이다. 유가행파도 또한 둘이니, 실상파(實相派)와 가상파(假相派)이다.

처음의 실상파의 종론에 의하면, 희고 붉은 갖가지의 모양 이것은 심식(心識)의 모양으로 진실이라고 주장한다. 인무아(人無我)와 법무아(法無我)를 여읜 심식을 승의(勝義)라 주장한다. 그것도 구분하면 또한 둘이니, 갖가지로 출현할지라도 또한 하나의 심식의 체성을 진실로 주장함과 출현 또한 다수로 출현함이니 진실 또한 다수를 진실로 주장하는 둘이 있다. [고찰하면] 처음도 정리가 아니니, '대경과 심식의 둘이 하나인가? 아니면 별개인가?' 만약 하나라고 한다면, 다수의 모양으로 존재하기 때문에 심식 또한 다수가 된다. 만약 대경과 심식이 별개라고 한다면, '성문의 주장에 어찌 들어가지 않겠는가?'

두 번째의 [가상파(假相派)]도 정리가 아니니, 대경이 정량(正量)에 의해서 훼손됨과 같이, '각명(覺明)들에 어찌 훼손이 없겠는가?' 달리 또한, '이 상륜(相輪)을 착란식(錯亂識)에 의해서 인식함인가? 무착란(無錯亂)에 의해서 인식함인가?' 만약 착란식에 의해서 인식함이라면, 실상파의 입론(立論)을 어기는 것이며, 무착란에 의해서 인식함이라면, 누구나 다 진실을 보게 되는 것이다.

이 가상파(假相派)의 주장 역시 둘임을 알도록 하라. 하나는 차안(此岸)을 보는 범부의 심식과 열반의 지혜이다. 열반의 지혜에도 둘이 있음을 알라. 유구파(有垢派)와 [무구파(無垢派)인] 자증청정파(自證淸淨派)이다.

먼저 유구파의 주장에 따르면, 이 갖가지 상륜(相輪)은 근본정(根本定)의 상태에서는 나타나지 않으며, 후득(後得)의 상태에서 출현한다고 주장한다.

또한 자증청정파(自證淸淨派)의 주장에 따르면, 견도(見道) 이후의 후득에서는 상륜(相輪)이 없다고 주장한다. [논하건대] 단지 체험에 불과한 그 각지(覺知)는 전혀 합리가 아니니, 그 또한 심식이다. [묻는다] '그대의 승의인 그 심식은 발생해서 있는 것인가? 발생함이 없이 있는 것인가?' 만약 생해서 있다고 한다면, '자기로부터 발생한 것인가? 타자로부터 발생한 것인가?' 만약 자기로부터 발생한 것이라면, '자성이 성립해서 발생함인가? 불성립으로부터 발생함인가?' 자성이 성립하면 발생할 필요가 없으며, 불성립에서는 발생함이 있지 않다. 만약 타자로부터 발생한다면, '그것은 상주(常住)하는 것인가? 무상(無常)한 것인가?' 상주하는 것으로부터 발생한다면 불변인 까닭에 원인이 되지 못한다. 무상한 것으로부터 발생한다면 무상은 시간에 귀속됨으로써 과거와 미래와 현재의 셋 가운데 어디에서 발생하는가를 묻고자 한다. 과거와 미래의 둘은 모양은 없는 까닭에 원인이 되지 못한다. 현재로부터 발생한다고 한다면, 원인과 결과가 동시인 까닭에 소생(所生)이 능생(能生)이 됨은 정리가 아니니, 발생한 뒤에 있다는 입론(立論)을 어김이다. 만약 발생함이 없이 있다고 한다면, 무생(無生)은 있음이 있지 않음이다. 비유하면 허공의 꽃과 같이 마라(魔羅)에 잡힌 심식을 실사로 말하는 주장들은 해탈의 이름조차 있지 않으며, 자기 자신 또한 파괴하고 만다.

중관파에도 또한 둘이 있으니, 제법을 환화(幻化)로 주장함과 극무주(極無住)로 주장함이다. 환화의 종론은 정리가 아니니, 환화는 정량에 의해서 성립되지 않음과 환화인 까닭에 진실이 아니다. 그러므로 환화의 주장을 어김이다.

극무주(極無住)의 종론에도 둘이 있음을 알라. 승의(勝義)의 진실과 세속의 진실이다. 승의의 진실도 둘이 있으니, 이문(異門)과 비이문(非異門)이다. 세속의 진실에도 둘이 있으니, 정세속(正世俗)과 전도세속(顚倒世俗)이다. 이들이 최상의 종론이니, 무상유가승(無上瑜伽乘)도 역시 이것을 떠나 별도로 있지 않기 때문이다.

그렇다면, '바라밀다승과 밀주승(密呪乘)이 차별이 없음인가?'라고 사유하는 보살유정에게, 의리에 있어서는 티끌만큼의 차이도 없으나, 방편과 도(道)의 차별에는 무변한 차별이 있으니, 이같이, '하나의 뜻에도 또한 어리석지 않으며, 방편이 허다하고 어려움이 없으며, 이근(利根)에 의뢰함으로써, 진언승(眞言乘)이 특별히 수승하다.'라고 설하였다. 그와 같은 갖가지 수레들의 문을 통해서 유정의 이익을 행하는 자 또한 문수살타(文殊薩埵) 당신인 것이다. 삼승(三乘)은 성문과 연각과 보살승이다. 출리(出離)라고 함은, 초지(初地)의 진리 정도는 삼승에 의해서 얻음을 말하나, 구경의 십일지(十一地)의 지혜는 특별히 무상유가승(無上瑜伽乘)만을 통해서 얻는 까닭에, '오직 일승(一乘)의 도과(道果)로 머무른다.'라고 함이다."

⊙ **견실의가지(堅實衣加持)** : 견실의가지(堅實衣加持, Sra brkyaṅ byin gyis brlab pa)의 견실의(堅實衣, Sra brkyaṅ)는 범어 까티나(Kaṭhina)의 의역이며, 음역해서 가치나(迦絺那) 또는 가치나의(迦絺那衣)라고 한다. 하안거(夏安居) 기간에 공양을 받은 옷감을 가치나의(迦絺那衣)의 의식으로 가지(加持)해서 착용하는 것으로 보통 가치나의(迦絺那衣 / 堅實衣)는 안거가 끝난 뒤에 5개월 동안만 착용토록 허락된 임시의 복이다. 여기에는 장열견실의(張列堅實衣)와 견실의가지의식(堅實衣加持儀式)과 해제견실의(解除堅實衣)의 셋이 있다.

① 장열견실의(張列堅實衣, Sra brkyaṅ gdiṅ ba)는 장열가치나의(張列迦絺那衣)라고도 하니, 이것은 10가지의 죄가 생기지 않게 해서 안거(安居)에 참여한 대중들이 안락하게 머물게 하고, 옷감을 공양한 시주의 공덕이 자라나도록 하안거 때 받은 옷감으로 만든 세 가지 법의의 세트를 견실의(堅實衣)라 부르고, 해제하는 다음 날부터 5개월 동안 견실의가지의식(堅實衣加持儀式)에 의거해서 펼쳐놓고, 엄중하게 보관하는 것을 말한다.

『다조르밤뽀니빠(聲明要領二卷)』에서, "까티나쓰따라남(Kaṭhināstaraṇaṁ, 張列迦絺那衣)의 까티나(Kaṭhina)는 견실(堅實)함이니, 법의(法衣)가 접치지 않고 쭉 펴진 문빗장과 같이 세 가지 법의(法衣)를 가지하고, 승가의 하안거를 서약한 대중이 법의의 착용을 [해제(解制) 날부터] 5개월간을 넘지 않게 함과 오전에 음식을 반복해서 먹음과 각각 모여서 먹는 등의 [열 가지의] 타죄가 생기지 않게 견실하게 하고 너그럽게 풀어주는 이름이니, 그래서 싸꺙(Sra brkyaṅ / Kaṭhina)이라 한다. 아쓰따라(Astara / gDiṅ ba)는 법의를 펼쳐놓음과 또는 쭉 펴놓음과 같이 두루 덮는 이름이니, 그래서 딩와(gDiṅ ba)라 한다. 줄여서 장열견실의(張列堅實衣) 또는 장열가치나의(張列迦絺那衣, Sra brkyaṅ gdiṅ ba)라고 한다."라고 하였다.

② 견실의가지의식(堅實衣加持儀式, Sra brkyaṅ gdiṅ baḥi cho ga)은 하안거 때 공양을 받은 옷감으로 만든 세 가지의 법의를 가지하는 의식을 말한다. 『장한대사전(藏漢大辭典)』에 따르면, "하안거(夏安居) 기간에 공양받은 옷감으로 만든 세 가지 법의(法衣)에 대해서 장열견실의(張列堅實衣)을 행하는 날에 비구들의 법의가지(法衣加持)를 행하고, 백이갈마(白二羯磨)를 통해서 대중의 뜻이 일치하게 하고, 장열견실의를 행하는 담당자를 임명하는 등을 행하는 전행(前行)과 하안거에 참여한 비구들이 하안거를 행하는 그 장소에서 하안거가 끝나는 해제일(解制日)의 다음 날인 음력 16일 오전에 하안거에 참여한 대중이 함께 모인 가운데 담당자가 주문을 세 차례 걸쳐서 낭송한 뒤, 공포하는 본행(本行)과 대중이 함께 기뻐하고 찬탄함을 설한 뒤, 담당자가 엄중하게 보관함으로써 경내 밖으로 휴대하지 않고, 때맞춰서 말리고 먼지를 털어내는 따위를 서약하고 준수하는 결행(結行)을 행하는 의식을 말한다."라고 하였다.

③ 해제견실의(解除堅實衣, Sra brkyaṅ dbyuṅ ba)는 하안거 때 공양을 받은 견실의(堅實衣)의 규정을 해제하는 것을 말한다.

⊙ **공성을 익힘**[훈습(薰習)] : 『입보리행론(入菩提行論)』의 「반야품(般若品)」에서 단지 공성을 깨닫는 것만으로는 사물을 실유로 집착하는 악습을 끊지 못함으로써, 공성을 통견하는 무자성의 훈습을 크게 익힘으로써 실집(實執)의 습기를 끊게 되는 과정을 다음과 같이, "환상(幻相)인 줄로 안다고 해도 또한, '어떻게 번뇌를 물리칠 수 있겠는가?' 어느 때 환화(幻化)의 여인에 대해, 그것을 만든 환술사 또한 애착이 발동한다(제31송). 그것을 만든 환술사가 대상에 대해, 번뇌의 습기를 끊지 못하여서, 따라서 그것을 보게 되니 그것은, 공성의 훈습(薰習)이 미약함이다(제32송). 공성의 훈습(薰習)을 익힘으로써, 사물의 습기를 끊게 되고, '전혀 없다.'라고 함을 익힘으로써, 그것 또한 뒤에 끊게 된다(제33송). 어느 때 '어떤 것이 없다.'라고 하는, 분별할 대상의 사물을 보지 못하는, 그때 사물이 없어져 사물을 여의니, 혜심(慧心) 앞에 '어떻게 [사물이] 존재하겠는가?(제34송)' 어느 때 사물과 비사물들이, 혜심(慧心) 앞에 존재하지 않는, 그때 다른 모양이 없음으로써, 소연이 없어져 크게 적멸한다.(제35송)"라고 다섯 게송으로 설명하였다. 그리고 이들 다섯 게송에 대한 두 가지의 해설을 소개하면 다음과 같다.

1. 선지식 빠오·쭉락텡와(dPaḥ bo gtsugs lag phreṅ ba, 勇士·經典鬘)의 『입보리행론석

대승법해(入菩提行論釋大乘法海)』에서 다음과 같이 설하였다.

“[환상(幻相)으로 봄을 도(道)로 닦음 가운데 반론을 힐척하는] 첫 번째, ‘환상(幻相)인 것으로 안다 해도 또한, 어떻게 번뇌를 물리칠 수 있겠는가?, 어느 때 환화(幻化)의 여인에 대해, 그것을 만든 환술사 또한 애착이 발동한다.(제31송) 그것을 만든 환술사가 대상에 대해, 번뇌의 습기를 끊지 못하여서, 따라서 그것을 보게 되니 그것은, 공성의 훈습(薰習)이 미약함이다.(제32송)’라고 하였다. 유식논사가 말하되, ‘그대 중관논사가 비록 일체법이 환상과 같은 것인 줄 안다고 해도 또한, 어떻게 번뇌를 물리칠 수 있겠는가? 어느 때 환상의 여인에 대해 그것을 만든 자인 환술사 자신 또한 애착이 일어나기 때문이다.’라고 한다면, [답하되] 그것을 만든 자인 환술사는 환술의 주문을 닦아 이룬 것에 불과함을 안다. 다만 대상에 대한 번뇌를 진압하지 못하고 습기를 끊지 못한 그것으로 환상의 여인을 보는 것이니, 그것은 공성의 훈습이 미약한 까닭에 애착이 일어난 것에 불과한 것이다.

두 번째는 ‘공성의 훈습(薰習)을 익힘으로써, 사물의 습기를 끊게 되고, 「전혀 없다.」라고 함을 익힘으로써, 그것 또한 뒤에 끊게 된다(제33송). 어느 때 「어떤 것이 없다.」라고 하는, 분별할 대상의 사물을 보지 못하는, 그때 사물이 없어져 사물을 여의니, 혜심(慧心) 앞에 ‘어떻게 존재하겠는가?(제34송)’라고 하였으니, 그 또한 일체법이 환상과 같다는 생각을 닦는 것이다. 그것을 닦아 익히면 환상조차도 보지 않는 공(空)의 모양을 보게 되고, 그 공성의 훈습을 익힘으로써, 하나와 다수 등의 갖가지로 고집하는 사물의 습기를 끊게 되고, 일체법이 전혀 없다고 보게 된다. ‘「전혀 없다.」라는 이것이 승의인가?’라고 하면, 이것 또한 생각의 모양을 다스리는 대치법의 차례대로 소멸하니, 진실한 것은 아니다. 「전혀 없다.」라는 것에도 또한 머물지 않기 때문이니, 아사리 나가르주나(龍樹)의 『출세간찬(出世間讚)』에서, ‘모든 허망한 분별을 끊기 위해, 공성의 감로를 설하여 보임인데, 어떤 이가 그것을 집착하는, 그것을 당신께선 크게 나무라셨다.’라고 하였다. 따라서 희론(戱論)에 의해 피폐해진 유정들의 희론을 집착하는 질병을 다스리는 법으로 「전혀 없다.」라고 보는 이것은 설사약에 해당하니, 말하자면, ‘이것은 무엇을 얻음과 얻지 못함과 결박과 해탈과 보고 보지 못함 등이 전혀 없다.’라고 하는 모든 희론이 절멸한 모양을 보는 이것을 미리 친숙하고 익힘으로써, 「전혀 없다.」라고 인식하는 그 마음 또한 뒤에 버리게 되는 것이다. 어느 때 일체법이 환상과 같음을 봄으로써 실유(實有)로 분별하는 실집(實執)을 버리고, 「어떤 것도 전혀 없다.」라고 분석할 대상의 사물이 없음 또한 보지 못하는 그때 일체법의 유무(有無) 등의 사물이 어디에도 전혀 없어서 소연(所緣; 事物)과 능연(能緣 : 內心) 등의 모든 생각의 흐름에서 떠남이나 또한, '사물이 없는 소연(所緣)를 여읨에 불과한 땔나무란 사물 그것 또한 진성(眞性)의 더러움이 없는 반야인 겁화(劫火)와 같은 혜심(慧心) 앞에 어떻게 존재하겠는가?' 땔나무가 소진하면 불 또한 꺼짐과 같이 더러움이 없는 반야의 혜심 그 또한 원초부터 불생불멸의 본성으로 항상 적멸하니, 진성의 법계에서 그와 같이 적멸하다.

세 번째는 '어느 때 사물과 비사물들이, 혜심(慧心) 앞에 존재하지 않는, 그때 다른 모양이 없음으로써, 소연이 없어져 크게 적멸한다.'(제35송)라고 설하였다."

2. 선지식 부뙨·린첸둡(Bu ston Rin chen grub, 寶成)의 『입보리행론주소(入菩提行論註疏)』의 해설은 다음과 같다.

"[일체법을 공성으로 깨닫지 못하면 번뇌에서 해탈하지 못함을 설하여 보임이니] 환화(幻化)의 여인을 만든 환술사는 그 소지(所知 : 對象)를 사물로 증익(增益)하는 소지(所知)의 장애와 실체의 여인에게 탐착하는 번뇌의 습기이니, 무시이래 윤회로부터 심어온 종자 그것을 끊지 못한 원인으로, 그 원인으로 인해 환화의 여인을 볼 때 그녀를 사물의 자성으로 보게 되니, 번뇌의 습기를 끊지 못한 보는 그 자는 '사물의 진실인 공성에 대해 작문(作文)한 글자를 지운 뒤에 공(空)하다.'라고 설하여 보이니, 그의 훈습이 미약하니, 힘이 적으니, 증익에 집착하기 때문이다. 그러므로 그 [환상의] 여인을 공성으로 깨달을지라도 일체법을 공성으로 깨닫지 못하기 때문이다.

'만약 유식논사에게 또한 무이지(無二智)가 있을지라도 객진(客塵)의 번뇌를 끊지 못함으로써 일체가 붓다가 되지 못한다.'라고 한다면, [답하되] [그것은 도리가] 같지 않은 것이니, 그대의 의식이 승의에서 실재하고 번뇌들이 실사로 존재하지 않음으로써, [의식이 승의에서] 실재하는 것을 가리지 못하나, 나 같으면, 무자성에 소생(所生)과 능생(能生)과 소장(所障)과 능장(能障)이 있기 때문이라 하겠다.

두 번째, 공성을 깨달음으로써 실집(實執)에서 벗어남을 설하여 보임과 해탈의 무소연(無所緣)의 적멸의 열반을 얻음과 적멸을 얻어도 이타의 사업을 자연 성취하는 것을 설하여 보임의 셋 가운데서 첫 번째는, 그렇다면, '사물을 집착하는 습기 그것을 어떻게 끊는가?'라고 하면, [답하되, 제32송에서] 공성은 환상의 자성은 자성이 없는 것이니, 그것을 깨닫는 진성(眞性)의 지혜로 쌓은 훈습이니, 그 힘을 삼무수겁 등의 동안에 익힘이 구경에 도달함으로써, 무시이래 익혀온 사물을 [실유로] 집착하는 습기를 끊게 되니, 그것은 객진(客塵)이기 때문임과 전자인 [환상]의 자성이기 때문이다. 그렇다면, '공성과 사물의 습기의 끊음의 대상이 차별이 없는 것이다. 『중론(中論)』의 「관행품(觀行品)」에서, '「지나(Jina, 勝者)들께서 공성은 모든 견해에서 반드시 벗어난다.」라고 설하였다. 「어떤 이들로 공성을 [실유로] 보는, 그들은 [악취견(惡取見)을 물리칠 대치법을 전혀] 성취[2]할 수 없다.」라고 설하였다.」라고 하였기 때문이다.'라고 한다면, [답하되] '사물 또는 공성이 전혀 없다.'라고 함을 익힘으로써, 사물을 [애착하는] 습기를 끊어버린 뒤에 공성의 [자성이 있다는] 습기 그것 또한 끊게 되니, 공성을 깨달음은 사물의 실집(實執)을 끊는 방편이니, 그 또한 나룻배와 같은 까닭에 방편이 일어남을 깨달은 뒤에는 버리는 것이다. 그렇지만, '그것으로 공성의 훈습을 끊어도 또한 없다는 분별을 함으로써 허물에서 벗어나지 못하니, 속담에 「목의 혹을 누르자 눈알이 튀어나왔다.」라고 함과 같다고 하면, [답하되, 제34송에서] '어느 때 「어떤 것이 없다.」라고 분별하는 그때, 눈이 흐릿한 사람이 보는 머리칼과 같이 분별할 대상의 사물을 보지 못하거나 혹은 얻지 못하는 그때 비사물이 그 혜심(慧心) 앞에, 외경으로서 비사물로서 어떻게 존재하겠는가? 존재하지 못하는 것이다. 비사물로 안립하는 소의(所依), rTen)인 의뢰하는 사물을 여의었기 때문이다. 주편(周遍 : 妥當)하니, 비사물이면, 사물이 없음도 없는 것이니, 저쪽이 없으면 이쪽도 없음과 같다. 그러므로 분별을 끊기 위한 목적으로 『반야경』에서 18공성(空性)을 설하였으니, 그 또한 단공(斷空)이 아니다. 다른 주석서에서, '공성은 사물 밖의 다른 것이 아님이니, 사물은 그것의 자성이기 때문이다.'라고 하였으며, 다른 주석서에서도, '공성이 제법으로부터 다른 것이라면, 제법과 비사물이 되지 못하니,'라고 설하였기 때문이다. 『반야경』에서, '색(色)이 공허함으로써 색(色)이 공(空)한 것이 아니니, 색(色)은 공(空)이요, 공(空)은 색(色)이다.'라는 관용구(慣用句)와 결부해서 설하였으며, 다른 경[『무구칭경(無垢稱經)』]에서도, '견희보살(見喜菩薩)이 설하길, 「색(色)은 공(空)이니, 색(色)은 괴멸함으로써 공(空)이 아니며, 색(色)의 자성이 공(空)이다. 그와 같이

---

2 '성취함이 없다(sGrub tu med pa).'라고 함의 뜻이니, 쫑카빠(Tsoṅ kha pa)의 『중론석정리대해(中論釋正理大海)』에서, "그러므로 어떤 이들로 그 공성에 자성이 있다고 보는 그들은 [악취공(惡取空)을 물리치는 대치법을] 성취할 수 없으니, [악취공의 견해에서] 빼냄이 불가하다고 설하였다."라고 하였다. 한역에서는 "대성설공법(大聖說空法) 위리제견고(爲離諸見故) 약부견유공(若復見有空) 제불소불화(諸佛所不化)"라고 의역하였다.

수(受)도」'라는 등을 설하였다.

두 번째는, '그와 같이 대경이 혜심(慧心) 앞에 없다면, 그것을 고집하는 마음이 일어나지 않음으로써, 장애에서 벗어난다.'라고 함을 설함이다. 어느 때 승의(勝義)에서 사물과 비사물들이 혜심(慧心)이니, 지혜와 마음 앞이니, 대경으로 존재하지 않는, 그때 있음과 없음의 둘로부터 다른 모양인 그 둘과 그 둘이 아닌 세 번째의 온(蘊)은 없음으로써, 있음과 없음을 소연하는 대경이 사라짐으로써 또는 근취온(近取蘊)이 없음으로써 땔나무가 타버린 불처럼 분별의 일체가 크게 적멸한 무주처열반을 얻는 것이다."

⊙ **공성의 깨달음과 계율의 준수** : 먼저 이 게송들의 뜻을 아사리 짠드라끼르띠(Candrakīrti, 月稱)는 그의 『입중론자주(入中論自註)』에서 다음과 같이 해설하였다.

"(두 번째 그에게 공성을 설해 보이는 이익을 설함은) 그와 같은 듣는 자에게 [공성의] 진실을 설하여 보이는 설법자의 노력이 무의미하지 않으니, 왜냐하면, 이와 같기 때문이다. '그의 뒤를 쫓아서 공덕이 발생한다.'(제5송)

그 듣는 이에게 공(空)을 파악해서 전도로 말미암아 발생하는 무의미함이 생기지 않을 뿐만 아니라, 공성의 견해를 듣는 연고로 공덕들이 또한 발생한다.

'어떠한 것인가?' 하면, 그가 공성의 견해를 듣고서 그것을 보물을 얻은 것과 같이 여기고, 그것이 쇠퇴하지 않도록 위해서 다음과 같이 설하였다.

'항상 계율을 바르게 받아 지녀서 잘 머물고, 보시를 널리 행하고 대비에 의지하고, 인욕을 닦는다. 그것의 선업(善業)을 또한 중생을 구제하기 위해, 대보리로 온전히 회향하고, [보리행이] 원만한 보살들을 공경한다.'

[설하니] '만약 내가 계율을 범한 탓에 악도에 떨어지면 공성의 견해가 끊어진다.' 라고 안 뒤, 항상 계율을 바르게 수지하며 머문다. '내가 계율에 의해서 선취(善趣)에 태어날지라도 또한 가난하면 음식과 의약과 법의(法衣) 등의 생필품을 구하는 데 애씀으로써, 공성을 듣는 것이 끊어진다.'라고 생각한 뒤, 보시를 널리 행한다. '공성의 견해를 대비로 섭수하는 것이 성불로 인도하고, 여타는 그렇지 못하다.'라고 생각한 뒤, 대비를 친근한다. '성냄은 악도에 들어가고, 추악한 형색을 얻게 하니, 그 탓에 성자들을 기쁘게 해드리지 못한다.'라고 생각한 뒤, 인욕을 닦는다. '일체종지로 온전히 회향하지 않은 지계 등들은 성불의 무량한 원인과 결과를 끊임이 없이 산출하지 못한다.'라고 안 뒤, 선근(善根)을 또한 중생을 해탈시키기 위해서 보리로 온전히 회향한다. '보살을 제외한 다른 이들은 연기성(緣起性)을 여실하게 설하여 보이지 못한다.'라고 생각한 뒤, [보리행이] 원만한 보살들을 공경한다."

다음은 캐둡·겔렉뻴쌍(mKhas grub dGe legs dpal bzaṅ, 妙善吉祥)의 『중관대강개안론(中觀大綱開眼論, sToṅ thun skal bzaṅ mig ḥbyed)』에서 다음과 같이 설하였다.

"그렇다면, '이 공성을 이와 같은 교화 대상에게 설하여 보이도록 하라. 이와 같은 자에게는 열어 보이지 말라'고 설한 바의 차이를 '어떻게 아는가?' 하면, 그 또한 『입중론(入中論)』의 「현전지품(現前地品)」에서, '이생범부(異生凡夫)의 단계에서 공성을 듣고서, 안으로 극도의 환희로움이 거듭거듭 일어나고, 극도의 환희로움에서 솟아난 눈물이 눈을 적시고, 온몸의 털이 곤두서는 어떤 사람, 그에게 붓다의 지혜의 종자가 들어있으니, 그 사람이 공성을 설하여 보일 법기이니, 그에게 승의(勝義)의 진실을 설하여 보이라.'라고 설함과 같다.

그 또한 공성을 전도됨이 없이 설함을 듣고서, 그 뜻을 이해하고, 바른 이해에 의지해서 경이로운 생각에서 일어나는 글썽거리는 눈물 따위가 착오가 없는 상징이다. 삿된 법에 근사한 신해(信解)가 일어나는 어리석은 자들의 어지러운 눈물에는 견실한 믿음이 없는 것이다.

그와 같은 법기를 타고난 법을 듣는 자에게 설하면, '공성의 이해가 핵심에 도달한 공덕이 문득 어떻게 일어나는가?'라고 하면, 그 또한 『입중론(入中論)』의 「현전지품(現前地品)」에서, '그에게 뒤따라 일어나는 공덕이 발생하니, 항상 계율을 바르게 받아 지녀서 잘 머물고, 보시를 널리 행하고, 대비에 의지하고, 인욕을 닦는다. 그것의 선업(善業)을 또한 중생을 구제하기 위해 대보리로 온전히 회향하고, [보리행이] 원만한 보살들을 공경한다.'라고 설함과 같다.

이것은 공성에 대하여 확신이 커지는 그만큼 보시와 계율 등의 복덕자량을 크게 공경하게 되니, [나가르주나(龍樹)의] 『보리심석(菩提心釋)』에서 또한,

'제법이 공(空)한 이것을 안 뒤, 업과(業果)에 의지하는 그것이, 경이로움 가운데 더 경이롭고, 희유함 가운데 더 희유하도다.'라고 해서, 크게 찬양을 받을 자리로 설하였다.

그러므로 일부가 말하듯이, '공성에 확신이 일어나 닦는 이상에는, 계율 등들에 대하여 그것들은 요의(了義)를 이해하지 못하는 자들에 그러한 것이지, 요의(了義)를 이해한 이들에게 유희론(有戲論)의 그것들로 무엇을 하겠는가?'라고 말하는 것과 '일단 다른 사람에게 대놓고 업과(業果)를 배우라.'라고 말하는 그 두 가지는 또한, 자기이니, 자기의 처지에서 그것을 닦을 필요가 없다고 주장하는 것과 차이가 없는 것으로서, 자기와 남을 모두 파멸시키는 나쁜 길에 머물면서, 악도(惡道)의 문을 열고, 삿된 공성의 이해에 떨어진 확실한 결과의 징표임을 알도록 하라.

그리고 또한 그와 같은 법의 그릇을 못 갖춘 사람에게 심오한 공성을 설함에 있

어서, 강설하는 자가 비록 보살계를 지닐지라도, [쌴띠데와(寂天)의] 『집학론(集學論)』에서, '마음을 닦지 못한 유정에게, 공성을 강설함과'라고 해서, 전박(纏縛 : 얽고 묶는 여덟 가지 번뇌)이 갖춰지면 계율을 잃게 된다.'라고 또한 설하였다.
여기서 공성을 전도됨이 없이 설하는 것을 듣고서 [상단(常斷) 등의] 양변(兩邊)에 떨어지지 않는 올바른 이해가 생겼을지라도 또한, 경이로움이 일어나서 생기는 글썽거리는 눈물과 온몸의 털이 곤두서는 등이 전혀 없다면, 현재 심오한 공성의 법기로 결정된 것이 아니나 또한, 참된 스승님의 가르침에서 이탈하지 않는다면 공성을 깨닫는 종성의 힘을 새롭게 많이 심을 수 있는 그릇이 됨은 가능하다."

⊙ **교계(敎誡)** : 교계(敎誡, bKaḥi gdams)는 줄여서 까담(bKaḥ gdams)이라 부르니, 곧 부처님 말씀을 교수하는 것을 말한다. 그러나 아사리 길상연등지(吉祥燃燈智)에게 전승되는 교수의 핵심은 일반적인 교계의 의미 위에 세존께서 설하신 바의 말씀 가운데 글자 하나조차 또한 빠짐이 없이 삼사(三士)의 수행 구결로 이해하고 실천하는 것이다. 이것은 『곰데칙죄첸모(貢德大辭典)』에서, "대은인(大恩人)인 길상한 아띠샤(Atiśa) 존자로부터 창시된 부처님의 말씀인 삼장(三藏)의 뜻을 남김없이 삼사(三士)의 도차제(道次第)에 거두어 모은 뒤, 수행하는 학파를 까담빠(bKaḥ gdams pa)라 부른다."라고 한 바와 같다.

⊙ **국정칠보(國政七寶)** : 국정칠보(國政七寶)는 전륜성왕(轉輪聖王)이 소유하는 일곱 가지 보물을 말하니, 곧 금륜보(金輪寶)와 왕비보(王妃寶)와 보주보(寶珠寶)와 대신보(大臣寶)와 장군보(將軍寶)와 준마보(駿馬寶)와 대상보(大象寶)이다. 또한 『쌉최시토공빠랑돌(深奧靜猛密意自然解脫法)』의 「왕시태채랑돌기제끼림빠(一切受持四灌頂者自脫後次第)」에서 시여하는 칠정보(七政寶)의 관정의 논설을 요약하면 다음과 같다.

"① 금륜보(金輪寶)는 허공·바람·불·물·땅·견고·동요·무색계·태양·달의 십상(十相)을 갖춘 금륜으로 윤회의 업(業)의 무더기를 끊은 뒤, 해탈의 법륜을 굴리도록 하는 상징이다.
② 왕비보(王妃寶)는 복덕의 보고이자, 십바라밀을 완성한 아름다운 색신(色身)을 갖춘 왕비처럼, 수명과 수용과 심원을 자유로이 획득하는 힘의 성취를 상징한다.
③ 보주보(寶珠寶)는 세 가지의 보물을 갖춘 보주에 의해서 복덕과 지혜의 자량을 신속히 성취하고, 본래 타고난 칠성재(七聖財 : 信·戒·聞·捨·慚·愧·慧)가 자라남을 상징한다.
④ 대신보(大臣寶)는 칠보(七寶)를 소유한 대신처럼, 타인의 행복과 이익을 위해 복덕과 지혜의 자량을 속히 원만하게 성취하고, 모든 사물의 이치에 달통하

는 지혜의 성취를 상징한다.

⑤ 장군보(將軍寶)는 적군을 무찌르는 장군처럼, 정진의 갑옷을 입고 윤회를 쳐부수고, 유신견(有身見)을 파괴함을 상징한다.

⑥ 준마보(駿馬寶)는 사대주(四大洲)를 하루에 세 바퀴 도는 준마처럼, 오도(五道)와 십지(十地)를 신속히 답파하여, 윤회의 바다에서 벗어나 해탈의 정토에 도달하는 사신족(四神足 : 欲定斷·心定斷·勤定斷·觀定斷)의 성취를 상징한다.

⑦ 대상보(大象寶)는 마군(魔軍)을 혼자서 섬멸하는 대력의 코끼리처럼 십력(十力)을 갖추고 자타의 이익을 수행하며, 비밀금강승의 진실을 깨달음을 상징한다."

⊙ **귀의(歸依)의 십오의(十五義)** : 아띠쌰 존자의 「귀의교설(歸依敎說, sKyabs su ḥgro ba bstan pa)」에 의하면 다음과 같다.

"① 소의(所依, rTen)의 보특가라(人)는 둘이니, 대승의 종성(種姓)과 소승의 종성이다.

② 귀의처(歸依處, gNas)는 두 가지이니, 대소승의 차별에 의한 것이다. 대승의 전적에 의하면 삼보는 이와 같으니, 진성(眞性)의 삼보와 현증(現證)의 삼보와 현전(現前)의 삼보 셋이다. 그 또한 이같이 소지계를 전도됨이 없이 통달하고, 무분별의 무이지(無二智)와 법계에 머무름과 청정한 법계와 반야바라밀과 본정(本定, mÑam gshag)의 상태에서 모든 법이 허공과 같은 것으로 통달하는 높은 지위에 머무는 보살과 또한 이같이, 두 가지의 색신(色身)과 사제(四諦)와 37보리분법(菩提分法)과 지(地)와 바라밀다 등의 법들을 마음 흐름(心續)에 지님과 가행도(加行道)의 보살과 또한 이같이, 화상과 조각과 주조와 진흙으로 만든 존상 등과 구부경(九部經)의 경전과 경권(經卷) 등과 자량도(資糧道)의 보살이다. 소승의 전적에서, '삼보에 귀의한 자와 부처님과 승가를 만드는 법과 무학(無學)과 유학(有學)의 둘과 열반에 귀의함이다.'라고 하였다.

③ 의요(意樂, bSam pa)는 대승자의 의요는 모든 유정의 이익을 생각하는 것이고, 다른 하나는 오직 자기만의 이익을 생각하는 것이다.

④ 기간(期間, Dus)는 보살이 귀의하는 기간은 보리의 정수에 이를 때까지이다.

⑤ 본성(本性, Raṅ bshin)은 유참(有慚, Ṅo tsha śes pa)과 유괴(有愧, Krel yod)를 지님과 [겉으로 드러내 보이지 못하는 참괴(慚愧)의] 무표(無表, rNam par rig byed ma yin pa)를 일으킴이다.

⑥ 기준(基準, Tshad)은 업의 실행과 귀의를 함과 [겉으로 드러내 보이는 행위의] 유표(有表, rNam par rig byed)를 일으킴이다.

⑦ 방법(方法, Tshul)은 귀의의 의궤이니, 그것은 스승님께 여쭙도록 하라.

⑧ 학처(學處, bslab pa)는 공통과 비공통의 학처이니, 그것은 스승님께 여쭙도록

하라.

⑨ 석의(釋義, Ṅes tshig)의 [삼보에 딸린] 백성이 됨과 또는 그 외의 다른 의지처를 찾지 않음으로써 귀의이다.

⑩ 작용(作用, Las)은 보리심의 나무가 자라나는 뿌리가 되고, 해탈의 성채에 들어가는 문이 되고, 일주야계(一晝夜戒 : 近住戒)를 비롯한 모든 계율이 의지하는 기반이 됨이다.

⑪ 비유(譬喩, dPe)는 왕 또는 대신에게 속한 백성이 그의 명령을 어기지 않고, 그를 전적으로 공경함과 같다.

⑫ 차별(差別, dBye ba)은 공통과 비공통의 차별이다.

⑬ 과실(過失, Ñes dmigs)은 과실은 둘이니, 귀의가 무너짐과 또는 알지 못함이다. 버림 혹은 무너짐은 아사리 짠드라끼르띠(Candrakīrti, 月稱)의 『귀의칠십론(歸依七十論, sKyabs ḥgro bdun bcu pa)』에서, '[우바새(優婆塞)임을 서약함으로써, 세 귀의처를 수호하라. 모든 외도를 공경하고, 공양하고 예배하지 않는다.] 최고의 의지처를 얻은 뒤, 다시 저열한 곳을 의지하면, 허물의 방면에 머물게 되는 까닭에, 그것은 지자의 웃음거리가 된다.'라고 하였으니, 이것은 단지 조금 드러내 보임에 불과하다.

⑭ 필요성(必要性, dGos pa)은 세존께서 [『법집요송경(法集要頌經)』]에서 이같이 설하였다.

'두려움에 떠는 사람들이[3]
대부분이 산악과 수림과,
원림과 제사 지내는 곳과
나무의 신들께 귀의한다.

그 귀의처는 핵심이 못 되고
그 귀의처는 최상이 못 되니,

3 『람림첸모챈시닥(菩提道次第廣論四家合註)』에서, "삼보와 계율이 근본이 되는 팔정도(八正道)가 귀의처이지, 전도된 귀의처에 의지하는 것들은 귀의가 아님을 열어 보임이다. 부처님께서 대신변(大神變)을 나투실 때 일부의 외도는 산에 의지하였고, 다른 이들은 수림과 원림과 신전(神殿)과 나무들에 의지함을 보신 뒤 설하신 것이 이 게송들이니"라고 함과 같이, 산신과 목신(木神) 등을 비롯한 세속의 신들에 의지해서는 해탈하지 못함을 뜻한다.

그 귀의처에 비록 의지할지라도
모든 고통에서 벗어나지 못한다.[4]

어느 때 어떤 이가 부처님과
불법과 승가에 귀의를 하고,
고통[苦]과 고통의 원인[集]과
고통을 남김없이 소멸[滅]하고,

성스러운 팔정도에 의해서

---

4 아사리 쁘라즈냐와르마(般若鎧)의 『법집요송경주해(法集要頌經註解)』[또는 『우다나품주해(優陀那品註解)』]에서, "성도(聖道)의 뿌리로 사다리가 되는 계율을 얻음은 귀의를 통해서 되는 것이지, 단지 의지하는 것은 귀의가 아님을 설하기 위해서, '두려움에 떠는' 등의 다섯 가지의 게송을 설하였다. 부처님께서 대신변(大神變)을 나투어서 승리하시니, [음력 1월 15일 신변절(神變節)은 이들 육사외도(六師外道)와 벌인 신통경쟁에서 승리한 것을 기념하기 위해 제정된 기념일로 사위성법회(舍衛城法會)라 부른다. 이 법회는 병진년(丙辰年) 정월 1일부터 15일까지 석가세존께서 쓰라와쓰띠(Srāvastī, 舍衛城)의 쁘라쎄나짓(Prasenajit, 勝軍王) 왕 앞에서 공개적으로 행하신 것으로], '일부의 외도는 산에 의지하였다. 다른 외도들은 수림과 원림과 신전과 수목들에 의지하는 것을 보시고서 이 게송들을 설하였다. 다른 외도들은 죄업을 씻는다고 생각한 뒤, 모래더미에 있는 메진(Me sbyin, 火施)이라 부르는 것을 사위성의 쁘라쎄나짓(勝軍王) 왕 앞에서 낭송하는 악업자(惡業者)에 의거해서 이 게송들을 설하였다.'라고 말한다. '대부분이'라고 함은, 다수를 말한다. '귀의한다.'라고 함은, 죄업을 파괴하기 위해서 의지하고 취함이다. '산'은 설산 등의 산이다. 산과 비슷한 모래더미와 동굴 등을 포함함으로써 '과'인 것이다. '수림'은 수풀 등의 밀림이다. '과'라고 함은, 수림이 되어버린 지역과 연못 등이다. '원림(園林)'은 마을과 가까운 숲 등과 또는 신전(神殿) 또는 탑과 수림을 말한다. '과'는 포함하는 의미이다. 여기서 탑은 신전 등이니, 벽돌 등으로 건립하였기 때문이다. 수목(樹木)은 나무의 모양이며, 장소를 장엄함이다. '어떤 이가 귀의하는가 하면, 두려움에 떠는 사람들이'라고 말함이니, 멸시와 불손함 등에 의해서 두려워하는 외도 등이다. '산 따위가 귀의처가 된다.'라고 하는 분별을 없애기 위해서, '그 귀의처는 핵심이 못 되고'라는 등을 열어 보임이다. 바위 따위들을 고통에서 구호하는 의지처로 주장하는 그것은 핵심이 못 됨이니, 그러므로 단지 의지하는 것으로서는 능히 구호하지 못하기 때문이다. '그 귀의처는 최상이 못 되니'라고 함은, 귀의하는 그것 또한 뛰어나고 최상이 못 되니, 그것에 의지하는 것으로는 윤회를 온전히 끊지 못하기 때문이다. 왜 그런가 하면, '단지 붙잡는 것만으로는 최상의 귀의가 되는 것이 아니다.'라고 설하여 보임이다. '그 귀의처에 비록 의지할지라도, 모든 고통에서 벗어나지 못한다.'라고 함은, '악도의 고통 또는 윤회의 고통으로부터'라고 하는 뜻이다."라고 하였다.

안락과 열반으로 나아가고,
사성제(四聖諦)의 진리들을
반야(般若)로써 보게 하는,

그 귀의처가 [귀의의] 핵심이자
그 귀의처가 [귀의의] 최상이니,
그 귀의처에 바르게 의지한 뒤
일체의 고통에서 해탈하게 된다.'5

⑮ 공덕(功德, Phan yon)은 셋이니, 인(因)의 단계의 공덕과 도(道)의 단계의 공덕과 과(果)의 단계의 공덕이다. 인(因)의 단계에서 얻는 공덕에는 이생과 후생에

---

5 위의 같은 책에서, "승의(勝義)의 귀의처를 열어 보이기 위해서, '어느 때 어떤 이가'라는 등을 설함이자, 또한 어떤 유정이 삼보께 의지하는 그것이 귀의인 것이다. '부처님'은 일체지자의 갈래임으로 18불공법(不共法) 등의 공덕의 무더기이다. '법(法)'은 승의(勝義)의 법이기 때문임과 열반의 구경과(究竟果)의 자체임으로 모든 소망의 최상이기 때문이다. '승가'는 성문의 마음 흐름(心續)에 존재하는 성도(聖道)와 붓다와 연각과 성문의 도(道)의 집합이다. '자기의 의향(意向)에 따라서 [삼보 가운데] 어떤 하나에 귀의하는 것이 아니다. [그것은 삼보를 버리는 것이기 때문이다.]'라는 것을 성립시키기 위해서 '과'라는 말을 세 번을 설했으니, 그들 또한 서로 간의 차별이기 때문이다. 단지 귀의하는 것으로는 악도에서 돌아 나옴이 아니니, [삼보의 진실을] 또한 알고 난 뒤 믿음을 얻기 때문이다. 그 또한 진제(眞諦 : 眞理)를 봄으로써 그렇게 [돌아 나옴이] 되니, '사성제(四聖諦)의 진리들을'이라고 하는 그것을 보지 못함을 깨닫는 것이다. '반야(般若)로써'라고 함은, '어느 때 무루(無漏)의 반야를 얻는 그때 귀의가 원만해짐인 것이다.'라고 하는 나머지 말들인 것이다. 진리를 보는 것들은 바르게 열어 보이기 위해서, '고통'이라는 등을 설함이니, 어느 때 '반야로써 보게 하는'이라고 함은, 여기에 뒤따르는 후구(後句)인 것이다. '팔정도(八正道)'라고 함은, 그것에 여덟 지분이 있고 그 지분이 모여진 것이니, 지분과 부분은 여섯 지분의 나머지와 같음이다. 그와 같은 도(道)를 반야로써 봄이 '어떤 것인가?' 하면, '안락(安樂)과'라고 함이니, '무너짐은 윤회의 별명이기 때문이며, 성도(聖道)는 윤회의 과보가 아니다.'라는 말이니, 그렇지만 그것은 이계과(離繫果)는 아니다. 그것을 열어 보이기 위해서, '열반으로 나아가고'라고 함을 말함이니, '열반으로 나아가게 함과 열반을 얻게 함이다.'라는 뜻이다. ['그 귀의처가 [귀의의] 핵심이자'의] '그'라고 함은, 이것이니, 앞에서 열어 보인 바의 승인한 그것들의 자체는 속제의 귀의처이니, 도(道)를 실증하기 위해서 라고 함과 원인이기 때문임과 알고 난 뒤 믿음을 얻음으로써 발생한 승의(勝義)는 견고하기 때문이다. 그것이 핵심이자 최승의 귀의처인 것이니, 이것에 의지함으로써 모든 고통을 멸하기 때문이다."라고 하였다.

서의 공덕이 있다. 이생에서의 공덕은 팔난(八難)의 공포에서 벗어나게 함과 장애가 없음과 불법을 환희하는 착한 신들이 반려가 되어 줌과 임종 시에 마음이 환희로움 등이다. 후생에서의 공덕은 윤회의 고통과 악도의 고통에서 구출하여 줌과 열반과 [인간과 하늘의] 선취(善趣)의 안락을 주는 것이다. 도(道)의 단계에서의 공덕은 사제(四諦)와 팔정도(八正道)와 37보리분법(菩提分法) 등을 수행하게 함이다. 과(果)의 단계에서의 공덕은 두 가지의 열반과 삼신(三身)을 얻게 함이다. 이것들은 간추린 설명이니, 자세한 것은 경론과 스승님을 통해서 알도록 하라."

⊙ **극무주(極無住)와 환법이성(幻法理成)** : 먼저 극무주(極無住, Rab tu mi gnas pa)의 견해는 중관학파 가운데 귀류파(歸謬派)의 견해로서 자속파(自續派)의 견해로 알려진 환법리성(幻法理成)과 대립하는 주장이니, 『난처석(難處釋)』의 본문에서, "'반야로써 모든 제법들, 그것의 자성을 보지 못함과 같이,'(제54송)라고 함은, '법(法 : 事物)을 봄이 전혀 없는 것이, 최승의 진실(眞實, De kho na ñid)을 봄이다.'라고 많은 계경에서 설하였다."라고 함과 같이, 현분(現分 : 事物)에 대하여 [진실유(眞實有)의] 희론을 단지 끊어버림을 승의(勝義)의 진실로 주장하는 것을 말한다. 이것은 『무량의경(無量義經)』에서 "일체의 모든 법은 본래부터 지금까지 성(性)과 상(相)이 공적하여 ~ 제법은 머물지도 않고, 움직이지도 않으며,"라고 함과 같이, 본래로 무생(無生)인 제법에 생(生)·주(住)·이(異)·멸(滅)의 네 가지의 상(相)을 보는 것은 승의(勝義)가 아닌 세속의 진실인 것이다. 『제불경계입지광장엄경(諸佛境界入智光莊嚴經)』에서, "항상 무생(無生)의 법은 여래이며, 모든 제법은 선서(善逝)와 같다. 어리석은 범부들로 유상(有相)을 집착하는 자들은, 세간들에서 있지 않은 법을 행한다."라고 하였듯이, 이것은 세간에 존재하지 않는 법을 보는 것이다. 그러므로 『난처석』의 본문에서, "그와 같은 사대증인(四大證因)에 의해서, 모든 사물이 남김없이 무생(無生, sKye ba med pa)이며, 극무주(極無住, Rab tu mi gnas pa)이며,"라고 하였다. 다음은 자속파(自續派)의 견해로 알려진 환법리성(幻法理成, sGyu ma rigs grub)이니, 이것은 환상과 같은 제법에 대해서 현분(現分, sNaṅ ba)과 공분(空分, sToṅ pa)의 둘의 집합을 승의제(勝義諦)로 주장하는 견해이다. 그러나 이러한 환법리성(幻法理成)의 주장은 극무주(極無住)의 입장에서는 정리가 아니니, 『난처석』의 본문에서, "그러므로 외도들이 분별로 가립(假立)한 자아(自我) 따위와 내도(內道)의 [유부(有部) 등이]가 분별로 가립한 온(蘊)·계(界)·처(處)와 [유식학파(唯識學派)의] 유심(唯心, Sems)과 환상(幻相, sGyu ma) 등의 분별을 없앤 뒤, 그와 같은 [무생(無生)의] 의미에 항상 머물면서 분별을 버리도록 하라."고 하였으며, 또한 아사리 짠드라고

미(皎月)도 그의 『문수진실명광석(文殊眞實名經廣釋)』에서, "중관파에도 또한 둘이 있으니, 제법을 환화(幻化)로 주장함과 극무주(極無住)로 주장함이다. 환화의 종론은 정리가 아니니, 환화는 정량에 의해서 성립되지 않음과 환화인 까닭에 진실이 아니다. 그러므로 환화의 주장을 어김이다. 극무주(極無住)의 종론에도 둘이 있음을 알라. 승의(勝義)의 진실과 세속의 진실이다. 승의의 진실도 둘이 있으니, 이문(異門)과 비이문(非異門)이다. 세속의 진실에도 둘이 있으니, 정세속(正世俗)과 전도세속(顚倒世俗)이다. 이들이 최승의 종론이니, 무상유가승(無上瑜伽乘)도 역시 이것을 떠나 별도로 있지 않기 때문이다."라고 해서, 세간의 환상(幻相)이 정리로 성립함을 부정하였다.

또한 『보리도차제광론(菩提道次第廣論)』에서, "승의(勝義)를 주장하는 문을 통해서 이름을 시설함에도 또한 둘이 있으니, 현분(現分, sNaṅ ba)과 공분(空分, sToṅ pa)의 둘의 집합을 승의제(勝義諦)로 주장하는 환법이성(幻法理成)과 현분(現分)에 대해 [진실유(眞實有)라는] 희론을 단지 끊어버림을 승의제로 주장하는 극무주(極無住)[의 중관논사]이다. 그 둘 가운데 전자는 아사리 쌴따락시따(Śantarakṣita, 寂護)와 까말라씰라(Kamalaśīla, 蓮華戒) 등인 것으로 주장하고, 환상과 같음[의 중관논사]과 극무주(極無住)의 [중관논사의] 명언(名言)은 인도의 아사리 일부도 또한 주장하였다. 보통 중관논사로 자처하는 인도와 티베트의 아사리 일부가 그와 같이 주장함이 있을지라도 또한, 아사리 나가르주나(龍樹)를 수순하는 중관의 거장들의 종론이 어떠한지를 결택하는 것이니, '미세한 차별이 있는 것들을 누가 가히 논설할 수 있겠는가?' 그러므로 '달리 또한 승의를 주장하는 도리의 문을 통해서 [중관논사에게 환법이성(幻法理成)과 극무주(極無住)의] 둘로 안립(安立)하는 것은 어리석은 자들에게 놀라움을 일으키는 안립법(安立法)이다.'라고 로첸(Lo chen) 로댄쎄랍(bLo ldan śe rab, 覺慧)의 지적은 매우 올바른 것이다. 그들의 주장은 이지(理智)의 비량(比量)으로 단지 추론한 뜻을 승의제로 주장하는 것으로 드러나니, 이지(理智)의 소량(所量)이 승의제와 일치함으로써 [그것에다] 승의(勝義)라고 시설함을 『중관장엄론(中觀莊嚴論)』과 『중관광명론(中觀光明論)』의 둘에서 설하였기 때문이다. 다른 대중관논사들 또한 정리로 희론을 단지 끊어버린 의미 그것을 승의제(勝義諦)로 승인하지 않음으로써 올바른 것이 아니다."라고 하였다.

위의 난해한 뜻을 『보리도차제광론사가합주(菩提道次第廣論四家合註, Lam rim chen mo mchan bshi sbrgs)』에서 해설하길, "[둘째, 승의를 주장하는 도리의 이름의 시설이니, 또한 대경인] 승의(勝義)를 주장하는 [상이한 도리의] 문을 통해서 이름을 시설하는 [중관논사에도] 또한 둘이 있으니, [유법(有法)인] 현분(現分, sNaṅ ba) [실유(實有)로 성립함을 정리(正理)로 타파한 현분]과 공분(空分, sToṅ pa)의 둘이 집합한 [환상과 같은 그 의미 그것]을 승의제(勝義諦)로 주장하는 환법이성(幻法理成)[의 중관논사]와 [현공(現空)의 둘의 합집한 그와 같은 것이 아니라] 현상에 대해 [진실유(眞實有)라는] 희론을 단지 끊어버림[의 무차(無遮, Med dgag)]을 승의제로 주장하는 극무주(極無住)[의 중관사의 둘로 구분함]이다. [승의를 주장하는 도리의 중관논사] 그 둘 가운데 전자[현공(現空)의 집합을 승의제로 주장하는 사상(事相, mTshan gshi)]는 아사리 쌴따락시따(Śantarakṣita, 寂護)와 까말라씰라(Kamalaśīla, 蓮華戒) 등인 것으로 말하고, 환상과 같은 [중관논사]와 극무주(極無住)의 [중관논사의 이름을 시설하는] 명언(名言)은 [티베트의 학자뿐만 아니라] 인도의 아사리 일부도 [까쓰미르(Kasmir)의 락심(Lakṣiṁ) 등도] 또한 주장하였다.

[셋째, 두 번째의 명언(名言)과 같은 주장을 한 인도인이 또한 있었음을 여기서는 거론할 때가 아닌 탓에 적지 않는다.] 보통 [달리] 중관[의 종지(宗旨)를 견지하는] 논사로 자처하는 [승인하는] 인도와 티베트의 아사리 일부가 [앞의 명언을 시설하는 법] 그와 같이 주장함이 있을지라도 또한, [두 번째의 그것들을 분석함에는 셋이 있는 가운데, 첫 번째는 별로 의미가 없기에 논설하지 않으니, 이 단계는 견해를 결택하는데 필요한] 아사리 나가르주나(龍樹)를 수순하는 중관논사[의 종론을 견지하는] 거장[최승의 지자로 알려지고 성취한 자]들의 종론이 어떠한가를 결택하는 것이니, [인도와 티베트에서 서로 다른 학파의 안립법(安立法)의 차별인 자속파(自續派) 다섯 등의 상세한 부분인] 미세한 차별이 있는 것들을 [완전하게] 누가 가히 논설할 수 있겠는가? [불가능한 것이다.]

[두 번째는 승의를 주장하는 도리의 그 이름과 뜻이 어리석은 이치는, 로첸(Lo chen)의 『기감로적서(寄甘露滴書, sPriṅs yig bdud rtshiḥi thigs pa)』에서,] '달리 또한 승의를 주장하는 도리의 문을 통해서 [중관논사에게 환법이성(幻法理成)과 극무주(極無住)의] 둘로 안립(安立)함 [티베트의 선대의 학자들의 그와 같은 주장]은 지자들이 환희하는 행상이 아닌 어리석은 자들에게 놀라움을 일으키는 안립법(安立法)에 [불과할 뿐]이다.'라고 로첸(Lo chen) 로댄쎄랍(bLo ldan śe rab, 覺慧)의 지적은 매우 [타당하고] 올바른 것이다.

[일부의 선대의 학자들이 현공(現空)의 집합을 승의제로 주장하는 환법이성(幻法理成)과 현분(現分)에 대해 [진실유(眞實有)라는] 희론을 단지 끊어버림[의 무차(無遮)]을 승의제로 주장하는 극무주(極無住)의 중관사의 둘로 주장하는 것에 대하여 로첸(Lo chen)은 그와 같은 안립법(安立法) 그것은 어리석은 자들에게 놀라움을 일으키는 것으로 지적함과 쫑카빠 대사께서 로첸(Lo chen)이 그와 같이 지적한 그것을 크게 옳다고 말함이니, 보통 중관논사에게 환법이성(幻法理成)과 극무주(極無住)의 둘로 구분함과 그 또한 전자는 자속파(自續派)와 후자는 귀류파(歸謬派)인 것으로 아사리 쑤라(Śūra, 聖勇)가 승의의 보리심을 수습하는 글인 『보등(寶燈, Rin chen sgron ma)』에서 설함으로써 그 구분은 타당하고, 티베트의 선대의 학자들이 환법이성(幻法理成) 또는 자속파가 현공(現空)의 집합을 승의제로 주장한다고 말하는 것은 환법이성이 현공(現空)의 집합을 이지(理智, Rigs śes)의 비량(比量)의 대경과 소량(所量, gShal bya)으로 주장한 것에 착란하여 그와 같이 말한 것이니, 현공(現空)의 집합은 승의제가 아님과 유법(有法)인 현분(現分)의 분상에서 실유(實有)로 성립함을 타파한 무차(無遮)를 승의제로 주장함에는 자속파와 귀류파의 모두에게 같음을 승인한 것이라고 따낙·노르쌍(rTa nag Nor bzań)이 래첸·꾼갤(Las chen Kun rgyal)의 질문의 답변에서 여섯 번째의 질문인 견해를 호지할 때, '자기의 본질이 성립함을 단지 타파하는 무차(無遮) 이외에 달리 능립법(能立法, sGrub chos)의 모양이 출현하면 유상(有相)을 행하게 됨이 아닌가?'라고 함과 일곱 번째의 질문인 '온(蘊)의 자성이 없음을 깨닫는 비량(比量)에 유법(有法)이 드러나지 않으면, 유법의 집합을 어떻게 대경으로 삼고, 드러나면 무차(無遮)의 파지상(把持相)이 어떻게 있겠는가?'라고 하는 의문을 일으킨 뒤 설명하는 단계에서 나온다. 이 단계에서 중관논사의 승의(勝義)에 다섯 가지의 차별이 있음을 설하는 단계이기 때문이니, 계경에서, '깊고 적정하고 희론을 여의고 무위(無爲)이며 광명이다.'라고 함과 『중론』의 「관인법품(觀人法品)」에서, '타인에 의해서 알지 못하고 (자성이) 적멸하고, 희론들로 가히 희론하지 못하고, 분별이 없고 다른 것이 아닌, 그것을 진실의 [다섯] 성상(性相)이라 말한다.'라고 설하였기 때문이다. 티베트에서 환법이성(幻法理成) 등을 주장하는 그것의 이유이니, 앞의 현공(現空)의 집합을 승의제로 주장하는 티베트의 선대의 학자] 그들의 주장은 [환법이성(幻法理成) 그것이] 이지(理智)의 비량으로 추론하는 [유법(有法)인 항아리 등에는 체실무(諦實無)의 법이 집합한] 사물일 뿐인 [환상과 같은 그것을] 승의제로 주장하는 것으로 드러나니, 이지(理智)의 [실제의] 소량(所量 : 對象)[환상과 같은 그것]을 [소파사(所破事)가 실유로 성립함을 타파한 측면에서] 승의제 [진짜]와 [이문(異門)이 아닌 뜻이 승의(勝義)와] 일치함으로써 [그것에다] 승의라는 [이름을] 시설함을 『중관장엄론(中觀莊嚴論)』과 『중관광명론(中觀光明論)』의 둘에서 설하였기 때문이다. [비량은 분별임으로써 희론의 분별과 이현(二現 : 二元)의 분별을 여의지 못하니, 그러므로 이지(理智)의 비량(比量)의 소량(所量 : 對象)을 차단하는 무차(無遮)가 승의제와 무희론의 승의와 일치하는 것이다. 『보리도차제약론(菩提道次第略論)』에서, '유분별(有分別)의 이지(理智)의 분상에서 희론의 일면(一面)만을 여읨과 희론의 양면을 여읜 승의는 진짜가 아니어도, 통상 참된 승의제가 아니라고 말하지는 않는다.'라고 하였기 때문이다.

세 번째는 뜻을 간추림이니, 그뿐만 아니라 아사리 싼따락시따(寂護)가 아닌] 다른 대중관논사들도 또한 [유분별(有分別)과 무분별(無分別)의 이지(理智)의 두 견지(見地, sNaṅ ṅor) 위에 실유(實有)의 성립이 없음으로써, 그 둘의 견지(見地) 위에 유법(有法)인 현분(現分)을] 정리로 [실유로 성립하는 소파(所破)의] 희론을 단지 끊어버린 뜻[현공(現空)의 둘이 집합한] 그것 [부정(否定, rNam bcad)와 긍정(肯定, Yoṅs bcad)의 둘이 있고, 긍정은 비차(非遮)인 그것]을 승의제(勝義諦)로 승인하지 않음으로써 [현분(現分)을 단지 부정하는 것을 승의제로 주장함을 극무주의 중관논사로 말한다. 선대의 학자들이 승의를 주장하는 도리의 문을 통해서 안립한 중관논사의 명칭 그와 같은 것은] 올바른 것이 아니다. [『보리도차제약론(菩提道次第略論)』에서, '현분(現分)에 대한 소파(所破)의 희론을 결단함에 부정(否定)과 긍정(肯定)의 둘로 진행한 가운데 후자가 비량(比量)으로 분석한 뜻을 단지 승의제로 주장하는 것을 또한 대중관논사 누구도 승인하지 않는다.'라고 설하였기 때문이다. 이것은 체실공(諦實空, bDen stoṅ)이 환상과 같은 속제(俗諦)인 것이다.]"라고 하였다.

⊙ **금강당보살(金剛幢菩薩)의 십종대회향(十種大廻向)** : 금강당보살(金剛幢菩薩, Byaṅ chub sems pa rDo rje rgyal mtshan)의 십종대회향(十種大廻向, Yoṅs su bsṅo ba chen po bcu)은 티베트 역본 『화엄경』의 「십회향품제삼십(十廻向品第三十)」에 해당하며, 데게 대장경 경장(經藏)의 화엄부(華嚴部)[동북목록 No.44]에 수록되어 있다.

이 십종대회향(十種大廻向)은 십회향지(十廻向地)에 머무는 보살의 서원이니 「십회향품제삼십(十廻向品第三十)」에서, "오, 불자들이여, 이 십종대회향들은 과거와 미래와 현재 출현하신 불세존들께서 설하였으며, 설하시고, 설하시게 된다. '열 가지가 무엇인가?' 하면, 이와 같으니, '유정들의 상(想)을 멸하고, 모든 유정을 구호한다.'라고 함이 첫 번째 보살들의 회향이다. '불변을 지니다.'라고 함이 두 번째 보살들의 회향이다. '모든 부처님에게 바르게 생기한다.'라고 함이 세 번째 보살들의 회향이다. '일체를 뒤따라 간다.'라고 함이 네 번째 보살들의 회향이다. '공덕장(功德藏)이 다함이 없다.'라고 함이 다섯 번째 보살들의 회향이다. '모든 선근(善根)과 평등성에 들어가다.'라고 함이 여섯 번째 보살들의 회향이다. '모든 중생의 평등성에 들어가다.'라고 함이 일곱 번째 보살들의 회향이다. '여래성(如來性)의 자성이다.'라고 함이 여덟 번째 보살들의 회향이다. '무착(無著)과 무박(無縛)과 결박과 해탈이 없다.'라고 함이 아홉 번째 보살들의 회향이다. '무량한 법계에 들어가다.'라고 함이 열 번째 보살들의 회향이다."라고 설하였다.

⊙ **금강유정(金剛喩定)** : 금강유정(金剛喩定, rDo rje lta buḥi tiṅ ṅe ḥdzin)은 티베트어 도제따뷔셰자외띵에진(rDo rje lta bu shes bya baḥi tiṅ ṅe ḥdzin)의 줄임말이며, 범어로는 바즈라나마싸마디(Vajra nāma samādhiḥ)라 한다. 이 삼매는 보살이 최후상속제(最後相續際)의 경지에서 가장 미세한 번뇌를 끊는 선정의 이름으로 그 지혜의 작용

이 견고하고 예리함을 금강에 비유한 것이다.

금강유정의 의미를 『둥까르칙죄첸모(東噶藏學大辭典)』에서, "수도(修道)의 금강유정은 대소승에서 각각의 구경의 도과(道果)의 얻음을 가로막는 구경의 소단사(所斷事)를 파괴하는 데 걸림 없는 위력을 지닌 대치력(對治力)인 무간도(無間道)이다. 그것이 마음 흐름에 발생하는 두 번째 찰나에 대소승의 각각의 구경과(究竟果)인 무학도(無學道)를 실현하게 된다. 예를 들어 대승의 법과 같으면, 성불하는 법이 삼무수겁 동안 자량을 구족한 뒤, 최후유자(最後有者, Srid pa tha ma pa)의 시기에 색구경천의 밀엄찰토(密嚴刹土)에서 시방의 모든 부처님께서 대광명으로 관정을 해서 십지(十地)를 완성하는 때의 그 지혜를 최후유제(最後有際)의 지혜 또는 금강유정(金剛喩定)이라 한다. 그것이 마음 흐름에 발생하는 두 번째 찰나에 법신의 본질인 보신을 성취하니, '성불하다.'라고 설하였다."라고 하였다.

또 법왕 티쏭데짼(Khri sroṅ lde btsan)의 『십만송반야경광주(十萬頌般若經廣註)』에서, "여기서 '금강유정(金剛喩定)이란 무엇인가?' 하면, '그 삼매에 안주하고, 모든 삼매의 삼매들을 또한 진실한 것으로 보지 않는 것에 통달하게 함이니,'라고 함은, 그 삼매에 머무르면 제법이 공성임을 깨닫는 지금강(智金剛)과 같은 것이 발생하고, 그 지혜로 모든 삼매의 자성에 두루 들어가는 일념성(一念性)을 낱낱이 알지라도 또한 진실로 보지 않는 것이 금강과 같다.'라고 한다."라고 하였다.

⊙ **네 가지의 습기(習氣)** : 네 가지의 습기(習氣)는 의언습기(意言習氣)와 아견습기(我見習氣)와 유지습기(有支習氣)와 동류습기(同類習氣)이다. 이들 습기의 의미에 대하여 『둥까르칙죄첸모(東噶藏學大辭典)』에서, "보통 학파의 공통적 논설을 예로 들면, 항아리를 인식하는 의식이 항아리를 식별한 뒤, 그 의식이 소멸할지라도 또한 마음에 항아리를 기억하는 염지(念知, Dran śes)를 일으키는 능력이 있는 그것을 습기라 부른다. 유식(唯識)의 논설에 따르면, '습기에 물들게 하는 칠식(七識) 가운데 어떤 식(識)이 훈습의 터전인 아뢰야식 위에 후에 물들게 하는 그것이 소멸할지라도 또한 그것과 동류의 결과를 산출할 수 있게 심어놓은 업의 흔적 그것을 습기라 한다.'라고 설하였다."라고 함과 같이, 네 가지 습기의 의미는 다음과 같다.

① 의언습기(意言習氣, mṄon brjod kyi bag chags)는 청색을 인식한 안식(眼識) 가운데 청색을 분별하는 마음의 탐착경(耽着境)에 대하여 그것의 자상(自相)이 실재함을 능히 떠올리는 습기의 힘이다.

② 아견습기(我見習氣, bDag ltaḥi bag chags)는 자기와 타인을 구분한 뒤 아집(我執)의 견해를 능히 일으키는 습기의 힘이다.

③ 유지습기(有支習氣, Srid paḥi yan lag gi bag chags)는 선업(善業)과 불선업(不善業)의

습기이니, 삼유(三有) 또는 윤회 속에 갖가지의 생사를 능히 받게 하는 힘이다.

④ 동류습기(同類習氣, Rigs mthun paḥi bag chags)는 청색을 인식한 안식(眼識)이 후에 청색을 청색으로 능히 보게 하는 습기의 힘이다.

⊙ **능인(能仁)은 항상 싸마히따(等引)** : '능인(能仁)은 항상 싸마히따(等引)이다.'라고 하는 의미는 입정(入定)과 출정(出定)의 상태에서도 항상 선정에 머무는 것으로 이것은 여래의 십팔불공법(十八不共法)의 하나인 정무멸(定無滅, Tiṅ ṅe ḥdzin ñams pa med pa)이기도 하다. 『화엄경』에서, "일체법의 본성인 진여에 안주하는 선정에서 쇠멸함이 없다."라고 하였듯이, 일체법의 진성(眞性)과 평등성(平等性)에 들어가 머물고, 그 상태에서 움직이지 않음으로써 정무멸(定無滅)이다. 이것은 모든 때에 항상 선정에 들어있음으로써 마음에 산란이 없고 선정이 쇠멸함이 없음을 말한다. 또 아사리 까말라실라(Kamalaśīla, 蓮華戒)의 『입무분별다라니경광주(入無分別陀羅尼經廣註)』에서, "'만약 세존께서는 항상 싸마히따(Samāhitaḥ, 等引)에 머무심으로써, 그러므로 [권속들을] 본다고 말함은 정리가 아니니다.'라고 한다면, [법문을 설하는] 그와 같은 때 [법문을 이해하는] 복분(福分)이 있음과 복분이 없음을 요지함과 [복분의] 차이를 변별함으로써, 그러므로 항상 싸마히따(等引)이니, 이것이 지나(Jina, 勝者)이다."라고 하였으며, 또한 그의 『금강경광주(金剛經廣註)』에서, "'억념(憶念)을 먼저 [전면에] 안치하다.'라고 함은, 과거 세존께서 보살이 되었을 때 위없는 지위를 얻은 뒤, '그와 같이 부처님의 종성이 끊어지지 않음을 그와 같이 내가 행하리라!'라고 서원을 세우신바, 그 발원을 기억함을 현전(現前)시킴이라는 정언(定言)이다. 불세존은 항상 싸마히따(等引)에 머무심으로써 일체에 또한 억념에 머물지라도, 때가 아니고서는 그 억념이 전혀 없으나, 때가 오면 발원을 억념함이 [종성의 끊어지지 않게 행하는] 결과와 더불어 현전한다. 때가 되어 억념할지라도 또한 세존께서는 항상 싸마히따(等引)의 상태에서 보여줌으로써 어긋남이 없다."라고 하였다. 여기서 싸마히따(Samāhitaḥ, 等引)의 문자적 의미이니, 범어 싸마히따(Samāhitaḥ)는 티베트어로 냠샥(mÑam bshag, 平等住)이며, 우리말로는 등인(等引) 또는 평등주(平等住) 또는 근본정(根本定)으로 번역한다. 싸마히따(等引)의 수행상의 의미는, "선정을 수습할 때 인법무아(人法無我)의 공성의 상태에 마음을 전주하는 선정을 말한다."라고 『쎄르기담뷔밍칙챈델노르뒤도쌜(雪域名著名詞精典注釋)』에서 설하였으며, 또 『곰데칙죄첸모(貢德大辭典)』에서, "혼침(昏沈)과 도거(掉擧)를 여읨을 통해서 마음을 소연의 대상에다 일념으로 안치함이다. 글 뜻은 혼침과 도거의 양쪽을 떠난 뒤 마음을 평등하게 안치함으로써 그와 같이 말하니, 『보리도차제광론(菩提道次第廣論)』을 근거로 설함이다. 또한 『비나야사광주(毘奈耶事廣注, ḥDul ba luṅ gshi rgya cher ḥgrel pa)』에서, "냠샥(mÑam bshag, 平等住)이라 함은, 불도거(不掉擧, 좋아하는 대경으로 마음이 들떠서 달아나지 않음)라는 정언(定言)이다."라고 하였다. 비유를 들어 설명하면, 저울대의 높고 낮음이 없이 가운데 올연히 머무는 것을 평등하게 머문다고 말함과 같이, 마음이 침몰과 도거의 어떤 쪽에도 머물지 않고 가운데 평등하게 안치함이다. 등지(等至, sÑom ḥjug)과 같은 의미이다."라고 하였다.

⊙ **대승의 위대성** : 대승의 위대성은 보통 미륵보살의 『현관장엄론(現觀莊嚴論)』에서, "① 소연(所緣)의 광대함, ② 수습의 광대함, ③ 지혜의 광대함, ④ 정진의 광대함, ⑤ 선교방편의 광대함, ⑥ 진성(眞性)의 수습이 광대함, ⑦ 사업의 광대함의 일곱 가지를 갖춤이 대승(大乘)이다."라고 설함과 같다.

또 아사리 뜨리삐따까말라(Tripiṭakamāla, 三藏鬘)의 『삼이취등론(三理趣燈論, Tshul gsum gyi sgron ma)』에서는 대승의 뛰어남을 여섯 가지로 정리하여 다음과 같이 설하였다.

"[묻는다.] '범천(梵天)의 견해에도 이 무이(無二)를 설하니, 「범천의 진성(眞性)과 여실히 요지하는 진성(眞性)이다.」라고 하였으니, 단지 이름으로 차별을 여는 것은 합당하다. 무이(無二)로 승인하는 점은 같기 때문이다. 따라서 외도의 견해와 이것의 의미를 깨닫는 것이 하나인 까닭에 대승의 광대한 논설이 무의미한 것이 아니다.' [답한다.] 그것은 그대와 같은 본성인 아라한들에게 차이가 없는 것이기에 무의미한 것이 사실인 것이나, 성문승 또는 외도의 도리에 비해서 대승의 뛰어남 그것을 설하고자 한다.

'발원과 [보살행의] 실천과 그와같이 심오함과 광대함과
불퇴전과 묘과를 얻음으로써 대승이 크게 수승한 것이다.'

① 발원 등의 이것들 또한 위로 위로 향상함으로써, '위 없는 여래의 경지를 얻는다.'라고 하는 이것이 대승의 의미이니, 이 뜻을 어디에서도 또한 듣지 못했다면 '어째서 대승의 광대한 논설이 무의미한 것인가?' 여기서 처음 대승의 종성을 지닌 자들이 그와 같은 위 없는 발원 어떠한 것으로 붓다가 되는 것처럼 천신과 아수라들이 공양함과 (중략) 여래들 또한 붓다의 눈으로 호념하고, 보살들 또한 진실로 기뻐하시는 바가 되니, 더 말해서 무엇하리오. 위 없는 여래의 경지를 얻는 방편에 잘 머무는 것으로 붓다가 출현하는 것처럼 발심은 중생들이 위안을 얻는 원인이니, 그것을 이같이 문수보살의 발원에서, '끝없는 윤회의 최초에서부터 나아가, 유정의 이익을 위해 무량한 보살행을 하고자 하나이다.'라고 함과 같고, 또한 『보등(寶燈, Rin chen sgron ma)』에서도 보살이 최초에 보리심을 일으키는 단계에서 이것들을 밝게 설하여 보임과 『보현행

원』 등에서도 역시 설한 것이니, 이것들이 우선 대승에 입문한 보살들이 일으킨 발원의 뛰어남이다.

'자기의 몸과 수용(受用)과 삼세에 생기(生起)한 선업들을 모든 유정에게 희사(喜捨)하고, 그것을 수호함과 청정함을 자라나게 한다.'라고 설함으로써, 보살들의 [보살행의] 실천 또한 이것이다. 모든 유정에게 자기의 재물들을 보시하고, 주고 난 뒤에도 또한 지키는 것이다. 그렇다면 '보시한 뒤 지킨다고 함이 무엇인가?' 하며, 그것을 말하고자 한다. '유정들이 빠짐없이 받아 누리는 목적을 위해 자기의 재물의 일체를 보시하고, 그 또한 어느 때 그렇게 희사하였을지라도 모든 유정이 직접 수용하지 못함으로써, 노복처럼 주인이 직접 사용하는 목적으로 자기의 재물들을 지키는 것에는 잘못이 없다. 그 또한, 「유정들이 받아 누림을 위해, 몸 따위들을 보시하라. 지키지 않으면 수용물이 어디에서 오겠는가? 그것을 행하지 않으면 무엇을 보시하겠는가? 그러므로 유정들이 받아 누림을 위해, 몸 등을 지키도록 하라.」고 설한 것이다.

그와 같이 지키는 것 또한 주인의 이익을 위해 청정하게 행하는 것이니, 계율 등이 청정한 자성으로 재물들로 주인인 모든 유정의 이익을 온전히 이룸으로써 닦는 것이 마땅하다. 그 청정함 또한 주인의 이익을 위해 자라나게 하라. 노복일지라도 또한 전륜성왕 등으로 태어남으로써 주인인 유정들의 이승과 저승의 이익을 이루는 것으로 마땅하다. (중략) 이 뜻을 『집학론(集學論)』에서 분명하게 설하였기에 여기서는 널리 설하지 않는다.

② [보살행의] 실천 또한 방편에 정통한 이것과 연결된다. 유정을 소연(所緣)하는 대비를 실천할 때, 법성에 머무는 그는 무소연(無所緣)을 얻음으로써, ③ 심오함과 ④ 광대함에 들어간다. 보살이 사범주(四梵住)를 온전히 갖춤으로써 삼고(三苦)에 붙잡힌 유정계를 보면 유정들을 남김없이 소연하는 대비의 힘이 일어나고, 그 대비로 유정들을 소연한 뒤 보시 등에 들어감이 반야바라밀에 머물지 못하는 그때까지 보시 등을 온전하게 갖추지 못한다.

그 단계에서 큰 보시 등이 청정한 문을 통해서 무소연의 가행(加行)으로 청정해짐으로써, 그가 그 법을 소연하는 대비가 일어나는 것이다. 그와 같이 삼무수겁(三無數劫)에 걸쳐서 법을 소연하는 대비를 수습함이 갖추어지고, 무소연의 대비가 일어나게 된다. 이것이 심오함과 광대함인 까닭에 심오함과 광대함의 뛰어남이다.

⑤ [불퇴전이니] 무변한 발원과 맹렬한 정진 등으로 진성과 일미의 법계를 얻고 나서, '다시 또한 퇴전함이 어찌 있겠는가?' 무변한 유정계를 발본하려는 청정

한 의요(意樂)로 무변한 발원과 맹렬한 정진에 들어가는 것은, 일체의성동자(一切義成童子)가 바닷물을 말리기 위해서 실천에 들어감과 같으니, 그것은 모든 심오함과 광대함을 수순해서 행하는 것이다. 반야바라밀로 가지한 무변한 발원과 맹렬한 정진과 실천 등으로 무분별의 법계를 깨닫고, 무변한 원만구족을 얻음과 무변한 힘을 갖춘 전도가 없는 원인력(原因力)에 의해서 퇴전이 불가능한 것이기에 무분별인(無分別因)의 뛰어남이다.

⑥ [묘과(妙果)이니] 환희가 다함 없이 현현함과 갖가지의 자성인 무분별과 대비의 묘미(妙味)가 편만함과 법계의 자성이 됨이 묘과(妙果)이다. 그는 극도의 환희의 본성의 현현자(顯現者)이며, 갖가지의 다함 없는 자성인 무분별의 법계의 자기의 본성 그것이 발원 등의 남김 없는 일체의 묘과(妙果)이다. 여기서 대비력(大悲力)의 힘으로 자연 성취하고, 단절됨이 없이 들어가니, 타인의 사업을 남김없이 성취하는 본성자(本性者)이며, 무변한 보리의 감로가 편만함이 다함 없는 황금의 보고와 같다."

⊙ **대인(大人)의 32상(相)** : 부처님의 32상(相)은 32대인상(大人相) 또는 32묘상(妙相) 등으로 부르니, 부처님의 색신(色身)에 갖추어져 있는 32가지의 뛰어난 신체적 특징을 말한다. 예를 들면, 정수리의 육계(肉髻)와 미간의 백호(白毫)와 길고 넓은 혀를 뜻하는 장광설(長廣舌)과 몸빛이 금색을 뜻하는 금색신(金色身)과 음마장(陰馬藏)과 같은 것들이다. 이와 같은 여래의 상호를 성취하는 원인에 대하여 『불교학대사전(佛教學大辭典, 弘法院)』에서, "이상의 32상(相)은 부처님이 과거세에 수행할 때에 한 상(相)을 이룸에 있어 백 가지 선한 생각(意志, 意業)을 일으켜서 백 가지 복덕을 지은 과보로써 한 상호를 얻는다고 한다. 그래서 이것을 백사장엄, 또는 백복장엄이라 한다. 복(福)이라 함은 유루(有漏)인 선행(善行)을 말하고, 장엄(莊嚴)이라 함은 백복(百福)을 가지고 한 상을 꾸몄다는 뜻으로 한 말이다."라고 설하였다. 또한 32상(相)은 설하는 경전마다 내용에 차이가 있으니, 예를 들면, 양수과슬(兩手過膝, 붓다의 두 팔이 아름답고 길어서 몸을 구부리지 않고도 두 손바닥이 무릎에 닿음)과 같이 포함되기도 하고 포함되지 않는 것과 같다.

보통 32상(相)은 다음과 같다. ① 붓다의 정수리에 솟아난 상투 모양의 살점인 정상육계(頂上肉髻), ② 붓다의 머리칼이 오른쪽으로 선회하고 공작의 목처럼 감청색인 두발우선(頭髮右旋), ③ 이마가 넓고 시원한 액광평정(額廣平正), ④ 미간에 난 털이 희고 부드럽고 오른쪽으로 감겨 있는 미간백호(眉間白毫), ⑤ 눈의 흑백이 분명하고, 눈동자가 검푸름이 푸른 연꽃과 같은 안색감청(眼色紺靑), ⑥ 속눈썹이 소와 같이 길고 수려한 우안첩상(牛眼睫相), ⑦ 윗니가 20개에 아랫니가 20

개로 모두 40개의 치아가 갖춘 구족사십치아(具足四十齒牙), ⑧ 치아가 높거나 낮음이 없이 고르고 구취가 없는 치제밀(齒齊密), ⑨ 치아 사이가 틈이 없이 조밀하고 가지런한 치조밀(齒稠密), ⑩ 치아가 희고 깨끗함이 마치 흰 소라와 같은 치백정(齒白淨), ⑪ 입에서 달콤한 진액이 나와서 맛없는 음식을 먹어도 최고의 감미로 바뀌는 인중진액득상미(咽中津液得上味), ⑫ 턱이 숫 사자의 턱처럼 크고 풍만한 함여사자(頷如獅子), ⑬ 혀가 부드럽고 얇고 넓고 아주 길어 얼굴을 덮는 장광설(廣長舌), ⑭ 음성이 멀고 가까움이 없이 평등하게 들리고 범천의 소리처럼 장중한 범음성(梵音聲), ⑮ 어깨가 모남이 없이 둥글고 아름다운 양견원만(兩肩圓滿), ⑯ 두 손등과 두 발등과 두 어깨와 목덜미의 일곱 곳이 둥글고 충만한 칠처륭만(七處隆滿), ⑰ 겨드랑이가 원만한 양액원만(兩腋圓滿), ⑱ 피부가 부드럽고 윤택하고 금빛인 피부금색(皮膚金色), ⑲ 붓다의 두 팔이 아름답고 길어서 몸을 구부리지 않고도 두 손바닥이 무릎에 닿는 양수과슬(兩手過膝), ⑳ 상체가 사자처럼 크고 넓은 상신여사자(上身如獅子), ㉑ 몸의 위아래가 균형이 잘 잡힘이 냐그로다(Nyagrodha) 나무와 같은 신상원만여야구타수(身相圓滿如諾瞿陀樹), ㉒ 하나의 모공마다 하나의 털이 자라나고 오른쪽을 도는 일공일모우선(一孔一毛右旋), ㉓ 몸의 털끝이 위로 향하는 신모상향(身毛上向), ㉔ 남근(男根)이 말 또는 코끼리의 성기처럼 안으로 들어가 밖으로 드러나지 않는 음마장(陰馬藏), ㉕ 발꿈치가 높고 넓고 풍성한 족부고륭(足趺高隆), ㉖ 복사뼈의 관절이 드러나지 않는 과절불로(踝節不露), ㉗ 손발이 바닥이 부드럽고 어린아이처럼 살이 섬세한 수족유연(手足柔軟), ㉘ 손가락과 발가락 사이 얇은 물갈퀴가 있는 수족만망(手足縵網), ㉙ 붓다의 손과 발가락들이 차례로 길고 섬세한 수지섬장(手指纖長), ㉚ 손과 발바닥에 천 개의 수레바퀴 무늬가 있는 수족천폭륜(手足千輻輪), ㉛ 허벅지가 사슴 왕처럼 넉넉하고 섬세한 천여녹왕(腨如鹿王), ㉜ 발바닥 전체가 지면에 밀착되어 거북이처럼 안전하게 머무는 족하안립(足下安立)의 32가지이나, 경론에 따라 약간의 차이가 있다.

⊙ 덕(德) : 덕(德)은 범어 구나(Guṇaḥ)의 옮김으로 승론육구의(勝論六句義)의 하나이다. 승론파(勝論派)는 범어 바이쉐시까싸쓰뜨라(Vaiśeṣika śāstra)의 의역으로 고대 인도의 육파철학 가운데 하나이다. 창시자는 깐다마하르시(Kaṇādamaharṣiḥ, 食屑仙人 / 食米齊仙人)로 육구의(六句義) 또는 십구의(十句義)를 통해서 우주만유를 설명하는 유물적 다원론을 주장하였다. 육구의는 실(實)·덕(德)·업(業)·동(同)·이(異)·합(合)의 여섯 가지이다.

여기서 덕(德)은 『불교학대사전』에 의하면, "덕구의(德句義)라 함은, 실구의(實句

義)의 속성으로, 물건의 성질·상태·수량 등을 말한다. 여기에 24종이 있다. 곧 색(色)·미(味)·향(香)·촉(觸)·수(數)·량(量)[체적(體積)]·별체(別體)·합(合)[우(遇)]·이(離)·피체(彼體)·차체(此體)·각(覺)[로(Blo)]·낙(樂)·고(苦)·욕(欲)·진(瞋)·근용(勤勇)·중체(重體)·액체(液體)·윤(潤)[윤습(潤濕)]·행(行)·법(法)·비법(非法)·성(聲)(옛날에는 중체 이하의 7을 없앤 17)이다."라고 하였다.

또 승론파에서 주장하는 해탈의 법을 짱꺄·롤빼도제(lCaṅ skya Rol pa rdo rje, 遊戲金剛)의 『교파묘고장엄론(教派妙高莊嚴論, Grub mthaḥ lhun poḥi mdzes rgyan)』에서, "이 [승론파(勝論派)의] 교설에서 해탈을 얻는 길은, '목욕과 관정(灌頂)과 재계(齋戒)와 스승의 집에 기거하면서 범행(梵行)을 행함과 숲속에 안거함과 공양을 올림과 보시 따위를 행하는 것이다. 어느 때 스승의 가르침으로 요가를 수행해서, 아(我, Ātman)가 감관 따위들로부터 별개의 사물임을 안 뒤 자기의 진실성을 보고, 육구의(六句義)의 자성(自性)을 통달하면, 자아는 편만함의 자성일지라도 작위(作爲)가 없음을 알게 되어, 법과 비법(非法)의 업들 일체를 짓지 않고, 새로운 업도 쌓지 않고 묵은 업이 소진함으로써, 이전에 받은 몸과 근(根)과 의(意)와 고락(苦樂)과 욕(欲)과 진(瞋) 등과 아(我)가 분리되고, 새로운 몸과 근(根)을 받지 않음으로써, 땔나무가 다 타버린 불처럼 탄생의 흐름이 끊어지고 오직 아(我)만이 존재하게 되면 해탈을 얻은 것이다.'라고 말한다."라고 하였다.

⊙ **독자부(犢子部)**: 독자부(犢子部, gNas ma buḥi sde pa)는 가주자부(可住子部, gNas ma bu pa)의 다른 이름으로 소승의 18부파(部派)의 하나이자, 계윤부(鷄胤部)와 수호부(守護部)와 함께 근본부파인 정량부(正量部, Maṅ bkur baḥi sde pa)에 속하고, 종론으로 불가설(不可說)의 인아(人我)를 주장함으로써 내도(內道) 가운데의 외도(外道)라고 부른다.

이 독자부의 말뜻을 설명하면 『곰데칙죄첸모(貢德大辭典)』에서, "독자부(犢子部, gNas ma bu pa)는 성문의 18부파(部派)의 하나이다. 글자 풀이는 내마(gNas ma)는 부인(婦人)이며, 그의 아들(Bu)인 까닭에 부인의 아들(gNas ma bu)이다. 빠(Pa)는 부파의 뜻이다. 그러므로 부인의 아들의 부파[가주자부(可住子部)]라는 뜻이다. 아사리 바뱌(清辨)가 저술한 『부파차별석론(部派差別釋論, sDe pa tha dad par byed pa daṅ rnam bśad)』(147 ba 7)에서, '[결혼해서] 거주하는 여인이 내마(gNas ma)이고, 그녀로부터 생겨난 아들이 내마부(gNas ma bu)이니, 그의 종성임을 표현함이 내마부(gNas ma bu)이다.'라고 설하였다."라고 하였다.

또 독자부의 종론을 『둥까르칙죄첸모(東噶藏學大辭典)』에서 설명하되, "이 부파는 불가설(不可說)의 인아(人我)를 승인함으로써 내도의 종파인지 아닌지에 대해서 학자들의 서로 다른 논설이 있는 가운데, '독자부(犢子部)들이 자아가 온(蘊)으로부터 별개의 본질이라고 말하면 외도가 주장하는 자아와 같이 되고, 온(蘊)을 가짐이 없이 자아를 지니는 것에 떨어지고, 세존께서 제법무아(諸法無我)를 설함과 또한 어긋남을 보고서, 자아는 온(蘊)과 본질이 별개가 아닌 것으로 주장한다. 그러나 그 둘이 본질이 하나인 것으로 말할지라도 또한 온(蘊)이 괴멸하면 자아 역시 소멸하게 됨과 자아가 여럿이 있게 되는 등으로 힐난이 생김과 계경과 또한 어긋나는 것으로 보고서, 업과(業果)의 의지처가 되는 보특가라(人) 또는 자아는 불가설묘능의(不可說妙能依, brJod du med pa brten pa mdzes)이다.'라고 설한다. 『인명섭진실론(因明攝眞實論, Tshad maḥi de kho na ñid bsdus paḥi tshig leḥur byas pa)』에서, '외도처럼 되기 때문이며, 보특가라(人)는 온(蘊)과 다른 것이 되기 때문이며, [자아가] 다수 등이 되기 때문에 그것이 아니며, 그러므로 불가설묘능의(不可說妙能依)이다.'라고 설함과 같다.

그러므로 독자부 등의 정량부의 다섯 부파는 불가설아(不可說我)를 승인하고, 사법인(四法印) 가운데 제법무아의 무아(無我)는 [외도의] 상일자재아(常一自在我)가 공허한 무아를 마땅히 일컬음으로써, 그것을 독자부 등의 정량부의 다섯 부파가 역시 승인하고 무아로 주장하기에 능인(能仁)의 교법을 귀중하게 여기는 유부(有部)와 경부(經部)의 일체와 동일하고, 타종(他宗)은 결코 아니다."라고 하였다.

또한 정량부(正量部)와 독자부(犢子部)의 차이를 설명하면, 제쭌·최끼걜챈(rJe btsun Chos kyi rgyal mtshan, 法幢)의 『샥랜따응앤문쎌(Śāk lan lta ṅan mun sel, 釋迦具勝惡見痴暗滅論)』(p. 163)에서, "정량부(正量部)들이니, 여기에도 둘이 있으니, 온(蘊)을 자아로 주장함과 자아는 온(蘊) 그것일지라도 달리 불가설(不可說)로 주장하는 종론이다. 처음도 또한 오온(五蘊)의 각각을 자아로 주장함과 식온(識蘊)을 자아로 주장함이다."라고 하였다.

⊙ **마하데와(大天)** : 마하데와(Mahādevaḥ)는 우리말로 대천(大天)이며, 티베트어로는 하첸뽀(lHa chen po)이니, 자재천(自在天, Īśvara) 등의 다른 여러 가지의 많은 이름이 있다.

여기서 대천(大天)의 의미이니, 『응왼죄갸최추틱짜델(藏文辭藻及其注釋)』에서, "모든 하늘이 또한 공양함으로 말미암아 대천(大天)이니, 범어로 마하데와(Mahādevaḥ)는 천신의 이름이라 한다. 천신들이 머리의 장엄으로 받들어 모심으로써 천보(天寶)이며, 천신의 무리의 주인인 까닭에 중중왕(衆中王)이며, 위로 다른 왕이 있지 않은 큰 권위를 지님으로써 유권(有權) 등으로 알려졌다."라고 하였다.

또 자재천(自在天)의 말뜻을 『다조르밤뽀니빠(聲明要領二卷)』에서 설명하길, "마헤쓰와라(Maheśvaraḥ, 大自在天)의 마하(Mahā)는 대(大)이며, 이쓰와라(Īśvara)는 이싸에쓰와르예(Īśaeśvarye)이니, 보통 위력이 크고 부유하고 견실함을 말하나, 실제로는 외도의 천신인 굴랑(Gulaṅ, 畜主)이며, 대자재천(大自在天)이라 하고, 축생의 주인을 뜻하는 축주(畜主) 등의 여러 가지 별명들이 있다. 이쓰와라(Īśvaraḥ)는 자재천(自在天)이니, 대자재천의 별명이기도 하다."라고 하였으며, 『응왼죄갸쵀추틱짜델(藏文辭藻及其注釋)』에서도, "그 위로 다른 왕이 있지 않음으로써 자재천 또는 대자재천이라 한다. 목이 푸르고 눈이 셋이며, [긴 머리카락을 승리의 깃발처럼 휘날리는] 정계(頂髻)의 승당(勝幢)과 반월의 보관을 쓰고, 호피를 몸에 걸치고, 소를 타고 있으며, 팔과 발목에 끼는 뱀의 천탁(釧鐲)을 차고, 가무를 좋아한다. 범어로 이쓰와라(自在天)라 한다."라고 하였다.

⊙ **말하길 좋아하는 스무 가지의 허물** : 말하길 좋아하는 스무 가지의 허물을 『권발증상의요경(勸發增上意樂經)』에서 다음과 같이 설하였다.

"① 말하길 좋아하는 비구는 다문(多聞)으로 교오(驕傲)하고, 오만(傲慢)해 짐으로써 공경하지 않는다. ② 논쟁(論爭)하는 데에 매달림으로써 편당(偏黨)을 짓는다. ③ 안으로 여실하게 작의(作意)함을 여읨으로써 정념(正念)을 잃어버린다. ④ 몸과 마음이 크게 정화되지 않음으로써 정지(正知)가 없게 한다. ⑤ 법을 감내함이 상실되고, 교만하게 되고, 전결(纏結)을 이룬다. ⑥ 지관(止觀)을 버림으로써 유정의 마음 흐름이 거칠어지게 된다. ⑦ 말에 전염됨으로써 때가 아닌 때에 경솔하게 말한다. ⑧ 성스러운 지혜를 얻지 못함으로써 방종하게 된다. ⑨ 천신과 용(龍)들이 받들어 공양하지 않는다. ⑩ 무애해(無碍解)를 얻은 뛰어난 이들이 경시한다. ⑪ 몸이 현전(現前)해 있는 이들로부터 비웃음을 받는다. ⑫ 수행에 안주하지 못함으로써 후회하게 된다. ⑬ 의심을 버리지 못함으로써 굳건하지 못하게 된다. ⑭ 언변에 매달림으로써 다문(多聞)과의 차별을 열지 못한다. ⑮ 의식의 행하는 경계인 까닭에 욕진(欲塵)의 즐거움을 탐착한다. ⑯ 여실하게 깨닫지 못함으로써 신속하게 법을 유기하게 된다. ⑰ 다른 것과 다른 것을 [말함을] 개시함으로써, 심지가 굳건하지 못하고 의지함이 없게 된다. ⑱ 마음을 제대로 조복하지 못함으로써 공경을 받지를 못한다. ⑲ 법계를 통달하지 못함으로써 타인의 교설에 의지하게 한다. ⑳ 감관(感官)들을 [조복함을] 제대로 알지 못함으로써 번뇌의 수중에 떨어진다."

⊙ **맨달(Maṇḍal)의 공양** : 맨달(Maṇḍal)의 공양은 티베트불교에서 복덕자량을 수월하게 쌓는 방편으로 행하는 작법(作法)의 하나이다. 곧 수미산과 사대주(四大洲)를 상징하는 동판 등으로 만든 예식용 법구에 전륜성왕의 칠보 등을 비롯한 진

귀한 공양물을 불보살님께 공양을 올려서 복덕자량을 쌓는 것이다.

대표적인 것으로는 37공맨달(三十七供曼茶羅) 의식이 있다. 이것은 37가지의 진귀한 공양물을 관상으로 올리는 것이니, 곧 도향(塗香)과 꽃으로 장식된 황금의 대지 위에, 수미산과 사대주와 팔소주(八小洲)와 동승신주(東勝身洲)의 보산(寶山)과 남섬부주의 여의수(如意樹)와 서우화주(西牛貨洲)의 여의우(如意牛)와 북구로주(北俱盧洲)의 천생도(天生稻)와 해와 달과 윤왕칠보(輪王七寶)와 여의보병(如意寶瓶)과 보산(寶傘)과 보당(寶幢)과 여덟 공양천녀(供養天女) 등의 37가지를 관상으로 만들어서 공양하는 것이다.

⊙ 무생법인(無生法忍) : 무생법인(無生法忍, Mi skye baḥi chos la bzod pa)을 얻은 보살은 보통 무생(無生)의 법을 두려워하지 않고 감내하는 힘을 얻은 팔지(八地)의 보살을 말하나, 여기에는 중관과 유식파의 두 가지의 논설이 있다. 이 뜻을 『곰데칙죄첸모(貢德大辭典)』에서, "① 팔지(八地)를 얻음을 일컬으니, 팔지(八地)에서 번뇌를 끊어버림으로써 번뇌가 일어나지 않는 확신을 얻음으로써 그렇게 말한다. 『보리도차제광론(菩提道次第廣論)』에서, '보살이 번뇌의 무명을 끊어버림은 앞서 『사백론석(四百論釋)』의 인용문에서, 「무생법인(無生法忍)을 얻은 보살을 말함으로써, 팔지를 얻음을 일컫는다.」'라고 설하였다. 그와 동일하게 데게 대장경의 논장(論藏)의 잡부(雜部)의 '조빠(Jo pa) 19 na 1'에서 '무생법(無生法)에 청정한 인(忍)을 얻음을 방해하는 번뇌품(煩惱品)과 동분의 조중(粗重, gNas ṅan len)을 팔지에서 끊어버림으로써, 초지(初地)에서 칠지(七地)까지는 끊지 못하고 존재한다.'라고 설하였다. ② 초지(初地)를 일컬으니, 아사리 바쑤반두(世親)가 저술한 『무진의경광석(無盡意經廣釋』)[데게 대장경의 경장(經藏)의 경소부(經疏部)의 '찌빠(Ci pa) 171 na 7']에서, '무생법인(無生法忍)을 얻음이라고 함으로써, 공덕을 설하여 보였으니, 세간법의 방면에서 벗어나자마자 곧바로 모든 법계에 들어가는 성상(性相)을 깨닫고, 봄으로써 마땅히 끊어야 하는 번뇌들을 끊어버린 뒤, 「환희지(歡喜地)를 얻음이 무생법인을 얻음이다.」라고 한다.'라고 설함과 같다."라고 하였다.

또한 무생법인(無生法忍)에 대하여 쫑카빠 대사의 『변요불요의론(辨了不了義論)』의 주석서인 『난처명해등론(難處明解燈論, dKaḥ gnas gsal byed paḥi sgron me)』에서, "'또한 계경에서 무생법(無生法)에 인(忍)을 얻음'이라 설한 것은, 무자성(無自性)을 말하는 중관논사에 따르면, 일체법은 자성이 생김이 없고, 진실로 생김이 없는 따위에 두려움을 일으키지 않는 상중하의 인(忍) 가운데 어떤 하나를 얻는 것을 말한다. 유식논사에 따르면, 그와 같이 승인하면 감손(減損)하는 것이기에, 그 주장의 근거인 여덟 가지의 무생법(無生法) 가운데 어떤 것에 두려움을 일으키지 않는 삼인(三忍) 가운데 어떤 것을 얻는 것을 일컬으니, 그 삼인(三忍)을 얻은 경계로 가행도의 인위(忍位)와 견도의 고법인(苦法忍)과 팔지(八地)의 셋을 말하는 것은 중관과 유식의 둘이 같다."라고 하였다.

⊙ **반야의 의미** : 반야(般若, Śes rab / Prajñā)는 혜(慧) 또는 관혜(觀慧)이니, 자기의 대경이 되는 어떠한 관찰의 대상을 소연해서 그것의 본성과 특성, 자상(自相)과 공상(共相), 버리고 취함 등을 바르게 변별하는 마음작용으로 법의 의심을 제거하는 심소유법(心所有法)이다. 이것은 『집학론(集學論)』에서, "'반야란 무엇인가?' 법을 극도로 결택함이다."라고 하였으며, 아사리 미팜쎄녠(Mi pham bśes bñen, 不敗親友)의 『보만론광주(寶鬘論廣註)』에서, '의미를 전도됨이 없이 여실하게 앎으로써 반야이니, 지혜의 뛰어남이다.'라고 하였듯이 제법의 실상을 바르게 분석하는 관혜(觀慧)의 뜻이다.

반야의 문자적 의미에 대해서 『곰데칙죄첸모(貢德大辭典)』에서, "법을 온전히 분변하는 [오별경(五別境)의 하나인] 심소(心所)을 말한다. 『보리도차제광론(菩提道次第廣論)』에 따르면, 가립(假立)의 법을 온전히 분변하는 그것이 반야의 본질이다. 구분하면 셋이니, 승의(勝義)를 깨닫는 반야와 속제를 깨닫는 반야와 유정의 요익행(饒益行)을 깨닫는 반야이다. 말뜻은 대다수가 일체의 앎들 가운데서 최고인 까닭에 반야라고 말하나, 의미에 있어서 타당하지 않음이 없을지라도 그렇지만, 범어의 반야의 대어인 쁘라즈냐(Prajñā)의 쁘라(Pra)는 많은 뜻에 있을지라도 여기서는 최상과 즈냐(Jñā)는 앎이니, 최상 또는 잘 앎으로써 반야이다."라고 하였다.

또 반야도 구분하면, 문소생혜(聞所生慧)와 사소생혜(思所生慧)와 수소생혜(修所生慧)의 셋과 정리반야(正理般若)와 비리반야(非理般若)와 별외반야(別外般若)의 셋이 있다. 여기서 정리반야(正理般若)는 제법의 자상과 공상은 제일의(第一義)에 있어서 불생불멸이며, 세속의 진리에선 땅은 견고하고, 물은 윤습함 등의 특성을 잘못됨이 없이 결택하는 것이다. 비리반야(非理般若)는 자아가 없는 것을 있는 것으로 분석하고 닦는 것이니, 거세한 산양에게서 새끼가 태어나는 것을 보는 것과 같은 것이다. 별외반야(別外般若)는 누구로부터 가르침을 받지 않았음에도 스스로 지혜가 예리하고 업을 감능하며, 법을 설하는 등의 만사에 통달하는 것이다.

⊙ **발심의 네 가지의 법** : 발심의 네 가지의 법을 아사리 적천보살의 『집학론(集學論)』에서는 사연(四緣)에 의지해서 일으킴, 사인(四因)에 의지해서 일으킴, 사력(四力)에 의지해서 일으키는 세 가지의 법을 설하였으며, 이것을 1대 달라이 라마의 『텍첸로종기담빠(Theg chen blo sbyoṅ gi gdams pa, 大乘修心訣教授)』에서 다음과 같이 설명하였다.

"1. 사연(四緣)에 의지해서 보리심을 일으킴은 ① 불보살님들의 수승한 위신력(威神力)을 자기가 직접 보고 들은 것에 의지해서, '나 또한 그와 같은 것을 얻는다면'이라고 생각한 뒤, 대승의 보리심을 일으키는 것이다. ② 그와 같은 것이 없을지라도 또한 [위 없는 보리의] 법장(法藏)들을 청문함으로 말미암아 붓다의 공덕을 들은 뒤, 보리심을 일으키는 것이다. ③ 그와 같은 것이 없을지라도 또한 대승의 교법이 쇠퇴하는 것을 견디지 못한 뒤, [대승의 정법을 호지하기 위해서] 보리심을 일으키는 것이다. ④ 그와 같은 것이 없을지라도 또한 성문과 연각의 보리를 위해서 발심하는 것 또한 희귀하다면, '대보리를 위해서 보리심을 일으키는 것은 더한층 희귀하다.'라고 사유한 뒤, 희유한 생각에 의해서 보리심을 일으키는 것이다.

2. 사인(四因)에 의지해서 보리심을 일으킴은, ① 대승의 종성(種姓)이 각성됨에 의해서 대승의 보리심을 일으키는 것이다. ② 선지식의 온전한 섭수(攝受)에 의해서 대승의 보리심을 일으키는 것이다. ③ 유정을 소연하는 비심(悲心)에 의해서 대승의 보리심을 일으키는 것이다. ④ 이타의 난행을 싫증 내지 않는 마음에 의지해서 대승의 보리심을 일으키는 것이다.

3. 사력(四力)에 의지해서 보리심을 일으킴은, ① 자기의 힘으로 성불하는 마음을 일으키는 자력(自力)으로 보리심을 일으키는 것이다. ② 선지식의 힘에 의해서 성불을 원하는 마음을 일으키는 타력(他力)으로 보리심을 일으키는 것이다. ③ [원인력(原因力)이니,] 전생에 가행(加行)을 닦은 힘에 의해서 보리심을 일으키는 [전생에 보리심을 수습한] 원인의 힘에 의해서 대승의 보리심을 일으키는 것이다. ④ [가행력(加行力)이니,] 금생에서 닦고 익힌 힘에 의해서 보리심을 일으키는 [금생의] 가행(加行)의 힘에 의해서 대승의 보리심을 일으키는 것이다."

⊙ **범천(梵天)** : 범천(梵天)은 인도말로 브라흐마(Brahmā)이고, 티베트어로는 창빠(Tshaṅ pa)라 한다. 범천은 보통 세간의 창조자와 얼굴이 넷이 사면자(四面者)와 나라연천의 배꼽의 연꽃에서 태어남으로써 연생(蓮生), 제생(臍生) 등의 많은 이름이 있다.

범천의 뜻을 『다조르밤뽀니빠(聲明要領二卷)』에서, "브라흐마(Brahmā, 梵天)는 브르하뜨꾸쌀라물라니르자따뜨왓브라흐마(Bṛhatakuśalamūlanirjātatvād brahmā)이니, 대선근(大善根)에서 출생함으로써 위대한 자로 불러도 좋다. 또 한편으로는 외도의 경전에서, '범천(梵天)은 진리(眞理, bDen pa)이다. 범천은 능인(能仁, dKaḥ thub)이다. 범천은 감관조복(感官調伏, dBaṅ po thub pa)이다.'라고 하였다. [고인도 언어학 논전인] 『브야까라나(Byākaraṇa)』에서, '브르하낫브라흐마(Bṛhaṇādbrahmā)라고 하니,

수명과 형색과 처소와 수용 등이 아래의 하늘에 비해서 번성하고 월등함으로써, 증성(增盛) 또는 만원(滿圓)이라 한다.'고 인거하였음으로 그렇게 불러도 좋다. 또 한편으로는 『브야캬육띠(Byākyāyukti)』에서, '브라흐미붓따씨띠붓따(Bṛhmī bhūtaḥ śitibhūtaḥ)라고 하였으니, 욕계의 번뇌의 번열을 여읜 뒤, 초선(初禪)의 경지에 도달함으로써, 번뇌는 낮은 하늘에서 벗어난 뒤 적정을 얻었다.'라고 함으로써, 이러한 것들을 이름으로 대략 인거해도 좋고, 그 의미와 결부해도 좋다. [세간보다 먼저 탄생함을 뜻하는 선생(先生)과] 선칭(先稱)을 존중함으로써 범천이라 시설한다."라고 하였다.

- ⊙ **법성(法性)** : 법성(法性, Dharmatā)은 진여(眞如, De bshin ñid)이니, 법성은 자기 본질이 공(空)한 성품에서 움직임이 없이 갖가지로 일체에 출현하는 경(經, 貫穿 / Sūtantra)이라는 계경(契經)이 있듯이, 이 법성은 또한 법계(法界)와 동의어이자, 공성의 다른 이름이다. 그러므로 아띠쌰 존자의 『법계견가(法界見歌)』에서, "공성(空性, sToṅ ñid)과 진실변제(眞實邊際, Yaṅ dag mthaḥ)와 무상(無相, mTshan ma med pa)과 승의(勝義, Don dam pa)와 법계(法界, Chos dbyiṅs)은 동의어이다."라고 하였으며, 또 아사리 까말라씰라(Kamalaśīla. 蓮華戒)의 『금강경광석(金剛經廣釋)』에서, "'그렇다면 부처님을 어떻게 보아야 하는가?'라고 함에 대하여 '법성(法性, Dharmtā)으로 보도록 하라.'고 하는 등을 설하였다. '제법의 참된 자성 어떤 그것이 법성이다.' 라고 말하니, 그것은 또한 정리(正理)와 성언(聖言)으로 성립하는 까닭에 본래부터 적정(寂靜) 등의 본질이다. '[법성] 그것을 진여(眞如)·법계(法界)·진실의 변제(邊際)·무상(無相)·승의(勝義)'라는 등의 다른 이름으로 부른다.
  어느 때나 항상 그와 같이 머무름으로써 진여(眞如, De bshin ñid)이다. 그것을 소연(所緣)해서 모든 불법이 출현하고, 그것들의 원인이 됨으로써 법계(法界, Chos dbyiṅs)이다. 전도되지 않음으로써 진실(眞實, Yaṅ dag pa)이며, 그것의 끝이 됨으로써 진실변제(眞實邊際, Yaṅ dag mthaḥ)이다. 거기에는 청색 등의 사물의 모양이 전혀 없음으로써 무상(無相, mTshan ma med pa)이다. 참된 지혜의 행하는 경계임으로써 승의(勝義, Don dam pa)이다."라고 함과 같다.
- ⊙ **『보리심석(菩提心釋)』의 제2송의 해설** : 본문에 인용된 『보리심석(菩提心釋)』의 제2송인 "부처님들의 보리심은, 아(我)와 온(蘊) 따위와, 유심(唯心)의 분별들로 가림 없는, 항상 공성의 성품임을 주장하셨다."라는 게송은 『보리심석』의 첫머리에 인용한 『비밀집회속(祕密集會續)』의 「보리심품」에서 비로자나불이 설하신,
  "일체의 실사(實事)를 여의고, 온(蘊)과 계(界)와 처(處)와,
  소취(所取)와 능취(能取)을 여의고, 제법무아(諸法無我)의 평등성으로,

자기 마음도 본래 무생(無生)이며, 공성의 자성(自性)이다."라고 하는 6구의 게송의 뜻을 축약한 것이다.

이들 두 게송은 모두 내외의 모든 학파의 교설들을 논파함과 동시에 중관의 정견을 확립하였으니, 구체적으로 '어떻게 6구(句)의 게송으로 내외의 학파들의 교설을 타파하였는가?' 하면, 4대 샤마르빠·최끼닥빠(法稱)의 『보리심석구의명해(菩提心釋句義明解, Byaṅ chub sems ḥgrel gyi rnam bśad tshig don gsal ba)』에서 다음과 같이 그것을 해설하였다.

"두 번째, 그것을 약설함이니, 승의보리심을 일으키는 이것의 해설을 아사리 나가르주나(龍樹)께서 지으신 것과 빤디따 까말라씰라(蓮花戒)께서 지으신 『보리심수습(菩提心修習)』이라 부르는 둘이 있다. 이 게송의 구절들의 뜻을 『보리심석(菩提心釋)』에서 자세히 설하여 보였는바 여기서 그것을 이해하기 쉽게 간추리면 다음과 같다.

전체 6구(句) 가운데 제1구로는 외도의 악견(惡見)을 배척하였고, 제2구와 3구로는 내도(內道)의 설일체유부(說一切有部, Bye brag tu smra ba)와 경부(經部, mDo sde pa)의 견해를 배척하였고, 제4구로는 유식(唯識, Sems tsam)의 견해를 끊어버린 뒤, 제5구와 6구로써 중관의 견해를 정립하고 확립하였다.

구절의 의미이니, 내외의 사물을 구별함이니, 이같이 '바깥의 사물인 항아리와 피륙과 모직물 등의 무변한 물질들 그것이 있음으로써, 유의미한 작용을 하기 때문이다.'라고 해서 크게 애착함과 '자아(自我, Ātmā / bDag)·유정(有情, Sattvaḥ / Sems can)·명자(命者, Jīvaḥ / Srog)·생자(生者, Jantuḥ / Kye ba po)·양육자(養育者, Poṣaḥ / gSo ba)·사부(士夫, Puruṣaḥ / sKyes bu)·보특가라(補特伽羅, Pudgalaḥ / Gaṅ zag)·역중생(力中生, Manujaḥ / Śed las skyes)·마납파(摩納婆：儒童：力子, Mānavaḥ / Śed bu)·작자(作者, Kārakaḥ / Byed pa po)·사작자(使作者, Kārapakaḥ / Byed du ḥjug pa po)·수자(受者, Vedakaḥ / Tshor ba po)·식자(識者, Jānakaḥ / Śes pa po)·견자(見者, Paśyakaḥ / mThoṅ ba po)·등기자(等起者, Utthāpakaḥ / Sloṅ ba po)·보등기자(普等起者, Samutthāpakaḥ / Kun nas sloṅ ba po)들'이라고 하는 내면의 16가지의 물아(物我)를 자아로 고집하고, 또 '일체'라고 함에 의해서 [내육처(內六處)와 외육처(外六處)을 합한] 12처(處) 등들도 포괄하니, 그것들의 자성을 보지 못함을 깨달음으로써 사물의 실집(實執)을 멀리 여의게 된다.

오온(五蘊)은 색(色)의 좋고 나쁨과 크고 작음 등의 갖가지와 고락과 비고비락의 느낌(受)을 누림과 색깔과 모양 등의 차별을 유상(有相)으로 집착[하는 상(想)들]과 삼세의 마음으로부터 발생한 심소(心所)가 아닌 행(行)들과 식(識)의 무리 또한 갖가지가 쌓임인 까닭에 온(蘊)이라 부른다.

[육근(六根)과 육처(六處)와 육경(六境)의] 18계(界) 또한 공상(共相)과 자상(自相)을 파지함으로써, 또는 부류의 의미를 파지함으로써, 또는 제유(諸有)의 종자가 됨으로써 계(界)이며, 눈 등의 12처(處)는 식(識)을 일으키고 자라나게 함으로써 처(處)이고, 바깥의 색 등의 6경(境)은 근(根)의 작용의 경계로서 소취경(所取境)이 됨과 [능집(能執)의] 근식(根識)이 그것들을 인식함이니, 승의(勝義)에서 물질로 성립하지 않음으로써 그것들을 여읨인 것이다.

공상(共相)과 자상(自相)을 파지함으로써 법이니, 오온(五蘊)에 대해 일으키는 [수론학파의 25가지의] 자성(自性, De ñid)과 달리 불가설(不可說)의 상아(常我) 등의 견해가 공허함을 본 뒤에 버림과 같이, 오직 유식(唯識)으로 파지함도 또한 자성이 성립하지 않는 [제법의 열 가지의] 평등성(平等性)[6]으로 깨달음으로써, 유무의 변집견(邊執見)을 모두 끊어버린 뒤, 승의에서 자기 마음도 또한 앞에서 있다가 뒤에 없음과 같은 것이 아니라 본래이니, 무시이래 무생(無生)이자, 모든 희론이 적멸한 공성의 자성이 허공과 같은 본성인 것이다."

⊙ **보리심을 상실하고, 상실하지 않는 팔법**(八法) : '보리심을 상실하고, 상실하지 않는 팔법'은 보리심을 잊게 하는 네 가지의 흑법(黑法)과 잊지 않게 하는 네 가지의 백법(白法)을 말한다.

『보적경(寶積經)』의 「가섭청문품(迦葉請問品)」에서, "가섭이여, 보살이 네 가지의 법을 지니면 모든 생애에서 태어나자마자 보리심이 실현되니, 보리의 정수에 머물 때까지 중간에 잊어버리지 않는다."라고 설하였으며, 또한 "타생에서 발심을 잊어버리거나 혹은 실현하지 못하는 네 가지의 법[흑법]과 보리를 얻기 전까지 중간에 보리심을 잊지 않거나 혹은 실현함에는 네 가지의 법[백법]을 갖춘다."라고 하였다.

이것을 해설하면, 1대 달라이 라마의 『텍첸로종기담빠(大乘修心訣教授)』에서, "보

---

6 [제법의 열 가지의] 평등성(平等性, mÑam pa ñid)은 모든 제법에 편재해 있는 십평등성(十平等性, mÑam ñid bcu)을 말하니, ① 무성(無性, mTshan ñid med pa)의 평등성이며, ② 무상(無相, mTshan ma med pa)의 평등성이며, ③ 사변무생(四邊無生)의 평등성이며, ④ 불생(不生)의 평등성이며, ⑤ 원리(遠離)의 평등성이며, ⑥ 본래청정(本來清淨)의 평등성이며, ⑦ 이희론(離戲論)의 평등성이며, ⑧ 무취무사(無取無捨)의 평등성이며, ⑨ 제법은 몽환(夢幻)·그림자(光影)·메아리(谷聲)·물 속의 달(水月)·거울 속의 영상(鏡像)·변화(變化)의 평등성이며, ⑩ 유비유(有非有, dṄos po daṅ dṅos po med pa)의 평등성이 그것이다.

리심을 쇠퇴시키는 네 가지의 흑법(黑法)에는 ① 친교사(親教師)와 아사리(軌範師)와 스승과 응공처(應供處)와 같이 알고 있는 상태에서 [그들을] 거짓으로 기만함, ② 타인에게 악작(惡作 : 後悔)의 대상이 아닌 것에 후회를 일으키게 함, ③ 대승에 안주하는 유정에게 성냄에서 전적으로 야기한 칭찬이 아닌 말을 행함, ④ 어떤 유정에게 부정한 저울질 따위로 [속이는] 첨광(諂誑)을 부리는 넷이 있다. 또 보리심을 쇠퇴시킴을 막는 네 가지의 백법(白法)에는 ① 임의의 어떤 유정에게도 농담을 위해서도 또한 거짓말을 하지 않음, ② 유정에게 첨광(諂誑)이 없는 정직한 마음을 가짐, ③ 보살을 부처님으로 신해하고 그를 찬탄해서 시방에 알림, ④ 자기가 성숙시키는 유정을 위 없는 보리에 안치하는 넷이 있다."라고 하였다.

⊙ **복덕자량(福德資糧)의 축적** : 여기서 자량(資糧)은 보리자량(菩提資糧, Bodhisambhāra)의 뜻이니, 곧 무상정각을 얻고 열반을 성취하는 데 필요한 복덕과 지혜의 선근과 공덕들을 말한다. 복덕자량은 붓다의 색신(色身)을 성취하는 원인이 되고, 지혜자량은 법신(法身)을 성취하는 원인이 됨으로써, 성불을 위해서는 반드시 삼무수겁에 걸쳐서 복혜(福慧)의 두 자량을 원만하게 쌓는 것이 필요하다.

이러한 복혜자량(福慧資糧)에 대해서 『둥까르칙죄첸모(東噶藏學大辭典)』에서, "복덕자량은 공양과 보시 등의 결과인 붓다의 색신을 얻게 하는 선한 백업(白業)이다. 그 또한 자기의 마음 흐름(心續)을 성숙시키는 육바라밀 가운데 보시와 지계와 인욕의 셋은 복덕자량이니, 붓다의 색신(色身)인 화신과 보신의 둘을 얻게 하는 원인이다. 이것은 『입중론(入中論)』에서, '보시 등의 이들 세 가지 법은 대체로 여래께서 거사들에게 찬양하였으니, 복덕이란 자량이 또한 그것이다. 붓다의 색신의 본질이고, 불신(佛身)의 원인이다.'라고 설함과 같다.

지혜자량(智慧資糧)은 공성의 보리심으로 섭수한 결과인 지혜법신을 얻게 하는 무루(無漏)의 선한 자량이 그것이다. 그 또한 자기의 마음 흐름을 성숙시키는 육바라밀 가운데 선정과 반야의 둘은 지혜자량이고, 붓다의 법신이니, 지혜법신과 자성신(自性身)의 둘을 얻게 하는 원인이다. 『보만론(寶鬘論)』에서, '붓다들의 색신은 복덕자량에서 출생하며, 그와 같이 법신은 요약하면, 수승한 지혜자량에서 출생한다. 그러므로 이들 두 자량은 붓다를 얻게 하는 원인이다.'라고 설함과 같다.

육바라밀 가운데 정진바라밀은 복덕과 지혜의 자량 둘의 원인이니, 『입중론(入中論)』에서, '모든 공덕이 정진을 뒤따름과 같이, 복덕과 지혜의 자량 둘의 원인이다.'라고 설하였다.

원인인 두 자량을 집적함으로써 결과인 불신(佛身)이 둘로 결정된다. 이들 두 자량을 집적하지 않으면, [번뇌장과 소지장이 정화된] 이정(二淨)을 갖춘 붓다를 얻는 방법이 있지 않다. 그와 같이 두 자량을 원만히 갖춤이 없이는 공성의 뜻에 착오가 없는 그것이 또한 마음에서 발생하지 못하니, 계경에서, '나아가 청정한 두 자량 그것을 갖춤이 없이는, 그때까지 참된 공성 그것을 깨닫지 못하게 한다.'라고 설하였다."라고 하였다.

⊙ **복전(福田)의 의미** : 복전(福田, Tshogs shiṅ)의 의미를 『곰데칙죄첸모(貢德大辭典)』에서, "복전(福田)은 귀의의 대상과 귀의처가 모인 곳이다. 글 뜻은 자량을 쌓는 밭이자, 대상이 됨으로써 복전(福田) 또는 자량전(資糧田)이라 부른다. 『보리도차제광론(菩提道次第廣論)』에서, '전면의 허공에 광행전승(廣行傳承)과 심관전승(深觀傳承)의 스승들과 달리 또한 불보살님들께서 성문의 성자들과 연각과 호법 신중들과 함께 무량하게 머물고 계심을 사유하니, 자량을 쌓는 복전을 명료하게 관상하라.'고 하였다. 그 또한 세상에서 전답에 의지해서 곡식을 풍성하게 산출하는 비유처럼, 여기서도 역시 복전의 귀의처인 그들로부터 길상과 안락의 원만한 곡식이 발생하는 원인에 의지해서 그것에 전(田)이라는 이름을 붙인 것이다."라고 하였다.

⊙ **불퇴전(不退轉)의 상징** : 본문에서, "또한 이생범부(異生凡夫)의 지위[가행도(加行道)]에서 불퇴전과 견도(見道)에서 불퇴전과 칠지(七地)에서 불퇴전이다. 이것의 뜻을 아사리 즈냐나끼르띠(Jñānakīrti, 智稱)께서 저술하신 『입진성론(入眞性論, De kho na ñid la ḥjug pa)』에서 자세히 설하였으니, 그것을 보도록 하라. 또 불퇴전에는 넷이 있으니, ① 발심 뒤의 불퇴전, ② 비밀의 불퇴전, ③ 법인(法忍)을 얻은 뒤의 불퇴전, ④ [최후상속제(最後相續際)의 불퇴전이다.]이다."라고 해서 대승의 불퇴전의 종류를 설하였다.

또한 『최끼남당로쎌굴갠(Chos kyi rna graṅs blo gsal mgul rgyan)』에서는 대승보살의 불퇴전의 상징을 44가지로 정리하였으니, 곧 가행도(加行道)의 20가지의 불퇴전상(不退轉相)과 견도(見道)의 16가지의 불퇴전상과 수도(修道)의 8가지의 불퇴전상이다. 이것들은 또한 삼보가 올바른 귀의처인지 아닌지를 의려하는 의심을 여읜 보살이 실집(實執)의 현전을 여의는 등의 44가지의 표상들 가운데 어떤 것을 얻음이 불퇴전의 모양이다. 이들 44가지의 불퇴전상(不退轉相)을 『최남꾼뛰(數稱辭釋義大全·下卷)』에서 다음과 같이 설하였다.

"1. 가행도(加行道)의 20가지의 불퇴전상(不退轉相)은 난위(暖位)의 11가지의 표상과 정위(頂位)의 여섯 가지의 표상과 인위(忍位)의 두 가지의 표상과 세제일법(世第一法)의 1가지의 표상이다. 그 또한 ① 색(色) 등에 대한 실집(實執)의 현전을 여읨, ② 귀의처에 대한 의심의 현전이 소멸함, ③ 팔무가(八無暇)에 태어남이 소멸함, ④ 대비로 자타의 선법(善法)을 수습함, ⑤ 다른 유정의 몸에 보시 등을 닦음, ⑥ 심오한 뜻에 의심이 없음, ⑦ 자애로 섭수한 몸·말·뜻의 선업을 지님, ⑧ 욕진(欲塵)을 희구하는 탐결(貪結) 등의 오장(五障)을 영원히 친근하지 않음, ⑨ 무명수면(無明隨眠)과 견수면(見隨眠)을 모두 파괴함, ⑩ 행주좌와의 모든 위의(威儀)에서 정념(正念)과 정지(正知)를 지님, ⑪ 옷 등을 받아 누리는 행위가 정결함, ⑫ 몸에 서캐 따위의 벌레들이 생기지 않음, ⑬ 교활하지 않은 마음을 지님, ⑭ 12가지의 두타공덕(頭陀功德)을 지님, ⑮ 육바라밀의 역품(逆品)인 인색 등의 여섯 가지가 없음, ⑯ 법성과 어긋남이 없이 반야바라밀을 지님에 들어감, ⑰ 다른 유정지옥(有情地獄)을 찾고 [구제하길] 원함, ⑱ 타인이 삿된 길로 끌고 가지 못함, ⑲ 다른 길을 제시하는 마라를 마라로 깨달음, ⑳ 모든 행동거지에 부처님이 환희하는 행위를 지님이다.

2. 견도(見道)의 16가지의 불퇴전상(不退轉相)은 차례로 다음과 같으니, 이것들은 사제(四諦)의 지인(智忍)의 16찰나의 증덕(證德)이다. ① 색(色) 등으로 여기는 유경(有境 : 內心)을 실집(實執)하는 견도의 소단(所斷)을 물리침, ② 보리심이 견고함, ③ 소승에서 마음이 돌아섬, ④ 무색계에 태어나는 선정(禪定)의 지분이 소진함, ⑤ 몸과 마음이 경쾌하고 안락함, ⑥ 욕락(欲樂)을 수용하는 방편에 정통함, ⑦ 항상 성행위를 끊음으로써 범행(梵行)을 닦음, ⑧ 생활자구가 정결함, ⑨ 온(蘊)·처(處)·계(界)의 셋을 처음에는 실유로 집착하나, 항상 실유로 집착함을 수행(隨行)하는 것을 물리침, ⑩ 선품(善品)을 장애하는 법을 처음에는 실유로 집착하나, 항상 실유로 집착함을 수행(隨行)하는 것을 물리침, ⑪ 보리의 자량인(資糧因) 등을 처음에는 실유로 집착하나, 항상 실유로 집착함을 수행(隨行)하는 것을 물리침, ⑫ 감관(根)을 소의(所依 : 身)와 함께 멸하는 멸류지(滅類智)의 [끊고 다스리는] 단대치(斷對治)의 대상을 버려둠으로써 처음에 실유로 집착하나, 항상 실유로 집착함을 수행(隨行)하는 것을 낱낱이 물리침, ⑬ 인색과 가식 등을 처음에 실유로 집착하나, 항상 실유로 집착함을 수행(隨行)하는 것을 낱낱이 물리침, ⑭ 증법(證法)이 실유로 성립함이 티끌만큼도 있음을 보지 않음, ⑮ 기지(基智)와 도지(道智)와 일체종지(一切種智)의 삼지(三智)가 자기의 [초지(初地)와 제이지(第二地)와 제삼지(第三地)의] 삼지(三地)에 허물로 머무름, ⑯ 일체종지(一切種智) 등의 법의 뜻을 위해 목숨을 버림이다.

3. 수도(修道)의 여덟 가지의 불퇴전상(不退轉相)은 ① 발생 또는 연기(緣起)의 심오함, ② 단멸(斷滅)의 심오함, ③ 진여의 심오함, ④ 소지계(所知界)의 심오함, ⑤ 지(智)의 심오함, ⑥ 행(行)의 심오함, ⑦ 무이(無二)의 심오함, ⑧ 선교방편

(善巧方便)의 심오함이다. [『최끼남당로쌜굴갠(Chos kyi rna graṅs blo gsal mgul rgyan)』, śa 265. 16 las btus]"

⊙ **비밀진언승의 뛰어남** : 비밀진언승(秘密眞言乘)이 반야바라밀다승(般若波羅蜜多乘)에 비해 뛰어남을 아사리 뜨리삐따까말라(Tripiṭākamāla, 三藏鬘)는 『삼이취등(三理趣燈)』에서, "그 또한 깨달은 자들이 진언대승의 핵심의 의취(義趣)를 알지 못하고서, 이같이 그것을 버리도록 공격함으로써 자신을 크게 손상하는 일에 직면토록 하지 말라. 진언대승은 대성인의 종성으로 생각이 전도되지 않은 마음을 지닌 선근자에게 세존께서 차별인(差別因)을 설하신 것이다. 그 또한 반야바라밀다승(般若波羅蜜多乘)과 [무주처열반을 추구하는 등의] 뜻이 하나인 가운데 그것의 뛰어난 점이 어떤 것이 있는가를 말하고자 한다.

뜻은 하나여도 또한 어리석지 않고
허다한 방편과 어렵지 않기 때문과,
날카로운 근기(根器)에 의거함으로써
비밀진언의 가르침이 크게 뛰어나다.

이같이 무이(無二)의 일체종지(一切種智)를 설한 결과에서는 진언대승과 바라밀다대승의 둘이 차별이 없을지라도, 크게 네 가지로 차별화한 그것에 의해서 바라밀다대승에 비해서 진언대승이 크게 뛰어난 것이다.
여기서 '어리석지 않음'은 이것이니, 왜냐하면, [방편에] 정통하고, 대비를 지니고, 통찰하고, 최승의 방편을 취하고, 범속한 방편을 내려놓고, 전변하지 않는 경지를 얻는다. (중략) 밀주문(密呪門)을 행하는 자들에게는 이러한 어리석음이 있지 않으니, 그가 바라밀을 완전히 갖추길 원하면 근기가 날카로운 까닭에 처음부터 이렇게 통찰에 들어가니, '어떻게 하면, 보시 등을 완전히 갖추게 되는가? 머리와 수족 따위를 보시함으로써'라고 한다면, 이것은 정리가 아니니, [구경에 도달이란] 바라밀에 의해서 보시 등의 바라밀의 이름을 얻는 것이며, 바라밀은 또한 모든 희구를 일시에 완전히 갖추게 하는 것이니, 그것은 또한 삼매의 결과이지, 외부의 머리들을 [보시한 것으로는] 무변한 유정들을 살리는 것이 불가능하다. 그러므로 머리와 수족 따위의 보시는 범속한 방편에 지나지 않음을 인식한 뒤 최승의 방편을 추구하는 것이다. 그것은 또한 방편과 반야의 삼매 이외의 다름이 아니다.
그러므로 밀주문(密呪門)을 행하는 이것이 날카로운 근기이고, 전도되지 않은 방편에 정통함으로써, 무변한 유정계가 환상과 같은 성품일지라도 또한, 삼고(三

苦)에 의해서 고통당하는 것을 살펴본 뒤, 무명 그것이 진실의(眞實義)를 덮고 가리는 춤사위에 빠져서 갖은 미소를 짓고 살아가는 그들로 말미암아 [고통을] 참지 못하는 [연민이] 일어남으로써, 진실의를 열어 보이고, 무명의 치매를 완전히 없애기 위해서, 무명에서 화현한 무변한 부류의 중생들을 구출하려는 청정한 의요(意樂)로써 대비를 실현하고, 대상이 무변함으로써 방편과 반야가 둘이 아닌 삼매를 깨닫는 것이다. 그와 같이 때와 장소를 거르지 않고, 항상 어디서나 끊임없이 익힌 숙습력(熟習力)으로 점차 모든 장애가 소진하고 극도로 청정한 법계를 얻은 뒤, 여의주왕(如意珠王)의 본성인 서원의 반응처럼 무변한 유정계를 무량한 화신의 무리로 그들의 희구하는 일에 감응하는 것이다."라고 하는 등을 널리 설하였다.

⊙ **비스누(遍入天)** : 비스누(Viṣṇuḥ)는 우리말로 편입천(遍入天)이며, 티베트어로는 캽죽(Khyab ḥjug)이니, 인도에서 세간의 창조자 등으로 받드는 주신(主神)이다. 『다조르밤뽀니빠(聲明要領二卷)』에서, "비스누(Viṣṇuḥ, 遍入天)는 한편으로는 비슬르브야쁘따우(Viṣḷṛvyāptau)이니, 두루 미침의 주편(周遍)의 뜻으로 또한 쓰인다. 또는 비싸쁘라웨싸네(Viśapraveśane)라고 하니, 일체에 들어감의 편입(遍入)의 뜻으로 또한 쓰인다. 보통 존재하는 모든 세간은 비스누의 자성이니, 일체에 주편함으로써 편입천(遍入天)이라 한다."라고 하였다. 또 『응왼죄쿵쮠갸초(藏語辭藻辭源)』에서, "인도의 나형파(裸形派)들이 도사로 인정하는 주신(主神)으로 몸빛이 검고 약간의 분노의 모습을 띠고 있다. 이 편입천이 모든 유정을 마음으로 모두 덮고, 스며 들어갈 수 있는 능력을 지님으로써 편입천이라 하며, 범어로 비스누(Viṣṇuḥ)라 한다."라고 하였다.

⊙ **사관정(四灌頂)** : 사관정(四灌頂)의 의미를 선지식 샹뙨·뗀빠갸초(Shaṅ ston bsTan pa rgya mtsho, 教海)의 『밀승지도선설(密乘地道善說)』에서 다음과 같이 해설하였다. "무상유가의 네 관정 가운데 첫째, 보병관정(寶甁灌頂)은 전체적으로 육신의 더러움을 씻어서, 생기차제의 도를 수행하는 능력을 심어주며, 과위(果位)의 화신을 얻게 하는 데에 있다. 개별적으로 [보병관정의 내용인] ① 화만관정(華鬘灌頂)은 '어떤 종성(種姓)으로 성불하는가?' 하는 종성을 결정하고, 그 본존불의 섭화(攝化)의 인연을 맺는 것이다. ② 감로관정(甘露灌頂)은 번뇌와 소지의 이장(二障)을 소멸하고, 단증(斷證)의 공덕을 갖추는 것이다. ③ 관면관정(冠冕灌頂)은 일체부주(一切部主)인 지금강불(持金剛佛)과 육계(肉髻)를 성취한다고 설하였다. 요약하면, 부처의 색신(色身)을 원만하게 이루는 것이다. ④ 금강저관정(金剛杵灌頂)은 마음이 무이지(無二智)의 깨달음을 원만하게 이루는 것이다. ⑤ 금강령관정(金剛鈴灌

頂)은 온갖 종류의 묘음(妙音)을 얻는 것이다. ⑥ 명호관정(名號灌頂)은 단지 이름을 듣는 것만으로 장애를 맑히고, 해탈의 종자를 발아시키는 명성을 얻는 것이다. ⑦ 아사리관정(阿闍梨灌頂)은 지금강불의 덕화에 자재를 얻음과 불퇴전의 종자를 성취하는 것이다.

둘째, 비밀관정(秘密灌頂)은 우유에다 요구르트의 효모를 넣음과 같이 풍(風)·맥(脈)·정(精)의 셋을 가지해서, 언어의 장애를 정화하고, 세속환신(世俗幻身)과 수용신(受用身)을 얻는 것이다.

셋째, 반야지관정(般若智灌頂)은 대락(大樂)의 지혜를 자신의 심속(心續)에서 발현시켜, 의식의 더러움을 정화하고, 정광명(淨光明)과 법신(法身)을 얻는 것이다.

넷째, 구의관정(句義灌頂)은 쌍운(雙運)의 의미를 이해하고, 몸·말·뜻의 삼문(三門)의 공통의 장애를 정화하고, 유학(有學)과 무학(無學)의 쌍운을 얻는 것이다."

⊙ **사대증인(四大證因)** : 사대증인(四大證因, gTan tshigs chen po bshi)을 본문에서, "선남자여, '그와 같은 반야라는 그것을 어떤 도리로 현증(現證)하는가?'라고 하면, 말하니, 사대증인(四大證因)[7]에 의해서 깨닫는다. '그 넷이 무엇인가?'라고 하면, 파사구생인(破四句生因)과 금강설인(金剛屑因)과 이일다인(離一多因)과 연기증인(緣起證因)의 넷이다."라고 하였듯이 각각의 증인(證因)의 뜻은 다음과 같다.

1. 파사구생인(破四句生因, Mu bshi skye ḥgog gtan tshigs)은 발생의 결과를 분석하는 증인이니, 결과로서의 사물이 발생하기 전에 이미 원인의 단계에서 있음(有)으로부터, 아니면 없음(無)으로부터, 아니면 있음과 없음의 둘로부터, 아니면 있음과 없음의 둘도 아닌 것으로부터 결과가 발생하는지를 분석하는 증인(證因)이다.

   본송(本頌)에서, "있는 법이 다시 생하는 것은 정리가 아니며, 없는 법이 생하는 것은 또한 허공 꽃과 같다. 허물이 [유무(有無)의] 둘에 성립하기 때문에, [사물은] 둘로부터도 또한 발생하지 않는다."(제48송)라고 설한 의미를 4대 빤첸라마·로쌍최끼갤챈(善慧法幢)의 『보리도등론석승소희연(菩提道燈論釋勝笑喜宴)』

---

7 보통 인무아(人無我)를 논증하는 방법으로 수레의 지분에 의거하는 오상도리(五相道里)를 여기서 언급하지 않고, 사대증인(四大證因)만을 논설한 것은 이 사대증인으로도 인무아를 타파할 수 있기 때문이다. 다시 말해, "이것은 법무아를 논증하는 파사변생인(破四邊生因)과 인무아를 논증하는 칠상도리(七相道里)와 이무아(二無我)를 결택하는 이일다인(離一多因)과 증인(證因)의 왕인 연기증인(緣起證因)이다."라고 『슝까뾔응아칙된쌜델(藏傳佛教五明詞義詮釋)』에서 설함과 같다.

에서 다음과 같이 설하였다.

"앞에서 자성이 [생함이 없는] 무생(無生)임을 깨닫는 지혜를 반야라고 설함에 대하여, 실유론자(實有論者)들이, '그것은 옳지 않다. 사물들은 자성이 발생하고 소멸함이 실제로 성립하기 때문이다.'라고 말하면, 그렇다면, 싹의 자성이 발생하면 원인의 단계에서 [자성이] 있음(有)에서, 없음(無)에서, 그 둘(有無)에서, 아니면(非有無) [별도의] 그 둘이 아닌 것의 자성이 있어서 싹이 발생하는 것인지를 분석하라.

처음과 같이, 싹이라는 유법(有法), 원인의 단계에서 자성이 있어서 발생하는 것은 정리가 아니니, 있음이 이미 성립함으로써 다시 발생할 필요가 없기 때문이다. 이미 성립한 것이 다시 또한 생한다면 발생이 끝이 없기 때문이다.

두 번째와 같이, 원인의 단계에서 없어도 또한 자성이 발생하는 것은 정리가 아니니, '백천만의 원인에 의해서도 또한, 비사물(非事物)은 [사물로] 전변시키지 못한다.'라고 [『입보리행론』의 「반야품」에서] 설함과 같이, 원인의 힘이 그처럼 클지라도 또한 이미 자성이 성립한 싹을 발생시키는 것이 불가하니, 비유하면, 허공의 꽃과 같다. 그리고 원인의 단계에서 없으면 통상 없다는 것이 불필요하고 또한, 자성이 성립한 것이 원인의 단계에서 없다면 일체에서 없는 것이 필요하니, '「이전에 생했다가 지금은 없다.」라고 하는 것은, 그러므로 단멸에 떨어진다.'라는 것으로 설해 보인 정리(正理)이다.

세 번째와 같이, 원인의 단계에서 있음과 없음의 그둘로부터 또한 자성이 발생하는 것은 정리가 아니니, 여기에는 이미 앞에서 설한 잘못이 그 둘에 떨어지기 때문이다.

네 번째와 같아도 또한 옳지 않으니, 원인의 단계에서 있는 것도 또한 아니고, 없는 것도 또한 아닌 그와 같은 사물은 존재하지 않기 때문이다.

그와 같이 싹이라는 유법(有法), 자성이 [생함이 없는] 무생(無生)이다. '있음과 없음과 그 둘과 그 둘이 아닌 자성이 생하지 않기 때문이다.'라고 함으로써, 반야의 대경[사물]이 무생(無生)임이 정리로 성립하니, 『입능가경(入楞伽經)』에서, '대혜(大慧)여, 자기 마음의 현현인 사물은 [자성의] 있음과 없음에서 발생함이 있지 않기 때문에, 모든 사물은 무생(無生)이다.'라고 설함과 『칠십공성론(七十空性論)』에서, '있는 것은 있기 때문에 발생하지 않고, 없기 때문에 없는 것은 발생하지 않으니, 법이 같지 않기 때문에 유무(有無) [둘]로부터도 [발생하지] 않으니, [제법은] 생함이 없기에 머물고 멸함이 없다.'라고 함과 『입보리행론』에서, '이미 있으면 발생시킴이 어찌 필요하고, 없으면 또한 그것으로 무엇을 하겠는가? 그 둘에대해 그것으로 무엇을 하겠는가? 그 둘을 떠난 것에 또한 그것으로 무엇을 하겠는가?'라고 설함과 같이, 많은 경론(經論)들에서 이 정리가 허다하게 나온다."

2. 금강설인(金剛屑因, rDo rje gzegs maḥi gtan tshigs)은 아사리 나가르주나(龍樹)의 논증의 핵심으로 사물의 발생처를 분석해서 무실유(無實有)를 결택하는 법이다. 『중론(中論)』의 「관인연품제일(觀因緣品第一)」의 제3송에서, '자기로부터도 아니며 다른 것으로부터도 아니며, 둘로부터도 아니며 원인이 없음도 아니니, 사물은 어떤 것들도 어디에서도 또한, 발생함이 어느 때에도 또한 있지 않다.' 라고 하였다.

본송(本頌)에서, "사물은 자기로부터 발생하지 않으며, 다른 것과 둘로부터도 또한 아니며, 원인 없이 생하는 것도 아니니 그러므로, [사물에는] 본질이 성립하는 자성이 없다."(제49송)라고 설한 의미를 갤찹·닥빠된둡(普稱義成)의 『보리도등론제호석(菩提道燈論醍醐釋)』에서 다음과 같이 설하였다.

"원인의 분상에서 분석하는 금강설인(金剛屑因)은 '사물은 자기로부터 발생하지 않으며, (중략)'라고 설하였다. 그 또한 '온(蘊) 따위들이 인(因)의 사물로 실재하는 것이 아닌가?'라고 생각하면 또한, 그들을 원인의 분상에서 분석하면, '온(蘊) 등이 자기의 원인으로부터 발생함인가? 다른 원인으로부터 발생함인가? [자타의] 둘로부터 발생함인가? 원인이 없음(無因)에서 발생함인가?'라고 하는 사변(四邊)에서 발생하지 않는 것이다.

여기서 ① [사물이] 자기의 [원인]으로부터 발생함을 주장함은 타당하지 않으니, 이와 같이, '없다면 어떤 연(緣)에서 이루어지고, 있다면 연(緣)이 무엇을 하겠는가?'라는 정리에 의해서 타당하지 않은 것이다. '자기의 [자성이] 성립함으로부터 발생함인가? 아니면 비성립(非成立)으로부터 발생함인가?' 만약 성립함으로부터 발생한다면 발생이 무의미하게 되고, 끝없이 발생하게 되는 것이다. 비성립(非成立)으로부터 발생한다면 발생 대상인 자기가 성립하지 못함과 같이, 능생(能生)의 원인 또한 성립하지 않음으로써 없는 것이니, 없음(無)은 모든 작용력들이 공허한 까닭에 원인이 되지 못하고 결과도 역시 되지 못한다. 그러므로 [승의에서] 온(蘊) 등의 사물은 원인의 분상에서 자기로부터 발생하지 않는다.

② '[사물이] 다른 원인으로부터 발생한다.'라고 할지라도 또한, 다른 [원인]에서 [발생함은] 성립하지 않는다. 결과인 자기가 성립하면 발생시킴이 필요하지 않고, 끝없이 발생하는 허물이 앞서와 같이 생기니, 자기가 성립하지 않으면 의

거함이 없음으로써 '다른 것이 어떻게 되겠는가?' 이와 같이, '다른 것이란 다른 것에 의지해서 다른 것이니, 다른 것이 아닌 것이 다른 것이 어떻게 되겠는가?'라는 도리에 의해서, 그 둘은 서로 의존하기 때문이다. 뿐만 아니라, 다른 것으로부터 다른 것이 발생하면 차별이 없는 까닭에 일체에서 일체가 발생함으로써, 아사리 월칭논사(月稱論師)께서 설함과 같이 불꽃에서 또한 짙은 어둠이 또한 일어나게 되는 것이다. 달리 또한 다른 것으로부터 다른 것이 발생한다면, '상주(常住)하는 다른 것으로부터 발생하는 것인가? 무상(無常)한 다른 것으로부터 발생하는 것인가?' '만약 상주하는 것으로부터 발생한다.'라고 한다면, 아닌 것이니, 상주하는 원인(常因)은 힘이 걸림 없이 자재함으로써, 모든 결과들이 일시에 발생해야 하는 것임에도 실제로는 결과들이 점차로 발생함을 보기 때문이다, '상주하는 원인이 결과를 점차로 발생시킴이 어째서 잘못인가?' 하면, 상주하는 원인이 결과를 점차로 발생시킴은 또한 타당하지 않다. 그와 같다면 결과에 차례가 있듯이 원인에도 또한 순서가 있음이 마땅함으로써 상주(常住)가 무너지기 때문이다. '만약 무상(無常)한 것으로부터 발생한다.' 라고 한다면, 과거 또는 미래 또는 현재 가운데 어느 것으로부터 발생하는 것인가? '만약 과거로부터 발생한다.'라고 한다면, 과거는 소멸함과 분리되어서 없는 것이니, 없는 것은 모든 작용력이 공허함으로써 원인이 되는 것이 불가능하고, 미래로부터도 또한 아닌 것이니, 미래는 자기의 본질이 성립하지 않음과 또는 얻지 못하는 것임으로써 없는 것이기 때문에 원인이 되지 못한다. '만약 현재로부터 발생한다.'라고 한다면, 그것은 동시에 서로가 도움을 주지 못하기 때문에 동시에 원인과 결과가 양립함이 불가능함으로써, 사물이 다른 것(원인)으로부터 발생하는 것이 아니다. 또한 결과인 육식(六識)이 사연(四緣)으로부터 발생하는 것에 의거하면, 인지연(因之緣)은 앞의 식(識)으로부터 발생하는 분상에서 자기로부터 발생하는 것이며, 소연연(所緣緣)은 색 따위의 나머지 연(緣)으로부터 발생하는 분상에서 다른 것으로부터 발생하는 것이며, 종자와 밭과 물과 거름과 사람의 노력 따위들로부터 새싹이 발생할 때조차도, 종자로부터 발생하는 분상에서는 자기로부터 발생인 것이며, 다른 원인으로부터 발생하는 분상에서는 다른 것으로부터 발생하는 것이다. 사람이 발생하는 것에 의거할지라도 또한 의식의 종자로부터 발생하는 분상에서는 자기로부터 발생인 것이며, 부모의 교합에서 발생하는 분상에서는 다른 것으로부터 발생하는 것이니, 그와 같이 일체가 또한 같은 것이다.

③ '자타의 둘로부터 발생한다.'라고 한다면, 원인과 결과는 앞뒤의 시간이 별

개인 까닭에 인지연(因之緣) 따위는 또한 자기를 이루지 못함으로써, 둘로부터 발생하는 것은 성립하지 않으니, 자기와 다른 것은 다른 법으로 존재함으로써 둘로부터인 것도 또한 타당하지 않다. 자기 또는 다른 것으로부터 발생함을 주장하는 방면의 허물을 앞에서 설한 바가 둘에 또한 귀착되기 때문에 온(蘊) 등의 사물은 자타의 둘로부터도 또한 발생하지 않는 것이다.

④ 또한 [사물은 원인의 없음(無因)에서도 발생하지 않으니] 원인이 없음을 주장하는 [순세외도(順世外道)와 같은] 자들이 '연꽃의 줄기와 꽃술과 이파리 따위 그것들은 어떤 원인이 만들었는가? 그와 같이 공작의 반점 따위의 무늬들을 어떤 원인이 만들었는가? 그러므로 그들 따위의 모든 사물은 원인이 없음으로부터 발생한 것이다.'라고 한다면, 그것들은 원인과 더불어 성립하니, 원인이 없이 발생한다면 차별이 없음으로써, 암코끼리와 두견수(杜鵑樹) 따위에도 또한 연꽃의 그것들이 있게 된다. 새매에게도 공작의 그것들이 있게 되는 것이니 실제는 그와 같은 것이 아니기 때문이다. 달리 또한 '무인(無因)은 다른 것에 의뢰하지 않음으로써, 항상 있거나 또는 없는 것이다.'라고 함과 같이 된다는 도리로 말미암아 그와 같이도 또한 아님이니, 사물들은 일부의 장소에서 몇몇이 발생함을 봄으로써, 속제(俗諦)에서 원인에 의뢰함과 더불어 성립함으로써, 무인(無因)에서 발생하는 것이 또한 아니다. 그러므로 온(蘊) 따위의 사물들은 승의(勝義)에서 무생(無生)인 것이며, 세속에서 원인과 조건으로부터 결과가 발생하는 것으로 드러난 이것은 긴 것에 의지해서 짧음과 등불에 의지하는 불빛과 저편에 의지해서 이편이 있음과 같이 단지 의지해서 발생하는 것이 세속이니, 실유(實有)로 성립하는 것이 아니다. 자성(自性)이 원인과 조건들로부터 발생하는 것은 정리가 아니니, '원인과 조건으로부터 발생한다면 자성이 소작성(所作性)이 되니, 자성들이 어떻게 소작성(所作性)이 되겠는가?'라고 하는 정리에 의해서 자성은 원인이 조작하지 못하는 그것으로 말미암아 온(蘊) 따위의 그것들은 본래부터 본질이 [성립하지 않아] 자성(自性)이 없는 공성인 것이다.'라고 함이다."

3. 이일다인(離一多因, gCig du bral gyi gtan tshigs)은 이일이인(離一異因)이라고 하며, 티베트어 찍두댈기땐칙(gCig du bral gyi gtan tshigs)의 번역이다. 이것은 제법의 자성을 분석해서 무자성(無自性)을 결택으로 것으로 하나의 자성과 다수의 자성을 여읜 공해탈문(空解脫門)을 열어 보이는 증인이다.

본송(本頌)에서, "또한 [내외(內外)의] 모든 제법을, 하나와 다수의 자성으로 분석하면, 본질이 성립함을 보지 못함으로써, 자성이 있지 않은 것이 확실하다."(제50송)라고 설한 의미를 갤찹·닥빠된둡(普稱義成)의 『보리도등론제호석

(菩提道燈論醍醐釋)』에서 다음과 같이 해설하였다.

"'또한 온(蘊) 등의 원인과 결과의 둘의 모든 제법을 앞의 두 증인(證因) 외에 다른 것인 하나와 다수의 자성을 분석하는 이 증인으로 분석하면, 실유(實有)하는 하나와 다수의 어떤 것도 또한 사물의 본질로 성립함을 보지 못함으로써, 온(蘊) 등의 법들 그 일체는 본래부터 자성이 없는 것이 확실하다.'라고 설하였다. 이에 선지식 쌰라와(Śa ra ba)께서, '아사리 짠드라끼르띠(月稱)의 『중관오온론(中觀五蘊論, Phuṅ po lṅḥi rab tu byed pa)』에서 반야의 단계에서 행온(行蘊)을 처음 인무아(人無我)와 그 뒤 모든 법을 유색(有色)과 비유색(非有色)의 둘로 구분함을 말한 뒤, 이일이인(離一異因)에 의해서 자성이 없음을 결택(決擇)하는 것을 설하였고, 그와 일치하게 결택함이 조오제(Jo bo rje)의 『중관교계(中觀教誡, dBu maḥi man ṅag)』이다.'라고 설하였으니, 여기서는 인무아(人無我)를 앞에서 오온(五蘊)과 십팔계(十八界)와 십이처(十二處)로 설함으로써, 하나의 자아와 원인의 자아와 심오한 자아로 성립하지 않음을 설하여 보였다.

그 뒤 법무아(法無我)를 결택함에 있어서 두 가지의 증인을 설한 뒤, 이일이인(離一異因)을 선지식 돔뙨빠(ḥBrom ston pa)께서, '원인과 결과의 법 둘을 또한 이일이인으로 분석하면 [자성이] 성립하지 않으니, 모든 제법이 온(蘊)·계(界)·처(處) 셋에 거두어지니, 그것들에 포함되지 않는 법이란 있지 않다. 그것들을 이일이인으로 분석함을 통해서, 오온(五蘊)으로 분해되는 것으로 하나가 성립하지 않으며, 다섯의 하나하나를 추찰할지라도 또한 하나가 성립하지 않으니, 조오제(Jo bo rje)께서 오직 이것을 닦도록 하라. 수월하다.'라고 하였으며, 아사리 바바비베카(Bhāvaviveka, 清辨)께서도 또한, '세간은 분별에서 발생하고, 분별은 마음에서 발생하고, 마음은 또한 몸에서 발생하니, 그러므로 몸을 분석하라.'고 설하였다. 그러므로 먼저 색온(色蘊)을 분석하라. 여기서 또한 인색(因色)**8**과 과색(果色)**9**의 둘 가운데 인색이 크고 거칢으로써 그것을 분석하라. 또 네 가지의 인색 가운데 땅 원소가 크고 거칢으로써 또한 그것을 먼저 분석하라고 하였다.

인색과 과색의 둘로 나누어짐으로써 또한 색온도 홀로 성립하지 않고, 인색도

---

8 인색(因色)은 땅 원소와 물 원소와 불 원소와 바람 원소의 네 물질을 인색(因色)이라 한다.

9 과색(果色)은 땅과 물과 불과 바람의 네 원소를 원인으로 만들어진 물질인 색(色)으로 오근(五根) 등의 내색(內色)과 오경(五境) 등의 외색(外色)의 두 가지가 있다.

네 가지의 원소로 나누어짐으로써 하나의 자성이 성립하지 않는다. 하나의 땅 원소와 같은 것도 다른 세 원소가 모이지 않으면 자립(自立)이 성립하지 않는다. 땅의 딱딱함을 예로 들어도 또한 다수의 극미진(極微塵)이 모여진 것으로 하나의 자성이 아니다. 하나의 극미진도 방분(方分)의 구분으로 구별하면 6개 또는 10개의 진질(塵質)로 나누어짐으로 또한 하나의 자성이 성립하지 않는다. 그 하나하나도 또한 방분(方分)으로 나누면 어떠한 실질로도 성립하지 않으니, 나머지의 세 원소도 또한 그와 같음으로써 인색(因色)은 자성이 없는 것이 성립한다.

그와 같이 인색이 성립하지 않음으로써 과색 또한 성립하지 않으며, 과색 또한 오근(五根)과 오경(五境)의 열 가지이고, 유부(有部)의 주장대로 하면 무표색(無表色)10을 더한 열한 가지이다.

오근(五根)의 하나하나도 또한 네 가지의 원소와 색깔과 향기와 맛과 촉감의 넷으로 이루어지고, 그들의 [여덟 개의] 진질(塵質)의 하나하나도 신근(身根)에 의해서 모든 근색(根色)에 편만함으로써, 눈 등의 네 감관(感官)에는 몸의 진질이 하나하나이니, 소리가 없는 것을 근거로 하면, 진질이 10개씩 모인 것이고, 소리가 있는 것으로 하면 진실이 11개씩이 모인 것임으로써, 또한 하나가 성립하지 않는다. 신근(身根)에는 눈 등의 진질이 포함되지 않음으로 9개 또는 10개의 진질이 모인 것임으로써, 또한 하나가 성립하지 않는다.

오경(五境)도 하나하나가 또한 네 가지의 원소와 색깔과 향기와 맛과 촉감의 넷으로 이루어지고, 소리가 없는 것을 근거로 하면, 진질이 8개씩 모인 것이고, 소리가 있는 것으로 하면 진실이 9개씩이 모인 것임으로써, 이 또한 하나가 성립하지 않는다.

진질(塵質)도 하나하나가 앞서와 같이 방분(方分)의 구분으로 구별하면, 하나가 성립하지 않음으로써 다수도 또한 성립하지 않기 때문에, 하나와 다수를 여읜 자성이 없는 것이 성립한다.

그와 같이 소의(所依 : 五根)와 소연(所緣 : 五境)이 성립하지 않음으로써, 오근

---

10 무표색(無表色)은 오직 의식의 대상이 되는 법처(法處)에 소속되는 무형의 색으로 극미로부터 만들어지는 색법(色法)은 아니나 네 가지의 원소로부터 만들어지는 색법이기에 무표색이라 한다. 예를 들면, 별해탈계(別解脫戒)와 정려계(靜慮戒)와 무루계(無漏戒) 등과 같은 것이다.

(五根)에 의지하는 오식(五識)도 성립하지 않는다. 그것이 성립하지 않음으로써 그것들이 소멸하자마자 [발생하는] 의(意)도 성립하지 않는다. 그것이 성립하지 않음으로써 의식(意識)도 성립하지 않는다. 그와 같이 육식(六識)의 모임인 마음이 성립하지 않음으로써, 그것들의 단계 또는 그것들과 상응하는 느낌(受) 등의 심소(心所)들도 또한 성립하지 않는다.

그와 같이 색(色)과 마음과 심소(心所)의 셋이 성립하지 않음으로써, 그것들의 단계에 시설한 생로병사 등의 불상응행(不相應行)[11]들도 또한 성립하지 않는다. 그와 같이 유위(有爲)들이 성립하지 않으면, '무위(無爲)는 성립하는가?'라고 하면, 아사리 짠드라끼르띠(月稱)께서, '무위(無爲)[12]로 두 택멸(擇滅)과 허공을 더한 셋과 진여(眞如)를 더한 넷을 승인한 뒤, 무위는 자성이 없음이 성립함으로써, 분석이 필요하지 않다.'라고 설하였다. 『중관장엄론(中觀莊嚴論)』 등에서, '허공 등의 편만(遍滿)들 또한 다수의 방소(方所)를 여읨으로써 하나가 성립하지 않으며, 무위를 실유(實有)로 승인하는 일체 또한 이치가 같음과 무위를 소지(所知 : 事物)로 승인하지 않으면 그것은 자성이 없는 것이 성립하고, 소지(所知 : 事物)로 승인하면 점차적인 식(識)과 연결됨으로 말미암아 식(識)과 같이 찰나가 됨으로써 무위로 또한 성립하지 않는다.'라고 설하였다. 그와 같이 '어떤 것과 어떤 것을 분석해서, 그것과 그것에 하나가 없으면, 어떤 것에도 하나가 있지 않으니, 그것에 다수도 또한 있지 않다.'라고 하는 도리로 하나와 다수의 자성을 여의기 때문이다.

일체법에 자성이 없음은 색온(色蘊)을 단지 분석하는 것만으로도 성립하고, 달리 또한 수온(受蘊) 등의 네 가지의 온(蘊)의 자성의 본질을 분석하면, 다른 것들 또한 하나와 다수를 여읨으로써 자성이 있지 않다. 수(受)는 또한 고락과 비고비락의 셋인 것에 의해서도 또한 하나가 성립하지 않으니, 그 하나하나를 또한 소의(所依)와 소연(所緣)의 문을 통해서 각각 여섯이 됨으로써 열여덟으

---

11 불상응행(不相應行)은 보특가라(人)와 시간 등은 마음과 상응하지 않고, 각자의 단계에서 자율적으로 행하는 것을 말하니, 여기에는 14가지가 있으니, 얻음(得)과 얻지 못함(不得), 동분(同分)과 무상(無想), 무상정(無想定)과 멸진정(滅盡定), 명근(命根)과 생로병사(生老病死), 명신(名身)과 구신(句身), 문신(文身)이다.

12 무위(無爲)는 원인과 조건에 의해서 발생하지 않는 실사(實事)가 아닌 법을 말하며, 대승에서는 택멸(擇滅)과 비택멸(非擇滅)과 허공과 진여(眞如)의 넷을 인정한다.

로 존재하고, 상(想)도 또한 크고 작은 상(想)과 무량한 상(想)이니, 계(界)로 구분하면 셋이고, 소의(所依)와 소연(所緣)으로 구분하면 여섯이고, 그 하나하나는 또한 상집(相執)의 차별이 없으며, 행(行)은 49가지의 심상응행(心相應行)[13]과 불상응행(不相應行)의 14가지 또는 23가지 등의 갖가지이며, 식(識)은 팔식(八識) 또는 육식(六識)의 무리로 존재함으로써 또한 하나가 성립함이 없으니, 그것들 하나하나도 또한 갖가지의 대경을 소연해서 발생하는 갖가지 도리에 의해서 하나가 성립하지 않는다.

시간의 문을 통해서 분석하면 또한 과거와 미래와 현재의 시간 셋에 수(受) 등의 단계가 별개이고, 그 하나하나 또한 해와 달에서부터 찰나에 이르기까지 앞뒤의 작은 별개로 말미암아 하나가 성립하지 않는다. '한 찰나는 성립하지 않는가?'라고 해도 또한, 그와 같이 찰나도 끝이 있다. 그와 같이 처음과 중간으로 관찰함이 마땅하다. 그와 같이 찰나는 [처음과 중간과 마지막의] 셋이 있음으로써 찰나도 머물지 않는다. 처음과 중간과 마지막을 또한 찰나처럼 생각하면, '처음과 중간과 마지막'이라는 도리에 의해서 하나가 성립하지 않는다. '그러므로 다수도 또한 성립하지 않기 때문에, 하나와 다수의 본질을 보지 못함으로써 자성이 없는 것이 확실하다.'라고 한 앞에서의 입론(立論 : 論證)을 성립시키니, 그 증인(證因)들이 타파코자 하는 대상은 온(蘊) 등인 것이다."

또한 이일다인(離一多因)이 지니는 무오류의 진실성과 심오하고 광대한 의미에 대하여 주미팜·잠양남걜갸초(文殊尊勝海)[14]의 『중관장엄론석환희언교(中觀莊嚴論釋歡喜言教)』에서 다음과 같이 논설하였다.

"[셋째는 논전의 본문에서 소지계를 이제(二諦)의 뜻으로 결택함과 그와 같은 도리의 찬탄을 통해서 의미를 요약함의 둘이 있으며, 또한 처음도 이제의 도리를 인식함과 그것에 대한 논쟁을 물리침과 그와 같이 깨달아 얻는 공덕의 셋이다.

---

13 심상응행(心相應行)은 행(行 : 造作)의 한 가지로 마음과 심소(心所)의 둘이 서로 분리됨이 없이 동시에 발동해서 작용하는 행(行)을 말하니, 수(受)와 상(想)을 제외한 모든 심소생법(心所生法)을 말한다.

14 주미팜·잠양남걜갸초(ḥJu mi pham ḥjam dbyaṅs rnam rgyal rgya mtsho, 文殊尊勝海, 1846~1912)는 닝마빠(舊派)의 고승으로 『중관장엄론석환희언교(中觀莊嚴論釋歡喜言教, dBu ma rgyan gyi rnam bśad ḥjam dbyaṅs bla ma dgyes paḥi shal luṅ)』 등의 논서를 비롯하여 인명(因明)과 의약(醫藥) 등의 학문의 전반에 걸쳐서 많은 뛰어난 저술들을 남겼다.

처음에도 승의(勝義)에서 사물이 없음을 설함과 세속에서 사물이 있음을 설함의 둘이 있으며, 처음에도 본증인(本證因)의 안치와 증인의 성립의 둘이 있는 가운데] 첫째, 본증인을 세움이니, 아사리 샨따락시따(寂護)의 『중관장엄론(中觀莊嚴論)』에서,

'자파와 타파가 말하는 이들 사물은
진실에 있어서는 하나와,
다수의 자성을 여읜 까닭에
자성이 없으니 영상(影像)과 같다.'(제1송)라고 설하였다.

이같이, '자파인 내도(內道)의 불교도와 타파인 외도들이 전부 실유(實有)로 말한 이들 사물의 모두는, 진실한 의미에 있어서는 정리로 여실하게 분석할 때, 하나와 다수의 자성 둘을 여읜 까닭에, 이것들에는 자성이 성립함이 조금도 없다. 비유하면, 나타날지라도 또한 진실이 아닌 영상(影像)과 같다.'라고 하였다. 이것을 인명논식(因明論式)으로 세우면 다음과 같다.

[종(宗 : 命題)] 자파와 타파가 실유(實有)로 말하는 내외의 사물 이들 일체의 유법(有法)은 진실로 자성이 없다.

[인(因 : 證因)] 실유(實有)하는 [자성] 하나와 다수를 여의었기 때문이다.

[유(喩 : 實例)] 거울 속의 영상(影像)과 같다.

여기서 [내외의 사물은] 자파가 말하는 온(蘊) 따위들과 타파가 말하는 승성(勝性)과 [자재천] 등들이다. 여기서 만약 그것들에 실유하는 것이 있다면 하나와 다수의 어떤 모양으로 마땅히 존재하고, 하나와 다수는 서로 배제하며 존재하는 것이기에, 그 둘이 아닌 달리 실재하는 모양의 제3의 온(蘊)은 소지계(所知界)에 있지 않다. 그러므로 이 증인은 [실유하는 자성이 드러남을 보지 못하는] 능편불가득인(能遍不可得因)이다.

여기서 뜻을 좀 덧붙이면, 유법(有法)을 분석함과 증인(證因)을 분석함과 비유의 도리를 설하는 셋이 있다.

첫째는 유법(有法, Chos can)[15]을 분석함이니, 혹자는 이같이, '여기서는 종파에서 [실유로] 설하는 사물들을 논파함으로써, 무시이래 익혀온 구생아집(俱生我

15 유법(有法, Chos can)은 인명용어로 전술(前述)과 전구(前句) 등에 해당하는 주어이니, 증인(證因)과 종법(宗法)의 둘이 함께 의존하는 근거인 소의(所依)가 된다. 예를 들면, "소리는 무상하다. 소작성이기 때문이다."라고 하는 경우, 주어인 소리에 종법인 무상함과 증인인 소작성의 둘이 포함됨으로서 소리가 유법이 된다.

執)을 파손하는 도리가 어떠한가?'라고 하면, [답하되] 이 논전에서는 자타의 종파가 주장하는 상주법(常住法)과 무위법(無爲法), 보특가라(人)와 편재(遍在), 거침과 미세함, 식(識)들을 유법으로 고집함으로써, 그것들 가운데 상주와 무상, 안과 밖, 대경과 유경(有境), 거침과 미세함, 소지(所知)와 능지(能知) 따위의 유위와 무위법의 일체가 거두어짐으로써, 그것들이 정리에 의해서 실재함이 성립하지 않는다면 그것으로 인법(人法)의 두 구생자아(俱生自我)를 근원적으로 뽑아낼 수 있는 것이다.

보통 중생의 마음 흐름에 깃들어 있는 구생혹(俱生惑)의 영향력 탓에 항아리 등의 사물들에 대해 그것과 그것으로 성립한다고 고집하고, 사물에 의지해서 비사물이란 명언(名言) 또한 시설하고, 사물과 비사물을 진실로 애착하고, 자기의 상속인 오온(五蘊)에 의지해서 그냥 '나'라고 어떠한 관찰과 분석조차 함이 없이 무조건 고집하는 구생괴취견(俱生壞聚見 / 俱生有身見)이 또한 일어나니, 그와 같이 법과 보특가라(人)가 성립하고 성립하는 것처럼 애착하는 본질들의 시설처(施設處)는 온(蘊) 등인 것이며, 또는 달리 세속에 없는 상태에서 [있다고 여기는] 전도된 원인을 고집함이니, 자기 의식으로 견고하게 가설한 상주물아(常住物我)가 있다는 등의 갖가지 망상을 굴리고 애착하는 노끈에 의해서 범부들이 결박을 당하는 것이다.

여기서 그것들의 하나를 타파함으로써 하나가 소멸함과 소멸하지 않는 도리이니, 상주하는 법으로 애착하는 그 대경들을 타파하는 정리로써 타파할지라도 또한, 그것은 구생아집의 의지처가 아님으로써 지금 당장 구생아집이 소멸하지 않을지라도 또한, 구생아집으로 고집함과 같이 대경에 자아가 없음을 깨달으면, 그 자아를 상주와 작자(作者) 등으로 주장하는 변계소집(遍計所執)의 일체가 소멸하니, 마치 석녀에게 아들이 없음을 알면 그의 색깔 또한 있지 않음을 결단함과 같다. 그처럼 여기서도 또한 보특가라(人)와 유위법의 일체가 실유하는 일다(一多)의 자성을 여윔에 의해서 무자성이 성립하면, 두 가지 아집이 어떻게 일어나겠는가? 모든 사물에는 자성이 있지 않음을 결택함이 성립하기 때문이다. 그러므로 변계소집과 구생의 소집경(所執境)들을 총괄해서 유법(有法)으로 삼음이니, 세간의 무해식(無害識)에 나타나는 사물뿐만 아니라 외도가 분별로 가설한 사물 따위들도 거두기 위한 목적이다."

또한 이일다인(離一多因)으로 인무아를 결택할 때는 네 가지의 요처를 갖추는 것이 필요하다고 『보리도차제약론(菩提道次第略論)』에서 다음과 같이 설하였다.

"여기에는 네 가지의 요처가 있으니, ① 자기의 상속(自續 : 心身)을 관찰하는 것이니, 인아(人我)를 집착하는 법을 인식하는 것이니, 이것은 앞에서 이미 설하였다.

② 그 보특가라(人)의 자성이 성립하면, 온(蘊)과 본질이 하나와 다른 것 가운데 어떤 것으로 마땅히 성립하니, 그 둘을 벗어나 달리 성립하는 법이 있지 않음을 결단하는 것이다. 그것은 보통 「항아리와 기둥」이라 함과 같이 둘을 긍정하면 반대로 하나인 것을 부정하게 되고, 「항아리」라고 함처럼 하나를 긍정하면 반대로 둘인 것을 부정함이 경험적으로 성립함으로써, 하나(一)와 다른 것(異)이 아닌 제삼의 온(蘊)은 있지 않다. 그러므로 본질이 하나와 다른 것의 둘이 아닌 [제삼의] 것은 또한 있지 않음을 확정하는 것이다.

③ 보특가라(人)와 온(蘊)의 둘이 자성이 성립하는 하나의 본질에는 [세 가지의] 허물[16]이 있음을 보는 것이다.

④ 그 둘이 자성이 성립함이 별개인 것에는 허물이 있음을 여실하게 보는 것이다. 이같이 네 가지의 요처를 갖추면 그 뒤에 인무아의 진실성을 깨닫는 청정한 견해가 일어난다."

4. 연기증인(緣起證因, rTen ciṅ ḥbrel bar ḥbyuṅ baḥi gtan tshigs)은 연기도리(緣起道理)에

---

16 이 구절의 의미를 『보리도차제약론(菩提道次第略論)』에서, "여기서 자아와 온(蘊)의 둘이 자성이 성립하는 하나의 본질이면, 세 가지의 과실이 있다.
첫 번째의 과실은 자아를 승인함이 무의미하게 됨이다. 그 둘이 하나의 본질인 그것에 자성이 성립하면 차별이 아예 없는 하나가 되니, 하나의 본질이 승의(勝義)로 성립하면 그 둘이 마음에 나타날지라도 또한 별개로 나타나지 않기 때문이다. 그 이유는 허망한 세속에 나타나는 모양과 존재하는 모양이 일치하지 않음이 생기는 것은 모순되지 않을지라도 또한, 실유로 성립함에 있어서는 그 둘이 어긋나기 때문이니, 그 실유로 성립하는 그것을 보는 그 마음에는 그것의 존재하는 모양이 여실하게 나타나야 하기 때문이다.
그와 같이 자아가 자성이 성립함을 승인하는 것은 온(蘊)을 버리고 취하는 작자(作者)가 성립하는 의미이니, 만약 온(蘊)과 하나이면 [버리고 취하는] 그것이 불가능하기 때문이다. 그것을 또한 『중론(中論)』에서, '근취온(近取蘊)을 제외하고는, 자아가 있지 않다고 했을 때, 근취온이 자기인 것이라면, 그대의 자아는 없는 것이다.'(제27관사견품 제5송)라고 설하였다.
두 번째의 과실은 자아가 많게 됨이니, 자아가 온(蘊)과 하나임이 성립하면 한 보특가라(人)에는 다수의 온(蘊)이 있는 것처럼 자아도 역시 많게 되니, 하나의 자아 외에는 없음과 같이 온(蘊)들 역시 하나가 되는 잘못이 있게 된다. 『입중론(入中論)』에서, '만약 온(蘊)이 자아이면 그러므로 그것이, 많음으로써 자아 그것들도 역시 많게 된다.'라고 설하였다.
세 번째의 과실은 자아가 생멸하는 것이 되니, 『중론(中論)』에서, '만약 온(蘊)이 자아라면, 생멸하는 것이 되고, [만약 온(蘊)들과 다른 것이라면, 온(蘊)의 성상(性相)이 없게 된다.]'(제18관아법품 제1송)라고 설하였는바, 온(蘊)이 생하고 멸함과 같이 자아도 역시 생멸하게 되니, 그 둘은 하나이기 때문이다."라고 하였다.

의해서 제법의 무자성(無自性) 또는 인법무아(人法無我)의 둘을 함께 타파하고 확증하는 정리이다. 이것은 상단(常斷)과 유무(有無)와 거래(去來)와 일다(一多)와 같은 갖가지의 양변(兩邊)을 타파함과 더불어 다른 정리들의 근거가 됨으로써 정리(正理)의 왕이라 일컫는다.

이와 같은 연기증인의 심오한 이치를 디차·예시갸초(sDi tsha Ye śes rgya mtsho, 智海)의 『혜도대해규문(慧度大海竅門, Par phyin rgya mtshoḥi ḥjug ṅogs)』[(Par gleṅ,p.43 ba 3)]에서 다음과 같이 설하였다.

"'인위(因位)와 도위(道位)와 과위(果位)의 세 가지의 유법(有法), 그대는 진실로 있지 않다. 연기(緣起)이기 때문이다. 비유하면, 거울 속의 영상(影像)과 같다.' 라고 함이다.

그 또한 『무열용왕청문경』에서, '연(緣)에서 발생한 어떤 법들 그것은 무생(無生)이니, 그것에는 생겨난 자성(自性)이 있지 않다. 연(緣)에 의뢰하는 어떤 것을 그것은 공(空)이라 말하니, 어떤 이가 공성을 알면 그는 방일하지 않는다.' 라고 해서, 어떤 사물이든 또한 인(因)과 연(緣)에 의지해서 발생한 이상 그 사물은 승의에서 무생(無生)임으로써, 거기에는 실유(實有)하는 생겨난 자성이 있지 않다고 설하였기 때문이다. 이 뜻을 마음에 새긴 뒤 쫑카빠(Tsoṅ kha pa) 대사께서, '어떤 어떠한 법들로 연(緣)에 의지하는, [내외의 법] 그것 그것들은 자성이 공(空)하다.'라고 하는, 이 말씀보다 더 경이로운, 선설(善說)의 묘리가 어디 있겠나이까?'라고 [『연기찬(緣起讚)』]에서 설하였다.

또한 아사리 월칭논사(月稱論師)의 『사백론석(四百論釋)』에서, '여기서 아(我)라고 하는 것은, 어떤 다른 사물들에 의뢰하지 않은 본질 또는 자성이니, 그것이 없다면 무아(無我)인 것이다.'라고 하였으며, 또한 『입중론(入中論)』에서, '그러므로 무인(無因)과 자재천(自在天)의 원인 따위들과 자기와 타자의 둘로부터 사물들이 발생하는 것이 아니다. 그러므로 사물은 의지해서 생기한다. 그러므로 사물은 의지해서 발생함으로써, 이들 분별로는 [연기를] 변석하지 못한다. 그러므로 이 연기증인(緣起證因)으로 모든 악견의 그물들을 끊어버리도록 하라.'고 설함과 같다.

'이 연기의 논식(論式)의 소립법(所立法 : 논증하려는 법)은 진실로 있지 않다.'라는 것으로 상변(常邊)을 멸해 버리고, '연기(緣起)이기 때문이다.'라는 증인(證因)으로 단변(斷邊)을 멸해 버리고, 나아가 무인(無因)에서 발생한다는 주장과 자재천 등의 원인에서 세간이 발생한다는 주장 등의 모든 악견의 일체를 멸해 버리는 것이다.

그리고 '싹이라는 유법(有法), 그대는 진실로 있지 않다. 연기(緣起)이기 때문이다.'라고 입론(立論)을 하면, 유식파(唯識派)는 상위주편(相違周遍)으로 주장하고, 화지부(化地部) 등의 내도(內道)의 일부는 연기를 상주(常住)로 주장해서 [연기를] 불성인(不成因, Ma grub paḥi rtags)으로 주장한다. 그러므로 『연기찬(緣起讚)』에서, '[연생(緣生)이 무자성인] 연기도리를, 모순과 성립하지 않는 것으로 보는, [내외의] 이들이 당신의 종지(宗旨)를, 어떻게 요해(了解)할 수 있겠나이까?'라고 설하였다." [『슝까뾔응애칙된쎌델(藏傳佛敎五明詞義詮釋)』, p.113]

⊙ **사무량(四無量)** : 사무량(四無量, Tshad med bshi)은 대승보살이 무량한 유정들을 소연으로 삼아 무량한 복덕을 닦고 쌓는 네 가지의 마음이니. 곧 자무량(慈無量)과 비무량(悲無量)과 희무량(喜無量)과 사무량(捨無量)의 넷이다. 여기서 ① 자무량(慈無量)은 모든 유정이 영원히 안락과 안락의 원인을 지니길 바람이며, ② 비무량(悲無量)은 영원히 고통과 고통의 원인을 여의길 바람이며, ③ 희무량(喜無量)은 고통이 없는 안락을 영원히 여의지 않기를 바람이며, ④ 사무량(捨無量)은 중생에 대하여 친소를 가리는 마음을 여의고 평등함에 머무는 마음이다.

⊙ **사문(沙門)의 열일곱 가지의 장엄** : 이것은 『별해탈경본소(別解脫經本疏)』에 설해진 것으로 다음과 같다. "① 믿음을 지닌다. ② 견고부동(堅固不動)하다. ③ 질병이 적다. ④ 정진의 본성이다. ⑤ 지혜가 예리하다. ⑥ 욕심이 적다. ⑦ 만족을 안다. ⑧ 환정(還淨)이 쉽다. ⑨ 채워 넣기가 쉽다. ⑩ 두타(頭陀)의 공덕을 지닌다. ⑪ 단엄하다. ⑫ 분수를 안다. ⑬ 성인(聖人)의 법을 지닌다. ⑭ 지자(智者)의 표상을 지닌다. ⑮ 인욕이 광대하다. ⑯ 온화하다. ⑰ 묘선(妙善, Gya nom pa)을 지닌다."

⊙ **사섭법(四攝法)** : 사섭사(四攝事)은 대승보살이 중생을 거두어들이는 네 가지의 방법이니, ① 보시섭(布施攝)은 재물과 법을 베풀어서 교화하는 것이며, ② 애어섭(愛語攝)은 좋은 말로 위로해서 교화하는 것이며, ③ 이행섭(利行攝)은 중생의 심원에 순응해서 유익한 일을 행하는 것이며, ④ 동사섭(同事攝)은 중생의 바람에 순응해서 함께 그 원하는 바를 행해서 이익을 주는 것이다.

⊙ **사제(四諦)** : 사제(四諦, bDen pa bshi)는 사성제(四聖諦)의 줄임말이다. 이 고집멸도(苦集滅道)의 넷은 하나마다 네 가지의 행상(行相)이 있음으로써, 사제십육행상(四諦十六行相)이라고 하며, 그 의미는 다음과 같다.

1. 고제(苦諦)는 자기의 원인인 업(業)과 번뇌로 생긴 근취온(近取蘊)인 부정한 유정무정(有情無情)의 세간의 유루(有漏)의 업과(業果)인 모든 사물은 괴로움의 집합체로서 마치 질병과 같은 것으로 거짓 없이 여실하게 붓다의 눈에 비침으로써 고성제(苦聖諦)라 한다. 여기에는 네 가지의 행상이 있다.

① 무상(無常)이니, 모든 제법은 조건에 의뢰하는 까닭에 덧없음이다. 갖가지

의 연(緣)이 모이면 발생하고, 연(緣)이 흩어지면 소멸해서 자립자주(自立自主) 하지 못함으로써 무상(無常)이라 한다. 또 찰나마다 생멸하는 법인 까닭에 무상(無常)이라 한다.

② 고(苦)이니, 해로움을 끼침으로써 고통이라 한다. 항상 고고(苦苦)와 괴고(壞苦)와 편행고(遍行苦)의 삼고(三苦)에 의해서 끊임없이 괴로움을 당함으로써 고통이라 한다.

③ 공(空)이니, 아소(我所 : 나의 것)를 보는 견해를 다스리는 법이다. 자아가 없고 비어있음으로써 공(空)이라 한다. 다시 말해, 오온(五蘊) 가운데는 자립물아(自立物我) 또는 유일자재아(唯一自在我)가 없는 것이 마치 빈집과 같음으로써 공(空)이라 한다.

④ 무아(無我)이니, 자아를 고집하는 견해를 다스리는 법이다. 외도들이 분별하는 자아와 유정 따위들은 존재하지 않음으로써 무아라 한다. 곧 오온(五蘊) 자체가 유일자재아(唯一自在我)가 아닌 것이 마치 집이 아닌 것과 같음으로써 무아라고 한다.

2. 집제(集諦)는 자기의 업과(業果)인 근취온(近取蘊)인 부정한 유정무정의 세간을 발생시키는 원인이 되는 업(業)과 번뇌들이다. 그것들이 일체의 고통을 일으킴으로써, 마치 질병의 원인과 같이 끊어버려야 할 것으로 붓다의 눈에 비침으로써 집성제(集聖諦)라 한다. 여기에는 네 가지의 행상이 있다.

① 인(因)은 종자의 형태로 오온의 원인이 됨으로써 인(因)이라 한다. 업과 번뇌가 윤회의 고통을 일으킴이 마치 종자와 같은 역할을 함으로써 인(因)이다.

② 집(集)은 발생하는 모양에 의지해서 집출(集出) 또는 집(集)이라 한다. 업과 번뇌가 모여서 삼계와 육도가 발생함이 마치 밭에서 곡물이 자라남과 같은 모양인 까닭에 집(集)이라 한다.

③ 극생(極生)은 원인과 결과가 연결되어 출생하는 까닭에 극생(極生)이라 한다. 업과 번뇌로 말미암아 온갖 고통이 홀연히 일어남이 마치 서로 협력해서 일으키는 모양과 같음으로써 극생(極生)이라 한다.

④ 연(緣)은 반드시 이루어지게 하는 뜻에 의지해서 연(緣)이라 한다. 예를 들면, 젖은 진흙과 막대기와 물레와 도공과 물이 만나고 화합해서 항아리가 만들어지는 것과 같음으로써 연(緣)이라 한다. 업과 번뇌로 말미암아 삼계의 처소에서 괴로움의 무더기를 누리는 것이 마치 물과 거름이 조력해서 과실을 열리게 하는 것과 모양이 같음으로써 연(緣)이라 한다.

3. 멸제(滅諦)는 멸진(滅盡)을 얻음으로써 모든 번뇌가 소멸하는 까닭에 멸제(滅

諦)라 한다. 자기의 원인인 정도(正道)에 의지해서 마땅히 끊어야 할 대상인 집(集 : 原因)과 업과 번뇌들이 영원히 일어나지 않게 하는 것이니, 곧 윤회의 인과가 연속함이 끊어진 것이 멸(滅)이다. 이것은 마치 질병이 없는 안락을 얻게 함과 같은 것으로 여실하게 붓다의 눈에 비침으로써 멸성제(滅聖諦)라 한다. 여기에는 네 가지의 행상이 있다.

① 멸(滅)은 온(蘊)[근취온(近取蘊)]을 파괴하고 없앰으로써 멸(滅)이라 한다. 또는 번뇌와 악업들을 끊어서 다시 일어나지 않음으로써 멸(滅)이라 한다.

② 적정(寂靜)은 탐욕과 성냄, 어리석음의 삼독(三毒)의 불덩어리 셋을 없애버림으로써 적정(寂靜)이라 한다.

③ 묘선(妙善)은 모든 해악이 없음으로써 묘선이라 한다. 또는 후생에 삼계에 태어나도 고통을 받지 않음으로써 묘선(妙善)이라 한다.

④ 출리(出離)는 반드시 벗어남의 뜻이니, 『다조르밤뽀니(聲明要領二卷)』에서, "닛싸라남(Nissaraṇaṃ)은 싸르와빡샤라위육뜨왓닛싸라남(Sarvapakṣālaviyuktvād nissaraṇaṃ)에서 비롯하니, 모든 과실에서 벗어남이니, 모든 허물에서 벗어남 또는 여읨으로써 출리라 한다."라고 하였다. 예를 들면, 『중론(中論)』에서, "지나(Jina, 勝者)들께서 공성은, 모든 견해로부터 반드시 벗어난다고 설하였다."라고 함과 같다.

4. 도제(道諦)는 그 도(道)에 의해서 멸진(滅盡)을 추구하거나 혹은 표현하거나 혹은 소연하거나 혹은 얻게 됨으로써 도제(道諦)라 한다. 곧 자기의 증과(證果)인 적멸을 얻게 하는 길이니, 곧 집(集 : 原因)을 끊는 다스림의 법으로 무루(無漏)의 정도를 닦는 것은 마치 양약을 복용하는 것과 같은 것으로 여실하게 붓다의 눈에 비침으로써 도성제(道聖諦)라 한다. 여기에는 네 가지의 행상이 있다.

① 도(道)는 가는 것을 뜻하니, 성도(聖道)에 들어간 뒤 열반으로 향해서 가는 의미로 말미암아 도(道)라 한다. 또는 범부의 단계에서 성자의 지위로 나아가게 함으로써 도(道)라 한다.

② 정리(正理)는 바른 도리로 설함으로써 그 도(道)에는 착란이 없고 표준이 됨으로써 정리(正理) 또는 여리(如理)라 한다. 바른 도리가 아닌 번뇌를 끊는 다스림의 법이 됨으로써 정리(正理)라 한다.

③ 득성(得成)은 바르게 얻게 하는 의미에 의지해서 득성(得成)이라 한다. 또는 마음이 전도됨이 없는 정성(正性)을 닦음으로써 득성(得成)이라 한다.

④ 정출(定出)은 반드시 벗어남의 뜻이니, 극도로 진실하게 일어남으로써 다시는 윤회에 태어나지 않는 까닭에 정출(定出)이라 한다. 또는 바르게 윤회에서

벗어나 열반의 세계에 도달하게 함으로써 정출(定出)이라 한다.

⊙ 사종발심(四種發心, Sems bskyed bshi) : 이것은 원심(願心)과 행심(行心)의 두 보리심에 속하는 이십이종발심(二十二種發心)을 지도(地道)의 단계 차별로 인해서 사종발심(四種發心)으로 구분하니, 이것을 미륵자존의 『경장엄론(經莊嚴論, mDo sdeḥi rgyan)』에서, "그 발심은 지(地)들에 승해(勝解)와 청정의요(淸淨意樂)와 이숙(異熟)을 별도로 주장하고, 그와 같이 단장(斷障)이다."라고 하였듯이, 사종발심을 다음과 같다.

1. 승해행발심(勝解行發心, Mos pa spyod paḥi sems bskyed)은 대승의 자량도(資糧道)와 가행도(加行道)의 단계에서 이타행을 소연으로 해서 일으키는 발심이니, 여기에는 대지유발심(大地喩發心)과 황금유발심(黃金喩發心)과 신월유발심(新月喩發心)과 열화유발심(烈火喩發心)의 네 가지가 있다.
2. 청정의요발심(淸淨意樂發心, lHag bsam dag paḥi sems bskyed)은 대승의 초지(初地)에서부터 칠지(七地)에 이르는 일곱 부정지(不淨地)의 단계에서 일으키는 발심이니, 여기에는 보장유발심(寶藏喩發心)과 보생유발심(寶生喩發心)과 대해유발심(大海喩發心)과 금강유발심(金剛喩發心)과 수미산유발심(須彌山喩發心)과 친우유발심(親友喩發心)의 일곱 가지가 있다.
3. 이숙발심(異熟發心, rNam par smin paḥi sems bskyed)은 보살의 삼정지(三淨地)의 단계에서 일으키는 발심이니, 여기에는 여의주유발심(如意珠喩發心)과 일광유발심(日光喩發心)과 가성유발심(歌聲喩發心)과 군왕유발심(君王喩發心)과 고장유발심(庫藏喩發心)과 대로유발심(大路喩發心)과 좌기유발심(坐騎喩發心)과 분천유발심(噴泉喩發心)과 금슬유발심(琴瑟喩發心)의 아홉 가지가 있다.
4. 단장발심(斷障發心, sGrib pa spaṅs paḥi sems bskyed)은 불지(佛地)에서 일으키는 발심으로 모든 장애를 단멸하는 발심이니, 여기에는 하류유발심(河流喩發心)과 농운유발심(濃雲喩發心)의 둘이 있다.

⊙ 삼매(三昧) : 삼매(三昧)는 범어 싸마디(Samādhiḥ)와 티베트어로 띵에진(Tiṅ ṅe ḥdzin)의 번역이니, 우리말로는 정(定)과 선정(禪定)의 뜻이며, 삼매(三昧)와 삼마지(三摩地)와 삼마제(三摩提) 등으로 음역한다.

이 삼매의 의미를 『다조르밤뽀니빠(聲明要領二卷)』에서, "싸마디(Samādhiḥ)는 싸마디야떼아네나(Samādhi yate anena)라고 하니, 삼마지의 힘으로 심(心)과 심소(心所)의 흐름을 하나의 소연경(所緣境)에 모으고, 움직이지 않도록 견고하게 잡아서 안치함으로써 띵에진(Tiṅ ṅe ḥdzin)이라 한다."라고 하였듯이, 무생(無生)의 진리 또는 공덕과 과실, 미묘함과 조악함 등의 자상(自相)과 공상(共相)의 분별로 가립(假立)한 사물을 소연하여 일심으로 전주하는 마음작용을 삼매라 한다. 이것은 산란을 다스리고 반야의 관혜(觀慧)를 산출하는 심소유법(心所有法)이다.

또한 싸마디(Samādhi)의 뜻은 바르게 잡아 지님이니, 『곰데칙죄첸모(貢德大辭典)』에서, "싸마디(Samādhi)는 바르게 잡아 지님이라는 뜻이다. 그 또한 싸마(Samā)는 바르게, 전적으로, 완전함 등의 뜻이고, 디(Dhi)는 잡아 지님이다. 아사리 나가르주나(龍樹)의 『보현행원석(普賢行願釋)』,174 ba에서, '싸마디의 힘이란 바르게 잡아 지님으로 띵에진(Tiṅ ṅe ḥdzin)이니, 선정(禪定, bSam gtan)이다.'라고 한다."라고 하였다.

또 『쎄르기담뷔밍칙챈델노르뷔도쎌(雪域名著名詞精典注釋)』에서, "띵진(Tiṅ ḥdzin)은 띵에진(Tiṅ ṅe ḥdzin)과 같은 뜻이니, 분석의 대상인 하나의 사물을 소연해서 자경(自境)이 되는 대상에 자력으로 일념으로 주시하는 모양을 행함으로써, 반야를 일으키는 마음의 작용이니, 『집학론(集學論)』에서, 「띵에진(Tiṅ ṅe ḥdzin)이란 무엇인가?」 하면, 분석하는 사물에 마음을 일념으로 주시하는 것이니, 지혜의 의지처가 되는 작용이다.'라고 설하였다."라고 하였다.

⊙ 삼보(三寶) : 삼보(三寶, dKon mchog gsum)의 보(寶, dKon mchog)는 희유하고 최상이 됨을 뜻하니, 세 가지의 귀의처(歸依處)를 희유하고 최상의 보배라고 부르는 이유를 『보성론(寶性論)』에서, "① 출현하기 희유하기 때문이며, ② 더러움이 없기 때문이며, ③ 위력을 지니기 때문이며, ④ 세간의 장엄이 되기 때문이며, ⑤ 최승이기 때문이며, ⑥ 불변하기 때문에 희유하고 최승이다."라고 설하였다.

또 이들 각각의 뜻을 『둥까르칙죄첸모(東噶藏學大辭典)』에서, "① 출현하기 희유함은 여의주가 기세간(器世間)과 유정계가 복분을 갖추는 어떤 시절에 출현하고, 다른 때에는 출현하지 않음으로써 출현이 극히 희유한 것처럼, 삼보 또한 교화 대상들의 복덕과 발원이 모여질 때 출현하고, 그 밖의 다른 때에는 출현하지 않음으로써 극히 희유한 것이다. ② 더러움이 없음은 여의주에는 녹물 따위의 흠결에 물들지 않듯이, 삼보 또한 죄과의 더러움에 물들지 않음으로써 더러움이 없는 것이다. ③ 위력을 지님은 여의주가 나라의 빈궁을 없애는 위력을 지님과 같이, 삼보 또한 교화 대상의 고통을 없애는 위력을 지니는 것이다. ④ 세간의 장엄이 됨은 여의주가 세간의 장엄인 것과 같이, 삼보 또한 해탈을 추구하는 이들의 장엄이 됨으로써 세간의 장엄인 것이다. ⑤ 최승이 됨은 여의주가 세상 장신구의 최고임과 같이, 삼보 또한 다른 귀의처들 가운데 최고가 됨으로써 최승인 것이다. ⑥ 불변함은 여의주는 찬양과 비방 등에 의해서 전혀 변하지 않음과 같이, 삼보 또한 전변하는 자성이 아님으로써 불변인 것이다."라고 하였다.

⊙ **삼신(三身)** : 삼신(三身)은 부처님이 소유하신 세 가지의 몸으로 법신(法身)과 보신(報身)과 화신(化身)의 셋을 말한다.

1. 법신(法身)은 범어로 다르마까야(Dharmakāyaḥ)이며, 티베트어로는 최끼꾸(Chos kyi sku)이다. 『다조르밤뽀니빠(聲明要領二卷)』에서, "다르마까야(Dharmakāyaḥ)는 법신(法身)이니, 붓다의 지혜에 연계하면 청정법계[지]와 대원경지(大圓鏡智)는 진여의 자성이기에 법신이라 한다."라고 하였다. 또는 수행을 통해서 단증공덕(斷證功德)이 구경에 도달하여 성취하는 불과(佛果)를 법신이라 하며, 이 법신은 자성신(自性身)과 지신(智身), 보신(報身)과 화신(化身)의 사신(四身)이 출현하는 근원이기도 하다.
또 『둥까르칙죄첸모(東噶藏學大辭典)』에 따르면, "한 중생이 성불하는 데에 소지계(所知界)인 현상계를 여실히 아는 기지(基智)와 도지(道智)와 일체종지(一切種智)의 삼지(三智)와 수증의 사가행(四加行)[정등가행(正等加行)·정가행(正加行)·차제가행(次第加行)·찰나가행(刹那加行)]을 닦아 얻은 이숙과(異熟果) 또는 구경과(究竟果)가 법신이다. 『섭의보등론(攝義寶燈論, Don bsdus rin chen sgron ma)』에서, '소지계(所知界)를 아는 삼지(三智)와 수행의 단계서의 사가행(四加行)의 구경의 과위(果位)가 법신이다.'라고 설함과 같다. 이와 달리, '번뇌와 소지장(所知障)의 둘을 습기와 함께 남김없이 파괴한 원만한 단덕(斷德)이 자성신(自性身)이며, 소지계를 여실하게 아는 여소유지(如所有智)와 진소유지(盡所有智)로 일체법의 성상(性相)을 여실하게 보고 아는 원만한 증덕(證德)이 법신이다.'라고 설하기도 한다."라고 하였다.
2. 보신(報身)은 범어로 쌈보가까야(Saṃbhogakāya)이며, 티베트어로는 롱최족빠꾸(Loṅs spyod rdzogs paḥi sku)이고, 우리말로는 보신(報身) 또는 수용신(受用身)이라 한다. 『다조르밤뽀니빠(聲明要領二卷)』에서, "쌈보가까야(Saṃbhogakāya)는 보신(報身) 또는 수용신(受用身)이니, 붓다의 지혜에 연계하면 평등성지(平等性智)와 묘관찰지(妙觀察智)의 둘은 법의 향유와 대락(大樂)을 남김없이 누리는 비로자나불을 일컬으며, 보신 또는 수용신이라 한다."라고 하였다. 또는 보신은 색구경천(色究竟天)의 무량궁전에서 십지(十地)의 보살들을 대상으로 법을 설하며, 화신을 발출하는 근원으로 미묘한 상호를 구족한 붓다의 몸을 보신이라 한다.
또 『둥까르칙죄첸모(東噶藏學大辭典)』에서, "오결정(五決定)의 수승한 공덕을 소유한 붓다를 말한다. ① 신결정(身決定)이니, 삼십이상(三十二相)과 팔십종호(八十種好)로 몸을 장엄하고, ② 권속결정(眷屬決定)이니, 오직 십지(十地)의 보살 성자들을 교화대상으로 삼으며, ③ 처결정(處決定)이니, 색구경천의 밀엄찰토(密嚴刹土)에 주석하며, ④ 법결정(法決定)이니, 오직 대승의 교법만을 설하며, ⑤ 시결정(時決定)이니, 윤회세계가 텅 빌 때까지 유정의 이익을 행하는 붓다를 보신이라 한다. 여기서 보신이라 부르는 것은 대승의 교법을 원만하게 수용하는 몸인 까닭에 그렇게 말하니, 『현관장엄론(現觀莊嚴論)』에서, '대승을 향유함으로 말미암아, 능인(能仁)의 원만한 수용신(受用身)이라 한다.'라고 설하였다. 그러나 설일체유부(說一切有部)에서는 색구경천과 보신의 행상을 인정하지 않는다."라고 하였다.

3. 화신(化身)은 범어로 니르마나까야(Nirmāṇakāyaḥ)이며, 티베트어로는 뚤꾸(sPrul paḥi sku)이고, 우리말로 화신(化身) 또는 응신(應身) 또는 변화신(變化身)이라 한다. 『다조르밤뽀니빠(聲明要領二卷)』에서, "니르마나까야(Nirmāṇakāyaḥ)는 화신(化身)이니, 붓다의 지혜에 연계하면 성소작지(成所作智)는 낱낱 유정들을 교화하는 방편으로 신구의(身口意)의 변화를 현시하되, 갖가지를 나툼으로 화신이라 한다."라고 하였다. 또는 보신을 증상연(增上緣)으로 하여 중생의 근기와 심원에 맞게 갖가지 몸으로 출현하여 유정의 이익을 행하는 색신(色身)의 붓다를 말하며, 또는 남섬부주에 탄생하여 인간들을 대상으로 법을 설한 석가모니불을 말하기도 한다.

⊙ **37보리분법(三十七菩提分法)** : 37보리분법(三十七菩提分法)은 사념주(四念住)와 사신족(四神足), 오근(五根)과 오력(五力), 칠각지(七覺支)와 팔정도(八正道)에 이르는 37가지의 수증(修證)의 법들을 일컫는다. 이것을 대승의 오도(五道)에 결부하면, 하품(下品)의 자량도(資糧道)에서는 사념주(四念住)를 닦고, 중품(中品)의 자량도에서는 사정단(四正斷)을 닦고, 상품(上品)의 자량도에서는 사신족(四神足)을 닦는다. 가행도(加行道)의 난위(煖位)와 정위(頂位)에서는 오근(五根)을 닦고, 인위(忍位)와 세제일법(世第一法)에서는 오력(五力)을 닦는다. 견도(見道)에서는 칠각지(七覺支)를 닦고, 수도위(修道位)에서는 팔정도(八正道)를 닦는다.

또 보리분법들도 바라밀다 대승과는 달리 진언대승에 결부하여 설명하는 비공통의 법도 있으니, 이것은 쌈발라(Śambhala) 왕국의 백련법왕(白蓮法王)의 저술 등에 설해져 있으니 참조하길 바란다. 여기서 37보리분법의 의미를 설명하면 다음과 같다.

1. 사념주(四念住)는 하품(下品)의 자량도(資糧道)에서 닦으니, 몸과 마음과 감수(感受)와 법의 넷의 자상(自相)과 공상(共相)을 반야로 관찰하고 보고 안 것들을 억념해서 지니는 것이다. 여기서 염(念)은 반야이니, 제법의 실상(實相)을 전도됨이 없이 여실하게 관찰해서 아는 것으로 위빠사나(觀)에 해당하고, 주(住)는

그와 같이 반야로 관조한 그 대경에 전념하여 머무는 것으로 싸마타(止)에 해당한다.

① 신념주(身念住)는 자기 몸의 안과 밖과 다른 유정들의 모든 몸의 자상(自相)은 단지 미진의 집합에 불과해서 반드시 무너져 소멸하는 법이며, 공상(共相)은 덧없고(無常), 괴롭고(苦), 부정(不淨)함 등의 집합에 불과함을 반야로 여실하게 결택한 뒤, 일념으로 몸의 진실에 들어가 머무는 것이니, 이것은 몸이 깨끗하다는 전도된 견해를 바로잡는 대치법이다.

② 수념주(受念住)는 자기 몸의 안과 몸 밖과 안팎을 소연해서 발생하는 느낌들인 고통과 안락과 비고비락의 세 가지의 감수들의 자상(自相)은 고통의 자체이니, 고수(苦受)는 고고(苦苦)에 의해서, 낙수(樂受)는 괴고(壞苦)에 의해서, 비고비락의 감수는 편행고(遍行苦)에 의해서 모두가 괴로움으로 바뀌는 것임을 반야로 여실하게 결택한 뒤, 일념으로 감수의 진실에 들어가 머무는 것이니, 이것은 감수가 즐거움이라는 전도된 견해를 바로잡는 대치법이다.

③ 심념주(心念住)는 내신(內身)을 소연해서 일어나는 이십일심소(二十一心所)와 그와 같이 외신(外身)과 내외신(內外身)을 소연하는 세 가지의 마음 모두가 덧없고(無常), 괴롭고(苦), 공(空)하고, 무아(無我)의 자체임을 반야로 여실하게 결택한 뒤, 일념으로 마음의 진실에 들어가 머무는 것이니, 이것은 마음이 항상 하다는 전도된 견해를 바로잡는 대치법이다.

④ 법념주(法念住)는 모든 번뇌의 염오법(染汚法)과 해탈의 청정법(淸淨法)들이 공성과 무아임을 반야로 여실하게 결택한 뒤, 일념으로 제법의 진실에 들어가 머무는 것이니, 이것은 제법에 자아가 있다는 전도된 견해를 바로잡는 대치법이다.

2. 사정단(四正斷)은 사정근(四正勤)이니, 중품(中品)의 자량도에서 닦는 법으로 정진을 통해서 선행을 산출하고, 부정한 악업의 법들을 끊어버림으로써 사정단 또는 사정근이라 한다. 여기서 단(斷)은 불선을 끊어버림을, 근(勤)은 선법(善法)을 부지런히 자라나게 하는 뜻이다.

① 율의단(律儀斷)이니, 아직 발생하지 않은 악업인 불선(不善)의 법들이 일어나지 못하게 의향을 일으킴이다.

② 단단(斷斷)이니, 이미 발생한 악업인 불선(不善)의 법들을 단멸하기 위해서 의향을 일으킴이다.

③ 수단(修斷)이니, 아직 발생하지 않은 선법(善法)들을 일으키기 위해서 의향을 일으킴이다.

④ 방호단(防護斷)이니, 이미 발생한 선법(善法)들이 잘 머물게 하고, 잘 자라도록 하고, 더욱더 선업을 닦음에 정진하고, 잊지 않도록 명심하고, 바르고 힘껏 진입함이다.

3. 사신족(四神足)은 상품(上品)의 자량도에서 닦는 법이니, 곧 욕삼마지(欲三摩地)와 심삼마지(心三摩地)와 근삼마지(勤三摩地)와 관삼마지(觀三摩地)의 넷은 허공을 날아다님과 같은 갖가지 신통 변화의 기반과 원인이 됨으로써, 사신족(四神足) 또는 사여의족(四如意足)이라 한다.

① 욕정단행구신족(欲定斷行俱神足)은 단행(斷行)을 갖춘 욕정(欲定)에 의지해서 갖가지의 신통 신변을 일으켜서 원하는 바를 성취하는 것이다. 여기서 욕정(欲定)은 욕삼마지(欲三摩地)이니, 강렬하고 경건한 희구심과 끊임없는 정진행에 의해서 일으키는 선정을 뜻하며, 단행(斷行)은 선정의 장애물인 게으름과 실념(失念) 등의 수정오장(修定五障)을 끊음을 뜻한다.

② 심정단행구신족(心定斷行俱神足)은 단행(斷行)을 갖춘 심정(心定)에 의지해서 갖가지의 신통 신변을 일으켜서 원하는 바를 성취하는 것이다. 여기서 심정(心定)은 심삼마지(心三摩地)이니, 숙세에 선정을 닦은 마음의 종자가 발현해서 일으키는 선정이며, 단행(斷行)은 선정의 장애물인 게으름과 실념(失念) 등의 수정오장을 끊음을 뜻한다.

③ 근정단행구신족(勤定斷行俱神足)은 단행(斷行)을 갖춘 근정(勤定)에 의지해서 갖가지의 신통 신변을 일으켜서 원하는 바를 성취하는 것이다. 여기서 근정(勤定)은 근삼마지(勤三摩地)이니, 쉼이 없는 근면 정진으로 일으키는 선정이며, 단행(斷行)은 선정의 장애물인 게으름과 실념(失念) 등의 수정오장을 끊음을 뜻한다.

④ 관정단행구신족(觀定斷行俱神足)은 단행(斷行)을 갖춘 관정(觀定)에 의지해서 갖가지의 신통 신변을 일으켜서 원하는 바를 성취하는 것이다. 여기서 관정(觀定)은 관삼마지(觀三摩地)이니, 깊은 사유 또는 관찰에 의지해서 발생하는 선정을, 단행(斷行)은 선정의 장애물인 게으름과 실념(失念) 등의 수정오장을 끊음을 뜻한다.

4. 오근(五根)은 가행도(加行道)의 난위(煖位)와 정위(頂位)에서 닦는 법이니, 곧 믿음과 정진, 억념과 삼마지, 반야의 다섯 힘으로 마음이 도업을 감능할 수 있는 심상속(心相續)에 해탈의 방면과 부합하는 선근을 일으킴으로써, 또는 선근을 일으키는 세력이 됨으로써 오근(五根)이라 한다. 또 오근은 오해탈근(五解脫根) 또는 오무루근(五無漏根)의 뜻이니, 번뇌를 끊고 해탈로 나아가는 뿌리와 같은

청정한 법들이다.

① 신근(信根)은 업과(業果)와 사제(四諦)와 삼보에 대하여 청정한 신해(信解)의 마음을 일으키는 것이다.

② 정진근(精進根)은 청문과 사유, 수행 등의 선법(善法)이 끊어짐이 없도록 부단히 정진하는 것이다.

③ 염근(念根)은 청문하고 사유한 법들의 의미를 잊지 않고 명확하게 기억하는 것이다.

④ 정근(定根)은 마음이 바깥의 형색과 소리 등의 대경으로 달아나거나 산란을 일으키지 않도록 일념으로 선정에 들어가는 것이다.

⑤ 혜근(慧根)은 제법의 실상을 전도됨이 없이 여실하게 결택해서 확지(確知)하는 것이다.

5. 오력(五力)은 가행도(加行道)의 인위(忍位)와 세제일법(世第一法)의 단계에서 닦는 법이니, 곧 믿음 등의 다섯 가지를 장시간 닦음으로써 불신과 게으름, 실념(失念)과 산란, 부정지(不正知) 등으로 도업(道業)을 방해하는 다섯 상위품(相違品)이 장애를 일으키지 못함으로써 힘이라 한다.

① 신력(信力)은 삼보의 공덕 등을 불신하는 역품(逆品)들의 침해를 입지 않는 견고한 믿음의 힘이다.

② 정진력(精進力)은 게으름 등의 침해를 입지 않는 견고한 정진의 힘이다.

③ 염력(念力)은 실념(失念)과 잘못 기억함 등의 침해를 입지 않는 명확한 기억의 힘이다.

④ 정력(定力)은 산란과 도거(掉擧)와 같은 장애 등의 침해를 입지 않는 견고한 선정의 힘이다.

⑤ 혜력(慧力)은 사견(邪見) 등의 침해를 입지 않는 여실한 반야의 힘이다.

6. 칠각지(七覺支)는 견도(見道)에서 닦는 법이니, 염각지(念覺支)를 비롯한 이들 일곱 가지는 견도(見道)에서 제법의 진실성을 깨닫는 원인이 됨으로써 보리분(菩提分)이다. 칠각지의 의미를 걜찹·다르마린첸(rGyal tshab Dar ma rin chen, 壯寶)의 『최응왼빠꾼뛰남쌔(大乘阿毗達磨集論釋)』에서, "여섯 번째의 현관(現觀)의 도(道)[見道]인 각지(覺支 : 菩提分)를 설명하면, 보리는 사제(四諦)를 소연하고, 자성(自性)은 정념각지(正念覺支) 등의 일곱 가지이다. 일곱 각지(覺支)가 필요하니, 소연을 유실하지 않는 정념각지와 사제를 현견(現見)하는 자성[擇法覺支]과 소행(所行 : 過程)을 구경에 이르게 하는 정진각지(精進覺支)와 심의를 기쁘게 하는 희각지(喜覺支)와 무엇에 의해서도 전혀 번뇌에 물들지 않음과 어디에

서든 전혀 번뇌에 물들지 않음과 전혀 번뇌가 없는 각지인 경안각지(輕安覺支)와 정정각지(正定覺支)와 사각지(捨覺支)들이 필요하기 때문이다. 조반(助伴)은 그들과 상응하는 심(心)과 심소(心所)들이다. 수습(修習)은 어떻게 닦는가 하는 것이니, 정념각지로 사종법(四種法)을 통해서 닦는 것이다. 괴로움에서 벗어남을 구함과 그것을 위해 고집(苦集)의 원인에 탐착하지 않음과 멸제(滅諦)를 증득함과 그것을 위해 모든 멸고(滅苦)의 문을 통해서 도제(道諦)를 의지하고 수습의 소연을 잊지 않는 것이다. 여타의 각지들 또한 사제를 소연하는 그 도리처럼 수습한다. 이것은 사정려(四靜慮)에 의지하여 욕애(慾愛)에서 떠남과 또는 삼번뇌(三煩惱)를 통해서 적멸을 소연하여 닦음을 설하여 보인 것이다. 칠각지(七覺支)의 수습과 증과(證果)로 견도의 소단사(所斷事)를 완전히 끊어버릴 수 있기 때문이다."라고 하였다.

또 칠각지(七覺支)의 의미는 다음과 같다.

① 염각지(念覺支)는 앞의 염력(念力)에 의해서 다른 보리분법들의 소연(所緣)의 대상을 정확히 기억하여 생각이 흩어지지 않게 한곳에 머물게 하는 주분(住分)인 것이다. 『정법염처경(正法念處經)』에서, "유위법의 허물의 법진실(法眞實)이 진실임을 진실로 기억하고, 열반의 적멸을 쌓고 모음을 기억함이다."라고 하였다.

② 택법각지(擇法覺支)는 제법의 성상(性相)을 통달하는 보리분법이니, 진실의(眞實義)를 보는 반야의 자성이다. 『정법염처경』에서, "반야로 제일의(第一義)를 가려냄이니, 가려냄이란 제법의 진실한 모양이다."라고 하였다.

③ 정진각지(精進覺支)는 범부의 지위에서 반드시 출리(出離)하여 멀리 벗어나도록 정진함이다. 『정법염처경』에서, "그들 제일의를 반복해서 작의(作意)하고, 애쓰고, 힘쓰고, 노력하는 것이다."라고 하였다.

④ 희각지(喜覺支)는 초지(初地)를 증득하는 환희로써 몸과 마음을 적열하게 하고 유익하게 만드는 자성이다. 『정법염처경』에서, "작의(作意)함을 실제로 원하고, 실제로 환희하는 것이다."라고 하였다.

⑤ 경안각지(輕安覺支)는 몸과 마음이 극도의 단련을 통해서 발생한 경안락(輕安樂)에 의해서 선법(善法)을 감능하고, 번뇌가 없는 마음의 상태로 바뀌게 하는 자성이다. 『정법염처경』에서, "그들 제일의를 반복해서 작의하고, 몸으로 행하는 신법(身法)과 마음으로 행하는 심법(心法)들이 그와 같이, 감능하고, 유연하고, 경쾌함이 그렇게 유가행자에게 모여듦이다."라고 하였다.

⑥ 정각지(定覺支)는 선정의 힘으로 바른 반야의 관혜(觀慧)를 일으키고, 그것

으로 번뇌를 소멸하는 자성이다. 『정법염처경』에서, "그들 제일의를 작의하고, 소연하여 생각이 다른 곳에 머물지 않는 것으로 마음을 잡도리하는 것이다."라고 하였다.

⑦ 사각지(捨覺支)는 마음이 번뇌에 순응하여 머무는 불평등성과 진실하게 머물지 못함과 작위적인 번뇌의 허물을 없애는 대치법이다. 『정법염처경』에서, "그들 선정이 평등함 속에 머물러서 다른 곳으로 들어가지 않는 것이다."라고 하였다.

7. 팔정도(八正道)는 수도위(修道位)에서 닦는 법이니, 정견(正見)을 비롯한 팔성도지(八聖道支)를 성자의 수도위에서 닦아서 아라한과를 얻음으로써 팔정도(八正道) 또는 팔성도라 한다. 팔정도의 전체상을 요약하면, 갤찹·다르마린첸(rGyal tshab Dar ma rin chen, 壯寶)의 『쵸응왼빠꾼뛰남쌔(大乘阿毗達磨集論釋)』에서, "일곱 번째의 팔성도지(八聖道支)를 말하면, 도(道)[修道]의 지분이 되며, 소연[닦음의 대상]은 앞에서 설한 바와 같다. 여덟 가지의 자성(自性)이 되는 이유가 분명하다. 행위의 단계서는 정어(正語)·정업(正業)·정명(正命)의 청정한 세 문을 통해서 정화하고, 싸마히따(等引定)에 안주하는 때는 위빠사나(觀慧)의 핵심이 되는 정견(正見)·정사유(正思惟)·정정진(正精進)의 셋과 사마타(止)의 필수적 요소에 의지해서 정념(正念)·정정(正定)으로 확정한 것이다. 계·정·혜 삼학(三學)에 의지할지라도 반드시 여덟 가지의 도지(道支)가 된다. 달리 또한 여덟 지분이 분명하니, 싸마히따(等引定)의 상태에서 깨달은 의미를 후득(後得)의 단계에서 바르게 분별해서 확정하는 정견(正見)은 분별의 지분(分別支)이며, 바른 분별로 일으킨 [올바른 말로 법을 열어 보이고 설하여] 타인을 일깨워주는 회유의 지분(誨諭支)이 정사유(正思惟)이며, 올바른 말(正語)과 [향락과 고행의] 양극단을 여읜 계율[정업(正業)]과 오사명(五邪命)을 떠난 정명(正命)의 셋은 타인을 믿게 하는 믿음의 지분(信支分)이며, 정정진(正精進)은 수도위에 반드시 없애야 하는 소단사(所斷事)의 끊음을 기꺼이 행하고, 정념(正念)은 수습의 대상을 잃어버리지 않음을 통해서 번뇌와 수번뇌(隨煩惱)를 다스리는 대치의 지분(對治支)이며, 정정(正定)은 신통 등의 수승한 공덕을 얻어서 장애의 더러움을 없애는 대치의 지분이다. 조반(助伴)은 그들과 상응하는 심(心)과 심소(心所)들이다. 수습(修習)은 어떻게 닦는가 하는 것이니, 칠각지와 같이 닦는 것임을 알라.

팔정도의 수습과 증과(證果)로 모든 현상계의 여소유성(如所有性 : 眞性)과 진소유성(盡所有性 : 緣起性)을 결택하고, 그것을 타인이 알게 하고, 교화 대상들이 [불과(佛果)를] 얻고자 희망함에 대하여 믿음을 갖게 하고, 번뇌와 수번뇌를 끊고, 수승한 공덕을 가리는 장폐를 정화하기 위한 것이다."라고 하였다.

또 팔정도의 의미는 다음과 같다.

① 정견(正見)은 『비나야경(毘奈耶經五卷)』에서, "이지(二地) 이상에서 얻는 무분별지(無分別智)로 후득위(後得位)에서 얻는 청정한 세간지(世間智)이다."라고 하였다. 이것은 "법계를 무분별지로써 이같이 본다고 생각하고 확정함으로써, 긍정지(肯定支, Yońs gcod)에 속한다."라고 『장한대사전(藏漢大辭典)』에서 설명하였다. 또 『무진의경(無盡意經)』에서, "이것은 보살성자의 출세간견(出世間見)이니, 자아를 보는 것에서 일어나는 것이 아니다. 유정을 보는 것에서 일어나는 것이 아니다. 명자(命者)을 보는 것에서 일어나는 것이 아니다. 양육자(養育者)을 보는 것에서 일어나는 것이 아니다. 사부(士夫)을 보는 것에서 일어나는 것이 아니다. 뿌드갈라(人)을 보는 것에서 일어나는 것이 아니다. 의생(意生)을 보는 것에서 일어나는 것이 아니다. 유동(孺童)을 보는 것에서 일어나는 것이 아니다. 작자(作者)을 보는 것에서 일어나는 것이 아니다. 수자(受者)를 보는 것에서 일어나는 것이 아니다. 발생과 소멸을 보는 것에서 일어나는 것이 아니다. 선(善)과 불선(不善)과 무기(無記)를 보는 것에서 일어나는 것이 아니다. 윤회와 열반을 보는 것에서 일어나는 것이 아니다. 이것이 정견(正見)이다."라고 하였다.

② 정사유(正思惟)는 『비나야경』에서, "제법의 공상(共相)과 자상(自相)을 잘못됨이 없이 바르게 분별[사유]하는 것이다."라고 하였다. 또 『무진의경』에서, "어떤 분별들로 탐욕과 성냄과 우치의 번뇌들이 발생하는 심사(尋思) 그것들을 분별하지 않고, 어떤 분별들로 계율과 선정과 반야와 해탈과 해탈지(解脫智)를 보는 제온(諸蘊)들이 발생하는 모든 분별[사유]이 정사유(正思惟)이다."라고 하였다.

③ 정어(正語)는 『비나야경』에서, "반론과 의심과 질의의 답변에 연계해서 잘못됨이 없이 이야기를 설하는 것이다."라고 하였다. 또 『무진의경』에서, "그 말들이 자기에도 해롭지 않고, 타인에게도 역시 해롭지 않으며, 자기에게도 뇌란을 일으키지 않고, 타인에게도 역시 뇌란을 일으키지 않으며, 자기에게도 해악을 끼치지 않고, 타인에게도 역시 해악을 끼치지 않음이니, 그 말들로 성도(聖道)에 반드시 들어가고, 평등하게 머물도록 노력하는 그 말들을 갖추는 것이니, 곧 이것이 정어(正語)이다."라고 하였다.

④ 정업(正業)은 『비나야경』에서, "살생 등의 불선(不善)의 업을 조금도 짓지 않는 것이다."라고 하였다. 또 『정법염처경(正法念處經)』에서, "몸으로 탐·진·치 세 악행을 물리치고 청정하게 지니는 이것이 정업(正業)이다."라고 하였다.

⑤ 정명(正命)은 『비나야경』에서, "생활용품을 검소하게 가진 뒤 많은 물품을

선망하지 않고 또 축적하지 않는 것이다."라고 하였다. 또 『정법염처경』에서, "불선(不善)의 생활을 물리치고 방호하는 이것이 정명(正命)이다."라고 하였다.

⑥ 정정진(正精進)은 『비나야경』에서, "수행을 통해서 마땅히 버려야 하는 번뇌 등의 수면(隨眠 : 잠복된 미세한 번뇌)을 끊는 것이다."라고 하였다. 또 『정법염처경』에서, "위의 그 의미들을 작의(作意)하고 힘써 행하는 이것이 정정진(正精進)이다."라고 하였다.

⑦ 정념(正念)은 『비나야경』에서, "근번뇌(近煩惱)인 침도(沈掉)가 발생할 때 일념으로 앙갚음과 칭송을 끊어버리는 것이다."라고 하였다. 또 『무진의경』에서, "억념을 전적으로 안주시키고, 동요하지 않고, 정직하고, 거짓이 없고, 윤회의 허물을 살펴보고, 열반의 길로 인도함이니, 억념과 총명과 성도(聖道)를 잊지 않는 이것이 정념(正念)이다."라고 하였다. 또 정법염처경에서는, "그들 법의 뜻을 작의(作意)하고 그와 같이 성자의 잊어버리지 않는 기억 이것이 정념(正念)이다."라고 하였다.

⑧ 정정(正定)은 『비나야경』에서, "육신통(六神通)을 얻지 못하게 가로막는 장애를 끊어버림이니, 신통을 얻는 것이다."라고 하였다. 또 『무진의경』에서, "진성(眞性)이 평등하고, 일체법이 평등함이니, 그 선정에 안주함으로써 모든 유정이 크게 해탈하기 위해서 진실하게 반드시 실현됨에 들어가는 이것이 정정(正定)이다."라고 하였다. 또 『정법염처경』에서, "그들 법의 뜻을 작의(作意)하고, 마음을 일념으로 모으고, 결정적으로 행하는 그것들이 정정(正定)이다."라고 하였다.

⊙ **삼종자비(三種慈悲)** : 삼종자비(三種慈悲)의 의미를 제쭌·최끼갤챈(rJe btsun Chos kyi rgyal mtshan, 法幢)의 『입중론대의석(入中論大義釋, dBu ma la ḥjug paḥi spyi don skal bzaṅ mgul rgyan)』에서 다음과 같이 설하였다.

"세 가지의 각각의 본질을 식별함과 말뜻과 그 셋의 경계를 설하는 셋이다. 첫째, 각각의 본질이니, 『입중론자주(入中論自註)』에서, '이제 소연(所緣)의 차별에 들어가는 문을 통해서 또한, 자비의 각각의 본질의 차별을 분명하게 개시하니, 그에게 예배하기를 바람으로써, 처음에 「나」라고 하는 자아에 애착하고'라고 함과 '법을 소연함과 무소연의 자비 또한 소연의 문을 통해서 분명하게 개시하였기 때문이다.'라고 설하였다.

이것의 의미는 세 가지의 자비의 차별은 소연의 문을 통해서 구분하며, 파지하는 모양의 문을 통해서 구분하는 것이 아니다. 그 셋이 각자의 소연의 대상이 된 유정이 고통을 여의길 원하는 모양에서는 같기 때문이다. 세 가지의 자비를 소연의 문을 통해서 각각 시설할지라도, 그 셋이 각자의 소연의 대상이 된 유정을 소연하는 데에는 차별이 없다.

첫 번째의 자비[중생연자비(衆生緣慈悲)]의 단계에서, '[처음에 「나」라고 하는 자아에 애착하고, 「나의 이것」이라는 사물에 탐착을 일으키고, 물레방아처럼 자유가 없는] 중생에게 연민에 빠진 어떤 그에게 예경합니다.'라고 설함과 나머지 둘의 단계에서도 또한, '중생'이라는 말을 했기 때문이다. 그러면, 그 셋을 소연의 문을 통해서 구분한 도리가 '어떤 것인가?' 하면, 어떤 자비가 자기의 소연의 대상이 된 고통에 짓눌린 유정만을 소연해서 고통을 여의길 원하는 것에 의해서 구분한 그것이, 단지 유정만을 소연하는 중생연자비(衆生緣慈悲)의 특성이다. 여기서 '만(Tsam)'이라 말을 함에는 목적이 있으니, 덧없음과 무실유(無實有)로 차별을 지은 유정을 소연한 뒤, 고통을 여의기를 원하는 모양의 그것을 차단하기 위한 것이기 때문이다. 그와 같이 또한 『입중론광석의취명해광석(入中論廣釋意趣明解, dGoṅs pa rab gsal)』에서, '법을 소연하는 자비는, 단지 유정만을 소연함이 아니니, 찰나에 괴멸하는 유정을 소연함으로써, 찰나의 덧없음으로 차별을 지은 유정을 소연함이다.'라고 설함과 '무소연(無所緣)을 소연하는 자비 또한 유정만을 소연함이 아니고, 소연의 차별인 자성의 성립이 공한 유정을 소연함이다.'라고 설하였다.

[법연자비(法緣慈悲)는] 유정이 덧없음이 바른 인식으로 성립함을 이미 체득한 보특가라(人)의 마음의 자비가 덧없음으로 차별을 열은 유정을 소연해서 고통을 여의기를 원하는 모양의 마음이 법을 소연하는 법연자비(法緣慈悲)의 특성이다.

[무연자비(無緣慈悲)는] 유정이 [진실로 공적한] 체실공(諦實空)이 바른 인식으로 성립함을 이미 체득한 보특가라(人)의 마음의 자비가, 무실유(無實有)로써 차별을 열은 유정을 소연해서 고통을 여의기를 원하는 모양의 마음이 무소연을 소연하는 무연자비(無緣慈悲)의 특성이다. (중략)

둘째, 자비의 말뜻이니, 첫 번째의 중생연자비(衆生緣慈悲)라는 유법(有法), 그대를 유정을 소연하는 자비라고 부르는 이유가 있다. 덧없음과 무실유의 어떤 것에 의해서 차별을 열지 않고 자기의 소연의 대상인 된 고통에 짓눌린 유정만을 소연함으로써 '만(Tsam)'이라 말을 내세움이 없이 글자를 줄여서 중생연자비(衆生緣慈悲, Sems can la dmigs paḥi sñiṅ rje / Sems can tsam la dmigs paḥi sñiṅ rje)라고 설하였기 때문이다. 그와 같이 또한 『입중론광석의취명해광석』에서, '그것을 고려해서 유정을 소연하는 자비라고 칭함 또한 부르기가 쉬운 까닭에 줄인 이름이다.'라고 하였다.

두 번째의 법연자비(法緣慈悲)라는 유법(有法), 그대를 법을 소연하는 자비라고 부르는 이유가 있다. 보특가라의 시설처(施設處, gDags gshi)인 색 등의 온(蘊)을 법이라 부르니, 그대는 단지 색 등의 법에 의뢰해서 가립(假立)한 유정을 소연하는 것이니, '가립(假立)'이라는 등에 이르기까지의 글자가 드러나지 않게 한 뒤, 법연자비(法緣慈悲, Cos la dmigs paḥi sñiṅ rje / Cos tsam la rten nas btags paḥi sems can la dmigs paḥi sñiṅ rje)라고 설하였기 때문이다. 그와 같이 또한 『입중론광석의취명해광석』에서, '단지 법 위에 가립한 유정을 소연하는 것을 그냥 「법을 소연하다.」라고 함은, 중간의 글자가 드러나지 않게 함이다.'라고 하였다.

또 두 번째의 법연자비를 마음에 지닌 그 보특가라(人)가 유정은 단지 온(蘊) 등의 법 위에 가립한 것임을 확정하는 이유가 '무엇인가?' 하면, 거기에는 이유가 있다. 두 번째의 법연자비를 마음에 지닌 그 보특가라(人)가 유정이 덧없음을 바른 인식으로 확정한 그것으로, 유정이 덧없음을 확정하게 되면, 상주(常住)·유일(唯一)·자재(自在)의 유정이 없는 것이 결정되고, 그것이 결정되면 그것에 의뢰해서 온(蘊)을 떠나 별개의 유정이 없음을 확정한 문을 통해서, 유정은 단지 온(蘊) 등의 법에 의뢰해서 가립한 것임을 통달하기 때문이다.

세 번째의 무연자비(無緣慈悲)라는 유법(有法), 그대를 소연이 없음을 소연하는 자비라고 부르는 이유가 있다. 이 단계에서 소연은 [진실로 존재하는] 체실유(諦實有, bDen grub)와 [진실로 존재하는] 그것이 없음이 무실유(無實有, bDen med)를 말하기 때문에, 그대가 무실유의 유정을 소연하는 것에 「유정」이라는 사이에 이르기까지의 글자가 드러나지 않게 한 뒤, 소연이 없음을 소연하는 무연자비(無緣慈悲, dMigs paḥi sñiṅ rje / bDen med kyi sems can la dmigs paḥi sñiṅ rje)라고 설하였기 때문이다. 그와 같이 또한 『입중론광석의취명해광석』에서, '소연이 없음은 유상(有相)을 보는 상집(相執)에 의해서 외경과 같이 애착하는 대상이 없음이 무실유(無實有)이다. 무실유에 의해서 차별을 지은 유정을 소연하는 것을 「무소연을 소연하다.」라고 함과 또는 「무소연의 자비」라고 하는 중간의 글자가 드러나지 않게 함이다.'라고 하였다.

셋째, 세 가지의 자비의 구별경계이니, 조분(粗分)의 무아와 세분(細分)의 무아에 대한 어떤 깨달음이 전혀 없는 보특가라의 마음에는 오직 첫 번째의 자비만이 있고, 두 번째와 세 번째의 자비는 있지 않다. 조분(粗分)의 무아[자립물아(自立物我)가 없음]의 깨달음은 있으나 세분(細分)의 무아[자아의 자성이 없음]의 깨달음이 없는 보특가라(人)의 마음에는 첫 번째와 두 번째의 자비가 있을지라도 또한 세 번째의 자비는 있지 않다. 세분(細分)의 무아를 깨닫고 도위(道位)에 들어가지 못함에서부터 10지(地)에 이르기까지는 [마음에] 세 가지의 자비가 있다. 두 번째와 세 번째의 자비는 도위(道位)에 들어가지 못함에서부터 불지(佛地)에 이르기까지 있다."

⊙ **상단(常斷)의 양변을 끊는 법** : 불교의 사대교파(四大教派)에서 상견(常見)과 단견(斷見)의 양변을 끊어버리는 도리를 『사종개술천석(四宗概述淺釋, Grub mthaḥ rin chen phreṅ baḥi tshig ḥgrel)에서 다음과 같이 설하였다.

"우리들의 싸쓰따(Śāstā, 教師)인 부처님을 따르는 학파에는 [소승의] 유부(有部)와 경량부(經量部)의 둘과 [대승의] 중관학파와 유식학파의 둘이 있음으로써 넷으로 숫자가 결정되니, 이들 이외에 별도로 성립된 다섯 번째의 학파와 삼승(三乘) 이외에 별도로 성립된 네 번째의 수레(乘)는 있지 않다고 설하였기 때문이다. 『도제 닝델(rDo rje sñiṅ ḥgrel)』에서, '성불하는데 네 번째의 [수레]와 다섯 번째의 [학파]는 능인(能仁)의 의취가 아니니다.'라고 설함과 같다. 자립논증파(自立論證派) 이하의 이들 내도(內道)의 학파들을 귀류논증파(歸謬論證派)의 관점에서 보면, 상단(常斷)의 양변에 떨어질지라도 또한 각자의 종론을 중도(中道)라고 주장하니, 그것이 상단의 양변을 떠난 중도(中道)로 인정해서 자부하기 때문이다. 그 또한 네 학파에서 상단의 양변을 끊는 서로 같지 않은 도리가 하나씩 있으니, 설일체유부(說一切有部)들은 '결과가 발생할 때 원인이 소멸하는 것에 의해서 상변(常邊)을 끊고, 원인의 소멸과 동시에 결과가 발생하는 것에 의해서 단변(斷邊)을 끊는다.'라고 말한다. 경량부(經量部)들은 '유위법(有爲法)들이 끊어짐이 없어 행해짐에 의해서 단변(斷邊)을 끊고, 찰나멸(刹那滅)에 의해서 상변(常邊)에서 벗어난다.'라고 주장한다. 유식파(唯識派)들은 '변계소집(遍計所執)의 사물들은 진실로 성립하지 않음에 의해서 상변(常邊)을 끊고, 의타기성(依他起性)은 진실로 성립하는 것에 의해서 단변(斷邊)을 끊는다.'라고 주장한다. 중관파(中觀派)들은 '일체법이 세속명언(世俗名言)에서 존재하는 것에 의해서 단변(斷邊)에서 벗어나고, 승의(勝義)에서는 존재하지 않음에 의해서 상변(常邊)에서 벗어난다고 주장한다. 상위(上位)의 종론(宗論)으로 하위(下位)의 비공통의 종론들을 논파할지라도 또한, 하위의 견해를 이해하는 그것이 상위의 견해를 이해하는 바른 방편이 됨이 드러남으로써, 상위의 종론을 최고로 견지해서 하위의 종론에 분노하지 말아야 한다."라고 하였다.

⊙ **상제보살(常啼菩薩)의 발심구도** : 이 「상제보살품(常啼菩薩品)」에는 상제보살이 발심한 뒤 반야바라밀을 구하기 위해서 자기의 몸을 팔아서 공양물을 마련해서, 선지식 법상보살(法上菩薩)을 찾아가 해탈을 얻기까지의 구도의 과정이 담겨 있다. 예를 들면, "그 뒤 상제보살은 또한 [허공에서 들려오는] 소리를 들었다. '선남자여, 그대는 공성(空性)과 무상(無相)과 무원(無願)의 [삼해탈문(三解脫門)]으로 일체법에 신해(信解)를 일으키고, 반야바라밀을 추구하라. 그대는 유상(有相)을 버리

고, 사물이 있음을 버리고, 유정으로 봄을 버리도록 하라. 선남자여, 그대는 악지식(惡知識)들을 버리도록 하라. 어떤 선지식이 일체법이 공성(空性)과 무상(無相)과 무원(無願)이며, 불생(不生)과 무생(無生)과 불멸(不滅)이며, 사물이 있지 않은 것으로 제법을 연설하면 그를 그대는 친근하고 공경하라. 선남자여, 그대가 그와 같이 행한다면 머지않아 반야바라밀 경전을 통달하고 또는 법을 설하는 비구의 몸에 있는 것을 듣게 된다. 선남자여, 누구에게 이 반야바라밀을 들으면 듣는 그에게 그대는 큰 스승이란 생각을 일으키고, 그대는 은혜를 갚고, 은혜를 알도록 하라."라고 하였다.

또한 "그 뒤 상제보살이 법상보살(法上菩薩)님을 좋아하고 신뢰하고 존중하고 공경함을 마음에 가지게 되었다. 가지게 된 뒤 이와 같이, '내가 어떠한 공경과 승사(承事)로 법상보살의 발아래 나가야하는가? 내가 가난하니, 무엇으로 법상보살님께 공양하겠는가? 공양할 옷도 보석도 금도 보주도 진주도 폐유리(吠琉璃)도 해라도 수정도 산호도 은도 꽃도 향도 향수도 주만(珠鬘)도 바르는 향도 가루향도 법의도 일산도 깃발도 요령도 보번(寶幡)과 같은 그러한 것이 내게 있지 않으니, 지금 내가 이와 같이 빈손으로 법상보살님의 발아래 나아가는 것은 도리가 아니다.'라고 생각하였다. (중략) 그 뒤 상제보살이 어떤 도시에 들어갔다. 도시 가운데 들어가서 이와 같이, '나의 몸을 팔아서 그 돈으로 법상보살님을 공양하리라.'고 생각하였다."라고 함과 같다.

또한 상제보살(常啼菩薩)의 난행의 의미를 제·쌰르동(rJe śar gdoṅ)의 『보리도차제교도이타정론(菩提道次第教導利他精論)』에서, "음식과 의복 따위가 모여지고, 사람과 비인간의 해침이 없고, 몸이 건강함 따위의 순연이 모여짐에 의지함이 없이 순연이 갖추어지지 않으면 갖추어지지 않은 그것을 두 가지의 보리심을 닦는 문을 통해서 도(道)로 전용할 줄을 알아야 한다. 이 도리는 상제보살께서 자기의 살과 뼈를 파는 등의 난행을 행한 힘으로 인간의 햇수로 7년 동안 대승의 중품(中品)의 자량도(資糧道)에서 보살의 팔지(八地)에 이르는 도위(道位)의 깨달음의 구경에 도달한 행적이 있다. 그 또한 그가 처음 법상보살(法上菩薩)을 의지하기 위해서 길을 나섰을 때, 하품(下品)의 자량도 또는 중품의 자량도에 머무는 보특가라(人)이었으니, 그것을 알게 하는 것이, 그 당시 허공에서, '여기에서 동쪽 지역으로 가라.'고 함과 '반야바라밀을 듣게 된다.'라고 하는 소리가 들려옴을 들은 행적이 있는 것이니, 그 소리는 실제로는 한 부처님의 말씀이었던 것이어도, 그가 말씀을 들었어도 또한 그 몸을 보지 못한 이것에 연결하면, 상품(上品)의 자량도인 법류삼매(法流三昧)를 얻지 못한 증표인 것이다. 그것을 얻었으면 수승화신(殊

勝化身)의 존안을 실제로 친견함이 반드시 일어나기 때문이다. 그 뒤 상제보살이 법상보살님을 친근하고 반야경을 청문함으로써, 부정한 지위인 칠지(七地)까지의 도위(道位)의 깨달음의 구경에 도달한 뒤, 팔지에 이르기까지의 도위의 깨달음을 얻음으로써, 이무수겁(二無數劫) 동안에 쌓는 그 자량을 상제보살님은 인간의 햇수 7년 동안에 성취한 것이다. 그러므로 이것은 순연이 갖추어지지 않으면 갖추어지지 않은 그것을 두 가지의 보리심의 문을 통해서 도(道)로 전용하는 도우미로 삼은 것이다."라고 하였다.

⊙ **생기차제와 원만차제** : 생기차제(生起次第)와 원만차제(圓滿次第)의 둘은 무상유가속(無上瑜伽續)의 비공통의 수행법으로 사속(事續) 등의 하위의 딴뜨라(續)에는 있지 않은 특별한 수행법이다.

먼저 생기차제(生起次第)의 핵심은 수행자의 범속한 몸을 청정한 본존의 몸으로 관상(觀想)으로 생기(生起)해서 범속한 몸·말·뜻의 셋을 본존의 청정한 신·구·의 삼금강(三金剛)의 본질로 인식하는 것이다. 여기에는 조분(粗分)의 생기차제와 세분(細分)의 생기차제가 있으나 그 전체적 의미는 태생(胎生)과 난생(卵生)과 습생(濕生)과 화생(化生)의 사생(四生)의 습기를 정화하고, 범속한 견문각지(見聞覺知)에서 벗어나기 위해서, 본존의 불신(佛身)과 진언과 지혜의 본성을 닦아서 본존의 청정한 신·구·의 삼금강(三金剛)을 얻기 위한 유가수행을 말한다. 또는 생사와 바르도(中有)의 세 구조를 숙지해서 기본의 삼신(三身)을 과위(果位)의 삼신(三身)으로 전용하는 도(道)를 생기차제라 한다.

다음의 원만차제(圓滿次第)는 달리 구경차제(究竟次第)라고도 하니, 이것은 생기차제(生起次第)와 함께 무상유가(無上瑜伽)의 수행의 핵심이다. 대의를 요약하면, 금강신(金剛身)의 긍경(肯綮 : 急所)을 파지함으로써 발생하는 풍(風)·맥(脈)·명점(明点)의 감능성에 의지해서, 몸 안에 공(空)과 극공(極空)과 대공(大空)과 일체공(一切空)의 사공(四空)을 실현하여 정광명(淨光明)을 증득하여 법신을 성취하고, 희(喜)와 승희(勝喜)와 수희(殊喜)와 구생희(俱生喜)의 사희(四喜)를 생기하여 구생대락(俱生大樂)의 지혜를 획득해서 보신을 성취한 뒤, 이 둘을 화합하여 쌍운(雙運)의 지금강불(持金剛佛)의 몸을 성취하는 유가수행이다.

⊙ **성문승(聲聞乘)의 근본사부(根本四部)** : 성문승(聲聞乘)의 근본사부(根本四部)는 석가모니 부처님께서 입멸하신 뒤, 교단이 분열하면서 형성된 최초의 네 교파를 말하니, 곧 설일체유부(說一切有部)와 대중부(大衆部)와 상좌부(上座部)와 정량부(正量部)의 넷이다. 이들 근본사부의 특징을 『장한대사전(藏漢大辭典)』의 설명에 의거해서 요약하면 다음과 같다.

1. 설일체유부(說一切有部, gShi thams cad yod par smra baḥi sde pa)의 명칭의 유래는 모든 교파의 근본 또는 소지오사(所知五事)[현상의 색사(色事)·왕인 심사(心事)·권속인 심소사(心所事)·불상응행사(不相應行事)·무위사(無爲事)]를 실유(實有)로 설함으로써 그와 같이 알려졌다. 아사리는 왕족 출신의 라훌라(Rāhula, 羅睺羅) 존자이다. 경전을 구송할 때 범어(梵語)로 낭송한다. 가사는 9조(條)에서 25조(條)로 만들어서 걸치고, 교파의 상징으로 법륜(法輪)과 연꽃을 가사에 수놓는다. 작명(作名)은 비구의 이름 뒤에 길상(吉祥, dPal) 또는 현선(賢善, bZaṅ po)과 심요(心要, sÑiṅ po)를 붙인다. 종론은 과거·현재·미래의 삼시(三時)를 실유(實有)로 주장하고, 모든 유위법(有爲法)은 찰나이고, 인무아(人無我)를 주장하고, 성불의 기간은 삼무수겁(三無數劫)이 걸린다고 한다.
2. 대중부(大衆部, Phal chen paḥi sde pa)의 유래는 당시의 승가의 대부분이 집합함으로써 대중부(大衆部)로 알려졌다. 아사리는 마하가섭(摩訶迦葉, Mahākāśyapa) 존자이다. 『별해탈경(別解脫經)』을 구송할 때 쁘라끄리띠(Prakṛti, 巴利語)로 낭송한다. 가사는 7조(條)에서 13조(條)로 만들어서 걸치고, 교파의 상징으로 길상결(吉祥結)과 해라(海螺)를 가사에 수놓는다.
3. 상좌부(上座部, sNas brtan paḥi sde pa)의 명칭의 유래는 상좌(上座)는 성스러운 종성이라 부름으로써 상좌부(上座部)로 알려졌다. 아사리는 죽세공을 하는 종성에서 출가한 까뜨야나(Kātyāyana, 迦旃延) 존자이다. 경전을 구송할 때 삐싸찌(piśācika, 顚鬼語)로 낭송한다. 가사는 5조(條)에서 21조(條)로 만들어서 걸치고, 교파의 상징으로 해라(海螺)를 가사에 수놓는다. 작명(作名)은 비구의 이름 뒤에 출생지와 개갑(鎧甲)을 붙인다. 종론은 멸진정(滅盡定)에 마음이 있고, 전도식(顚倒識)이 없음을 주장하고, 성불의 기간은 십무수겁(十無數劫)에서 30무수겁(無數劫)이 걸린다고 말한다.
4. 정량부(正量部, Maṅ bkur baḥi sde pa)의 명칭의 유래는 뭇사람이 존경하는 종성임으로써 중경부(衆敬部) 또는 정량부(正量部)이다. 아사리는 석가족의 이발사 출신의 우빨리(Upāli, 優波離) 존자이다. 경전을 구송할 때 아와브람싸(Avabhṛaṁśa, 訛傳語)로 낭송한다. 가사는 5조(條)에서 21조(條)로 상좌부(上座部)와 같다. 작명(作名)은 비구의 이름 뒤에 민(民, ḥBaṅsḥ)과 부(部, sDes)을 붙인다. 종론은 불가설아(不可說我)를 승인하고, 모든 소지계(所知界)는 가설(可說)과 불가설(不可說)의 두 가지에 귀속된다고 주장한다.

⊙ **세속의 의미** : 세속(世俗)은 범어로 쌈브리띠(Saṃvṛiti)와 브야와하라(Vyavahāra)이며, 티베트어는 꾼좁(Kun rdzob)이니, 단지 언설의 분상에서 존재할 뿐으로 자성

이나 실체가 있지 않은 가립(假立)의 법 또는 가유(假有)로 인과작용을 일으키는 연기법으로 존재하는 까닭에 세속이라 한다. 이 뜻을 『중관사상연구』(김성환 역)에서, "그러므로 언설이라는 한역은 인도에서 사용되었던 Vyavahāra의 바른 의미를 전하고 있다고 해야만 한다. 설령 Vyavahāra 본래의 제1의적인 어의가 '활동하다' '취급하다'와 같은 의미라고 하더라도, 관계자료에 의하는 한, Vyavahāra는 언설이라는 의미이다. Vyavahāra를 '세간적인 생활, 일상의 실천, 관습' 일반으로 이해해서는 Vyavahāra의 어의를 정확하게 요해할 수가 없다. 그렇게 해서는 이제설의 의의를 잘못 이해하게 된다. 언설을 세속제로 하고, 불가언설을 승의제로 하는 것은 이제설의 기본적인 사고방식이다."라고 함과 같다.

또 세속이라 번역하는 꾼좁(Kun rdzob)의 어의에 대하여 고찰하면, 『곰데칙죄첸모(貢德大辭典)』에서, "꾼좁(Kun rdzob / Saṃvṛita). ① '우치실집(愚癡實執, Ti mug bden ḥdzin : 우치의 본성이 사물의 진실을 가려서 제법을 실재하는 것으로 집착하는 것)을 세속이라 부른다.'라고 하였다. 그 원인 또한 그것이 제법의 존재도리를 진실로 또는 온전히 가리고 덮음으로써, 그것을 범어로 쌈브리따(Saṃvṛita)와 티베트어로 직역하여 '진실장폐(眞實障蔽, Yaṅ dag sgrib byed)'라고 한다. 석의(釋義)이니, 쌈(Sam)'은 '진실로(Yaṅ dag par)'와 '전적으로(Kun nas)'와 '온전히(Yoṅs su)'와 '십분(十分, Ñe bar)'과 '양호하게(Legs par)'라고 부르는 접속사와 브리따(vṛita)는 [덮고 가림을 뜻하는] 좁빠(rDzob pa : brDzab pa / rDzob pa / brDzabs pa)와 [장폐와 복개(覆蓋)를 뜻하는] 딥빠(sGrib pa)와 [구속을 뜻하는] 찡빠(bCiṅs pa)에 들어간다고 설명하였다. 어의(語義)이니, 꾼(Kun)은 전적으로 이니, 진실로 또는 온전하게 라는 뜻이며, 좁(rDzob)은 은폐이니, 가리고 덮음의 뜻인 까닭에 꾼좁(Kun rdzob)이라 부른다.

또 아사리 짠드라끼르띠(月稱)의 『현구론(顯句論, Tshig gsal)』에서, '전적으로 가리고 덮음으로써 꾼좁(世俗)이니,'라고 설함과 같다. ② 서로 의지함의 뜻이니, 『현구론』에서, '또는 서로가 의지함으로써 꾼좁(世俗)이니, 서로가 의지함으로써,'라는 의미인 것이다.'라고 설하였다. ③ 세간의 명언(名言)의 뜻이니, 『현구론(顯句論)』에서, '꾼좁(世俗)은 언설(言說)이니, 세간의 언설이라는 정언(定言)이다. 또는 능전(能詮)과 소전(所詮), 능지(能知)와 소지(所知) 등의 성상(性相)이다.'라고 설하였다. ④ 분변(分辨)의 뜻이니, 『분별치연론(分別熾然論, rTog ge ḥbar ba)』에서, '색(色) 등의 사물의 일체를 분별하는 의미임으로써 꾼좁(世俗)이니,'라고 설하였다. ⑤ 불감사찰(不堪伺察 : 반야에 의지해서 사물의 본성을 심오하게 관찰함을 견디지 못함)의 뜻이니, 아사리 하리바드라(獅子賢)가, '사찰(伺察)의 군대를 감당하지 못함으로써 꾼좁(世俗)이다.'라고 설함과 같다."라고 하였다.

또 세속의 어의에 대한 자세한 논설은 『중관사상연구』(김성환 역)의 "제3장 진속이제의 어의"를 참고하기 바람.

⊙ **소(牛)의 오정물(五淨物)** : 소(牛)의 오정물(五淨物)은 땅에 떨어지지 않은 소의 오줌과 소똥과 우유와 버터와 요구르트(酪)의 다섯 가지를 말한다. 『보리도차제약론석(菩提道次第略論釋·下)』[福智之聲出版社]에 의하면, "티베트 지역에서는 오물환(五物丸)을 만들어 예치해 둔다. 이 환(丸)은 곧 황우(黃牛)의 몸에서 나온 오물(五物)을 취한 것이다. 땅을 고른 뒤에 다시 땅에 발라서 깨끗이 한다. 먼저 병이 없는 암컷 황우를 선별한 뒤, 처음 7일 동안은 오로지 많은 물만을 먹이고, 높고 깨끗한 초원으로 끌고 간다. 다시 17일간 깨끗한 풀만을 먹이고, 그 똥과 오줌을 깨끗한 그릇에 받아서 채운다. 더불어 그 젖을 짜서 버터와 요구르트를 만든다. 이 다섯 가지 재료로 환을 만드니, 청결한 약물이라 칭찬하고, 더러움을 구축하는 작용이 있다. 이것은 옛날 인도에서 사용하던 규범이다."라고 하였듯이, 이 오정물(五淨物)은 불교예식에 사용된다.

⊙ **수정오장(修定五障)** : 수정오장(修定五障)은 사마타(止)의 오장(五障)이라고도 하며 다음과 같다.

1. 해태(懈怠, Le lo)는 세간의 악행을 애착해서 선품(善品)에 게으르고 좋아하지 않는 것으로 근면과 정진의 역품(逆品)이다.
2. 실념(失念 : brjes ṅas)는 소연(所緣)의 대상을 유실함이니, 선량한 소연(所緣)을 분명하게 기억하지 못하고 잊어버리는 것이다.
3. 침도(沈掉, Byiṅ rgod)는 소연의 대상을 잡아 지님이 느슨해서 명료하지 못한 것이 침몰(沈沒, Byiṅ ba)이며, 도거(掉擧, rGod pa)는 탐착하는 대경으로 인해서 마음이 들떠 달아나는 현상이다.
4. 부작행(不作行, ḥDu mi byed)은 자기의 소연경(所緣境)에 들어가는 마음작용을 제대로 하지 못하는 것이다.
5. 작행(作行, ḥDu byed)은 자기의 소연경(所緣境)에 안주하지 못하고 다른 대경을 생각하는 마음작용이다.

⊙ **승의(勝義)** : 승의(勝義)는 제일의(第一義)의 뜻이니, 범어로는 빠라마르타(Paramārtha)이며, 티베트어로는 된담빠(Don dam pa)라 한다. 글 뜻은 사물이 지닌 최상의 의미이니, 곧 제법의 진실한 존재도리인 공성을 뜻하기에 제일의(第一義)라 한다.

여기에는 다수의 논설이 있으니, 『슝까뾔응애칙된쌜델(藏傳佛敎五明詞義詮釋)』에서, "[『최씨둡타(Chos srid grub mthaḥ)』, p.328에서] 승의(勝義)라고 하는 승의에는 ① 의

(義)와 승(勝)의 둘을 공성으로 말함과 ② 의(義)를 공성으로, 승(勝)을 공성을 깨닫는 마음으로 말함과 ③ 의(義)와 승(勝)의 둘을 공성을 깨닫는 문(聞)·사(思)·수(修)의 유루(有漏)의 이지(理智, Rigs śes)로 말하는 세 가지의 법이 있는 가운데, 이들 의미의 일체를 성언(聖言)과 정리(正理)의 문을 통해서 잘 이해하면 변별하는 것이 수월하다. 또한 '승의(勝義)에서 없다.'라고 하는 없는 도리도 첫째, 공성을 깨닫는 유루의 이지(理智)의 분상에서 없음과 둘째, 마음[무해식(無害識)]에 나타나는 탓에 시설함이 아니라, 대경이 자기의 자립법(自立法)의 분상에서 성립함이니, 소파사(所破事)가 [거기에 없는 것이] 승의(勝義)에서 없는 것이다. 또한 '승의의 진실(勝義諦)'이라고 함의 승의도 첫째, 의(義)와 승(勝)의 둘이니, 그래서 승의이다. 둘째, 의(義)인 대경과 승(勝)인 유경(有境 : 內心)이니, 의(義)와 승(勝)이 각각이다. 셋째, 의(義)는 장폐를 없애길 원하는 대경으로 삼는 대상[열반]이고, 승(勝)은 수승한 깨달음이니, 공성을 깨닫는 마음이 승의인 것으로 아사리 바뱌(淸辨)와 쫑카빠 대사께서 주장하였다.

(같은 책, p.107에서) 그러므로 소파사(所破事)에 승의(勝義)의 차별을 결부하는 승의(勝義)에는 둘이 있으니, 제법의 진실을 분석하는 문(聞)·사(思)·수(修)의 이지(理智)를 승의(勝義)로 한 뒤, 그와 같은 이지(理智)로 진실을 아는 명지(明智)의 분상에서 없음을 '승의(勝義)에서 없다.'고 말함과 마음에 나타나는 탓에 시설함이 아니라 대경이 자기 자립법의 분상에서 성립함을 승의(勝義)로 한 뒤, 거기에 없는 것을 '승의(勝義)에서 없다.'고 말하는 도리가 둘이 있기 때문이다."라고 하였다.

⊙ **십가(十暇)** : 십가(十暇)는 불법을 닦는 데 필요한 열 가지의 좋은 조건을 말하니, 다시 말해, 자기에게 속하는 다섯 가지의 자원만(自圓滿)과 타인에게 속하는 다섯 가지의 타원만(他圓滿)을 합한 십원만(十圓滿)을 말한다. 다섯 가지의 자원만(自圓滿)은 ① 사람으로 태어남, ② 변지(邊地)가 아닌 중토(中土)에 태어남, ③ 육근(六根)을 갖춤, ④ 사도(邪道)에 빠지지 않고 무간업(無間業)을 짓지 않음, ⑤ 불법을 믿는 다섯 가지이다. 다섯 가지의 타원만(他圓滿)은 ① 붓다의 출현을 만남, ② 붓다의 설법을 만남, ③ 불법이 세상에 머무름, ④ 불법에 귀의함, ⑤ 선지식이 있는 다섯 가지이다.

⊙ **십무진원(十無盡願)** : 이 십종대원은 보살의 초지(初地)에서 일으키는 열 가지의 서원으로 십무진원(十無盡願, sMon lam mthar thug pa bcu)이라 하니, 『십지경(十地經)』에서 설하길, "1. 중생계(衆生界)가 다할 때까지이며, 2. 세간계(世間界)가 다할 때까지이며, 3. 허공계(虛空界)가 다할 때까지이며, 4. 법계(法界)가 다할 때까지이며, 5. 열반계(涅槃界)가 다할 때까지이며, 6. 불출현계(佛出現界)가 다할 때까지이

며, 7. 여래지계(如來智界)가 다할 때까지이며, 8. 심소연계(心所緣界)가 다할 때까지이며, 9. 불지소입경계계(佛智所入境界界)가 다할 때까지이며, 10. 세간전법전지전계(世間轉法轉智轉界)에 이를 때까지 끊어짐이 없는 대원(大願)을 성취하는 것이다.

⊙ **십바라밀(十波羅蜜)**: 십바라밀(十波羅蜜)은 범어로 다싸빠라미따(Daśapāramitā)이며, 티베트어로는 파롤뚜친빠쭈(Pha rol tu phyin pa bcu)이다. 십바라밀은 의역하면 십도피안(十到彼岸)이니, 각각의 바라밀의 구경에 도달함을 뜻한다. 이것은 보살의 실천행인 육바라밀 위에 네 가지의 바라밀을 더한 것이며, 보살의 십지(十地) 각각에서 하나의 바라밀을 전적으로 닦아서 그 바라밀을 완성한다.

1. 보시바라밀(布施波羅密, Dānapāramitā / sByin paḥi pha rol tu phyin pa)는 보통 재물을 타인에게 온전하게 베푸는 것을 말하니, 「바라밀다설품(波羅蜜多說品)」에서, "보살마하살이 일체종지(一切種智)를 구족하려는 마음을 일으킴으로써, 내외의 물건들을 원하는 이들에게 보시하고, 보시하고 나서도 그 보시를 모든 유정과 공유한 뒤, 무상정등각으로 회향하는 그것이 보살마하살의 보시바라밀이다."라고 설함과 같다. 또 보시도 성격에 따라서 재시(財施)와 법시(法施)와 시무외시(施無畏施) 등이 있다.
2. 지계바라밀(持戒波羅密, Sīlapāramitā / Tshul khrims kyi pha rol tu phyin pa)은 계율들을 온전하게 닦음으로써 지계바라밀이라 부르니, 「바라밀다설품」에서, "보살마하살이 일체종지를 구족하려는 마음을 일으킴으로써, 나 역시 십선도(十善道)를 바르게 수지하여 널리 행하고, 다른 유정들도 또한 십선도를 바르게 받아 지니게 하고, 들여놓고 잘 안치하니, 그 또한 무소연(無所緣)의 도리로 행하는바 그것이 보살마하살의 더러움이 없는 지계바라밀이다."라고 설하였다.
3. 인욕바라밀(忍辱波羅密, Kṣāntipāramitā / bZod paḥi pha rol tu phyin pa)은 인욕의 힘으로 마음이 어지러워지지 않음으로써, 붓다의 힘에 계합(契合)을 함으로써 인욕바라밀이라 부르니, 「바라밀다설품」에서, "보살마하살이 일체종지를 구족하려는 마음을 일으킴으로써, 나 역시 인욕을 원만히 행하고, 다른 유정들도 또한 인욕을 바르게 받아 지니게 하고, 들여놓고 잘 안치하니, 그 또한 무소연(無所緣)의 도리로 행하는바 그것이 보살마하살의 더러움이 없는 인욕바라밀이다."라고 설하였다.
4. 정진바라밀(精進波羅密, Vīryapāramitā / brTson ḥgrus kyi pha rol tu phyin pa)은 모든 희원에서 물러나지 않음으로써 정진바라밀이라 부르니, 「바라밀다설품」에서, "보살마하살이 일체종지를 구족하려는 마음을 일으킴으로써, 나 역시 육바라

밀의 정진을 버리지 않으며, 다른 유정들도 또한 육바라밀을 바르게 받아 지니게 하고, 들여놓고 잘 안치하니, 그 또한 무소연(無所緣)의 도리로 행하는바 그것이 보살마하살의 정진바라밀이다."라고 설하였다.

5. 선정바라밀(禪定波羅密, Dhyānapāramitā / bSam gtan gyi pha rol tu phyin pa)은 억념을 한곳에 집중함으로써 선정바라밀이라 부르니, 「바라밀다설품」에서, "보살마하살이 일체종지를 구족하려는 마음을 일으킴으로써, 나 역시 방편에 능통함으로써 선정과 무량(無量 : 四無量)과 무색정(無色定) 등에 들어가 머물며, 그 힘으로 또한 [번뇌와 산란]이 일어나지 않으니, 다른 유정들도 또한 선정과 무량(無量 : 四無量)과 무색정 등에 들어가 안주하는 등을 또한 바르게 지니게 하고, 들여놓고 잘 안치하니, 그 또한 무소연(無所緣)의 도리로 행하는바 그것이 보살마하살의 선정바라밀이다."라고 설하였다.
6. 반야바라밀(般若波羅密, Prajñāpāramitā / Śes rab kyi pha rol tu phyin pa)은 제법에는 자성과 같은 불변의 실체나 본질이 존재하지 않는 공성임을 변석하고 결택하는 관혜(觀慧) 또는 분석지(分析智)로 위빠싸나(勝觀)의 본질이 된다. 다시 말해, 일체법을 여실하게 지견(知見)함과 같이 온전하게 행함으로써 반야바라밀이라 부르니, 「바라밀다설품」에서, "보살마하살이 일체종지를 구족하려는 마음을 일으킴으로써, 일체법의 자성에 대하여 여실하게 관찰하고, 일체법에 진실로 애착함이 없으며, 그 또한 무소연(無所緣)의 도리로 행한다. 자신은 일체법에 진실로 애착함이 없을지라도 다른 유정들도 또한 일체법의 자성에 대하여 여실하게 관찰함을 바르게 지니게 하고, 들여놓고 잘 안치하니, 그 또한 무소연(無所緣)의 도리로 행하는바 그것이 보살마하살의 반야바라밀이다."라고 설하였다. 또한 『반야섭송(般若攝頌)』에서, "일체법에 자성이 없음을 온전하게 아는 것, 이것이 반야바라밀의 뛰어난 행(行)이다."라고 설하였다.
7. 방편바라밀(方便波羅密, Upāyapāramitā / Thabs kyi pha rol tu phyin pa)은 보살마하살이 크고 많은 어떤 선근(善根)을 쌓고 모을지라도 그것을 모든 유정과 공유하고, 위 없는 대보리로 회향함으로써 무량한 복보를 산출하는바 그것이 방편바라밀이다. 여기서 방편은 반야의 혜분(慧分)을 제외한 모든 선업(善業)과 선업을 자라나게 하는 선한 수단 또는 방법을 말한다. 이 방편은 곧 선교방편의 뜻으로 유정을 성숙시키는 여섯 가지의 힘을 포함하니, ① 유정의 저열한 선근들을 무량하게 변화시킴, ② 큰 어려움이 없이 선근을 성취함, ③ 불법에 분개하는 자들의 분노를 소멸함, ④ 중간에 머무는 자들을 교법에 안치함, ⑤ 입문한 자들을 성숙시킴, ⑥ 성숙한 자들을 해탈시키는 것이다.

8. 원바라밀(願波羅密, Praṇidhānapāramitā / sMon lam gyi pha rol tu phyin pa)은 보살마하살이 세세생생 태어나는 곳마다 보리심을 여의지 않고, 모든 유정의 이익을 위해서 모든 바라밀행을 부지런히 닦되 끊어짐이 없기를 원하는 것 그것이 원바라밀(願波羅密)이다.

9. 역바라밀(力波羅密, Balapāramitā / sTobs kyi pha rol tu phyin pa)은 보살마하살이 자기의 보리의 방면을 크게 자라나게 하고, 역연(逆緣)의 방면이 해악을 끼치지 못하게 하는 일시적인 뛰어난 반야를 말하니, 구분하면, 선한 분별의 사택력(思擇力)과 올바른 수습력(修習力)의 두 가지가 있다.

10. 지바라밀(智波羅密, Jñānapāramitā / Ye śes kyi pha rol tu phyin pa)은 보살마하살이 일체법에 진실하게 들어감으로 말미암아 지바라밀(智波羅密)이라 한다. 또는 일체법의 실상(實相)을 여실하게 아는 지혜는 생사의 고해를 건너 열반의 피안에 도달하게 되므로 지바라밀이라 한다.

또 쫑카빠 대사의 『입중론의취명해(入中論意趣明解, dBu ma la ḥjug paḥi dgoṅs pa rab gsal)』에서 지혜의 인식(認識, Ṅos ḥdzin)과 반야바라밀(般若波羅密)의 차이에 대해서, "보살지(菩薩地)에서, '일체법을 여실하게 안립(安立, rNam par bshag)할 줄 아는 것이 지바라밀(智波羅密)이다. 승의(勝義)를 파악(把握, ḥDzin pa)함에 들어가는 반야가 반야바라밀이다. 세속을 파악(把握, ḥDzin pa)함에 들어감이 지바라밀이니, 이 둘의 차별이 그것이다."라고 하였다.

⊙ 십법행(十法行) : 십법행(十法行)에 대해서는 여러 논설이 있으니, 『곰데칙죄첸모(貢德大辭典)』에서, "1. 『변중변론(辨中邊論, dBus mthaḥ rnam ḥbyed)』에서, '① 서사(書寫)하고, ② 공양하고, ③ 보시하고, ④ 청문(聽聞)하고, ⑤ 수지(受持)하고, ⑥ 독송(讀誦)하고, ⑦ 강설(講說)하고, ⑧ 일상에 염송(念誦)하고, ⑨ 그것을 사유(思惟)하고, ⑩ 수습(修習)하는 것이다. 십법행의 자성은 복덕의 무더기를 무량하게 쌓음이다.'라고 함과 같다.

2. 『쎄르텡(gSer phreṅ, 金鬘疏)』과 『파르친똑게이낭와(Phar phyin rtog geḥi snaṅ ba)』에서는 십바라밀(十波羅蜜)로 설하였다.

3. 『남쌔닝뾔갠(rNam bśad sñiṅ poḥi rgyan)』에서는 발심(發心) 등의 열 가지를 말하였다.(중략)"라고 하였다.

또 이와는 달리 『보리도차제대론(菩提道次第大論·典據探)』에서는, 십법(十法)은 전행(前行)을 수호하는 마음과 무량한 보리심의 성취와 의요(意樂)와 증상의요(增上意樂)의 성취와 무량한 대자(大慈)와 대비(大悲)의 성취와 무량한 보리행과 서원의 성취와 무량한 복덕과 지혜의 자량의 성취 등의 열 가지를 말하였다.

⊙ **싸마히따(等引)와 후득(後得)의 의미** : 싸마히따(Samāhitaḥ, 等引)와 후득(後得, rJes thob)의 의미는 싸마히따(等引)의 상태에서 일체법이 자성이 성립함을 오로지 타파하는 무차(無遮, Med dgag)에 견고하게 머무는 힘에 의지해서, [등인정(等引定)에서 일어난 뒤의] 후득(後得)의 상태에서는 일체법이 자성이 비어서 없을지라도 또한, 색(色) 등의 현상이 마치 자성이 실재하는 것처럼 나타나는 세속의 진실을 말한다. 그러므로 『입무분별다라니경(入無分別陀羅尼經)』에서, "출세간의 지혜로는 일체법이 허공과 같이 평등한 것임을 보고, 후득지(後得智)로는 [일체법이] 환상이자 신기루이며, 꿈이자 물속의 달과 같은 것으로 본다."라고 하였으며, 또한 후득의 상태에서 방편의 선행을 수습하는 법에 대하여 아사리 까말라씰라(蓮花戒)의 『수습차제하편(修習次第下篇)』에서, "그 뒤 선정을 파하고 일어나고자 할 때는 가부좌를 풀기 전에 먼저 다음과 같이 생각한다. '이 일체의 법들이 승의(勝義)의 분상에서는 비록 발생하지 않는 것일지라도, 또한 환상처럼 갖가지 정해진 인(因)과 연(緣)이 모여서 발생하는 탓에, 그것을 잘 관찰하지 않으면 온갖 애상(愛想)들이 전적으로 일어나게 된다. 그래서 단견(斷見, Uccheda-drişti)도 생기지 않으며, 감변(減邊, Apavādānta)도 역시 일어나지 않는 것이다. 그러나 이와 같이 반야로써 심찰하면 [제법을] 가히 얻지 못함으로써 상견(常見, Śāśvata-drişti)과 증변(增邊, Samāropānta)이 또한 일어나지 않는다. 여기서 반야의 혜목(慧目)을 여읨으로 말미암아 제법에 마음이 전도되고, 자아를 애집해서 갖가지 업들을 짓는 그들은 윤회에 떨어져 유전하는 것이다. 만약 윤회 속에 들어감을 전혀 외면하고, 대비의 마음도 여의고, 중생의 이락을 위한 보시 등의 바라밀들도 원만히 닦지 않은 채 오로지 자기의 해탈만을 추구하는 그러한 유정들은, 방편력을 지니지 못한 까닭에 성문 또는 연각의 깨달음에 떨어지게 된다. 비록 중생이 자성이 없음을 [환과 같은 존재임을] 여실히 알지라도 대비의 힘으로써 모든 유정들을 건지려는 서원을 세운 뒤에, 뛰어난 마술사처럼 지혜가 전도됨이 없이 무량한 복혜의 자량을 닦는 그러한 유정들은, 여래의 지위를 얻은 뒤에도 중생들의 이락을 위한 갖가지 사업을 청정히 행하면서 [세간에] 머무르는 것이다. 또 그들은 지혜의 자량의 힘으로 일체의 번뇌를 소멸한 까닭에 윤회에도 떨어지지 않으며, 일체의 중생들을 연민해서 광대무변한 복덕의 자량을 쌓은 힘으로 [성문의] 열반에도 또한 떨어지지 않으며, 일체 중생을 또한 길러 성숙시키는 것이다. 그러므로 모든 중생에게 광대한 이락을 베풀길 원해서, [여래의] 무주처열반(無住處涅槃)을 얻고자 하는 나 자신은 무량한 복혜의 자량을 수득하기 위해서, 항상 언제나 부단하게 정진해야 한다.'라고 사유하는 것이다."라고 설하였다.

또 아띠쌰 존자의 『중관교계(中觀敎誡, dBu maḥi man ṅag)』에서, "어느 때 싸마히따(等引)에서 일어나길 원하면 천천히 가부좌를 풀고 일어나서, 환상과 같은 마음으로 몸과 말과 뜻으로 선행을 진력해서 행한다. 그와 같이 공경과 장시간과 끊임없이 수행하면 복분을 지닌 자들은 이생에서 진리를 보게 되고, 일체법을 허공과 같이 힘씀과 노력함이 없이 저절로 성취됨을 실현하게 된다. 그 뒤 후득(後得)에서 일체법이 환상과 같은 등으로 통달한다. 어느 때 금강유정(金剛喩定)을 실현한 이후에는 후득(後得) 또한 있지 않으니, 모든 시간에서 항상 싸마히따(等引)이다."라고 하였다.

⊙ **안질과 머리카락** : 『난처석(難處釋)』의 본문에서, "예를 들면, 눈병 난 사람이 안질 탓에, 허공에서 바늘과 머리칼이 떨어지고"라고 말함은, 무명의 분별로 제법이 발생하는 것을 비유한 것이니, 본문에서, "그같이 시원조차 없는 때로부터, 무명의 안질에 걸린 뒤 눈병 탓에, 안과 바깥의 사물들을 경험하고, 그것을 실집(實執)하는 의식 또한 있다."라고 하였다.

이 뜻을 비유와 더불어서 설명하면, 『슝까뾔응애칙된쌜델(藏傳佛教五明詞義詮釋)』, p.296에서, "[그같이 현현한 이 모든 법이] 안질(眼疾) 따위들과 같으니, 옛날 인도에 한 늙은 여인이 아들이 외출한 사이에 눈병의 일종인 안예(眼翳)에 걸렸다. 며느리가 밥을 드렸는데 밥에 머리카락이 섞여 있는 것으로 보였다. 아들이 돌아오자 늙은 어머니가 말하길, '너가 없는 사이에 며느리가 나에게 머리카락이 섞인 밥을 준 탓에 병이 났다.'라고 말하자, 아들이 부인에게 화를 내자, 부인이 말하길, '내가 머리카락을 섞는 것은 아니고, 어머니의 눈이 착란을 일으킨 것이니, 지금 당신이 밥을 드려라.'라고 하였다. 아들이 밥을 드리자 어머니가 말하길, '여기도 역시 머리카락이 있다.'라고 하자, 아들이 어머니가 눈병이 난 줄 알고 밥을 보자기로 덮어 놓으라고 한 뒤 의사를 불렀다. 의사가 치료하고 나자 눈병이 나았다. 그러자 다시 그 밥을 드리고서 보게 하자 단 한 개의 머리카락도 있지 않자, 다른 속병도 또한 치료할 필요가 없이 나았다고 했다. 그 비유처럼 지금 우리에게 자기와 남과 물질계와 유정계로 현현한 이 모든 것들이 또한, [승의(勝義)에서 자성이] 본래 없음에도 있는 것처럼 나타난 것이다. 여기서 스승의 교계로 마음을 개변(改變)해서 어느 때 [무명(無明)의] 착란이 해소되면, 이 현상 또한 나타나지 않는다고 말했다. 여기서 '따위들'이란 말에는 안예(眼翳) 이외의 아지랑이와 영상과 광영(光影 : 二重影像)과 건달바성(乾達婆城)과 그와 같이 변화 등과 같음이니, 그같이 현현한 이것들은 자기 마음의 착란 현상이니, 환상(幻相)과 같은 여환팔유(如幻八喩)처럼 깨닫도록 하라고 말했다."라고 하였다.

또 같은 책, p.210에 기재된 선지식 닥까르와(Brag dkar ba)의 『유법론주보취(喩法論註寶聚, dPe chos rin chen spuṅs pa)』, p.295에서, "그같이 현현한 이 모든 법은 꿈과 같으니, 예를 들면, 사람이 잠들면 꿈에서 원수와 싸우거나 친척과 만나는 따위들을 꿈꾸고, 그것이 잠이 깰 때까지는 낮의 광경과 차별이 없을지라도, 잠에서 깨어남과 동시에 그 일체가 사실이 아니고, 단지 습기의 착란에 지나지 않는 것이다. 이 비유처럼 우리가 무시이래 무명의 잠속에 떨어져서 갖가지 전도된 착란의 현상을 사실인 것으로 고집함으로써 유정들이 윤회에서 번뇌하는 것이다. 그러므로 스승의 교계로 마음을 개변(改變)함으로써, 꿈을 깨는 것과 같은 초지(初地)의 진실 그것을 보게 되면, 이전의 전도된 착란의 일체가 스스로 해탈하게 되니, 비록 사물이 그같이 현현해도 또한 사실로 여기는 실집(實執)을 여의는 것이 현상에 대해서 자재를 얻은 것이라고 말하였다."라고 함과 같다.

⊙ **암호랑이와 해골의 몸** : 『난처석(難處釋)』의 본문에서, "그같이 시원조차 없는 때로부터, 무명의 안질에 걸린 뒤 눈병 탓에, 안과 바깥의 사물들을 경험하고, 그것을 실집(實執)하는 의식이 또한 있다."라고 하였듯이, '안과 바깥의 사물들을 경험'하는 것은 무시이래 무명의 번뇌에서 발동한 업과 습기에 기인한 것이니, 그것을 쬔빠·쎄랍도제(般若金剛)의 『유법론보취석(喩法論寶聚釋)』에서 다음과 같이 설하였다.

"『문수사리유희경(文殊師利遊戲經)』[『대장엄법문경(大莊嚴法門經)』]에서, '천자 연화유희(蓮華遊戲)가 문수보살에게, 「문수보살이여, 이들 바깥의 사물들은 조물주가 만든 것입니까? 어떻게 보아야 합니까?」라고 물었다. 문수보살이 말하길, 「천자여, 이들 바깥의 사물들은 조물주가 만든 것이 아니니, 마음의 분별 습기가 왕성해진 힘으로 출현한 것이다.」라고 하였다. 천자가, 「습기가 그렇게 왕성할지라도 산과 바다와 해와 달 등이 딱딱하고 단단하게 출현하는 이와 같은 것이 어떻게 가능합니까?」라고 물었다. 문수보살이 말하길, 「분별이 왕성해진 힘으로 그와 같이 출현하는 것이 가능하니, 대도시 바라나시(Vārāṇāsi)에 한 바라문 여인이 자기의 몸을 호랑이로 닦음으로써, 그 도시의 모든 사람이 그녀를 진짜 암호랑이로 본 뒤, 모든 사람이 도망을 치면서 도시에 호랑이가 출현했다고 외쳤다. 또 한 비구가 자기의 몸에 대해서 부정관(不淨觀)을 닦음으로써, 모든 사람이 그를 해골로 보게 되는 일이 일어났다. 그것들이 짧은 시간에 의해서도 그와 같이 출현한다면, 무시이래 습기가 왕성해진 힘으로 어찌 출현하지 않겠는가?」'라고 하였다. 또 같은 경에서, '문수보살이, 「모든 현상은 일정하지 않으니, 어떤 이들에게 광명은 어떤 이들에게는 암흑이고, 어떤 이들에게 암흑은 어떤 이들에게는 광명이니, 여기에는 정해짐이 없다.」라는 등을 설함으로써, 이 현상들은 자기 마음의 착란의 분별 습기가 왕성해진 힘으로 출현한 것이니, 승의(勝義)에서 일체법은 본래부터 적멸(寂滅)하고 불생(不生)이며, 원초부터 공적(空寂)하고 무아(無我)이다. 『반야경』에서, 「수보리여, 이같이 색(色)에서부터 일체지(一切智)에 이르기까지의 법들을 부처님들의 오안(五眼)으로도 또한 보지 못하는데, 우둔한 범부와 눈이 없는 소경들은 유정들을 윤회에서 구제함을 주장한다.」라고 하였다. 수보리가 아뢰길, 「세존이시여, 그와 같이 부처님들의 오안으로도 또한 유정을 윤회에서 구제하는 그와 같은 것을 보지 못한다면, 어떻게 세존께서 유정의 이익을 행합니까?」라고 하였다. 세존께서, 「수보리여, 나는 유정이 있음을 전혀 보지 못하니, 그렇지만 유정이 실사(實事)로 존재하지 않음에도 실사로 생각하여 그들의 이익을 행하는 것은 세간의 명언(名言)에서 그러한 것이고, 승의에서는 아니다.」' 라고 하였다.

또한 『섭대승론(攝大乘論)』에서, '대비를 일으킬지라도 유정이라는 상(想)이 없다. 이것이 최승의 반야바라밀을 행하는 것이다. 만약 유정이라는 상(想)과 고통이라는 상(想)을 일으키고, 중생의 이익을 행하고 고통을 끊는다고 생각하고, 자아와 유정을 크게 분별하는 그 보살은 최승의 반야바라밀을 행하는 것이 아니다. 내가 어떠한 것처럼 그와 같이 모든 유정을 알라. 모든 유정이 어떠한 것처럼 그와 같이 제법을 알라. 생(生)과 무생(無生)의 둘로 분별하지 말라. 이것이 최승의 반야바라밀을 행하는 것이다.'라고 하였다.

그러므로 승의에서 일체법은 원초부터 공적(空寂)하고 무아(無我)이며 무희론(無戱論)임을 깨닫도록 하라. 그와 같이 깨닫는 반야를 지님으로써 방편도의 일체법을 또한 실사(實事)로 유상(有相)으로 애착하지 않고, 봄이 없는 도리로 행하는 것이 반야행인 것이니, 『경장엄론(經莊嚴論)』에서, '보살의 반야는 불착(不着)이며 미착(未着)이며 무착(無着)이다.'라는 등을 설하였다."

⊙ **약사여래의 십이대서원** : 약사여래(藥師如來)의 십이대서원(十二大誓願)은 서방의 아미타불의 48원(願)과 같은 것으로 경(經)에서 다음과 같이 설하였다.

"문수사리여, 여기에서 동쪽으로 십(十) 항하사 수와 같은 많은 국토를 지나 한 세계가 있으니 이름은 정유리(淨瑠璃)요, 그 부처님의 명호는 약사유리광여래이시며, 그 공덕의 이름은 응공·정등각이시니라.

문수사리여, 그 부처님이 처음 발심하여 보살도를 수행할 적으로부터 열두 가지의 큰 서원을 세웠나니, '무엇을 열 두 가지라 하는가?' 하면.

첫째 큰 서원은 내가 다음 세상에 보리를 증득할 때, 내 몸의 광명이 끝없이 넓은 세계를 비추고 또한 32상(相)과 80종호(種好)로써 몸을 장엄하되, 모든 중생으로 하여금 나와 똑같아 조금도 다름이 없게 하리라고 서원함이다.

둘째 큰 서원은 내가 다음 세상에 보리를 증득할 때, 유리와 같은 몸은 안팎이 투명하고 광대한 광명은 모든 세계에 가득 차며, 장엄하고 빛나는 그물(網)은 해와 달보다도 더 찬란하여 저 철위산(鐵圍山) 속의 깜깜한 데까지도 서로 볼 수 있어서 이 세계의 어두운 밤에도 나가 노닐 수 있고, 또한 모든 중생이 나의 광명을 보고는 모두 마음이 열려 온갖 일을 마음대로 할 수 있기를 서원함이다.

셋째 큰 서원은 내가 다음 세상에 보리를 증득할 때, 한량없고 끝없는 지혜와 방편으로써, 모든 중생으로 하여금 소용되는 물건을 모자람 없이 얻을 수 있기를 서원함이다.

넷째 큰 서원은 내가 다음 세상에 보리를 증득할 때, 그릇된 길을 행하는 모든 중생에게는 바른 보리의 길을 가도록 하고, 만약 성문이나 독각의 교법을 행하는 이에게는 대승의 법 가운데 안주케 하기를 서원함이다.

다섯째 큰 서원은 내가 다음 세상에 보리를 증득할 때, 모든 중생이 나의 가르침 가운데서 청정하게 수행하여 아예 파계(破戒)하지 않게 하고, 삼업(三業)을 잘 다스려서 악도에 떨어질 어긋난 자가 없게 하며, 설사 파계를 하였을지라도 나의 이름을 듣고서 한결같은 정성으로 받아 지니고 진실한 마음으로 잘못을 참회한다면, 바로 청정하게 되어 마침내 보리를 증득하기를 서원함이다.

여섯째 큰 서원은 내가 다음 세상에 보리를 증득할 때, 만약 많은 중생이 갖가지 불구가 되어 추악하고, 어리석고 눈멀고 말을 못하거나, 또는 앉은뱅이·곱사·문둥이·미치광이 같은 갖은 병고에 시달리다가도, 나의 이름을 듣고 진실한 마음으로 부르고 생각한다면, 누구나 단정한 몸을 얻고 모든 병이 소멸되기를 서원함이다.

일곱째 큰 서원은 내가 다음 세상에 보리를 증득할 때, 만약 모든 중생이 가난하고 곤궁하여 의지할 데가 없고 온갖 병고에 시달려도 의약과 의사가 없다가도, 잠시라도 나의 이름을 듣는다면 온갖 질병이 소멸하고 권속이 번성하며 모든 재물이 흡족하여 몸과 마음이 안락하고 마침내 보리를 성취하기를 서원함이다.

여덟째 큰 서원은 다음 세상에 내가 보리를 증득할 때, 만약 여인이 됨으로써 여러 가지 괴로움에 부대껴 몹시 싫증을 느끼고 여인의 몸 버리기를 원하는 이가, 나의 이름을 듣고 진실한 마음으로 부르고 생각한다면, 바로 지금의 몸을 바꾸어 장부의 상호를 갖춘 남자가 되고, 마침내 보리를 성취하기를 서원함이다.

아홉째 큰 서원은 내가 다음 세상에 보리를 증득할 때, 모든 중생으로 하여금 마군의 그물을 벗어나게 하고, 또한 갖가지 그릇된 견해의 무리들을 모두 섭수하여 바른 소견을 내게 하고, 점차로 모든 보살행을 닦아 익히도록 하여, 마침내 보리를 성취하기를 서원함이다.

열째 큰 서원은 내가 다음 세상에 보리를 증득할 때, 만약 중생들이 국법에 저촉되어 감옥에 구금되고 목에 씌우는 칼과 사슬에 얽매어 매질이나 사형을 당하게 되고, 또는 온갖 괴로운 일로 고뇌에 시달려 잠시도 편안할 겨를이 없다가도, 나의 이름을 듣는다면 나의 복덕과 위신력을 입어 모든 근심과 괴로움에서 해탈하고, 마침내 보리를 성취하기를 서원함이다.

열한 번째 큰 서원은 내가 다음 세상에 보리를 증득할 때, 만약 모든 중생이 굶주림에 시달려 먹을 것을 구하기 위하여 갖은 악업을 짓다가도, 나의 이름을 듣고 진실한 마음으로 부르고 생각한다면, 내가 마땅히 먼저 좋은 음식을 주어 마음껏 배부르게 하고, 다음에는 바로 법(法)을 주어 안락하게 하며, 마침내 보리를 성취하기를 서원함이다.

열두 번째 큰 서원은 내가 다음 세상에 보리를 증득할 때, 만약 많은 중생들이 몸에 걸칠 의복이 없어 모기 등의 곤충과 추위와 더위에 몹시 시달리게 되었다가도, 나의 이름을 듣고 진실한 마음으로 부르고 생각한다면, 바로 그들이 바라는 대로 온갖 좋은 의복을 얻고 보배로운 장식품과 풍악과 향화가 모두 풍족하게 되어 모든 괴로움을 여의고, 마침내 보리를 성취하기를 서원함이다."

⊙ 업(業) : 여기서 업(業, Karma)은 승론육구의(勝論六句義)의 하나이니, 『불교학대사전(佛教學大辭典)』에서, "업구의(業句義)라 함은, 실체의 운동으로, 여기에는 거(擧)·치(置)·굴(屈)·신(伸)· 행(行)[주(走)]의 5종이 있다."라고 하였으며, 또 『둡타휜뾔제갠(教派妙高莊嚴論)』에서, "또한 거(擧)를 들어 설명하면, 위쪽이 있음과 아래쪽의 있음의 차별로 생기는 것이니, 아래에서 위로 들어 올리는 일이다. 능거(能擧)와 소거(所擧)의 둘로부터 실질이 각각으로 바뀌는 것이니, 이것이 다른 것도 설명하는 것이다."라고 하였다.

⊙ **열두 가지의 보리심** : 『성보살행경방편경변현설명대승경(聖菩薩行境方便境變現說名大乘經, ḥPhags pa byaṅ chub sems paḥi spyod yul gyi thabs kyi yul la rnam par ḥphrul ba bstan pa shes bya ba theg pa chen paḥi mdo)』는 데게 대장경 경장(經藏)의 경부(經部)[동북목록 No.146]에 실려 있으며, 한역은 『대살차니건자소설경(大薩遮尼乾子所說經)』이다. 이 경전에서 설하는 열두 가지의 보리심은 다음과 같다.

"위 없는 대보리로 마음을 일으킨 열두 가지는 이와 같다.

1. 모든 유정의 안락을 위해서 유익한 마음을 일으킴이다.
2. 모든 죄악을 짓지 않기 위하여 비민(悲愍)의 마음을 일으킴이다.

3. 모든 유정의 짐을 나르기 위하여 대비(大悲)의 마음을 일으킴이다.
4. 모든 악도를 소멸하기 위하여 대자(大慈)의 마음을 일으킴이다.
5. [대승 외의] 다른 수레(乘)를 원치 않음으로써 청정한 마음을 일으킴이다.
6. 번뇌의 혼탁을 없애기 위하여 번뇌가 없는 마음을 일으킴이다.
7. 자성이 광명임으로 말미암아 광명의 마음을 일으킴이다.
8. 실질(實質)이 없음으로써 환화(幻化)와 같은 마음을 일으킴이다.
9. 사물을 여의기 위하여 무상(無相)의 마음을 일으킴이다.
10. 동요하지 않기 위하여 견고한 마음을 일으킴이다.
11. 제법을 현증(現證)하기 위하여 불퇴전의 마음을 일으킴이다.
12. 말씀한바 그대로 행하기 위하여 모든 유정을 건지려는 마음을 일으킴이다."

⊙ 열반(涅槃) : 열반(涅槃)은 범어 니르와남(Nirvāṇaṃ)의 번역이니, 열반(涅槃)과 니원(泥洹)이라 음역하고, 의역하여 적정(寂靜)과 적멸(寂滅) 또는 멸도(滅度)라고 한다. 택멸(擇滅)과 이계(離繫), 해탈(解脫) 등은 동의어이며, 원적(圓寂) 또는 대열반으로 번역하는 반열반(般涅槃)은 빠리니르와남(Parinirvāṇaṃ)의 음역으로 열반과 같은 뜻이다.

또 열반은 일반적으로 윤회의 모든 고통에서 벗어남을 의미하니, 『둥까르칙죄첸모(東噶藏學大辭典)』에서, "그같이 대치법인 무아를 깨달은 반야로 아집(我執)과 더불어 그 종자마저 끊어버리면, 멸도(滅度)인 열반의 경지를 얻게 된다. 그것은 영원한 안락의 해탈로서 번뇌가 가히 흔들지 못하는 적정(寂靜)이니, 윤회의 모든 온갖 고통을 영원히 여읜 청정한 자성의 경지이기 때문이다."라고 함과 같다.

또한 『열반경』에서는 상락아정(常樂我淨)의 사덕(四德)을 갖춘 열반을 무위열반(無爲涅槃)으로 설하고 있으며, 특히 『남본열반경권삼(南本涅槃經卷三)』에서는 상(常)·항(恒)·안(安)·청정(清淨)·불로(不老)·불사(不死)·무구(無垢)·쾌락(快樂)의 여덟 가지를 열반팔미(涅槃八味)로 설하였다.

또 열반의 종류에 대해서 『무진의경(無盡意經)』에서, "유여의열반(有餘依涅槃)과 무여의열반(無餘依涅槃)의 둘이 있다."라고 하였듯이, 육신의 있고 없음을 기준으로 열반을 유여의열반과 무여의열반의 둘로 구분한다.

먼저 유여의열반(有餘依涅槃)은 『다조르밤뽀니빠(聲明要領二卷)』에서, "아라한처럼 삼계의 번뇌를 모두 끊어버린 뒤, 단지 오온(五蘊)을 버리지 않는 상태를 일컫는 이름이다."라고 하였듯이, 이것은 모든 번뇌를 끊었을지라도 생명[수행(壽行)]을 버리지 않고 열반에 들어감으로써 생반(生般)이라 한다.

다음 무여의열반(無餘依涅槃)은 『다조르밤뽀니빠(聲明要領二卷)』에서, "모든 번뇌를 끊어버렸을 뿐만 아니라 오온의 괴로움의 불길 또한 꺼버린 상태를 일컫는 이름이다."라고 하였듯이, 이것은 모든 번뇌를 끊음과 동시에 생명[수행(壽行)]도 버리고 열반에 들어가는 것이다.

이 밖에도 유식종(唯識宗)에서는 유여의열반과 무여의열반의 둘에 본래자성청정(本來自性淸淨)의 열반과 무주처열반(無住處涅槃)을 말하기도 한다.

⊙ **오개**(五蓋) : 오개(五蓋, sGrib pa lṅa)에는 몇 가지의 논설이 있으나 일반적으로 ① 탐욕개(貪慾蓋), ② 진에개(瞋恚蓋), ③ 혼침개(昏沈蓋), ④ 도회개(掉悔蓋), ⑤ 의법개(疑法蓋)의 다섯을 말하고, 이들 각각의 뜻을 『뻴쩩최끼남당제장(吉積法異門備忘錄)』에서 다음과 같이 설하였다.

"'이들 오개(五蓋)가 무엇을 가리고 덮는가?' 하면, 삼학(三學)을 가리고 덮는 것이다. ① 탐욕개(貪慾蓋)이니, 탐욕은 욕락(欲樂)의 공덕을 버림이 불가능하니, 음란과 절취 등을 행한다. ② 진에개(瞋恚蓋)이니, 분노와 성냄을 버림이 불가능하니, 살생하고 타인을 결박하고 때리는 등의 많은 죄업을 행함으로써, 탐욕과 진에의 둘은 증상계학(增上戒學)을 가리고 덮는다. ③ 혼침개(昏沈蓋)이니, 마음이 아물아물해서 명료하지 못함이다. 수면은 마음을 안으로 거두어서 대경에 들어가는 자유가 없게 한다. ④ 도회개(掉悔蓋)이니, 후회(後悔)는 갖가지 선악의 업들을 지은 것들에 대하여, 죄를 없애는 것에 대하여 의심하는 것이니, 결단하지 못하는 것이다. 도거(掉擧)는 오욕락(五欲樂) 또는 과거의 행위를 기억해서 흔들림이니, 평정 또는 일념으로 머물지 못함으로써, 혼침과 수면과 도회의 셋은 증상정학(增上定學)을 가리고 덮는다. ⑤ 의법개(疑法蓋)이니, 심오하고 광대한 법들의 자상(自相)과 공상(共相)의 차별상을 여실하게 알지 못함이니, 마치 절벽을 만나면 어디로 가야 할지를 모르는 것과 같음으로써, 증상혜학(增上慧學)을 가리고 덮는다. 이같이 삼학(三學)을 가리고 덮는다."

⊙ **오과**(五果) : 여기서 오과(五果)는 이와 같으니, 1. 니샨다팔람(Niṣyandaphalaṃ)은 등류과(等流果)이니, 자기의 원인과 성상(性相)이 동일하거나 동등하게 발생하는 결과가 등류과이다. 앞의 선(善)으로 말미암아 후선(後善)이 발생함과 같은 것으로 동류인(同類因)과 편행인(遍行因)의 두 가지의 결과이다. 다시 말해, 전생에 선행을 닦았으면 이생에도 역시 선행을 닦기를 원하고, 전생에 죄업을 닦았으면 이생에도 역시 악업을 닦기를 원하는 것이 등류과이다.

2. 아디빠띠팔람(Adhipatiphalaṃ)은 증상과(增上果)이니, 자기 원인의 힘으로 발생하는 결과가 증상과이니, 악업을 지음으로써 악취에 태어나고, 선업을 지음으로써 선취에 태어나는 주인(主因)인 증상인(增上因)으로 발생한 결과를 증상과

라 한다. 다시 말해, 전생에 악업의 불선을 행함으로써 이생에 역시 악한 국토에 태어남과 선업을 지음으로써 좋은 국토에 태어나니, 좋고 나쁜 국토의 주인으로 태어남이 증상과라 한다.

3. 뿌루샤까라팔람(Puruṣakāraphalaṃ)은 사용과(士用果)이니, 뿌드갈라(人)의 노력에 의지해서 획득하는 결과를 사용과라 하니, 밭에다 종자를 심음으로써 곡식을 수확함과 장사를 함으로써 재물을 얻는 것과 같은 것으로서 구유인(俱有因)과 상응인(相應因)의 두 가지의 결과로 성취한다.
4. 위빠까팔람(Vipākaphalaṃ)은 이숙과(異熟果)이니, 어떠한 유루의 선(善)과 불선(不善)의 이숙인(異熟因)으로부터 발생한 결과를 이숙과라 하니, 예를 들면, 유루의 근취온(近取蘊)과 같은 것을 말한다. 다시 말해, 보시함으로써 부귀를 얻고, 절도를 함으로써 빈궁하게 되고, 살생 등을 행함으로써 단명한 몸을 얻는 따위를 이숙과라 한다.
5. 위쌈요가팔람(Visaṃyogaphalaṃ)은 이계과(離繫果)이니, 반야의 관혜(觀慧)에 의해서 자기의 소단사(所斷事)를 단멸하고 증득한 결과를 이계과라 하니, 다시 말해, 성도(聖道)를 닦아서 번뇌를 소멸하고 얻은 증분(證分)인 도과(道果)를 말한다.

⊙ **오대증인(五大證因)** : 오대증인(五大證因, gTan tshigs chen po lṅa)에 대하여 『슝까뾔응아칙된쌜델(藏傳佛教五明詞義詮釋)』에서 다음과 같이 설명하였다.

“[『롱돌쑹붐(Kloṅ rdol gsuṅ ḥbum)』 623]. 중관의 견해를 결택하는 다섯 가지의 증인(證因) 또는 대인(大因)이니, 이일다인(離一多因)과 금강설인(金剛屑因)과 파유무생인(破有無生因)과 파사구생인(破四句生因)과 연기증인(緣起證因)의 다섯 가지이다.

1. 원인을 분석하는 금강설인(金剛屑因)은 사물이란 유법(有法), 진실로 무생(無生)이다. ‘자기와 다른 것과 그 둘과 무인(無因)에서 발생하지 않기 때문이며, 또는 사변(四邊)에서 발생하지 않기 때문이다.’라고 함과 같다.
2. 숫자를 분석하는 파유무생인(破有無生因)은 사물이란 유법(有法), 진실로 무생(無生)이다. ‘자기의 인(因)의 단계에서 있음과 없음과 [있고 없음의] 둘과 [있고 없음의] 둘이 아님에서 발생하지 않기 때문이다.’라고 함과 같다. 이들 두 증인(證因)은 불현통일이유불가득인(不現統一理由不可得因)이다.
3. 결과를 분석하는 파사구생인(破四句生因)은 사물이란 유법(有法), 진실로 무생(無生)이다. ‘승의(勝義)에서 하나의 원인이 하나의 결과를 발생시키지 않고, 다수의 결과를 또한 발생시키지 않으며, 다수의 원인이 하나의 결과를 발생시키지 않고, 다수의 결과를 또한 발생시키지 않기 때문이다.’라고 함과 같다. 이것

은 친과불가득정인(親果不可得正因)이다.

4. 법의 자성을 분석하는 이일다인(離一多因)은 사물이란 유법(有法), 진실로 무생(無生)이다. '실유(實有)하는 하나와 다수의 어떤 것도 있지 않기 때문이다.'라고 함과 같다. 이것은 능편불가득인(能遍不可得因)이다.
5. 정리(正理)의 왕인 연기인(緣起因)은 사물이란 유법(有法), 진실로 무생(無生)이다. '연기(緣起)이기 때문이다.'라고 귀류파(歸謬派)와 자속파(自續派)의 둘 다 함께 승인한다. 귀류파의 비공통의 견해는 '사물이란 유법(有法), 자성이 불성립이니, 연기이기 때문이다.'라고 함과 같다. 이것은 자기의 소파분(所破分)과 서로 배척하고 어긋남으로써 호절상위대립가득인(互絶相違對立可得因)이다.

여기서 처음과 네 번째의 증인(證因)으로는 상대방의 정상적인 마음의 상변(常邊)을 능히 멸할 수 있을지라도 단변(斷邊)은 직접 멸하지 못함에 비해서, 정리의 왕인 연기증인은 상단의 양변(兩邊)을 직접 멸할 수 있음으로써, 정리의 왕이라 부른다."

⊙ 오도(五道)의 행상(行相) : 오도(五道, Lam lṅa)는 자량도(資糧道)와 가행도(加行道), 견도(見道)와 수도(修道), 무학도(無學道)의 다섯이며, 이들의 전체적인 모양을 캐둡제(mKhas grub rje)의 『집량론광석정리대해(集量論廣釋正理大海, Tshad ma rnam ḥgrel gyi rgya bśad rigs paḥi rgya mthso)』에서 다음과 같이 설하였다.

"[자량도는] 문사(聞思)에 의한 변석(辯析)이 위주가 되는 단계의 길 그것을 자량도(資糧道)라 한다.

[가행도는] 그 뒤에 문사(聞思)로 닦은 도리를 결택하고, 그것에 의지해서 자아의 실집(實執)이 윤회의 모든 고통의 근본임을 직시하고, 무아(無我)를 깨닫는 반야가 자아의 실집을 물리침을 확신한 뒤, 윤회의 고통을 그 원인과 함께 근원적으로 뽑아버리는 대치법이 무아를 실제로 깨닫는 반야임을 체득하고, 그 반야를 대비와 광대한 자량을 쌓는 등의 무변한 방편의 문과 결부해서, 무수겁(無數劫) 등에 이르기까지 닦아 익힘으로써 일체지(一切智)를 얻게 됨을 또한 깨달으니, 그같이 갖가지의 방편과 결부해서 무아를 깨닫는 반야를 장시간 수습하고, 그같이 수습함으로 말미암아 수습의 대상인 무아의 의미에 대한 개념(概念 : 義共相)의 도리가 명철하게 발생하는 것이 가행도(加行道)이다.

[견도(見道)는] 그것을 닦아 익힘에 의해서 더욱더 뛰어나게 되니, 무아의 뜻의 실상(實相, bDen paḥi rnam pa)을 실제로 깨닫는 지혜가 처음 발생함이 견도(見道)이다.

[수도(修道)는] 그것을 거듭거듭 닦고 익히는 것이 수도(修道)이다.

그와 같이 장기간 닦고 익힌 끝에 모든 취사(取捨)의 대상에 대해 명료한 마음이 구경에 이른 지혜가 발생한 뒤, 미세하고 미세한 모든 취악취(取惡趣 : 煩惱)의 더러움을 남김없이 끊어버림이, '[온갖 최상의 모두를 갖춘] 일체종지(一切種智)로 성불한다.'라는 의미이다."

이 오도(五道)의 각각의 모양 또는 전체상을 개략적으로 설명하면 다음과 같다.

1. 자량도(資糧道, Tshogs lam)의 전체적인 모양에 대하여 『둥까르칙죄첸모(東噶藏學大辭典)』에서, "자량도는 법을 현증(現證)하는 것이 자량도의 특성이다. 그 또한 성교(聖教)의 법을 문사(聞思)의 둘을 위주로 닦는 단계의 도(道)인 까닭에 '법을 현증(現證)함이다.'라고 말한다.

   사상(事相, mTshan gshi)은 처음 대보리를 향하여 발심한 뒤부터 가행도의 난위(暖位)의 지혜가 발생하기 전까지의 문(聞)·사(思)·수(修) 셋에 힘쓰는 그것이다.

   석의(釋義)는 문사(聞思)의 문을 통해서 도(道)의 자량을 처음 집적하는 단계임으로써 자량도(資糧道)라고 한다.

   구분하면 셋이 있으니, 하품자량도(下品資糧道)와 중품자량도(中品資糧道)와 상품자량도(上品資糧道)가 그것이다. 이 자량도에서 '어떠한 공덕을 얻는가?' 하면, 차례로 사념주(四念住)와 사정단(四正斷)과 사신족(四神足)을 얻는다."라고 하였듯이, 하품자량도에서는 사념주(四念住)를 닦아 성취하고, 중품자량도에서는 사정단(四正斷)을, 상품자량도에서는 사신족(四神足)을 닦아 성취한다.

2. 가행도(加行道, sByor lam)의 전체적인 모양에 대하여 『둥까르칙죄첸모(東噶藏學大辭典)』에서, "가행도(加行道)는 뜻을 현증(現證)하는 것이 가행도의 특성이다. 그 또한 문사(聞思)의 문을 통해서 결택한 성교(聖教)의 의공상(義共相)과 무아의 의공상(義共相)을 수혜(修慧)를 위주로 닦는 단계의 도(道)인 까닭에 '뜻을 현증(現證)한다.'라고 말한다.

   사상(事相, mTshan gshi)은 난위(暖位)의 지혜가 발생한 뒤부터 견도(見道)가 발생하기 전까지의 세간의 수혜(修慧)에 힘쓰는 그것이다.

   석의(釋義)는 수혜(修慧)의 문을 통해서 진실을 현증(現證)하는 것에 가행함으로써 가행도(加行道)라 한다.

   구분하면 넷이 있으니, 난위(暖位)와 정위(頂位)와 인위(忍位)와 세제일법(世第一法)이 그것이다. 이들 각각의 이름의 이해는 견도(見道)의 지혜의 불을 신속하게 보는 전조의 따뜻함과 같음으로써 난위(暖位)라고 한다. 삿된 견해가 선(善)의 뿌리를 자름으로부터 벗어나 꼭대기에 도달함으로써 정위(頂位)라고 한다. 악도에 태어나지 않는 확신 또는 감내함으로써 인위(忍位)라고 한다. 세간의 법들 가운데 최고임으로써 세제일법(世第一法)이라 한다."라고 하였듯이,

가행도의 난위(暖位)와 정위(頂位)에서는 오근(五根)을 닦아서 성취한다. 인위(忍位)와 세제일법(世第一法)에서는 오력(五力)을 닦아서 성취한다.

또한 가행도(加行道)는 승해행지(勝解行地) 또는 신해행지(信解行地, Mos pas spyod pa)라고 부르니, 이 지위의 수행자는 견도(見道)의 성자처럼 인법무아(人法無我)의 공성을 증득하지 못함으로써, 오직 승해(勝解)와 신해(信解)의 힘에 의지해서 공성을 닦음으로 신해행지라고 부른다. 또는 보살이 일무수겁(一無數劫) 동안에 걸쳐서 법계의 진실을 승해(勝解)에 의지해서 닦을지라도 진여를 보지 못함으로써 승해행지(勝解行地)라고 한다. 그러나 이 지위의 보살은 범부에 속할지라도 세속 범부의 과실들을 여의고, 삼마지(三摩地)와 다라니(陀羅尼)와 신통 등의 무량한 공덕을 지닌다고 하였다.

또한 가행도(加行道)의 수행법을 순결택분(順決擇分)이라고 부르니, 이것은 제법의 무자성(無自性)을 바르게 결택해서 일시에 성자의 지위인 견도(見道)에 들어가지 못하고, 견도(見道)의 진실에 수순하는 일분의 진실을 네 차례에 걸쳐 결택해서 얻기 때문이다. 그 넷은 차례로 명득승해(明得勝解)와 명증승해(明增勝解)와 입진실일분승해(入眞實一分勝解)와 무간삼마지승해(無間三摩地勝解)이며, 각각의 뜻은 다음과 같다.

① 명득승해(明得勝解, sNaṅ ba thob pa)는 법계를 승해(勝解)로써 수습하는 하나의 법으로, 자상(自相)과 공상(共相)으로 시설된 모든 가립법(假立法)은 실질이 없고 단지 명언(名言)에 불과함을 통달하는 체찰법인(諦察法印)의 광명을 처음 얻음으로써 명득승해(明得勝解)라고 한다. 다시 말해, 사제(四諦)를 수습하여 내외의 제법에 시설된 명언(名言)들이 환상과 같음을 아는 하품의 지혜광명이 발생함을 얻음이 명득승해(明得勝解) 또는 명득삼마지(明得三摩地)이니, 난위(暖位)에 해당한다.

② 명증승해(明增勝解, sNaṅ ba mched pa)는 앞의 명득승해(明得勝解)의 법광(法光)을 자라나게 하는 노력으로 명언(名言)을 가진 사물들은 단지 환상에 지니지 않을뿐더러 승의(勝義)의 진실에서는 자성이 없음을 아는 중품의 지혜광명이 발생함이 명증승해(明增勝解) 또는 명증삼마지(明增三摩地)이니, 정위(頂位)에 해당한다.

③ 입진실일분승해(入眞實一分勝解, De kho naḥi don gyi phyogs gcig la rjes su shugs pa)는 명증승해(明增勝解)에 의해서 외경이 실재하지 않음을 깨닫고, 외경에의 산란을 여윔으로써 입진실일분승해(入眞實一分勝解)라고 한다. 다시 말해, 제법의 명언(名言)들이 공(空)한 것임을 깨달아서 외경의 실재를 보지 않는 상품의 지

혜광명이 발생하여, 법성의 진실의(眞實義)를 개념적으로 깨닫고 들어가 머묾으로써 입진실일분삼마지(入眞實一分三摩地)라고 부르니, 인위(忍位)에 해당한다.

④ 무간삼마지승해(無間三摩地勝解, Bar chad med paḥi tiṅ ṅe ḥdzin)는 견실한 믿음으로 이 지위에서 외경을 실집(實執)하는 분별의 산란을 끊어버리고, 출세간의 지혜인 무분별지(無分別智)를 그 순간에 얻음으로써 무간삼마지승해(無間三摩地勝解)라고 한다. 다시 말해, 명언(名言)으로 시설된 모든 사물이 완전히 공성임을 깨닫는 최승의 지혜광명이 발생할 때, 내심과 외경의 분별이 없어지고 한순간의 단절도 없이 견도(見道)와 초지(初地)에 들어감을 얻으니, 견도(見道)에 들어가기 전까지의 단계를 무간삼마지(無間三摩地)라 부르며, 세제일법(世第一法)에 해당한다.

3. 견도(見道, mThoṅ lam)의 전체적인 모양에 대하여 『둥까르칙죄첸모(東噶藏學大辭典)』에서, "견도(見道)는 진실을 현증(現證)함이 견도의 특성이다. 그 또한 진실 또는 공성을 현증하는 도(道)임으로써 '진실을 현증하다.'라고 말한다.
사상(事相, mTshan gshi)은 사제(四諦)로 무아의 법성을 현견(現見)하니, 출세간의 적멸인 과거에 보지 못했던 진실을 새롭게 보는 도(道)이기에 견도라고 한다.
구분하면, 견도의 등인지(等引智)와 견도의 후득지(後得智)의 둘이 있다. 등인지도 셋으로 구분하는 등이 있다. 이름의 함의(含意)는 무아(無我)의 뜻에 일념으로 안주하는 무분별의 지혜를 등인지(等引智)라고 하고, 등인(等引)의 힘으로 얻는 지혜를 후득지(後得智)라고 말한다."라고 하였듯이, 십지(十地) 가운데 견도에 해당하는 것이 환희지(歡喜地)이다.
또한 제일지(第一地) 환희지(歡喜地, Rab tu dgaḥ baḥi sa)는 극희지(極喜地)라고도 하니, 곧 보살의 초지(初地)에 해당한다. 이 환희지의 행상을 『경장엄론(經莊嚴論)』에서 설명하되, "과거에 보지 못하던 법성의 의미를 봄으로써 자리(自利)에 속하는 대보리에 가까이 다가감과 타리(他利)에 속하는 유정의 이익을 광대하게 성취하게 됨을 봄으로써, 극도의 환희가 일어나는 까닭에 극희지(極喜地)라고 한다."라고 설하였으며, 또 『금광명경(金光明經)』에서, "과거에 얻지 못했던 출세간의 마음이 최초로 실현되어 큰 의리(義利)를 갖춘 심원을 만족함으로써 극도의 환희가 일어나는 까닭에 극희지(極喜地)라고 한다."라고 하였다.
또 이 견도(見道)에서 모든 변계소집(遍計所執)의 번뇌장과 거친 소지장을 끊으니, 이것을 견소단(見所斷)이라 한다. 이 견소단도 『구사론(俱舍論)』에서는 88가지를 말하고, 『아비달마집론(阿毘達磨集論)』에서는 112가지를 말하는 가운데, 『아비달마집론』에 따르면, 욕계에 귀속되는 번뇌로 사제(四諦)의 각각에서 끊는 40가지의 수면(隨眠)과 색계와 무색계에는 진수면(瞋隨眠)이 있지 않음으로써 이를 제외한 각각 36가지의 수면이 있음으로써, 모두 112가지의 번뇌수면을 끊어서 멸한다.

또 초지(初地)의 전모를 요약하면, 본행(本行)은 보시바라밀을 위주로 닦고, 닦는 바는 모든 일에 거짓 없는 마음 등의 십행(十行)을 닦음으로써 초지를 얻고, 소단(所斷)은 견도에서 끊는 88가지의 번뇌를 소멸하고, 소증(所證)은 법계에 온전히 들어가는 의미를 깨달아서 자타의 평등성을 증득한다. 수생(受生)은 남섬부주의 전륜성왕의 몸을 받아 인색함의 번뇌를 없애는 이타의 행위를 하고, 위신력(威神力)은 한순간에 100가지의 삼매에 들어가고, 100명의 붓다를 뵙고, 그들의 가피 또한 여실하게 알고, 100세간을 뒤흔들 수 있고, 100명의 붓다의 정토에 자유로이 갈 수 있고, 100세간을 나타내 보이고, 100명의 중생을 온전히 성숙시키고, 100겁(劫) 동안을 머물 수 있고, 과거의 100겁과 미래의 100겁을 또한 알 수 있고, 100가지의 법문을 분별할 수 있고, 100개의 몸의 화신을 나툴 수 있고, 그 하나하나 몸마다 100명의 보살의 권속을 거느림을 현시할 수 있다. 성취의 전조(前兆)는 삼천대천세계를 백천억나유타(百千億那由他)의 보물들로 빠짐없이 채우는 광경을 선정 속에서 보는 것이다.

4. 수도(修道, sGom lam)의 전체적인 모양에 대하여 『둥까르칙죄첸모(東噶藏學大辭典)』에서, "수도(修道)는 무아(無我)를 현견(現見)한 뒤, 현견함과 같이 수행하는 도(道)이기에 '후현증(後現證, rJes la mṅon rtogs)이다.'라고 말한다.

사상(事相, mTshan gshi)은 견도에 의해서 무아를 현증한 의미 그것을 마음에 수습하고 친숙하게 함이다.

석의(釋義)는 진실을 이미 현증함을 닦는 도(道)이기에 수도(修道)라고 한다. 구분하면, 수도의 등인지(等引智)와 견도의 후득지(後得智)의 둘이 있다."라고 하였듯이, 십지(十地) 가운데 견도의 환희지(歡喜地)를 제외한 나머지 아홉 가지의 지(地)가 여기에 속한다.

또 수도(修道)에서 끊는 수소단(修所斷)을 『구사론(俱舍論)』에서는 10가지의 수소단을 말하니, 곧 욕계의 네 가지의 수소단과 색계의 세 가지의 수소단과 무색계의 세 가지의 수소단이 그것이다. 『아비달마집론(阿毘達磨集論)』에서는 16가지를 말하는데, 곧 욕계의 여섯 가지의 수소단과 색계의 다섯 가지의 수소단과 무색계의 다섯 가지의 수소단이 그것이다. 달리 또한 수도(修道)의 수소단(修所斷)으로 414가지를 말하기도 한다.

여기서 수도(修道)에 속하는 보살의 아홉 가지의 지(地)는 이구지(離垢地)와 발광지(發光地), 염혜지(焰慧地)와 난승지(難勝地), 현전지(現前地)와 원행지(遠行地), 부동지(不動地)와 선혜지(善慧智), 법운지(法雲地)의 아홉 가지이며, 각지의 행상을 정리하면 다음과 같다.

제이지(第二地) 이구지(離垢地, Dri ma med paḥi sa)는 계율을 범한 미세한 죄업들이 정화됨으로써, 이지(二地)를 이구지(離垢地) 또는 무구지(無垢地)라 부른다. 『금광명경(金光明經)』에서, "미세한 타죄(墮罪)의 더러움과 계율을 범한 허물들 일체가 정화됨으로써 무구지(無垢地)라 한다."라고 하였다. 다른 경에서는, "이 지위에 머무는 보살들은 계율을 어긴 허물과 소승을 마음에 작의(作意)한 더러움을 여읨으로써 무구지(無垢地)라 부른다."라고 하였다.

이지(二地)를 요약하면, 본행(本行)은 지계바라밀을 위주로 닦고, 닦는 바는 청정한 율의와 보은(報恩) 등의 여덟 가지를 닦아서 이지를 얻고, 소단(所斷)은 수도의 단계에서 끊는 16가지의 번뇌 가운데 번뇌의 종자는 소멸하지 못해도 번뇌의 현행(現行)들은 제압하고, 소증(所證)은 법계의 수승한 의미를 증득하고, 수생(受生)은 사대주(四大洲)를 다스리는 전륜성왕의 몸을 받아 중생들을 십선(十善)으로 인도하고, 위신력은 한순간에 1,000가지의 삼매를 성취하니, 나머지도 그와 같음을 알라. 성취의 전조는 삼천대천세계가 손바닥을 보는 것처럼 되고, 백천억나유타(百千億那由他)의 갖가지 보석으로 장엄하는 광경을 보는 것이다.

제삼지(第三地) 발광지(發光地, Ḥod byed paḥi sa)는 성문과 연각의 지위를 초월한 청정한 삼매의 무더기가 지혜의 대광명으로 바뀜으로써, 삼지(三地)를 발광지(發光地)라 부른다. 『금광명경(金光明經)』에서, "무량한 지혜와 삼매의 광명을 가히 흔들지 못하고, 누구도 제압하지 못하고, 문지다라니(聞持陀羅尼)에 안주함으로써 발광지라 한다."라고 하였다. 다른 경에서는, "이 지위에 머무는 보살들은 삼매의 힘으로 무량한 제법을 찾아 구하고, 타인들에게 수승한 법광(法光)을 발산함으로써 발광지라 부른다."라고 하였다.

삼지(三地)를 요약하면, 본행(本行)은 인욕바라밀을 위주로 닦고, 닦는 바는 청법(請法)의 만족을 모르는 등의 오법(五法)을 닦아서 삼지를 얻고, 소단(所斷)은 수도의 단계에서 끊는 16가지의 번뇌를 십지(十地)에 이를 때까지 점차로 소멸하고, 소증(所證)은 법계와 그 동류인(同類因)의 법의 수승한 의미를 증득하고, 수생(受生)은 대부분 제석천의 몸을 받아 욕계의 탐욕을 물리침을 가르치고, 위신력은 한순간에 10만 가지의 삼매를 성취하니, 나머지도 그와 같음을 알라. 성취의 전조는 자신이 용사가 되어 무기와 갑옷을 입고, 상대의 적론(敵論)을 모두 제압하는 광경을 보는 것이다.

제사지(第四地) 염혜지(焰慧地, Ḥod ḥphro can gyi sa)는 번뇌를 불태우는 보리분법(菩提分法)의 불꽃이 발산함으로써, 사지(四地)를 염혜지(焰慧地)라 부른다. 『금광명경(金光明經)』에서, "반야의 화염이 모든 번뇌를 불태우고, 보리분법을 닦은 반야의 화광이 강렬하게 발산함으로써 염혜지라 한다."라고 하였다. 다른 경에서는, "이 지위에 머무는 보살들은 보리분법의 반야의 화광으로 번뇌와 소지의 이장(二障)을 불태움으로써 염혜지라 부른다."라고 하였다.

사지(四地)를 요약하면, 본행(本行)은 정진바라밀을 위주로 닦고, 닦는 바는 아란야에 머물고, 무욕과 지족(知足) 등의 십법(十法)에 의해서 사지를 얻고, 소단(所斷)은 수도의 단계에서 끊는 16가지의 번뇌를 십지(十地)에 이를 때까지 점차로 소멸하고, 소증(所證)은 완전한 무집(無執)의 도리를 증득하고, 수생(受生)은 대부분 야마천왕(夜摩天王 : 離爭天)의 몸을 받아 괴취견(壞聚見)을 파괴함을 가르치고, 위신력은 한순간에 백만 가지의 삼매를 성취하니, 나머지도 그와 같음을 알라. 성취의 전조는 사방에서 불어오는 풍륜(風輪) 넷이 있는 광대한 지륜(地輪) 위에 갖가지 꽃들을 실제로 뿌리는 광경을 보는 것이다.

제오지(第五地) 난승지(難勝地, Śin tu sbyaṅs dkaḥ baḥi sa)는 성문과 연각을 초월한 보살성자의 사제를 닦고, 윤회와 열반의 둘에 머물지 않는 반야를 온전히 정화하고 닦기가 지극히 어려움으로써, 이 지(地)는 진압하기가 어렵고 또는 닦아 이룸이 어려운 까닭에 오지(五地)를 난승지(難勝地)라 부른다. 『금광명경(金光明經)』에서, "수행의 방편과 최승의 지혜에 자재(自在)함이 어렵고, 견수(見修)에 의해서 끊어야 하는 번뇌를 조복하기가 심히 어려움으로써 난승지라 한다."라고 하였다. 다른 경에서는, "이 지위에 머무는 보살들은 중생을 성숙시킬 때 타인의 전도된 수습에 의해 번민을 일으키지 않으니, 유정의 마음과 자기의 마음을 다스리기가 실로 어려운 까닭에 난승지라 부른다."라고 하였다.

오지(五地)를 요약하면, 본행(本行)은 선정바라밀을 위주로 닦고, 닦는 바는 이양(利養) 등을 얻기 위해서 세속인과 어울리는 등의 십법(十法)을 버림에 의해서 오지(五地)를 얻고, 소단(所斷)은 수도의 단계에서 끊는 16가지의 번뇌를 십지(十地)에 이를 때까지 점차로 소멸하고, 소증(所證)은 마음 흐름(心續)의 무개별성(無個別性)의 의미를 증득하고, 수생(受生)은 대부분 도솔천왕(兜率天王)의 몸을 받아 외도의 삿된 견해를 물리침을 가르치고, 위신력은 한순간에 천백만 가지의 삼매를 성취하니, 나머지도 그와 같음을 알라. 성취의 전조는 온갖 장신구로 치장한 여인이 머리에 짬빠까(瞻波伽花 : 補骨脂)의 화만을 쓴 광경을 보는 것이다.

제육지(第六地) 현전지(現前地, mṄon du gyur baḥi sa)는 반야바라밀에 의지해서 윤회와 열반의 둘에 머물지 않고, 무상(無相)에 안주하고, 그 무상(無相)에 스스로 들어가는 지혜에 허다히 안주하고, 또 실제로 봄으로써 육지(六地)를 현전지(現前地)라 부른다. 『금광명경(金光明經)』에서, "작위(作爲)의 법을 행함에 장애가 일어나지 않음이 현전하고, 무상(無相)을 작의(作意)하는 일체가 실현됨으로써 현전지라 한다."라고 하였다. 다른 경에서는, "이 지위에 머무는 보살들은 십이연기를 순차적으로 수습하는 것으로써 윤회생사의 단절을 실현하고, 연기법을 역순으로써 수습하는 것으로써 열반으로 향해 나감이 실현됨으로써 현전지라 부른다."라고 하였다.

육지(六地)를 요약하면, 본행(本行)은 반야바라밀을 위주로 닦고, 닦는 바는 보시 등의 육바라밀을 온전히 수습하고, 성문과 연각에 탐착하는 등의 육법(六法)을 버림에 의해서 육지를 얻고, 소단(所斷)은 수도의 단계에서 끊는 16가지의 번뇌를 십지(十地)에 이를 때까지 점차로 소멸하고, 소증(所證)은 번뇌도 아니며, 청정도 아닌 심오한 의미를 증득하니, 곧 연기한 법에는 어떤 번뇌의 법도 청정의 법도 있지 않음을 증득하고, 수생(受生)은 대부분 화락천왕(化樂天王)의 몸을 받아 증상만(增上慢)을 물리침을 가르치고, 위신력은 한순간에 억만 가지의 삼매를 성취하니, 나머지도 그와 같음을 알라. 성취의 전조는 연못에 네 개의 사다리가 있고, 금모래가 사방에 깔려있으며, 맑고 깨끗하고 더러움이 없는 팔공덕수(八功德水)가 넘치고, 물에는 푸른 연꽃과 수련, 백련화가 아름답게 피어있음을 보고, 또 그것을 자신이 좋아하고 완전히 즐기는 광경을 보는 것이다.

제칠지(第七地) 원행지(遠行地, Riṅ du soṅ baḥi sa)는 무상(無相)에 일향으로 들어가는 길에 가까이 다가가고, 멀리 나아감으로써 칠지(七地)를 원행지(遠行地)라 부른다. 『금광명경(金光明經)』에서, "무루의 제법에 장애가 없고, 무상(無相)을 작의(作意)하여 해탈정(解脫定)을 장시간 수습함으로써, 그 지위가 청정하고 걸림이 없는 까닭에 원행지라 한다."라고 하였다. 다른 경에서는, "이 지위에 머무는 보살들은 오직 한길로 멀리 나아가 팔지(八地)의 성취에 가까이 다가감으로써 팔지(八地)에 상응하고, 크게 힘을 발휘하는 용력가행(用力加行)의 구경에 도달함으로써 원행지라 부른다."라고 하였다.

칠지(七地)를 요약하면, 본행(本行)은 방편바라밀을 위주로 닦고, 닦는 바는 아집(我執) 등의 이십일법(二十一法)을 끊고, 그것의 대치법인 삼해탈문(三解脫門) 등의 이십법(二十法)을 닦음으로써 칠지를 얻고, 소단(所斷)은 수도의 단계에서 끊는 16가지의 번뇌를 십지(十地)에 이를 때까지 점차로 소멸하고, 소증(所證)은 제법의 무이성(無異性)의 의미를 증득하고, 수생(受生)은 대부분 욕계의 자재천왕(自在天王)의 몸을 받아 성문과 연각의 현관(現觀)에 정통하고, 위신력은 한순간에 십만억 나유타의 삼매를 성취하니, 나머지도 그와 같음을 알라. 성취의 전조는 오른쪽과 왼쪽에서 지옥에 떨어지는 절벽을 보지만, 거기서 자신이 다치지 않고 떨어지지 않고 다시 돌아오는 광경을 보는 것이다.

제팔지(第八地) 부동지(不動地, Mi gyo baḥi sa)는 유상(有相)의 상념과 무상(無相)을 구하고 애쓰는 작의상(作意想)의 둘이 마음을 동요시키지 못함으로써 팔지(八地)를 부동지(不動地)라 부른다. 『금광명경(金光明經)』에서, "무상(無相)을 작의(作意)하는 수습에 자재함을 얻어서, 번뇌들이 능히 동요시키지 못함으로써 부동지라 한다."라고 하였다. 다른 경에서는, "이 지위에 머무는 보살들은 유상(有相)과 무상(無相)의 수습에 각각 힘을 쓰는 두 가지의 유공용상(有功用想)에 의해서 움직이지 않음으로써 부동지라 부른다."라고 하였다.

팔지(八地)를 요약하면, 본행(本行)은 원(願)바라밀을 위주로 닦고, 닦는 바는 모든 유정의 소행을 여실하게 아는 등의 팔법(八法)의 닦음에 의해서 팔지(八地)를 얻고, 소단(所斷)은 수도의 단계에서 끊는 16가지의 번뇌를 십지(十地)에 이를 때까지 점차로 소멸하고, 소증(所證)은 제법의 무생법인(無生法忍)을 얻음으로써 부증불감(不增不減)의 의미를 증득하고, 사자재(四自在) 가운데 무분별에 자재함과 불국토를 청정하게 하는 행에 자재함의 둘을 얻고, 또 수명자재를 비롯한 보살의 팔자재(八自在)를 성취한다. 수생(受生)은 대부분 일천세계의 범천왕의 몸을 받아 아라한과 연각 등의 교법의 의미를 결택하고, 위신력은 한순간에 백만억 미진수의 삼매를 성취하니, 나머지도 그와 같음을 알라. 성취의 전조는 양쪽 어깨 위에 백수의 왕인 사자가 올라타서 모든 짐승을 두려움에 떨게 하는 광경을 보는 것이다.

제구지(第九地) 선혜지(善慧地, Legs paḥi blo gros yi sa)는 사무애해(四無碍解)를 얻음으로 말미암아 지혜가 여타에 비해서 뛰어남으로써, 구지(九地)를 선혜지(善慧地)라 부른다. 『금광명경(金光明經)』에서, "모든 때와 장소에서 법을 설함에 자재하고 과실이 없고, 지혜가 광대하고 무애함을 성취함으로써 선혜지라 한다."라고 하였다. 다른 경에서는, "이 지위에 머무는 보살들은 사무애해(四無碍解)의 미묘한 지혜를 얻음으로써 선혜지라 부른다."라고 하였다.

구지(九地)를 요약하면, 본행(本行)은 역(力)바라밀을 위주로 닦고, 닦는 바는 무변한 서원 등의 십이법(十二法)을 수습함으로써 구지(九地)를 얻고, 소단(所

斷)은 수도의 단계에서 끊는 16가지의 번뇌를 십지(十地)에 이를 때까지 점차로 소멸하고, 소증(所證)은 사자재(四自在) 가운데 지혜에 자재함을 증득하고, 수생(受生)은 대부분 중천세계의 범천왕의 몸을 받아 모든 질문에 답을 제시하고, 위신력은 한순간에 천만억무량제불토미진수(千萬億無量諸佛土微塵數)의 삼매를 성취하니, 나머지도 그와 같음을 알라. 성취의 전조는 전륜성왕을 보니, 백천나유타의 허다한 중생들이 에워싸고, 앞쪽에서 바라보면 머리 위에 갖가지 보석으로 치장한 하얀 보산(寶傘)을 쥐고 있는 광경을 보는 것이다.

제십지(第十地) 법운지(法雲地, Chos kyi sprin gyi sa)는 삼매와 다라니의 문이 무변하여 구름처럼 덮고, 청문한 법들이 허공과 같고, 구름처럼 덮음으로써 십지(十地)를 법운지(法雲地)라 부른다. 『금광명경(金光明經)』에서, "법신이 허공과 같고 큰 지혜의 구름이 하늘을 덮음과 같음으로써 법운지라 한다."라고 하였다. 다른 경에서는, "이 지위에 머무는 보살들은 삼매와 다라니의 문이 제불여래로부터 성취한 허공처럼 광대무변한 법문을 덮음이 마치 구름이 하늘을 덮음과 같음으로써 법운지라 부른다."라고 하였다. 또 십지를 관정지(灌頂地)라 부르니, 이것은 십지의 보살에게 시방의 제불여래들이 광명으로 관정을 베풀기 때문이다.

십지(十地)를 요약하면, 본행(本行)은 지(智)바라밀을 위주로 닦고, 닦는 바는 구지(九地)에 이르기까지 무량한 소지(所知)의 법을 관혜(觀慧)로써 분변하고, 변석하는 등의 십법(十法)을 수습함으로써 십지(十地)인 일체지관정지(一切智灌頂地)를 얻고, 소단(所斷)은 수도의 단계에서 끊는 16가지이 번뇌를 십지(十地)에서 완전히 소멸하고, 소증(所證)은 사자재(四自在) 가운데 업자재(業自在)에 안주함을 성취하고, 원하는 바대로 갖가지 화신을 발출하여 유정의 이익을 행하고, 수생(受生)은 대부분 대자재천왕의 몸을 받아 범부 중생과 성문 연각과 보살들에게 바라밀의 법을 설하여 보이고, 위신력은 한순간에 불가설만억나유타제불토미진수(不可說萬億那由他諸佛土微塵數)의 삼매를 성취하고, 몸의 털끝마다 무량무수의 제불보살과 권속들을 현시하니, 나머지도 그와 같음을 알라. 성취의 전조는 여래의 몸을 보니, 양팔 길이의 금색 광명이 빛나고, 백천억나유타의 범천(梵天)들이 에워싸고, 앞쪽에서 바라보면 설법하는 광경을 보는 것이다.

5. 무학도(無學道, Mi slob paḥi lam)의 전체적인 모양에 대하여 『둥까르칙죄첸모(東噶藏學大辭典)』에서, "각각의 수레의 도(道)의 마지막에 도달한 구경의 현증(現證)이 무학도의 특성이다.

사상(事相, mTshan gshi)은 삼승(三乘)의 각각의 단증(斷證)의 공덕이 구경에 도달함이다.

석의(釋義)는 각각의 수레의 도(道)를 새롭게 배울 필요가 없는 도인 까닭에 무학도(無學道)라 말한다.

구분하면, 성문(聲聞)과 연각(緣覺)과 보살의 무학도의 셋이 있다."라고 하였다. 다시 말해, 무학도는 곧 구경도(究竟道)인 불지(佛地)이니, 금강유정(金剛喩定)을 일으켜서 수도(修道)의 소단사(所斷事)인 번뇌장과 소지장의 일체를 일시에 소멸함이니, 그와 같이 그 지위들을 삼무수겁(三無數劫)에 걸쳐서 행하고 마침내 건너게 된다고 하였다.

⊙ **오안(五眼)** : 오안(五眼, sPyan lṅa)은 부처님이 소유하신 다섯 가지의 눈이니, 곧 육안(肉眼)과 천안(天眼)과 혜안(慧眼)과 법안(法眼)과 불안(佛眼)이 그것이다. ① 육안(肉眼, Śaḥi spyan)은 일체의 형색을 능히 보고 또는 100유순(由旬)에서 300유순 안에 있는 모든 사물을 정확하게 식별하는 눈이다. ② 천안(天眼, lHaḥi spyan)은 허공에 편만한 세간의 모든 형색을 능히 보는 눈이다. ③ 혜안(慧眼, Śes rab kyi spyan)은 모든 유위법과 무위법의 실상을 통달하여 분별을 일으키지 않는 눈이다. ④ 법안(法眼, Chos kyi spyan)은 연기(緣起)의 법칙을 통달하여 제법에 막힘이 없는 눈이다. ⑤ 불안(佛眼, Saṅs rgyas kyi spyan)은 존재하는 일체법의 성상(性相)을 완전히 통달한 지혜이다.

또한 『뺄쩩최끼남당제장(dPal brthegs chos kyi rnam graṅs brjed byaṅ, 吉積法異門備忘錄)』에서, "오안(五眼)은 선업의 이숙(異熟)에서 발생하니, 오직 부처님만이 지니신다. ① 삼천대천세계 가운데 일소천세계(一小天世界) 이내의 모든 형색을 보는 것이 육안(肉眼)이다. ② 허공계에 편만한 모든 형색을 보는 것이 천안(天眼)이다. ③ 법에 자아가 없음을 통달하는 것이 혜안(慧眼)이다. ④ 보특가라(人)에 자아가 없음을 통달하는 것이 법안(法眼)이다. ⑤ 일체의 소지계(所知界)를 남김없이 통달하는 것이 불안(佛眼)이다."라고 오안(五眼)을 설명하였다.

⊙ **오종성(五種姓)** : 오종성(五種姓, Rigs lṅa)은 『입능가경(入楞伽經)』 등에서 불법을 수행하는 유정의 근성에 따라 다섯 가지의 종성으로 분류한 것이니, 곧 성문승종성(聲聞乘種姓)과 연각승종성(緣覺乘種姓)과 여래종성(如來種姓)과 부정종성(不定種姓)과 무종성(無種姓)이 그것이다.

이 오종성의 의미를 『뺄쩩최끼남당제장(吉積法異門備忘錄)』에서, "① 성문승종성(聲聞乘種姓)은 사제(四諦)를 듣고 수행한 훈습이 마음 흐름에 존재하는 종성이다. ② 연각승종성(緣覺乘種姓)은 연기법을 듣고 수행한 훈습이 마음 흐름에 존재하는 종성이다. ③ 여래종성(如來種姓)은 지(地)와 바라밀을 듣고 수행한 훈습이 마음 흐름에 존재하는 종성이다 ④ 부정종성(不定種姓)은 세 가지의 수레의 법을 듣고 수행한 훈습이 섞여서 존재함으로써, 어떤 하나에 정해지지 않음이다. 어떤 선지식이라도 좋으니, 누구라도 먼저 만나는 쪽으로 들어가는 종성이다. ⑤ 무종성(無種姓)은 대소승의 어떤 법에 대해서도 또한 듣고 수행한 훈습이 없음으로써, 오랫동안 선법(善法)과 만나는 복분이 없고, 악도에 유전하는 종성이다."라고 하였다.

⊙ 오지(五智) : 오지(五智, Ye śes lṅa)는 오성지(五聖智)라고도 부르니, 여기에는 현밀의 경론에 따라서 여러 가지의 논설들이 있으나, 『다조르밤뽀니빠(聲明要領二卷)』에 의거해서 설명하면 다음과 같다.

1. 청정법계(清淨法界)는 법계체성지(法界體性智)에 해당한다. 『다조르밤뽀니빠(聲明要領二卷)』에서, "다르마다뚜비슛디(Dharmadhātu viśuddhiḥ)는 청정법계(清淨法界)이니, 역(力)[십력(十力)]과 무소외(無所畏)[사무소외(四無所畏)] 등의 성스러운 법들이 출생하는 계(界)가 됨으로써 청정법계라고 한다. 그 진여의 법계에는 구름과 같은 객진번뇌(客塵煩惱)의 가림과 소지장(所知障)이 맑고 깨끗하니, 마치 청정한 허공과 같음으로써 청정법계라 한다."라고 하였다.
2. 대원경지(大圓鏡智)는 거울과 같이 밝게 아는 지혜의 뜻이니, 『다조르밤뽀니빠(聲明要領二卷)』에서, "아다르쌰즈냐남(Ādarśa jñānaṃ)은 대원경지(大圓鏡智, Me loṅ lta buḥi ye śes)이니, 청정법계를 소연함으로써 외경과 내심의 모든 분별을 여윔이니, 아뢰야식(阿賴耶識)이 바뀌어서 거울 속에 일체가 나타남과 같이 제법의 영상이 출현하는 것을 일컬어서 대원경지라 한다."라고 하였다. 이것은 아뢰야식의 더러움이 청정해져서 공능(功能)이 바뀜이 대원경지이니, 일체를 하나의 지혜로써 남김없이 아는 지혜를 말한다.
3. 평등성지(平等性智)는 제법이 평등함을 아는 지혜이니, 『다조르밤뽀니빠(聲明要領二卷)』에서, "싸마따즈냐남(Samatā jñānaṃ)은 평등성지(平等性智, mÑam pa ñid kyi ye śes)이니, 처음 초지(初地)에서 법성의 진실을 깨달을 때, 나와 남을 가르지 못하는 평등함을 깨달음으로써, 더욱더 높은 경지를 닦아서 불지(佛地)의 무주처열반을 이룰 때, 염오의(染汚意)가 전변하여 지혜로 바뀜을 평등성지라 한다."라고 하였다. 이것은 자아로 애착하는 염오의의 더러움이 청정해져서 공능이 바뀜이 평등성지이니, 자타를 가르는 견해가 소멸하고 자타를 평등하게 보는 지혜를 말한다.
4. 묘관찰지(妙觀察智)는 제법의 차별을 낱낱이 바르게 분별하는 지혜이니, 『다조르밤뽀니빠(聲明要領二卷)』에서, "쁘라땨벡샤나남(Pratyavekṣaṇā jñānaṃ)은 묘관찰지(妙觀察智, So sor rtog paḥi ye śes)이니, 의식(意識)이 지혜로 바뀜으로써 모든

다라니(總持)와 삼매(三昧), 선정(禪定)과 등지(等至)들의 기반이 되고, 현상계의 일체에 걸림 없는 지혜로 들어감으로써, 큰 법우(法雨)를 내리고, 갖가지 법의 의혹들을 잘라 버리고, 청유리 등의 불신(佛身)의 몸빛 등을 현시하는 원인이 됨으로써 묘관찰지라 한다."라고 하였다. 이것은 의식(意識)의 더러움이 청정해져서 공능이 바뀜이 묘관찰지이니, 제법을 차별상을 여실하게 아는 지혜를 말한다.

5. 성소작지(成所作智)는 교화사업을 막힘 없이 행해서 성취하는 지혜이니, 『다조르밤뽀니빠(聲明要領二卷)』에서, "끄리땨누스타남즈냐남(Kṛtyānuṣṭhāna jñānaṃ)은 성소작지(成所作智, Bya ba nan tan du grub paḥi ye śes)이니, 안식(眼識) 등의 전오식(前五識)이 지혜로 바뀜으로써, 모든 세간에서 갖가지의 무량한 방편들로 유정의 이익을 행하는 기반이 됨으로써, 성소작지(成所作智)라 한다."라고 하였다. 이것은 제법을 별개로 분별하는 더러움이 청정해져서 공능이 바뀜이 성소작지이니, 교화사업을 막힘없이 성취하는 지혜를 말한다.

또 아사리 비말라미뜨라(Vimalamitra, 無垢友)는 『문수진실명석명의명등(文殊眞實名釋名義明燈, ḥJam dpal gyi mthsan brjod paḥi ḥgrel pa mthsan don gsal bar byed paḥi sgron ma)』에서, "'하나의 요의(了義)가 어떻게 오지(五智)로 출현하는가?' 하면, (중략) 금강은 안으로는 손괴(損壞)를 당하지 않고, 밖으로는 소지계(所知界)를 꿰뚫음이니, 법계를 깨닫는데 자재함으로써, 그것은 대원경지(大圓鏡智)의 아촉불의 본성이니, 범속한 성냄을 조복한다. 일체법이 평등함을 깨달음이니, 일체의 공덕대보(功德大寶)를 주재하는 주인은 평등성지(平等性智)의 보생여래(寶生如來)의 본성이니, 그가 범속한 교만과 인색함을 조복한다. 모든 세간법의 본성을 뒤섞임이 없이 낱낱이 요지하고 주재하는 주인이 묘관찰지(妙觀察智)의 아미타불의 본성이니, 그가 범속한 탐착을 조복한다. 금강과 같이 사업을 막힘 없이 행하고 지님은 성소작지(成所作智)의 불공성취불(不空成就佛)의 본성이니, 그가 범속한 질투와 게으름을 조복한다. 제불의 마음인 청정법계(淸淨法界)는 법계체성지(法界體性智)인 비로자나불의 본성이니, 그가 범속한 어리석음을 조복한다."라고 하였다.

⊙ **오탁(五濁)** : 오탁(五濁, sÑigs ma lṅa)은 과거세의 숙업(宿業)에 의해서 유정들의 수명과 견해 등이 쇠퇴하는 것이니, 마치 약을 거르고 남은 찌꺼기와 같이 수명과 유정과 시절이 저열하게 되고, 그것이 번뇌와 사견 등의 힘으로 말미암아 거듭해서 일어남으로써 오탁(五濁)이라 한다.

1. 수명탁(壽命濁)은 악업을 크게 쌓음으로써 8만 세이던 사람의 목숨이 점점 짧아져 100년을 채우지 못하고 50세 전후로 쇠퇴하고 마지막에는 10세로 줄어

드는 말세를 말한다.

2. 번뇌탁(煩惱濁)은 애욕을 비롯한 삼독(三毒)과 오독(五毒)이 치성하여 마음이 번뇌로 더럽혀지고 갖가지 죄업을 짓는 말세를 말한다.
3. 중생탁(衆生濁)은 견탁(見濁)과 번뇌탁(煩惱濁)의 결과로 인간의 복덕이 쇠퇴하고, 생각과 행위가 더러워지고, 괴로움과 질병은 많아지는 말세를 말한다.
4. 겁탁(劫濁)은 곡식을 파종할 필요가 없이 수확하고 나면 다시 자라나는 등의 복된 시절이 사라지고, 기근과 질병과 전쟁 따위의 갖가지의 재앙이 일어나는 말세를 말한다.
5. 견탁(見濁)은 인무아(人無我)와 법무아(法無我)와 인과(因果) 등을 이해하는 정견(正見)을 버리고 상견(常見)과 단견(斷見) 등에 집착하는 악견(惡見)이 치성하는 말세를 말한다.

또 오탁(五濁)의 뜻을 『구사론 12』(권오민 역주)에서, "여기서 5탁(濁)이라 말한 것은 첫 번째는 수탁(壽濁)이며, 두 번째는 겁탁(劫濁)이며, 세 번째는 번뇌탁(煩惱濁)이며, 네 번째는 견탁(見濁)이며, 다섯 번째는 유정탁(有情濁)이다. 즉 겁이 감소하여 장차 그 종말에 이르게 되면 목숨 등이 천박하여 찌꺼기의 더러움[滓穢, kiṭṭa, 분비물]과 같아지기 때문에 '탁(kaṣāya)'이라 일컬은 것이다, 여기서 앞의 두 가지 탁[수탁과 겁탁]에 의해 순서대로 수명과 자구(資具, 생활의 도구)가 쇠퇴 손상되며, 다음의 두 가지 탁[번뇌탁과 견탁]으로 말미암아 선품(善品)이 쇠퇴 손상되니, 욕락과 스스로의 고행에 탐닉하기 때문이다. 혹은 순서대로 재가(在家)와 출가(出家)의 선을 손상시키기 때문이다. 그리고 마지막 한 가지 탁[유정탁]으로 말미암아 자신을 쇠퇴 손상시키니, 이를테면 자신의 신체의 크기나 색·힘, 기억[念], 지혜, 부지런함과 용기, 그리고 무병(無病)을 허물어뜨리기 때문이다."라고 하였다.

⊙ **요의(了義)와 불요의(不了義)** : 요의(了義, Ṅes don)는 범어 니따르타(Nītārtha)의 번역으로 뛰어난 교화 대상들을 위해서 제법의 법성은 생멸 따위의 희론(戱論)을 떠난 심오한 공성과 사물의 본연의 성품은 자성이 광명임과 모든 언설과 사의(思議)의 경계를 벗어난 구경의(究竟義)를 설하여 보임과 그것을 연설하는 경론의 일체를 요의라고 하였다. 요의경(了義經)에는 『반야경(般若經)』과 『무진의경(無盡意經)』 등이 있다고 중관학파에서 말한다.

또 요의(了義)와 불요의(不了義)의 구별은 학파에 따라서 상위하니, 유식학파에서는 『해심밀경(解深密經)』에 의거해서 요의와 불요의를 판별하고, 중관학파에서는 『무진의경(無盡意經)』에 의거해서 그것을 판별하는데, 무자성(無自性)을 설함을 요의(了義)로, 유자성(有自性)을 설하는 것을 불요의(不了義)로 보는 것이다.

또 요의(了義)의 뜻을 『둥까르칙죄첸모(東噶藏學大辭典)』에서, "사물과 비사물의 모든 법은 자기의 시설처(施設處, gDags gshi)의 집합에 의지해서 이름을 단지 시설하는 것을 제외하고서, 자기의 자체에서 자립적으로 성립함이 결단코 있지 않음이 구경의 본성이며, 그로부터 달리 구경의 본성이 없는 그것이 확정됨과 결코 바뀜이 없는 진실한 뜻이다."라고 하였듯이, 이 요의(了義)와 불요의(不了義)의 차별을 바르게 결택하는 것이 매우 중요하다.

이 둘의 차별을 『보리도차제광론(菩提道次第廣論)』에서, "'어떤 것이 요의(了義)이고, 어떤 것이 불요의(不了義)인가?' 하면, 이것을 소전(所詮)의 문을 통해서 안립하면, 승의(勝義)를 설하여 보인 것이 요의이고, 세속을 설하여 보인 것이 불요의의 교설로 인정한다."라고 하였으며, 『변요불요의론(辨了不了義論)』에서는 『무진의경』을 인용해서 다음과 같이 설하였다.

"'요의경(了義經)이란 무엇이며, 불요의경(不了義經)이란 무엇인가?' 하면, ① 어떤 계경(契經)들로 '세속의 성립을 설하여 보인 그것들은 불요의경이다.'라고 한다. 어떤 계경들로 '승의의 성립을 설하여 보인 그것들은 요의경이다.'라고 한다. ② 어떤 계경들로 '갖가지 언구와 자구들을 설하여 보인 그것들은 불요의경이다.'라고 한다. 어떤 계경들로 '심오하여 보기 어렵고 깨닫기 어려움을 설하여 보인 그것들은 요의경이다.'라고 한다. ③ 어떤 계경들로 '아(我, Ātmā / bDag)와 유정(有情, Sattvaḥ / Sems can)과 명자(命者, Jīvaḥ / Srog)와 양육자(養育者, Poṣaḥ / gSo ba)와 사부(士夫, Puruṣaḥ / sKyes bu)와 보특가라(補特伽羅, Pudgalaḥ / Gaṅ zag)와 역중생(力中生 / 意生, Manujaḥ / Śed las skyes)과 유동(儒童, Mānavaḥ / Śed bu)과 작자(作者, Kārakaḥ / Byed pa po)와 수자(受者, Vedakaḥ / Tshor ba po) 따위를 갖가지 말로서 설함과 주재자(主宰者, bDag po)가 없음에도 주재자가 있는 것처럼 설하여 보인 그것들은 불요의경이다.'라고 한다. ④ 어떤 계경들로 '사물이 공(空)함과 무상(無相)과 무원(無願)과 무위(無爲)와 무생(無生)과 불생(不生)과 무유정(無有情)과 무명자(無命者)와 무보특가라(無補特伽羅)와 무주재(無主宰)의 해탈문들을 열어 보인 그것들은 요의경이다.'라고 하니, 이것이 '요의경에 의지하고, 불요의경에 의지하지 않음이다.'라고 한다.

여기서 처음의 둘로는 [속제와 승의제의] 이제(二諦)를 불요의와 요의로 삼고, 소전(所詮)의 문을 통해서 요의와 불요의를 구분하였다. 중간의 둘로는 [속제와 승의제를 설하여 보임이니], 갖가지의 서로 다른 언구들로 갖가지의 의미들을 연설함이 속제를 설하여 보임이고, 깨닫기 어려움의 의미인 희론을 끊어버린 일미(一味)를 연설함이 승의제를 설하여 보임이나, 안립법(安立法)은 별도로 설하지 않았다.

마지막의 둘로는 그것이 어떠한 것인가를 설하여 세속과 승의를 논설함에 들어가는 연설법을 보임이니, 아(我)와 유정(有情) 등이 있는 것처럼 연설하는 것이 세속을 설하여 보임이다. 그 또한 그것만을 연설함이 아니라 작자(作者)에 의지해서 소작(所作)과 능작(能作)의 법이 존재함을 설하여 보인 것은 일체에 통용된다. 사물들의 공성과 무생(無生) 등을 설한 것은 제법의 자성이 없음을 연설한 것이고, 무유정(無有情) 등을 연설한 것은 보특가라(人)의 자성이 없음을 설한 것이니, 연설법을 그와 같이 설한 것은 승의를 설하여 보임이다. 여기서 둘을 연설한 요지에 의해서 앞에도 역시 법과 보특가라(人)의 둘이 있음을 설하여 보임은 당연하다. 이것은 또한 다른 상주법(常住法)을 별사(別事)로 삼아서 무생(無生) 등을 설함이 아니라, 계경에서 설함과 같이 온(蘊) 등의 실사(實事)와 보특가라(人)를 별사로 삼은 뒤, 그것들이 진실로 존재하지 않음을 설하여 보인 것이니, 그 실사들이 진실유(眞實有)로 성립함을 단지 끊어버린 그것이 승의(勝義)이기에 승의를 설하여 보임이라 한다. 또한 『삼마지왕경(三摩地王經)』에서, '여래께서 공성을 설함과 같이, 요의경(了義經)들의 차별을 알도록 하라. 어떤 계경에서 유정과 보특가라와 사부들을 설하 보이면, 그 법들은 모두 불요의임을 알도록 하라.'고 해서, 요의와 불요의를 구분함이 또한 앞의 [『무진의경』]과 의미가 같다고 『현구론(顯句論)』에서 설하였다."라고 하였다.

⊙ **육수념(六隨念)** : 육수념(六隨念, rJes dran drug)은 불수념(佛隨念)·법수념(法隨念)·승수념(僧隨念)·시수념(施隨念)·계수념(戒隨念)·천수념(天隨念)의 여섯 가지이다. 이것은 이들 각각의 공덕을 억념해서 닦는 법으니, 아사리 잠뻴쎄녠(ḫjam dpal bśes bñen 文殊友)의 『문수진실명여실칭송문육수념수습교계(文殊眞實名如實稱誦門六隨念修習敎誡)』를 소개하면 다음과 같다.

「진실명송육수념수습(眞實名誦六隨念修習)」

문수사리동자보살님께 정례하나이다.

문수진실명여실칭송의 문을 통해서 하근기가 육수념(六隨念)을 닦는 법은 불수념(佛隨念)·법수념(法隨念)·승수념(僧隨念)·시수념(施隨念)·계수념(戒隨念)·천수념(天隨念)의 여섯을 각각 그들의 공덕을 억념하는 문을 통해서 존경심을 일으키고, 자신 또한 그 문을 통해서 그와 같이 되고자 염원하고 행하는 것이다.

첫째, 붓다의 공덕을 억념하는 불수념(佛隨念)은 이와 같으니, 여래(如來)·응공(應供)·선서(善逝)·명행족(明行足)·세간해(世間解)·무상사(無上師)·조어장부(調御丈夫)·천인사(天人師)·불(佛)·세존(世尊)의 십호(十號)를 통해서 붓다의 공덕을 깨닫고 억념함이 불수념이다.

둘째, 불법을 억념하는 법수념(法隨念)은 이와 같으니, 세존의 법은 잘 설하여졌으며, 바르게 지견(知見)하신 바이며, 시절을 아시고, 그 보신 바를 친히 전하심이며, 정통하여 낱낱이 바르게 아시는 바이며, 의미도 좋고 글귀도 좋으며, 처음도 좋고 중간도 좋고 마지막도 좋으며, 정연하여 섞임이 없고 명료하다. 그와 같음을 관찰하고 공덕을 억념함이 법수념이다.

셋째, 승가를 억념하는 승수념(僧隨念)은 이와 같으니, 세존의 성문대중은 잘 머무르며, 단정하게 머무르며, 여리(如理)하게 머무르며, 화목하게 머무른다. 마땅히 보시할 곳이며, 마땅히 크게 보시할 곳이며, 마땅히 본받아 닦아야 할 바이며, 세간의 위없는 복전(福田)이다. 그와 같음을 관찰하고 공덕을 억념함이 승수념이다.

넷째, 보시를 억념하는 시수념(施隨念)은 이와 같으니, 인간의 간린(慳吝)의 더러움을 끊어버린 뒤, 인색함을 여읜 마음으로 법시(法施)를 행하고, 걸인들에게 베풂을 즐거워하는 이것을 내가 잘 얻은 바이다. 그와 같이 억념토록 한다.

다섯째, 계율을 억념하는 계수념(戒隨念)은 이와 같으니, 세존의 성문대중은 계율이 청정하여 퇴실하지 않고, 잘못이 없고 뒤섞임이 없고 물듦이 없다. 자기 스스로 깨끗함을 지니고, 지자들이 칭찬하고, 선정삼매를 알고 있다. 그와 같이 억념토록 한다.

여섯째, 하늘을 억념하는 천수념(天隨念)은 이와 같으니, 천신(天神)은 위대한 공덕을 소유하니, 천신으로 태어나는 원인인 계율과 삼매와 반야를 천신의 공덕과 동일하게 여긴 뒤 천신의 공덕과 연결해서 억념토록 한다.

⊙ **육신통(六神通)** : 육신통(六神通, mṄon śes drug)은 천안통(天眼通)과 천이통(天耳通), 타심통(他心通)과 숙명통(宿命通), 신족통(神足通)과 누진통(漏盡通)의 여섯 가지이다. 여기서 신통(六神通, mṄon śes)의 뜻은 자기의 증상연(增上緣)이 되는 어떤 선정(禪定)의 정분(正分)의 마음에 의거해서 자경(自境)을 실제로 알고 보는 것이다.

1. 천안통(天眼通)은 현재의 몸이 가깝거나 멀거나, 죽어서 어디에 태어난 그 형상의 일체를 보는 것이다.
2. 천이통(天耳通)은 세간의 소리와 말과 갖가지의 신호들을 듣고 아는 것이다.
3. 타심통(他心通)은 타인의 생각과 잠복된 크고 작은 생각의 일체를 모두 아는 것이다.
4. 신족통(神足通)은 몸에서 불길이 타오르고, 하늘을 날고, 몸을 많거나 작게 바꿀 수 있고, 물위를 걸어가고, 땅속에 들어가는 등을 할 줄 아는 것이다.
5. 숙명통(宿命通)은 현세로부터 과거의 생애에서 어떤 곳에 살았고, 그곳에서 무엇을 하였는지의 행적의 일체를 기억하는 것이다.

6. 누진통(漏盡通)은 번뇌가 소멸하여 누진(漏盡)을 얻음이다.

⊙ **육인(六因)과 사연(四緣)** : 인(因)과 연(緣)의 뜻을 『곰데칙죄첸모(貢德大辭典)』에서 정리하길, "① 핵심이 되는 인(因)을 인으로, 도움이 되는 인(因)을 연이라 말한다. 또는 근취(近取)의 인(因)을 인으로, 함께 작용하는 연(緣)을 연이라 한다. 또는 결과의 본질을 발생시킴을 인으로, 결과의 차별을 발생시킴을 연이라 말한다. 또는 항시 발생하는 인(因)을 인으로, 홀연히 또는 갑자기 발생하는 인(因)을 연이라 말한다. 예들 들면, '종자는 인이고, 물과 거름은 연과 같다.'라고 경부(經部) 이하는 말한다. 위에서 말한 셋은 인(因)과 연(緣)의 해설은 단지 어법이 다를 뿐 뜻에는 차별이 없다. ② '인(因)과 연(緣)은 본질에는 차별이 없고 이름을 달리 부름에 불과하다.'라고 선지식 꾼켄·초나와(Kun mkhyen mtsho sna ba)의 『율경본주일광선설교해(律經本註日光善說敎海, ḥDul ba mdo rtsa baḥi rnam bśad ñi maḥi ḥod zer legs bśad luṅ gi rgya mtsho)』의 『소자주(小字註, Yig chuṅ)』에서 명확하게 나온다."라고 하였듯이, 육인과 사연의 뜻은 다음과 같다.

첫째, 육인(六因)의 인(因, Hetuḥ)의 뜻은 종자법(種子法)의 도리로 오온(五蘊)을 발생시키는 원인이 됨으로써 인(因)이라 하니, 여기에는 여섯 가지가 있다.

1. 능작인(能作因)은 까라나헤뚜(Kāraṇahetuḥ)이니, 자기의 결과를 산출하는 데에 장애를 일으키지 않고 도움을 주는 사물로 그 결과 이외의 모든 사물을 말한다. 다시 말해, 어떠한 법이 발생하는 데에 장애와 방해를 일으키지 않는 것이니, 예를 들면, 새싹이 발생할 때 그것을 다른 것이 방해하지 않으면 그것을 장애하지 않음으로써 능작인(能作因)이라 한다.
2. 구유인(俱有因)은 싸하부헤뚜(Sahabhūhetuḥ)이니, 본래부터 함께 생겨난 까닭에 공생인(共生因)이라고 하는 구유인은 동시에 존재하면서, 그 법과 하나가 됨을 통해서 서로가 의지해서 함께 존재하는 사물을 말한다. 다시 말해, 지·수·화·풍과 같은 하나의 원소 안에도 역시 그 넷이 갖추어져 있으니, 시간적으로나 공간적으로 서로 함께 존재하며 자타가 서로 인과관계를 형성하고 도와주는 사물을 구유인(俱有因)이라 한다. 여기에는 호위과구유인(互爲果俱有因)과 동일과구유인(同一果俱有因)의 둘이 있다. 여기서 구유법(俱有法)이란 마음과 심소(心所)의 관계처럼, 지·수·화·풍의 네 원소(四大)의 관계처럼 유위법과 생(生)·주(住)·이(異)·멸(滅)의 사상(四相)의 관계처럼 동시에 존재하여 서로 떨어질 수 없는 관계를 맺고 있는 법을 말한다.
3. 이숙인(異熟因)은 비빠까헤뚜(Vipākahetuḥ)이니, 자과(自果)를 성숙시키는 유루(有漏)의 선악에 귀속되는 법들을 말한다. 다시 말해, 선업의 원인에 의해서 선

취(善趣)에 태어나고, 불선업의 원인으로 악도에 태어나고, 좋고 나쁜 몸을 받는 것을 이숙인(異熟因)이라 한다. 여기서 이숙(異熟)이란 업의 익음을 뜻하니, 선악의 업인(業因)에 상응하되 결과가 원인의 성질과 같지 않는 다른 모양으로 나타남으로써 이숙(異熟)이라 한다.

4. 상응인(相應因)은 쌈쁘라육따까헤뚜(Saṃprayuktakahetuḥ)이니, 심(心)과 심소(心所)가 분리되지 않고 오의평등(五義平等)의 도리로 상응하면서 동시에 작용하는 것이 상응인(相應因)이다. 다시 말해, 심과 심소들이 대경에 들어가고 작용할 때 혼자서는 들어가거나 작용하지 못하고, 심과 심소들이 하나의 인(因)이 되어 서로를 도움으로써 동시에 발생하니, 예를 들면, 왕은 두려운 친구가 될지라도 또한 동무가 되니, 만약 가지 못하면 또한 머물도록 허락하지 않고, 식량을 대주면서 데리고 감과 같이 일어나는 것을 상응인(相應因)이라 한다.
5. 편행인(遍行因)은 싸르와뜨라가헤뚜(Sarvatragahetuḥ)이니, 삼계에 모두 통행하고 해탈을 장애하는 모든 번뇌의 염오법(染汚法)들을 일으키는 미세한 수면법(隨眠法)들을 말한다. 다시 말해, 욕계와 색계의 사선천(四禪天)과 무색계의 사정천(四定天)을 합한 아홉 세계에서 이전에 발생한 것이 뒤에 번뇌의 법들을 일으키는 것을 편행인(遍行因)이라 한다.
6. 동류인(同類因)은 싸바가헤뚜(Sabhāgahetuḥ)이니, 동류 또는 동분의 자기 결과를 발생시키는 원인을 말하니, 보리에서 보리가 나고, 선한 마음을 일으키면 선한 심소(心所)가 또한 일어나고 증장시킴과 같은 것을 동류인(同類因)이라 한다.

둘째, 사연(四緣)의 연(緣, Pratyayāḥ)은 결과를 발생시키고 성숙시키는 사물을 말하니, 여기에는 네 가지가 있다.

1. 인연(因緣) 또는 인지연(因之緣)은 헤뚜쁘라따야(Hetupratyayaḥ)이니, 결과의 본질을 산출하는 주된 원인 능작인(能作因)을 제외한 나머지 오인(五因)은 인(因)이 되는 동시에 연(緣)이 됨으로써 인연(因緣)이라 한다. 『뻴쩩최끼남당제장(吉積法異門備忘錄)』에서, "아뢰야식은 인(因)이 되고 또한 연(緣)이 됨으로써 인지연(因之緣)이다."라고 하였다.
2. 등무간연(等無間緣)은 싸마난따라쁘라따야(Samanantarapratyayaḥ)이니, 마음과 함께 작용하는 심상응(心相應)의 심소법(心所法)들은 이전의 어떠한 한 법이 소멸하면서 그 뒤에 한 법을 일으키는 것을 등무간연이라 한다. 예를 들면, 의근(意根)이 소멸하는 그 즉시 의식(意識)이 발생함으로써 등무간연(等無間緣)이 되는 것이다.
3. 소연연(所緣緣)은 알람바나쁘라따야(Ālaṃbanapratyayaḥ)이니, 식(識)을 대경의

모양에 의해서 일으키는 것이니, 외경인 색과 소리 등을 소연함으로써 발생하는 까닭에 소연연(所緣緣)이라 한다.

4. 증상연(增上緣)은 아디빠띠쁘라따야(Adhipatipratyayaḥ)이니, 결과를 산출하는 데 강력하게 작용하는 주연(主緣)을 말하니, 눈 등의 다섯 감관은 자기의 결과인 오식(五識)을 일으키는 주연이 됨으로써 증상연(增上緣)이라 한다.

⊙ **율의(律儀)의 자성** : 율의(律儀, sDom pa)의 자성은 본질의 뜻이니, 일반적으로 남을 해치는 행위의 근본을 없애고, 범계(犯戒)의 이어짐을 차단하고 없애는 것을 말한다. 『곰데칙죄첸모(貢德大辭典)』에서, "율의(律儀, sDom pa). 죄행에서 돌아섬을 승인하고 서약하는 측면을 율의라고 한다. 그것을 출팀(Tshul khrim)과 랍팀(bSlab khrim)과 돔빠(sDom pa) 등으로 부른다. 예를 들면, 별해탈계(別解脫戒, So thar gyi sdom pa)라고 함과 같다.

석의(釋義)는 타인을 해치는 해악을 그것의 바탕과 더불어 끊어버리고, 범계(犯戒)의 이어짐을 차단하고 멸함으로써, '율의(律儀)이다.'라고 한다."라고 하였다.

⊙ **음주의 36가지의 허물** : 음주의 36가지의 허물을 설명하면, 먼저 『업분별경(業分別經, Las rnam par ḥbyed pa)』에서 다음과 같이 설하였다.

"1. 이생에서 재물을 탕진한다. 2. 질병의 원인이 된다. 3. 남과 싸운다. 4. 남의 허물을 들춰낸다. 5. 다툼이 빈번하다. 6. 음부를 드러낸다. 7. 이름을 추하게 만든다. 8. 지혜가 쇠퇴한다. 9. 얻어야 할 재물을 얻지 못한다. 10. 얻은 재물도 모두 잃는다. 11. 비밀을 누설한다. 12. 사업이 실패한다. 13. 근심의 원인이 된다. 14. 몸이 초췌하게 된다. 15. 어머니를 존경하지 않는다. 16. 아버지를 존경하지 않는다. 17. 사문을 존경하지 않는다. 18. 바라문을 공경하지 않는다. 19. 집안의 어른을 공경하지 않는다. 20. 부처님을 공경하지 않는다. 21. 불법을 공경하지 않는다. 22. 나쁜 친구를 가까이한다. 23. 선지식을 멀리한다. 24. 뉘우칠 줄 모른다. 25. 부끄러워할 줄 모른다. 26. 감각기관(根門)을 단속하지 않는다. 27. 여자를 조심하지 않는다. 28. 사람들이 기뻐하지 않는다. 29. 사람들과 화목하지 못한다. 30. 가족과 친척과 덕망 있는 이들이 무시한다. 31. 바른 법을 내버린다. 32. 지혜로운 자들을 신뢰하지 않는다. 33. 심신의 안온함이 줄어든다. 34. 열반에서 멀어진다. 35. 미치광이가 되는 업을 짓고 쌓는다. 36. 몸이 무너진 뒤 죽고 나서 악도 또는 지옥에 태어난다."

또한 『불학대사전(佛學大辭典)』에서 음주삼십육실(飮酒三十六失)에 대하여 다음과 같이 설하였다.

"1. 부모에게 효도하지 않는다. 2. 웃어른과 친구를 가볍게 여긴다. 3. 삼보를 공경하지 않는다. 4. 경법(經法)을 얻지 않는다. 5. 사문을 비방한다. 6. 거짓으로 남의 허물을 말한다. 7. 항상 망령된 말을 한다. 8. 타인을 나쁜 일로 속인다. 9. 말을 옮겨서 이간질을 한다. 10. 욕을 해서 사람에게 상처를 준다. 11. 발병의 원인이 된다. 12. 싸움을 하는 원인이 된다. 13. 이름이 나쁘게 소문이 난다. 14. 남에게서 미움과 혐의를 받는다. 15. 현성(賢聖)을 배척한다. 16. 하늘과 땅을 원망한다. 17. 사업을 망하게 한다. 18. 가산(家産)을 파산시킨다. 19. 언제나 부끄러워하는 마음이 없다. 20. 수치심이 없다. 21. 큰 잘못이 없음에도 노복을 구타한다. 22. 불필요하게 살생을 한다. 23. 남의 아내를 간음한다. 24. 남의 재물을 훔친다. 25. 착한 사람을 멀리한다. 26. 악한 사람을 가까이한다. 27. 항상 분노심을 가진다. 28. 밤낮으로 근심을 한다. 29. 동쪽으로 끌려가고 서쪽에서 잡혀 다닌다. 30. 남쪽으로 갔다가 북쪽으로 갔다가 우왕좌왕한다. 31. 개천에 처박히고 길에 자빠진다. 32. 수레에 치이고 말에서 떨어진다. 33. 깊은 물에 빠진다. 34. 등불을 보고도 길을 잃는다. 35. 무더운 여름에는 더위에 죽는다. 36. 추운 겨울에는 얼어 죽는다."

⊙ **'이것이 아닌 다른 원심(願心)과 행심(行心)의 차별'** : '이것이 아닌 다른 원심(願心)과 행심(行心)의 차별'에 대한 다양한 견해들을 캔뽀·꾼뻴(mKhan po kun dpal, 普賢具吉)의 『입보리행론주감로적(入菩提行論註甘露滴)』에서 다음과 같이 설하였다. "『무진의경(無盡意經)』과 같이 팔십무진(八十無盡) 등의 문을 통해서 그 보리심을 구분하면 매우 허다할지라도 요약하면, 구분한 수효의 본질의 문을 통해서 두 가지임을 알라. '무엇인가?' 하면, 대보리를 원하는 마음을 일으키는 원심(願心)과 보리행(菩提行)에 들어가는 행심(行心)의 두 가지이다.

그 둘의 차이가 '어떤 것인가?' 하면, 비유하면, 한 사람이 원하는 지역으로 가기를 원하고 희구함과 그가 실제로 길을 나선 뒤 가는 바의 차이 또는 차별이 그처럼 있음을 아는 것처럼 그와 같이 정통함으로써, 지자(智者)인 보살들은 이 원심(願心)과 행심(行心)의 둘의 차이를 차례대로 여실하게 알도록 하라고 함이니, 비유의 문을 통해서 열어 보인 바의 원심의 차이 이것에도 서로 같지 않은 주장이 허다하게 있다.

아사리 예시샵(Ye śes shab, 智足) 등은 이생범부의 발심을 원심(願心)으로, 성자의 발심을 행심(行心)으로 주장하였다. 아사리 아바(Abhya, 無畏)와 예시닥빠(Ye śes grags pa, 智稱) 등은 자량도(資糧道)에 머무는 보살의 발심을 원심으로, 가행도(加行道)부터의 발심을 행심으로 주장하였다. 아사리 샨띠와(Śantiba, 寂靜者)·린첸중내(Rin chen ḥbyuṅ gnas, 寶生)와 갸최띤(rGya mtshoḥi sprin, 海雲) 등은 보리를 얻기 원하는 마음 그것을 발심의궤를 통해서 받지 않음을 원심으로, 받음을 행심으로 주장하였다. 아사리 쎄랍중내(Śes rab ḥbyuṅ gnas, 慧生) 등은 그 마음이 보리행으로 섭수가 되지 않음을 원심으로, 섭수가 됨을 행심으로 주장하였다. 아띠쌰 존자는 결과인 붓다를 소연함을 원심으로, 그것의 원인인 도(道)를 소연함을 행심으로 주장하여, 원인과 결과에 입각하는 차이를 인정함과 같은 것이다.

또 몇몇 아사리는 불퇴전(不退轉)을 얻기 전까지를 원심으로, 얻은 뒤를 행심으로 주장하는 가운데 범부와 성자의 발심을 원함을 제외하고서는 다른 아사리들도 대체로 아사리 적천(寂天)의 이 교설을 추종하는 것은 같을지라도 논지의 입각하는 곳이 같지 않으니, 꾼켄첸빠(Kun mkhyen chen pa)는, '결과에 입각함을 원심으로 하고, 원인에 입각함을 행심으로 설하였으니, 그것 또한 비유들에 의한 구분들도 또한 생각으로 원함과 행위로 두루 들어가는'이라고 해서, 원심과 행심의 둘을 각각 설함과 같이, 요약하면, '어머니가 되었던 무변한 허공과 같은 모든 유정이 윤회와 적멸의 모든 고통을 여의게 하고, 정등각의 경지로 내가 안치하리라!'라고 하는 결과인 붓다의 경지로 가기를 원하고 희구한 뒤, 성취를 서약하는 [자리이타의] 이리(二利) 또는 두 부분을 지닌 원심을 일으키고, 그것을 위해서 육바라밀을 닦기를 서약하고 서약한 대로 들어가서 닦는 상태의 행심을 일으키고, [행위에] 들어갈 때 또한 들어가길 원함을 버리지 않는 것처럼 행심의 때에도 원심이 마땅히 있어야 하니, 그와 같다면, '두 가지의 보리심과 세 가지의 율의와 계율'이라 부르는 반면(反面)의 문을 통해서 구분할지라도 또한 하나이니, 타인의 이익을 위해서 대보리를 원한 뒤 자기의 상속을 수호하는 율의계(律儀戒)와 선업의 무더기를 증장하는 섭선법계(攝善法戒)와 유정요익계(有情饒益戒)이니, 그들 일체 또한 자기 마음 흐름의 불선(不善)의 방면을 단속함으로써 보살율의라고 한다. 예를 들면, 여의주가 전염병을 없애고, 소망하는 바를 산출하고, 어둠을 없애는 세 가지의 방면이 있음과 같이 하나의 본질을 차별의 측면에서 설함이다."

⊙ **이십이종발심(二十二種發心)** : 이십이종발심(二十二種發心)은 미륵자존의 『현관장엄론(現觀莊嚴論)』에 설해진 원심(願心)과 행심(行心)에 속하는 22가지의 발심이니, 그들 각각의 내용은 다음과 같다.

1. 대지유발심(大地喩發心, Sa lta buḥi sems bskyed)은 하품자량도(下品資糧道)에 안주하는 보살의 마음 흐름(心續)에 깃들여 있는 욕구와 상응하는 발심이니, 이것이 붓다와 그것의 원인이 되는 모든 백법(白法)의 자량들의 의지처가 됨이 마치 대지와 같음으로써 그렇게 부른다. 이것은 자량도(資糧道)에 안주하는 보살들이 일으키는 승해행발심(勝解行發心)이다.

2. 황금유발심(黃金喩發心, gSer lta buḥi sems bskyed)은 중품자량도(中品資糧道)에 안주하는 보살의 마음 흐름에 깃들여 있는 상주하는 의요(意樂)와 상응하는 발심이니, 이생과 후생에서도 육바라밀로 섭수하는 유정의 이락(利樂)을 위한 마음이 보리를 얻을 때까지 불변함이 마치 변치 않는 황금과 같음으로써 그렇게 부른다. 이것은 자량도에 안주하는 보살들이 일으키는 승해행발심이다.
3. 신월유발심(新月喩發心, Zla ba tshes pa lta buḥi sems bskyed)은 상품자량도(上品資糧道)에 안주하는 보살의 마음 흐름에 깃들여 있는 증상의요(增上意樂)와 상응하는 발심이니, 37보리분법(菩提分法) 등의 모든 선법(善法)이 더욱더욱 향상함이 마치 신월(新月)이 차오름과 같음으로써 그렇게 부른다. 이것은 자량도에 안주하는 보살들이 일으키는 승해행발심이다.
4. 열화유발심(烈火喩發心, Me lta buḥi sems bskyed)은 가행도(加行道)에 안주하는 보살의 마음 흐름에 깃들여 있는 가행(加行)과 상응하는 발심이니, 이것이 모든 장폐(障蔽)의 나무를 태워버림이 마치 맹렬한 불과 같음으로써 그렇게 부른다. 이것은 가행도(加行道)에 안주하는 보살들이 일으키는 승해행발심이다.
5. 보장유발심(寶藏喩發心, gTer lta buḥi sems bskyed)은 초지(初地)에 안주하는 보살의 마음 흐름에 깃들여 있는 보시바라밀과 상응하는 발심이니, 법과 재물과 자구(資具) 따위들로 모든 유정을 만족시킬지라도 다함이 없음이 보물창고와 같음으로써 그렇게 부른다. 이것은 초지(初地)에서 칠지(七地)에 이르는 부정지(不淨地)에 안주하는 보살들이 일으키는 청정의요발심(淸淨意樂發心)이다.
6. 보생유발심(寶生喩發心, Rin chen ḥbyuṅ gnas lta buḥi sems bskyed)은 이지(二地)에 안주하는 보살의 마음 흐름에 깃들여 있는 지계바라밀과 상응하는 발심이니, 이것이 역(力) 등의 공덕을 일으키는 의지처가 됨과 그 속성이 보물을 산출함과 같음으로써 그렇게 부른다. 이것은 부정지에 안주하는 보살들이 일으키는 청정의요발심이다.
7. 대해유발심(大海喩發心, rGya mtsho lta buḥi sems bskyed)은 삼지(三地)에 안주하는 보살의 마음 흐름에 깃들여 있는 인욕바라밀과 상응하는 발심이니, 이것은 화재(火災)와 도병(刀兵) 따위의 원치 않는 모든 불행과 직면하였을지라도 마음이 부동함이 바다와 같음으로써 그렇게 부른다. 이것은 부정지에 안주하는 보살들이 일으키는 청정의요발심이다.
8. 금강유발심(金剛喩發心, rDo rje lta buḥi sems bskyed)은 사지(四地)에 안주하는 보살의 마음 흐름에 깃들여 있는 정진바라밀과 상응하는 발심이니, 이것은 위 없는 보리를 신해함이 견고해서 마라(魔羅)가 갈라놓지 못함이 금강석과 같음으

로써 그렇게 부른다. 이것은 부정지에 안주하는 보살들이 일으키는 청정의요 발심이다.

9. 수미산유발심(須彌山喩發心, Ri rgyal lta buḥi sems bskyed)은 오지(五地)에 안주하는 보살의 마음 흐름에 깃들여 있는 선정바라밀과 상응하는 발심이니, 이것은 유상(有相)을 반연하는 산란에 의해서도 선정이 견고해서 전혀 흔들리지 않음이 수미산과 같음으로써 그렇게 부른다. 이것은 부정지에 안주하는 보살들이 일으키는 청정의요발심이다.

10. 양약유발심(良藥喩發心, sMan lta buḥi sems bskyed)은 육지(六地)에 안주하는 보살의 마음 흐름에 깃들여 있는 반야바라밀과 상응하는 발심이니, 탐착 등의 번뇌장(煩惱障)과 대경을 분별하는 등의 소지장(所知障)의 질병들을 종식 시킴이 양약과 같음으로써 그렇게 부른다. 이것은 부정지에 안주하는 보살들이 일으키는 청정의요발심이다.

11. 친우유발심(親友喩發心, bŚes gñen lta buḥi sems bskyed)은 칠지(七地)에 안주하는 보살의 마음 흐름에 깃들여 있는 방편바라밀과 상응하는 발심이니, 대비와 방편에 통달함으로써 빈부와 성쇠의 모든 단계에서 유정의 이익을 저버리지 않음이 친우와 같음으로써 그렇게 부른다. 이것은 부정지에 안주하는 보살들이 일으키는 청정의요발심이다.

12. 여의주유발심(如意珠喩發心, Yid bshin nor bu lta buḥi sems bskyed)은 팔지(八地)에 안주하는 보살의 마음 흐름에 깃들여 있는 원(願)바라밀과 상응하는 발심이니, 어떤 희구하는 바를 마음에 그와 같이 원하는 결과를 성취함이 여의주와 같음으로써 그렇게 부른다. 이것은 삼정지(三淨地 : 八地·九地·十地)의 발심으로 불지(佛地)의 가행에 거두어지는 이숙발심(異熟發心)이다.

13. 일광유발심(日光喩發心, Ñi ma lta buḥi sems bskyed)은 구지(九地)에 안주하는 보살의 마음 흐름에 깃들여 있는 역(力)바라밀과 상응하는 발심이니, 교화대상의 마음 흐름에 있는 선업의 곡식을 원만하게 성숙시킴이 일광과 같음으로써 그렇게 부른다. 이것은 삼정지의 발심으로 불지의 가행에 거두어지는 이숙발심이다.

14. 가성유발심(歌聲喩發心, Glu dbyaṅs lta buḥi sems bskyed)은 십지(十地)에 안주하는 보살의 마음 흐름에 깃들여 있는 지(智)바라밀과 상응하는 발심이니, 교화대상이 즐거움을 일으키는 묘법을 널리 설하여 줌이 건달바의 노래와 같음으로써 그렇게 부른다. 이것은 삼정지의 발심으로 불지의 가행에 거두어지는 이숙발심이다.

15. 군왕유발심(君王喩發心, rGyal po lta buḥi sems bskyed)은 삼정지(三淨地)에 안주하는 보살의 마음 흐름에 갖추어진 오신통(五神通)과 상응하는 발심이니, 걸림 없는 신력(神力)으로 타인의 이익을 완수함이 군왕과 같음으로써 그렇게 부른다. 이것은 삼정지의 발심으로 불지의 가행에 거두어지는 이숙발심이다.
16. 고장유발심(庫藏喩發心, Baṅ mdzod lta buḥi sems bskyed)은 삼정지에 안주하는 보살의 마음 흐름에 갖추어진 복혜(福慧)의 두 자량과 상응하는 발심이니, 허다한 선업의 자량들을 거두어 쌓음이 창고와 같음으로써 그렇게 부른다. 이것은 삼정지의 발심으로 불지의 가행에 거두어지는 이숙발심이다.
17. 대로유발심(大路喩發心, Lam po che lta buḥi sems bskyed)은 삼정지에 안주하는 보살의 마음 흐름에 갖추어진 37보리분법(菩提分法)과 상응하는 발심이니, 모든 성자께서 가시고, 뒤따라가는 대로와 같음으로써 그렇게 부른다. 이것은 삼정지의 발심으로 불지의 가행에 거두어지는 이숙발심이다.
18. 좌기유발심(坐騎喩發心, bShon pa lta buḥi sems bskyed)은 삼정지에 안주하는 보살의 마음 흐름에 갖추어진 대비와 관혜(觀慧)와 상응하는 발심이니, 윤회와 열반의 두 가장자리의 어디에도 떨어짐이 없이 무주처(無住處)의 경지로 안락하게 들어감이 좋은 탈 것에 앉음과 같음으로써 그렇게 부른다. 이것은 삼정지의 발심으로 불지의 가행에 거두어지는 이숙발심이다.
19. 분천유발심(噴泉喩發心, bKod maḥi chu lta buḥi sems bskyed)은 삼정지에 안주하는 보살의 마음 흐름에 갖추어진 다라니(總持)와 변재(辯才)와 상응하는 발심이니, 과거에 이미 들음과 듣지 못함과 장차 듣게 되는 모든 법을 받아 지니고, 다함이 없는 연설이 솟아나는 분천(噴泉)과 같음으로써 그렇게 부른다. 이것은 삼정지의 발심으로 불지의 가행에 거두어지는 이숙발심이다.
20. 금슬유발심(琴瑟喩發心, sGra sñan lta buḥi sems bskyed)은 십지(十地)에 안주하는 보살의 마음 흐름에 깃들여 있는 법의 연회와 상응하는 발심이니, 해탈을 희구하는 교화대상에게 사법인(四法印)의 노랫소리를 아름답게 발출해서 일체를 환희케 함이 마치 거문고와 비파와 같음으로써 그렇게 부른다. 이것은 십지(十地)의 발심으로 불지의 가행에 거두어지는 이숙발심이다.
21. 하류유발심(河流喩發心, Chu rgyun lta buḥi sems bskyed)은 보신(報身)의 마음 흐름에 갖추어진 일향으로 나아가는 길과 상응하는 발심이니, 능지(能知)와 소지(所知)가 평등함을 깨달음으로써, 대비와 반야가 자연적으로 운행되는 힘으로 이타행을 차별과 편향이 없고 끊어짐이 없이 행하는 것이 마치 강물과 같음으로써 그렇게 부른다. 이것은 불지(佛地)의 발심으로 장애를 끊어 없애는

발심이라 부른다.

22. 농운유발심(濃雲喻發心, sPrin lta buḥi sems bskyed)은 화신(化身)의 마음 흐름에 갖추어진 법신과 상응하는 발심이니, 유정의 이락(利樂)의 곡식을 성숙시킴이 오직 그것에 의뢰하는 것이 마치 짙은 구름과 같음으로써 그렇게 부른다. 또는 화신(化身)의 마음 흐름의 선교방편(善巧方便)과 상응하는 구름과 같은 마음을 일으킴이다. 이것은 불지(佛地)의 발심으로 장애를 끊어 없애는 발심이라 부른다.

⊙ **『입보리행론』「반야품」의 다섯 게송** : 『입보리행론(入菩提行論)』의 「반야품(般若品)」에서 다음과 같이 다섯 게송을 설하였다.

"사물이 [이미 성립해서] 있는데, '원인이 필요함이 어찌 있겠는가?'
그리고 그것이 없다면 또한, '원인이 필요함이 어찌 있겠는가?'(제146송)
백천만의 원인에 의해서도 또한, 비사물(非事物)은 [사물로] 전변시키지 못하니,
[사물이 없는] 그 상태에서 '사물이란 어떤 것이며, 사물로 전변한 그것은 또한 어떤 것인가?'(제147송)
없는 때는 사물이 있는 것이 아니니, '사물이 어느 때 있게 되는 것인가?'
사물이 발생함이 있지 않고서는, 사물이 없음과 분리되지 않는다.(제148송)
비사물(非事物)과 분리되지 않으면, 사물이 있는 때가 있지 않으며,
사물이 또한 비사물이 되지 않으니, 그 자성이 둘로 성립하기 때문이다.(제149송)
그같이 [제법은] 멸함이 있지 않고, 사물은 또한 있는 것이 아니니,
그러므로 이들 유정의 일체는, 영원히 생함도 없고 멸함도 없다.(제150송)"

위에 다섯 게송의 의미를 선지식 캔뽀·꾼뻴(普賢具吉)의 『입보리행론주감로적(入菩提行論註甘露滴)』에서 다음과 같이 해설하였다.

"'만약 아예 없는 그것을 [승성(勝性) 등들의] 원인이 발생시키지는 못할지라도, 이 원인으로 결과가 없는 것을 [결과가] 있는 사물을 만든다.'라고 하면, 답하되, 그것은 불가능한 것이다. [왜냐하면] 백천만의 원인이 모여서 노력을 할지라도 또한, 어떤 법으로 비사물이거나 또는 자기의 실질이 없는 그것은 사물로 전변시키지 못하니, [비유하면] 어떠한 원인이 모일지라도 또한, 토끼의 뿔이 있도록 변화시키지 못하는 것과 같으니, 무(無)는 또한 그 어떤 것의 의뢰처가 되지 않기 때문이다. 비사물을 사물로 바꾸지 못하는 이유 또한, 실체가 없는 사물을 버림이 없는 상태에서 사물로 바뀜과 버린 뒤에 사물로 바뀌는 두 가지인데, 둘 다 정리가 아니기 때문이다. 이같이 실체가 없는 그 상태에서 '사물이란 어떠한 것인가?' [유무는] 서로를 배제하고 존재하기 때문에 사물이 아닌 것이다. 실체가 없는 사물을

버리고서 사물로 새롭게 바뀜도 역시 다른 또한 이니, '다른 것이란 어떠한 것인가?'(제147송) 그것은 있지 않는 것이다.

이같이 자기의 실질이 없이 존재하는 그것은, 없는 상태일 때는 사물이 있음이 존재하지 않으니, 여기서 '사물이 어느 때 있게 되는 것인가?'라고 함은, 사물이 있게 되는 때가 영원히 없는 것이다. 사물이 발생함이 있지 않고서는, 그때까지 사물이 없음과 분리되지 못한다.(제148송)

'비사물(非事物)의 자기 속성과 분리되지 않으면'이라고 하는, [속성을] 버리지 않은 상태에서는 사물이 있는 때가 영원히 있지 않으니 그러므로 '비사물이 어떻게 사물이 되겠는가?'라는 것은 정리가 아니다. 비사물이 사물이 되지 않음과 같이 사물이 또한 비사물(非事物)이 되지 않으니, 그 둘은 서로를 배척해서 성립하는 것이 정리이니, 비사물(非事物)의 상태에서 설한 그것이 여기서도 또한 증빙되니, 충분히 이해할 수 있기 때문이다. 만약 그 사물이 비사물이 된다면, 그 사물과 비사물의 자성이 응당 둘로 이루어짐이 성립하기 때문이다.(제149송)

그와 같이 진실로 [제법은] 멸함도 있지 않고, 사물은 또한 진실로 있는 것이 아니니, 그러므로 이들 유정 일체는, 영원히 생함도 없고 멸함도 없다."(제150송)

⊙ **일체법은 아(阿) 자의 문(門)** : '일체법은 아(阿) 자의 문(門)이니'라고 함은 심오한 의미를 내포하고 있으니, 『문수진실명경(文殊眞實名經)』에서, "이와 같이 붓다 세존 정등각은, 불생의 아(阿) 자에서 출생하시니, 아(阿)는 모든 문자들의 최승이며, 대의리를 지닌 미묘한 글자이다."(제28송)라고 설하였으며, 이 뜻을 선지식 쫌댄릭빼랠디(出有壞覺利劍)는 『문수진실명석화장엄(文殊眞實名釋花莊嚴)』에서 다음과 같이 해설하였다.

"아(阿)는 형상의 아(阿)와 소리의 아(阿)와 배꼽의 아(阿)와 마음의 법성인 승의의 아(阿) 넷 가운데에서, 이것을 닦은 수습의 색신은 형상의 아(阿) 자에서 출생한 것이며, 법신은 마음의 아(阿) 자에서 출생한 것이니, '마음은 지혜가 출생하는 원인이니, 붓다를 다른 곳에서 찾지 말라.'고 함과, '마음을 깨달으면 지혜이다.'라고 함과 '마음의 자성은 광명이다.'라고 함과 『비로자나현증경(毘盧遮那現證經)』에서, '보리는 자기의 마음의 진실을 있는 그대로 아는 것이다.'라고 설하였다. 그 이신(二身)은 또한 이자량(二資糧)을 갖춘 붓다의 언교(言敎)에서 출생하니, 그것은 소리의 아(阿)의 자성이다. 배꼽의 방편의 아(阿) 자에서 또한 출생함으로써 그것을 근거로 하여 『희금강이품속(喜金剛二品續)』에서, '유가(瑜伽)가 남김없이 가운데 자리에서, 아(阿) 또한 형상의 돔빠(sDom pa)로 머문다.'라고 함과 『도제닝갠(金剛心莊嚴續)』에서, '배꼽에 대인(大印)이 존재하니, 타오르는 등불의 불꽃의 끝과 같다. 모음의 첫 글자 [아(阿)]의 자성이니, 지혜라고 붓다들이 선설하였다.'라고 하였다. 또한 『반야경』에서도, '아(阿)는 무생(無生)인 까닭에 일체법의 문이다.'라고 설하였다. 그러므로 '아(阿)는 모든 문자의 최승이다.'라고 설하니, 그와 같은 대의리(大義理)를 성취함으로써 문자의 최승이다. 소리의 아(阿) 자는 몸의 내강에서 출생하니, 배꼽의 아(阿)가 내강(內腔)이니, 배꼽에 존재하고, 네 가지의 아(阿)는 무생이며, 문자가 아니며, 소리의 아(阿)는 모든 언설들에 다 들어가는 원인인 까닭에 최승의 원인이며, 모든 소리들이 그의 음조인 까닭에, '모든 언설들을 명료하게 한다.'라고 하였다. 심장의 아(阿) 자의 자성 또는 원인의 네 가지 아(阿) 자에서 출생한 그 문수지혜살타는 윤회와 열반의 [성인과 범부의] 일체가 공양하는 까닭에 대공양이라 한다." [『문수진실명경의 역해』(중암 역해, 운주사)]

⊙ **자성(自性 : 勝性)** : 수론학파(數論學派)에서 설하는 자성(自性 : 勝性, Pradhāna)은 근본의 자성(自性)과 총(總)과 승성(勝性)과 총승성(總勝性)과 같은 의미이다. 이 승성은 신아(神我)에 의해서 활동성을 부여받고 작용을 일으킴으로써, 나머지 23체(諦)는 신아와 승성[자성] 사이에 놓여있다. 이 승성은 싸뜨와(Sattva, 心力)[순질(純質)]와 라자(Rajaḥ, 塵)[격질(激質)]와 따마(Tamaḥ, 暗)[예질(翳質)]의 3요소 또는 3덕(德)으로 구성되니, 『둡타남쌔죄(教派釋解庫)』에서, "자성인 인(因)의 승성(勝性)은 싸뜨와(心力)[순질(純質)]와 라자(塵)[격질(激質)]와 따마(暗)[예질(翳質)]의 3덕(德)이 균등함이다. 그와 같이 또한 쬐죽캔뽀(sPyod ḥjug mkhan po)도, '싸뜨와(心力)와 라자(塵)와 따마(暗)라 부르는 3덕(德)이 균등하게 머무는 이것을, 승성이라 크게 찬양하고, 균등하지 못함을 감(走行, ḥGro ba)[오유(五唯) 등을 일으키는 데 들어감]이라고 주장한다.'라고 말하였다."라고 하였으며, 또 같은 책에서, "3덕(德)이 균등하지 못함이, 변이(變異)의 과(果)의 승성이니, 이같이 자성으로부터 대(大)[覺, 意]가 발생한다. 대(大)는 극도로 징청(澄淸)하고, 각(覺)[意]이며, 내면의 작자(作者)라 부른다. 그로 말미암아 신아(神我)는 '복분(福分)을 지님'이라고 하는 등의 신아와 하나라는 교만의 아만을 일으킨다."라고 하였다.

또한 승성(勝性)을 『둡타휜뾔제갠(教派妙高莊嚴論)』에서, "여기서 근본의 자성 또는 승성은 업 등을 짓는 작자(作者)이며, 무생(無生)인 까닭에 상주(常住)이며, 지분이 없음으로써 유일(唯一)이며, 마음이 없음으로써 단지 [물질인] 경계이며, 유정계와 물질계 일체에 주편하고, 3덕(德)이 균등한 여섯 가지의 특점을 지닌 하나의 소지계(所知界)[對境]로 주장한다. 그 승성은 색깔과 체적과 모양의 차별로써 현전함이 없으며, 의(意)가 없음 등에 의해서 비현전(非現前)이라 주장한다."라고 하였다.

⊙ **자재**(自在) : 자재자(自在, dBaṅ phyug / Īśvara)는 일체의 세간을 통섭(統攝)하여 마음대로 지배하는 자의 뜻이니, 『구사론 4』(권오민 역주)에서, "그런데 경에서 설하기를, '첨과 광의 지극함은 범천에까지 이른다'고 하였으니, 중생(즉 梵衆)이 서로 의존하기 때문이다. 그러나 상지(上地, 제2정려 이상)에는 그러한 일이 없[기 때문에 첨과 광이 존재하지 않는 것이]다. 대범왕이 지신의 범중(梵衆)에 처하고 있다가 문득 마승필추(馬勝苾芻)로부터, '이러한 4대종은 응당 어떠한 상태에서 멸진하여 남음이 없게 되는가?' 하는 질문을 받게 되었다. 범왕은 남김없이 소멸한 상태에 대해 알지 못하였기 때문에 바로 교란(憍亂)되어 답하기를, '나는 이러한 범중 가운데 바로 대범(大梵)이며, 바로 자재(自在)이며, 바로 작자(作者)이며, 바로 화자(化者)이며, 바로 양자(養者)이며, 바로 일체의 아버지이다'고 하였다. 그리고 이렇게 말하고 나서 범중 밖으로 그(마승필추)를 불러내어 아첨하여 말하기를 부끄럽다고 사죄하고서 돌아 부처님께 물어보게 하였던 것이다."라고 하였다.

또 같은 책의 주석66)에서, "여기서 자재(Īśvara)란 일체의 세간을 통섭(統攝)하여 마음대로 지배하는 자. 작자(Kartṛ)는 기세간을 조작하는 자. 화자(Nirmātṛ)는 유정세간을 화작(化作)하는 자. 생자(Sraṣṭṛ)는 일체의 생류를 산출하는 자. 양육자(Poṣa)는 유정세간을 양육하는 자의 뜻"이라고 하였다.

⊙ **전결**(纏結) : 전결(纏結, Kun dkris)은 번뇌의 이름이니, 『둥까르칙죄첸모(東噶藏學大辭典)』에서, "여덟 가지의 전결(纏結)은 20가지의 수번뇌(隨煩惱) 가운데 나오니, 가깝고 버리기 어려운 까닭에 별도로 뽑아서 팔전결(八纏結)로 시설하였다."라고 하였듯이, 사마타(止)와 평사(平捨)를 수습할 때 마음을 반복적으로 얽고 묶는 번뇌의 현행을 말한다. 또한 『장한대사전(藏漢大辭典上卷)』에서, "사마타(止)와 평사(平捨)를 수습할 때 마음을 반복적으로 얽고 묶는 번뇌의 현행이다. 여기에는 계속해서 단절되지 않고 행함과 무참무괴(無慚無愧)를 행함과 환희하고 즐거워함과 허물로 보지 않음의 넷을 전부 갖추면 상품의 전결이다. 허물로 보지 않음과 나머지 것을 갖추지 않으면 중품의 전결이다. 허물로 보고 다른 것을 갖추면 하품의 전결이다."라고 하였다.

또 다른 논설에 따르면, ① 혼침(昏沈, rMugs pa), ② 수면(睡眠, gÑid), ③ 도거(掉擧, rGod pa), ④ 후회(悔, ḥGod pa), ⑤ 질투(嫉妬, Phrag dog), ⑥ 간린(慳吝, Ser sna), ⑦ 무참(無慚, Ṅo tsha med pa), ⑧ 무괴(無愧, Khrel med pa)의 여덟 가지를 팔전결(八纏結)이라 하고, 여기에 ⑨ 분(忿, Khro ba), ⑩ 복(覆, ḥChab pa)의 둘을 더한 열 가지를 십전결(十纏結)이라 하였다.

⊙ **전제**(前際)**와 후제**(後際) : 전제(前際, sṄon gyi mthaḥ)는 과거의 최초의 시간 또는

전생과 전생에 태어난 곳들을 뜻하고, 후제(後際, Phyi maḥi mthaḥ)는 미래의 최후의 시간 또는 후생과 후생에 태어나는 곳들을 말한다.

예를 들면, 쫑카빠 대사의 『문수예찬운해(文殊禮讚雲海)』에서, "무시이래 윤회 속에서 친숙해진, 자타의 생애들의 증거들과 함께, 찰나의 순간에 전생을 통찰함으로써, 당신은 전제(前際)에도 통달하였나이다.(제59송). 이때쯤에 여기에서 사멸한 뒤, 선행과 죄행의 업들 그와 같이, 어디에 태어나는 그 장소를 아심으로써, 당신은 후제(後際)에도 통달하였나이다.(제60송)"라고 함과 같다.

또 이 게송에 대한 의미를 7대 달라이 라마의 『문수예찬운해상석(文殊禮讚雲海詳釋)』에서, "무시이래 윤회에 유전하면서 서로 친숙하거나 또는 익히고 사귄 자기와 타인들의 과거의 생애의 장소 또는 원인과 함께, '몸 색깔은 이와 같았다.'라는 모습과 함께, '이와 같은 곳에서 이와 같은 곳에 태어났다.'라는 장소와 함께 과거생의 일들을 기억하고, 그 일들을 아는 증거로 지옥에서 사멸함과 한마디의 말과 같은 것과 언증(言證)의 필요성과 항상 몸을 떠는 등의 스무 가지의 증거를 설하여 드러내는 '이와 같다'라는 증거와 함께 앎이니, 일부의 법행서(法行書)와 단문(短文)에서, '사증(事證, Don rtags)'이라 말하는 의미가 어법(語法)이 그와 같음으로 상위함이 없다. (중략) 그것들 또한 오랫동안 생각할 필요가 없이 일 찰나에 통찰하는 숙주수념지력(宿住隨念智力)을 얻음으로써 당신은 자타의 전생의 변제를 열어 보임에 통달하였습니다."라고 하였으며, 또한 "천안통으로 모든 유정 가운데 이 보특가라(補特伽羅)는 이때쯤에 여기에서 사멸하고, 그와 같이 죽은 뒤에는 선행의 선업과 죄행의 불선업 가운데 어떤 것을 짓고 쌓은 그대로 그와 같이 착오가 없이 육도의 전체와 개별적으로 어떤 장소와 어디에서 탁태(托胎) 하는지의 장소 그 일체를 지사생지력(知死生智力)으로 완전히 아심으로써 당신은 후제(後際)에도 통달하였습니다."라고 하였다.

또한 전제(前際)을 알지 못하는 결정구(決定句)를 『최남꾼뛰(數稱詞釋義大全中卷)』에서 다음과 같이, "전제(前際)를 알지 못하는 두 가지의 결정구(決定句)이니, 그 또한 [아사리 구나마띠(Guṇamati, 德慧)의] 『연기초분분별소설광소(緣起初分分別所說廣疏, rTen ciṅ ḥbrel bar ḥbyuṅ ba daṅ po daṅ rnam par dbye ba bstan paḥi rgya cher bśad pa)』에서 나오니, '1. 아집(我執)과 동분의 셋이니, ① 상주(常住)로 집착함과 ② 실사(實事)로 집착함과 ③ 작자(作者)로 집착함이다. 2. 그것으로부터 해탈을 장애하는 것에는 네 가지가 있으니, ① 귀의를 알지 못함, ② 보고자 하는 의미를 알지 못함, ③ 상위한 방면과 대치품(對治品)을 버림과 일으킴을 알지 못함, ④ 대치(對治)에 증상만(增上慢)이 없음을 알지 못함이다.'라고 하였다." [땐규르(bstan ḥgyur, 論藏) 도델

(mDo ḥgrel, 經疏部) Chi pa. śa 10 na las btus]

⊙ **종성(種姓)과 여래장(如來藏)** : 본문에서 "모든 유정은 하나의 종성(種姓, Rigs)이며, 여래장(如來藏, De bshin gśegs paḥi sñiṅ po can)이다."라고 설한 의미를 설명하면 다음과 같다.

선지식 롱뙨·마왜쎙게(Roṅ ston sMra baḥi seṅ ge, 語獅子)는 설하길, "더러움을 지닌 진여를 근거로 해서 여러 계경에서, '모든 유정은 여래장(如來藏)이다.'라고 설한 뜻이 '무엇인지?' 하면, 붓다의 법신이 발출하기 때문임과 법신의 진여와 자성의 청정한 측면과 분리하지 못하는 진여성(眞如性)을 지니기 때문임과 법신의 종성이니, 계(界 : 種子)의 힘이 있기 때문이니, 이 세 가지의 뜻으로 모든 유정은 항상 언제나 불장(佛藏, Saṅs rgyas kyi sñiṅ po)이라고 설하였다. 마하빤디따(大智者)께서, '이 세 가지의 뜻은 차례로 과위(果位)와 자성(自性)과 인위(因位)의 여래장이다.'라고 하였으니, 처음의 법신은 여래의 본신(本身)이며, 유정의 여래장은 가립이며, 유정들이 얻음이 마땅함으로써 널리 말하였다. 둘째는 여래와 중생의 둘의 실제의 장(藏 : 精髓)이니, 진여와 자성의 청정함에서 돌아선 측면에서 둘에게 진실로 존재한다. 셋째는 여래의 원인임으로써 그렇게 가립함이다."라고 『대승보성론선설(大乘寶性論善說, Theg pa chen po rgyud bla maḥi nstan bcos legs par bśad pa)』에서 설하였다.

여기서 종성(種姓, Rigs)은 계(界, Khams)와 종자(種子, Sa bon)와 종족(宗族, gDuṅ)과 같은 의미이니, 『여래장제론집성(如來藏諸論集成, bDe gśegs sñiṅ po rigs kyi chos skor)』의 서문에서, "보통 종성(種姓, Rigs)의 의미는 범어의 서로 다른 대어(對語)의 측면에서 첫째, 다뚜(Dhatu)인 계(界, Khams) 또는 종자(種子, Sa bon)로 이해함과 둘째, 꿀라(Kula)인 종족(宗族, gDuṅ) 또는 혈통(血統, Rus)으로 이해함과 셋째, 고뜨라(Gotra)인 공덕의 측면에서 설하는 셋이 있다. 붓다의 종성을 논설하는 이 단계에서 핵심은 후자를 근거로 함이 마땅하다. 그 또한 '범어 고뜨라(Gotra)의 글자 뜻을 해석하면 고(Go)는 구나(Guna)로 공덕에 들어가고, 뜨라(Tra)는 따라나(Taraṇa)로 구제 또는 출생으로 이해함으로써, 고뜨라(Gotra)의 의미는 여기로부터 공덕인 구제되고 출생함으로써 종성이다.'라고 한다고 꾼켄·잠양세빠(Kun mkhen ḥJam dbyaṅs bshad paḥi rdo rje, 文殊微笑金剛)의 『교파광론(教派廣論, Grub mthaḥi rnam bśad)』에서 명확하게 설함과 같다. 그같이 『경장엄론(經莊嚴論)』에서도, '공덕은 구제의 의미로 알도록 하라.'고 하였다."라고 하였다.

⊙ **중관귀류파의 반야의 결택법** : 중관귀류파(中觀歸謬派, dBu ma thal ḥgyur ba)의 반야를 결택하는 법을 갤찹·닥빠된둡(rGyal tshab Grags pa don grub, 普稱義成)의 『보리

도등론제호석(菩提道燈論醍醐釋)』에서 밝히되, "그 또한 관혜(觀慧, So sor rtog pa)로써 분석한 뒤 닦음이니, 여기에는 귀류(歸謬, Thal ḥgyur ba)와 자속(自續, Raṅ rgyud pa)의 두 가지의 견해가 인도에서 출현하였다. 아띠쌰 존자는 귀류견(歸謬見)을 주장하니, [증인(證因)과 종법(宗法)의 둘이 각자 지니는 사물의 도리와 성질에 내재함이 성립하는 논식(論式)인 자속파의] 사세도리(事勢道理)로 분석하지 않고 관혜(觀慧)로써 분석해서, 전혀 [자성이] 성립하지 않음을 닦는 것이기에 긍정(肯定, Yoṅs gcod)[밧줄을 뱀으로 착란함을 배척함이 부정(否定, rNam gcod)이고, 밧줄이 본래 밧줄임을 인정함이 긍정이다.]를 승인하지 않으니, '아사리 용수보살의 의취도 역시 이와 같다.'라고 설함이 나온다. 그러므로 붓다를 성취하기 위해서는 모든 희론(戱論)을 여읜 법무아(法無我)를 깨닫는 것이 필요하다."라고 설하였다.

여기서 사세도리(事勢道理, dṄos po stobs shugs yi rtags)는 곧 사세인(事勢因)이니, 『쎄르기담뷔밍칙챈델노뷔도쎌(雪域名著名詞精典注釋)』에서, "삼종진인(三種眞因)의 하나가 사세인(事勢因)이니, 종자에서 싹이 틈과 불에서 연기가 일어남은 사물의 자기 자성 또는 법성임과 만들어진 것(所作)이면 덧없음도 또한 사물의 자기 자성 또는 법성의 힘에 들어가는 증인(證因)이다."고 설하였으며, 『장한대사전(藏漢大辭典上卷)』에서, "사세도리(事勢道理). 이것이 있으면 곧 저것이 있는 이치이니, 이 증인(證因)이 있으면 저 소립(所立 : 宗法)이 반드시 필요한 것이 단지 언설 가운데 성립함이 아니라, 증인과 소립의 둘이 소유하는 사물의 법성과 성품 가운데 존재하는 도리이다."라고 하였다.

⊙ **중관육취론(中觀六聚論)의 상관관계** : 『중론(中論根本頌)』과 그것의 자주(自註)에 해당하는 다섯 가지의 논전들을 합해서 중관육론(中觀六論) 또는 중관육취론(中觀六聚論)이라 부르니, 먼저 육론(六論)의 의취를 쫑카빠 대사는 『중론석정리대해(中論釋正理大海)』에서 다음과 같이 해설하였다.

"심오한 중도의 요의를 성언(聖言)으로 설하여 보였으니, 『집경론(集經論)』에서 『십만송반야경(十萬頌般若經)』과 『보살장경(菩薩藏經)』 등의 많은 계경들을 인용해서 설하였다. 또한 정리(正理)로 설하여 보였으니, 『중론(中論根本頌)』과 『칠십공성론(七十空性論)』과 『회쟁론(廻諍論)』과 『육십정리론(六十正理論)』과 『세연론(細研論)』과 『보만론(寶鬘論)』의 여섯 논전에서 허다한 정리로 [무자성(無自性)을] 결택하였다. [『승의찬(勝義讚)』 등의] 몇몇 예찬문(禮讚文)에서도 역시 공성을 설하였으나 정리에 의한 정립은 그리 많지 않다. 이들 논전은 유무(有無)의 양변을 끊어버린 연기의 진실성(眞實性)을 위주로 설하여 보임과 유무의 양변을 보지 않는 중도에 의해서 윤회에서 해탈함을 위주로 설하여 보이는 둘에 거두어진다."라고 하였다.

다음은 이들 육론(六論)의 성립에 대하여 그의 『금만소(金鬘疏)』에서 설명하길, “그 또한 대성인 나가르주나(龍樹)께서 소립(所立)의 실사(實事)와 능립(能立)의 추론자들의 논리를 타파하는 둘을 목적으로 삼은 뒤, 내도와 외도를 함께 타파하는 『중론(中論根本頌)』과 그것의 「관인연품제일(觀因緣品第一)」에서 파생된 『회쟁론』과 「관생주멸품제칠(觀生住滅品第七 / 觀三相品第七)」에서 파생된 『칠십공성론』과 내도(內道)를 개별적으로 타파하는 『육십정리론』의 넷과 능립(能立)의 추론의 십육구의(十六句義)를 타파하는 『세연론』의 다섯이다. 여기에다 일부는 『명언성립(名言成立)』 또는 『보만론』 또는 『무외론』을 더한 뒤에 중관육론의 확정된 숫자로 승인한다.”라고 하였으며,

또한 육론(六論)의 상관관계에 대하여 그의 『중론석정리대해(中論釋正理大海, dBu ma rtsa baḥi rnam bśad rigs paḥi rgya mtho)』에서 다음과 같이 자세하게 밝혔다.

“세 번째(그가 저술한 논전들의 행상)이니, 그와 같은 이 의호주(依怙主)[아사리 나가르주나(龍樹)]께서 의학서적인 『백방편(百方篇, sByor ba brgy pa)』 등의 공통학문에 속하는 논서들과 내명(內明)에도 또한 밀주(密呪)와 바라밀다에 의거해서 허다한 논전들을 저술하였다.

심오한 중도(中道)의 요의(了義)를 성언(聖言)으로 설하여 보였으니, 『집경론(集經論)』에서 『십만송반야경』과 『보살장경』 등의 많은 계경들을 인용해서 설하였다.

정리(正理)로 설하여 보였으니, 『중론(中論根本頌)』과 『칠십공성론(七十空性論)』과 『회쟁론(廻諍論)』과 『육십정리론(六十正理論)』과 『세연론(細研論)』과 『보만론(寶鬘論)』의 여섯 논전에서 허다한 정리로 [무자성을] 결택하였다. [『승의찬(勝義讚, Don dam par bstod pa)』 등의] 몇몇 예찬문(禮讚文)에서도 역시 공성을 설하여 보였으나 또한 정리에 의한 정립은 그리 많지 않다.

이들 논전은 또한 첫째, 유무(有無)의 양변을 끊어버린 연기의 진실성(眞實性)을 위주로 설함과 둘째, 유무의 양변을 보지 않는 중도(中道)에 의해서 윤회에서 해탈함을 위주로 설하는 둘에 거두어진다.

첫째 (유무의 양변을 끊어버린 연기의 진실성을 위주로 설함)에는 둘이 있으니, 사물의 자성을 말하는 실유론자(實有論者)들이 보특가라(人)와 법(法)에 증익(增益 : 捏造)한 자성의 소립(所立 : 성립시키려는 대상)을 논파한 것이 『중론)』이며, 그것의 능립(能立 : 성립시키는 決定句)인 [니야야(Nyāya, 正理派)의] 정량(正量) 등의 추론의 16구의(句義)을 타파함이 『세연론(細研論)』이다.

‘사물들의 그 자성은, 연(緣) 따위들에 있지 않다.’[『중론』의 「관인연품제일(觀因緣品第

一)」의 제5송 1,2구]라고 설함에 대하여, '만약 모든 사물의, 자성이 일체에 있지 않으면, 그대의 말 또한 자성이 없어서, 자성을 가히 물리치지 못한다.'(『회쟁론』의 제1송)라고 하는 반론에 대한 답변으로 저술한 까닭에, 『회쟁론』은 「관인연품제일(觀因緣品第一)」 그것의 나머지 논설이다.

이것은 말의 자성이 공(空)한 연기의 뜻으로 설한 뒤, 비록 자성이 있지 않을지라도 그것이 소립(所立)과 능립(能立)과 소파(所破 : 힐척의 대상)의 셋을 능히 타파할 수 있다고 설함으로써, 무자성의 방면에도 정량(正量 : 바른 인식)과 소량(所量 : 인식의 대상)의 능파(能破, dGag pa)와 능립(能立, sGrub pa)의 행위 또한 합당함을 설하고, 유자성(有自性)의 논설에서 인식(量)과 인식의 대상(所量)이 합당하지 못한 따위들을 설하였다.

『중론』에서 자성이 있지 않아도 모든 행위가 합당함을 설하였을지라도 또한, 특별히 분별해서 능파(能破, dGag pa)와 능립(能立, sGrub pa)의 행위가 합당하다고 설하면, 이 종론(宗論)에서는 자종(自宗)을 능립하는 등은 타당하지 않다고 생각하는 것을 물리치기 위함이다.

『칠십공성론』은 『중론』의 「관생주멸품제칠(觀生住滅品第七)」에서, '꿈과 같고 환상과 같고, 건달바의 궁성처럼, 그같이 생함과 그같이 머무름과, 그같이 멸한다고 설하였다.'(제34송)라고 설한 이것을 부정하는 반론에 대한 답변으로 저술한 것임으로, 이것은 「관생주멸품제칠」 그것의 나머지 논설이다.

'그 또한 생(生)·주(住)·멸(滅)의 자성을 타파하면, 경전에서 그것들을 설한 것이 부당하다.'라고 하는 반론의 제기에 대해, 『칠십공성론에서, '머무름 또는 생함과 멸함과 있음과 없음과, 하열함 또는 평등함 또는 뛰어남을, 부처님은 세간언설에 의지에서, 설한 것이며 진실에 의지함이 아니니다.'(제1송)라고 해서, 나고 멸함 따위의 일체를 부처님께서는 세속언설에 의지해서 설하신 것이며, 진실로 성립함에 의지해서 설한 것이 아니라고 말함이 그것의 반론에 대한 답변인 것이다.

또 그 논전에서 발생 등에 대해서 자성의 타파를 허다하게 설하여 보인 끝에, '모든 사물의 자성은, 공(空)한 것이기에 사물들이, 연기하는 이것을 무비(無比)의, 여래께서 친히 설하셨다.(제68송) 진실의(眞實義)은 그것에 귀결되니, 부처님 세존께서는, 세간의 명언(名言)에 의지한 뒤, 갖가지 일체를 바르게 시설한다.'(제69송)라고 해서, 사물의 존재도리의 제일의(第一義)는 연기(緣起)가 무자성이라는 그것에 귀결된다. 그러므로 발생함 따위의 일체를 세속언설에 의지하여 가설한 뒤 시설함을 설하였다.

『중론』에서, '제불께서 법을 설하심은, 이제(二諦)에 바르게 의지한다.'(관사제품 제

8송1,2구)라고 설함으로써 또한, 자성이 공(空)한 승의(勝義)와 발생 따위들이 세속언설에 의한 것으로 설하였음에도 또한, 앞서와 같이 설하지 않는다면 세속언설에서 존재하는 사물은 단지 명언(名言)에 의지해서 있는 것임을 알지 못한다. 자성이 공(空)하지 않음에 대하여 허다한 정리의 논박을 설하여 보인 뒤, 자성이 없음을 논증하였다. 이 갖가지 일체가 세속명언에 의지해서 존재함을 설한 의미와 그 도리에는 행위의 일체가 합당함을 설한 것을 이해하지 못함으로써, 그것을 깨닫게 하려는 목적으로 『칠십공성론』을 저술한 것이다.

[둘째] 윤회에서 해탈함에는 유무의 변집견(邊執見)을 끊어버리는 중도가 필요함을 다른 두 논전에서 설하여 보였다. 『육십정리론』에서, '있음(有)에 의해서는 해탈하지 못하고, 없음(無)에 의해서는 이 윤회 외에는 없으며,'(제5송 1,2구)라고 해서, 유무의 가장자리에 떨어지면 해탈이 있지 않음을 설한 뒤, '사물과 비사물을 여실히 앎으로써, 대성인께선 온전히 해탈하였다.'(제5송 3,4구)라고 해서, 유무의 진실성을 전도됨이 없이 앎으로써, 성자들께서 윤회에서 해탈하심을 설하였다. 그 둘이 또한 서로가 의지하지 않음이 없음으로써, 자기의 본질이 성립하는 자성이 있지 않는 것이 그들의 진실성이다. 여기서 사물은 윤회이며, 비사물은 열반이라 해서 있음을 설함으로써, 그 둘에 자성이 없다고 함은 합당하지 않다는 반론에 대한 답변으로, 그와 같이 있는 것으로 설한 것은 범부의 세속언설의 마음에서 있다고 보는 파지상(把持相, ḥDzin staṅs)에 순응해서 설한 것이지, 진성을 보는 성자의 관점과 연계해서 설한 것이 아니다.

삼계윤회(三界輪迴)의 자성이 무생(無生)임을 온전히 아는 지혜로 과시(果時 : 證果를 얻는 단계)에 적멸을 실현하는 것에 '열반을 얻음이다.'라고 시설함이다. 그와 같음이 아니고, 단지 자상(自相)이 성립하는 번뇌가 소진함과 후온(後蘊 : 후생의 몸)이 발생하지 않는 것으로 시설하면, 적멸의 열반 그것을 실현함과 번뇌와 온(蘊)이 소진함과는 전혀 맞지 않는다고 함을 타파한 뒤, 그것은 소승의 열반을 설한 언교(言教, Āgama)의 뜻으로 설한 것이고, 그것을 논증하는 지분으로 나머지 논전들을 설하였다. [이것은 대소승의 적멸(寂滅, ḥgog pa)에 대한 교설의 차이 때문에 생기는 견해의 차이를 밝혀서 말함이다.]

요약하면, '아라한을 얻을 때 열반을 얻음과 실현한다.'라고 하는 그 의미에다 진성과 진제(眞諦)를 실현함이 없다면, 열반을 얻음이 전혀 옳지 않다는 소승의 계경으로 논증함이 핵심 의미인 것이다.

『보만론』에서, '선취(善趣)를 성립시킴은 승해신(勝解信)이니, 그것이 앞에서 이끌어줌으로부터 [열반과 해탈의] 결정승(決定勝)을 성립시키는 반야의 법기가 된다.'라고 하였다. 반야는 나(我)와 나의 것(我所)의 둘이 승의에서 있지 않음을 아는 것이니, 그것에 의지해서 온(蘊)이 진실로 없음을 깨달으면 자아의 실집(實執)이 소멸하고, 온(蘊)의 실집이 소멸하기 전까지는 윤회에서 돌아 나오지 못하고, 소멸하면 돌아 나오고, 없다(無)는 견해는 악도에 들어가고, 있다(有)는 견해로 선취에 윤회함으로써, 그 둘로부터 해탈함에는 유무의 양변에 의지하지 않는 진실의(眞實義)를 깨달음이 필요하다. 그 의미는 육계(六界)의 집합에다 보특가라(人)를 시설한 까닭에 그것들과 하나와 별개의 어떤 것으로도 성립하지 않음으로써, 진실로 성립하지 않는 것이니, 그와 같이 계(界)와 온(蘊)을 또한 분석하라고 설함이다. 이것과 앞의 둘에서도 또한 인(人)과 법(法)의 자성을 타파한 연기의 진실을 설하여 보임이 또한 많을지라도, '[유무의] 양변에 의지하지 않는 진실의를 아는 것을 윤회에서 해탈하는 길로 확정함이 필요하다.'라고 함이 핵심이자, 그것을 성취하는 지분으로 보는 것이다. 『중론』과 『칠십공성론』에서도 역시 진성을 깨닫는 도(道)로써 무명을 물리치고, 그 뒤 나머지 지분의 일체를 물리친다고 설하였으나 또한, 대경이 연기의 진실을 결택하는 핵심으로 보고, 그것을 깨닫는 유경(有境 : 마음)이 해탈의 원인으로 성립하는 핵심으로 보지 않으니, 이것은 전자를 이루는 것이 매우 어려움을 고려한 것이다.

이들의 의미를 요약하면, 『중론』과 『세연론』으로 적론(敵論)의 소립(所立 : 命題)과 능립(能立 : 證因)을 자세히 타파한 뒤 연기의 진실을 설하면, 그와 같이 타파하는 그의 종론에는 또한 능파(能破)와 능립(能立)의 행위가 합당하지 않음으로써, '타종(他宗)을 타파하고, 자종(自宗)을 능립함이 없게 된다.'라고 하는 생각에 대하여, 나에게는 그것들 등의 행위 일체가 합당한 것임을 『회쟁론』으로 설하여 보였다.

그와 같이 능파와 능립의 행위로써 결택한 의미가 연기(緣起)는 자성이 성립하지 않는 그것이 승의임으로써, 이들 갖가지 일체는 세속명언에 의지해서 존재하는 것으로 시설하는 것이 속제에서 존재한다는 의미를 『칠십공성론』에서 설하였으니, 단지 이름으로 가립한 사물에는 행위의 일체가 합당한 것임을 깨닫게 되는 것이다.

이제(二諦)의 도리를 그와 같이 깨닫는 것은, '붓다를 얻음은 더 말할 필요가 없으며, 윤회에서 해탈하는 데에도 없어서는 안 된다.'라고 함을 다른 [『육십정리론』과 『보만론』의] 두 논전에서 설함으로써, 이 성인께서 대소승의 문에 들어온 모두에게 도의 핵심을 보는 안목을 줌으로써 그 은혜가 막중한 것이다.

끝으로 이들 가운데서 최상이 되는 것이 『중론(中論根本頌)』이니, 갖가지의 상이한 무변한 정리의 문을 설하여 보여서, 심오한 의미에 확신을 얻는 기초를 놓아주기 때문이다."

⊙ **증상의요(增上意樂)** : 증상의요(增上意樂, lHag bsam)는 의요(意樂 : 意志)보다 더 뛰어난 의요로서 일체중생을 구원하고자 하는 대승보살의 발심이다. 이 증상의요의 뜻을 『곰데칙죄첸모(貢德大辭典)』에서, "청정증상의요(淸淨增上意樂, lHag bsam rnam dag). ① 이타의 마음, 순수한 공심(公心). ② 인과칠결(因果七訣)의 여섯 번째이니, '모든 유정이 고통의 원인을 여읜다면 얼마나 좋을까! 내가 여의게 하리라!'고 생각하는 마음이다. 어의(語義)는 강렬한 의지가 뛰어남으로써 증상의요(增上意樂)라 부른다. 그렇다면 '그와 같은 강렬한 의지란 어떤 것인가?' 하면, '모든 유정의 이익을 나 혼자 행하리라!'라는 무거운 짐을 지는 마음 그것이다."라고 하였다.

⊙ **지계바라밀의 아홉 가지의 행상(行相)** : 지계바라밀의 아홉 가지의 행상(行相)은 1. 계율의 본성, 2. 계율의 일체, 3. 난행(難行)의 계율, 4. 일체의 문(門)을 통한 계율, 5. 참된 사부(士夫)의 계율, 6. 일체종(一切種)의 계율, 7. 쇠락(衰落, Phoṅs pa)과 그것의 물리침을 희구하는 계율, 8. 이생과 타생에서 안락함의 계율, 9. 청정한 계율이다.

이들 각각의 의미는 『최남꾼뛰(數稱辭釋義大全·中卷)』에 [실린 『해심밀경소(解深密經疏)』]에 의하면 다음과 같다.

1. 계율의 본성은 네 가지의 공덕이니, ① 타인으로부터 바르게 받아서 지님이다. ② 극히 청정한 의요(意樂)로써 바르게 받아서 지님이다. ③ 만약 손상되면 [다시 깨끗하게] 환정(還淨)함이다. ④ 범하지 않기 위해서 공경심을 일으키고, 정념(正念)에 머무름을 지니고, 방호함이다.
2. 계율의 일체는 두 가지이니, ① 재가자(在家者)에 속하는 계율이다. ② 출가자에 속하는 계율이다.
   그 또한 전체적으로는 세 가지이니, ① 지악율의계(止惡律儀戒)이다. ② 섭선법계(攝善法戒)이다. ③ 요익유정계(饒益有情戒)이다.
3. 난행(難行)의 계율은 세 가지이니, ① 보살이 대수용(大受用)과 자재(自在)를 통제하고 희구함으로부터 그것을 [뿌리처럼] 끊어버린 뒤, 율의계(律儀戒)에 바르게 안주함이다. ② 계율을 받아서 지닌 뒤 곤경에 처함이니, 목숨을 버리게 될지라도 또한 율의계를 바르게 지니고, 그것을 범하지 않게 하고, 없어지지 않게 함이다. ③ 나아가 살아있을 때까지 전적으로 미세한 죄들이 또한 일어나지 않는다면, '어찌 무거운 죄가 생기겠는가?' 그와 같이 행하고, 머무르고, 마음에 사유하는 일체에 정념(正念)에 안주하고, 근신함이다.
4. 일체의 문(門)[두루 미침으로 일체의 문]의 계율은 네 가지이니, ① 계율을 바르게

받아서 지님이다. ② 성계(性戒, Raṅ bshin gyi tshul khrims)이다. [어떤 이가 천성적으로 죄악을 두려워하여 머무름으로써, 항상 자성적으로 오로지 선(善)한 까닭에 몸과 말의 업을 깨끗하게 행하는 것이다.] ③ 계율을 익힘이다. [과거의 다른 생애에서 바르게 받아서 지니고 익힌 힘으로 전적으로 죄악을 즐거워하지 않고, 선업을 즐거워하는 것이다.] ④ 방편을 지닌 계율이다. [사섭법(四攝法)에 의지해서 유정들을 향해 몸과 말의 선업에 들어가는 것이다.]

5. 참된 사부(士夫)의 계율은 다섯이니, [오로지 참된 사부(士夫)의 행위인 까닭이다.] ① 보살 자신 또한 계율을 지님이다. ② 다른 이들 또한 계율을 바르게 받아서 지니도록 함이다. ③ 계율의 칭찬을 널리 설함이다. ④ 법에 수순함을 보면 또한 기뻐함이다. ⑤ 죄가 생기면 법답게 다스려 고침이다.
6. 일체종(一切種)의 계율은 여섯 가지의 공덕과 일곱이니, 합하면 열세 가지이다. 먼저 여섯 가지의 공덕이니, ① 광대함이다. ② 죄가 없음이다. ③ 환희의 처소와 동분이다. ④ 항상 행함이다. ⑤ 견고함이다. ⑥ 계율의 장엄이 있음이다.
다음은 일곱 가지의 공덕이니, ① 퇴치의 계율이다. ② 입보리행(入菩提行)의 계율이다. ③ 방호의 계율이다. ④ 대인상(大人相))을 성숙시키는 계율이다. ⑤ 증상의요(增上意樂)를 성숙시키는 계율이다. ⑥ 사랑하는 유정들을 성숙시키는 계율이다. ⑦ 유정의 이익을 성숙시키는 계율이다.
7. 쇠락(衰落, Phoṅs pa)과 그것의 물리침을 희구하는 계율이니, 여덟 가지이다. ① 살생, ② 투도, ③ 사음(邪淫), ④ 망어(妄語), ⑤ 이간(離間), ⑥ 악구(惡口), ⑦ 기어(綺語), ⑧ 돌과 쇠 따위로 해침이니, 만약 남이 나를 해치면 그것으로 자기가 손상되고, 그것의 물리침을 희구함과 같이 자기가 남들에게 행하면 그것으로 남들이 손상되고, 그것의 물리침을 희구하게 된다고 낱낱이 관찰한 뒤, 그 여덟 가지의 죄행을 전혀 행하지 않는 것이다.
8. 이생과 타생에서 안락함의 계율이니, 아홉 가지이다. ① 보살이 저지해야 할 대상의 유정들을 저지함이다. ② 보살이 베풀어야 할 대상의 유정들에 베풀어줌이다. ③ 보살이 섭수해야 할 대상의 유정들을 거두어들임이다. ④ 보살이 제압해야 할 대상의 유정들을 제압함이다. ⑤ 보시를 갖춘 계율이다. ⑥ 인욕을 갖춘 계율이다. ⑦ 정진을 갖춘 계율이다. ⑧ 선정을 갖춘 계율이다. ⑨ 반야를 갖춘 계율이다.
9. 청정한 계율이니, 열 가지가 있다. ① 처음부터 계율을 잘 받아서 지님이다. ② 전혀 위축되지 않음이다. ③ 전혀 과실이 없음이다. ④ 불방일(不放逸)로 섭수함이다. ⑤ 발원을 잘함이다. ⑥ 원만한 의궤로 섭수함이다. ⑦ 원만한 정명(正命 : 바른 생활)로 섭수함이다. ⑧ 양변(兩邊)을 버림이다. ⑨ 바르게 결정함이다.

⑩ 계율이 온전히 쇠퇴하지 않음이다. [데게 대장경 논장(論藏)의 잡부(雜部)[동)북목록 No.4358]의 cho pa, śa. 277na3에서 발췌함.]

⊙ **지계(持戒)의 공덕** : 지계(持戒)의 공덕에 대해서는 이미 서술하였으나, 『구사론 18』(권오민 역주)에서 설하는 지계의 공덕을 소개하면 다음과 같이 설하였다.

"논하여 말하겠다. 미묘한 서른두 가지 대장부(大丈夫)의 상(相)이라는 이숙과를 능히 초래할 만한 업을 닦으면서부터 바야흐로 보살에 '주정(住定)'이라는 명칭을 붙일 수 있는 것이니, 이때로부터 성불할 때까지 항상 선취(善趣)와 고귀한 집[貴家] 등에 태어나기 때문이다.

즉 '선취에 태어난다.'라고 함은 이를테면 인취와 천취에 태어나는 것을 말하는데, 이러한 취(趣)는 참으로 미묘하고 애호할 한 곳이기 때문에 선취라는 명칭으로 부르게 된 것이다.

또한 선취 중에서도 항상 고귀한 집에 태어나니, 이를테면 바라문이나 혹은 찰제리(刹帝利), 대단히 부유한 장자(長者), 대 사라가(娑羅家)와 같은 가문을 말한다. 고귀한 집안 중에 태어나더라도 감관[根]을 갖추고 태어나는 이도 있고, 그것을 결여하고서 태어나는 이도 있다. 그렇지만 그 같은 보살은 항상 수승한 감관을 갖추고, 항상 남자의 몸을 받아 태어난다. 그러나 여자의 몸으로도 태어나지 않는데 하물며 선체(扇搋) 등의 몸을 받는 일이 있을 것인가?

또한 태어날 적마다 항상 국명을 기억하며, 그 때마다 짓게 되는 선한 일에서 항상 물러나는 일[退屈]이 없다. 이를테면 유정을 이익 되게 하고 즐겁게 함에 있어 온갖 괴로움이 몸을 핍박할지라도 그 모두를 능히 참으며, 다른 이로부터 갖가지 악행이 가해져 그것(유정을 이익 되게 하고 즐겁게 하는 일)을 어기고 거스르려는 마음이 있을지라도 그 같은 보살의 마음에는 싫어하거나 지치는 일이 없으니, 이를테면 세간에서 이루 값어치를 따질 수 없는 '무가(無價)의 타사(馱娑 : 奴僕)가 있다'는 말이 전하는데, 이 말은 바로 그 같은 보살을 두고 한 말임을 마땅히 알아야 할 것이다. 그 대사(大士)는 비록 수승하고 원만한 일체의 공덕을 이미 성취하였을지라도 오랫동안 무연(無緣)의 대비(大悲)를 익혔기 때문에, 임의대로 항시 다른 유정에 계속(繫屬)되어 있었기 때문에 일체의 유정류에 대해 널리 교만함이 없는 마음으로써 모두를 섭수(攝受)하여 자기와 같다고 여긴다. 혹은 항상 자기를 그들의 노복과 같다고 관(觀)하기 때문에 일체의 어려운 일에 있어서 그 모두에 대해 능히 참고 견디며, 아울러 일체의 수고롭고 절박한 일에 있어서도 그 모두에 대해 능히 짐을 떠맡는 것이다."

⊙ **차차** : 차차(Tsha tsha, 小像)는 차진 진흙으로 만든 작은 탑과 불상 등을 아우르는

이름이니, 『곰데칙죄첸모(貢德大辭典)』에서, "차차(小像)는 진흙으로 만든 작고 작은 존상의 이름으로 알려졌다. 차차는 범어 쌋차(Sāccha)의 와전이니, 꼭뙨·로짜와(sKyogs ston Lo tsā ba)의 『닥익리씨이구르캉(Dag yig li śiḥi gur khaṅ)』에 자세히 나온다. 보통 쌋차(Sāccha)는 성자의 영상이라는 의미이다. 아띠쌰 존자가 저술한 '『바라밀다대승조성소상의궤(波羅蜜多大乘造成小像儀軌, Pha rol tu phyin paḥi theg paḥi tsha tsha gdab paḥi cho ga)』가 있다.'라고 하였다. (중략)"라고 함과 같다.

참고로 이 차차와 관련된 고사를 하나 소개하면, 『까담최중쎌뒨(噶當派源流)』에서, "까쓰미르(Kasmir)의 빤디따(Paṇḍitaḥ, 智者) 쌰꺄쓰리(Śākyaśri)[나렌드라(Nalendra)의 마지막 승원장으로 이슬람의 침입을 피해서 티베트에 들어옴]께서 티베트의 탕뽀체(Thaṅ po che) 사원에 주석하실 때 어느 날 음식을 구걸하여 돌아오던 그때, 군중들로 인해서 길이 열리지 않자 차차(小像)를 모신 작은 당우(堂宇) 위에 음식이 담긴 발우를 잠시 올려놓았다. 그것이 미끄러져서 음식의 부스러기들이 그 작은 집을 보기 흉하게 만들어 놓았다. 그 뒤부터 본존의 수행 또한 흐릿해지고, 마음도 크게 침침해져 혼미해지는 일이 일어났다. 그때 아르야따라(聖度母)께서 말씀하시길, '디빰까라쓰리즈냐나(Dīpaṃkar Śrījñāna, 吉祥燃燈智)라 부르는 그는 현겁(賢劫)에 출현하는 붓다이다. 그것은 그에게 복덕을 쌓은 모든 사람이 윤회에 떨어지지 않도록 한 업(業)과 기원의 성물인 차차(小像)를 안치한 뒤 탑돌이를 행하는 것인데, 그대가 발우의 음식으로 크게 더럽혀 놓은 업장으로 죄를 지었으니, 이것을 제대로 참회하지 않으면 권속들도 다 전염병이 걸린다.'라고 하였다. 그 즉시 자기가 공양받은 모든 물품을 가지고 그 절의 승려와 외지의 승려들과 함께 법연(法筵)을 열었다. 『금강최파타라니(金剛摧破陀羅尼)』와 『존승불모세정의식(尊勝佛母洗淨儀式)』을 행하였다고 토푸·로짜와(Khro phu lo tsā ba)의 전기에 나온다."라고 하였다.

⊙ **최후상속제(最後相續際)의 무간도(無間道)** : 최후상속제(最後相續際, rGyun mthaḥ)의 무간도(無間道, Bar chad med lam)는 보살도의 구경에 달함이니, 자기의 소인사(所引事)가 되는 해탈의 도에 이르는 사이를 여타의 법이 방해하지 못함으로써 무간도(無間道)라고 부르며, 붓다가 되기 전까지의 마음 가운데 최후가 됨으로써 최후상속제라고 부르고, 이 최후상속제의 무간도를 성취하는 두 번째 찰나에 성불하게 된다.

7대 달라이 라마 깰쌍갸초(善福海)의 『문수예찬운해상석(文殊禮讚雲海詳釋)』에서, "그와 같이 극도로 미세한 소지장(所知障)을 파괴하는 직접적 대치법인 그 최후상속제(最後相續際)의 무간도(無間道)의 힘에 의해서 사실이 아님에도 사실로 나타나는 예를 들면, 환술로 만든 말과 소가 실제로 말과 소가 아님에도 말과 소로 나타남과 같은 외경의 현상과 게녠쬐빠(大德居士 無性)가 저술한 『섭대승론석(攝大乘論釋, Thag bsdus bśad sbyar)』에서, '꿈은 잠에 의해서 마음과 심소(心所)의 무리가 거두어진 바이다.'라고 설하였듯이, 꿈속의 갖가지 대경들이 출현하는 잠에 물든 마음도 역시 꿈인 까닭에, 사물의 존재성(存在性, gNas thsod)이 없음에도, 자기 마음으로 단지 건립한 갖가지 대경이 분명하고 그것을 아는 꿈처럼 실제로는 없으나, 마음이 단지 건립한 대경이 실제로 분명하고 그것을 아는 마음이 유경(有境)이 되니, 그와 같이 실감(實感)하는 유경의 마음과 현현의 대경에 거두어지는 모든 소지계(所知界)는 진실 또는 본질이 아님에도 본질로 나타나는 일체가 지혜의 분상에서 환상륜(幻相輪)이 무너짐과 같이 영원히 나타남이 없이 소멸하니, 모든 희론의 변제를 여읜 본성인 허공과 같은 법계로 녹아 들어간다."라고 하였다.

⊙ **친교사(親教師)**: 친교사(親教師, mKhan po)는 범어 우빠다야(Upādhyāyaḥ)의 옮김이니, 본래 사미와 비구계 등의 출가계를 전수하는 청정한 비구를 일컬으나, 오늘날에는 크고 작은 승원의 승원장을 지칭하는 말로 쓰인다. 『다조르밤뽀니빠(聲明要領二卷)』에서, "우빠다야(Upādhyāyaḥ, 親教師)는 우뻬따 - 아디야떼 - 아쓰맛(Upetya adhīyate asmāt)이라 하니, 처음 누구로부터 계율을 받게 되면 그의 면전에 특별히 나아간 뒤, [수계(受戒)의] 갈마(羯磨)을 표백(表白)대로 [가부(可否)를] 묻고 답함으로써 성언(聖言)을 전수하는 것을 말하니, 이전에 알려진 것과 의미의 둘을 결합해서 친교사라 명명한다."라고 함과 같다.

⊙ **칠만(七慢)**: 칠만(七慢, Ṅa rgyal)에 대하여 『구사론 4』(권오민 역주)에서, "[각주86)에서 자만에 대해] 만(慢)이란 자신의 입장에서 타인의 덕을 차별하는 것으로, 여기에는 다시 일곱 가지가 있다. 즉 가문·재산·지위·용모·힘·지식·기예·지계(持戒) 등에 있어 자신보다 열등한 이에 대해 자신이 더 뛰어나다 하고, 동등한 이에 대해 동등하다고 하는 만(慢), 자신과 동등한 이에 대해 자신이 더 뛰어나다고 하고, 자기보다 더 뛰어난 이에 대해 자기와 동등하다고 하는 과만(過慢), 자신보다 더 뛰어난 이에 대해 자기가 더 뛰어나다고 하는 만과만(慢過慢), 오취온(五取蘊)을 나, 혹은 나의 것이라고 집착하는 아만(我慢), 예류과의 뛰어난 덕을 증득하지 못했으면서 증득했다고 여기는 증상만(增上慢), 가문 등이 자기보다 월등히 뛰어난 이에 대해 자기가 조금 열등하다고 하는 비만(卑慢), 덕이 없으면서 자기에게 덕이 있다고 하는 사만(邪慢)이 그것이다."라고 하였듯이, 칠만(七慢)의 내용을 정리하면 다음과 같다.

1. 교만(驕慢, Ṅa rgyal)은 잘난 체하고 남을 업신여김을 말하니, 보통 오만(傲慢)과 교오(驕傲), 자대(自大)의 뜻으로 자기를 높이 치켜세우고, 타인을 존경하지 않

는 마음작용이 만(慢)이니, 갖가지의 고통을 일으키는 근본이 됨으로써 육근본번뇌(六根本煩惱)의 하나로 친다. 『구사론 4』(권오민 역주)에서, "만(慢)은 이를테면 타인에 대해 스스로 치켜세우는 성질[自擧性]을 말하니, 자신과 다른 이의 덕(德)의 차별을 재고 헤아려 마음이 스스로를 믿고 거들먹거리며[擧持] 다른 이를 능멸하기 때문에 만(慢)이라고 일컫은 것이다."고 하였으며, 또한 『뻴쩩최끼남당제장(吉積法異門備忘錄)』에서, "만(慢)은 기능(技能)과 몸과 종성과 재산 등이 변변치 않은 것들에 의지해서 내가 또한 뛰어나다고 여김이니, 내가 타인보다 조금 뛰어나다고 생각함이다."라고 하였다.

2. 과만(過慢, lHag paḥi ṅa rgyal / Che baḥi ṅa rgyal)은 자기와 상대방이 재물과 지위 등의 여러 방면에서 동등할지라도 계율 등을 비롯한 몇 가지가 상대방보다 자기가 더 높거나 크다고 여기는 마음이 과만(過慢)이다.
3. 만과만(慢過慢, Ṅa rgyal las kyaṅ ṅa rgyal)은 종성과 가문 등에 있어서 자기가 타인과 비교해서 부족할지라도 타인보다 자기가 더 높다거나 크다고 여기는 마음이 만과만(慢過慢)이다. 또는 타인의 뛰어남보다도 자기가 더 뛰어나다고 생각하는 마음이다.
4. 아만(我慢 Ṅaḥo sñam paḥi ṅa rgyal)은 근취온(近取蘊)에는 나(我)와 나의 것(我所)이라 할 만한 실체가 없음에도 불구하고 나와 나의 것인 실체가 있다고 생각하여 뽐내는 마음이 아만(我慢)이다.
5. 증상만(增上慢, mṄon paḥi ṅa rgyal)은 성자의 지위와 수승한 선정 등을 자기가 얻지 못하였음에도 또한, 자기가 소유한 소분의 얻음에 의탁하여 전체를 얻는 것처럼 뽐내는 마음이 증상만(增上慢)이다.
6. 비만(卑慢, Cuṅ dzad sñam paḥi ṅa rgyal)은 자기와 타인을 비교하면 타인이 훨씬 뛰어남에도 불구하고 또한, 그와 같이 인정하지 않고 자기가 조금 부족하다고 뽐내는 마음이 비만(卑慢)이다.
7. 사만(邪慢, Log paḥi ṅa rgyal)은 자신이 갖가지의 허물이 있는 자로 공덕이 조금도 없음에도 불구하고 또한, 마치 공덕이 있는 것처럼 뽐내는 마음이 사만(邪慢)이다.

⊙ **칠성재(七聖財)** : 『조오제예찬문(jo bo rjeḥi bstod pa)』에서, '신(信)과 계(戒), 문(聞)과 사(捨), 참(慚)과 괴(愧), 혜(慧)의 일곱 가지의 재물이 부유한 창고, 공덕의 산실인 당신께 기원합니다.'라고 설함과 같이, 칠성재(七聖財, ḥPhags paḥi nor bdun)는 ① 신성재(信聖財 Dad paḥi nor), ② 계성재(戒聖財, Tshul khrim gyi nor), ③ 문성재(聞聖財, Thos paḥi nor), ④ 사성재(捨聖財, gToṅ baḥi nor), ⑤ 참성재(慚聖財, Ṅo tshaḥi nor), ⑥ 괴

성재(愧聖財, Khrel yod paḥi nor), ⑦ 혜성재(慧聖財, Śes rab gyi nor)의 일곱 가지이다. 글 뜻은 속된 재물에 비해서 특별하게 뛰어남으로써 그와 같이 말하니, 속된 재물은 고통의 원인이니, 이것은 무변한 안락과 공덕의 원인이기 때문이다.

아사리 쑤라(Śūra, 馬鳴)의 『세속보리심수습교계(世俗菩提心修習敎誡)』에서 칠성재와 국정칠보를 동법(同法)으로 결부해서 이같이, "믿음(信)의 윤보(輪寶)로 밤낮으로 선한 길로 인도하고, 계율(戒律)의 왕비보(王妃寶)로 아름다운 주만(珠鬘)을 장식하고, 사시(捨施)의 대신보(大臣寶)로 복덕과 지혜의 대환(大幻)이 발생하고, 들음(聞)의 장군보(將軍寶)로 사견의 원적(怨敵)과의 전쟁을 부수고, 참회(懺悔의) 준마보(駿馬寶)로 번뇌의 방일을 음낭 속에 숨기고, 부끄러움(愧)의 대력의 상보(象寶)로 전도된 업들을 밟아버리고, 반야(般若)의 보주보(寶珠寶)로 자기와 타인의 희원을 채워주는, 공덕이 무변한 성스러운 재물, 여타의 속된 재물은 고통의 원인이다."라고 설하였다.

⊙ **칠지공양(七支供養)** : 칠지공양(七支供養)에는 ① 아만을 다스리기 법인 예배, ② 인색함을 다스리기 위한 법인 공양, ③ 삼독을 다스리기 위한 법인 참회, ④ 질투를 다스리기 위한 법인 수희(隨喜), ⑤ 법을 유기함을 다스리기 위한 법인 청전법륜(請轉法輪), ⑥ 스승님에게 나쁜 생각을 일으킴을 다스리기 위한 법인 청불주세(請佛住世), ⑦ 사견(邪見)을 다스리기 위한 법인 회향(廻向)의 일곱 가지이다.

이 칠지공양은 화엄경의 열 가지의 공양 가운데 칭찬여래원(稱讚如來願)과 상수불학원(常隨佛學願)과 항순중생원(恒順衆生願)의 셋을 제외한 나머지들로 『보현행원품』에서 설해진 칠지공양은 다음과 같다.

"있는바 모든 시방의 불토에 계시는, 삼세의 붓다이자 인간의 사자들인
그 모든 불세존님들께 저는 또한, 정결한 몸·말·뜻 셋으로 예경하옵니다.

보현행원(普賢行願)의 대력(大力)으로, 제불의 미진수 불국토의 미진수만큼
마음으로 현전시킨 미진수의 몸으로, 모든 승리자들께 극진히 예경하옵니다.

한 티끌 위에 미진수의 부처님들께서, 보살 대중이 운집한 가운데 머무시니
그와 같이 시방법계에 남김없이 모두, 제불들이 두루 머무심을 사유하옵니다.

그 부처님들을 찬탄하는 다함없는 바다의, 60가지 묘음해(妙音海)의 온갖 소리들로,
모든 승리자들의 공덕을 크게 찬미하옵고, 그 모든 선서들을 저는 찬양하옵니다.

아름다운 꽃들과 미려한 꽃목걸이와, 청량한 자바라의 소리와 도향(塗香)과
보산과 등불과 싱그러운 소향(燒香)을, 그 모든 부처님들께 저는 공양하옵니다.

진귀한 의복들과 향수와 묘향(妙香)과, 수미산처럼 쌓은 가루향의 향낭들과
온갖 공물들로 꾸민 최승의 장엄으로, 그 모든 부처님들께 저는 공양하옵니다.

광대하고 위없는 최상의 그 공양물들을, 그 모든 부처님들을 경모하여 올리옵고
보현행을 신앙하는 믿음의 대력으로써, 그 모든 부처님들께 저는 공양하옵니다.

탐·진·치 삼독의 힘에 이끌리어서, 몸·말·뜻 셋으로 그와 같이 또한
제가 지은바 죄업들의 그 일체를, 저는 또한 낱낱이 참회하옵니다.

시방세계의 모든 제불보살님들과, 연각과 유학과 무학의 아라한들과
모든 유정들이 지은 복덕 일체를, 저는 또한 함께 수희(隨喜)하옵니다.

그들 시방세계의 진리의 등불들로, 보리의 차제로 성불에 집착 않음을 얻는,
그 모든 구호주들께 저는 또한, 위없는 법륜을 굴려주시길 청하옵니다.

열반의 시현을 정하신 그 부처님들께, 모든 유정들의 이익과 안락을 위해서,
미진수의 겁 동안 세상에 머무시옵길, 저는 또한 두 손을 모아 기원하옵니다.

예경과 공찬(供讚)과 참회와 수희들과, 권청과 세상에 머물러주심을 기원해서,
제가 쌓은바 크고 작은 모든 선업들을, 저는 또한 무상보리 위해 회향하옵니다."

⊙ **팔단행(八斷行)**: 팔단행(八斷行)은 사마타(止)를 방해하는 주된 원인인 수정오장(修定五障)을 대치하는 법이며, 그것은 다음과 같다.

1. 믿음(現得信)은 세 가지의 믿음 가운데 하나로 삼마지(三摩地)의 공덕을 믿고 이해해서 그것을 진실로 얻고자 희구하는 믿음이다.
2. 희구(希求)는 오별경(五別境)의 하나로 애락(愛樂)과 욕락(欲樂)을 뜻하며, 이것으로 정근을 일으키는 마음의 작용이다.
3. 정근(精勤)은 삼마지에 안주함을 얻기 위해서 힘써 정진하는 것이다.
4. 경안(輕安)은 십일선심소(十一善心所)의 하나이며, 신심(身心)이 쾌적해서 능히 선법을 감당해서 폐습(弊習)을 다스리는 작용으로 도업(道業)의 감능(堪能)을

말한다. 미륵보살의 『변중변론(辨中邊論)』에서, "심신의 감능성(堪能性)에 안주함으로써 모든 일을 성취하는 것이니, 사마타(止)의 다섯 허물을 멸하고 팔단행(八斷行)을 닦는 것이다."라고 하였다.

5. 정념(正念 : 잊지 않고 기억함)은 오별경(五別境)의 하나로, 이전에 닦아 익힌 대상을 소연해서 그것을 잊지 않게 하고, 동시에 산란을 억제하는 마음작용이다.
6. 정지(正知 : 알아차림)는 몸·말·뜻의 삼업(三業)을 행함에 있어서 그것을 바로 알고 행하며, 또는 몸과 마음의 상태를 항상 관찰해서 잘못됨이 없게 하는 지혜의 작용이다. 『보리도차제광론(菩提道次第廣論)』에서, "단지 침몰(沈沒)과 도거(掉擧)를 아는 것으로 만족하지 아니하고, 실제 수행할 때 침도(沈掉)의 일어남과 일어나지 않음을 여실하게 감찰하는 알아차림(正知)을 일으키는 것이 필요하다."라고 하였다.
7. 작행(作行 : 作思)은 침몰(沈沒)과 도거(掉擧)의 발생을 알아차리고, 그것을 그치게 하는 마음작용이다.
8. 평사(平捨)는 침몰(沈沒)과 도거(掉擧)가 그치면 마음이 다른 대경을 생각하지 않고 평정(平正)의 상태를 유지하는 것이다. 평정을 지키는 평사(平捨)의 수습은 『보리도차제약론석(菩提道次第略論釋)』에서, "미세한 침몰과 도거마저 소멸한 제팔주(第八住)의 전주일경심(專住一境心)에서부터 비로소 닦게 된다."라고 하였다.

⊙ 팔무가(八無暇) : 팔무가(八無暇, Mi khom pa brgyad)는 불법을 닦을 수 없는 여덟 가지의 나쁜 조건이니, 지옥에 태어남과 축생으로 태어남, 아귀로 태어남과 장수천(長壽天)에 태어남, 변방인(邊方人)으로 태어남과 육근불구(六根不具), 집사견(執邪見)과 여래불출세(如來不出世)이다. 각각의 의미는 다음과 같다.

1. 지옥에 태어남은 갖가지 고통으로 핍박당하고, 지옥의 옥졸들에게 구속당해 선업을 행할 자유가 없음으로써 무가(無暇)라 한다.
2 축생(畜生)으로 태어남은 본성이 어리석고 글을 알지 못함으로써, 선업을 행할 힘이 없음으로써 무가라 한다.
3. 아귀(餓鬼)로 태어남은 극심한 기갈의 고통 탓에 성정이 요란하고, 사람을 가까이할 복분이 없어 선업을 행할 기회가 없음으로써 무가라 한다.
4. 장수천(長壽天)에 태어남은 무상정(無想定)을 닦음으로써 광과천(廣果天)의 한 곳에서 나무줄기처럼 거주하니, 생각을 소멸한 까닭에 선업을 행할 복분이 없음으로써 무가라 한다.
5. 변방에 태어난 사람은 어리석고 글과 말을 이해하지 못해서 불법의 의미를 이해하고 닦는 힘을 갖추지 못함으로써 무가(無暇)라 한다.

6. 눈과 귀 등을 갖추지 못한 불구자로 태어나는 것은 선지식의 근처에 가지 못하고, 정법을 듣지 행하지 못함으로써 무가라 한다.
7. 선악의 업과 전생과 후생 등이 없다고 주장하는 사견(邪見)을 지님은 어떠한 선지식도 교화하지 못하기에 선업을 행할 복분이 없음으로써 무가라 한다.
8. 여래불출세(如來不出世)는 여래가 출현하기 전에 태어나면 삼보와 선지식이 없기에 선업을 행할 소연(所緣)이 없음으로써 무가라 한다.

⊙ **허공왕(虛空王)의 발심게(發心偈)** : [성문수보살님이 전생에 전륜성왕인] 허공왕(虛空王, Ambarāja)이 되어 [그 당시의 뇌음왕불(雷音王佛)의 면전에서 발심할 때] 다음과 같이 발원하였다.

"저는 빨리 성불하는 것을
희구하고 기뻐하지 않으며,
미래의 마지막 끝까지 남아서 또한
한 유정의 이익을 행하려 하나이다."[17]

이 게송과 본문의 제25송에서 제31송에 이르는 일곱 게송은『문수사리불국토장엄경(文殊師利佛國土莊嚴經)』에서 인용한 것으로 경문의 앞뒤의 문장을 소개하면 다음과 같다.

"과거 지나간 아득한 시절 70만 아승지(阿僧祇)의 갠지스강의 모래알처럼 많은 무수한 겁(劫)도 더 지난 과거세에 한 부처님이 세상에 출현하시니, 그 명호를 뇌음왕불(雷音王佛)이라 불렀으며, 여기서 동방으로 72나유타를 지나 무생(無生)이란 세계에서 법을 설하셨다. 그때 허공왕(虛空王)이라 부르는 한 전륜성왕이 있어서 무량한 세월 동안 그 부처님과 대중들에게 공양을 올리고 무변한 공덕을 쌓은 뒤, 뇌음왕불의 면전에서 다음과 같이 기원하였다. '당신의 면전에서 묘법을 청하옵니다. 성스러운 대장부로 태어나는 것은, 온갖 종류의 최승에 의한 것이오니, 세간의 도사께서는 제게 말씀해 주소서! 세간의 도사이신 당신에게 실제로, 광대한 공양을 올리고 올림에도 불구하고, 아직 일정하지 못한 마음으로 행함으로써, 어디에 또한 회향조차 하지 못하였습니다. 어느 때 제가 홀로 고요한 곳에 머무를 때, 문득 이와 같은 마음이 일어났습니다. '내가 이제 광대한 복

---

17 이 게송과 본문의 제25송에서부터 제31송까지의 7게송은 문수사리불국토장엄경의 경문을 인용한 것으로, 그 경문의 앞뒤의 본문은 다음과 같으니, '허공왕(虛空王)의 발심게(發心偈)'를 참조 바람.

덕을 지었으니, 어떻게 그것을 온전히 회향해야 하는가? 범천으로 회향해야 하는가? 또는 제석천으로 회향해야 하는가? 사대주(四大洲)의 자재한 전륜성왕을 얻기 위해서 회향해야 하는가? 아니면 성문의 몸을 얻기 위해서, 연각의 몸을 얻기 위해서 회향해야 하는가? 하고 생각하였습니다.'

그와 같이 마음을 일으키자마자, 하늘의 천신들이 소리 내어 말하였습니다. '하열한 마음으로 그 복덕들을 헛되게 낭비하지 말라. 일체의 유정들의 이익을 위하여, 광대한 서원을 세우도록 하라. 보리심을 크게 발하고, 모든 세간의 이익을 또한 행하도록 하라.' 그러므로 법에 자재한 지존이신 정등각세존께 제가 간청하옵니다. '능인(能仁)이시여, 어떻게 발심을 하면 원만보리가 일어나며, 그 지혜는 어떻게 얻사옵니까? 그 뜻을 저에게 설하여 주소서! 보리심을 발하옵고, 세존인 당신과 같기를 저는 원하옵니다.' (중략)

세존의 그 말씀을 듣고 대왕이 크게 기뻐한 뒤, 모든 세간들을 향해서 실제로 사자의 표호처럼 이와 같이 외쳤다. '끝이 없는 윤회의, 과거의 마지막으로부터, 나아가 유정의 이익을 위하여, 무량한 행위를 하고자 하나이다. 세간 구호자의 이 면전에서, 대보리를 위하여 발심하나이다. 모든 중생들을 손님으로 모시고, 그들을 빈궁에서 건지고자 하나이다. 이제부터 만일 또한, 제가 탐욕의 마음을 일으키면, 시방세계에 계시는 모든 부처님들을 속이는 것이오니, 보리를 이루는 그때까지, 성내는 마음과 해치는 마음과 질투와 인색함을 또한, 오늘부터 행하지 않겠나이다. 범행(梵行)을 받들어 제가 행하고, 죄업의 탐욕을 온전히 버리고, 계율을 지키며 진실하고, 부처님을 따라 배우고자 하나이다. 저는 빨리 성불하는 것을 희구하고 기뻐하지 않으며, 미래의 마지막 끝까지 남아서 또한, 한 유정을 위하여 이익을 행하고자 하나이다. 한량없고 불가사의한, 불국토를 장엄하고 깨끗이 하고자 하나이다. 시방의 모든 곳에 제 이름이 널리 들리게 하겠나이다. 제가 저에게 수기하오니, 성불함에 의심이 없나이다. 저의 청정한 증상의요(增上意樂)와 이 자수관정(自授灌頂)에서 선언한 것들과 몸·말의 업들 또한, 언제 어디서나 스스로 정화하고, 의업(意業) 또한 정화하며, 불선의 업을 행하지 않겠나이다. 미래세에 성불하여, 세간의 구호자(救護者)가 된다면, 이 진실에 의해서 대지 또한, 여섯 가지로 진동(六種振動)하게 하소서! 제가 진실한 말 그것을 설하고, 잘못이 없이 바르게 설한 것이면, 이 진실에 의해서 허공에서, 바라들의 소리가 울리게 하소서! 저에게 만약 간교함이 없고, 그와 같이 분노가 없다면, 아름다운 만다라 꽃들이, 이 진실에 의해서 하늘에서 내리게 하소서! 진실한 의리(義利)를 위하여 확정한 진실한 말들을 그와 같이 설함과 동시에, 시방에 있는 천만의 모든 국토들이 크게 진동하고, 그와 동시에 허공에서 천만의 바라 소리가 또한 울리고, 아름다운 만다라 꽃들이 하늘에서 일곱 사람의 키 높이만큼 비 오듯이 떨어졌다. 그 왕을 따라서 배우던 20억의 중생들도, 저희들도 도사가 되게 하소서!'라고 서원을 발하는 아름다운 소리를 또한 발하였다. 그와 같이 20억의 중생들 모두가 대왕을 따라 배우고, 대보리에 머물렀다." [『문수진실명경 역해』(중암 역해, 운주사)에서 발췌]

⊙ **헌공(獻供)의 중요성** : 대보리의 마음을 일으키는 발심에는 스승님께 성심으로 공양을 올리는 헌공(獻供)이 중요하니, 이것은 성불을 위해서 제자의 근기를 성숙시키고 해탈시키는 데는 스승님의 호념과 가피가 필요하기 때문이다.

이러한 실례를 들면, 『대은인여금주법칭상견례전기(大恩人與金洲法稱相見禮傳記)』에 나오듯이, 조오제(大恩人)께서 원심(願心)과 행심(行心)의 두 보리심과 대승의 로종(修心)의 가르침을 구하기 위해서 제자 125명과 함께 큰 배에 예물을 싣고, 13개월의 긴 항해 끝에 금주(金洲)에 도착해서 지존하신 스승님 쎄르링빠(金洲法稱)를 친견하고 가르침을 청할 때, "그때 내가 가져온 큰 보병(寶甁) 하나가 있었으니, 배가 크고, 매우 수려하고, 바닥이 견고하고, 목이 길고, 입구가 넓고, 주둥이가 반듯하였다. 속에는 갖가지 예물들이 들어있었고, 표면이 아름답게 빛났다. 그것과 함께 보석과 금은과 진주와 산호와 푸른 유리를 가득 채워서 스승님의 손에 받쳤다. 다른 사람들도 모두 가지고 있던 금괴(金塊)를 하나씩 올렸다."라고 해서, 자기 자신도 스승님께 예물을 정성껏 올린 뒤, 그의 면전에서 발심하고 증명을 받은 아름다운 일화가 전해온다. 만약 이같이 법도를 지키지 않고 발심을 하게 되면 발심이 제대로 이루어지지 않으니, 이 뜻을 『까담쩨뛰(噶當派大師箴言集)』, p.111에서, "조오제(大恩人)께서 [1047년에] 중앙 티베트의 쌈얘(bSam yas) 승원의 뻬까르링(藏經殿)에 머물고 계실 때, 한 차례 발심의식(發心儀式)을 행하자, 참석한 이들이 볶은 쌀을 넣은 작은 자루 하나씩을 가져와서 발심하였다. 조오제(大恩人)께서, '발심이 누구한테도 일어나지 않았다.'라고 하자, 제자인 돔뙨빠(ḥBrom ston pa)께서, '무엇이 잘못되었습니까?'라고 여쭙자, 답하길, 「공양이 없이 어떻게 발심이 되겠는가?」 통상 비공통의 세 가지 조건이 있으니, 비구의 별해탈계를 받는 때에는 청정한 승가가 중요하고, 밀주(密呪)의 관정을 받는 때에는 스승님을 기쁘게 해드림이 중요하고, 대보리의 원심(願心)을 일으키는 데에는 삼보께 공양을 올리는 것이 중요한데, 공양하는 것이 없었다.'라고 말하였다."라고 함과 같다.

또 한 가지의 역사적 사실을 덧붙이면, 지난 8세기 무렵 티베트 땅에 불교가 본격적으로 유입되던 시기, 티쏭데짼 법왕은 대신 바쎌낭을 네팔의 접경지역인 망율

(Maṅ yul)의 지방관으로 파견하였다. 그가 당시 네팔에서 교화사업을 하고 계시던 아사리 싼따락시따(寂護)을 초빙하기 위해서 네팔에 들어가서 아사리를 친견하고 보리심을 발한 일화가 『최중캐빠가뙨(智者喜宴)』에 다음과 같이 전해온다.
"티쏭데짼(Khri sroṅ lde btsan) 왕의 생각에 바쎌낭(sBa gsal snaṅ)[예시왕뽀(Ye śe dbaṅ po)]이 불법을 숭상하니 반드시 인도와 네팔에 가야 한다고 판단한 뒤, 망율의 지방관으로 보낸다고 말하고 나서 임명하였다.
바쎌낭이 망율에 도착한 뒤, 곧바로 [뵌교의 대신인 샹마샹(Shaṅ ma shaṅ)의 [불교를 금지하는] 팀부충(Khrims bu chuṅ, 排佛法)을 무시하고 인도로 가서, 마하보디(Mahābodhi, 大覺寺)의 대탑과 나란다(Nālandā. 施無厭) 승원을 참배하고 공양을 올리자, 한겨울(藏曆 11月) 중에도 비가 내렸고, 보리수나무 잎에서는 우유가 흘러나왔다.
네팔에서 연회(宴會)인 쌀와와쎄(Sarba wa se)를 행하고, 사원에서 공양을 올릴 때, 하늘에서 '상서롭다!'라는 소리가 울리고, 눈부신 광명이 방사하였다. 또 네팔의 국왕을 알현하고 도움을 청해서, 덕망을 갖춘 대아사리 싼따락시따(Śāntarakṣita, 寂護)이자, 티베트에서는 친교사 보디싸따로 더 잘 알려진 그를 모시고, 망율의 관사로 돌아와서 두 개의 절을 세웠다.
당시 친교사 보디싸따는 네팔에서 왕의 후원을 받으면서, 인도와 네팔의 모든 지자들에게 불법을 가르치고 있었다. 바쎌낭이 집에서 음식과 공양을 올리고 법을 청한 뒤, 티베트 왕의 선지식이 되어 줄 것을 청하고, 또 자신에게도 보리심을 일으켜 주기를 간청하였다.
친교사 보디싸따가 말하되, '보리심을 발하길 원하면 공양을 올리도록 하라.'고 하자, 금은 등의 보석과 쏘링(Zo riṅ), 비단, 대창(大氅, 남성용 외투), 구리다관(茶罐), 말, 의복 등의 공양거리들을 모두 찾아서 받쳤다. 다시 더 올리도록 하라고 말하자, 찾아도 더 올릴 것이 없어 허리띠와 털조끼마저 올리자 비로소 발심을 증명하였다. (중략) 또 말하길, '그대가 금생에서만 나를 알고 발심한 것이 아니다. 아득한 세월 전에 발심한 진리의 아들인 것이니, 법명 또한 예시왕뽀(Ye śes dbaṅ po, 智王)로 명한다.'라고 한 뒤, 손으로 정수리를 만지면서 가지(加持)하였다. 그리고 모든 간청들을 수락하자 그때 허공에서 '상서롭다!'라는 소리와 함께 광명이 세 차례 발산하였다. 또 공양한 모든 물건들을 다시 돌려준 뒤 네팔로 돌아갔다."
[『까말라씰라의 수습차제 연구』(중암, 불교시대사), pp.40~42에서 발췌]

찾아보기

ㄱ

ㄹ

ㅁ

ⓑ

ⓢ

ⓙ

ⓗ

보리도등론 난처석 티베트어 원전완역

2023년 3월 22일 초판 1쇄 발행

지은이 아띠쌰 • 역주 중암 선혜
발행인 박상근(至弘) • 편집인 류지호 • 상무이사 김상기 • 편집이사 양동민
책임편집 김소영 • 편집 김재호, 양민호, 최호승, 하다해 • 디자인 쿠담디자인
제작 김명환 • 마케팅 김대현, 이선호 • 관리 윤정안
콘텐츠국 유권준, 정승채
펴낸 곳 불광출판사 (03169) 서울시 종로구 사직로10길 17 인왕빌딩 301호
대표전화 02) 420-3200 편집부 02) 420-3300 팩시밀리 02) 420-3400
출판등록 제300-2009-130호(1979. 10. 10.)

ISBN 979-11-92476-20-9 (93220)

값 40,000원

국내 최초 티베트어 원전 완역으로 만나는
티베트불교의 정수

개정 완역
티베트 사자의 서

빠드마쌈바와 지음 | 중암 선혜 역주 | 594쪽 | 25,000원

죽은 자를 해탈의 길로 이끄는 안내서로 알려진 『티베트 사자의 서』의 원제는 『바르도퇴돌』로, 죽음 이후 바르도 상태에서 일어나는 유랑과 윤회의 과정 그리고 해탈에 이르는 방편이 생생하게 담겨 있다. 이를 통해 죽음을 앞둔 이에게는 희망과 위로를, 살아 있는 이에게는 삶과 죽음, 윤회가 공존하는 자신의 참 모습을 일깨워준다. 『바르도퇴돌』의 티베트어 원전을 완역한 이 책은 세 가지 판본을 비교·대조하여 오류를 바로잡고, 상세한 각주로 그 의미를 더욱 분명히 하였다.

티베트어 원전 완역
보리도등론 역해

아띠쌰 지음 | 중암 선혜 역주 | 368쪽 | 25,000원

수행자를 근기에 따라 작은 사람, 중간 사람, 큰 사람으로 나눠 궁극에는 모두가 보살에 이르는 수행법을 담은 『보리로등론』은 티베트불교 도차제(道次第, 람림)의 사상적 뿌리이자 달라이라마로 이어지는 겔룩파의 근본이 된 아띠쌰의 역작이다. 네팔에 머물며 수행과 경론 번역에 힘쓰고 있는 중암 스님이 『보리도등론』의 티베트어 원전을 완역하고 여러 주석서를 참고하여 상세한 해설과 주석을 단 이 책은 티베트불교 수행법을 이해하는 든든한 기반이 되어줄 것이다.